Exilforschung · Ein internationales Jahrbuch · Band 25

Exilforschung
Ein internationales Jahrbuch

25/2007

Übersetzung als transkultureller Prozess

Herausgegeben im Auftrag der
Gesellschaft für Exilforschung/Society for Exile Studies
von Claus-Dieter Krohn, Erwin Rotermund,
Lutz Winckler und Wulf Koepke unter Mitarbeit von
Michaela Enderle-Ristori

edition text + kritik

Redaktion der Beiträge:

Dr. Michaela Enderle-Ristori
Université François Rabelais
Institut d'Etudes Germaniques
3 rue des Tanneurs
37041 Tours Cedex 1
Frankreich

Satz: Fotosatz Schwarzenböck, Hohenlinden
Druck und Buchbinder: Laupp & Göbel GmbH, Nehren
Umschlag-Entwurf: Thomas Scheer
© edition text + kritik in Richard Boorberg Verlag GmbH & Co KG, München 2007
ISBN 978-3-88377-894-5

Ausführliche Informationen über alle Bücher des Verlags im Internet unter:
www.etk-muenchen.de

Inhalt

Das Jahrbuch wird 25   VII

Vorwort zu den Beiträgen   IX

Georges-Arthur Goldschmidt	Exil und Doppelsprachlichkeit	1
Paul Ricœur	Vielzahl der Kulturen – Von der Trauerarbeit zur Übersetzung	3
Michaela Wolf, Georg Pichler	Übersetzte Fremdheit und Exil – Grenzgänge eines hybriden Subjekts. Das Beispiel Erich Arendt	7
Alfrun Kliems	Transkulturalität des Exils und Translation im Exil. Versuch einer Zusammenbindung	30
Wolfgang Stephan Kissel	Vladimir Nabokovs Metamorphosen. (Selbst-)Übersetzung als transkulturelle Praxis des Exils	50
Michaela Enderle-Ristori	Kulturelle Übersetzung bei Heinrich Mann. Der »Dritte Raum« als permanente Herausforderung	71
Hélène Roussel, Klaus Schulte	Exil, Textverfahren und Übersetzungsstrategie. *Der Ausflug der toten Mädchen* von Anna Seghers im Prisma verschiedener Übertragungen, vornehmlich ins Französische	90
Sture Packalén	»... als läge unter jedem Wort ein schwer fassbarer Schatten«. Zur Verortung von Peter Weiss' Schreiben	112

Susanne Utsch	Übersetzungsmodi. Zur Komplementarität von Sprachverhalten und transatlantischem Kulturtransfer bei Klaus Mann	134
Robert Leucht	Prozesse und Aporien der Übersetzung bei Walter Abish. Vier Fallstudien	153
Sigurd Paul Scheichl	»damit sofort an die Uebersetzungsarbeit herangegangen werden kann«. Übersetzt-Werden als Thema in Briefen Exilierter	171
Michael Winkler	Hermann Brochs Exilromane. Übersetzungen und Rezeption in Amerika	189
Wulf Köpke	Hans Sahl als Übersetzer	208
Natalia Shchyhlevska	Bukowiner Dichter als Übersetzer Jessenins	227

Rezensionen	247
Kurzbiografien der Autorinnen und Autoren	261
Jahrbuch Exilforschung. Bibliografie der Bände 1/1983–25/2007	264

Das Jahrbuch wird 25

Das Jahrbuch erscheint jetzt im 25. Jahr. In dem vergangenen Vierteljahrhundert hat sich viel geändert. Der systematischen Anstöße wie in jenen Jahren ihrer Anfänge bedarf die Exilforschung nicht mehr. Die euphorischen Zeiten sind längst vorbei, in denen bis dahin unbekanntes Neuland großflächig erschlossen und eine weitere Öffentlichkeit darüber aufgeklärt werden konnte, welchen unwiederbringlichen Verlust die Vertreibung der vom »anderen Deutschland« repräsentierten einzigartigen Kultur nach 1933 bedeutet. Begleitet worden war dieser Forschungsprozess von einer Überprüfung herkömmlicher theoretischer und methodischer Vorgehensweisen; der Gegenstand hatte die Fragestellungen politisiert und zu transdisziplinären Forschungsperspektiven gezwungen. Aus der Rückschau sind jene Aufbrüche erfolgreich gewesen, der Preis aber ist, dass die Exilforschung zu einer normalen Wissenschaft geworden ist, wenngleich ihre nach wie vor nicht zu übersehende Außenseiterexistenz sie vor den Abgründen des allzu banalen Mainstream immunisierte.

Dennoch hat sich das Jahrbuch nicht überflüssig gemacht. Immer noch gilt es, weiße Flecken in der Forschungslandschaft aufzudecken. Auch das diesjährige Rahmenthema macht dies deutlich. Es beleuchtet ein bisher weitgehend missachtetes Forschungsfeld, wobei die einzelnen Beiträge auf unterschiedliche Weise erkennen lassen, wie sich inzwischen die theoretischen Grundlagen und methodischen Zugriffe verändert haben. Das Interesse wird sich künftig aber ebenso den Anschlussmöglichkeiten zu zentralen Themenbereichen der Geschichts-, Literatur- und Sozialwissenschaften, der Alltags-, Frauen- und Genderforschung sowie der Kultur- und Kommunikationswissenschaften zuwenden. Hingewiesen sei ferner auf die Grenzüberschreitungen zu anderen Exilen, die in komparativer Absicht, stärker als bisher geschehen, in den Blick zu nehmen sein werden. Die thematische Öffnung und zugleich methodische Rekonstruktion des deutschen Exils nach 1933, um die sich Herausgeber sowie Autorinnen und Autoren seit jeher bemüht haben, sind Ausdruck einer zunehmend historisierenden Wahrnehmung der Exile des 20. Jahrhunderts sowie ihrer Identifizierung und Deutung als Sonderformen der Moderne.

Der 25. Band lädt ein zur Rechenschaft über das bisher Geleistete. Davon soll die im Anhang abgedruckte Bibliografie einen kleinen Eindruck geben. Erst in der thematischen Ordnung ihres zweiten Teils wird deutlich, welches breite Feld der Forschungsgegenstände die insgesamt fast 380 seit 1983 erschienenen Artikel widerspiegeln. Über deren Rezeption kann nicht geklagt werden; das Jahrbuch gehört seit Langem zum festen Kanon in den Zitationen von Veröffentlichungen zur Exilforschung. Als äußeren, symbolischen Anstoß, auch in der Zukunft auf diesem Pfad erfolgreich weiterzugehen, haben sich die Redaktion und der Verlag auf ein neues Erscheinungsbild verständigt, das künftigen Beiträgerinnen und Beiträgern zusätzlich motivierende Impulse in einem hoffentlich weiterhin dynamischen Forschungsprozess geben möge.

VORWORT

»Zerstörte Sprache – zerstörte Kultur«: So resümierte Ernst Bloch 1939 in den USA einige der Gefahren, die das Leben im Exil mit sich brachte. Gleich ihm erfuhren die meisten Exilanten den Aufenthalt in der Fremde als eine Gefährdung dessen, was sie trotz Flucht und erzwungener Deplatzierung gerettet zu haben glaubten: die Vertrautheit mit ihrer Muttersprache und den selbstverständlichen Gebrauch von Denk- und Ausdrucksformen, die ihre Erinnerungen, Affekte und sozialen Verhaltensmuster geprägt hatten. Der Verlust dieser Muttersprache erschien ihnen deshalb als eine stückweise Auslöschung ihrer privaten Existenz, ihrer individuellen, im eigenen kulturellen Umfeld gewachsenen Identität. Im sozialen Maßstab betrachtet, musste dies die Verflüchtigung und Zerstörung ihrer hergebrachten, sprachlich vermittelten Kultur nach sich ziehen. Für die Mehrzahl der Exilierten war das Festhalten an der Muttersprache also ein Reflex des Selbstschutzes und der Selbstbewahrung; zugleich war es die Voraussetzung für kollektive Reaktionen gegen nationalsozialistische Sprachmanipulation und die Besetzung kultureller Identität.

Doch gerade der weitreichendste Kollektiventwurf des Exils, das Konzept des »Anderen Deutschlands«, erwies sich im Grunde als zweischneidig. In ideologischer Frontstellung zum Nationalsozialismus entstanden, hing es kulturtheoretisch nicht weniger der durch die Romantik geprägten Vorstellung einer deutschen Nationalkultur nach, deren Wesen in der Emigration bewahrt werden solle. Mehr vergangenheits- als zukunftsorientiert, mehr statisch als dynamisch, verschrieb es sich dem Erhalt des Eigenen anstatt der Konfrontation mit dem Neuen, Fremden und relegierte die Austragung unvermeidlich entstehender Kulturkonflikte in den individuellen Bereich. Das »Andere Deutschland« repräsentierte die *genuine* deutsche Kultur, frei von allen nationalsozialistischen Auswüchsen, gleichzeitig aber ethnozentrisch und selbst-reflexiv. Dieses im Grunde essenzialistische Kulturkonzept zeitigte Konsequenzen – insbesondere für die exilierten Schriftsteller, die sich als kollektiv eingesetzte Konservatoren deutscher Sprache und Kultur verstanden und zumeist den kategorischen Standpunkt Lion Feuchtwangers teilten: »In einer fremden Sprache dichten, in einer fremden Sprache gestalten, kann man nicht« (*Arbeitsprobleme des Schriftstellers im Exil*, 1943).

Dass Feuchtwanger und andere Autoren ihren Erfolg nicht zuletzt Übersetzungen verdankten, ja, dass zahlreiche Werke des Exils zuerst in Übersetzung erschienen waren, änderte wenig an deren allgemeiner Geringschätzung. »Denn auch die beste Übersetzung bleibt ein Fremdes«, heißt es nochmals bei Feuchtwanger, wo dem übersetzten Text der Status eines toten Gegenstands zukommt, dem jeder »Duft« der lebendigen (deutschen!) Sprache abhanden gekommen sei. Und so mehrten sich im Exil die Klagen über das »Brot der Sprache«, von dem man zehre bis zur Verkümmerung, über das Versiegen dichterischer Kraft und die Unzulänglichkeit der hergebrachten Ausdrucksmittel, über das Elend von Sprachverlust und Sprachexil. Nur die wenigsten Autoren zogen daraus die Konsequenz eines freiwilligen Verzichts auf ihre Muttersprache zugunsten eines okkasionellen oder dauernden Sprachwechsels oder ihrer Betätigung als Übersetzer und Selbstübersetzer. Die es taten, waren meist jüngere Exilanten, die erst literarisch debütierten – Erich Fried, Michael Hamburger, Peter Weiss, um nur diese zu nennen. Unwesentlich ältere Autoren wie Arthur Koestler, Klaus Mann oder Ernst Erich Noth beweisen jedoch, dass der Generationsfaktor keine hinreichende Erklärung bietet, und zur Weltliteratur zählende Autoren wie Beckett oder Nabokov demonstrieren gar eindringlich, dass Exterritorialität und (Sprach-)Exil sogar zur unmittelbaren Schaffensquelle werden konnte.

Voraussetzung dazu war freilich die Fähigkeit eines jeden Autors, sein Verhältnis zu Eigen- und Fremdkultur zu überdenken und – gerade in der ungewissen Lage des Exils – seine kulturelle Identität nicht länger in Gegensätzlichkeiten zu formulieren. Es bedurfte der Auflösung eines Widerspruchs, den der exilierte Soziologe (und Sprachwechsler) Alfred Schütz noch wie folgt formuliert hatte: Der Fremde (bzw. der Exilant), so Schütz, sei ein »ein Marginaler, ein kultureller Hybride, der auf der Grenze zwischen zwei Kulturen lebt ohne zu wissen, zu welcher von beiden er gehört« (*Der Fremde*, 1944).

Dem von Schütz beschriebenen Fremden entgegenzustellen ist die Figur des Übersetzers, der die Erfahrung von Liminalität und kultureller Hybridität aushalten und die verzeichneten Brüche und Interferenzen von kulturellen Mustern zu einem neuen Ganzen zusammenfügen kann. Als »Grenzgänger« zwischen Sprach- und Kulturfeldern vermittelt er nicht nur zwischen »Fremdem« und »Eigenem«, indem er durch die geschaffene Äquivalenz des Nicht-Identischen kulturelle Unterschiede kenntlich macht. Vielmehr gründet er seine eigene Existenz auf die schöpferische Ausfüllung jenes »Dazwischen«, auf jenen in der Überlappung von Kulturfeldern geschaffenen imaginären »Dritten Raum«, der ihm die Verortung seiner transkulturellen Identität gestattet.

Übersetzen als kulturelles – und damit kultur*veränderndes* – Handeln: In dieser Form bestimmt der Übersetzungsbegriff inzwischen eine über Linguistik und Textphilologie hinausweisende, kulturtheoretisch orientierte Übersetzungs- bzw. Translationswissenschaft; als *kulturelle Übersetzung* kennzeichnet er auch eine Wende in den Kulturwissenschaften (»translational turn«). Kulturen, so betont vor allem Homi K. Bhabha, existieren im Zeitalter von Postkolonialismus und Globalisierung nur noch als »übersetzte«, weshalb auch der Kulturprozess nur noch als Übersetzungsprozess beschreibbar sei. Die Übersetzung begibt sich damit ihrer untergeordneten Funktion eines möglichst bruchlosen linguistischen »Transfers« kultureller Inhalte und avanciert zum Modus einer Kulturproduktion, die zur Auflösung der Kategorien des »Fremden« und »Eigenen« tendiert. Dies wiederum müsste Konsequenzen haben für unser Verständnis von Exilliteratur. Elisabeth Bronfen hat diese in ihrem psychoanalytischen Erklärungsmodell als Narration des Un-Heimlichen, als Ort des Auseinanderbrechens und des versuchten Neuentwurfs individueller und kollektiver Identitäten dargestellt. Ihrem Nachweis einer Mythopoetik des Exils und einer psychoanalytisch motivierten »Doppelung« von Zeit, Ort und Subjektentwurf wäre daher der Aspekt einer »doppelten« Sprache hinzuzufügen, die sich fallweise als Wechsel zur exogenen Sprache bzw. zur (Selbst-)Übersetzung, als Erstarrungsprozess in der endogenen Sprache oder auch als mehr oder weniger intentionale Amalgamierung von Mutter- und Fremdsprache (von kunstvollen Sprachcollagen bis zum babylonischen Sprachengewirr des »Emigranto«) manifestiert. Somit wäre dem Umstand Rechnung getragen, dass sich Exilliteratur – wie die Literatur der Moderne überhaupt – einer (fremd-)kulturell motivierten Identitätskrise auch sprachlich stellt, wobei gerade die Praxis der Übersetzung und der durch sie eröffnete »Dritte Raum« Möglichkeiten zu deren personaler und textueller Neuschreibung bieten.

Deutlicher ins Blickfeld gerät somit eine Literatur, die nicht nur die (gleichwohl reale) Erfahrung der Entwurzelung, Entortung, des Deplatziert-Seins einschreibt und in negativer Weise als »Verlust« verbucht, sondern in der binäre Oppositionen wie eigen-fremd, dort-hier, vergangen-zukünftig auch sprachlich verarbeitet und ausagiert werden. Dies impliziert zweifellos das Heranrücken der »historischen« Exilliteratur an die Literaturen heutiger Exile und an Formen aktueller Migrantenliteratur, wobei es der Forschung im Einzelnen vorbehalten bleibt, notwendige Binnendifferenzierungen von Text- bzw. Übersetzungsverfahren und von Übersetzungsanlässen (etwa hinsichtlich der Motive räumlicher Mobilität) zu fixieren und zu systematisieren.

Der vorliegende Band möchte zu diesem umrissenen Arbeitsfeld methodische Anregungen und orientierende Impulse geben. Zur Eröffnung skizziert ein Originalbeitrag Georges-Arthur Goldschmidts, wie Exil und Mehrsprachigkeit sein späteres Werk als Schriftsteller und Übersetzer bestimmten. Als theoretisches Pendant, eine Reflexion des 2005 verstorbenen Philosophen Paul Ricœur, dessen Texthermeneutik bedeutenden Einfluss auf die amerikanische Kulturanthropologie ausübte, dessen Ausführungen zum Thema »Übersetzung« in Deutschland jedoch noch weitgehend unbekannt – und unübersetzt – sind. Die anschließenden Forschungsbeiträge untersuchen Bedingungen von Sprachwechsel und Übersetzung sowie Beispiele von Übersetzungsprozessen und daraus resultierender Texte in den wichtigsten Kulturräumen (Europa, USA, Südamerika) sich hier nicht nur deutschsprachig präsentierender Exile der 1920er und 1930er Jahre bzw. sie versuchen, durch die Einbeziehung von kulturellen Übersetzern aus der »zweiten« Exilantengeneration und von neuen Exilen der zweiten Hälfte des 20. Jahrhunderts die grundsätzliche Bedeutung des Übersetzungsparadigmas für eine *Literatur des Exils* nachzuweisen. Der Band erhebt dabei keinen Anspruch auf thematische oder methodische Vollständigkeit. Freilich aber möchte er die von Salman Rushdie in *Heimatländer der Phantasie* gemachte Beobachtung verifizieren, dass Exilanten im Grunde stets »übersetzte« oder in der Übersetzung befindliche Menschen seien. »Da wir quer über die Welt getragen wurden, sind wir auch selbst translated – übertragene Menschen. Normalerweise wird vorausgesetzt, daß bei der Übersetzung immer etwas verlorengeht; ich halte hartnäckig an der Auffassung fest, daß genauso etwas gewonnen werden kann.« Der Nachweis dieses Zugewinns soll hier an den Texten erbracht werden.

Georges-Arthur Goldschmidt

Exil und Doppelsprachlichkeit

Das Exil teilt das Leben in zwei von nun an unvereinbare Hälften auf: das Vorher und das Nachher. Eine sehr banale Feststellung, kann man erwidern, die aber das Wesen des Exilierten als Doppelboden fundiert, untergräbt und zugleich aufspaltet. Nicht daß ein Exilierter irgendwie ein Doppelgänger geworden wäre, ganz und gar nicht, – er ist nämlich vor der Schizophrenie geschützt, die ein Luxus wäre, den er sich nicht erlauben kann: Er hat schon zu viel zu tun, denn vom ersten Augenblick des Exils fängt eine lebenslange Arbeit an; zugleich, vor allem wenn er noch ein kleiner Junge ist, muß er alles, was er verläßt, für immer fixieren auf Nimmerwiedersehen und sich dem absolut Neuen stellen.

Es lagern sich zwei verschiedene Raumempfindungen übereinander, die erste Räumlichkeit, die der ersten Eindrücke der Kindheit, mit welcher das Welterfassen überhaupt einsetzt, mit welcher auch die Formen und Farben, die Geräusche und Stimmen für immer begründet sind, ist von nun an die verbotene Welt, aus der man als geburtsschuldig verstoßen worden ist. Die zweite Raumaufnahme ist die, in welcher die alltäglichsten Gegenstände nun auch etwas Vertrautes bekommen werden und sich über die ersten Empfindungen lagern werden.

Es galt, jede Einzelheit der Heimat mitzunehmen, das kleinste Detail zu registrieren. Es galt, die Heimat in einigen Momenten so scharf zu photographieren, daß deren Grundzüge als Raster des Empfindens in einem bleiben. Es ist erstaunlich, was das Gehirn zu solcher Gelegenheit alles leisten kann, es arbeitet derart perfekt, daß nach 60 Jahren alles noch an Ort und Stelle ist, so sehr, daß unter jedem Wahrnehmungsbild der Gegenwart ein anderes, ein Phantombild aus der Vergangenheit mitkommt, nicht aus einer beliebigen Vergangenheit, sondern aus einer verbotenen Vergangenheit, aus der man ausgeschlossen wurde.

Das Sonderbare am Exil ist die objektive Intensität der Trennung. Obgleich man als Kind nicht genau das Ausmaß des Geschehens versteht, registriert das Auge die winzigste, unbedeutendste Einzelheit, jede Holzfaser, jeden Grashalm, den Klang jeder Stimme, oder wie die Türen der Abteile des Vorortzuges nacheinander zugeschlagen werden; als Leitbild bleibt die kurze Reise von Reinbek nach Hamburg Hbf, von wo es ohne die Eltern nach Florenz ging und von da nach Frankreich – sie bleibt mit ihrer genauen Dauer, ungefähr 27 Minuten, als von nun an für immer festgesetzte Drehscheibe, um welche alle sonstigen Landschaftsbilder kreisen, als orientiere eine solche kurze Zwischenstation die ganze innere Geographie.

Die Sprache der Aufnahme und des Schutzes, dann später der literarischen Arbeit wurde nicht gelernt, sie kam dem Knaben einfach zu und saß in ihm auf einmal fest, und er wußte kaum noch, daß er auch die andere Sprache als Muttersprache gehabt hatte, sie war ihm untersagt worden. Es hatte Monate gebraucht, ehe man verstand, daß man das im Munde so schön gleitende Französisch schon lange verstand, sich es zu sprechen aber nicht traute, da man sich doch verboten wußte. Frankreich war aber das Land der Aufnahme und des Schutzes, das verstand man dann sehr schnell, als die Nazihorden das verratene Land besetzten und zur Menschenjagd aufforderten. So drang das Französische bis in die intimsten Fasern des Selbst ein, der Körper fühlte die Sprache anders, sie schmeckte anders und vor allem befreite sie einen von den auferlegten Denkschablonen. Französisch wurde die Sprache des zwanglosen, aber rationellen, von religiösen Vorurteilen befreiten Denkens, die Sprache der Entdeckung des Widerstandes und des »mauvais esprit«, der geistigen Widerborstigkeit und der Wachsamkeit, die Sprache der cartesianischen Entdeckung der Urteilskraft des Einzelnen gegen Unterwerfung unter von Obrigkeiten vorgeschriebene Denkmuster.

Doppelsprachlichkeit, die etwas anderes als Zweisprachigkeit ist, ist aus der Geschichte entstanden, sie ist ein persönliches Schicksal, sie ist zu jeder Lebenszeit eine verdoppelte Seinserfahrung; sie läßt einen nie in Ruhe und verlangt jedesmal eine fast leibliche Umstellung, die man täglich erlebt – von der man aber immer nur in einer Sprache berichten kann, was man in der anderen erlebt, so daß man jeden Augenblick auf die ausweglose, aber so erfrischende Situation des Übersetzenmüssens zurückgeworfen wird. Das Exil schenkt einem unerwartet, zum Glück, die zwei Seelen in einer einzigen Brust.

Auf Wunsch des Autors wurde in diesem Beitrag die alte deutsche Rechtschreibung beibehalten.

Paul Ricœur

Vielzahl der Kulturen – Von der Trauerarbeit zur Übersetzung

»*Où vont les valeurs?*« – Wohin entwickeln sich die Werte? So lautet der Titel des jüngst von der UNESCO veröffentlichten Werkes, an dem ich selbst mitgewirkt habe. Diese Frage hat etwas Einschüchterndes, und ich möchte sie uns näher bringen, indem ich sie folgendermaßen formuliere: »Welche Wege gehen die Werte?« Ich werde also über Wege sprechen, die wir begehen, über Wegstrecken und Routen, über mögliche Irrwege, über Vorwärtskommen und Umkehren – über Wege also, keinen Ort.

Zunächst möchte ich ein paar Unklarheiten aus dem Weg räumen, die in Sackgassen führen könnten, und daran erinnern, dass »Wegstrecke« oder »Route« auf zwei Bezugspunkte verweist.

Auf der einen Seite steht die Pluralität: Es gibt eine Vielzahl von Kulturen, Sprachen, Staaten, Religionen, und wir können die Verfassung der Menschheit gar nicht mehr anders entwerfen als unter der Bedingung der Vielzahl.

Auf der anderen Seite haben wir einen Horizont, den Horizont der Menschheit, ein Wort in der Einzahl, während die Kulturen in der Vielzahl sind. Die Frage ist, welchen Sinn wir der Menschheit in ihrer doppelten Gestalt geben können, in der des Menschlichen – was ist menschlich, was ist unmenschlich? – und der der Gesamtheit der Menschen als Vielfalt, die mit der Pluralität gegeben ist.

Vorab möchte ich drei Begriffsklärungen unterbreiten. Zunächst sollte man den Begriff des kulturellen Austauschs von geopolitischen Begriffen trennen, die für mich um die Idee der Grenze kreisen. »Grenze« ist ein durchaus legitimer Begriff, denn er geht mit der Vielzahl der von der UNO anerkannten Nationalstaaten einher und bezieht sich auf die Grenzen des Hoheitsgebiets, die militärischen Grenzen und die Grenzen der Rechtszuständigkeit.

Diesem Begriff der Grenze möchte ich zunächst die Idee der Ausstrahlung kultureller Zentren gegenüberstellen. Ich stelle mir die kulturelle Weltkarte vor als ein Netz von Strahlen, die von Zentren oder Brennpunkten ausgehen, die sich allerdings nicht durch nationalstaatliche Hoheit definieren, sondern durch ihre Kreativität, ihre Wirkkraft und ihre Fähigkeit, in anderen Brennpunkten Reaktionen hervorzurufen. Dieses Phänomen: die wechselseitige Überschneidung von Illuminationseffekten in einem enggefügten Netz definiert für mich – im Unterschied zur Grenze – den Begriff der Interkulturalität.

Zweitens sollte man sich davor hüten, im Begriff der kollektiven Identität gefangen zu bleiben, die gegenwärtig unter dem Einfluss der beängstigenden Heraufbeschwörung der Unsicherheit gestärkt wird. Dieser Vorstellung einer feststehenden Identität stelle ich die der narrativen Identität gegenüber: Solange Gemeinschaften lebendig sind, haben sie eine Geschichte, die sich erzählen lässt; und die Narration wird für mich einer der Wege sein, den die von mir sogenannten sich überschneidenden Ausstrahlungen von Kulturen nehmen.

Die narrative Identität ist nicht durch die Selbigkeit, sondern durch *ipse*, das Selbst charakterisiert, nicht durch Sichselbstgleichheit, sondern durch Bewegtheit. Und dieser Idee der narrativen Identität, die die Lebensberichte der Nationen hervorbringt, möchte ich das Versprechen gegenüberstellen: Während die im Gedächtnis gründende narrative Identität der Vergangenheit zugewandt ist, weist das Versprechen in die Zukunft, und die Schwierigkeit besteht nicht nur darin, Versprechen zu geben, sondern diese zu halten.

Ich werde dann die narrative Identität mit der Idee des Existenzentwurfs konfrontieren, einem Vorhaben, an das man sich hält und auf dem man beharrt. Übrigens ist das der Wahlspruch eines Staates, der Niederlande: »*Je maintiendrai*« (»Ich werde beharren«).

Und bevor ich zwei ganz und gar positive Begriffe einführe, ist drittens der Begriff des Horizonts zu beachten. Er ist trügerisch: Der Horizont wird nie erreicht, denn es zeichnet ihn ja aus, dass er sich in gleichem Maße entfernt, wie man sich ihm nähert. Hier führe ich die Idee der Horizontvariationen ein: Sogar innerhalb einer gegebenen Kultur variieren die Werthorizonte, sie haben verschiedene Rhythmen und bewegen sich nicht *en bloc* vorwärts oder zurück, sondern weisen Abstufungen auf.

Zur Verdeutlichung ziehe ich das Bild einer Landschaft heran, die vom fahrenden Zug aus betrachtet wird: Es gibt nahe Horizonte, die schnell vorbeiziehen, mittlere Horizonte, die sich langsamer bewegen, und schließlich den äußersten Horizont einer Landschaft, der nahezu unbeweglich ist. Wir stehen also nicht vor der Alternative »unbeweglich« *versus* »bewegt«: Die Idee des Horizonts impliziert, dass die Horizonte entsprechend den Bewegungsrhythmen variieren.

Vor dem Hintergrund dieser drei Begriffsklärungen – die sich überschneidenden Strahlungseffekte, die narrative Identität in Verbindung mit dem Versprechen und die Horizontvariationen – möchte ich die folgenden beiden Begriffe zur Diskussion stellen.

Der erste Begriff ist die Übersetzung. Die Übersetzung vermittelt zwischen der Vielheit der Kulturen und der Einheit der Menschheit. In diesem Sinne werde ich über das Wunder des Übersetzens und den Symbolwert von Übersetzungen sprechen. Übersetzen ist die Antwort auf das unwiderlegbare Phänomen der menschlichen Pluralität mit ihren Aspekten der Streuung und Verwirrung, die im Babelmythos verdichtet sind. Wir befinden uns »nach Babel«.

Übersetzen ist die Antwort auf die babylonische Zerstreuung und Sprachverwirrung. Das Übersetzen beschränkt sich nicht auf die spontane Praxis von Reisenden, Händlern, Botschaftern, Fährleuten aller Art und Verrätern oder auf die professionelle Praxis der Übersetzer und Dolmetscher: Übersetzen steht paradigmatisch für jede Art des Austauschs nicht nur zwischen Sprachen, sondern auch zwischen Kulturen. Die Übersetzung eröffnet den Zugang nicht zu einem abstrakten, geschichtslosen Allgemeinen, sondern zu konkreten Universalien.

Übersetzungen bringen nicht nur den Austausch hervor, sondern sie schaffen auch Äquivalenzen: Das Erstaunliche am Übersetzen ist, dass es den Sinn einer Sprache in eine andere beziehungsweise einer Kultur in eine andere transportiert, ohne ihn identisch wiederzugeben, sondern indem es lediglich ein Äquivalent anbietet. Die Übersetzung ist dieses Phänomen der Äquivalenz ohne Identität. Damit steht sie, ohne die anfänglich gegebene Pluralität zu zerstören, im Dienst des Entwurfs einer Menschheit – einer Menschheit, die durch die Übersetzung aus der Pluralität selbst hervorgebracht wird.

Voraussetzung des Übersetzens ist, dass die Sprachen untereinander nicht so fremd sind, dass sie grundsätzlich nicht übersetzbar wären. Jedes Kind ist fähig, eine andere als seine eigene Sprache zu erlernen, und bezeugt damit zugleich die Übersetzbarkeit als eine grundlegende Voraussetzung des Austauschs zwischen den Kulturen.

Es gibt sogar bemerkenswerte Beispiele für Kulturmischungen, die durch Übersetzen zustande gekommen sind: die Übersetzung der Thora aus dem Hebräischen ins Griechische in der Septuaginta, dann aus dem Griechischen ins Lateinische und aus dem Lateinischen in die Vernakularsprachen, und die exemplarische Übersetzung des riesigen buddhistischen Korpus aus dem Sanskrit ins Chinesische und später ins Koreanische und Japanische.

An Phänomene dieser Art denke ich, wenn ich vom Austausch des kulturellen und spirituellen Erbes spreche, der heute eine gemeinsame Sprache sucht. Diese gemeinsame Sprache wird nicht etwa, wie man es sich im 18. Jahrhundert erträumte, eine künstliche Sprache sein, die in die (jeweils ihre eigene Komplexität aufweisenden) natürlichen Sprachen nicht rückübersetzbar ist. Die Übersetzung bringt lediglich konkrete Universalien hervor, die ratifiziert, angeeignet, angenommen und anerkannt werden wollen.

Eine einzige Gewissheit genügt: Es gibt kein absolut Unübersetzbares. Auch wenn eine Übersetzung immer unvollkommen ist, so schafft sie doch stets Ähnlichkeit da, wo es nur Pluralität zu geben schien. Die Übersetzung schafft Vergleichbares zwischen Unvergleichbarem. In dieser vom Übersetzen geschaffenen Ähnlichkeit gelangen der »universelle Entwurf« und die »Vielfalt des Erbes« zur Versöhnung.

Die zweite Idee – und damit schließe ich – ist die der Annahme des Verlustes, die Idee der Trauer. Zunächst ist da die Trauer um die vollkommene Übersetzung. Die perfekte Übersetzung gibt es nicht, man kann immer wieder neu übersetzen; Übersetzen ist eine Arbeit, die nie zum Abschluss kommt. Ich möchte nun die Idee des Verlustes und der Trauer auf die Beziehung der Kulturen untereinander ausweiten.

Hier mache ich eine Anleihe bei der Psychoanalyse: Die Erinnerungsarbeit geht immer mit Trauerarbeit einher. Nur innerhalb dieser Beziehung zwischen Wiedererinnern und Verlust ist die wechselseitige Anerkennung der Kulturen möglich. Die Trauerarbeit bewirkt notwendig, dass wir uns bemühen, unsere individuellen oder kollektiven Lebensberichte, und ganz besonders die Gründungsereignisse einer Tradition, anders zu erzählen.

Denn wir müssen die Trauerarbeit um das Unabänderliche und Absolute der geschichtlichen Grundlagen leisten: Zuzulassen, dass andere (von) uns in ihrer eigenen Kultur erzählen, bedeutet, der Trauer um die Absolutheit unserer eigenen Tradition fähig zu sein.

Hauptgegenstand der Trauerarbeit sind also die Gründungsereignisse einer jeden Tradition. Es gibt kein Land, das nicht in irgendeiner Epoche seiner Geschichte einen Verlust erlitten hätte: territoriale Verluste, Verluste an Menschen, Einfluss, Ansehen oder Glaubwürdigkeit.

Das zu bedenken, zwingt uns das grausame europäische 20. Jahrhundert. Die Fähigkeit zu trauern muss immer wieder neu erlernt werden. Wir müssen beim kulturellen Austausch akzeptieren, dass es Unentzifferbares in unseren Lebensgeschichten, Unvereinbares in unseren Konflikten und nicht wieder Gutzumachendes in den erlittenen und zugefügten Schäden gibt.

Wenn wir diese Trauerarbeit zugelassen haben, können wir uns einem befriedeten Gedächtnis anvertrauen, dem Kreuzfeuer zwischen verstreuten Kulturzentren, der wechselseitigen Neuinterpretation unserer Geschichten und der nie abgeschlossenen Übersetzung von einer Kultur in die andere.

(Übersetzung: Ulrike Bokelmann)

Dieser Artikel erschien am 25.04.2004 in der Tageszeitung *Le Monde* und ist die überarbeitete Fassung eines Vortrags, den Paul Ricœur bei den »Entretiens du XXIe siècle« am 28. April 2004 im Sitz der UNESCO hielt.

Michaela Wolf, Georg Pichler

Übersetzte Fremdheit und Exil – Grenzgänge eines hybriden Subjekts
Das Beispiel Erich Arendt

Exil ist eine Sonderform der Fremdheitserfahrung, da das Subjekt durch die Aufgezwungenheit seiner Situation vor weitaus größeren – zum Teil lebensbedrohenden – Problemen der Übersetzung von fremdkulturellen Phänomenen in seine eigene Erfahrungswelt steht und in viel größerem Maß, als es bei anderen Fremdheitserfahrungen der Fall ist, immer wieder die erlebten Grenzen seiner eigenkulturellen Welt aufsprengen und überwinden muss. Es befindet sich in einem hybriden dritten Raum, hat die eigene Kultur notgedrungen verlassen und muss sich mit einer neuen Kultur vertraut machen.

Im Zentrum des vorliegenden Beitrages stehen jene von »Fremdheit« geprägten Erfahrungen von im Exil lebenden Menschen, die – im weitesten Sinn – als Ergebnisse von Übersetzungsprozessen angesehen werden. Besonderes Augenmerk wird dabei auf verschiedene Kategorien rezenter postkolonialer Forschung gelegt, die »Identitätsfragen« oder »Grenzüberschreitungen« aus hybriditätstheoretischer Sicht thematisieren und für die Frage vom kulturellen Übersetzen des Exils fruchtbar zu machen sind. Diese theoretischen Überlegungen, die sowohl das »exilierte Subjekt« als auch seine Übersetzungsproduktion beleuchten, werden schließlich im Rahmen der deutschsprachigen Exilliteratur anhand einer Analyse des Lebens, des Werks und der Übersetzungen von Erich Arendt verdeutlicht, der auf der Flucht vor dem nationalsozialistischen Regime im Exil auf Mallorca, im Spanischen Bürgerkrieg und in Kolumbien sich mit der spanischen und lateinamerikanischen Kultur in ihrem weitesten Sinn auseinandersetzte und sich nach seiner Rückkehr in die DDR als einer der wichtigsten Übersetzer spanischsprachiger Lyrik ins Deutsche profilierte. Seine Übersetzungsproduktion soll unter den oben genannten Gesichtspunkten analysiert werden, wobei auch auf ihre Wechselwirkung mit seinem eigenen lyrischen Werk einzugehen sein wird.

Exil als Fremdheitserfahrung

Das Exil ist sowohl in den Schriften von Betroffenen als auch in der Literatur der Exilforschung mit zahlreichen Metaphern belegt worden, die die vielfachen Facetten des Exiliertendaseins zu erfassen suchen. Vom »Exil als Überlebensmetapher«[1] ist da die Rede oder von der »Doppelperspektive der Innen- und Außensicht«[2], vom »Exil als Erlebnis einer existentiellen Zäsur«[3] und der »Auflösung unserer Weltordnung (im Exil)«[4]; die Existenz der Exilierten wird mit einem »Reisenden zwischen Abfahrtszeiten«[5] und einem »Doppelgängertum«[6] ebenso verglichen wie mit dem Zustand des »Gefangenseins« und der »Flucht«[7], was die Exilierten schließlich in eine (sprachliche) »Doppelexistenz«[8] bzw. in ein »Da-Zwischen«[9] drängt und sie die eigene Sprache als »geistigen Lebensraum«[10] empfinden lässt.

Viele dieser Topoi und Metaphern fließen geradewegs in den Entwurf methodischer Konzepte ein, die zur Erfassung des Phänomens Exil in seiner Tiefendimension in den letzten Jahren erarbeitet wurden: Neben dem methodisch vielfach erprobten »Akkulturationskonzept« sind hier gedächtnistheoretische oder imagologische Überlegungen ebenso zu nennen wie Diasporatheorien und vor allem postkoloniale Hybriditätskonzepte. So steht etwa der Terminus »Akkulturation« einerseits für die verschiedenen kulturspezifischen Aneignungsvorgänge im Exilland, bezieht sich andererseits jedoch auch auf weniger neutral gedachte Prozesse und sucht sowohl den Kulturschock zu beschreiben, dem viele Exilierte ausgesetzt sind, als auch die bewusste, oft schmerz- oder zwanghafte Hinwendung zur Fremdheit.[11] In letzter Zeit hat sich vor allem die frauenspezifische Exilforschung dieser Akkulturationsfragen verstärkt angenommen und hat auf die besondere Anpassungsfähigkeit von Frauen im Kontext ihrer Bemühungen, eine soziale, kulturelle und auch künstlerische Identität im Exil aufzubauen, hingewiesen. Die Annahme der Staatsbürgerschaft des Gastlandes sowie Familiengründung werden dabei als Ausdruck von Identifikationshandlung und als verstärkte Akkulturationsbemühung gewertet. Der künstlerische Werdegang exilierter Frauen implizierte die enge Verknüpfung von literarischer Produktion und eigener Biografie, wurde dabei doch die »durchlebte und vollzogene Akkulturation (...) zum Katalysator für das Schreiben«[12]. Ähnlich ist der Prozess der Akkulturation mit dem Phänomen des Übersetzens (in einer ersten Phase vor allem in die »fremde« Sprache, denn für die »eigene« war der Zugang zu den LeserInnen zumeist abgeschnitten) in Bezug gesetzt worden, in dessen Verlauf »die Perspektiven langsam in Richtung auf einen neuen Kulturraum verschoben werden«.[13] Wurde jedoch Exil als »geistige Lebensform« gepflegt, in der die eigene Sprache und Kultur weiterhin als Leitmotiv für die soziale und auch politische Identität angesehen werden, so führte dies unweigerlich zu einer Verhinderung oder zumindest Verzögerung von Akkulturation.[14] Die Übersetzungstätigkeit hingegen kann als expliziter Versuch einer verstärkten Identifikation mit der neuen Kultur gewertet werden.[15]

Wie die Exilforschung wiederholt festgestellt hat, führt die gegenseitige soziale und auch ideologische Unterstützung, die Exilierte einander zukommen lassen, oft zu einer Einengung des Akkulturationspotenzials. Schließlich wird im Bemühen, die Erfahrung von Verlust und Enttäuschung nicht überhand nehmen zu lassen, dem Faktor Gedächtnis erhöhte Aufmerksamkeit geschenkt.[16] Erinnerung und Gedächtnis als kulturwissenschaftliche Kategorien öffnen somit den Blick sowohl auf alltagsrelevante als auch im weiteren Sinn anthropologisch-historische Fragestellungen, die die – auch geschlechtsspezifisch – unterschiedlichen Formen, Rituale und »Inszenierungen« von Erinnerung untersuchen.[17]

In jüngster Zeit sind in der Exilforschung verstärkt Versuche zu verzeichnen, den Diaspora-Diskurs auch für Erfahrungen jenseits von kultureller Differenz und Verortung der Exilbefindlichkeit und auch über den jüdischen Diasporabegriff hinaus zu beanspruchen[18] und ihn im Kontext seiner starken globalen und historischen Bezüge auf seine transnationalen und transkulturellen Potenziale zu prüfen. Damit einhergeht die Abwendung von dichotomischen Vorstellungen wie Mehrheit vs. Minderheit oder Zentrum vs. Peripherie, die die Erfahrung des – wie immer verstandenen – Exils essenzialisieren und die Hinwendung zu Denkfiguren, die die Merkmale von »Kontaktzonen«[19] privilegieren. So thematisiert etwa Andrea Reiter die Implikationen der Globalisierungsdebatten für die (Neu-)Konstituierung der Diskurse über Exil und Diaspora und fokussiert im Speziellen ihre Anbindung an postkoloniale Theorien. Die enge thematische und methodische Beziehung zwischen Diaspora und Postkolonialismus stellt Reiter paradigmatisch an Salman Rushdie und seinem literarischen und essayistischen Schaffen dar, das MigrantInnen ebenso wie Exilierte als »Insider« und »Outsider« der Diaspora-Gesellschaft positioniere, wodurch den »Betroffenen« kultur- und gesellschaftskritische Autorität verliehen würde[20] und sie schlechthin für ihre Funktion als MittlerInnen zwischen Kulturen prädestiniert erschienen.

Grenzgänge mit Homi Bhabha

Die Einbindung postkolonialer Denkfiguren in die Exilforschung eröffnet Perspektiven, die die Befindlichkeit des exilierten Subjekts und sein kulturelles bzw. literarisches und künstlerisches Schaffen neu zu konstituieren und dabei das Bruchhafte, das Da-Zwischen, das Grenzgängerische gegenüber der Anbindung an nationalliterarische oder ethnischen Vorstellungen verpflichtete Denkmuster zu privilegieren suchen. Die oder der Exilierte kann somit nicht mehr als am »Rand« eines kulturellen Systems angesiedelte/r Angehörige/r einer wie immer zu definierenden Minderheit gesehen werden, sondern operiert in einem produktiven »Zwischenraum«, der ihn oder sie für Übersetzungsprozesse prädestiniert. In solchen Konstellationen sind für die Konzeptualisierung des kulturellen Übersetzens im Exil verschiedene Kategorien ausschlaggebend: ein Konzept von Kultur, das die grenzüberschreitenden Denkoperationen ermöglicht; »Hybridität« bzw. »métissage« als Ergebnis kultureller Berührungen; der »Dritte Raum« als Handlungs- und Konfliktraum; und schließlich die Grenze, an der diese Übersetzungsprozesse aufgrund von »Verhandlungen«[21] stattfinden. Im Folgenden werden diese Kategorien diskutiert und auf ihre Exilrelevanz überprüft.

»›Cultures‹ do not hold still for their portraits«[22] – dieses Zitat von James Clifford, einem der beiden Promotoren der sogenannten »Writing Culture-Debatte«, steht für ein Kulturkonzept, das den vorliegenden Überlegungen zugrunde liegt. Es impliziert, dass Kulturen nicht als geschlossene Systeme existieren und demnach beim Übersetzen nicht als solche übertragen werden; sie können, wie das Moment des Abbildens oder Porträtierens, lediglich als eine vorübergehende Bestandsaufnahme gesehen werden. Solche Auffassungen von Kultur wirken essenzialistischen Vorstellungen entgegen, die den jeweils wesenhaften, mehrheitlich unveränderlichen und damit a-historischen Charakter von Kultur betonen und Kulturen auf der Basis von Dichotomien wie Fremdes versus Eigenes operieren sehen. Eine solche Sicht leistet der grundsätzlichen Trennung und auch mehr oder weniger klaren Unterscheidbarkeit von Kulturen Vorschub und verstellt damit gleichzeitig den Blick auf die jeder Kultur immanenten vielseitigen diskursiven Geschehnisse und Repräsentationen.

Das Offene und Prozesshafte von Kulturen wird vor allem von Homi Bhabha betont, dem indisch-englischen Kultur- und Literaturwissenschaftler, der die Produktion von Symbolen und Bedeutungszuschreibungen zur Konstitution von Kultur ins Zentrum seiner Betrachtungen stellt und daraus folgernd Kulturen als permanent stattfindende Praktiken beschreibt: »All cultures are symbol-forming and subject-constituting, interpellative practices.«[23] Diese Praktiken bringen demnach permanent neue Bedeutungen hervor und sind für die Schaffung und Aufnahme neuer Symbole offen. Auf der (erfolglosen) Suche nach dem Authentischen, Echten in Kulturen hingegen begegnen uns Subjekte, die vordergründig, in Traditionen und gesellschaftlichen Konventionen festgebunden, quasi a-historisch in ihnen zuerkannten Rollen agieren. Homi Bhabha geht es darum, Subjekte jedoch gerade nicht auf ethnische oder ähnliche Positionen festzulegen, sondern er stellt den Bereich der Überschreitung jener divergierenden ethnischen, klassenspezifischen und geschlechtsspezifischen Zugehörigkeiten oder Zuschreibungen hervor, die nur in ihrer »Verknotung« das individuelle Subjekt ausmachen können. Und dieses Subjekt ist gefordert, über die beschränkenden, da reduzierenden Identitätsansprüche, die von herkömmlichen Kulturkonzepten an es gestellt werden, hinauszugehen, ohne diese Erbschaft zu verleugnen oder auch zu verdrängen.[24]

Ein solcherweise verstandenes Kulturkonzept ist vor allem für das Exil betreffende Identitätsfragen unter mehreren Perspektiven fruchtbar zu machen. Da sich die Frage nach Identität jeweils aus der Suche des Eigenen und des Anderen nach Repräsentation ergibt und die daraus resultierenden diskursiven Praktiken, gerade aufgrund der asymmetrischen Austauschverhältnisse, in die sie eingebunden sind, höchst manipulativen Charakter haben, stellt sich Identität als Konstrukt dar, das jeden Anspruchs auf Authentizität entbehrt und grundlegend anti-essenzialistisch ist. Die Frage nach Identität erlangt gerade durch Verfolgung und Flucht besondere Brisanz, nicht zuletzt, da der Begriff der Identität genuin ein stabilitätsförderndes Moment suggeriert. Wie Eva Borst in ihrem Aufsatz »Identität und Exil« feststellt, ist Identitätsentwicklung jedoch, auch auf das Exil bezogen, ein »unabschließbarer Prozeß, der sich nach keinem einheitlichen Muster vollzieht – zu unterschiedlich sind Frauen und Männer in ihrer Herkunft, in ihrer Bildung und in den freundschaftlichen sowie verwandtschaftlichen Beziehungen«.[25] Die (neue) Lebenskultur Exilierter wird – nach dem Kulturverständnis von Homi Bhabha – eben nicht zu einer traditions- und identitätssichernden Instanz, sondern ist durch das Zusammenfließen von Prozessen der Sinnzuschreibung und der Mehrfachkodierungen gekennzeichnet, was impliziert, dass das Individuum in der Auseinandersetzung mit seiner Umwelt stets »Identitätsarbeit« leistet. Besonders sichtbar ist dies in der Sprache als »Identitätsträger«. So war der im Exil oft vollzogene »Sprachwechsel« in der Regel ein eher temporäres Phänomen, eine »Eintrittskarte in die Sprach-Kultur des Exil-Gastlandes«.[26] Sahen manche im Sprachwechsel den völligen Verlust ihrer Identität, erblickten andere darin eine Chance zum schöpferischen Impuls:[27] »The thing (...) to do is to learn a new idiom to communicate a new identity«[28], so beschreibt Klaus Mann den Sprachwechsel als Ausdruck eines Identitätswechsels, der jedoch nicht wieder rückführbar ist, sondern – im Zuge einer Neukontextualisierung durch die Exilerfahrung – vielfach in der Herausformung eines Internationalismus oder Kosmopolitismus mündet und, im spezifischen Fall von SchriftstellerInnen, auch oftmals zu einem Wechsel der literarischen Orientierung führt.[29]

Die Suche nach Neuverortung im »Gastland«, die notgedrungen über das Medium Sprache verläuft, kann mit der Metapher des Übersetzens plausibel dargestellt werden. Peter Weiss etwa, dem – wie so vielen – im Exil die Sprache, in der »das Morden anbefohlen«[30] wurde, unmöglich gemacht wurde, bedeutete das Schreiben fortan einen kontinuierlichen Prozess der Neukonstituierung: Auf der Suche nach den »richtigen Worten«, der »richtigen Sprache«, einer Suche, die zur Erkenntnis führt, dass »Sprache nirgendwo mehr einen festen Wohnsitz hat«[31], macht Weiss die schmerzliche Erfahrung des Übersetzten und Übersetzenden, dessen Einfälle »nicht frei strömten«, sondern der erkannte, dass sie mühsam entworfen werden mussten: »kontrolliert, bearbeitet, übersetzt«.[32] Weiss schildert den Schreibprozess als einen Transferprozess, in dem er selbst als übersetztes Subjekt der identitätssuchende Protagonist ist, der seine existenzielle Entfremdung schaffensproduktiv umzusetzen sucht: »Und wenn es schwer war, an Worte und Bilder heranzukommen, so war es nicht deshalb, weil ich nirgends hingehörte und keine Verständigungsmöglichkeiten erkennen konnte, sondern nur deshalb, weil manche Worte und Bilder so tief lagen, dass sie erst lange gesucht, abgetastet und miteinander verglichen werden mussten, ehe sie ein Material hergaben, das sich mitteilen ließ.«[33] Diese übersetzerische Befindlichkeit, die aus dem unwiederbringlichen Verlust des vermeintlich »Eindeutigen« resultiert, wirft die Frage nach der Möglichkeit oder Unmöglichkeit von Repräsentation und damit auch von Übersetzbarkeit immer wieder erneut auf.

Das Moment der – schmerzlichen, bitter empfundenen – Begegnung mit dem »Anderen« lässt die Lebenskultur der Exilierten nicht nur nicht unberührt, sondern trägt oft zu ihrer umfassenden Umformung bei. Im Kulturkonzept von Homi Bhabha ist die Begegnung durch Exil oder Migration eine zentrale Denkform, durch die es zu kontinuierlichen Diskontinuitäten, Brüchen und Differenzen kommt, deren Ergebnis laut Bhabha hybride Befindlichkeiten implizieren. Das Phänomen der Hybridität beruht auf der Annahme, Kulturen könnten nicht als homogen oder geschlossen angesehen werden, sobald sie im Kontext von »Wesen« oder »Ort« diskutiert werden.[34] Edward Said meint, dass an der Konstitution aller Kulturen viel Erfundenes beteiligt sei, das auch in die ständige Schaffung und Neuschaffung der verschiedenen Bilder einfließt, die sich eine Kultur von sich macht, wodurch es zu steten Manipulationen und Falsifikationen komme. Damit bringt Said zum einen die machtvollen Beziehungen in die Diskussion ein, die jede Konstituierung von Kulturen kennzeichnet, und zum anderen den hybriden Charakter, der jeder Kultur immanent ist: »Alle Kulturen sind hybrid, keine ist (rein) (...), keine bildet ein homogenes Gewebe.«[35] Das Konzept der Hybridität mag insofern irreführend erscheinen, als es die Annahme einer »reinen Kultur« impliziert und damit erneut zu einer Essenzialisierung führt. Das Risiko des Hybriditätskonzepts besteht somit darin, sich überlagernde Identitäten für unterschiedliche Gesellschaften als absolut zu sehen und sie dadurch wiederum essenzialistisch zu verfestigen. Darauf verweist auch Terry Eagleton, wenn er feststellt, dass »Hybridisierung Artenreinheit voraussetzt. Strenggenommen kann man nur eine Kultur hybridisieren, die rein ist«; er räumt jedoch – unter Bezugnahme auf Said – ein, dass »alle Kulturen miteinander verwoben (sind), keine ist vereinzelt und rein, alle sind hybrid, heterogen, hochdifferenziert und nicht monolithisch«.[36]

Ähnlich wie der Begriff der Hybridität können zwei weitere in den Kulturwissenschaften entwickelte Konzepte für die Erforschung der Exilerfahrung fruchtbar gemacht werden: *métissage* und *recyclage*. Der Begriff *métissage* wird in der Literatur häufig synonym mit Hybridität verwendet, bezeichnet er doch ebenso den aus kultureller »Vermischung« resultierenden

Zustand und den in der Postmoderne erfahrenen Verlust der Authentizität bzw. die Erkenntnis, dass es sich dabei immer um ein Konstrukt handle. *Métissage* steht somit ebenso wie Hybridität nicht für ein »glückliches Dazwischensein«, für eine sicherheitsschaffende Situation im Zentrum, sondern für ein Abrücken von der Vorstellung identitätsstiftender Instanzen und für eine Kontaminierung kultureller Werte.[37] *Recyclage* hingegen ist charakterisiert durch sozialen und kulturellen Wandel und bezeichnet unter anderem die soziale Mobilität der Menschen in Zeit und Raum, die die Rolle des Subjekts unweigerlich und nicht rückführbar transformiert.[38] Damit ist die Fragmentiertheit und Diskontinuität menschlichen Lebens angesprochen, die gleichzeitig das Eintreten in eine Dynamik bedeutet, in der vor allem das »Davor« und »Danach« des Transformationsprozesses fokussiert wird und das den durch das hybride Produkt hervorgerufenen Wandel zu repräsentieren sucht. Auf das Exil bezogen kann die hier angesprochene Mobilität und der daraus resultierende Hybriditätszustand als ein erzwungener, traumatischer Akt verstanden werden, der vielmals zu identitären Spaltungserscheinungen und ambivalenten Repräsentationsmerkmalen führt und in verstärktem Maß Übersetzungsarbeit »zwischen den Kulturen« erfordert. Aussagen wie »die Heimat war fremd geworden und die Fremde nicht heimisch«[39] oder das »unheimliche (...) Dazwischen« des Exils, das so »›unheimlich‹ ist, weil es kein neues Zuhause artikulieren kann«[40], geben Zeugnis von dieser situativen Ambivalenz. Gerade dieses »prekäre Dazwischen« impliziert, dass Vertreibung und Flucht zu kultureller Neukonstituierung zwingen können; gleichzeitig wird damit der konstruktivistische Charakter der Exiliertenbefindlichkeit freigelegt. Wie Andrea Reiter zu Recht anmerkt, ortet Homi Bhabha gerade in dem »unübersetzbaren Rest« in der Repräsentation des Eigenen im Fremden das Hybride, das potenziell zu endloser Suche Anlass gibt[41] und das einen Erklärungsansatz für die Befindlichkeit jener Exilierten bieten kann, die sich »im Niemandsland zwischen zwei Kulturen aufhalten, weil sie sich weder lösen noch anpassen können«.[42]

Das Phänomen der Hybrididät ist also mit Momenten des Übergangs zu assoziieren und verläuft unweigerlich entlang von Bruchlinien. Hybridität ergibt sich aus der Berührung von Räumen, die nun als Produkt des »Übersetzens zwischen Kulturen« »affektive und identifikatorische Grenzfälle«[43] hervorrufen können. Das Hybride wird als aktives Moment der Herausforderung gegenüber vorherrschender kultureller Macht gesehen, das dabei den sogenannten »Dritten Raum« eröffnet. Er ist, wie hier verständlich wird, keineswegs geografisch bestimmbar. Der »Dritte Raum« ist ein Zwischen-Raum, ein Übergang, der als Prozess aufzufassen ist: »Ein Ort lässt sich beschreiben, seine Geschichte aber muß immer wieder neu geschrieben werden.«[44] Für das Theorem des »Dritten Raums« ist von besonderem Erkenntnisinteresse, dass aus den kontextuellen Verknüpfungen im Rahmen eines »Aushandelns«

stets neue Zusammenhänge entstehen, die auf das Vorhergehende nicht mehr rückführbar sind: Die durch den Transformationsprozess zwischen den involvierten AkteurInnen permanent vorgenommenen Konstruktionen von Bedeutung führen zu Neupositionierungen transferierter Zeichen, die bestehende Ordnungen in Frage stellen und viele Kontextualisierungsmöglichkeiten offenlassen. Dies bedeutet jedoch nicht, dass es zu beliebigen Bedeutungszuschreibungen kommt, es handelt sich vielmehr um kontextabhängige Deutungen, die das Potenzial, Neues zu produzieren, in sich tragen.

Einer von mehreren Kritikpunkten an der Konzeptualisierung eines »Dritten Raums« als Alternative zu (oftmals eurozentrischen) Bildern des Anderen oder des Fremden thematisiert seinen Anspruch, kulturell kodifizierte Bedeutungen zwar zu unterlaufen und damit kulturelle Transformation in Aussicht zu stellen, doch liefert dies noch nicht die Garantie, dass sich die dafür gewünschte Bedeutungskonstellation auch tatsächlich durchsetzen werde. In diesem Zusammenhang wird, gerade auf Grund seiner Abstraktheit, die politische Wirksamkeit des Konzepts bezweifelt.[45] Steht der »Dritte Raum« jedoch für den vorliegenden Kontext des Exils heuristisch als »kultureller Spielraum«, der zwischen konkreten Exilerfahrungen und historisch-kulturellen Diskursen vermittelt, so stellt er sich als jener Bereich dar, aus dem heraus die Exilierten potenziell operieren: Lebensweltlich in einem Da-Zwischen situiert, sprachlich konfliktuellen Ambivalenzen ausgeliefert, sind viele von ihnen als hybride Subjekte auf der Suche nach Neupositionierung. Ausschlaggebend ist dabei die Frage, inwieweit sich die Exilierten auf diese Herausforderungen einlassen, d. h., welche Kontextualisierungsmöglichkeiten sie aufgreifen oder aufgreifen können. Das schöpferische Movens, das in der Literatur immer wieder thematisiert wird[46] und das die Betroffenen in kreativer Weise Umdeutungen vornehmen lässt, ohne die traumatischen Konsequenzen des Exils zu verleugnen, umreißt am besten die einschneidenden künstlerischen oder alltagsweltlichen Neuorientierungen, die die Praktiken vieler Exilierter bestimmen. Die Umdeutungen, die in diesem »Dritten Raum« vorgenommen werden, in diesem »Niemandsland zwischen den Sprachen«[47], das die Gefahr der Zerrissenheit in sich birgt, bewirken eine hybride Befindlichkeit, die als Ergebnis von Übersetzungsprozessen gedeutet werden kann: Die Empfindung, in der »neuen«, »anderen« Sprache, in der »neuen« Kultur »deplatziert«/*displaced* zu sein, »ein Unzugehöriger, (...) einer, der etwas Fremdartiges anzubieten hat«[48], wie Peter Weiss es ausdrückt, schafft die Notwendigkeit des Übersetzens, die viele der Exilierten in die Übertragung zwischen Sprachen im engeren Sinn auch praktizieren, womit sie in doppelter Anstrengung um eine Neupositionierung ringen. Die »radikale Freiheit« von SchriftstellerInnen, »sich der Festlegung durch *eine* Sprache zu entziehen«[49], wird somit zu einer (zumindest kulturellen) Überlebens-Metapher.

Gerade Übersetzen bedeutet, entlang Grenzen zu arbeiten und diese Grenzen auch fortlaufend in Frage zu stellen, besteht doch laut Homi Bhabha die »Notwendigkeit, sich die Grenze der Kultur als ein Problem der Äußerung kultureller Differenz zu denken«.[50] Grenzen zu erkennen und sie als Ausgangspunkt und Austragungsstätte interpretatorischer Konflikte zu denken setzt voraus, dass der Vorgang der »Vermittlung«, durch den etwa ein Sprachwechsel vorgenommen und Akkulturationsprozesse ausgelöst werden, selbst als Ausgangspunkt für Hybridisierung gedacht wird. Auf die Übersetzung im engeren Sinn übertragen heißt das im Detail, dass Übersetzen keine Sprache intakt lässt. Durch den Prozess des Übersetzens wird Sprache vielmehr einer ständigen Umwandlung ausgesetzt, denn durch eine Übersetzung wird nicht nur eine fremde Sprache zur eigenen, sondern auch die eigene zur fremden. Und die Bedeutungsüberschneidungen und -zuschreibungen, die im Laufe dieses Prozesses realisiert werden, sind entlang der Grenzen in den Transitionszonen zwischen den Exilierten und ihrer (neuen) kulturellen Umgebung vorzustellen. Dadurch wird offenbar, dass die involvierten Subjekte, die in diesen Kontaktzonen, entlang Grenzen und an Bruchlinien operieren, von dort aus »Neues« produzieren und zugleich sich selbst neu zu positionieren versuchen. Denn Martin Heidegger zufolge ist die »Grenze (...) nicht das, wobei etwas aufhört, sondern, wie die Griechen es erkannten, die Grenze ist jenes, von woher etwas *sein Wesen beginnt.*«[51] Als TrägerInnen hybrider Identität sind diese Subjekte gleichzeitig der konstruktiven Instabilität kulturellen Wandels ausgesetzt: Aus dieser Sicht ist das exilierte Subjekt dem postkolonialen Subjekt nicht unähnlich.

Wird davon ausgegangen, dass das Exil einen Ort des Widerspruchs, der Desertion und der Differenz darstellt, so übernimmt die Kategorie der Grenze eine Schlüsselrolle in der Konzeptualisierung des kulturellen Übersetzens im Exil: Die Vorstellung einer Grenze, entlang der Neukontextualisierungen oder Umdeutungen stattfinden, führt zu einer Dynamik, die dazu beiträgt, die vereinfachenden Gegensätze zwischen »uns« und den »anderen« aufzuheben und durch Über-Setzung einander verständlich zu machen. Dies soll keineswegs eine Beschönigung der Exilerfahrung darstellen, im Gegenteil: Es impliziert vielmehr, »das Exil als Ort des Widerstreits zu (verstehen), an dem das Zentrum in die Fluchtlinie der Peripherie gerät«[52], wo also Fixierungen aufgebrochen und im Rahmen der Schaffung permanenter Verunsicherungen Neues, nicht Dagewesenes produziert wird. Dabei sollen die Brüche, die durch Flucht und Vertreibung hervorgerufen werden, nicht aus den Augen verloren, sondern ihr schöpferisches Potenzial, das sich aus den Erfahrungen der Grenzüberschreitung herausbildet, in den Blick genommen werden.

Auf der Basis postkolonialer und poststrukturalistischer Kulturtheorien, wie sie hier vertreten werden, ist eine Auseinandersetzung mit der Exilerfahrung am ehesten Erkenntnis bringend, wenn von den Diskontinuitäten und Brüchen ausgegangen wird, die durch das Exil hervorgerufen werden, und deren Konflikte in einem »Dritten Raum« ausgehandelt werden, der »nicht Lösungs-, sondern Strategiefigur (ist), (eine) Möglichkeit der Artikulation von Widerständigem an den Grenzen des Denkens in Dualismen, die es (...) durchkreuzt, nicht aber überwindet«.[53] Es gilt also, das Potenzial des »Dritten Raums« freizulegen, gemeinsame Differenzen zu orten, um Übersetzungsarbeit leisten zu können. Es kann davon ausgegangen werden, dass Exilierte eine spezifische Form des Übersetzens ausüben, sind sie doch auf ihrer steten Suche nach identitärer Verortung auf die Tätigkeit des Übersetzens – hier im metaphorischen Sinn – permanent angewiesen. Dieser Prozess der Identitätskonstruktion wird freilich durch die oftmals in der Praxis geübte Übersetzung verstärkt und zusätzlich »vom Autor (oder der Autorin) unmittelbar in den Schaffensprozess verlagert«.[54] Wenn vor diesem Hintergrund Menschen im Exil vorübergehend an Grenzen verharren, um das Verhandlungspotenzial auszuloten und diese Grenzen schließlich überschreiten zu können, so folgen sie als »übersetzte« und »übersetzende« Subjekte den Fluchtlinien des Exils, das sie schließlich nicht als einen »geistigen Lebensraum« perzipieren, der stabile Gegebenheiten vortäuscht, sondern eben einen »Dritten Raum«, einen Übergang, durch dessen Vorstellung »Unverträgliches, Verschwiegenes, Unbewusstes ansichtig wird«.[55]

Erich Arendt – Hybridität als lyrische Lebensform

Zwei Schwarzweißfotos zeigen in ihrer Unterschiedlichkeit die Hybridität der Exilexistenz: Auf dem einen, aufgenommen an einem unbestimmten Ort in Spanien, steht ein etwa 35 Jahre alter Mann auf einer Terrasse vor einer hügeligen Mittelmeerlandschaft. Er trägt ein zerknittertes Jackett, eine grobe, von Bändern zusammengehaltene Weste und ein großkragiges Hemd, eine ausgebeulte, an den Knöcheln enggeschnürte Hose und feste, abgetragene Schuhe. Lässig hat er die Hände in die Hosentaschen gesteckt und blickt verschmitzt, ein wenig unsicher, aber scheinbar selbstzufrieden rechts an der Kamera vorbei. Sein dichtes, straff nach hinten gekämmtes, wohl vom Wind etwas zerzaustes Haar und sein Kinnbart verleihen ihm Züge eines Bohemien. Weder sein Aussehen noch seine Kleidung lassen eindeutig erkennen, aus welchem Land der Mann stammt.

Das andere Bild, entstanden in den 1940er Jahren, hat kaum etwas mit dem ersten Foto gemein. Bartlos, das schütter werdende Haar kurz geschnitten, geht ein ernst blickender, an die 40 Jahre alter Mann, der über die Aufnahme nicht sehr erfreut scheint, durch eine belebte Straße. Die Architektur ist südländisch, der Hintergrund aber ebenso unbestimmbar wie der des ersten Fotos. Der Mann trägt einen gut gebügelten, wohl hellgrauen Anzug, der etwas weit sitzt. In der Rechten hält er einen Hut, in der Linken zwei Bücher, über dem abgewinkelten Arm hängt ein Mantel. Der Europäer in ihm ist sofort zu erkennen.

Beide Fotos zeigen denselben Mann, Erich Arendt, einmal während des Spanischen Bürgerkriegs, ein zweites Mal in der Innenstadt von Bogotá.[56] Beide Fotos bringen nicht nur die große Spannbreite seiner Exilexistenz zum Ausdruck, sie stellen auch seine unterschiedliche Reaktion auf die Exilländer dar. Erich Arendt war unter den deutschsprachigen Autoren, die »zweimal verjagt«[57] wurden und den Großteil ihrer Exilzeit in spanischsprachigen Ländern verbrachten, sicherlich derjenige, der sich am intensivsten mit seinen Gastländern auseinandersetzte, sich persönlich und sprachlich am meisten mit ihnen identifizierte, sich am weitesten auf sie einließ und sowohl durch seine Lyrik als auch durch seine Übersetzungen in der einen wie in der anderen Richtung Vermittlungsarbeit leistete. Sein Leben in Spanien und Kolumbien war nicht nur entscheidend für seine Übersetzungstätigkeit nach der Rückkehr in die DDR, sondern auch für sein lyrisches Werk. Denn erst in der Fremde fand er Themen, Landschaften und eine Kultur, die seine beiden Seiten in Einklang brachten: den politischen Aktivisten und den Lyriker. Hier konnte er in einer doppelten Bewegung des Übersetzens das in ein neues Drittes bringen, was ihn bis dahin gespalten und zu literarischer Abstinenz geführt hatte. In Deutschland hatte sich der 1903 in Neuruppin geborene Arendt als Lyriker einen Namen gemacht und in den Jahren zwischen 1925 und 1928 eine Reihe von Gedichten in der Zeitschrift *Der Sturm* veröffentlicht.[58] Doch war seine spätexpressionistische Lyrik nicht mit den agitatorischen Anforderungen seiner Aktivitäten für die KPD zu vereinen, so dass er zwischen 1929 und 1933 verstummte und sich ausschließlich der Politik widmete. Arendt war es unmöglich, seine politischen Überzeugungen und Erlebnisse in Lyrik umzusetzen; erst die Erfahrung des Exils wies ihm den Weg aus diesem Dilemma. Denn durch seine Auseinandersetzung mit der Fremde, in die Arendt aus politischen und nicht aus rassischen Gründen fliehen musste, gelang es ihm, Politik und Literatur in eins zu bringen und zugleich über die Diskontinuitäten seiner Exilerfahrungen ein Werk zu schaffen, das die verschiedensten Kulturelemente amalgamierte. Dies ist umso erstaunlicher, da die Wahl sowohl Spaniens als auch Kolumbiens auf einer Reihe von Zufällen basierte.

Exil als Grenzsprengung: Spanien

Arendt kam nach ein paar Monaten in der Schweiz im Januar 1934 nach Mallorca, wo er eine Hauslehrerstelle bei jüdischen Emigranten annahm, für die seine Frau, die Romanistin Katja Hayek, als Köchin arbeitete.[59] Es gibt sehr wenige direkte Zeugnisse über Arendts Leben, so dass seine Entwicklung weitgehend anhand seiner Texte nachvollzogen werden muss, die vor allem im Exil eine deutliche Spiegelung seiner Erfahrungen wurden. In ihnen zeigt sich eine rapide Entwicklung von seinen expressionistischen Ursprüngen hin zu einer Dichtung, die die Erfahrung der Fremde verarbeitet und durch ihre Integration dem Schreiben des Autors eine neue Dimension verleiht. Im Jahr seiner Ankunft schon begann er seine neue Umgebung »with some degree of familiarity«[60] literarisch zu erfassen. In diesen Gedichten gibt Arendt nicht nur seine Eindrücke aus dem neuen Land wieder und erschließt es sich so lyrisch, hier gelingt es ihm erstmals, die bis dahin aufrechten Grenzen zwischen Poesie und Politik zu sprengen und in einen neuen Einklang zu bringen. Arendts kulturelles Eintauchen in das Exilland zeigen seine »Figurengedichte«[61] *Goya*, *Don Quijote* und *García Lorca*[62] aus dem Band *Bergwindballade* (1952), der Arendts Lyrik aus Spanien enthält. Hier werden nicht nur auf der inhaltlichen Ebene, sondern auch im intertextuellen Zitat die Kulturelemente des fremden Landes in seine eigene Sprache und Form gebracht; Arendts Lyrik wird durchlässig für die literarische Tradition Spaniens. Aber auch der Autor selbst wird durchlässig für das Land, wie an der Verwendung von Vermittlungsinstanzen in seinen Gedichten abzulesen ist. In einem der ersten in Spanien entstandenen Gedichte, dem Sonett *Aragonesischer Abend* von 1934, taucht noch ein lyrisches »Du« auf, das das Geschehen aus der Ferne belauscht. Wird hier noch distanzierend aus der Warte eines Beobachters beschrieben, so äußert sich Arendts Prozess der allmählichen Akkulturation in der Tatsache, dass der Autor als Figur in den später entstandenen Gedichten des Bandes kaum mehr präsent ist: Er verschmilzt gleichsam mit dem Dargestellten, löst sich als Vermittler von Eindrücken und Beschreiber von Landschaften auf, ein Medium, das sich seiner Funktion bewusst ist. Erst in den Gedichten, die während seiner illegalen Fahrt nach Cádiz im Jahr 1941 durch das inzwischen franquistische Spanien entstanden sind, wird diese Identifizierung durch das erneute Auftauchen eines lyrischen Ich aufgehoben, das nun das ihm fremd gewordene Land in seiner Zerstörung und Unterdrückung abbildet.[63]

Diese Beispiele belegen ebenso wie die sechs auf einer Reise durch Marokko entstandenen Gedichte[64] Arendts Eintauchen in die ihm unbekannten Kulturen, seine Versuche, den Akkulturationsprozess durch sein Schreiben voranzutreiben. Gerade in den Gedichten aus Marokko, die zum Großteil in Verse gefasste, unvermittelte Beschreibungen von Eindrücken sind, wird deutlich, dass er nicht einem simplen Exotismus unterliegt und das Fremde als eine ihm äußerliche Wesenheit abbildet, sondern es als etwas Anderes in seine bisher praktizierten Formen zu übertragen versucht und damit ein neues Drittes schafft. Im metaphorischen Sinn wird Arendt zum Übersetzer seiner Eindrücke und tut so den ersten Schritt der »Assimilierung« des neuen Landes, seiner Kultur und seiner Literatur. Der Autor öffnet sich »spürbar einem neuen und fremden Land, neuen und fremden Menschen und ihren andersartigen Lebensformen (...), anstatt sich in klagenden Heimwehgedichten einzuschließen«.[65] Beigetragen zu dieser raschen – und im Vergleich zu den meisten andern Exilanten auch radikalen – Neuverortung in Spanien hat sicherlich, dass der »Einzelgänger«[66] Arendt abseits der Exilzentren lebte und kaum Kontakt zu anderen deutschen Emigranten hatte.[67]

Deutlich wird dies auch daran, dass Arendt nach dem Ausbruch des Bürgerkriegs im Juli 1936 wie alle anderen Exilanten die Insel verlassen musste, aber nicht wie diese in ein anderes Land weiterzog, sondern nach Spanien zurückkehrte, um sich aktiv am Kampf gegen den Faschismus zu beteiligen. Arendt ist damit der einzige Schriftsteller, der beide Phasen des Exils in Spanien erlebte und dadurch während des Bürgerkriegs auf seine kulturellen und sprachlichen Kenntnisse aufbauen konnte. Es ist bezeichnend für seine Haltung, dass er sich, wie Adolf Endler es ausdrückte, »mit der Exilheimat und ihren unterdrückten Bewohnern ohne Rückversicherung«[68] identifizierte. Denn als die Arendts in Barcelona eintrafen, war die deutsche *Centuria Thälmann*, die zu den Internationalen Brigaden gehörte, gerade an die Front abmarschiert. Dennoch wäre es für den Autor ein Leichtes gewesen, sich auf Umwegen den Internationalen Brigaden anzuschließen – doch er zog es vor, in eine spanisch-katalanische Einheit einzutreten, die *División Carlos Marx*, und deklarierte sich dadurch – bewusst oder unbewusst – nicht mehr als reiner Exilant, sondern als Grenzgänger zwischen beiden Kulturen. Statt zu kämpfen, wurde er hier ein Vermittler in doppelter Hinsicht: Er leitete eine »fliegende Bücherei«, um »Weltliteratur [zu] vermitteln«[69], und er betätigte sich erstmals als Übersetzer im eigentlichen Sinn: »Ich habe dann für die Interbrigaden Übersetzungen aus spanischen und katalanischen Zeitungen angefertigt.«[70] Zugleich schrieb er zahlreiche Artikel über den Krieg, die teils auf Deutsch, teils auf Katalanisch in den verschiedenen Presseorganen des republikanischen Spanien und in deutschen Exilzeitschriften veröffentlicht wurden.[71] Wie sehr Arendt in Spanien zu einem lebensgeschichtlich hybriden Subjekt geworden war, das sich als Fremder weitaus eher mit seinem Exilland als mit seinem Herkunftsland identifizierte, zeigt sich nicht nur daran, dass er, der Ausländer, den katalanischen Mitkämpfern Lesen und Schreiben beibrachte und Mitglied einer »Gruppe Katalanischer Schriftsteller, angeschlossen an die 27. Division«[72] wurde, sondern auch an seiner ersten Buchpublikation, die nicht auf Deutsch, sondern auf Spanisch und Katalanisch war: Gemeinsam mit Joaquín Morera i Falcó veröffentlichte er 1937 eine Reihe von erzählenden, propagandistischen Prosatexten unter dem Titel *Héroes* bzw. *Herois*.[73] Anders als seine Gedichte unterscheiden sich diese kurzen Erzählungen, Theaterkritiken, Artikel und Berichte nicht wesentlich von den Texten, die im Rahmen des Spanischen Bürgerkriegs von den deutschsprachigen Teilnehmern und Teilnehmerinnen in Fülle verfasst wurden.[74]

Zwar hatten sie vor allem spanische Themen zum Inhalt, aber im Einklang mit der internationalen Propagandaliteratur sprach in ihnen der Parteisoldat Arendt, der sein Schreiben der antifaschistischen Sache untergeordnet hatte. Hier tritt eine weitere Facette seines Dazwischen-Seins zutage, die den sprachlichen Grenzgänger Arendt auch als literarischen zeigt. Wie bereits in Deutschland wusste er zu differenzieren zwischen lyrischer und politischer Arbeit, doch gelang ihm diesmal der Konnex zwischen beiden.

Diese erste Phase des Exils ging mit der Niederlage des republikanischen Spanien zu Ende. War für andere Autoren das Exil zu einem Trauma geworden, hatte Arendt trotz aller materiellen Nöte zu einer neuen, literarisch weitaus produktiveren Identität gefunden und sich eine Landschaft, eine Sprache, eine Kultur erarbeitet, die ihn sein Leben lang nicht mehr loslassen sollten. Er hatte sich sowohl persönlich als auch literarisch einen eigenen Raum zwischen den Kulturen erschlossen, der sich in der Folge in stetigem Wandel immer neu konstituieren sollte, aber auch ein sehr komplexes Wesen zeigte. Denn in einer Art doppelter Hybridisierung hatte sich seine Lyrik nicht nur aufgrund der spanischen Einflüsse, sondern auch durch die intensive Beschäftigung mit Rimbaud verändert: »Im Spanischen Bürgerkrieg habe ich Rimbaud gelesen und bin durch ihn zum Sonett gekommen.«[75] Eben die aus verschiedensten Richtungen stammenden Kulturelemente, zugleich aber auch die lebensgeschichtliche Unruhe, die das Exil in seinen »Lebenslauf« brachte und nicht zuließ, »dass ein ruhig wachsendes, organisch sich entfaltendes Werk entstand«[76], war für das Schaffen Arendts von ausschlaggebender Bedeutung. Wenn Wolfgang Emmerich mit Bezug auf Arendts *Ulysses' weite Fahrt* meint, Arendts Lyrik aus dieser Zeit seien »Gedichte einer Odyssee«[77], so stimmt dies auch insofern, als Odysseus dadurch, dass er stets ein anderer wird, er selbst wird, dass er sich gleichsam in jeder neuen Umgebung selbst neu schafft, um seine Irrfahrten überstehen zu können. Diese unausgesetzten Selbstübersetzungsprozesse, die Reaktionen auf die Umwelteinflüsse waren, führten auch Arendt zu einer immer neu sich schaffenden Identität, zu einem »Dritten Raum«, in dem er sich immer wieder neu definieren musste.

Umfassende Neuverortung: Kolumbien

Nach einer bewegten Zeit im französischen Exil[78] kamen die Arendts über einige Umwege nach Kolumbien. Und wieder war das Exilland nicht frei gewählt, sondern vom Zufall bestimmt: »Ich hatte im Lager den Koch eines kolumbianischen Konsuls kennengelernt, über ihn bekamen wir die Visa. Der Konsul war überglücklich, daß wir Spanisch sprechen konnten und meinte, solche Emigranten seien dort gesucht, da sie sich schnell einleben würden.«[79] Sprachkenntnis ist die Voraussetzung für jede Akkulturation, jedoch noch lange keine Garantie dafür, da die kulturrelevanten Besonderheiten weit über die Sprache hinausreichen. In dieser Hinsicht wurde bei den meisten Emigranten in Lateinamerika die soziale und persönliche Verortung in den neuen Gastländern um einiges problematischer als im europäischen Exil, da die kulturellen Differenzen ungleich größer waren. »Oft stellten sich diese Probleme erst, nachdem materielle und soziale Schwierigkeiten überwunden waren; oder aber sie wurden erst zu diesem Zeitpunkt in voller Höhe deutlich.«[80]

Eben dies ist auch bei Erich Arendt zu beobachten. Wenngleich er sich recht schnell »einlebte«, so war es doch in vielerlei Hinsicht eine Zurücknahme seiner spanischen Akkulturationsleistungen, da er in Kolumbien ein weitaus »typischeres« Exilantenleben führte, die kulturellen Bruchlinien viel größer waren als in Spanien. So wurde er in der »Antinationalsozialistischen Freiheitsbewegung«[81] tätig, der Lebensunterhalt war aber nur sehr aufwändig durch die Herstellung von Pralinen nach deutschen Rezepten sicherzustellen, die der »*candyman*«[82] Arendt vor allem an ausländische Kunden verkaufte. Zugleich aber waren diese Jahre der Neubestimmung literarisch nicht sehr ertragreich. Arendt veröffentlichte »kaum etwas«[83] und war, den Tagebüchern seiner Frau Katja zufolge, in eine Schreibkrise[84] geraten. Eine Übersiedelung nach Mexiko wurde erwogen, scheiterte aber an Visaschwierigkeiten. Diese Ausrichtung auf eines der Zentren des lateinamerikanischen Exils – und damit indirekt auch zurück nach Europa – zeigt die Schwierigkeiten, die kulturelle Indeterminiertheit in Kolumbien tatsächlich in den Griff zu bekommen.

So war denn auch die Auseinandersetzung des Autors mit dem Exil in Kolumbien ganz anderer Natur als während seines Aufenthalts in Spanien. Die Gegebenheiten des Landes zwangen ihn zu einer vollkommenen Neubestimmung seiner Position, einerseits aufgrund seiner Lebensumstände, andererseits durch seine soziale Stellung im Kontext Kolumbiens. Waren es in Spanien eine Art von Immersion in die Kultur und eine Identifizierung mit dem Land gewesen, die Werk und Person geprägt und verändert hatten, so setzte sich der Autor zwar intensiv mit Kolumbien, seiner Geschichte, dem Aufeinanderprallen von weißer, schwarzer und Indio-Kultur auseinander, aber die Auswirkungen seines immerhin fast achtjährigen Aufenthalts waren weitaus weniger tiefgehend. So ist es denn auch verständlich, dass Arendt seinen Fotoband *Tropenland Kolumbien* mit Bildern einer eher traumatischen Fremderfahrung einleitet: »Südamerika – der erste Zusammenstoß mit diesem erschüttert ... Erde wie glühende Asche. Auf ihr lebt der Mensch – ausgeliefert den Tropen – in einem sichtbar erschreckenden Dasein ... Ein Kontinent zeigt unverhüllt seine Wildheit und Menschenfeindschaft.«[85]

Erst in den späteren Jahren gelang es dem Autor, vor allem unter dem Eindruck eines längeren Aufenthalts in dem »Negerdorf«[86] Tolú, sich in seiner Situation neu zu definieren. Es geschah wiederum über die Landschaft, die er in schwere Bilder übersetzte und in ihrem hybriden Nebeneinander von Naturlandschaft, Zivilisationszeichen und dem Aufeinandertreffen der verschiedenen Kulturen darstellte.[87] Eben diese ihm verwandte Hybridität ermöglichte es ihm, eine Brücke zu seinem Exilland zu schlagen; durch sie konnte er erneut die Fremderfahrung verarbeiten, sie in eine eigene Bildwelt herüberholen und in Sprache übertragen. Zugleich setzte er auch seine Beschäftigung mit der zeitgenössischen lateinamerikanischen Literatur[88] formal und strukturell um, wenn er in einem neuerlichen Wandel die bisher eher strengen Formen seiner Gedichte für freiere Rhythmen öffnete und dadurch seine Texte gleichsam fremdkulturlich kontaminierte.

Das Trauma der Rückkehr

Einen weitaus größeren Bruch als das Exil stellte in Arendts Biografie und in seinem Werk die Rückkehr nach Deutschland dar.[89] Zwar wurde er in der DDR mit allen Ehren empfangen und konnte nun endlich – mit 48 Jahren – sein erstes Buch veröffentlichen, den Band *Trug doch die Nacht den Albatros* (1951), der die Lyrik seiner Exiljahre enthielt. Aber die fremd gewordene Heimat, wo Arendt erst in Berlin, dann in Wilhelmshorst bei Potsdam wohnte, ließ ihn die ersten fünf Jahre lyrisch verstummen, und er lebte, als er »im Jahre 50 wieder in die hiesige Welt zurückkehrte, sogar visuell und im Gefühl mit Landschaften, Landschaftskräften anderswo erlebter Breiten weiter«.[90] Das Trauma des Exils war bei Arendt ein Trauma der Rückkehr. Weder erschloss sich ihm die deutsche Landschaft, noch behagte ihm, trotz seiner privilegierten Stellung als Exilant, das Leben in der DDR. Mehrere Reisen nach Italien, Frankreich und Griechenland brachten ihn bis zum Bau der Berliner Mauer zumindest geografisch in die Region seines ersten Exillandes zurück und zeigten erneut seine Fähigkeit der Apperzeption anderer Kulturen und ihre Umsetzung in Gedichte, Essays und Fotografien. Doch in der Folge wurden seine Gedichte zunehmend düsterer, hermetischer und entzogen sich dem offiziellen Anspruch auf politische Lyrik im Dienste des Volkes. Seine Texte stießen nicht immer auf Anerkennung, an ihnen wurde das grundsätzlich Andere, nämlich »seine Suche nach Bildhaftigkeit um jeden Preis« und ihre Anklänge an lateinamerikanische Lyrik bemängelt, die »beständig seinen eigenen schlichten Ton durch Stil- und Formexperimente überfremde«[91], also eben die Hybridität, die das Wesen seiner Exillyrik ausmachte. Waren seine Exilgedichte ein Aufbrechen über Grenzen zu neuen Welten, so stellten seine in Deutschland geschriebenen Texte in einer Art von Inversionsbewegung ein über die Jahrzehnte hinweg immer pessimistischer und verknappter werdendes Zurückziehen auf das Ich und dessen existenzielle Auseinandersetzung mit dem Tod dar.

Den ersten »Schock«[92] seiner Rückkehr überwand der Autor allerdings dadurch, dass er im eigentlichen Sinne des Wortes zu übersetzen begann und somit seinen Akkulturationsbestrebungen eine neue Wendung gab. In einer umgekehrten Bewegung holte er sich bald nach der Rückkehr die Welt seines Exils nach Deutschland und übertrug im Lauf der Jahre – oft mit seiner Frau Katja – eine Reihe spanischer und lateinamerikanischer Dichter ins Deutsche. So wurde er zu einem, wenn nicht dem wichtigsten Vermittler der hispanischen Kultur in beiden deutschen Staaten. Erneut zeigte sich auf allen Ebenen die Wechselwirkung dieser Arbeit sowohl in Arendts eigenem Werk als auch in seinen Übersetzungen. Auch wenn sich der Autor immer wieder gegen jedweden Einfluss dieser Übersetzungen auf sein eigenes Schreiben gewehrt hat[93], so ist, um hier nur ein Beispiel zu bringen, bezeichnend, dass 1959 sowohl seine Übertragung der *Elementaren Oden* Nerudas und sein eigener Lyrikband *Flug-Oden* erschienen. Aber auch hier ist es nicht bloß eine simple Kombination von interkulturellen und intertextuellen Überlagerungen, da diese Texte sich formal und »thematisch«[94] zudem in der von Arendt selbst genannten Tradition Hölderlins ansiedeln; und sie stehen auch mit ihren unzähligen Wassermetaphern und ihrer griechischen Symbolik in engem Zusammenhang mit der mediterranen Welt.

Die Übersetzung war für Arendt eine Form der Heimkehr in sein »Zu-Hause-Sein bei Mensch und Landschaft des Mittelmeerraumes oder Südamerikas«, da er in seinem »Grundempfinden in diesen Gegenden verwachsen«[95] war, wie er es selbst ausdrückte. In diesem Dazwischen-Sein, das das Wesen des Hybriden ist, umgeben und beeinflusst nicht nur von verschiedenen Kulturen, sondern auch von den politischen Ereignissen seiner Exiljahre, schuf er sich einen eigenen »Dritten« Raum, dem er im Bild der Insel Ausdruck verlieh.[96] Dieser Raum dazwischen, der gleichzeitig einer des Rückzugs und der Offenheit nach allen Seiten hin ist, wurde für den Autor zum Fluchtpunkt seiner Exilexistenz: »Die Insel ist der langen Irrfahrt Ziel.«[97]

Der Prozess eines stetigen Übersetzens steht, wie dieser kursorische biografische Überblick darzustellen versucht hat, als Konstante über Erich Arendts Leben. Die Notwendigkeit, sich selbst jeweils in eine ihm bis dahin fremde Kultur zu übersetzen, sich somit eine neue Identität im Wechselspiel mit den kulturellen Gegebenheiten zu schaffen, zugleich aber auch in einem unausgesetzten Prozess die andere Kultur in seine eigene Kulturerfahrung und in seine literarischen Texte zu übersetzen, zeigen ihn als Wandler zwischen den Kulturen. Sein Weg über die unterschiedlichen kulturellen Grenzen war von entscheidender Bedeutung für sein Werk, das in seinen Grundzügen aus eben diesen Spannungen heraus entstand – nicht umsonst heißt sein letzter Gedichtband schlicht *entgrenzen* (1981). Das Über-Setzen von einer Kultur in die andere und die daraus resultierenden Rückwirkungen auf ihn selbst brachten ein Werk hervor, das die kulturellen Eigenheiten seiner Exilländer aufnahm, verarbeitete und sie mit eigenkulturlichen Elementen neu kontextualisierte. Das Übersetzen von Lebensräumen, nicht nur metaphorisch, sondern durchaus konkret im Rahmen seiner Tätigkeit als Schriftsteller und Übersetzer, brachten eben das »hybride Subjekt« hervor, als das Erich Arendt in seinen Texten sich ausweist.

1 Erich Kleinschmidt: »›Sprache, die meine Wohnung war‹. Exil und Sprachidee bei Peter Weiss«. In: *Exilforschung. Ein internationales Jahrbuch* 3 (1985), S. 222. — **2** Paul Michael Lützeler: »Exilforschung: Interdisziplinäre und interkulturelle Aspekte«. In: Helmut F. Pfanner (Hg.): *Kulturelle Wechselbeziehungen im Exil – Exile across Cultures.* Bonn 1986, S. 363. — **3** Erich Kleinschmidt: »Schreiben und Leben. Zur Ästhetik des Autobiographischen in der deutschen Exilliteratur«. In: *Exilforschung. Ein internationales Jahrbuch* 2 (1984), S. 24. — **4** Jürgen Barkhoff: »Erzählung als Erfahrungsrettung. Zur Ich-Perspektive in Anna Seghers' Exilroman *Transit*«. In: *Exilforschung. Ein internationales Jahrbuch* 9 (1991), S. 218. — **5** Andrea Reiter: »Die Identität des ›exterritorialen Menschen‹ Hans Sahl zwischen Exil und Diaspora«. In: *Trans. Internet-Zeitschrift für Kulturwissenschaften* 15 (2004). http://www.inst.at/trans/15Nr/05_02/reiter15.htm (letzter Zugriff: Mai 2007). — **6** Valerie Popp: »›Vielleicht sind die Häuser zu hoch und die Straßen zu lang‹: Amerikabilder der deutschsprachigen Exilliteratur«. In: Helga Schreckenberger (Hg.): *Die Alchemie des Exils. Exil als schöpferischer Impuls.* Wien 2005, S. 123. — **7** Wulf Köpke: »Die Wirkung des Exils auf Sprache und Stil. Ein Vorschlag zur Forschung«. In: *Exilforschung. Ein internationales Jahrbuch* 3 (1985), S. 232. — **8** Popp: »Vielleicht sind die Häuser zu hoch und die Straßen zu lang‹: Amerikabilder der deutschsprachigen Exilliteratur« (s. Anm. 6), S. 123. — **9** Anne Kuhlmann: »Das Exil als Heimat. Über jüdische Schreibweisen und Metaphern«. In: *Exilforschung. Ein internationales Jahrbuch* 17 (1999), S. 201. — **10** Kleinschmidt: »›Sprache, die meine Wohnung war‹. Exil und Sprachidee bei Peter Weiss« (s. Anm. 1), S. 222. — **11** Vgl. dazu auch Bernhard Spies: »Exilliteratur – ein abgeschlossenes Kapitel? Überlegungen zu Stand und Perspektiven der literaturwissenschaftlichen Exilforschung«. In: *Exilforschung. Ein internationales Jahrbuch* 14 (1996), S. 23. — **12** Sabina Becker: »Zwischen Akkulturation und Enkulturation. Anmerkungen zu einem vernachlässigten Autorinnentypus: Jenny Aloni und Ilse Losa«. In: *Exilforschung. Ein internationales Jahrbuch* 13 (1995), S. 116. Patrick von zur Mühlen hatte bereits 1988 im Zusammenhang mit dem Exil in Lateinamerika darauf hingewiesen: »Einer häufig gemachten Beobachtung zufolge bewältigten Frauen viel leichter die Anpassung an die neue Umwelt.« Patrick von zur Mühlen: *Fluchtziel Lateinamerika. Die deutsche Emigration 1933–1945: Politische Aktivitäten und soziokulturelle Integration.* Bonn 1988, S. 56. — **13** Waltraud Kolb: »Deutsche Emigranten als Übersetzer um die Jahrhundertwende: Einige englische Übersetzungen Gottfried Kellers«. In: Johann Strutz / Peter V. Zima (Hg.): *Literarische Polyphonie. Übersetzung und Mehrsprachigkeit in der Literatur.* Tübingen 1996, S. 41. — **14** Helmut Koopmann / Klaus Dieter Post: »Vorwort«. In: Dies. (Hg.): *Exil. Transhistorische und transnationale Perspektiven.* Paderborn 2001, S. 7. — **15** Imagologische Untersuchungen (vgl. etwa Popp, Anm. 6) können im weiteren Sinn an die Erforschung von Akkulturationsphänomenen angekoppelt werden, stellt die Schaffung von Bildern, die vom jeweils »Anderen« alteritäts- und stereotypisch erzeugt werden, doch eine Art von Vorstufe der Akkulturation dar. — **16** Vgl. David Kettler: »›Weimar and Labor‹ as Legacy: Ernst Fraenkel,

Otto Kahn-Freund, and Franz. L. Neumann«. In: Schreckenberger (Hg.): *Die Alchemie des Exils. Exil als schöpferischer Impuls* (s. Anm. 6), S. 129. — **17** Irmela von der Lühe: »›Und der Mann war oft eine schwere, undankbare Last‹. Frauen im Exil – Frauen in der Exilforschung«. In: *Exilforschung. Ein internationales Jahrbuch* 14 (1996), S. 57. — **18** Siehe vor allem die Themennummer der Zeitschrift *Zwischenwelt* »Diaspora – Exil als Krisenerfahrung: Jüdische Bilanzen und Perspektiven«, 10 (1996), in deren Vorwort betont wird, über die einengende Konnotation einer »Opfer-Diaspora« hinausgehen zu wollen. Vgl. auch Andreas Huyssen: »Diaspora and Nation: Migration into Other Pasts«. In: *New German Critique* 88 (2003), S. 147 – 164 sowie Erich S. Gruen: »Diaspora and Homeland«. In: Howard Wettstein (Hg.): *Diasporas and Exiles. Varieties of Jewish Identity*. Berkeley – Los Angeles – London 2002, S. 18 – 46. — **19** Vgl. Mary Louise Pratt: *Imperial Eyes. Travel Writing and Transculturation*. London – New York 1992. — **20** Andrea Reiter: »Diaspora und Hybridität: Der Exilant als Mittler«. In: *Zwischenwelt* 10 (2006), S. 43. Das Thema der Diaspora wurde auch von James Clifford aufgegriffen, der von der Vorstellung ausgeht, dass die verschiedenen Kulturen durch allgemeine Mobilitätsbewegungen gekennzeichnet sind (»travelling cultures«). Dadurch werden den zeitgenössischen Gesellschaften diasporaähnliche Ausformungen verliehen, während die Diaporasituation das einzelne Individuum vor die Frage der (neuerlichen) kulturellen Identitätsbildung stellt. Vgl. James Clifford: *Routes. Travel and Translation in the Late Twentieth Century*. Cambridge, Mass. et al. 1997, S. 244 f. — **21** »Verhandeln/Verhandlung« ist in der Kulturtheorie von Homi Bhabha eine bedeutende Denkfigur, auf die hier im Detail nicht eingegangen wird. Es sei jedoch darauf hingewiesen, dass sie als Konzept zu verstehen ist, das das Konfliktuelle und Widersprüchliche nicht ausschließt. Paul Bové ist hingegen der Meinung, dass »Verhandlung« oder »Aushandlung« (*négotiation*) gewaltvolle Begriffe wie »Macht«, »Krieg«, »Beherrschung«, »Kampf« u. a. in postmodernen Gesellschaften abgelöst hätte. Vgl. Paul Bové: »Recycler la ›culture‹«. In: Claude Dionne/Silvestra Mariniello/Walter Moser (Hg.): *Recyclages. Économies de l'appropriation culturelle*. Montréal 1996, S. 68. — **22** James Clifford: »Introduction: Partial Truths«. In: James Clifford/George M. Marcus: *Writing Cultures. The Poetics and Politics of Ethnography*. Berkeley et al. 1986, S. 10. — **23** Homi K. Bhabha: »Interview with Homi Bhabha«. In: Jonathan Rutherford (Hg.): *Identity. Community, Culture, Difference*. London 1990, S. 210. Vgl. zur Anwendung der Bhabha'schen Kulturtheorie im Kontext der Vermittlungsfunktion von Kunst Michaela Wolf: »Zur Übersetzbarkeit kultureller Prozesse. Grenzwanderung«. In: Irmgard Bohunovsky-Bärnthaler (Hg.): *Künstler, Kritiker, Vermittler, Rezipient. Über Abgründe an Grenzen*. Klagenfurt – Wien 2004, S. 31 – 53. — **24** Vgl. Elisabeth Bronfen: »Vorwort«. In: Homi K. Bhabha: *Die Verortung der Kultur*. Übersetzt von Jürgen Schiffmann und Jürgen Freudl. Tübingen 2000, S. IX und XI. — **25** Eva Borst: »Identität und Exil. Konzeptionelle Überlegungen zur 7. Tagung ›Frauen im Exil: Sprache – Identität – Kultur‹«. In: *Exilforschung. Ein internationales Jahrbuch* 17 (1999), S. 13. — **26** Primus-Heinz Kucher: »Sprachreflexion – Sprachwechsel im Exil«. In: www.literaturepochen.at/exil/lecture_5011_4.html (letzter Zugriff: Mai 2007). — **27** Vgl. zu Ersterem die Aussage Alfred Döblins »Sich davon [von der Sprache] ablösen? Das heißt mehr, als sich die Haut abziehen, das heißt sich ausweiten, Selbstmord begehen«. Alfred Döblin: »Als ich wiederkam ...«. In: *Schriften zu Leben und Werk*. Olten 1986, S. 270. — **28** Klaus Mann, zit. n. Dieter Lamping: *Literatur und Theorie: Über poetologische Probleme der Moderne*. Göttingen 1996. S. 42. Vgl. ebenso Susanne Utsch: »›Vergnügen und Qual des englisch-Schreibens‹: An Approach to the Literary Language Shift of Klaus Mann«. In: Schreckenberger (Hg.): *Die Alchemie des Exils. Exil als schöpferischer Impuls* (s. Anm. 6), S. 35. — **29** Auch diese Herausbildung eines literarischen – zuweilen auch politischen – Internationalismus ist typisch für Klaus Mann; vgl. Lamping: *Literatur und Theorie: Über poetologische Probleme der Moderne* (s. Anm. 28), S. 42 f. — **30** Kleinschmidt: »›Sprache, die meine Wohnung war‹. Exil und Sprachidee bei Peter Weiss« (s. Anm. 1), S. 216. — **31** Ebd., S. 219. — **32** Ebd., S. 216 f. — **33** So lässt Peter Weiss seinen *Fluchtpunkt*-Erzähler sprechen; vgl. ebd., S. 220. — **34** Jean Fisher kritisiert, dass das Konzept der Hybridität mit »Ursprung« und »Erlösung« konnotiert ist, kann doch Hybridität nicht aus dem ursprünglichen Dualismus des Eigenen und Anderen befreien. Fisher schlägt als Gegenkonzept den Begriff des Synkretismus vor, der zulässt, dass es »zwischen disparaten Komponenten keine simple Übersetzung, sondern ein Element der Unübersetzbarkeit gibt, das selbst ein potentieller Raum produktiver Erneuerung ist«; vgl. Jean Fisher: »Wo ich sichtbar bin, kann ich nicht sprechen: Kulturübergreifende Praxis und ›Multikulturalismus‹«. Übersetzt von Wilfried Prantner. In: Peter Weibel (Hg.): *Inklusion : Exklusion. Versuch einer neuen Kartografie der Kunst im Zeitalter von Postkolonialismus und globaler Migration.* Köln 1997, S. 84. Vgl. zur Unterscheidung zwischen »Synkretismus« und »Hybridisierung« auch Néstor García Canclini: *Culturas híbridas. Estrategias para entrar y salir de la modernidad.* México D.F. 1990, S. 14 f. — **35** Edward Said: »Kultur, Identität und Geschichte«. Übersetzt von Wilfried Prantner. In: Weibel (Hg.): *Inklusion : Exklusion. Versuch einer neuen Kartografie der Kunst im Zeitalter von Postkolonialismus und globaler Migration* (s. Anm. 34), S. 37. — **36** Terry Eagleton: *Was ist Kultur?* München 2001, S. 26. Das Problem der Essenzialisierung von »Hybridität« wurde auch im Rahmen des Begriffs der *métissage* diskutiert, wobei davon ausgegangen wird, dass *métissage* das Produkt bereits vermischter Entitäten sei, so dass die Vorstellung einer originalen Reinheit ins Unendliche verschoben wird. Vgl. dazu Jean-Loup Amselle: »Métissage, branchement et triangulation des cultures«. In: *Revue Germanique Internationale* »L'horizon anthropologique des transferts culturels« 21 (2004), S. 48. — **37** Vgl. dazu im Detail: Laurier Turgeon / Anne-Hélène Keribirou: »Métissages, de glissements en transferts de sens«. In: Laurier Turgeon: *Regards croisés sur le métissage.* Saint-Nicholas 2002, S. 1–20. François Laplantine und Alexis Nouss betonen, *métissage* sei keine Fusion, keine Kohäsion, keine Osmose, sondern sei gleichzusetzen mit Konfrontation und Dialog; vgl. François Laplantine / Alexis Nouss: *Le Métissage.* Paris 1997, S. 10. — **38** Vgl. dazu Silvestra Mariniello: »Introduction. Le discours du recyclage«. In: Dionne / Mariniello / Moser (Hg.): *Recyclages. Économies de l'appropriation culturelle* (s. Anm. 21), S. 8. — **39** Sven Papcke: »Fragen an die Exilforschung heute«. In: *Exilforschung. Ein internationales Jahrbuch* 6 (1988), S. 24. — **40** Kuhlmann: »Das Exil als Heimat. Über jüdische Schreibweisen und Metaphern« (s. Anm. 9), S. 201. — **41** Vgl. Reiter: »Diaspora und Hybridität: Der Exilant als Mittler« (s. Anm. 20), S. 48. — **42** Jutta Ittner: »Leben in der Übersetzung. Die soziolinguistische Erfahrung des amerikanischen Exils 1933–1945«. In: *Exil* 16 (1996), H. 1, S. 13. — **43** Homi K. Bhabha: »Das Zwischen der Kultur«. Übersetzt von Wilfried Prantner. In: Weibel (Hg.): *Inklusion : Exklusion. Versuch einer neuen Kartografie der Kunst im Zeitalter von Postkolonialismus und globaler Migration* (s. Anm. 34), S. 69. — **44** Thomas Wägenbaur: »Hybride Hybridität: Der Kulturkonflikt im Text der Kulturtheorie«. In: *Arcadia* 31 (1996) Nr. 1–2, S. 38. — **45** Sylvia Pritsch: »Auf der Suche nach dem Third Space: Hybride (Geschlechts-)Identitäten jenseits von Fremdem und Eigenem?« In: jour fixe initiative berlin (Hg.): *Wie wird man fremd?* Münster 2001, S. 172. — **46** Vgl. vor allem Schreckenberger (Hg.): *Die Alchemie des Exils. Exil als schöpferischer Impuls* (s. Anm. 6). — **47** Michael Hamburger, zit. n. Lamping: *Literatur und Theorie: Über poetologische Probleme der Moderne* (s. Anm. 28), S. 39. — **48** Peter Weiss, zit. n. Kleinschmidt: »›Sprache, die meine Wohnung war‹. Exil und Sprachidee bei Peter Weiss« (s. Anm. 1), S. 218. — **49** Lamping: *Literatur und Theorie: Über poetologische Probleme der Moderne* (s. Anm. 28), S. 48. — **50** Bhabha: *Die Verortung der Kultur* (s. Anm. 24), S. 55. Vgl. dazu ebenso Alexandre Melo: »Identität als Übersetzung«. Übersetzt von Veronika Schnell und Annette Wußler. In: Weibel (Hg.): *Inklusion : Exklusion. Versuch einer neuen Kartografie der Kunst im Zeitalter von Postkolonialismus und globaler Migration* (s. Anm. 34), S. 77. — **51** Martin Heidegger: »Bauen – Wohnen – Denken«. In: Martin Heidegger: *Vorträge und Aufsätze.* Teil II. Pfullingen 1967, S. 29. Die Grenze als für die Exilforschung wesentliche kulturwissenschaftliche Kategorie wurde von Andrea Reiter unter Bezugnahme auf Sander L. Gilmans »Frontier«-Konzept für die Betrachtung exilrelevanter Diskurse eingeführt. Unter »Frontier« wird jener Grenzbereich bezeichnet, der – stärker konnotiert als »Grenze« und Vorstellungen von Wildnis, Kampfsituation, Hinterland assoziierend – alle beteiligten Parteien dazu anhält, ihr Selbstverständnis an der Erfahrung mit den anderen herauszubilden. Die Sprache als Mittel zur Grenzüberschreitung spielt dabei insofern eine bedeutende Rolle, als sie erst transkulturelle Verständigung ermöglicht und damit den Ausgangspunkt für Hybridität schafft. Die Überschreitungen der »Frontier« stellen dementsprechend gleichzeitig einen Vorstoß ins Andere und eine Übersetzung ins Eigene dar. Vgl. im Detail Reiter: »Diaspora und Hybridität: Der Exilant als Mittler« (s. Anm. 20), S. 37 f. — **52** jour fixe initiative berlin (Hg.): *Fluchtlinien des Exils* (s. Anm. 45), S. 8. — **53** Claudia Breger/Tobias Döring: »Einleitung: Figuren der/des Dritten«. In: Dies. (Hg.): *Figuren der/des Dritten. Erkundungen kultureller Zwischenräume.* Amsterdam – Atlanta 1998, S. 3. — **54** Andrea Komes: »›... per me l'amore si chiama: Liebe‹ – Literatur italienischer Emigranten in deutscher Übersetzung«. In: Elisabeth Arend-Schwarz/Volker Kapp (Hg.): *Übersetzungsgeschichte als Rezeptionsgeschichte. Wege und Formen der Rezeption italienischer Literatur im deutschen Sprachraum vom 15. bis 20. Jahrhundert.* Marburg 1993, S. 157. — **55** Endre Hárs: »Hybridität als Denk- und Auslegungsfigur. Homi K. Bhabhas theoretisches Engagement«. In: http://www.kakanien.ac.at/beitr/theorie/EHars1.pdf (letzter Zugriff: Mai 2007). — **56** Beide Fotos sind abgebildet im Ausstellungskatalog *Menschen sind Worttiere. Erich Arendt 1903–1984. Texte und Bilder anlässlich der 100. Wiederkehr seines Geburtstages.* Kurt Tucholsky Gedenkstätte Berlin 2003, S. 37 bzw. 40. — **57** Vgl. Anne Saint Saveur-Henn (Hg.): *Zweimal verjagt. Die deutschsprachige Emigration und der Fluchtweg Frankreich – Lateinamerika 1933–1945.* Berlin 1998. — **58** Zur Biografie Arendts vgl. u.a. Suzanne Shipley Toliver: *Exile and the elemental in the poetry of Erich Arendt.* Bern et al. 1984; Wolfgang Emmerich: »Erich Arendt«. In: *Kritisches Lexikon der deutschsprachigen Gegenwartsliteratur.* München, Stand 1.8.1989; Manfred Schlösser: »›Offen die Maske des Worts‹. Erich Arendt – Exul poeta«. In: *TEXT+KRITIK* 82/83 (Juli 1984), S. 3–26. — **59** Vgl. Manfred Schlösser: »Gespräch mit Erich Arendt«. In: Gregor Laschen/Manfred Schlösser (Hg.): *Der zerstückte Traum. Für Erich Arendt zum 75. Geburtstag.* Berlin 1978, S. 117. — **60** Toliver: *Exile and the elemental in the poetry of Erich Arendt* (s. Anm. 58), S. 94. — **61** Emmerich: »Erich Arendt« (s. Anm. 58), S. 5. — **62** Erich Arendt: *Bergwindballade. Gedichte des spanischen Freiheitskampfes.* Aachen 2004, S. 7–9, 11, 20. — **63** Vgl. etwa die Gedichte »Saragossa« oder »Wiedersehen aragonesischer Berge«. In: Ebd., S. 58–62, 71–74. — **64** Erich Arendt: *Aus fünf Jahrzehnten. Gedichte.* Mit einem Nachwort von Heinz Czechowski. Rostock 1968, S. 100–106. Vgl. dazu Michael von Engelhardt: »›Was konkret und anders ist‹. Zu Erich Arendts Nordafrika-Gedichten«. In: *TEXT+KRITIK* 82/83 (Juli 1984), S. 45–70. — **65** Wolfgang Emmerich: »Mit rebellischem Auge. Die Exillyrik Erich Arendts«. In: *TEXT+KRITIK* 82/83 (Juli 1984), S. 30. — **66** Schlösser: »Gespräch mit Erich Arendt« (s. Anm. 59), S. 117. — **67** Zur selben Zeit lebten deutsche Autoren wie Harry Graf Kessler, Franz Blei, Karl Otten, Albert Vigoleis Thelen, zeitweilig sogar Klaus Mann auf Mallorca. Über Kontakte zu ihnen ist nichts bekannt. Vgl. Reinhard Andress: *»Der Inselgarten«. Das Exil deutschsprachiger Schriftsteller auf Mallorca, 1931–1939.* Amsterdam 2001. — **68** Adolf Endler: »Über Erich Arendt«. In: *Sinn und Form* 25 (1973), H. 2, S. 441. — **69** Schlösser: »Gespräch mit Erich Arendt« (s. Anm. 59), S. 119. Worin die »fliegende Bücherei« bestand, hat Arendt so beschrieben: »Ich nahm einen Stapel Bücher unter den Arm, ließ mich von einem vorbeifahrenden Lastwagen mitnehmen und brachte diese Bücher zu den Frontkämpfern.« — **70** Ebd., S. 118. — **71** Diese gesammelten Texte wurden gemeinsam mit der Übersetzung von *Héroes* veröffentlicht in Silvia Schlenstedt: *Spanien-Akte Arendt. Aufgefundene Texte Erich Arendts aus dem Spanienkrieg.* Rostock 1986. — **72** Vgl. ebd., S. 152. — **73** Joaquín Morera i Falcó, Erich Arendt: *Herois. Narracions per a combatents.* Illustracions Rosuero. Barcelona 1937. Das Buch erschien sowohl auf Katalanisch als auch auf Spanisch, wurde unter »Edicions 27 Divisió« herausgegeben und befindet sich u.a. in der Madrider Nationalbibliothek; in deutscher Übersetzung wurden die Texte in die *Spanien-Akte Arendt* (s. Anm. 71) aufgenommen. Adolf Endler berichtet von einem Spaziergang mit dem 79-jährigen Erich Arendt, der aufgrund der Folgen eines Schlaganfalls nicht nur physisch sehr geschwächt war, sondern auch an Gedächtnisschwund litt und bei dem dieser sich an sein erstes Buch erinnerte, von dessen Existenz damals niemand wusste: »›*Héroes, Héroes*; wo ist das denn nur ...?‹ (Denn auch er selbst hat das Buch offenkundig nie wieder irgendwo auftreiben können, trotz aller Reisen. Man darf annehmen, daß er gar nicht danach gesucht hat. Aber jetzt quält ihn der Verlust, als habe er seinen Paß, seine Ausweispapiere verloren: ›Irgendwo muß es das doch noch geben!‹) Und immer wieder gebetsmühlenartig die gleiche Frage, mit bedrängender, ängstigender Körpergestik gestellt, als hinge von der Wiederauffindung dieses Früh- oder Erstlingswerks seine künftige Existenz ab: ›*Héroes* ..., wo ist das denn? Wo ist das denn eigentlich geblieben?‹« Adolf Endler: »Der Sterbende Dichter«. In: Hendrik Röder (Hg.): *Vagant, der ich bin. Erich Arendt zum 90. Geburtstag. Texte und Beiträge zu seinem Werk.* Berlin 1993, S. 171. — 74 Vgl. dazu u. a. Silvia Schlenstedt: »Exil und antifaschistischer Kampf in Spanien«. In: Klaus Hermsdorf / Hugo Fetting / Silvia Schlenstedt: *Exil in den Niederlanden und in Spanien.* Leipzig 1981 (= *Kunst und Literatur im antifaschistischen Exil in 7 Bänden.* Bd. 6) S. 189–359; Georg Pichler: *Der Spanische Bürgerkrieg (1936–1939) im deutschsprachigen Roman. Eine Darstellung.* Frankfurt/M. u. a. 1991, S. 87–103. — 75 Schlösser: »Gespräch mit Erich Arendt« (s. Anm. 59), S. 125. — 76 Emmerich: »Erich Arendt« (s. Anm. 58), S. 6. — 77 Ebd. — 78 Arendt blieb mit seiner Frau bis 1939 in Paris, wurde nach dem Beginn des Zweiten Weltkriegs im Stadion von Colombes interniert und kam in noch drei andere Lager, bevor er aus dem Lager Bassens in der Nähe von Bordeaux unter Mithilfe eines deutschen Arztes fliehen konnte. In Marseille traf er seine Frau wieder, und sie erhielten im Mai 1941 Visa für Kolumbien. Um dorthin zu gelangen, mussten sie illegal Spanien durchqueren, denn der südamerikanische Dampfer *Cabo de Hornos* fuhr Ende September 1941 von Cádiz ab. So kamen sie durch Gegenden, in denen Arendts Truppe gekämpft hatte; Folge dieses erneuten Wiedersehens mit Spanien waren einige Gedichte, die später unter dem Titel »Leidendes Land« in *Bergwindballade* aufgenommen wurden. In Curaçao wurde Arendt Ende Oktober als einziger nicht-jüdischer Passagier vom Schiff geholt und nach Trinidad gebracht. Nach einem mehrmonatigen Aufenthalt in einem »ehemalige(n) Golfplatz mit vorzüglichen Baracken und phantastischem Essen« (Schlösser: »Gespräch mit Erich Arendt« [s. Anm. 59], S. 122) konnte das Paar Anfang März 1942 nach Kolumbien weiterreisen. — 79 Schlösser: »Gespräch mit Erich Arendt« (s. Anm. 59), S. 121. — 80 von zur Mühlen: *Fluchtziel Lateinamerika* (s. Anm. 12), S. 52. — 81 Ebd., S. 273. — 82 Suzanne Toliver: »Das andere Tropenland – Kolumbien«. In: Röder (Hg.): *Vagant, der ich bin* (s. Anm. 73), S. 117. — 83 Emmerich: »Mit rebellischem Auge« (s. Anm. 65), S. 37. — 84 Vgl. die Tagebuchauszüge in Toliver: »Das andere Tropenland – Kolumbien« (s. Anm. 82), S. 117. — 85 Erich Arendt: *Tropenland Kolumbien.* Bildband mit einleitendem Essay und 134 Aufnahmen. Leipzig 1954, S. 3. — 86 Emmerich: »Erich Arendt« (s. Anm. 58), S. 6. — 87 So etwa in »Karibische Nacht«: »Die Bleifläche / um die Insel / liegt unbewegt / wie / vor tausend Jahren. // Oben, / vor dem mondbeschienenen / Weißmetall der Öltanks / des Don Maduro, / Herr der Insel und der Fluglinien, / wandert ruhelos rastlos, / eine Handvoll Reis im Bauch, / einsam / in der schlafenden Welt, / ein Mulatte.« Arendt: *Aus fünf Jahrzehnten* (s. Anm. 64), S. 164. — 88 »In Kolumbien erweitert Arendt auch seine Kenntnisse der lateinamerikanischen Literatur, er liest Mistral, Neruda und Asturias.« Stefan H. Kaszynski: »Strukturen und Erfahrungen im lyrischen Werk Erich Arendts«. In: Laschen / Schlösser (Hg.): *Der zerstückte Traum* (s. Anm. 59), S. 30. — 89 Zu Arendts Rückkehr in die DDR vgl. Silvia Schlenstedt: »Die Rückkehr Erich Arendts aus dem Exil«. In: *Exilforschung. Ein internationales Jahrbuch* 9 (1991), S. 81–89. Aufgrund konsularischer Schwierigkeiten mit der UdSSR konnten Arendt und seine Frau erst im November 1949 ihre Visa in Venezuela abholen; auf dem polnischen Schiff *Sobieski* kehrten sie im Januar 1950 nach Europa zurück. Über Italien und die Balearen kamen sie schließlich am 31. März 1950 nach Berlin. Wie groß anfangs Arendts Wunsch war, »nach so langem Brachliegen der wesentlichen Fähigkeiten, die der hiesige Existenzkampf drosselte« (ebd., S. 83), am Aufbau der DDR mitzuwirken, zeigt, dass er bereits am 1. April um den Eintritt in die SED ansuchte. — 90 Achim Roscher: »Verstehen und Verständlichkeit«. In: *Neue Deutsche Literatur* 21 (1973), H. 4, S. 122. — 91 Harald Kohtz: »Probleme der Lyrik«. In: *Neue Deutsche Literatur* 1 (1953), H. 3, S. 192; zit. n. Schlenstedt: »Die Rückkehr Erich Arendts aus dem Exil« (s. Anm. 89), S. 86. — 92 Fritz J. Raddatz: »Erich Arendt – Mahner zum Traum«. In: Laschen / Schlösser (Hg.): *Der zerstückte Traum* (s. Anm. 59), S. 15. — 93 Dies etwa zeigen die handschriftlichen Anmerkungen zu einem Aufsatz von Fritz J. Raddatz, in dem er auf den Einfluss Nerudas verweist, aber auch ein Brief an diesen, in dem es unter anderm heißt: »Bei Stilanalysen würdest Du bestimmt finden, daß der Einfluß Nerudas auf meine Oden gleich Null ist.« Vgl. Röder (Hg.): *Vagant, der ich bin* (s. Anm. 73), S. 97 bzw. S. 106. — 94 Toliver:

Exile and the elemental in the poetry of Erich Arendt (s. Anm. 58), S. 114. — **95** Roscher: »Verstehen und Verständlichkeit« (s. Anm. 90), S. 122. — **96** Zur Metaphorik der Insel im Werk Arendts vgl. Ton Naaijkens: »Zur Poetik der Insel in der Lyrik Erich Arendts«. In: Röder (Hg.): *Vagant, der ich bin,* (s. Anm. 73), S. 147–161. — **97** Arendt: »Der Inselgarten«, In: Ders.: *Aus fünf Jahrzehnten* (s. Anm. 64), S. 124.

Alfrun Kliems

Transkulturalität des Exils und Translation im Exil
Versuch einer Zusammenbindung

Einleitung oder Ist Transkulturalität globaler Migration vorbehalten?

Stuart Hall charakterisierte im Rahmen der *postcolonial studies* den transkulturellen Migranten als einen Menschen, der mit den Kulturen, in denen er lebt, zurechtkommt, ohne in ihnen aufzugehen, sich an sie anzupassen. In seinen Augen ist der transkulturelle Migrant die Verkörperung des Hybriden, einer, der sich zwischen den Kulturen bewegt, einer, der ununterbrochen übersetzt. Für ihn liegt der Unterschied zu anderen darin, dass transkulturelle Migranten »nicht einheitlich sind und sich auch nie im alten Sinne vereinheitlichen lassen wollen, weil sie unwiderruflich das Produkt mehrerer ineinandergreifender Geschichten und Kulturen sind und zu ein und derselben Zeit mehreren ›Heimaten‹ und nicht nur einer besonderen Heimat angehören. Menschen, die zu solchen *Kulturen der Hybridität* gehören, mußten den Traum oder die Ambition aufgeben, irgendeine ›verlorene‹ kulturelle Reinheit, einen ethnischen Absolutismus, wiederentdecken zu können. Sie sind unwiderruflich *Übersetzer*«.[1]

Im begriffsdefinitorischen Verständnis von Stuart Hall zählen auch Exilanten in diese Kategorie. In seinem Konzept findet die gemeinhin politisch begründete Definition von *Exil* und dessen distinktive Absetzung von *Diaspora* und *Migration* allenfalls am Rande Beachtung. Halls Konzeption des transkulturellen Migranten lässt den politischen Trennungsgrund, aber auch die heterogenen Lebenslagen, Selbstverständnisse und Konzepte Einzelner bzw. Gruppierungen unbeachtet. Sie verliert die politischen Beweggründe, die für das Exil bestimmend sind, aus dem Blickwinkel.

Um genau das zu vermeiden, lässt sich sein Denkkreis um eine Binnendifferenzierung erweitern: den transkulturellen Exilanten. Der transkulturelle Exilant arbeitet nicht mit einer dualistischen Wahrnehmung, lehnt Reduktionismus und monolithische Welterfahrung grundsätzlich ab, bietet eine durch das Leben in mehreren Kulturen bestimmte, von Variabilität gezeichnete Selbstfindung dar. In dieser Beschreibung gleicht er dem transkulturellen Migranten, und auch für ihn trifft Halls Aufforderung zu, Kategorisierungen dann zu meiden, wenn sie die Komplexität von Lebensentwürfen nivellieren. Transkulturelle Exilanten vermitteln kein auf den patriotischen Nenner gestimmtes Geschichtsbewusstsein, betreiben keine nationale Nabelschau. Mit ihrer vor allem auf Mehrdeutigkeit orientierten Literatur widersetzen sie sich jeglichem politisch-ideologischen Reduktionismus, und auch der »moralischen Appellatorik«[2] des Exils. Sie erteilen Konzeptionen ideologischer, politischer bzw. nationaler Provenienz eine Absage – und dies ungeachtet ihres »suspendierten Wartens«[3], ihres nicht aufgegebenen Vorsatzes, in die Heimat zurückzukehren, ihrer Ablehnung der dortigen politischen Verhältnisse. Wenn auch die historischen Umstände, die das Verlassen der Heimat im Zuge einer Exilwelle erzwingen, eindeutig politischer Natur sind und nicht wie die Migration eine »Fiktion von Mindest- oder Pseudofreiwilligkeit«[4] implizieren, so gleichen doch die spezifischen literarischen Produktionsbedingungen schreibender Exilanten denen schreibender Migranten, denn Exil wie Migration kennen die Interferenzen von Heimat- und Fremdkultur, die wirksam gewordenen Brüche im kulturellen Selbstverständnis und das Problem des Sprachwechsels bzw. seiner Verweigerung.

Die bislang nicht hinreichend beantwortete Frage, ob sich daraus auf eine Migrations- und Exilliteratur sui generis schließen lässt, und wenn ja, durch welche Merkmale diese eindeutig bestimmbar wären, wird auch vorliegender Beitrag nicht beantworten können. Gleichwohl zeigt er der Poetik abgewonnene Merkmale auf, die sich aus der Position des transkulturellen Migranten bzw. Exilanten als Übersetzer von Kulturen eröffnen. Innerhalb dieses Denkmusters interessiert der Extremfall: eine Literatur, die sich außerhalb der Übersetzbarkeit ansiedelt, die sprachlich konsequent und kompromisslos ein Thema umsetzt, das mit dem Schlagwort *Lost in Translation* umschrieben werden kann. Hierbei handelt es sich um Werke, in denen Exilierung, Vertreibung, Heimat- und Sprachverlust mit all den sich daraus ergebenden sprachlichen Konsequenzen verhandelt werden, ohne Blick auf die Übersetzbarkeit und ohne Konzession an den Leser. Sie sind literarischer Ausdruck einer Lebenssituation, die als eine gleichsam unübersetzbare präsentiert wird.

Übersetzen wurde in den 1990er Jahren zu einem Grundbegriff der Kulturwissenschaften, was sich auch im Begriff »translatorische Wende« spiegelt. Beim *translational turn* handelt es sich um das Aufbrechen einer philologisch-linguistisch betriebenen Übersetzungswissenschaft und deren Erweiterung im Sinne handlungsorientierter Forschungen. Zu ihr gehört das aus den postkolonialen Studien von Homi K. Bhaba, Edward Said und Edward W. Soja stammende Konzept des *third space*, eines dritten Raumes, der mehr ist als ein Zwischenraum zwischen einem Pol auf der rechten und einem auf der linken Seite. Er meint ein räumliches Konzept der Vermittlung, das fluid ist, instabil und dehnbar. Für die Literatur der Migration und des Exils hat die Idee des *third space* seine Bewandtnis, weil es die unselige Lösung des Dazwischen überdenkt, denn Begriffen wie Dazwischen, wie Zwischenraum und *in-between-situation* hängt die negative Konnotierung der Ausweglosigkeit oder des Eingeklemmtseins an.[5] Im Verständnis des Postkolonialismus meint der Dritte Raum einen positiv besetzten Raum der Aushandlung, einen Raum der Interferenz, des Zusammenspiels, der Übersetzung und Überschneidung. Uneingeschränkt funktioniert auch dieses Konzept nicht, denn es gründet in der Vorstellung von Bruchlosigkeit und Normalität innerhalb der räumlichen Positionen eins und zwei. Auch das gemeinhin euphorisch verstandene Konzept der Hybridität, das mit dem *third space* eng verbunden ist und den Begriff der »Cross-Culture-People«[6] ins Blickfeld rückt, setzt die Hegemonie des Normalen voraus, um diese auf dem Weg zum Hybriden durchbrechen zu können. Überhaupt beschreibt das Konzept des Dritten Raumes, wie immer wieder kritisch angemerkt wird, einen »Idealfall der Interkulturalität«.[7]

Die Denkfigur des Dritten bewegt sich zwischen als normal vorausgesetzten binären Strukturen, durchkreuzt sie, überwindet sie dadurch, und bleibt doch immer auf sie bezogen.[8] Doris Bachmann-Medick präzisierte unlängst die Konzeption des Dritten und applizierte sie auf kulturelle Handlungen wie das Übersetzen. Hierzu meint sie, dass sich solche Räume des Dazwischen »durch eine instabile Kommunikationslage« auszeichnen würden, die »aus der Deplazierung und Dekontextualisierung von Personen und Gegenständen sowie aus dem Aufeinandertreffen kulturdifferenter Verhaltensweisen eine eigene Spannung und Beweglichkeit gewinnt«.[9] Bachmann-Medick kommt in ihrer Definition ohne die negativen Zuschreibungen aus, mit denen Konzepte wie »Dazwischen« konfrontiert sind. Anders die Exilliteraturforschung, in der Elisabeth Bronfen das Zusammenbinden der Räume modellhaft vorführte, allerdings aus dem psychoanalytischen Konzept der Vorstellungsrepräsentanz heraus und deshalb mit einem dementsprechend abweichenden Ergebnis. Ihr zufolge gleicht das Schreiben im Exil dem Versuch, den zerbrochenen Lebensentwurf des Schriftstellers durch sinnstiftende Narration wieder zusammenzusetzen, ihn im Nachhinein zu vergegenwärtigen.[10] Das reale traumatische Erleben kultureller Entortung und Auslöschung wird also nachträglich in fiktiven Sprachbildern fixiert. Diese können als konkret-historische Situationen mit biografisch-referenziellen Zügen Eingang in die Literatur finden oder in Form metaphorischer Umgestaltung, die auf das Universelle der Exilsituation abzielt. Bronfens Raum des Dazwischen bedeutet das »Verharren im stets prekären Dazwischen des Exils«. Die anderen Möglichkeiten meinen die Fähigkeit, ein »Paradies imaginär zurückzuerobern« bzw. »einen zweiten Ort als Paradies umzusemantisieren«.[11]

Wie die Räume eins und zwei muss auch der Raum des Dazwischen als neutrale Positionierung begriffen werden, und nicht als Verhandlungsmasse für die sogenannten »not-quites« (Bharati Mukherjee), für diejenigen also, die sich weder in der einen noch in der anderen Kultur verankert fühlen. Das Kokettieren mit dem Dazwischen, seine Sakralisierung in postmodernen

Denkkonzepten, die Überhöhung seines kreativen Potenzials sollen hier ebenso zur Disposition stehen wie die Mechanismen der Verortung in ihm. Ein Verortungsmechanismus ist das Übersetzen – im engen philologischen wie weiten kulturologischen Sinne. Hiervon ausgehend wird untersucht, welche Konsequenzen ein erweiterter Übersetzungsbegriff, wie ihn Stuart Hall verwendet, für die Analyse von literarischen Werken des Exils besitzt, wenn diese seinem Credo gemäß schon als *übersetzte* Werke gedacht werden müssen, d. h. als Werke, die aus dem Kontakt der Kulturen, aus der Wahrnehmung des Eigenen vor dem Hintergrund des (hypothetischen, weil aus dem Eigenen entwickelten) Fremden entstanden sind. Was liegt in dieser Hinsicht näher, als zur Illustration die Literatur derjenigen Exilschriftsteller zu beleuchten, die sich mit dem Übersetzen ihrer Werke befassen bzw. mit ihrer Literatur auf Unübersetzbarkeit orientieren?

Lost in Translation als Sonderfall des Exils?

Die auf die Situation von Migranten und Exilanten zugeschnittene gnomische Sentenz *Lost in Translation* wurde hier nicht der jüngeren Filmgeschichte entnommen, sondern sie entspricht dem Titel eines englischsprachigen Romans von Eva Hoffman, den diese 1989 publizierte. Hoffman, emigrierte Polin, schildert in ihm ihren Sprachwechsel und ihren Weg der kulturellen Assimilation bzw. Nicht-Assimilation als Besessenheit nach fremden Wörtern, als Wunsch, sich diese einverleiben zu können: »Ich bin von Worten besessen. Ich sammle sie, verstecke sie, wie ein Eichhörnchen, das Nüsse für den Winter hortet, ich schlinge sie hinunter und hungere nach mehr. Wenn ich genügend in mich hineinschlinge, kann ich mir vielleicht die Sprache einverleiben (...).«[12] Die Sentenz passt aber auch auf einen Roman von Edward Redliński, der im amerikanischen Exil unter dem Titel *Rattenpolen* konzipiert wurde. Kaum hatte das Buch sein Erscheinen in Polen erlebt, sah sich Redliński gezwungen, den Buchtitel zu modifizieren: aus den »Rattenpolen« (*Szczuropolacy*) wurden die »Ratten-Yorker« (*Szczurojorczycy*). Seine polnischen Leser empfanden den Titel schlichtweg als Beleidigung, obwohl er keinesfalls eine despektierliche Einstellung gegenüber den Landsleuten suggerierte, sondern ein der Romangeschichte geschuldeter Neologismus war. Redlińskis Collage spielt im polnischen Emigrantenghetto Greenpoint und nutzt hierfür ein als stilistisch niedrig geltendes Polnisch, das von Amerikanismen durchsetzt ist.[13] Gleich ganz auf die Übersetzbarkeit seines Romans verzichtete Dumitru Țepeneag, ein nach Paris emigrierter rumänischer Schriftsteller. Der 1985 in Paris erschienene Text *Let mot sablier* beginnt in rumänischer Sprache, dann wird der Roman zunehmend mit französischen Wörtern und französischsprachigen Episoden versehen, um schließlich in französischer Sprache zu enden. Țepeneag thematisiert im Roman das liminale Stadium des Sprachwechsels als Übergangsritual und macht diesen Initiationsprozess kompromisslos sprachlich erfahrbar, indem er ihn literarisch am Filterprinzip der Sanduhr verhandelt. Mit diesem Prinzip folgt er seinem Titel, der das Rinnen der Wörter durch eine Sanduhr ebenso impliziert wie das Wort als Sanduhr, das im Hin und Her des Übersetzens seine je eigenen Konnotationen entfaltet, wenn es einmal die Verengung passiert hat. Für einige Rezensenten stellte sich mit Blick auf den Sprachwechsel des Dichters die Frage, welche Position dieser selbst denn einnehmen würde: die der Sanduhr oder die des Sandes.[14]

Die obigen Beispiele zeigen, dass sprachliche Übersetzungsprozesse im Kontakt der Kulturen, und manchmal auch innerhalb einer Kultur, auf kulturelle Differenzen aufmerksam machen – eine zugegeben banale Schlussfolgerung. Ketzerisch ließe sich mit Blick auf den Beitrag fragen, was die geschilderten Erfahrungen von denen ungezählter anderer Übersetzungsgeschichten unterscheidet, außer dass sie alle der Exilliteratur, namentlich der ostmitteleuropäischen des 20. Jahrhunderts entnommen wurden? Die Übertragung von einem sprachlichen, historischen und kulturellen Ort in einen anderen ist kein Alleinstellungsmerkmal der Literaturen der Migration und des Exils. Und das Produzieren in der Muttersprache nicht der einzig mögliche, der einzig authentische Weg zu literarischer Kreativität, wie die Vielzahl ihrer Sprachwechsler vorführt. George Steiner stellte in seinen sprachphilosophischen Überlegungen die Frage, ob es sich beim Wechsel der Sprache überhaupt um ein Merkmal exilierter oder – wie er es nennt – exterritorialer Schriftsteller der Moderne handelt, oder ob nicht vielmehr die Exterritorialität selbst ein Zeichen für den Status eines Schriftstellers der Moderne sei.[15] Das würde bedeuten, dass es für die ästhetische Positionierung eines Schriftstellers vollkommen unerheblich ist, ob er dort schreibt, wo er geboren wurde, ob er sich im Exil befindet oder Teil der globalen Migration ist. »Modern« meint in diesem Sinne, sich beim Schreiben nicht sklavisch einer Sprache verpflichtet zu fühlen, die ausschließliche Verhaftung in einer Kultur abzulehnen. Steiners ästhetisch verstandene Exterritorialität ist ein Konzept, das mit dem des *third space* nahezu identisch ist, weil es wie dieses auf einen Raum uneingeschränkter Kreativität abzielt, der nicht Ortlosigkeit meint, sondern netzwerkartige Verschränkung der Räume eins und zwei im Dritten Raum.

Was macht Überlegungen zum Sprachwechsel und zur Mehrsprachigkeit für einen Beitrag, der eigentlich das Übersetzen in seinen Fokus nimmt, relevant?[16] Ein erster Faktor ist, dass die exemplarisch vorgestellten Exilgedichte vorwiegend mehrsprachig daherkommen, als Collage aus mehr als zwei Sprachen konzipiert sind. Ein zweiter, dass Dichter vor ihrem Sprachwechsel aus unterschiedlichster Motivation heraus oftmals Selbstübersetzungen angefertigt und das Übersetzen als Durchgangsstadium zum Wechsel begriffen haben.

Modellfall: Selbstübersetzung im Exil

In ihrer Positionierung zwischen dem eigenen muttersprachlichen Werk und der fremdsprachlichen Neuschöpfung sind Selbstübersetzer geradezu modellhafte Untersuchungsobjekte, um an ihnen die Erweiterung übersetzungswissenschaftlicher Theorien im Zuge des *translational turn* vorzuführen und sie innerhalb des Konzeptes eines *Dritten Raumes* bzw. *third space* zu verorten.

In dem Maße wie im ausgehenden 20. Jahrhundert der emotionsgeladene Begriff Muttersprache sein ideologisches Primat verlor, wurde eine positive Konnotierung des Sprachwechsels möglich. Dadurch konnte die Hypothese widerlegt werden, die in der Migration und im Exil entstandene Literatur sei eindeutig und ausschließlich bestimmten Nationalliteraturen zuzuordnen. Dieter Lamping bezeichnete noch vor einem Jahrzehnt den Sprachwechsel als »eines der irritierendsten literarischen Phänomene der Moderne«, denn »daß ein Schriftsteller seine Sprache wechselt und fortan in einer zweiten Sprache oder gar in zwei Sprachen schreibt, bedeutet nicht weniger, als daß er die – auch von Philologen für natürlich genommene – Bindung seines Werkes an eine Sprache und damit an eine Nationalliteratur aufkündigt«.[17] Lamping war der Auffassung, dass die emanzipatorische Haltung von Autoren gegenüber ihrer Sprache bislang zu wenig Beachtung gefunden habe, vor allem, weil dadurch der Rahmen einer an vorwiegend nationalphilologischen Vorgaben orientierten Literaturwissenschaft gesprengt werde. Sprachwechsel sowie Zwei- und Mehrsprachigkeit seien auch deshalb weitgehend unbeachtet geblieben, weil man in andere Sprachen wechselnde Autoren eo ipso aus dem nationalen Kulturkontext ausgeschlossen habe.

Transkulturelle Migranten bzw. Exilanten, will man denn mit diesen Termini operieren, lehnen das Selbstverständnis von Heimat ab, wie es eine territorial und staatlich geeinte Ethnie erfährt, ebenso wie sie ein territorial verankertes Kulturverständnis hinter sich gelassen haben. Sie transportieren das Wissen darum, dass Original und Übersetzung jenseits traditioneller Äquivalenzansprüche und zugunsten komplexer kultureller Konfigurationen, interaktionsabhängiger Überlappungen und fortlaufender Transformationen gedacht werden müssen.

Ungeachtet dessen hat nach Abschluss eines literarischen Übersetzungsprozesses ein Text vorzuliegen, und wie auch immer man diesen nennen will – ob Übersetzung, Bearbeitung, Vermittlung, Übertragung oder Neuschöpfung –, er muss in seiner Relationalität eindeutig sein, denn er ist Resultat einer Wahl: zwischen den Wörtern, den Sätzen, den Reimen, den grammatischen Zuweisungen. Eindeutig meint nicht etwa, dass Sinn und Intention eines Textes in der Übersetzung zementiert gehören, sondern dass der Übersetzer eine eindeutige Entscheidung für den einen oder anderen Textbaustein treffen muss, weil Text immer auch Textstruktur meint. Wenn nun aber der Übersetzer zugleich Autor des Originaltextes ist, ergeben sich dadurch Besonderheiten, die die Leitkategorien der philologischen Übersetzung betreffen, darunter die Treue zum Original und die Äquivalenz von Ursprungstext und Endprodukt.

Dieter Lamping unterscheidet bei der Selbstübersetzung mehrere Ziele: erstens die »vermittelnden Selbstübersetzungen«, geboren aus der Not fehlender Rezeption und mit Blick auf das Publikum konzipiert. Zweitens klassifiziert er die »poetischen Sprachübungen«, die weder angefertigt werden, um Rezeptionshürden zu nehmen, noch der »Fortschreibung« des Werkes dienen, sondern allein autorbezogen sind. Um das Fortschreiben geht es in Lampings dritter Kategorie. Hierbei handelt es sich um werkbezogene Akte, in denen die Eingriffe in den Text vielfältig sein können: phonetische Veränderungen, Austausch poetologischer Elemente wie Metaphern und Bilder, Einschübe zusätzlicher Textstellen bzw. Herauslöschen ganzer Episoden.[18]

Der *normale* Übersetzer muss im Grunde die Fiktion der Bruchlosigkeit bedienen, indem er eine möglichst adäquate Übersetzung produziert, wie auch immer man diese definieren möchte. Der Autor-Übersetzer hat dieses Problem nicht, oder, um es mit Lamping zu formulieren: Er kennt die »Rücksicht auf Fremdes« in der Selbstübersetzung nicht, denn »schließlich ist der Übersetzer in ihrem Fall zugleich der Autor des Originals und in jeder Hinsicht sein eigener Herr«.[19]

Ein bemerkenswertes Beispiel für diese inhaltliche Freizügigkeit des Autor-Übersetzers gibt der Tscheche Jiří Gruša im deutschen Exil. Beim Übersetzen des noch in der Tschechoslowakei verfassten Romans *Mimner oder das Tier der Trauer* zerstörte Gruša in der Übertragung eine inhaltliche Äquivalenz mit interpretatorischen Folgen. In der tschechischen Version durchlebt der Ich-Erzähler eingangs einen Alptraum, in dem er unaussprechlichen Ekel vor sich ihm entgegenwälzenden Brotlaiben empfindet und zwanghaft dem Moment zu entkommen sucht, wo er deren Oberfläche würde berühren müssen.[20] In der deutschen Variante bringt Gruša an dieser Stelle ein Motiv in den Text ein, das auf einer konkreten, exilbedingten Situation fußt: Seine Figur träumt jetzt nicht mehr von körperlich erfahrbarem Ekel, sondern von einer Grenzkontrolle im totalitären Ritual-Staat Alchadokien und muss an der Grenze panisch den Verlust seiner Ausweispapiere feststellen.[21] Dieses Übersetzungsbeispiel verdeutlicht einmal nicht die der Interferenz von Heimat- und Fremdkultur geschuldete sprachliche Abweichung, vielmehr signalisiert es die bewusste persönliche Entscheidung für ein anderes Motiv –

für ein Motiv, das auf einen exilgeprägten, autobiografisch motivierten Erfahrungshorizont zurückgeht.[22] Es verdeutlicht aber noch etwas anderes: Das, was ursprünglich als »vermittelnde« Selbstübersetzung gedacht war, wurde unverhofft zur »fortschreibenden«, was sich vom Spätwerk aus gesehen offenbart. Der Motivwandel deutet eine ästhetische Verschiebung an: vom metaphorischen Prinzip hin zum metonymischen, eine Verschiebung, die sich weiter verfolgen lässt und zum tragenden Prinzip des späteren Sprachwechsels in der Lyrik wird. Warum Gruša auf die im Gegensatz zum geschilderten Passverlust irritierende Brotepisode verzichtet, obwohl sie dem Leser ein ungleich weiteres Konnotationsfeld bietet, darüber lässt sich allenfalls spekulieren. Unzweifelhaft ist jedoch seine Verortung im Dazwischen des *third space*, weil schon dieses Beispiel zeigt, dass er sich nicht – überspitzt formuliert – eins zu eins übersetzt, sondern den neuen Sprachspielraum kreativ ausnutzt. Mit dieser Verortung trifft er die Entscheidung für einen mehrsprachigen Kommunikations- und Übersetzungsprozess, d. h., er domestiziert das Unbekannte im eigenen Text, verfremdet das Eigene, verhandelt kulturelle Differenz in mehreren Sprachen und mit unterschiedlichen kulturellen Schlüsselwörtern. Als Konsequenz aus der Exilsituation literarisiert er Existenzen zwischen den Kulturen und Sprachen, ästhetisiert Nichtzugehörigkeit und Außenseitertum, reflektiert Fremde und Fremdheit.

Jiří Gruša oder Die »Doppelhelix-Version«[23]

In wirklich beeindruckendem Umfang hat sich Jiří Gruša im deutschen Exil mit dem Selbstübersetzen befasst. Er übertrug seine tschechische Prosa ins Deutsche, schrieb deutsch-tschechisch-englische Gedichte, verfasste dann deutschsprachige Gedichte als Vorstufe ohne vorherige tschechische Version, aus tschechischen Gedichten machte er deutsche, fügte diesen Strophen hinzu, veränderte einzelne von ihnen, verzichtete auf manche. Mit anderen Worten, er schuf Doppel- und Dreifachversionen seiner Werke, die die Geometrie als schraubenartige Windungen oder eben Doppelhelixen bezeichnet. Seinen Sprachwechsel beschrieb Jiří Gruša im deutschen Exil als Rettung »vor dem Fall ins Nichts«.[24] Psychosomatische Einschränkungen sowie ein körperlicher Zusammenbruch mit kurzzeitiger Erblindung begleiteten sein Schaffen in deutscher Sprache; sie führten zugleich den Bruch vor Augen, der sich zwischen biografischer Sprachkrise im Exil und künstlerischem Durchbruch in der Fremdsprache öffnete.

Bemerkenswert erscheint vor dem Hintergrund der Übersetzungsproblematik, wie die Motivik des Todes, die Grušas Werke dominiert, eine in beiden Sprachen unterschiedliche Gestaltung erfahren hat. Die erotisch-verführerische, bisweilen bizarr-absurde Figuration der Todfrau in den tschechischen

Texten weicht in den deutschen Gedichtbänden einer entpersonifizierten, männlich konnotierten Todesdarstellung.[25]

Nun könnte es heißen, dieser kulturmorphologische Wandel in der Gestaltung existenzieller Themen wie Tod, Sterben und Sterblichkeit sei auf das differierende grammatikalische Geschlecht des Todes zurückzuführen. Oder, die weibliche »Tödin« lasse sich im Deutschen nicht vermitteln, sprenge dessen Sprachsystem. Schon ein flüchtiger Blick in die europäische Kulturgeschichte widerlegt allerdings das vorschnelle Urteil, es sei allein das sprachliche Geschlecht, welches das jeweilige Todesbild determiniere. Grammatische Geschlechtszuweisung bedeutet nicht zwangsläufig eine geschlechtliche Konstanz des Todes, weder innerhalb einer kulturellen Epoche und einzelnen Kultur noch innerhalb eines individuellen Werkes.

Wenn der Wechsel der Todespersonifikation nicht durch den Wechsel des Sprachsystems zustande kam, was waren dann die auslösenden Momente? In modernen Gesellschaften, gab Karl S. Guthke zu bedenken, sei von »vornherein nicht mehr mit *einem* für alle verpflichtenden Todesbild zu rechnen«.[26] Normierte Vorstellungen von Todesfigurationen mag es heutzutage nicht mehr geben, aber es gibt zweifelsohne Todesbilder, die eingängiger, geläufiger oder *normaler* sind als andere. Die weibliche Figuration des Todes in der deutschen Literatur gehört nicht in diese Kategorie, wiewohl es namhafte Ausnahmen gibt.

Gruša greift im Tschechischen wie im Deutschen auf anthropologische Konventionen zurück und entwickelt von ihnen ausgehend seine individuellen Bilder. Die Sprachen würden ihm, dem Dichter, unterschiedliche philosophische Konzeptionen des Todes eröffnen, heißt es in einer seiner Selbstauskünfte.[27] Wie die weibliche Todesvorstellung im Konkreten aussieht, zeigt Grušas Gedicht *Nachtwache*, in dem der Dichter ein erotisch aufgeladenes Reimspiel zwischen lyrischem Subjekt und Todfrau vorführt: »(…) sie naht das Todeslenchen / und ich beginne / mich zu entkleiden / um es zu beschlafen / und so – mit List zu strafen // doch mit dem Geschmeichel / der Gram mich quält / es hat das Todesmädchen / ein Korsett gewählt // daraus quellen / seine Brüste / und aus ihnen rinnen / Todgelüste (…).«[28] Der Dichter und Übersetzer Franz Fühmann hat die weibliche Todesfiguration, wie sie auch hier Eingang fand, konzeptuell und poetisch zugleich beschrieben: Die Begegnung »mit der smrt, der Todfrau, ist das letzte erotische Erlebnis (…), das letzte dieser Schicksale, jenes, in dem die Frau den Mann besiegt und erlöst. – Diese ungeheure und ungeheuerliche Existenzerfahrung ist in die tschechische Sprache als ganz selbstverständlich eingeschlossen, im Deutschen ist sie sprachlich elementar gar nicht nachvollziehbar, was man allerdings dem nicht erklären kann, der nie erfuhr, daß ein Wort mehr ist als ein Rädchen im Apparat eines linguistischen Mechanismus«.[29]

In der weiblichen Todespersonifikation schließt sich nicht nur der Kreis zwischen Geburt und Tod, sondern spiegelt sich auch die Faszination an der Leben spendenden und zugleich Tod bringenden Frau. Die implizierte Gleichsetzung von Frau und Natur eignet mythischen Erzählungen, findet sich nicht nur in germanischen Todesbringerinnen wie den Huldren, der Frou Werlt oder Frau Holle, sondern auch in slawischen Figuren wie der Mittagshexe, der Baba Yaga oder Morana. Elisabeth Bronfen führte diese Komponenten Geburt versus Tod im Bild vom weiblichen Körper zusammen, den sie als einen Ort »pränataler Behausung«, als Ort von »Wunsch- und Andersheitsphantasien« und »antizipierter Ruhestätte« identifiziert.[30]

Jiří Gruša zeichnet in seinem Gedicht *Nachtwache* ein für sein Frühwerk harmloses Wechselspiel zwischen Erotik und Mortalität, führt dem Leser die symbiotische Verknüpfung von Tod und Sexualität augenzwinkernd vor – zumindest in diesem Teil des Gedichts. Dem lyrischen Ich gelingt die Umwandlung von Todesangst in Begehren scheinbar mühelos, ebenso wie das Verlachen und in diesem Zuge Verneinen des omnipräsenten Todes. Was in *Nachtwache* spielerischer Liebesakt ist, endet in anderen Texten als orgiastischer Einverleibungsversuch äußerster Intensität, mündet in den Untergang des Subjekts. Huldren und Zentaurinnen sind es, die das Frühwerk bevölkern, Neologismen wie die Wintergeborene (*zimorodka*), das Todeslenchen (*smrtolenka*), das Todmädchen (*smrtholka*) und die Allestödin (*všesmsrtice*).

Im Gedicht *Dunkle Sache*, einem seiner bekanntesten, besingt Gruša das ins Existenzielle reichende Ausgeliefertsein an das weibliche Geschlecht. Existenziell, weil der geschilderte Sturz in die *unio mystica* führt, ins Licht der mystischen Verschmelzung mit dem Göttlichen, in ein Initiationserlebnis, das über Todeserfahrung funktioniert, hier gepaart mit der Faszination am Grauenvollen, Grotesken und Hässlichen. In dieser »erotischen Postmortalie«[31] klagt und preist das lyrische Ich während seines Falls und im Zwiegespräch mit Gott: »(...) Herr, ich fühle es / die Anbeterin hat mich / die göttliche die gläserne blaustählerne blaumuschlige / und helle / oh, das Fötzlein die Nonne meine Mantis / hat mich / hat mich / madagassisch // die gänzlich adlerfüßige / gänzlich umhüllte / ausgemergelte und verzehrte / abergläubische // die gelappte / gelbflüglige / gesprenkelte / das Fötzlein die Nachbarin // verspeist mich, Herr, schon verschlingt sie mich / die breitblattstielige und gelbe (...).«[32] Liebesgedichte sind wie Todesgedichte konzipiert und umgedreht: mal spielerisch-naiv, dann wieder heiter-beschwingt bis obszön.[33]

In Grušas deutschsprachigem Werk verläuft eine Geschlechtsumwandlung des Todes, die einige Konsequenzen mit sich zieht. In ihm findet sich das Exil als Thema mit all seinen Verlusterfahrungen ebenso wie die Auseinandersetzung mit dem Alter, dem Sterben und dem frühen Tod des Sohnes. Um diese Komplexe zusammenzubinden und komprimiert zu bebildern, aktualisiert Gruša wiederum mythische, aber auch literarische Figuren. Seine Todesikonografie bewegt sich weg vom sexualisierten Todesspiel hin zu einem männlich konnotierten Tod. Das metaphorische Prinzip tritt zugunsten des metonymischen in den Hintergrund. Sterben ist nunmehr leiser, langsamer Übergang, ist Überfahrt, Begleitung und Abschiednahme. Flussufer und Meeresküste prägen die Topografie des Todes: »bin ich schon schiffbar? / und wird mir / mein staub / wieder folgen?«[34], heißt es in *Das Mondmenü*. Oder in *Spa*: »ein mann mit der bahre / kommt über den sand / er stellt sie neben die deine / blättert in büchern / lächelt dich an.«[35] Die Figuren der Gedichte pendeln zwischen Räumen, zwischen Welten, zwischen Diesseits und Jenseits, erinnern in ihrer Zwischenposition an Kafkas Jäger Gracchus. In seinen Überlegungen zum Tod als Kulturgenerator meint Thomas Macho, dass Dichter »die mörderische Stille in den Bezirk der Sprache«[36] treiben würden. Ein Zitat, das auf Grušas deutschsprachige Dichtung zugeschnitten zu sein scheint. Zu seinem tschechischen Debütwerk will diese Formulierung so gar nicht passen: Übersetzen ins Ungewisse und nicht Sturz in die Verheißung, Beschwörung der Erinnerung und nicht Spiel mit der Begierde, Auseinandersetzung mit der Angst und nicht Überlisten als Konzept. Wie in *Böhmen am Meer*.

> Der emsige ozean
> unterbricht mich nicht
> als ich ihn grüße
> den sohn
> und führe dem ort zu
> wo man uns zeugt
>
> natürlich
> in diesem land
> wo wir lachen
> barfuß wie möwen
>
> die gellend
> willkommen heißen
> hergeschwommenes
> (...)[37]

Böhmen am Meer steht paradigmatisch für das deutsche Todesbild und für die Übersetzungspraxis des Dichters. Gewidmet ist das Gedicht dem verstorbenen Sohn. 1986, drei Jahre vor dessen Tod, schrieb Gruša ein tschechisches Gedicht gleichen Titels, das ein lebensbejahendes Credo transportiert. Weder mit den Begriffen »Vorlage« noch »Bearbeitung« oder »Reproduktion« lässt sich die Form des Übersetzungsprozesses beschreiben. Duktus und

Rhythmus gleichen sich, auch wenn das tschechische Gedicht weitaus mehr Strophen aufweist, die metaphorischen und metonymischen Komponenten weisen Parallelen auf, sogar die Themen Erinnerung und Ewigkeit spannen die Gedichte zusammen und trennen sie zugleich. Der Gedanke an Hesiods *Insel der Seligen* lässt sich bei ihrem Lesen ebenso wenig ausblenden wie Shakespeares übernommener geografischer Irrtum *Böhmen am Meer* und dessen weitreichende imaginative Wirkmächtigkeit, nur wird der Sohn in dem einen Gedicht dem Meer zugeführt und kommt in dem anderen vom Fischen zurück: »und meine söhne / die in der früh gingen / um fische zu fangen / bringen mir jetzt / freundliche delphine.«[38] Böhmen als Verheißung, wo die Toten namenlos sind, frei und ungebunden, wo man die Gestrandeten willkommen heißt, sie ziehen lässt, all das schwingt im tschechischen Gedicht mit; seine volle existenzielle Bedeutung entfaltet es jedoch allein im deutschen Text. Und auch die transgressiven Momente sind ihm vorbehalten. Über sie bekommt der Raum Bedeutungsebenen zugeschrieben, die für das Konzept des *third space* stehen: Fluidität und Flüchtigkeit, Nichtfixierbarkeit und Grenzverschiebung. In *Böhmen am Meer* geht es nicht um eine statisch-räumliche Vorstellung von der Meeresküste, sondern um einen Raum, der das Dazwischen meint, zwischen Leben und Tod, zwischen den Vätern und ihren Söhnen, zwischen Wasser und Land, Zeugung und Tilgung, Diesseits und Jenseits, Gegenwart und Erinnerung. All diese Ebenen des Dazwischen sind miteinander verschränkt, gehen ineinander über, bedingen einander, bedürfen gegenseitiger Übersetzung. Das symbolisieren die auslöschenden und zugleich erschaffenden Meereswellen. Selbst das »barfuß«, symbolhaft für die Ungebundenheit, für das Ziehenkönnen, signalisiert wiederum ein Stadium des Dazwischen, antizipiert den Moment, wo die Spur des barfüßigen Strandläufers ins Wasser läuft, sich verflüssigt und damit verflüchtigt.

Zu sagen, im Prozess des Übersetzens von einer in die andere Kultur, von einer in die andere Sprache gehe Grušas dichterischem Werk der weibliche Tod als Denkkonzept verloren, ist eine Möglichkeit – eine andere, auf den Prozess des Exils zu verweisen, auf den Vollzug des Sprachwechsels, aber auch auf das Alter und die Kontingenzen des Lebens. In der weiblich konnotierten Metaphernwelt, die Gruša aus seinem tschechischen Frühwerk in das deutsche Spätwerk integriert, offenbart sich der eigene kulturelle Übersetzungsprozess, an ihr lässt sich die Verortung im *third space* als einem Raum des Übersetzens markieren. Eingang in die deutschsprachigen Gedichte hat sie durchaus gefunden, dann nämlich, wenn ein personifizierter Schatten dem Ich nicht mehr folgen will: »mürrisch möchte er in den mutterleib«[39], wenn das hohe Gras »trug wie fruchtwasser«[40], wenn das lyrische Subjekt »in einem der löcher ihres endlosen lustleibs«[41] liegt und damit die Stadt Prag im Sinn hat. Gruša treibt auch im Deutschen die Kultivierung des Weiblichen und die Idealisierung des Mütterlichen voran, schafft einverleibende Frauenfiguren und -körper. Der lustvoll-fressenden Todesimago des Frühwerkes kommt er nur noch einmal nahe.

Ivan Blatný oder Die Kompromisslosigkeit der Unübersetzbarkeit

Während zahlreiche Sprachwechsler im Exil versuchten, Spuren ihrer biografischen Erstsprache, ihrer Zwei- oder Mehrsprachigkeit in den Werken zu verwischen, um als vollwertige Vertreter der *adoptierten* Sprache zu gelten, machten andere Autoren ihre Zweisprachigkeit gerade zum Kennzeichen ihrer Literatur, war ihnen diese doch ein deutliches Zeichen des interlingualen, interkulturellen, interliterarischen Dialogs, der in Werken zwei- und mehrsprachiger Exilautoren oft intensiv und auf vielfältige Weise geführt wurde. Mit Blick auf das Schaffen des Sprachwissenschaftlers Roman Jakobson beschreibt die in Paris lebende Exilschriftstellerin Věra Linhartová den *polyglottisme* wie eine »Persönlichkeitsmultiplikation«, also fast im Sinne schizophrener Wahrnehmungsveränderungen, die vor allem den Verlust von Gewissheit und die Auflösung der bis dahin klaren Beziehung zwischen Zeichen und Bezeichnetem bedeuten. Mehrsprachigkeit, heißt es bei ihr, ziehe eine radikale Änderung der Weltsicht nach sich (»change radicalement l'appréhension du monde«), denn mit dem Augenblick, in dem die fremde Sprache adoptiert werde, stelle sich dieser Schritt als unumkehrbar heraus. Von nun an gehöre der Schriftsteller keiner privilegierten Sprachgruppe an, erweise sich keine Sprache mehr als unersetzbar, als einzigartig und magiebeladen (»unique, irremplaçable, aucune n'a plus le caractère magique du rapport évident entre la parole et l'être qu'elle désigne«).[42]

Diese Einschätzung besitzt wohl für keinen tschechischen Exilschriftsteller größere Gültigkeit als für Ivan Blatný, der in seinen Versen zum Teil brüskierende sprachliche Vermischungen schafft. Was Blatný anbelangt, so handelt es sich bei ihm um einen Wiedergänger, zumindest einen literarischen. Längst hatte man daheim wie auch im Exil den nach der kommunistischen Machtübernahme 1948 in London gebliebenen Schriftsteller abgeschrieben, vor allem, seit man wusste, dass er mit einer diagnostizierten Schizophrenie in psychiatrischen Kliniken verschwunden war. Es ist dem Einsatz einer beherzten Krankenschwester zu verdanken, dass seine vermeintlichen Kritzeleien entdeckt, bewahrt und dann mit großem Erfolg im kanadischen Exilverlag Sixty-Eight Publishers gedruckt wurden.[43]

Blatný kombinierte in seinem Exilwerk die tschechische Muttersprache, die ihm als Grundlage diente, einfallsreich mit englischen, lateinischen, deutschen, italienischen und französischen Textstücken. In ihnen hält er sein mehrsprachiges Dichterbekenntnis fest: »Seifert, I am coming with my lute /

even to the common prostitute / Vlast vlasti, kost a ženský rod. / Jsem smetanovský patriot.«[44] Auf Deutsch, Englisch und Französisch kokettiert er mit seinem Dichterstatus: »Ich bin nur Dichter einer Sprache / aber ich liebe fremdsprachige Einschübe / brasdessus brasdessous / There is a remote chance that I'll win / the Prix Nobel for literature.«[45] Die Hoffnung auf eine adäquate Übersetzung in welche Sprache auch immer sinkt spätestens dann, wenn man sich Gedichte wie *Der Vagabund schläft auf der Wiese* genauer ansieht:

Tulák spí na louce

Budižkničemu se toulá po ulicích města
always under pressure of the moral institutes

But he won't go to a borstal
louky die Wiesen na něj čekají za městem
Wie sen jak sen how a dream

Zbytečná otázka
Stejně si nemohu nic pamatovat.[46]

In interlinearer Übersetzung und ohne Berücksichtigung des Sprachspiels »wie sen jak sen«[47] könnte das Gedicht so wiedergegeben werden: »Ein Taugenichts spaziert durch die Straßen der Stadt / immer unter dem Druck moralischer Institutionen // Doch er wird nicht in eine Anstalt gehen / die Wiesen die Wiesen warten auf ihn hinter der Stadt / Wie ein Traum wie ein Traum wie ein Traum // Vergebliche Frage / Ich kann mir sowieso nichts merken.« Bewusst missachtet Blatny Vorschriften und Regeln der anderen Sprache, setzt sprachspielerisch eigene Varianten dagegen. Eine kleine orthografische Abweichung oder Inkorrektheit wie etwa ein einzelner falscher Buchstabe erschließt wie im Gedicht *Der Vagabund schläft auf der Wiese* Bedeutungsbereiche, provoziert Misszuverstehendes, verweist auf Trennendes zwischen den Sprachen.

Es nimmt nicht wunder, dass sich Blatnýs städtischer Taugenichts zum Naturraum »Wiese« hingezogen fühlt. Ausgehend davon, dass wir in Sprechformen über die Natur nicht die Natur selbst finden, sondern Verständigungsformen über sie, liegt es nahe, die Herumtreiberfigur auf die Wiese zu projizieren. Die Wiese verspricht ihm ungehemmtes Wachstum, verheißt wildes Tummeln inmitten einer artenreichen Gras- und Tierpalette. Zumindest die romantische Vorstellung gaukelt dies vor, ruft sie doch einen Topos wie die sonnige Bergwiese auf. Hingegen schließt Blatnýs in nüchternem Ton gehaltene Schilderung urbane Wiesen nicht aus: Räume, deren Konnotationsbreite abfallbedeckte Rasenflächen und uringetränkte Stadtparks umfasst. Das urbane *borstal* meint hingegen Begradigung, Domestizierung innerhalb streng gezogener Erziehungsgrenzen. Setzen wir das lyrische Ich, den Sprecher der letzten Verszeile, mit dem empirischen Autor Blatný in einen Bezug, dann sind die erträumten Wiesen längst vergessen für denjenigen, der in den Wänden einer Anstalt oder denen seines Gedächtnisses gefangen ist.

Zu Blatnýs vielfältigen Gestaltungsmöglichkeiten gehören Sprach-, Klang- und Sinnwortspiele. Freilich können manche verwandlungsfreudige Spiele nur noch von solchen Lesern nachvollzogen werden, die sprachlich in der Lage sind, Anspielungen in ihrem Dualismus von Eigenem und Fremdem zu verstehen, d. h. die Mélange-Elemente auch zu entdecken. Ein Sprachbewahrer wie Blatný erweist sich also zugleich als Sprachwechsler. Während die Letzteren Elemente, Wörter, Wendungen, Verse oder ganze Gedichtstrophen wie geheimnisvolle Klangfiguren aus der Muttersprache zu integrieren und damit zugleich die neue Sprache und Kultur zu bereichern suchen, beschränken sich die Ersteren auf das Übernehmen von Elementen der Fremdsprache und ihrer kulturellen Codes in die Heimatsprache. Der Außenblick sensibilisiert beide Gruppen für sprachliche Nuancen und Unterschiede, eröffnet neuartige kreative Möglichkeiten. So werden Wörter in ihren verschiedenen Bedeutungen und stilistischen Nuancen erprobt, kommt es im spielerischen Umgang mit ästhetischen Kriterien zu ungewohnten Wortverbindungen, zu Neologismen und neuen poetischen Formgebungen.

Blatnýs Situierung zwischen der Sprachbewahrung und dem Sprachwechsel lässt sich an das Denkmodell des Dritten Raumes zurückbinden. In seiner Lyrik bestand er auf der im Westen nicht zu dekodierenden Andersheit, löste diese in seinen Texten aber nicht auf, im Gegenteil. Sprachliche Konventionen stellte er dabei immer wieder in Frage oder führte sie ad absurdum. Uneingeschränkt gilt für ihn die eingangs zitierte Passage von Bachmann-Medick, denn seine Literatur gewinnt eine »eigene Spannung und Beweglichkeit« in der »instabilen Kommunikationslage«, aus der heraus sie entstanden ist, »aus der Deplazierung und Dekontextualisierung« des Schriftstellers, »aus dem Aufeinandertreffen kulturdifferenter Verhaltensweisen«[48]. Seine üppige Fantasie, seine eigenwilligen Wortschöpfungen und bisweilen befremdlichen Bilder, Metaphern und Symbole signalisieren weniger die Bruchstellen zwischen den Kulturen, sondern versprachlichen das ins Universelle reichende Problem der Andersheit, des Andersseins, des Außenseitertums.

Schluss oder Vom Ende des Übersetzens als Ergebnis globaler Migration?

Die Quintessenz der Hall'schen Überlegungen zum transkulturellen Migranten liegt in der Vorstellung von *einer* Welt, einem global vernetzten Lebensraum, in dem die Transkulturellen als Vermittler zwischen den Kulturen und Ethnien fungieren. Von dieser Warte aus plädiert er für den Begriff der *Identifikation* als einem andauernden Prozess des individuellen Werdens, einer konstruierten und variablen Identitätsbildung.

Eine Form der Identifikation im Prozess des individuellen dichterischen Schaffens stellt Jiří Grušas Gedicht *Ivan Blatný im San Clemens Hospital* dar. In ihm ruft er einmal noch das Bild des weiblichen Todes auf: in Gestalt der *Zubatá*, der *Gezähnten*. Ihre ikonische Bedeutung ist im Deutschen der des Skeletts, des Gerippes oder des Gevatter Tod gleichzusetzen. Gruša übersetzt Ivan Blatný, einen Vertreter aus dem »Februarexil« von 1948, in das »Augustexil« von 1968, dem er selbst zugehört. Er sieht sich in dessen Traditionslinie, verortet sich in ihr, ja er zweifelt nicht an der Bedeutung dieser Dichtung für die Nationalliteratur. Zuerst einmal ist es aber eine exilinterne Übersetzung, das Weiterreichen poetologischer Verfahren von Exilgeneration zu Exilgeneration, die im Intertextuellen verankerte Weiterentwicklung einer bestimmten Poetik. Im Gedicht zeichnet Gruša das Überleben des Dichters nach, poetisiert sein den Umständen abgetrotztes Schreiben, bebildert die Verrücktheit des Dichters als uneinnehmbare Burg. Übersetzen heißt hier Übernahme des surrealen, »makkaronisierenden« Schreibstils von Blatný, Konstituierung der Dichtung aus dem Spiel mit den Sprachen: »Shall I describe this blázinec,/kde v noci svítí toaleta,/und eine Spinne webt ihr Netz,/odkud se prostě neodlétá, // kde Zubatá tě šoustá bezzubýho // až drkotáš svou přestořeč:/vem si můj jazyk – ušmikni ho/budu to básnit can as catch // may madness is můj hrad (...).«[49] Dort, wo die Räume neonausgeleuchtet sind, kann man dem System nicht entfliehen. Dort, wo sich die gezähnte Tödin auf den Zahnlosen stürzt, ihn schlicht zu ficken, kommt dessen Dennochsprache ins Holpern, ins Stottern: »Nimm dir meine Sprache [oder: Zunge] – kapp sie!/das werd ich dichten can as catch.« Das lyrische Ich bietet der Tödin den Körper und die Sprache an, fordert ihr Durchtrennen, ihr Abkappen heraus, und weiß doch, nach dem Sprachverlust, nach dem Tod wird weitergedichtet, wird weiter gerungen – ohne Regeln. Mit der »Dennochsprache« nutzt Gruša einen Neologismus von Věra Linhartová, deren gleichnamiger Erzählband 1966 erschienen ist.

Es ist eine intensive Auseinandersetzung mit dem Poetikkonzept Blatnýs, die Gruša hier vornahm: über Vermittlung, über Schicksalserkundung, über Imitation. Sie spiegelt zugleich den eigenen Übersetzungsprozess, denn als dieses Gedicht entstand, entwarf Gruša selbst Verse mit englischen, deutschen und tschechischen Sprachfetzen, die manchmal die Vorlage für spätere deutschsprachige Texte bildeten und manchmal als mehrsprachige Gedichte funktionierten. Das eigene Übersetzen vor Augen, leistet Gruša im obigen Gedicht eine Sichtausweitung vom Alltäglichen auf eine abgehobene Ebene der Reflexion, indem er den Tod einschleust (in das neonerleuchtete Krankenzimmer), indem er das Exil einschließt (in der metonymischen Beziehung zwischen Anstalt, Gefangensein und Eingesperrtheit) und indem er das Ringen mit der Sprache beschreibt (in der Bebilderung der Sprache als Figur, die herausgefordert, niedergerungen werden will).

Beide Dichter, Gruša und Blatný, zählen zu den eingangs beschriebenen transkulturellen Exilanten, und in ihren Schreibstrategien weisen sie sich auch als solche aus. Für sie, die aus dem östlichen Mitteleuropa stammenden Schriftsteller, war das Exil mit westlicher Zentrierung verknüpft.[50] Dennoch stellten sie ihr transkulturelles Übersetzen nicht in den Dienst einer wie auch immer verstandenen Reinheitsvorstellung oder Vereinheitlichungstendenz. Im Gegenteil, sie gingen dem Konformitätsdruck der Übersetzbarkeit aus dem Weg, ungeachtet der Möglichkeit, ihre Texte hierüber einem breiteren Publikum im Westen vermitteln zu können. Damit gingen sie zugleich das Risiko der Nichtlesbarkeit ein, der Überforderung des Rezipienten. Dieses Risiko lässt sich auch im Übersetzungsprozess nicht auflösen, denn wie würde das Übertragen der multilingualen Texte in einen anderen Sprach- und Kulturkreis aussehen? Gemeinhin funktioniert Übersetzen so, dass der Übersetzer etwas Fremdes, ein fremdsprachliches Werk, ins Eigene überträgt, in »seine« Sprache und »seine« Kultur. Allein beim letzten Beispielgedicht müsste er mehrere Sprachen in ihrem spielerischen reimgebundenen Zusammenspiel berücksichtigen, einschließlich der kulturellen Komponenten (die gezähnte Tödin), intertextueller Verweise (der surrealistisch-makkaronisierende Schreibstil Blatnýs) und biografischer Signale (Blatnýs Schreiben in einer psychiatrischen Anstalt). Und er müsste eine Entscheidung treffen, welche der Sprachen er im Original belassen will. Sicherlich wird er die englischen Passagen nicht anrühren, aber ob er die deutsche Verszeile für einen Leser außerhalb des europäischen Kulturkreises unangetastet lässt? Ganz zu schweigen von Blatnýs Wiesengedicht und der spielerischen Verschiebung: »wie sen jak sen how a dream.« Durch solche ingeniösen Veränderungen, Verfremdungen, Umformungen und Regelverletzungen, durch ästhetische Subversion sollte auf die Eigenheiten des jeweiligen Idioms und damit auf unbekannte, potenziell schöpferische Möglichkeiten von Sprache an sich aufmerksam gemacht werden. So entstanden Werke, deren Mehrdeutigkeiten und Assoziationen witzige, ja groteske Situationen evozierten, in denen bestimmte Redensarten, wortwörtlich verstanden, einen Verfremdungseffekt erzeugten und Sinngehalte sich in ihr Gegenteil verkehrten. Und damit Werke, die ihren Leser finden müssen, das heißt einen Leser, der imstande ist, dieses Spiel nachzuvollziehen, der es deuten kann, an ihm seine Freude hat: einen Leser, der dem Konzept des *third space* entspricht, quasi einen Übersetzer par excellence. Einen, der sich am Original abarbeitet, ohne auf riesige Apparate von Kommentaren, Fußnoten und Erklärungen angewiesen zu sein. Einen, dem auch die klangliche Qualität der Mehrsprachigkeit nicht verborgen bleibt. Was läge näher, als hierfür auch noch die Kategorie des transkulturellen Lesers aufzumachen?

1 Stuart Hall: *Rassismus und kulturelle Identität.* Hamburg 1994, S. 180–222; hier S. 218. — **2** Das Zitat nutzt Georg Witte eigentlich für den russischen Samizdat, aber in seiner grundlegenden Bedeutung kann es auch Werken aus dem Exil zugeordnet werden: Georg Witte: »Zwei Moskauer Symposien über ›alternative‹ Poesie und Poetik«. In: *Znakolog* 3 (1991), S. 331–340; S. 331. — **3** Guy Stern: »Was heißt und zu welchem Ende studiert man Exilliteratur«. In: *Kultur im Exil. Gesammelte Beiträge zur Exilforschung / Literature and Culture in Exile: Collected Essays on the German-Speaking Emigration after 1933 (1989–1997).* Dresden – München 1998, S. 12–23; hier S. 22. — **4** Hilde Domin: »... und doch sein wie ein Baum. Die Paradoxien des Exils«. In: Dies.: *Gesammelte Essays. Heimat in der Sprache.* München 1992, S. 211. — **5** Dazu erhellend das Manifest von Leslie A. Adelson: »Against Between – Ein Manifest gegen das Dazwischen«. In: *Literatur und Migration. Sonderband TEXT+KRITIK.* Hg. von Heinz Ludwig Arnold. München 2006, S. 36–46. — **6** Wolfgang Welsch: »Transkulturalität. Lebensformen nach der Auflösung der Kulturen«. In: *Information Philosophie* 2 (1992), S. 5–20. — **7** Klaus P. Hansen: »Interkulturalität: Eine Gewinn- und Verlustrechnung«. In: *Jahrbuch Deutsch als Fremdsprache* 26 (2000), S. 289–306; hier S. 294. — **8** Vgl. dazu die Einleitung in: *Figuren der / des Dritten. Erkundungen kultureller Zwischenräume.* Hg. von Claudia Breger / Tobias Döring. Amsterdam – Atlanta 1998, S. 1–18. — **9** Doris Bachmann-Medick: »Dritter Raum. Annäherungen an ein Medium kultureller Übersetzung und Kartierung«. In: *Figuren der / des Dritten* (s. Anm. 8), S. 19–36; hier S. 22. – Hierzu auch die konzis konzipierte Beschreibung des *translational turn* in: Doris Bachmann-Medick: *Cultural Turns. Neuorientierungen in den Kulturwissenschaften.* Reinbek bei Hamburg 2006, S. 238–282. — **10** Elisabeth Bronfen: »Exil in der Literatur. Zwischen Metapher und Realität«. In: *Arcadia* 2 (1993), S. 167–183. — **11** Elisabeth Bronfen: »Entortung und Identität. Ein Thema der modernen Exilliteratur«. In: *The Germanic Review* 2 (1994), S. 70–78; hier S. 78. — **12** Eva Hoffman: *Lost in Translation. Ankommen in der Fremde.* Frankfurt/M. 1993, S. 237. — **13** Edward Redliński: *Szczuropolacy.* Warszawa 1994. Die Veränderung des Titels erfolgte in der Auflage von 1997 und wurde im Vorwort vom Autor begründet. Vgl. dazu in aller Breite: Wolfgang Schlott: *Polnische Prosa nach 1990. Nostalgische Rückblicke und Suche nach neuen Identifikationen.* Münster 2004. — **14** Hierzu ausführlich und anschaulich Eva Behring: *Rumänische Schriftsteller im Exil 1945–1989.* Stuttgart 2002, S. 158–170. — **15** George Steiner: »Extraterritorial«. In: *Tri-Quarterly* 17 (1971), S. 119–127. — **16** Die sich anschließenden Überlegungen sind in Verbindung mit einem interphilologischen Forschungsprojekt zum ostmitteleuropäischen Exil am Leipziger GWZO und als dessen Weiterüberlegung zu sehen: Alfrun Kliems / Hans-Christian Trepte: »Der Sprachwechsel. Existentielle Grunderfahrungen des Scheiterns und des Gelingens«. In: *Grundbegriffe und Autoren ostmitteleuropäischer Exilliteraturen 1945–1989. Ein Beitrag zur Systematisierung und Typologisierung.* Hg. von Alfrun Kliems / Hans-Christian Trepte / Eva Behring. Stuttgart 2004, S. 349–392. — **17** Dieter Lamping: »Haben Schriftsteller nur eine Sprache? Über den Sprachwechsel in der Exilliteratur«. In: *Literatur und Theorie: Über poetologische Probleme der Moderne.* Göttingen 1996, S. 33–48; hier S. 33. Manfred Durzak hat den Sprachwechsel z. B. unlösbar an die Frage nach der Identität gekoppelt. Sein Fazit: Ein solcher Wechsel ziehe Identitätsverlust und Selbstaufgabe nach sich. Diese Argumentation wurde in der Exilforschung lange Zeit unwidersprochen hingenommen, ist nachgerade eines ihrer Klischees: Manfred Durzak: »Laokoons Söhne. Zur Sprachproblematik im Exil«. In: *Akzente* 21 (1974), S. 53–63. — **18** Dieter Lamping: »Die literarische Übersetzung als de-zentrale Struktur: Das Paradigma der Selbstübersetzung«. In: *Geschichte, System, Literarische Übersetzung/Histories, Systems, Literary Translations.* Hg. von Harald Kittel. Berlin 1992, S. 212–227. — **19** Ebd., S. 221. — **20** Hier entnommen der späteren Ausgabe, da das Werk 1973 nur im Samizdat (Selbstverlag) – mit Ausnahme 1969 einiger Passagen unter Pseudonym – erscheinen durfte, weil es dem Autor u. a. den Vorwurf der Pornografie einbrachte. Jiří Gruša: *Mimner aneb Hra o smrd'ocha.* Praha 1991, S. 13. – Vgl. hierzu ausführlicher Alfrun Kliems: *Im »Stummland«. Zum Exilwerk von Libuše Moníková, Jiří Gruša und Ota Filip.* Frankfurt/M. 2002, S. 87 f. — **21** Jiří Gruša: *Mimner oder das Tier der Trauer.* Köln 1986, S. 10 f. — **22** Hier liegt es nahe, sich auf Bertolt Brechts *Flüchtlingsgespräche* zu beziehen, in denen es heißt: »Der Paß ist der edelste Teil von einem Menschen.« In: Bertolt Brecht: *Gesammelte Werke. Bd. XIV.* Frankfurt/M. 1967, S. 1383 f. — **23** Pipo Iyer: »The Empire Writes Back. Am Beginn einer neuen Weltliteratur?«. In: *Neue Rundschau* 1 (1996), S. 9–19, hier S. 18. — **24** Jiří Gruša: »Danksagung«. In: *Doppelte Sprachbürgerschaft. Andreas-Gryphius-Preis 1996.* Hg. von Franz Peter Künzel/Samuel Beer. Esslingen 1996, S. 33–39, hier S. 48. — **25** Dazu umfassend Alfrun Kliems: »Die Metamorphosen der Todfrau. Existenz- und Identitätserfahrung über Sprache und Poetik«. In: Dies.: *Im »Stummland«* (s. Anm. 20), S. 174–194. — **26** Karl S. Guthke: *Ist der Tod eine Frau? Geschlecht und Tod in Kunst und Literatur.* München 1997, S. 28. — **27** Karel Hvížd'ala: »S Jiřím Grušou o literatuře.« In: *Listy. Čtení na léto* 3 (1986), S. 35–39, hier S. 38. — **28** Im Original: »[...] jde sem/Smrtolenka/tak se začnu/svlékat/že ji obespím/a tím – obelstím // ale s lísáním/přijde zármutek/že ta smrtholka/nosí živůtek // že jí prsy/trčí ven/a z nich crčí/smrtholen [...].« Jiří Gruša: *Ponocování.* In: *Modlitba k Janince.* Praha 1994, S. 32. Übertragung ins Deutsche v. Alfrun Kliems. — **29** Franz Fühmann: »Versuch eines Zugangs zu František Halas.« In: *Essays, Gespräche, Aufsätze 1964–1981.* Rostock 1986, S. 256–301, hier S. 275. — **30** Elisabeth Bronfen: *Nur über ihre Leiche. Tod, Weiblichkeit und Ästhetik.* München 1996, S. 109. — **31** Marie Langerová: »Přiřaditelná realita. Jiří Gruša«. In: *Fragmenty pohybu. Eseje o české poezii.* Praha 1998, S. 147–159. — **32** Im Originalt: »[...] Pane mám se/má mě kundlanka/ta nábožná ta skelná modře ocelová modře mlžnatá/a světlá/ó kunda jeptiška má mantis/má mě/má mě/madagaskarsky // celá blanonohá/celá zahalená/vyzáblá a travinatá/pověrčivá // laločnatá/žlutokřídlá/tečkovaná/kunda sousedka // jí mě Pane už mě hltá/širokořapíková a žlutá [...].« Jiří Gruša: »Temná věc«. In: *Cvičení mučení.* Praha 1969, S. 28–35. Übertragung ins Deutsche v. Alfrun Kliems. — **33** Dahinter nicht auch das aus Jahrhundertwende und Dekadenz überkommene Leitbild der *femme fatale* zu vermuten, wäre falsch. Mit diesem Traditionsbezug bleibt Jiří Gruša in den 1960er und 1970er Jahren ebenso wenig allein wie mit seiner Themenwahl und dessen poetischer Umsetzung: Milan Kundera und Karel Šiktanc, Ivan Diviš und Zbyněk Hejda, Jiří Pištora und Ladislav Fikar haben zu dieser Zeit vergleichbare motivische Affinitäten, um nur einige zu nennen. Vgl. hierzu Jiří Trávníček: *Poezie poslední možnosti.* Praha 1996, S. 132–149. — **34** Jiří Gruša: »Das Mondmenü«. In: *Wandersteine.* Stuttgart 1994, S. 46. — **35** Jiří Gruša: »Spa«. In: *Der Babylonwald.* Stuttgart 1991, S. 29. — **36** Thomas H. Macho: *Todesmetaphern. Zur Logik der Grenzerfahrung.* Frankfurt/M., 1987, S. 7. — **37** Jiří Gruša: »Böhmen am Meer«. In: Gruša: *Der Babylonwald* (s. Anm. 35), S. 65. — **38** Im Original: »[...] a moji synové/kteří šli ráno/nalovit ryby/mi nyní nesou/přátelské delfíny [...].« Jiří Gruša: »Čechy u moře«. In: *Grušas Wacht am Rhein aneb Putovní ghetto. České texty 1973–1989.* Praha – Litomyšl 2001, S. 92–94. Übertragung ins Deutsche v. Alfrun Kliems. — **39** Jiří Gruša: »Schattenspiel«. In: Gruša: *Wandersteine* (s. Anm. 34), S. 39. — **40** Jiří Gruša: »Babylon – der Wald in Ensko«. In: Gruša: *Der Babylonwald* (s. Anm. 35), S. 23. — **41** Jiří Gruša: »The Witch of Prague«. In: Gruša: *Wandersteine* (s. Anm. 34), S. 51. — **42** Věra Linhartová: »La place de Roman Jakobson dans la vie littéraire et artistique Tchécoslovaque«. In: *Roman Jakobson. Echoes of his Scholarship.* Hg. von Daniel Armstrong. London 1977, S. 219–235, hier S. 220. — **43** Siehe ausführlich und werküberspannend Antonín Brousek: »Návrat ztraceného básníka«. In: *Podřezávání větve*. Praha 1999, S. 463–481. — **44** Ivan Blatný: *Pomocná škola Bixley*. Toronto 1987, S. 123. Es ist der tschechische Dichter und Literatur-Nobelpreisträger Jaroslav Seifert, den Blatný hier anruft. Die Übersetzung des tschechischen Passus lautet: Die Heimat der Heimat/Knochen und weibliches Geschlecht/Ich bin ein Smetana-Patriot. — **45** Ebd., S. 56. — **46** Ebd., S. 44. — **47** Das Wort *sen* bedeutet im Tschechischen *Traum*. Die Kombination »Wie sen« impliziert im Laut das deutsche *Wiesen*, aber auch das deutsche *wie* plus das tschechische *Traum*, was dann ja auch auf Englisch und Tschechisch so arrangiert wird. — **48** Bachmann-Medick: *Dritter Raum* (s. Anm. 9), S. 22. — **49** In der Übersetzung der tschechischen Passagen: »(...) Shall I describe dieses Irrenhaus,/wo nachts die Toilette scheint/und eine Spinne webt ihr Netz,/von wo man einfach nicht entfliegt, // wo die Gezähnte dich, den Zahnlosen fickt/bis deine Dennochsprache holpert:/nimm meine Sprache [oder: Zunge] – kapp sie!/das werd ich dichten can as catch // my madness ist meine Burg (...).« Jiří Gruša: »Ivan Blatný v San Clemens Hospital«. In: Gruša: *Grušas Wacht* (s. Anm. 38), S. 31. Übertragung ins Deutsche v. Alfrun Kliems. — **50** Zur Verknüpfung von Übersetzungsprozessen und hegemonialistischer Kulturpolitik siehe auf Deutsch: Edward W. Said: *Kultur und Imperialismus. Einbildungskraft und Politik im Zeitalter der Macht*. Frankfurt/M. 1994; Stephen Greenblatt: *Wunderbare Besitztümer. Die Erfindung des Fremden: Reisende und Entdecker*. Berlin 1994; Tzvetan Todorov: *Die Eroberung Amerikas. Das Problem des Anderen*. Frankfurt/M. 1985.

Wolfgang Stephan Kissel

Vladimir Nabokovs Metamorphosen
(Selbst-)Übersetzung als transkulturelle Praxis des Exils

I

Unter dem Titel *Mademoiselle O* veröffentlichte Vladimir Nabokov 1936 in der Zeitschrift *Mesures* eine Erinnerungsskizze über seine Gouvernante und Französischlehrerin aus der Westschweiz. Diese Skizze, die den Nukleus seiner späteren Autobiografie bilden sollte, enthält einen bemerkenswerten Passus, der Aufschluss über die besondere Stellung der französischen Sprache im Hause Nabokov gibt:[1]

»(...) si je jette un regard rétrospectif sur cette Russie d'antan, – entrée depuis dans une ère de barbarie naïve et dont le nom même sonne de nos jours comme ›Grèce‹ ou ›Rome‹ – il y avait dans cette Russie (...) une sorte de tradition française, un français usuel, que l'on se passait directement de père en fils. Cela faisait partie de notre civilisation. Il y avait d'abord une quantité de mots et de phrases françaises qui s'inséraient dans la conversation russe, passant d'une langue à l'autre avec une facilité surprenante (...). La syntaxe dans les cas extrêmes était tout bonnement calquée sur le russe; on traduisait littéralement les phrases, ce qui les rendait incompréhensibles pour quelqu'un qui n'eût pas connnu notre langue.«[2]

Zweisprachigkeit wird hier geschildert als kulturelle Praxis der russischen Aristokratie, die zu einem spielerisch-selbstbewussten Umgang mit der zweiten Sprache, dem Französischen führt. Die parallele Verwendung des Russischen und Französischen gehört zu einem Verhaltenskodex, der vom Vater an den Sohn weitergegeben wird. Dabei werden die beiden Sprachen nicht nur selbstverständlich nebeneinander benutzt, sondern situativ durchmischt, wobei das Französische von einem normativen Standpunkt aus inkorrekt verwendet und z.B. Syntax und Idiomatik nach dem Muster des Russischen verformt werden, gelegentlich sogar bis zu einem Grad, der die Verständlichkeit für einen Sprecher, der das Russische nicht beherrscht, einschränkt oder völlig aufhebt. Bedeutsam für das Thema der transkulturellen Übersetzungspraxis ist die Einwirkung der einen Sprache, der Muttersprache Russisch, auf die zweite, das Französische.

Der Passus aus der Erinnerungsskizze evoziert eine fast 200-jährige kulturelle Praxis des Petersburger Adels, der sich spätestens seit Katharina der Großen (1762–1796) als mehrsprachig verstand. Wie alle Kulturen war auch die russische auf verschiedene Formen von Übersetzung angewiesen, um sich zu entwickeln. Für die ostslawische Kiewer Rus' waren Übersetzungen theologischer und liturgischer Texte aus dem Griechischen in das Kirchenslawische und die Orientierung am byzantinischen Modell wegweisend, im Moskowitischen Zarentum lassen sich Phasen lateinischer, italienischer und polnisch-ukrainischer Einflüsse mit einem Ansteigen von Übersetzungen aus diesen Sprachen nachweisen. Die Auswirkungen der Reformen unter Peter dem Großen (1682–1725) aber zwangen den Dienstadel im Laufe des 18. Jahrhunderts immer stärker zum Erlernen des Französischen, dessen Beherrschung zu einem Merkmal des Aristokraten schlechthin wurde. Dies galt im 18. Jahrhundert gewiss für den gesamten europäischen Adel, verstärkte sich jedoch noch erheblich im Fall des russischen, der nur über ein schwach entwickeltes ständisches Bewusstsein verfügte. Auch die moderne russische Literatursprache selbst, die im Laufe des 18. Jahrhunderts entstand und von Aleksandr Puškin endgültig ausgeformt wurde, trägt deutliche Spuren dieses französischen Einflusses. Viele russische Autoren der Epoche Puškins, aber auch der Moderne um 1900 sind ohne Kenntnis der klassischen und zeitgenössischen französischen Literatur nicht angemessen zu verstehen.

Seit den 1770er Jahren lässt sich zudem innerhalb der Petersburger Aristokratie eine Tendenz zur Anglophilie beobachten, die einen zusätzlichen sozialen Distinktionsgewinn versprach: Häufige Englandreisen, die eifrige Übernahme englischer Sitten und Gebräuche, die Pflege englischer Sportarten, vermehrte Anglizismen im Vokabular, ein Hang zur englischen Mode zeichneten die russischen Anglomanen aus. So ist gegen Ende des 18. Jahrhunderts die Zwei- oder Dreisprachigkeit ein wichtiges Attribut des »europäisierten Russen« der Petersburger Periode. Manche Aristokraten assimilierten die französische bzw. englische Kultur so gründlich, dass sie sich der russischen Alltagswirklichkeit zusehends entfremdeten und es auch ohne äußeren Zwang vorzogen, außerhalb Rußlands, im europäischen Exil zu leben.[3] In der vielsprachigen Kultur des polyethnischen Zarenimperiums spielte auch das Deutsche eine wichtige Rolle, jedoch abgesehen vom Baltikum nicht für das Selbstverständnis des Adels, sondern eher als Sprache der Geistes- und Naturwissenschaften oder der Medizin und der bedeutenden deutschen Minderheit.

Vor dem Hintergrund dieser Traditionen hat man die Sprachenwahl im Hause Nabokov als Zeichen kultureller Orientierung zu werten, umso mehr, als das Adelsgeschlecht der Nabokovs über verwandtschaftliche Beziehungen zum deutschen Adel verfügte. Doch das Deutsche war im familiären Umgang nicht präsent, die Eltern beherrschten es nur passiv. Der Vater des Schriftstellers, der Jurist und Politiker Vladimir Dmitrievič Nabokov, verband politisches Engagement, Liberalität, weltläufige Eleganz und sportlichen Ehrgeiz mit einem unverkennbar anglophilen Habitus. Zu Beginn des vierten Kapitels der englischen Fassung seiner Autobiografie *Speak, Memory* zählt Nabokov auch mit leichter Ironie die materiellen Wohltaten der angelsächsischen Zivilisation auf, die man in seinem Elternhaus zu schätzen wusste: u. a. Pears' Seife, zusammenfaltbare Badewannen, Zahnpasta, Golden Syrup, Puzzlespiele, Blazer und Tennisbälle.[4] Der zweite Absatz des Kapitels beginnt mit dem Satz: »I learned to read English before I could read Russian.«[5] Wenn sich Nabokov in seiner Autobiografie als »völlig normales dreisprachiges Kind« bezeichnet, so meint er damit also Russisch, Französisch und Englisch. Innerhalb dieses sprachlich-kulturellen Dreiecks entsteht ein transnationales literarisches Œuvre, das die Ressourcen der Mehrsprachigkeit nutzt, um einer Epoche nationalistischer Verblendung und Verirrung zu trotzen.

Nach der Oktoberrevolution war die Familie Nabokov zunächst auf die Krim geflohen und hatte dann Russland 1919 für immer verlassen. Nabokov verlor Elternhaus und Heimat und 1922 auch den geliebten Vater, der bei dem Versuch, seinen politischen Weggefährten Pavel Miljukov während eines öffentlichen Auftrittes in Berlin vor fanatisierten monarchistischen Attentätern zu schützen, selbst tödlich verletzt wurde. Die französische Erinnerungsskizze verfasste Nabokov in den 1930er Jahren, als nahezu in ganz Europa exzessive Nationalismen mehrsprachige Kulturen bedrohten und totalitäre Regime »Mehrsprachigkeit« nicht nur als Resultat historischer Entwicklungen, sondern auch als kulturelles Prinzip schlechthin auslöschen wollten. Zweimal, nach der Oktoberrevolution und beim Einmarsch der deutschen Truppen in Frankreich, erlebte der Schriftsteller aus eigener Anschauung, wie ein kultureller Mikrokosmos, dessen Teil er war, verschwand. Die Fähigkeit, sich nicht nur zwischen mehreren Sprachen, sondern auch ihren literarischen Traditionen frei bewegen zu können, nahm in dieser Lage eine außergewöhnliche Bedeutung an, und Nabokov verfolgte mit seinen literarischen Übersetzungen und Selbstübersetzungen nicht zuletzt das Ziel einer Bewahrung und Verwandlung kultureller Werte, die durch die Brüche und Zäsuren des 20. Jahrhunderts auf das Äußerste gefährdet waren.

Mit dem Ende der Zarenherrschaft 1917 und vor allem mit der Gründung eines neuen sowjetischen Staates unter Führung der Bolschewiki war die Tradition der kulturellen Mehrsprachigkeit abgerissen oder zumindest stark eingeschränkt worden. Der Adel, das wohlhabende Besitzbürgertum und die liberale Intelligenzija, die wichtigsten Träger dieses Habitus, wurden vertrieben oder physisch dezimiert. Die russische Sprache wurde bereits in der frühen Sowjetunion einem tief greifenden Wandel unterworfen, um die politisch-ideologische Dominanz eines ursprünglich subkulturellen Idioms, der bolschewistischen bzw. kommunistischen Parteisprache, durchzusetzen.

II

Als Folge von Weltkrieg, Revolutionen, Bürgerkrieg und Vertreibung spaltete sich die russische Kultur zu Beginn der 1920er Jahre zwischen Mutterland und Exil. Die russische Diaspora verteilte sich auf zahlreiche Städte in Europa, Asien, Nord- und Südamerika.[6] Flüchtlingsmassen und kulturelle Eliten bildeten zum ersten Mal »ein Rußland jenseits der Grenzen Rußlands« – »zarubežnaja Rossija« oder »Rossija za rubežom«. Diese sogenannte »Erste Emigration« von 1919 bis 1939 gilt unbestritten als die literarisch-künstlerisch, intellektuell-wissenschaftlich produktivste Phase der vier russischen Emigrationswellen im 20. Jahrhundert.[7] Russlands künstlerische Elite, die der europäischen Avantgarde vor dem Weltkrieg wesentliche Impulse verliehen hatte, geriet nach der Revolution und der faktischen Spaltung des russischen Kulturlebens in eine schwierige Lage: Sie wurde in ihrer östlichen Heimat systematisch eliminiert oder neutralisiert und in der westlichen Emigration sprachlich und kulturell zunehmend isoliert oder assimiliert.[8]

In dem Maße, in dem sich die Sowjetunion konsolidierte, mussten sich die Emigranten mit der Perspektive einer »Emigration auf Dauer« abfinden. Die Kultur des Exils stand unter permanentem Legitimationsdruck. Wie im 19. Jahrhundert über Rolle und Bedeutung der Intelligenzija, so wurde nun über die Bestimmung und die Aufgaben der Emigration gestritten.[9] Diese Polemiken schwankten zwischen dem Größenphantasma, das wahre, ewige Russland ins Exil gerettet zu haben und im Wort bewahren zu können, und der Furcht vor dem Absinken in völlige Bedeutungslosigkeit. Während vor allem Vertreter der älteren Generation auf die »Rettung der russischen Kultur« und die »Mission der Emigration« hofften, sahen sich die jungen, unbekannten Exilautoren mit der Isolation in einem fremden Sprachraum, dem Schwund materieller Grundlagen, dem Verlust eines Literaturmarkts, der meisten Leser und der führenden Literaturkritiker konfrontiert.[10]

Auf die tiefe Legitimationskrise literarischer Autorschaft im Exil reagierte Nabokov mit der Entwicklung einer poetischen Prosa, in der Erfahrungen von Verlust, Abwesenheit und Endlichkeit in feinsten Nuancen und ohne jegliche Sentimentalität artikuliert werden konnten. Dabei verfolgte er eine doppelte Strategie auktorialer Selbstbehauptung: Mit wiederholten emphatischen Bekenntnissen zum *l'art pour l'art* hielt er einerseits an der Emanzipation der Kunst aus heteronomen Verpflichtungen fest. In diesem Sinn hat er an seinen literarischen Ursprüngen in der frühen russischen Moderne bzw. im Symbolismus nie einen Zweifel gelassen; so nannte er sich zum Beispiel in einem Brief an den amerikanischen Literaturkritiker Edmund Wilson mit seltener Offenheit »ein Produkt« der Jahre von 1905 bis 1917.[11] Andererseits distanzierte er sich von der Selbstüberhebung oder Selbstermächtigung des Ästhetizismus, indem er seine meisterliche Beherrschung der Parodie vor allem gegen den Typus des amoralischen Fin-de-Siècle-Künstlers richtete, eine Praxis, die er auch in den Romanen der »amerikanischen Jahre« weiterführte und subtil variierte.[12]

Seine literarischen Übersetzungen und Selbstübersetzungen markieren auf diesem Weg immer wieder Wendepunkte. Bereits 1922, dem ersten Jahr seiner Existenz als freier Schriftsteller in Berlin, exzellierte er mit dem Bravourstück *Anja v strane čudes*, seiner Version von *Alice's Adventures in Wonderland* des britischen Mathematikers Lewis Carroll. Darin experimentiert er konsequent mit literarischen Verfahren, die sich in seinem gesamten Werk wiederfinden werden, etwa mit markierten, ausgefallenen Assonanzen und Alliterationen, mit verdeckten oder offenen Calques englischer Idiome im Russischen, mit zweisprachigen Wortspielen, mit Paradoxa der Endlichkeit und Unendlichkeit. Der Katalog seiner lyrischen Übersetzungen der 1920er Jahre umfasst darüber hinaus Romain Rollands *Colas Breugnon*, Gedichte von Musset, Baudelaire, Verlaine, Rimbaud, Supervielle, Shakespeare, Byron, Keats, Tennyson und William Butler Yeats.

Mit *Maschenka* (1926) ging Nabokov endgültig zur Romanprosa über; bis 1940 veröffentlichte er unter dem Pseudonym Sirin acht russische Romane. Bereits die ersten dieser Romane, *König, Dame, Bube* (1928), *Die Mutprobe* (1932) und *Gelächter im Dunkeln* (1932/33) waren gesättigt mit Details aus der Realität des Exils und verweigerten zugleich die eindeutige Zuordnung zu dieser Realität. Ihre große Kühnheit in der Behandlung des Sujets und der Figuren profitiert deutlich von den Innovationen der frühen Moderne, die mit einer Reihe konservativer sprachlicher und stilistischer Züge in der Tradition Puškins kombiniert werden. Mit *Lužins Verteidigung* (1930), dem Roman über ein introvertiertes Schachgenie, gelang ihm der Durchbruch zum führenden jungen Prosaschriftsteller der Ersten Emigration. In diesem Werk versetzte er seine Leser über weite Passagen in das Bewusstsein des zunehmend paranoiden Lužin, der sich während des Spiels auf das Niveau eines schöpferischen Künstlers erhebt, dem Leben jedoch vollkommen hilflos ausgeliefert ist und einzig in der Liebe zu einer jungen russischen Emigrantin eine Verbindung zur Realität aufbaut.

Die Verluste des Exilanten führen bei Nabokov nicht zur Weltverneinung oder zur Verzweiflung, wie es etwa der Literaturkritiker Georgij Adamovič oder der Lyriker Georgij Ivanov für die »Pariser Emigration« propagierten. In scharfem Widerspruch zu diesen literarischen Strömungen der Emigration weigerte sich Nabokov, Ideologien, geschichtsphilosophischen Spekulationen oder apokalyptischen Phantasmen Macht über seine schöpferische Imagination einzuräumen.[13] Stattdessen ersann er auktoriale Strategien, um den Freiraum der modernen russischen, später englischsprachigen Literatur zu behaupten bzw. zu erweitern und die Wirren und Absurditäten der Epoche auf Distanz zu halten. Dies trug ihm die Ablehnung führender russischer

Literaturkritiker in den 1930er Jahren ein. So wertete Georgij Adamovič die erzähltechnische Virtuosität und den stilistischen Glanz von *Lužins Verteidigung* als Attribute eines frivolen, »unrussischen« Schriftstellers, eines Zauberers ohne Botschaft.

Nabokov behauptete sich als Exilautor unter anderem dadurch, dass er auf die überzogenen Ansprüche der frühen Moderne verzichtete und sich entschieden von der rücksichtslosen Affirmation eines hypertrophen Künstlertums abwandte, d. h. weder nach einer symbolistischen »Lebenskunst« noch nach einer Demontage der Kunst und ihrer Überführung in Lebenspraxis im Sinn der frühen Avantgarde strebte.[14] Vielmehr zog er die Grenze zwischen Leben und Kunst in seinen Romanen immer wieder und immer schärfer aus. Unter den Bedingungen des Exils »übersetzt« er vielmehr die künstlerischen Leistungen der frühen russischen Moderne bis zum Ersten Weltkrieg in ein neues Idiom. Zu dieser Übersetzung dienten ihm Hybridgebilde, die Züge des Künstler- und Entwicklungsromans, der fiktiven Biografie wie der literarisierten Autobiografie aufweisen. Im Medium der fiktiven (Auto-)Biografien spitzte er die Probleme der künstlerischen Lebensbeschreibung zu, wie z. B. die Darstellung von Kreativität, Originalität, Singularität, Identität, vor allem aber von Wahrnehmung bzw. Störungen oder Trübungen von Wahrnehmung.[15]

In den »erfundenen Biographien« figuriert eine ganze Galerie von Solipsisten, die – mit Talent eher geschlagen als gesegnet – das Gefängnis ihres eigenen Bewusstseins für das Zentrum des Universums halten. Daher können sie anderen Menschen Leid zufügen oder menschliches Leben auslöschen, ohne ihr Unrecht auch nur zu erkennen. Es sind Pseudokünstler, die sich und anderen vorgaukeln, geniale Schöpfer zu sein, die die Grenze moralisch-ethischer Normen überschreiten und dabei andere zugrunde richten. Ein besonders abstoßendes Beispiel für diesen Typus liefert das »Roman-Rätsel« *Verzweiflung* (*Otčajanie*, 1932). Der Schokoladenvertreter Hermann Karlovič, ein Deutsch-Russe, erzählt, wie er aus Geldgier einen »Doppelgänger«, den Landstreicher Felix, kaltblütig ermordet. Hermann glaubt, mit dem perfekten Mord einen genialen Coup zu landen bzw. ein absolutes Kunstwerk zu erschaffen. Doch die Doppelgängerschaft zwischen ihm und dem Opfer, die vollkommene Identität, die als Voraussetzung seines angeblich genialen Kalküls fungiert, existiert nur in seiner wahnhaften Vorstellungswelt.

Mit dem Hinübergleiten der literarischen Gattung der Erzählung zum Tagebuch verliert Hermann am Ende des Romans den zeitweise gewährten Status eines autonomen Autors und wird zum Objekt eines Diskurses, den Nabokov bestimmt. In dieser Darstellung eines scheiternden Pseudokünstlers, der nichts anderes ist als ein gemeiner Verbrecher, gelingt Nabokov erstmals »via negationis« die Verbindung von ästhetischen (die Grenze zwischen Kunst und Leben), metaphysischen (die Suche nach einem Jenseits), ethischen (Unantastbarkeit der Menschenwürde) und epistemologischen (Autonomie der Erkenntnis) Fragestellungen und Problemfällen zu einer singulären Kunstform, die er vor allem in den Romanen *Lolita* und *Pale Fire* zur Vollendung führen sollte.

Der Roman *Otčajanie* wird auch der erste der russischen Romane Nabokovs sein, dem der Autor einen englischen Doppelgänger hinzufügt, denn 1936 erscheint *Otčajanie* in englischer Selbstübersetzung unter dem Titel *Despair*.[16] Bisher hatte sich der dreisprachige Autor als Übersetzer literarischer Texte ausgezeichnet, nun wurde er zum Übersetzer seiner eigenen, ein seltener und heikler Vorgang in der Literaturgeschichte. Diese erste Selbstübersetzung fiel in eine Periode, in der er ohnehin mit der Entscheidung rang, ein englischer Schriftsteller zu werden, d. h. ein zweites, freiwilliges Exil zu wählen und das Englische, das ihm von Kindheit an vertraut war, zur Sprache seines Schreibens zu machen. Unmittelbarer Anlass war seine extreme Unzufriedenheit mit der englischen Übersetzung von *Camera Obscura*.[17] Die literarische Selbstübersetzung schien ihm der einzige Ausweg aus dem Dilemma, zudem eine äußerste Herausforderung seiner sprachlichen Fähigkeiten, eine intellektuelle Akrobatik, die sich deutlich von der schöpferischen Arbeit an einem neuen Roman unterschied. Aber hinter diesem Anlass standen gewichtigere Gründe: Der politische Druck auf die russische Kolonie in Berlin verstärkte sich im Laufe der 1930er Jahre durch den Aufstieg des Nationalsozialismus zur herrschenden politischen Kraft massiv; auch in den anderen europäischen Zentren der Ersten Emigration spürte man die herannahende Katastrophe des Zweiten Weltkriegs.

Daher begann Nabokov die Möglichkeiten eines Sprachwechsels auszuloten. Einige Zeit schwankte er zwischen Englisch und Französisch. Er veröffentlichte die bereits zitierte Erinnerungsskizze *Mademoiselle O* und zum 100. Todestag Puškins den Essay *Pouchkine ou Le vrai et le vraisemblable*, noch bevor er sich mit Frau und Sohn 1937 in Paris niederließ. Bald enttäuscht von den engstirnigen französischen Literaturzirkeln, suchte er vermehrt in Großbritannien nach Existenzmöglichkeiten, bezeichnenderweise misslangen jedoch alle Versuche dieser Jahre, sich im englischen Universitäts- oder Literaturbetrieb festzusetzen, weshalb er sich den Vereinigten Staaten zuwandte.

III

Während die Entscheidung für den Übertritt in die englischsprachige Literatur reifte, vollendete Nabokov seinen letzten russischen Roman *Die Gabe* (publiziert 1937/38), der u. a. die prekäre Übertragung von literarischer und kultureller Autorität unter den Bedingungen des Exils thematisiert.[18] Dem

Protagonisten Fedor Konstantinovič Godunov-Čerdyncev, einem in Berlin lebenden 25-jährigen russischen Exillyriker, verleiht Nabokov eine Reihe autobiografischer Züge: Bei Beginn der Handlung hat Godunov-Čerdyncev gerade einen Band mit Kindheitsgedichten veröffentlicht; wie sein Schöpfer besitzt er ein außerordentliches eidetisches Vermögen, eine Neigung zur »audition colorée«, zum Farbenhören bzw. zur Synästhesie, schließlich ein Ortsgedächtnis, das ihn zur exakten sprachlichen Reproduktion russischer Topografien befähigt. Diese Fähigkeiten des Protagonisten, die Schärfe seiner visuellen Wahrnehmungen prägen den Stil der *Gabe* bis in feinste Details. Gegen Ende des Romans wird die Zeit nach dem Tode sogar als Verwandlung des sterblichen Körpers in ein nach allen Seiten ungehindertes Sehen imaginiert.

Der Adelsname Godunov, den Fedor trägt, spielt auf Puškins historisches Drama *Boris Godunov* an und ruft damit zugleich die Figur des Usurpators (*samozvanec*), des Pseudo-Demetrius auf. Somit verweist schon der Name des Protagonisten auf die gefährdete Übertragung von Autorität, auf betrügerische Bewerber und Konkurrenten um das literarische bzw. kulturelle Erbe. Dem entspricht der Plan Fedors, eine Biografie seines Vaters zu schreiben, eines berühmten Naturforschers, Schmetterlingskundlers und Entdeckungsreisenden, der seit dem Ende des Krieges verschollen ist. Die Relektüre von Puškins Prosa, die der junge Exillyriker zur Vorbereitung auf die Biografie seines Vaters unternimmt, bedeutet den Beginn seiner Selbsterschaffung als russischer Prosaautor: »Puschkin ging ihm ins Blut über. Mit Puschkins Stimme verschmolz die Stimme des Vaters«.[19] Als er jedoch erkennen muss, dass es ihm an der unabdingbaren Distanz zur verehrten Vaterfigur fehlt, entschließt er sich stattdessen, eine fiktive Biografie des russischen Schriftstellers und Sozialrevolutionärs Nikolaj Černyševskij zu verfassen.[20]

Das vierte Kapitel des Romans enthält dieses »Werk im Werk«, die Biografie Nikolaj Černyševskijs, die der Exillyriker und Romanheld als sein erstes Prosawerk betrachtet und die zugleich eine Meisterleistung der Parodie darstellt. Bei der Erstveröffentlichung in der Pariser Emigrantenzeitschrift *Zeitgenössische Annalen* konnte *Die Gabe* nur unter Ausschluss dieses vierten Kapitels erscheinen – ein singulärer Akt der Zensur im Exil. Die relativ liberalen Herausgeber fürchteten, die mild-ironische Sicht Černyševskijs würde in weiten Kreisen ihrer Leserschaft Empörung hervorrufen.

Die Struktur der *Gabe* selbst ist so angelegt, dass sich der Roman erst nach wiederholter Lektüre als Autobiografie von Godunov-Čerdyncev erschließt.[21] Dadurch entsteht eine Figur der Rekursivität oder Involution, eine Art von Möbius-Band, die das Kunstwerk in einem Schwebezustand zwischen Schließung und Öffnung belässt.[22] Eine solche Prosa fordert einen idealen Leser als Mitschöpfer, der bereit ist, das Werk bei wiederholtem Lesen unter verändertem Blickwinkel neu zu entdecken und auf einer höheren Erkenntnisstufe zu verstehen. So schärft die Lektüre des Romans den Blick des idealen Lesers. Mit dieser intrikaten Struktur, die selbst eine Vielzahl möglicher Rezeptionsformen (z. B. fiktive Rezensionen) im Erzählfluss antizipiert, strebte Nabokov nach einem Maximum an Kontrolle über seine Texte. Daher sah man in ihm bisweilen den »Tyrannen« eines imaginären Reiches, der absolute Herrschaft über seine Geschöpfe und Schöpfungen beansprucht.[23] Doch hat eine andere Richtung der Nabokov-Forschung zu Recht die immer auch erkennbaren Selbstzweifel des Autors und sein Wissen um die »Risiken der Fiktion« hervorgehoben.[24]

Die Übersetzungs- bzw. Übertragungsleistung des Romans zielt auf nichts Geringeres als auf eine Neubewertung der europäischen literarischen Moderne. Nach Aussage des Autors ist der eigentliche »Held« dieser neuartigen Synthese aus Künstler-, Entwicklungs- und Bildungsroman die russische Literatur selbst. Die fein verästelte Intertextualität, vor allem in ihren parodistischen Spielarten, entwirft ein umfassendes, sorgsam austariertes System von Nähe und Ferne zu anderen Autoren, neben den russischen Symbolisten und Akmeisten zunächst vor allem zu französischen Schriftstellern wie Baudelaire, Flaubert oder Marcel Proust.[25] In einem beispiellosen Kraftakt hatte die frühe Moderne ein gewaltiges Potenzial an Talent, Können und Wissen aufgeboten, um dem absolut Neuen zum Durchbruch zu verhelfen. Nach Krieg, Revolution und Spaltung der russischen Kultur in eine diktatorisch regierte Sowjetunion und ein über alle Kontinente verstreutes Exil schien die Zeit gekommen, eine Bilanz von Gewinn und Verlust zu ziehen. Dies war umso dringlicher, als die tiefen Zäsuren der Weltkriegsepoche die Übertragung kultureller Autorität von einer Generation auf die nächste zu unterbrechen drohten.

Die mehrfachen Traditionsbrüche erzeugten bei vielen Emigranten eine überwältigende Empfindung von Verarmung, Beraubung, Verlust, die häufig als kollektives Todeserlebnis, als Opfergang einer ganzen Generation beschrieben wurde. In diesen Exilkreisen setzte sich eine kritische Neubewertung der Vorkriegsperiode relativ früh durch. Aus dieser Sicht hatte die literarische Moderne mit vielen »ungedeckten Schecks« gearbeitet und damit einer rasanten Entwertung des literarischen Wortes, der Werte der Literatur und des Wertes von Literatur Vorschub geleistet.

Auch der fiktive Protagonist des Romans, Godunov-Čerdyncev, selbst Kind dieser Epoche, hat sich in Russland für die Originalität und Neuartigkeit des Symbolismus begeistert, genauer für Bal'mont, Brjusov, Blok, Belyj und den zwischen Symbolismus und Neorealismus stehenden Bunin, doch nun fällt sein Urteil wesentlich nüchterner aus: »Aber wenn ich heute zusammenzähle, was mir von dieser neuen Dichtkunst geblieben ist, so sehe ich, daß es sehr wenig ist; und was überlebt hat, setzt auf natürliche Weise Puschkin fort, während die kunterbunte Spreu, der erbärmliche Trug, die Masken der Mittelmäßigkeit und die Stelzen des Talents – all das, was meine Liebe einst verzieh oder in einem besonderen Licht sah (...) jetzt so veraltet, so vergessen ist wie selbst Karamzins Gedichte nicht (...).«[26]

Der unkontrollierten Proliferation von literarischem Falschgeld setzt der Kanon der *Gabe* einen Willen zur Verknappung bzw. Begrenzung entgegen, der die Literatur wieder an den »Goldstandard« (zolotoj fond) Puškins und Gogol's koppeln sollte: Was genauer unter diesem Goldstandard zu verstehen war, führte Nabokov in seinen Kommentaren und Deutungen zu diesen Dichtern näher aus, so in einer öffentlichen Rede, die er 1937 in Paris zum 100. Todestag Puškins hielt und die danach in der *Nouvelle Revue Française* unter dem Titel *Pouchkine ou Le vrai et le vraisemblable* abgedruckt wurde. In ihr bekundet er mit ungewöhnlicher Emphase eine Nähe zur Puškin-Linie der russischen Literatur.[27]

In seiner Hommage weist er nachdrücklich auf die Fallstricke der »biographie romancée« hin, auf die Verlockung, aus einem Dichterleben einen Roman zu verfertigen, der selbst »mancher keusche Gelehrte« nicht widerstehen kann. In der letzten Bemerkung verbirgt sich wahrscheinlich eine Anspielung auf den formalistischen Theoretiker und Puškin-Forscher Jurij Tynjanov, der nach philologischen Studien eine Trilogie historischer Romane verfasste.[28] Vor allem aber polemisiert die Hommage gegen eine Variante literarischer Biografie, die das Leben eines schöpferischen Menschen für den Massengeschmack konsumierbar macht. Im Extremfall wird die Kenntnis über einen »Klassiker« auf eine Aneinanderreihung von Klischees reduziert: Puškins amouröse Eskapaden, Tolstoj barfuß auf dem Feld, Dostoevskij in Ketten, Turgenevs vornehm blasser Teint. Von diesen vulgären Massenphänomenen unterscheidet Nabokov mit aller Schärfe die Versenkung in ein literarisches Œuvre, die selbstlose Bemühung um einen Autor, den »Kult von Glut und Reinheit«.

Für den Autor von *Die Gabe* eignet jeglicher biografischen Konstruktion ein Näherungscharakter, ein Biograf erreicht allenfalls eine wahrscheinliche, niemals eine wahre Version eines Lebens. Für den nachgeborenen Forscher bleibt das fremde Leben unerreichbar, die Trennlinie zwischen literarischer Autorschaft und dem je eigenen, authentischen Leben unüberwindlich. Ein Biograf, der vorgibt, das Leben eines realen Schöpfers, eines »Autors« vollständig dargestellt zu haben, täuscht seine Leser entweder arglistig, dann ist er ein Betrüger, oder fällt einer Selbsttäuschung zum Opfer, dann sind seine geistigen Fähigkeiten der Aufgabe nicht gewachsen. Um die Wahrheit einer schöpferischen Existenz zu beschreiben, muss das Entstehen der Schöpfungen beobachtet bzw. rekonstruiert werden, was wiederum nur mit den Mitteln der Fiktion möglich ist.[29] Dies aber ist die Auffassung, die Godunov-Čerdyncev von seiner Berufung gewinnt, mehr noch: Genau diese Beobachtung der Genese literarischer Schöpfungen wird im Kunstwerk *Die Gabe* vorexerziert.

IV

Mit dem Zerfall der Ersten Emigration zu Beginn des Zweiten Weltkriegs erlebte Nabokov abermals, wie ein bedeutender Teil der russischen Kultur des 20. Jahrhunderts spurlos zu verschwinden drohte. Bald nach Kriegsausbruch floh er 1940 mit Frau und Kind vor den herannahenden deutschen Truppen in die Vereinigten Staaten. Schon vor seiner Übersiedlung hatte er den kostbarsten Besitz, seine russische Muttersprache, endgültig als Sprache seiner Kunstprosa aufgegeben und sich für das Englische entschieden.[30] Noch in Paris war zum Jahreswechsel von Dezember 1938 auf Januar 1939 der erste eigene Roman in englischer Sprache *The Real Life of Sebastian Knight* entstanden, der allerdings erst im Dezember 1941 in New York erscheinen konnte.

Während des größten Teils seiner »amerikanischen Jahre«, von 1941 bis 1958, bestritt Nabokov seinen Lebensunterhalt als Literaturdozent in Wellesley und Cornell und sammelte auf diese Weise ausgiebige Erfahrungen mit der Vermittlung eines verbindlichen Lektürepensums an amerikanischen Colleges und Universitäten.[31] Als Professor für russische Literatur hielt er regelmäßig Vorlesungen über »ausgewählte englische, russische, französische und deutsche Romane und Erzählungen des 19. und 20. Jahrhunderts«. Die Lektüreliste, die er seinen amerikanischen Studenten präsentierte, umfasste neben Flaubert, Jane Austen, Dickens, Stephenson auch Proust, Kafka und James Joyce, das russische Pendant neben Gogol', Turgenev und Tolstoj, auch Dostoevskij und Gor'kij, die beiden letzten allerdings eher zu abschreckenden Demonstrationszwecken. Wie aus den Einleitungen der postum veröffentlichen Vorlesungszyklen hervorgeht, wollte der Dozent mit Hilfe von Stil- und Strukturanalysen »liebevoll und Details auskostend« in »einige europäische Meisterwerke« einführen.[32]

Während dieser Periode kam Nabokov abermals und besonders intensiv mit dem westlichen Kanon in Berührung, der aus seiner Sicht ein höchst einseitiges, verzerrtes Bild russischer Literatur des 19. und 20. Jahrhunderts vermittelte. Vor allem der damalige amerikanische Dostoevskij-Kult, den Nabokov u. a. auch auf den Einfluss des französischen Existenzialismus (Sartre und Camus) im amerikanischen akademischen Milieu zurückführte, forderte ihn zu einer scharfen Polemik heraus.[33] Bereits in den 1930er Jahren entsprach seiner Affinität zu Puškin eine wachsende Distanzierung von Dostoevskij, die er jedoch zunächst nur sehr vorsichtig artikulierte.[34] Nun erläuterte er mit der Autorität des akademischen Lehrers und eingeweihten Kenners vor amerikanischem Publikum in seinen *Vorlesungen über russische Literatur* sein problematisches Verhältnis zu dem russischen Romancier, der in Amerika »Kultautor« war: »My position in regard to Dostoevski is a curious and difficult one. In all my courses I approach literature from the only point of view that interests me – namely the point of view of enduring art and individual genius. From this point of view Dostoevski is not a great writer, but a rather mediocre one – with flashes of excellent humor, but, alas, with wastelands of literary platitudes in between.«[35]

Um diese Platitüden, den absoluten Gegenpol seiner eigenen ästhetischen Anschauungen, auf einen prägnanten Begriff zu bringen, führte er das russische Wort »pošlost'« in die englische Literatursprache ein. Es steht für Trivialität oder Vulgarität, für stereotypes Denken, für die abgedroschene Phrase und dient in den kritischen Auslassungen Nabokovs, in den Essays und Vorträgen über Puškin, Gogol', Tolstoj oder Čechov als Negativfolie. Aus diesem Blickwinkel werden seine scharfen Attacken auf jeden Reduktionismus, der für das Ästhetische soziologische, psychologische, sozioökonomische Raster finden will, verständlich. Diese Haltung bedingte auch die markierte Distanz zur russischen ideologischen / soziologischen Literatur der zweiten Hälfte des 19. Jahrhunderts und die strenge Enthaltsamkeit gegenüber jedweder Parteizugehörigkeit. In zahlreichen metaliterarischen Äußerungen, in sorgsam elaborierten Paratexten (Vor- und Nachworten zu eigenen Übersetzungen eigener Werke, Interviews etc.) verteidigte er emphatisch das Partikulare, das exakte – besonders naturkundliche oder sprachliche – Detail, das »mot juste« gegen Systeme, Theorien, Ideengebäude und Ideologien.

Angesichts der misslichen Lage russischer Literatur im westlichen bzw. amerikanischen Kanon und insbesondere angesichts der verbreiteten Unkenntnis von Puškins Werk entschloss er sich zu einem ebenso singulären wie kühnen Akt von sprachlicher, literarischer und kultureller Übersetzung zwischen der Petersburger Adelskultur und der amerikanischen akademischen Kultur. In mühevoller akribischer Arbeit, deren Anfänge bis in die späten 1940er Jahre zurückreichen dürften, übersetzte und kommentierte er von 1952/53 bis 1957 Puškins Versroman *Evgenij Onegin*. In dem vierbändigen Übersetzungs- und Kommentarwerk, das erst 1964 in der Bollingen Press erscheinen konnte, wollte er seine Erfahrungen mit literarischer Übersetzung und Selbstübersetzung zu einer neuen Synthese bringen.[36] Die Scheu, Puškin auf Englisch zu verdoppeln und damit zu vulgarisieren, hielt ihn davor zurück, nach einer scheinbar glatten, gefälligen, möglichst idiomatisch englisch klingenden Versübersetzung zu suchen. Vielmehr musste die Klangschönheit des russischen Originals nach seiner Überzeugung geopfert werden, weil sie innerhalb des Reimzwanges nicht zu verwirklichen war. An ihre Stelle sollte eine »unlesbare« Interlinearversion treten, die die englischen bzw. amerikanischen Leser förmlich zwingen sollte, die Andersartigkeit und fremde Schönheit des Originals zu erahnen oder besser noch: durch eigene Anstrengung näher kennenzulernen.

Bezeichnenderweise orientierte Nabokov seine in Jamben rhythmisierte englische Prosaübersetzung des *Evgenij Onegin* an zweisprachigen Lesern, zumindest aber an englischsprachigen Lesern, die des Russischen in gewissem Maße mächtig waren oder es erlernen wollten. Für diese Leserschaft entwarf er sogar ein eigenes Druckbild: Seine wörtliche Prosaübersetzung sollte nach Art einer Interlinearversion mit oder direkt über dem Original abgedruckt werden, das wiederum nicht in kyrillischen, sondern in lateinischen Lettern erscheinen und mit Akzenten versehen werden sollte.[37] Diese Anweisungen sind allerdings bis heute aus technischen Gründen nicht realisiert worden, was der Wirkung der Übersetzung entschiedenen Abbruch getan hat. Der Kommentar mit einer Überfülle feinster Details, oft Resultat mühsamer bibliografischer, literar- und kulturhistorischer Recherchen und bisweilen belastet durch überflüssige, abfällige Meinungsäußerungen über tote und lebende Kollegen, dient ebenfalls dem ehrgeizigen pädagogischen Ziel, englischsprachige Leser in das »Goldene Zeitalter« russischer Literatur- und Kulturgeschichte einzuführen. Somit handelt es sich nicht um eine gewöhnliche Übersetzung, sondern einen komplementären zweiten Text, der mit dem ersten vereint ein Doppelkunstwerk bildet. Der Kommentar bietet eine ganze Kulturgeschichte des frühen 19. Jahrhunderts und leistet auch nach Meinung heutiger Spezialisten einen wichtigen Beitrag zur Historisierung der Petersburger Adelskultur und zur Verbesserung der Puškin-Rezeption in den westlichen Kulturen; allerdings wird seine Bedeutung durch gewisse Eigenmächtigkeiten Nabokovs geschmälert.

Wie wichtig Nabokov Übersetzung und Kommentar waren, lässt sich an seiner Überreaktion ablesen, als sein langjähriger Freund und unentbehrlicher Förderer seiner ersten Schritte im amerikanischen Literaturbetrieb, der Kritiker Edmund Wilson, einen allerdings maliziösen und ungerechten Verriss veröffentlichte.[38] Wilson missverstand Nabokovs Ansatz vollkommen – nicht zuletzt aus Unkenntnis des kulturhistorischen Hintergrundes. Es kam zu einem heftigen Schlagabtausch in Rezensions- und Replikform mit folgendem persönlichen Zerwürfnis. Auch in Reaktion auf diese heftige Polemik verschärfte Nabokov seine Prinzipien einer künstlerisch adäquaten Übersetzung, indem er die »literale«, d.h. wörtlich exakte, als einzig »wahre Übersetzung« gelten lassen wollte.[39] Damit geriet er aber in einen Widerspruch zu seiner eigenen Übersetzungspraxis früherer Jahrzehnte, was den Beobachtern nicht verborgen blieb und abermals die Überzeugungskraft seiner Argumente schwächte.

Somit stellen diese sehr rigide, literale Übersetzung und der verästelte Kommentar die Fortsetzung einer Strategie dar, die Nabokov erstmals in den späten 1920er und frühen 1930er Jahren erprobte und konsequent beibehielt. Der Exilschriftsteller behauptete in einer Epoche, die den offenen oder fragmentarischen Charakter zum Signum des modernen Kunstwerks erklärt hat, seinen Willen zur Vollendung – im Sinne der Abgeschlossenheit des einzelnen literarischen Werkes als auch des Strebens nach künstlerischer Perfektion. Wie die 17 vollendeten Romane in russischer und englischer Sprache, so sollte auch und gerade diese Übersetzung des Hauptwerks Puškins wie der gesamten russischen Literatur nicht von der Gefahr des Scheiterns oder den Selbstzweifeln des Schreibenden sprechen, sondern von der Machtfülle ihres Autors, seiner Verfügungsgewalt über den Text, vom Streben nach absoluter Kontrolle über die Gestalt der Texte, über Wortlaut und Druckbild – ein Anspruch, der sich besonders kompromisslos manifestierte, wenn es um die Übersetzung seiner Werke ging.[40]

V

Dies soll zum Abschluss noch mit einigen Bemerkungen zu den Metamorphosen der Autobiografie erläutert werden. Als Nabokov in den späten 1940er Jahren eine Reihe von Skizzen über seine Kindheit und Jugend verfasste, die zunächst als Feuilletons im *New Yorker* erschienen, betrachtete er daher sein zweites Exil als endgültig und sein russisches Romanœuvre als abgeschlossen. Der Titel der englischen Erstfassung seiner Autobiografie *Conclusive Evidence* (1951) bekundet, dass der Exilautor schlüssiges Beweismaterial für seine Existenz im katastrophischen 20. Jahrhundert vorlegen und sich gegen die faktischen Verluste seines Lebens – die Vertreibung aus Russland, Verlust des Vermögens, Zerstreuung der Familie, Ermordung des Vaters, die Preisgabe der Muttersprache – im Medium des Schreibens behaupten will.[41] Konkret erinnert wird in dieser literarischen Autobiografhie an das versunkene Russland zu Beginn des 20. Jahrhunderts und an die Familie, vor allem die Eltern des Autors, aber auch, wenngleich sehr viel knapper, an seine Exiljahre in Berlin und Paris.

Für den Verlag Chekhov Publishing House übersetzte Nabokov 1954 *Conclusive Evidence* zurück ins Russische und wählte dabei einen neuen Titel, *Drugie berega* (*Andere Ufer*), der auf Alexander Herzens europäische Impressionen aus den 1840er Jahren *S drugogo berega* (*Vom anderen Ufer*) anspielt. Die exakte Übersetzung von *Conclusive Evidence* ins Russische wäre jedoch einer »Karikatur Mnemosynes«, also einer Entstellung des eigenen Erinnerungsprozesses gleichgekommen. Die Selbstübersetzung förderte Unstimmigkeiten der Konstruktion zutage, sie stimulierte zur Revision, Korrektur, zum partiellen Umschreiben des Ausgangswerkes. Der neue Text in der anderen Sprache drohte den ersten zu verdrängen, zu unterminieren, er forderte zu Zusätzen, Kürzungen, Umstellungen, neuen Einschüben heraus. Die Selbstübersetzung ging allmählich in ein Neuschreiben des Textes über. Aus dieser fortwirkenden Dynamik von Übersetzung und Neufassung heraus entschloss Nabokov sich gegen Mitte der 1960er Jahre, eine um ein Drittel erweiterte englische Neufassung *Speak, Memory* (1966) zu redigieren, die im Titel die Invocatio, die Musenanrufung der antiken Epen zitiert.

Damit repräsentiert keines seiner fiktiven Werke einen so umfassenden mehrsprachigen Inter-Text wie die Autobiografie mit der englischen Erstfassung *Conclusive Evidence*, der russischen Rückübersetzung *Drugie berega* und schließlich die Neufassung *Speak, Memory*: »Die Wieder-Anglisierung einer russischen Wieder-Durcharbeitung dessen, was ganz am Anfang eine englische Wiedergabe russischer Erinnerungen gewesen war, erwies sich als eine höllische Aufgabe, doch bezog ich einigen Trost aus dem Bewußtsein, daß eine solche mehrfache Metamorphose, wie sie Schmetterlingen geläufig ist, von einem Menschen noch nie versucht worden war.«[42]

Die Erinnerungen reichen von August 1903 bis Mai 1940, d.h., sie enden mit Nabokovs Übersiedlung ins amerikanische Exil; ein geplanter zweiter Band über die amerikanischen Jahre gedieh über Vorstufen nicht hinaus. Diese literarische Autobiografie ist keine »confession« im Stile Rousseaus, sondern vielmehr einzuordnen in eine russische Erzähltradition wie sie etwa Alexander Herzens *Erinnerungen und Gedanken*, Lev Tolstojs *Kindheit, Knabenjahre und Jugend* oder Ivan Bunins *Das Leben Arsenevs* repräsentieren. Es handelt sich um Erinnerungen russischer Aristokraten, die eine Einheit von Adel und Volk beschwören, obwohl oder gerade weil sie sich der unheilbaren Spaltung bewusst sind, die die Europäisierung aufgerissen hat.

Die ersten elf von insgesamt 15 Kapiteln sind den Jahren der Kindheit und Jugend gewidmet, die sich im geografischen Raum von St. Petersburg bis St. Nazaire, auf dem Landgut Vyra, im zaristischen Russland und in Mittel- und Westeuropa abspielen. Ausführlich werden die Eltern, die Geschwister und Verwandten, die Reihe von Privatlehrern, die Gouvernante aus der Westschweiz geschildert. Bedeutendenden historischen Persönlichkeiten, die im Hause des Vaters verkehrten, gesteht der Autor hingegen nur Nebenrollen zu. Dennoch wäre es verfehlt, von der Abwehr des katastrophenreichen 20. Jahrhunderts auf ein antihistorisches Denken zu schließen. In seinem Kommentar zu Puškins *Evgenij Onegin* sollte Nabokov sogar vor akribischen kulturhistorischen Rekonstruktionen nicht zurückscheuen. Der historische Kontext der Epoche wird in *Speak, Memory* nicht ausgeblendet, sondern den literarischen Erfordernissen und künstlerischen Gesetzen der Autobiografie untergeordnet, das Individuelle und Singuläre ostentativ über das Kollektive und Gesellschaftliche gestellt. Lediglich die letzten vier Kapitel gelten den 20 Lebensjahren, die Nabokov nach der Flucht aus Russland zunächst als Student in Cambridge und dann als Exilautor von 1922 bis 1937 in Berlin sowie von 1937 bis 1940 in Paris verbrachte.

Für seine individualistische, auf Autonomie zielende Mnemopoetik findet der Autor raffinierte optische Metaphern: Personen und Bilder aus der Vergangenheit »erscheinen wie von einer Laterna magica projiziert im leuchtenden Kreis des Gedächtnisses«. Die Entfaltung einer solchen Gedächtniskunst verlangt gleichermaßen präzise Kenntnisse, Scharfsinn und Intuition, also höchste Bewusstheit. Daher empfand sich Nabokov in entschiedenem Gegensatz zu Sigmund Freud, dessen Lehre vom Unbewussten er wiederholt als »mittelalterlichen Aberglauben« angriff. Bedeutend näher standen ihm Gedächtniskonzepte von Marcel Proust und James Joyce. Bereits die eingangs erwähnte Erinnerungsskizze *Mademoiselle O* (1936) über seine Französischlehrerin aus der Westschweiz ist intertextuell mit Baudelaires *Fleurs du mal*, Flauberts *Madame Bovary* und Prousts *A la recherche du temps perdu* verbunden. Besonders die allabendlichen Angstzustände vor dem Einschlafen, die der Erzähler in seiner Kindheit durchleidet, erinnern an die Eingangsszene aus *Du côté de chez Swann*.[43] Die Skizze bildet nicht nur den Kern von *Speak, Memory*, sondern erprobt erstmals eine Hybridform zwischen Fiktion und der eigenen Autobiografie.

Um »schlüssiges Beweismaterial« für die versunkene Kultur des vorrevolutionären Russland und die Lebensart seines Elternhauses vorzulegen, reiht Nabokov eine Kette von Augenblicken der Erleuchtung aneinander. Die sorgsam komponierten Epiphanien verwandeln eine Erzählung von Verlust und Auflösung in einen Hymnus auf das menschliche Bewusstsein. Die skopische Mnemopoetik kulminiert in Augen-Blicken, in denen sich die Wahrnehmungen des Sonnenlichtes oder des Farbenspektrums, die visuellen Assoziationen, die geometrischen Muster und Konstellationen verdichten und einen vielfach motivierten Zusammenhang herstellen. Auch mit dieser Verwendung epiphanischer Momente knüpft Nabokov an die europäische, besonders englische Romantik und den Symbolismus an. Aber nach den zivilisatorischen Brüchen des 20. Jahrhunderts musste der Rückgriff auf die Epiphanie eine andere Qualität erhalten.[44] Weder Kulturpessimismus noch Fortschrittsoptimismus liefern Kategorien, mit denen der Zeitstruktur der Epiphanien Nabokovs beizukommen wäre.[45]

Das »Gefängnis der Zeit« verhindert einen direkten Ausbruch, doch über Spiegelungen und Brechungen, Reflexe von Reflexen lassen sich die Konturen einer zeitlosen Welt erahnen. Aus einer sehr spezifischen Bewusstseinsform, dem Bewusstsein der eigenen Endlichkeit steigt zugleich die Ahnung von Unendlichkeit empor. Der Gegensatz von endlichem Leben und unendlichem Schöpfertum erscheint in solch erleuchteten Momenten als Täuschung, als (Selbst-)Betrug oder einfach als falsche Frage. In der Ekstase des Glücks tritt das Ich aus der Zeit heraus und kommt zu sich selbst: »Ich gestehe, ich glaube nicht an die Zeit. Es macht mir Vergnügen, meinen Zauberteppich nach dem Gebrauch so zusammenzulegen, daß ein Teil des Musters über den anderen zu liegen kommt. Mögen Besucher ruhig stolpern. Und am meisten genieße ich die Zeitlosigkeit, wenn ich – in einer aufs Geratewohl herausgegriffenen Landschaft – unter seltenen Schmetterlingen und ihren Futterpflanzen stehe. Das ist Ekstase, und hinter der Ekstase ist etwas anderes, schwer Erklärbares. Es ist wie ein kurzes Vakuum, in das alles strömt, was ich liebe. Ein Gefühl der Einheit mit Sonne und Stein. Ein Schauer der Dankbarkeit, wem sie auch zu gelten hat – dem kontrapunktischen Genius menschlichen Schicksals oder den freundlichen Geistern, die einem glücklichen Sterblichen zu Willen sind.«[46]

Die sinnliche Erscheinung, die Unmittelbarkeit der Dinge offenbart sich im künstlerischen Wort, das »reale Gegenwart«[47] schafft und so die immer drohenden Zweifel an der Wirklichkeit der (Exilanten-)Existenz bannt. Allerdings findet Nabokov weder in den Religionen noch in systematischer oder philosophischer Begriffsbildung noch in den zeitgenössischen Naturwissenschaften die Voraussetzungen einer solchen skopischen Mnemopoetik, sondern in seiner eidetischen bzw. synästhetischen Mehrfachbegabung. So berichtet er von seiner Fähigkeit, Farbe und Klang synästhetisch zum »Farbhören« zu verschmelzen. Im 6. Kapitel schildert er das Sammeln und Klassifizieren von Schmetterlingsarten, seine lepidopterologischen Studien, die das Augenmerk des Forschers auf feinste Unterschiede richten, um verwandte oder scheinbar identische Spezies voneinander scheiden zu können. Schließlich beschreibt er im dritten Abschnitt des 14. Kapitels seine jahrzehntelange Beschäftigung mit Schachproblemkompositionen, die ein ausgeprägtes räumliches Erinnerungs- und Vorstellungsvermögen voraussetzen. Lepidopterologie und Schachproblemkomposition galten bis zum Ersten Weltkrieg als »noble Liebhabereien« im Stil des späten 18. Jahrhunderts, sie bilden also eine Brücke zwischen dem Autor und seiner Herkunft aus der russischen Adelskultur.

Diese Leidenschaften eines »gentleman amateur« verleihen *Speak, Memory* Züge eines modernen Bildungsromans: In dem Maße, in dem der junge Nabokov sinnvolle Muster in der Natur wahrnimmt und aufmerksam beobachtet, wächst sein Vertrauen in die eigenen Fähigkeiten, vor allem in seine räumliche Vorstellungskraft, sein sprachliches Vermögen und seine vom Willen gesteuerte Erinnerungsfähigkeit. Dabei überträgt Nabokov die Erkenntnisse der Lepidopterologie über Mimikry und Metamorphose, die strengen Regeln der Schachproblemkomposition wie festgelegte Zugfolge oder vorgeschriebene Figurenkonstellation und die Fähigkeit zur Synästhesie, zur gleichzeitigen Wahrnehmung von Klängen und Farben auf Komposition und Struktur seiner Autobiografie. Er arbeitet aus seinem Leben Wiederholungssequenzen, Ereignisreihen, bedeutsame Konstellationen heraus, bringt sie in eine neue, sinnvolle Anordnung und verwandelt so das Erlebte in Kunst.

Während die Mutter vornehmlich mit den Themen Gedächtnis und literarische Produktivität assoziiert wird, steht der Vater Vladimir Dmitrievič Nabokov für den Verhaltenskodex der Adelskultur, für Ehrgefühl, Ritterlichkeit, Mut und Todesverachtung. Als Jurist und Politiker repräsentierte er zudem eine allzu spät entwickelte und allzu früh abgeschnittene russische

Tradition von Rechtsstaatlichkeit und aufgeklärter Liberalität. Obwohl er selbst dem Hochadel entstammte, war er einer der schärfsten Kritiker des Ancien régime, widersetzte sich unerschrocken der reaktionären Politik des letzten Zaren und gab ohne Zögern Privilegien preis. In der Autobiografie werden seine umfassende Bildung, Selbstbeherrschung, Entdeckerfreude auf abgelegenen Gebieten wie etwa der Lepidopterologie eingehend gewürdigt. Der Schluss liegt nahe, dass der hochbegabte älteste Sohn, der Liebling der Eltern und Familie, sich zeitlebens an dieser Verkörperung eines Adelsideals maß und höchsten Erwartungen gewachsen sein wollte.

Doch die Zweifel, die in einer sich von Patriarchat und Paternalismus immer rascher entfernenden Gesellschaft auf der Übertragung väterlicher Autorität lasteten, waren auch von einem so ungetrübten Vater-Sohn-Verhältnis nicht vollständig fernzuhalten. Sie werden aber in charakteristischer Weise verlagert auf schwierige Einzelgänger, Exzentriker und Außenseiter im engsten Kreis der Familie wie etwa Onkel Ruka, den Bruder der Mutter oder den eigenen jüngeren Bruder Sergej. Vor allem zeigt sich die ganze Fragilität dieser Übertragung im vorzeitigen Verlust des geliebten Vaters.

Andeutungen und Vorahnungen seines vorzeitigen gewaltsamen Todes durchziehen die Autobiografie.[48] Der Vater, der bis 1917 als öffentliche Person in Erscheinung trat und unter anderen Umständen berufen gewesen wäre, ein hohes Staatsamt auszuüben, wurde im sowjetischen Russland bald zur Unperson, deren Name über Jahrzehnte ungenannt bleiben musste. Darauf mag man den konsequenten Rückzug des Sohnes in eine private Existenz zurückführen, seine lebenslange Weigerung, irgendeiner Partei, Organisation, auch nur Literatenvereinigung anzugehören. Der strikten Privatheit war das Exil als Existenzform vollkommen angemessen. Daher versagte sich Nabokov jenen geschichtsphilosophischen Pessimismus, der unter russischen Schriftstellern der Ersten Emigration so verbreitet war, und kehrte vielmehr die übliche Perspektive auf das marginale Exilantendasein um: Das Exil wird zu einem »Nicht-Ort« jenseits oder außerhalb der Nationalstaaten des 20. Jahrhunderts, zur U-Topie im konkreten Wortsinn.[49]

Die Höhepunkte der Ereignisreihen bilden die zitierten »Zustände heller Wachheit«, d. h. Momente außergewöhnlicher ästhetischer Rezeptivität und kombinatorischer Aktivität, die eine andere Geschichte der ersten vierzig Jahre des 20. Jahrhunderts erzählen als die, welche das kollektive Gedächtnis etwa unter den Jahreszahlen 1905, 1917, 1933 oder 1939 aufbewahrt. Während die Bedeutung der historischen Zäsuren – wie von Geschichte überhaupt – relativiert wird, zielt die autobiografische Erzählung im Gegenzug auf die Verführung des Lesers zur sinnlich unmittelbaren Teilhabe an der Wahrnehmungsfähigkeit eines Individuums, an der Genese eines Welt-Bildes und an der Entwicklung eines Bewusstseins.

1 Diese ersten Erinnerungen an seine russische Kindheit verfasste Nabokov offensichtlich mit Blick auf ein frankophones Auditorium in Brüssel und Paris. Mit einigen Änderungen nahm er den Text in seinen ersten englischen Novellenband *Nine Stories* (1947) auf, später auch in englischer bzw. russischer Selbstübersetzung bzw. Neuredaktion in die diversen Fassungen seiner Autobiografie *Conclusive Evidence/Drugie berega/Speak, Memory*. Vgl. Brian Boyd: *Vladimir Nabokov. The Russian Years*. Princeton 1990, S. 422 u. S. 429 und ders.: *The American Years*. Princeton 1991, S. 126. — 2 Hier zitiert nach Vladimir Nabokov: *Erinnerung, sprich. Wiedersehen mit einer Autobiographie*. Deutsch von Dieter E. Zimmer. Reinbek bei Hamburg 1991, S. 525. — 3 Namhafte Vertreter dieser Kultur wie zum Beispiel Peter Čaadaev in seinem *Ersten Philosphischen Brief* haben relativ früh die Übersetzungshaftigkeit, das *inter*, das sie *innen* konstituiert, in einem stark axiologisch geprägten Metadiskurs problematisiert. Daher ist die Mehrsprachigkeit des europäisierten Russen als Element eines aristokratischen Verhaltensstils nicht nur Gegenstand der Sprachgeschichte oder Sprachwissenschaft, sondern auch der Kulturgeschichte. — 4 Nabokov: *Erinnerung, sprich* (s. Anm. 2), S. 63. — 5 Ebd. — 6 Vgl. Karl Schlögel (Hg.): *Der große Exodus. Die russische Emigration und ihre Zentren. 1917 bis 1941*. München 1994. — 7 Ansätze einer kulturhistorischen Kontextualisierung finden sich etwa bei Marc Raeff: *Russia Abroad. A Cultural History of the Russian Emigration, 1919–1939*. New York – Oxford 1990. — 8 Zu den Verflechtungen der russischen Emigration mit den Gastländern Deutschland und Frankreich vgl. R. C. Williams: *Culture in Exile. Russian Emigrés in Germany, 1881–1941*. Ithaca – London 1972 und R. H. Johnston: *New Mecca, New Babylon: Paris and the Russian Exile, 1920–1945*. Montreal 1988 sowie Karl Schlögel (Hg.): *Russische Emigration in Deutschland 1918 bis 1941. Leben im europäischen Bürgerkrieg*. Berlin 1995. — 9 Vgl. z. B. Roger Hagglund: »The Russian Emigré Debate of 1928 on Criticism«. In: *Slavic Review* 32, 1973, S. 515–526 sowie ders.: »The Adamovitch-Khodasevitch Polemics«. In: *Slavic and East European Journal* 20, 1976, S. 239–252. — 10 Für eine Übersichtsdarstellung der russischen Exilliteratur bleibt grundlegend Gleb Struve: *Russkaja literatura v izgnanii. Vtoroe izdanie ispravlennoe i dopolnennoe*. Paris 1984. — 11 Vgl. in Simon Karlinsky (Hg.): *The Nabokov-Wilson Letters. Correspondence Between Vladimir Nabokov and Edmund Wilson 1940–1971*. London 1979, S. 220 den Brief vom 4. Januar 1949: »The ›decline‹ of Russian literature in 1905–1917 is a Soviet invention. Blok, Bely, Bunin and others wrote their best stuff in those days. And never was poetry so popular – not even in Pushkin's days. I am a product of this period, I was bred in that atmosphere.« — 12 Brian Boyds zweibändige Biografie entwirft erstmals ein Gesamtbild der »russischen und amerikanischen Jahre« und legt überzeugend dar, dass dieses Œuvre in zwei Sprachen eine ganze Lebenszeit umspannt und mit großem Gewinn als Einheit gelesen werden kann. Boyd: *Vladimir Nabokov. The Russian Years* (s. Anm. 1) und ders.: *Vladimir Nabokov. The American Years* (s. Anm. 1). — 13 Zu Nabokovs Verhältnis zur Geschichte vgl. Alexander Dolinin: »Clio laughs last: Nabokov's answer to historicism«. In: Julian Connolly (Hg.): *Nabokov and his Fiction. New Perspectives*. Cambridge 1999, S. 197–215. — 14 Vgl. Alexander Dolinin: »›Dvojnoe vremja‹ u Nabokova (Ot ›Dara‹ do ›Lolity‹)«. In: *Puti i miraži russkoj kul'tury*. Sankt Petersburg 1994, S. 283–322, hier S. 294 ff. — 15 Zur fiktiven Biografie vgl. Herbert Grabes: *Erfundene Biographien. Vladimir Nabokovs englische Romane*. Tübingen 1975. — 16 Vgl. Pascale Casanova: *La République mondiale des lettres*. Paris 1999, S. 195–198. — 17 Vgl. Boyd: *Vladimir Nabokov. The Russian Years* (s. Anm. 1), S. 419 f. — 18 Vgl. z. B. Monika Greenleaf: »Fathers, Sons and Impostors: Pushkin's Trace in *The Gift*«. In: *Slavic Review* 53, 1994, S. 140–158. — 19 Ebd., S. 160. — 20 Zum Zusammenhang von Vaterfigur und Puškin-Rezeption in der *Gabe* vgl. ebd., S. 140–158. — 21 Vgl. Alexander Dolinin: »*The Gift*«. In: Vladimir Alexandrov (Hg.): *The Garland Companion to Vladimir Nabokov*. New York – London 1995, S. 135–169. — 22 Diese Hybridformen sind in der Debatte um das »offene Kunstwerk« nicht gebührend gewürdigt worden, vgl. vor allem Umberto Eco: *L'œuvre ouverte*. Paris 1965 (Original: *Opera aperta*. Milano 1962). — 23 Vgl. etwa Maurice Couturier: *Nabokov ou la tyrannie de l'auteur*. Paris 1993. — 24 Vgl. Michael Wood: *The Magician's Doubts. Nabokov and the Art of Fiction*. London 1995, S. 235: »The magician's doubts are inseparable from his successes. They are his successes, they sustain the

magic that seems to make them vanish.« — **25** Zu Nabokovs Rezeption der französischen Moderne vgl. John B. Foster: *Nabokov's Art of Memory and European Modernism.* Princeton 1993, S. 110–157. — **26** Vladimir Nabokov, *Die Gabe. Roman.* Deutsch von Annelore Engel-Braunschmid. Reinbek bei Hamburg 1993, S. 242f. — **27** Vgl. Wolfgang Kissel: »Ein Exilschriftsteller zwischen Tradition und Moderne: Vladimir Nabokovs Puškin-Rezeption der dreißiger Jahre«. In: Wolfgang Asholt et alii (Hg.): *Unruhe und Engagement. Blicköffnungen für das Andere. Festschrift für Walter Fähnders zum 60. Geburtstag.* Bielefeld 2004, S. 251–273. — **28** Vgl. L. F. Kacis: »Nabokov i Tynjanov«. In: *Pjatye Tynjanovskie Čtenja.* Riga 1996, S. 275–293. — **29** Vladimir Nabokov: »Pouchkine ou le vrai et le vraisemblable«. In: *La Nouvelle Revue Française*, XLVIII, 1937, S. 362–378, hier S. 367. — **30** Den Verzicht auf die Muttersprache, die er zu einem Instrument von unübertrefflicher Geschmeidigkeit und Ausdrucksfülle herangebildet hatte, bezeichnete er in *On a Book Entitled Lolita* von 1956 als seine »private Tragödie, die niemanden etwas angehe«.Vgl. Vladimir Nabokov: *The Annotated Lolita.* London 2000, S. 316f.: »My private tragedy, which cannot, and indeed should not, be anybody's concern, is that I had to abandon my natural idiom, my untrammeled, rich, infinitely docile Russian tongue for a second-rate brand of English (...)«. — **31** Vgl. Boyd: *The American Years* (s. Anm. 1), S. 107–226. — **32** Nabokov, *Lectures on Literature*, New York 1980: »(...) for my plan is to deal lovingly, in loving and lingering detail, with several European masterpieces.« — **33** Vgl. auch Alexander Dolinin: »Parody in Nabokov's Despair«. In: Igor' Smirnov (Hg.): *Hypertext Otčajanie. Sverchtekst Despair. Studien zu Vladimir Nabokovs Roman-Rätsel.* München, 2000, S. 15–43. — **34** Mit der pejorativen Wortprägung »dostoevščina« bezeichnete er in einem Vortrag aus den späten 1920er Jahren den zeitgenössischen Dostoevskij-Kult mit seinen philosophischen, ideologischen, religiösen Spekulationen, die den literarischen bzw. ästhetischen Kern des Phänomens Dostoevskij verdeckten. Vgl. Aleksander Dolinin: »Nabokov, Dostoevskij i dostoevščina«. In: *Literaturnoe obozrenie: Vladimir Nabokov v konce stoletija* 274, 1999, S. 38–46. — **35** Vladimir Nabokov: *Lectures on Russian Literature.* New York 1981, S. 98. — **36** Vgl. Boyd: *The American Years* (s. Anm. 1), S. 318–355. — **37** Vgl. ebd., S. 328–330. — **38** Zur Polemik vgl. ebd., S. 492ff. Zu den Übertreibungen und Schwächen von Nabokovs Argumentation vgl. Alexander Dolinin, »Eugene Onegin«. In: Alexandrov (Hg.): *The Garland Companion to Vladimir Nabokov* (s. Anm. 21), S. 117–130. — **39** Vgl. auch Vladimir Nabokov: »The Art of Translation«. In: Ders.: *Lectures on Russian Literature* (s. Anm. 35), S. 315–323. — **40** Vgl. zu dieser Figur des tyrannischen Autors Maurice Couturier: *Nabokov ou la tyrannie de l'auteur.* Paris 1993. — **41** Zur Entstehungsgeschichte der Autobiografie vgl. Boyd: *The American Years* (s. Anm. 1), S. 149–165. — **42** Nabokov: *Erinnerung, sprich* (s. Anm. 2), S.12. — **43** Zu Nabokovs Proust-Rezeption vgl. Foster: *Nabokov's Art of Memory and European Modernism* (s. Anm. 25), S.178–218. — **44** Einiges spricht dafür, dass die Bedeutung epiphanischer Momente in der europäischen Literatur nach den Zivilisationsbrüchen des 20. Jahrhunderts sogar eher anwächst. Dies bestätigt für die polnische Nachkriegslyrik die Studie des Literaturwissenschaftlers Ryszard Nycz: *Literatura jako trop rzeczywistości. Poetyka epifanii w nowoczesnej literaturze polskiej (Die Literatur als Trope der Wirklichkeit. Die Poetik der Epiphanie in der modernen polnischen Literatur).* Kraków 2001. — **45** Vgl. dazu Karl-Heinz Bohrer: *Plötzlichkeit. Zum Augenblick des ästhetischen Scheins.* Frankfurt/M. 1981, S. 186: »An die Stelle von Beschreibungen von gesellschaftlichen Harmonie-Zuständen oder ihrer Umkehrung rückt bei den Autoren des gesteigerten ›Augenblicks‹, bei Proust, James Joyce und Musil, das ›Ich‹ im Zustand emphatischer Wahrnehmung, einer die soziale, aber auch bloß private Wirklichkeit transzendierenden ›Ekstase‹ des ›Glücks‹. Die objektive Realität wird nicht mehr als eine utopisch veränderbare gedacht, die futuristische Antizipation fällt überhaupt weg, und die utopische Phantasie verlagert sich in die Innenseite des Subjekts.« — **46** Nabokov: *Erinnerung, sprich* (s. Anm. 2), S.186. — **47** Vgl. George Steiner: *Von realer Gegenwart.* München–Wien 1990. — **48** Vgl. Nabokov: *Erinnerung, sprich* (s. Anm. 2), S. 262: »(...) zehn Jahre sollten noch bis zu einem gewissen Abend im Jahre 1922 vergehen, als mein Vater bei einem öffentlichen Vortrag in Berlin den Redner (seinen alten Freund Miljukow) vor den Kugeln zweier russischer Faschisten deckte und den einen Mörder zwar kraftvoll niederschlug, von dem anderen jedoch tödlich getroffen wurde. Indes warf jenes künftige Ereignis keinen Schatten auf die hellen Stufen unseres Petersburger Hauses voraus, die große kühle Hand auf meinem Scheitel zitterte nicht, und mehrere Spielverläufe einer diffizilen Schachkomposition waren auf dem Brett noch nicht aufeinander abgestimmt.« — **49** Vgl. ebd., S. 375: »Wenn ich auf jene Jahre des Exils zurückschaue, sehe ich mich und Tausende anderer Russen ein seltsames, aber keineswegs unangenehmes Leben in materieller Armut und intellektuellem Luxus führen, ein Leben unter völlig belanglosen Fremden, geisterhaften Deutschen und Franzosen, in deren mehr oder minder unwirklichen Städten wir, die Emigranten, zufällig unser Domizil genommen hatten. Diese Einheimischen schienen genauso flach und durchsichtig wie aus Zellophanpapier geschnittene Figuren (...)«.

Michaela Enderle-Ristori

Kulturelle Übersetzung bei Heinrich Mann
Der »Dritte Raum« als permanente Herausforderung

Fremden Kulturen begegnete Heinrich Mann nicht erst zu Beginn seines Exils im Februar 1933. Bereits im Elternhaus hatte er erfahren, was Exotismus und Weltläufigkeit bedeuten und umso mehr die bedrückende Enge des patrizischen Lübeck verspürt. Als junger Mann war er dann hauptsächlich auf Reisen: München, Berlin, Paris, Nizza, Rom, Palestrina, Florenz und ein Sanatorium am Gardasee bilden ab 1893 die geografischen Fixpunkte einer Existenz »ohne festen Wohnsitz«, wie der Lebenslauf der Studienausgabe seines Werks systematisch vermerkt[1] – Antizipation eines postmodernen Nomaden, der zwischen drei Ländern, drei Kulturen zirkulierend ein ungebundenes Leben führt und der erst 1914, durch Heirat und Weltkrieg gleichermaßen, zu Sesshaftigkeit und bürgerlicher Haushaltsführung in München veranlasst wird. Seine nachhaltige geistige Prägung durch die Kultur Italiens und Frankreichs hat der Autor selbst stets betont, wenngleich die Forschung sich dafür zumeist nur in werkgenetischer Perspektive interessierte, fremde Kultur und Sprache bei Heinrich Mann also primär in ihrer Relevanz für seine eigene Textproduktion zur Kenntnis genommen wurde. Es lag in der Natur dieser Betrachtungsweise, dass sie fremdkulturelle Erfahrung lange nur akkumulativ, als Bereicherung des Eigenen durch das Fremde und sozusagen als kulturelle Einbahnstraße begriff, und dass dabei die Gegenrichtung sowie das dazwischen liegende sprachliche Niemandsland aus dem Blickfeld gerieten.[2] Ein Umstand, der sich spätestens dann jedoch als Manko erweist, wenn räumliche Orientierungen ins Wanken geraten und sich die Eigenkultur plötzlich nur noch aus der Fremde – und als zunehmend fremde – wahrnehmen lässt.

Denn der Gang ins Exil bedeutete auch für Heinrich Mann mehr als einen neuerlichen Ortswechsel. Politische Ereignisse hatten ihn diesmal aus Deutschland vertrieben und den geografisch Deplatzierten zeitweilig auch juristisch zum Apatriden gemacht; politische Gründe sollten auch seinen Wunsch vereiteln, in Frankreich auf Dauer eine neue Heimat zu finden. Trotzdem behauptete er von seiner waghalsigen Flucht über die Pyrenäen im Jahre 1940: »Jetzt begann das wahre Exil. In Frankreich habe ich es nicht gekannt.«[3] Seine standhafte Weigerung, Frankreich als faktisches Exilland zu betrachten, war sicherlich die Quelle mancher Fehleinschätzungen hinsichtlich seiner persönlichen Situation in diesem Lande.[4] Doch zugleich bezeugt sie, wie sehr

Heinrich Mann sich in Frankreich tatsächlich heimisch gefühlt und dort die Situation einer transkulturellen, hybriden Identität gelebt hatte.

Gerade sein insgesamt noch viel zu wenig beachtetes sprachliches Verhalten ist hierfür ein wichtiges Indiz. Als junger Mann lebt Heinrich Mann im Grunde zwischen drei Sprachen. Das Italienische praktiziert er jedoch »nur« als Alltagssprache, wogegen er sich zur selben Zeit intensiv um die Beherrschung des Französischen als Literatur- und Arbeitssprache bemüht. Grundkenntnisse erlernte er bereits im Elternhaus als Zeichen sozialer Distinktion, doch um die Jahrhundertwende entfaltet er eine Palette sprachlicher Haltungen, die vom fakultativen Sprachwechsel bis hin zur Praxis von Übersetzung und Selbstübersetzung reichen werden. Mehr noch: Von einigen Frankreichreisen abgesehen, unternimmt er diese Anstrengungen um das Französische vornehmlich auf italienischem Boden und macht Italien zur zeitweiligen Umschlag- und Schaltstelle eines regelrechten Sprach- und Kulturtransfers. In seinem Reisegepäck transportiert er französische Belletristik und Wörterbücher von Paris und Nizza nach Italien; dort wird der angehende Autor zum Übersetzer. Heinrich Manns Übersetzertätigkeit entspringt deshalb a priori keiner sprachlichen Adaptation an ein unmittelbares kulturelles Umfeld. Sie ist konsequent verfolgte, produktive Aneignung *sprachlich vermittelter Kultur* mit dem Ziel, sich selbst in diesem neuen Kulturfeld intellektuell zu verorten – auch oder gerade unter den Bedingungen der Exterritorialität.[5] »Übersetzen« bedeutet für Heinrich Mann deshalb von Anbeginn ein sinn- und identitätsstiftendes Agieren *zwischen* den Kulturen und impliziert die Konstruktion eines »Dritten Raumes«.[6] Als subjektkonstituierendes und neue Kulturbezüge herstellendes Handeln ist es genuines *kulturelles Übersetzen*. In ihm liegt das eigentliche Movens des ästhetischen und gesellschaftlichen Entwurfs Heinrich Manns.

Der Beginn seiner Übersetzungstätigkeit als Strategie zur Konstruktion individueller und kollektiver *trans*kultureller Identität reicht bei Heinrich Mann also bis ins letzte Jahrzehnt des 19. Jahrhunderts zurück. Übersetzend wird er seinen eigenen intellektuellen Habitus und eine spezifische kulturelle Symbolik entwickeln, die ihn wie nur wenige deutsche Autoren nach 1900 eine kulturelle Haltung des »Dazwischen« einnehmen lässt. Dem Titel eines frühen Werkes von 1907 – *Zwischen den Rassen* – ist deshalb programmatische Geltung zuzuschreiben: Er fixiert die »Aufgabe des Übersetzers«[7] als eine permanente Herausforderung, transkulturelle Vermittlung und auf die Erfahrung kultureller Hybridität begründete Ideenarbeit zu leisten und diese gegen national determinierte oder gar nationalistisch deformierte Identitätskonstruktionen zu wenden, wie sie das politisch-soziale Umfeld gerade in Deutschland und Frankreich wiederholt produzierte. Unter dieser längeren kulturellen Perspektive betrachtet, geriet Heinrich Mann 1933 in eine Konfliktsituation, wie er sie 1914, unter veränderten historischen und räumlichen Vorzeichen, schon einmal gekannt hatte: Mitten im Ersten Weltkrieg verteidigte er aus Deutschland heraus »französischen Geist«, und im Exil in Frankreich vertrat er den Geist des »Anderen Deutschlands«, ohne dabei die jeweils »andere« Facette seiner Identität zu verleugnen. Nur so konnte ihm im Exil der Balanceakt gelingen, seine Position der Exterritorialität und des »Dritten Raumes« zu bewahren und dennoch als politischer Akteur in den beiden Kulturräumen, Deutschland und Frankreich, aufzutreten.

Übersetzte »Identität«

Als 1937 der berühmte *Zola*-Essay in französischer Übersetzung erschien, zeichnete das Vorwort des Herausgebers Georges Gruau freilich ein merkwürdig unaktuelles Bild Heinrich Manns. Dieser, so war zu lesen, sei der würdige deutsche Nachfolger des großen Naturalisten, da er sich von den Zwängen modischer Dekadenzliteratur befreit habe, um sich der Darstellung der sozialen Massen zu widmen: »Er wollte die Massen beschreiben, die Menschenmengen, deren lebendiger Geist ihn als Darsteller der Macht angezogen hat«[8], schrieb Gruau. In deutlicher Anspielung auf Selbstaussagen Heinrich Manns zum *Untertan* untermauerte Herausgeber Gruau vor der französischen Leserschaft ein Rezeptionsmuster, das er auf den Begriff des *romancier social* brachte. Allerdings fehlte in Gruaus Vorwort jeglicher Hinweis auf die lange Textgeschichte des *Zola*-Essays seit der deutschen Erstveröffentlichung im Jahre 1915 oder gar auf weitere, seither erschienene Werke des Autors. Dass der *Zola*-Text literarischer Schnee von gestern war, konnte der französische Leser also nicht einmal ahnen.

War das Erscheinen des *Zola*-Essays in Frankreich 1937 deshalb ein anachronistisches Kuriosum? Wohl eher eine Glanzleistung kultureller Übersetzung. Denn trotz der angedeuteten Rezeptionslücken und trotz ihres zeitlich verzögerten Erscheinens besiegelte die französische Übertragung des *Zola*-Essays durch Yves Le Lay den erfolgreichen Verlauf eines Literaturtransfers von Frankreich nach Deutschland und wieder zurück. Person und Werk Emile Zolas waren seit der Jahrhundertwende in die deutsche Literatur eingegangen, dort neu kontextualisiert und vertextet worden und wurden nun, in der subjektiven Brechung und Lesart Heinrich Manns, wieder dorthin zurückreflektiert. Gleichzeitig unterstreicht das Herausgebervorwort Gruaus, dass es bei diesem Übersetzungsakt um mehr ging als um das bloße Zirkulieren von Texten. Denn mit Zola und einigen anderen Franzosen hatte Heinrich Mann stets auch die Errichtung fremdkulturell geprägter Identifikationsmuster verbunden, und vor allem hatte er an Zola eine Definition seiner eigenen Schreibpraxis geknüpft. Konnotate bzw. Denotate dieses kulturellen Übersetzungsprozesses wurden nun gleichfalls in den französischen

Raum zurücktransportiert. Gruaus Herausgebervorwort belegt diese neuerliche, zeitlich verschobene Kontextualisierung, indem es dem *Zola*-Text von 1915 aktuelle Bedeutung für die französische Gegenwart verleiht. Aktualisierendes Element, das den Ausgangspunkt des von Gruau angestrengten kulturellen Vergleichs bildet, war in diesem Fall das Exil. Bei Gruau hieß es dazu eindeutig: »Die französischen Intellektuellen sind stolz darauf, dem Manne Respekt und Anerkennung zu zollen, dessen Leben ein beständiger Kampf war, und der geradeso wie Zola nicht einmal der Weihen des Exils entbehrt hat. Denn einfältiger Hass und Missgunst können den Schriftsteller, der stolz und frei zu denken beansprucht, allenfalls erhöhen.«[9]

Damit wird bereits eine erste Dimension kultureller Übersetzung deutlich. Der übersetzte Text partizipiert an der Konstruktion einer kulturellen Repräsentation Heinrich Manns, die durch den Herausgeberkommentar explizit zur Parallele Zola-Heinrich Mann enggeführt und für den französischen Leser im interkulturellen Vergleich gedeutet wird: Heinrich Mann als ein (kulturelle Differenzen durchaus zulassendes) »Äquivalent« Zolas – eine Traumrolle sozusagen, nach der er seit Jahrzehnten gestrebt hatte.

Die zweite, auf die Stellung des Autors innerhalb des heimischen Kontexts bezogene Dimension kultureller Übersetzung dürfte das französische Publikum mangels weiterer Informationen weitgehend ignoriert haben. Doch ein Blick über die Grenzen bringt sie uns rasch in Erinnerung. In Jahrzehnten persönlicher und kollektiver Identitätskonstruktion hatte Heinrich Mann in Deutschland die Figur Zolas zur kulturellen Matrix des transnationalen Intellektuellen erhoben und seinen eigenen schriftstellerischen Habitus darauf gegründet. In Frankreich als »deutscher Zola« gewürdigt zu werden, war Heinrich Mann sicherlich eine späte persönliche Genugtuung für die Anfeindungen, die ihm der *Zola*-Aufsatz vormals im wilhelminischen Deutschland eingetragen hatte. Vor dem Hintergrund kollektiver, transkultureller Bedeutungszuschreibungen betrachtet, leistete die französische Übersetzung des *Zola*-Essays 1937 aber noch mehr: In ihrer hintergründigen Verknüpfung und Verschiebung räumlicher und zeitlicher Koordinaten bewirkte sie eine *Um*schreibung kultureller Wertungs- und Rezeptionsmuster, eine neue »past-present«-Verbindung zwischen zwei Kulturen[10], deren schöpferische Dimension in der aktuellen Fortschreibung des von Heinrich Mann zuvor aufgegriffenen Zola-Ideals und seiner Bestätigung als »grenzüberschreitendes«, transnationales Modell lag. Nicht zuletzt deshalb bedeutet der *Zola*-Essay – *Zola* und nicht *Henri Quatre*, dessen Vorgeschichte »nur« bis ins Jahr 1927 zurückreicht – den eigentlichen Konvergenz- und Kulminationspunkt einer zwischen den Kulturen angesiedelten persönlichen und literarischen Identität Heinrich Manns. Sein Koinzidieren mit »linken« Kulturkonzepten, wie sie in Frankreich um das Jahr 1937 befördert wurden, ist natürlich nicht zufällig und enthält bereits einen Hinweis auf die vergleichsweise kurze Wirkungsdauer dieses kulturellen Deutungsmusters. Und doch hatte es eines langen übersetzerischen Prozesses bedurft, bevor Heinrich Mann in Frankreich in jene exponierte Stellung eines (nicht-identischen) »Äquivalents«[11] Zolas gelangen sollte. Einige Etappen dieses Übersetzungsprozesses seit der Jahrhundertwende sollen nachfolgend skizziert werden.

Identität durch Übersetzung

Will man Heinrich Manns Verhältnis zur französischen Sprache und zum Themenkomplex »Übersetzung« zurückverfolgen, so stößt man alsbald auf ein briefliches Zeugnis aus dem Jahre 1910. Darin äußerte sich der Autor wie folgt: »(...) ich wünsche mir den Erfolg in Deutschland eigentlich nur des Geldes wegen, nicht um seiner selbst willen, dafür ist mein Zugehörigkeitsgefühl zu diesem Volk nicht groß genug. Meine wirkliche Tragik ist eben (...), dass ich deutsch schreiben muss. Welche Wirkungen versäume ich, die in Frankreich möglich gewesen wären.«[12] Die Äußerung bezeugt kulturelle Wertschätzungen, die sich als Anziehungs- und Abstoßungsprozess zwischen Fremdem und Eigenem beschreiben lassen, wobei das traditionelle Verhältnis von Fremd- und Muttersprache geradezu auf den Kopf gestellt wird: Das muttersprachliche Idiom erscheint Heinrich Mann als Hemmnis und Schranke, weniger jedoch für den eigenen Schreibprozess als vielmehr für die öffentliche *Wirkung* seiner Texte.

Natürlich ist es der ambitionierte junge *Schriftsteller* Heinrich Mann, der aus diesen Zeilen spricht; doch gerade deshalb wirft sein Bekenntnis aus dem Jahre 1910 ein umso deutlicheres Licht auf die Hoffnungen, mit denen er als *Übersetzer* und *Selbstübersetzer* fast zwei Jahrzehnte zuvor seine Experimente mit der französischen Sprache begonnen hatte. Bereits 1894 hatte er sich nämlich an der Herübersetzung einer Maupassant-Novelle versucht, und noch im selben Jahr übertrug er gleich nach ihrer deutschen Niederschrift eine seiner eigenen Novellen, *Ist sie's? (C'est elle?)*, ins Französische. Der Text blieb unveröffentlicht und zeigt, wie die Forschung bereits monierte, sprachliche Schwächen.[13] Seine eigentliche Bedeutung liegt jedoch in einem anderen Bereich: Die Selbstübersetzung von *Ist sie's?* war ein erster Akt der Selbsthilfe auf Heinrich Manns Weg zu seiner literarischen Verortung in Frankreich, mehr noch: zu seiner »Wandlung« in einen französischen Autor. Den Übersetzungsakt konsequent zu Ende führend und sich selbst als Subjekt einbeziehend, signierte er den Text »Henri Mann«. *C'est elle?* signalisiert damit unmissverständlich Heinrich Manns Bereitschaft, in eine fremde Identität zu schlüpfen – auch wenn er in den Folgejahren distanzierter an den Übersetzungsakt herangehen wird und sich (bis zum Jahr 1933) nicht mehr selbst »übersetzt«, sondern übersetzend konstruiert.

So beginnt Heinrich Manns öffentliches Wirken als Übersetzer fremder Texte im Jahre 1901[14], dank seines Verlegers Albert Langen, bei dem er soeben mit *Im Schlaraffenland* seinen ersten Romanerfolg verbucht hat und der für ihn in Paris die nötigen Kontakte knüpft. Der finanzielle Anreiz spielt für den stets in Geldnöten befindlichen jungen Mann zweifelsfrei eine Rolle, und selbst als bekannter Autor wird Heinrich Mann die Übersetzungsrechte an seinen eigenen Texten nie zu gering veranschlagen. Ein Stück weit dienen die Übersetzungsarbeiten auch seiner sprachlichen Perfektionierung und der Ausbildung stilistischer Sicherheit im Französischen; dessen Metaphorik und syntaktische Muster hinterlassen wiederum ihre Spuren in Heinrich Manns Gebrauch seiner deutschen Muttersprache (der Bruder nannte es spöttisch den »Besen-Stil« Heinrichs). Doch auch in diesem Falle liegt die eigentliche Leistung seiner Übersetzertätigkeit weniger im Linguistischen als vielmehr in der kulturellen Bedeutung der von ihm übersetzten Texte und Autoren.

Zwischen 1901 und 1905 übersetzt Heinrich Mann drei Romane französischer Autoren, Alfred Capus, Anatole France und Choderlos de Laclos. Mit Alfred Capus (1857–1922) wählt er einen französischen Roman- und Bühnenautor der Belle Epoque, der damals auch in Deutschland auf Resonanz stieß. Capus' Erstlingsroman *Qui perd gagne* (1890) erschien 1901 unter dem Titel *Wer zuletzt lacht ...* und inszeniert einen Spieler, Farjolle, der sich zu einer bürgerlichen Existenz bekehrt, heiratet und als Anzeigenmakler im Pariser Pressemilieu – Capus war im Hauptberuf Journalist – erfolgreich ist, bis er durch die Untreue seiner Gattin Emma und unvorsichtige Börsenspekulationen ins Wanken gerät. Im Romanschluss wird die melodramatische Handlung zum (romanesken) Vaudeville umgebogen: Emma unternimmt den Gang zur Privatwohnung eines reichen Bankiers, der sich für ihr »Opfer« erkenntlich zeigt und so ihren Gatten vor den Gläubigern rettet.

Der zweite Text ist ein Roman des damals in Deutschland noch wenig bekannten Anatole France (1844–1924), *Histoire comique* (1902), den Heinrich Mann 1904 unter dem Titel *Komödiantengeschichte* überträgt. Hier provoziert eine junge Schauspielerin, Félicie Nanteuil, die Eifersucht eines geschmähten jungen Kollegen. Dieser begeht Selbstmord und zerstört durch diese Tat Félicies Liebesbeziehung zu seinem Rivalen. Der Roman gehört zweifellos zu den schwächeren Texten Frances, fügt sich aber in die Reihe der Schauspielerinnenfiguren, die uns aus Heinrich Manns Texten und aus seinen biografischen Überlieferungen jener Jahre bekannt sind. Beiden Romanen gemeinsam ist das Bild der gefühlskalten, ihr sexuelles Begehren dominierenden und dadurch Männer manipulierenden *femme fatale*.

Dieses weit verbreitete Frauenbild um die Wende zwischen 19. u. 20. Jahrhundert gipfelt im dritten der von Heinrich Mann übersetzten Werke, dem Briefroman *Les Liaisons dangereuses* von Pierre Choderlos de Laclos (1741–

1803), der mit seiner Deutung der Liebe als soziales Machtspiel genau in dieses Rollenmuster passte. In seinem Vorwort zu seiner Neuübersetzung[15] des berühmten Textes aus dem Jahre 1782, die 1905 unter dem Titel *Gefährliche Liebschaften* erscheint, betont Heinrich Mann denn auch die kalkulierte Sinnlichkeit der Madame de Merteuil, die diese zu einer Leitfigur des »weiblichen Zeitalters« mache.[16] Von Madame de Merteuil ist es nur ein Schritt zur Tanzkünstlerin Rosa Fröhlich und der verdrängten Libido des Professors Unrat – der gleichnamige Roman sollte noch im selben Jahr 1905 erscheinen. Doch auch die Auseinandersetzung mit dem Autor Laclos zeitigte Folgen: Pierre Choderlos de Laclos, dieser »Verräter an seiner eigenen Kaste« (H. Mann), der als Adliger die Französische Revolution verteidigt und in den Dienst Napoleons tritt, ist die erste der französischen Intellektuellenfiguren, der Vorläufer jenes »siegenden Typus« des militanten Geistigen, den Heinrich Mann in den Folgejahren zum Programm erheben wird: »Der Soldat ist vom Herkommen abgewichen, er erhält nicht mehr das Bestehende, sieht nicht länger der Tatwerdung von Ideen entgegen (...). Er war Scherge und ist nun Kulturbringer; der literarische Offizier, in dessen Briefen die Namen Voltaire und Rousseau so oft vorkommen wie die von Kriegsmännern, ist der siegende Typus.«[17] Im selben Jahr 1905 erscheint der Aufsatz *Flaubert und George Sand* und 1910 schließlich *Geist und Tat*.

Der kurze Aufriss macht deutlich, wie Heinrich Mann aus Übersetzungen zentrale Denkkategorien für sein Werk bezog und diese an ein deutschsprachiges Publikum vermittelte. Trotzdem sah er später mit gemischten Gefühlen auf sein Übersetzerwerk zurück. Seine – sprachlich nicht unumstrittene[18] – Laclos-Übersetzung wurde zwar mehrmals wiederaufgelegt und ist heute noch im Handel, und von Anatole France übersetzte er zwischen 1915 und 1919 gar weitere Texte. Der wunde Punkt jedoch war Alfred Capus, von dem er sich 1914 in einem polemischen Aufsatz mit dem Titel *Le Paysan en Touraine* nachträglich distanzierte. Zu Jahresbeginn nämlich waren Capus' nationalistisch gefärbte Chroniken aus dem *Figaro* in Buchform erschienen, und im März 1914 war er unverhofft zum Chefredakteur an dieser großen Tageszeitung aufgerückt. In seinem Essay vom April 1914 rechnet Heinrich Mann ab mit den »literarischen Boulevardiers«, die jetzt den Patriotismus entdeckten, und stellt den »primitiven Gefühlen des Patrioten Capus«[19] den gesunden Menschenverstand des einfachen Bauern in der Touraine (wo Capus seinen Landsitz hatte) entgegen. So stilisiert er den »Fall« Capus zum Sieg des Nationalismus über den Geist und entwickelt im selben Text erstmals Zola und Anatole France als positive Gegenfiguren. Damit wiederum war der gedankliche Weg frei geworden für den großen *Zola*-Essay des Jahres 1915, in dem Heinrich Mann – mitten im Ersten Weltkrieg – sein Modell des transnationalen, allein der Menschheit und dem souveränen Geist verpflichteten Intellektuellen fixierte – auch wenn zur Einschränkung hinzugefügt werden muss, dass sich der kulturelle Horizont von Heinrich Manns Überlegungen in jenen Jahren auf den europäischen Raum erstreckte, seinem Denken also implizit ein eurozentrisches Kulturmodell zugrunde liegt.

Seit Ende des Ersten Weltkriegs verlief der von Heinrich Mann initiierte Prozess kultureller Übersetzung verstärkt auch in die gegenläufige Richtung. Nun ist er endlich in Frankreich präsent, und zwar zunächst als übersetzter Autor, doch muss dieses wichtige Kapitel, das vor allem sein belletristisches Werk betrifft – natürlich erscheint als erstes *Der Untertan*[20] – und ihn in Frankreich auch literarästhetisch profiliert, an dieser Stelle ausgespart bleiben.[21] Wohl aber soll das Phänomen des Sprachwechsels verfolgt werden, den Heinrich Mann bereits in den 1920er Jahren gelegentlich – doch ausschließlich in publizistischen Arbeiten – vornimmt, wodurch er indirekt selbst zu seiner Rezeption als »politischer« Autor und zur Überblendung seines literarischen Werkes in Frankreich beiträgt. Zwischen 1922 und 1932 entstehen 41 französischsprachige Pressebeiträge, von denen er 24 vermutlich direkt auf Französisch niederschrieb (die Übersetzungen nahm in den ersten Jahren zumeist sein Freund Félix Bertaux vor). Publiziert wurden diese Beiträge in literarisch-kulturellen Zeitschriften wie *Europe* oder den *Nouvelles Littéraires*, daneben auch in Henri Barbusses Wochenzeitung *Monde* und später in der radikalsozialistischen Tageszeitung *La Dépêche de Toulouse*. Die Wahl der Publikationsorgane lokalisierte ihn mindestens ebenso sehr wie der Inhalt seiner Beiträge im Spektrum der französischen Linken – ein Standort, den Heinrich Mann auch während des Exils beibehielt beziehungsweise weiter konsolidierte.[22] Und auch dann ist er vor allem publizistisch präsent: Zwischen 1933 und 1940 erscheinen 162 Pressebeiträge in französischer Sprache, wovon 119 direkt auf Französisch redigiert und 43 zum Teil von ihm selbst übersetzt worden sind.[23] Sogar sein erstes im französischen Exil veröffentlichtes Buch ist weitgehend das Produkt seiner Mehrsprachigkeit. In ihm knüpft er wieder an die Praxis der Selbstübersetzung an.

Selbst-Übersetzung im Exil: *La Haine/Der Hass*

Im Oktober 1933 erscheint bei Gallimard die Streitschrift *La Haine*.[24] Heinrich Mann intendiert darin, die sozialpsychologischen Motive für jene blindwütige Gewalt offenzulegen, mit der die Nazis politische Gegner und Juden gleichermaßen verfolgten. In Analysen und kurzen Porträts Hitlers und seiner Chargen enthüllt er deren tiefere Wurzel: den Hass auf alles »Geistige«. Heinrich Manns Verlagsvertrag vom August 1933 lautet auf »ein Werk über die Probleme des gegenwärtigen Deutschland, dessen Text er direkt auf Französisch verfasst hat«.[25] Genauer: *La Haine* versammelt vier französische Originalbeiträge und sechs Nachdrucke von Texten, die in den Vormonaten in *La Dépêche* und *Marianne* erschienen waren, nebst einem Beitrag aus dem *Neuen Tage-Buch*, den der Autor selbst ins Französische übertrug. Obwohl Heinrich Mann im Abfassen von französischsprachigen Texten geübt war, hat ihm die Gallimard-Ausgabe einige Mühe bereitet, wie er gegenüber Antonia Vallentin bekannte: »Das französische Buch hat mich doch etwas angestrengt, und jetzt habe ich das Ganze auf Deutsch noch einmal zu machen.«[26] Denn für die geplante deutsche Ausgabe bei Querido (Amsterdam, November 1933) musste Heinrich Mann seine zehn auf Französisch redigierten Texte ins Deutsche übertragen – ein simpler Fall von Selbstübersetzung und Selbstinterpretation, und doch für die Exilliteratur im Jahre 1933 ein singuläres Ereignis: Heinrich Mann »übersetzt« von der Fremd- in die Muttersprache, von fremdkulturellen Text- und Erklärungsstrukturen zurück in die deutsche Sprache und für ein Publikum, das die deutsche Kultur nur noch als gespaltene erlebt.[27]

Eine Analyse von *Der Hass* ist ohne die Berücksichtigung der ursprünglichen französischen Adressaten eigentlich gar nicht denkbar. Sie zeigt, wie Heinrich Mann versuchte, zwischen zwei verschiedenen Kultursystemen und zwei im Jahre 1933 stark divergierenden Erwartungshaltungen seiner französischen und größtenteils exilierten deutschen Leserschaft zu vermitteln. Obwohl er dem französischen Publikum im Gegensatz etwa zum angelsächsischen durchaus zutraute, in deutschen Fragen orientiert zu sein[28], fürchtete er doch, seine schonungslosen Worte könnten dort auf Vorbehalt stoßen, oder seine Aufklärungsarbeit würde gar als polemische Überspitzung der Realität missverstanden werden. Im letzten Beitrag des Zyklus, *Die erniedrigte Intelligenz*, beteuert er deshalb die »Wahrheit« seiner Ausführungen. In der deutschen Fassung (hier ausnahmsweise der Originaltext) heißt es dazu lediglich: »Ich hatte die Pflicht, einigen Stunden deutscher Zeitgeschichte ihren eigentlichen Sinn abzugewinnen, und dies zum Besten der Nation, der ich angehöre, wie auch anderer Nationen. Ich wahre meine persönliche Aufrichtigkeit und wache über ein paar Funken der Wahrheit, die in keinem Fall nur deutsch ist; sie ist Menschenbesitz.«[29] In der übertragenen französischen Fassung argumentiert er dagegen ausführlicher: »J'avais le devoir de commenter quelques heures de l'histoire contemporaine d'une nation à laquelle j'appartiens, pour la servir et pour en servir d'autres. Je garde ma sincérité personnelle, et je veille sur quelques étincelles de vérité allemande en même temps qu'humaine, tout en m'exprimant, pour l'instant, dans une langue qui n'est pas la mienne. Elle m'a été transmise par les maîtres d'une littérature, que leurs efforts généreux ont rendue universelle.«[30] Auch hier anerkennt Heinrich Mann seine nationale Zugehörigkeit, gleichzeitig aber reklamiert er für sich die Mitteilung einer supranationalen, allgemein-menschlichen Wahrheit. Dazu berechtigt fühlt er sich durch den Gebrauch des Französischen, das hier im öffentlichen Diskurs als seine Fremdsprache, zugleich aber als die »universale« Sprache der Aufklärung dargestellt ist.

Doch die postulierte »Universalsprache« verhüllte tiefer greifende Probleme. Ein kleiner Notizblock, auf dem Heinrich Mann im Sommer 1933 einen handschriftlichen Entwurf zur französischen Schlusspassage von *L'Intelligence humiliée* festhielt, gibt Einblick in sein Ringen um das Französische. Denn paradoxerweise ist es erst die Situation des Exils und des Ausgestoßenseins – er schreibt: *expulsé* – aus der Muttersprache, die ihm deren Verlust als schmerzlich und die »andere« Sprache als »fremd« erscheinen lässt. Dort heißt es: »Moi qui dois crier la vérité dans une langue qui m'est étrangère, que j'aime et que j'admire, mais que j'écris en tâtonnant. Expulsé que je suis, par eux, de ma langue comme je le suis de mon pays.«[31] Im Vergleich zu anderen exilierten Autoren mutet Heinrich Manns Situation im Sommer 1933 also geradezu paradox an: Das Exil bedeutet für den Kosmopoliten zunächst eine Beschränkung seiner räumlichen und sprachlichen Mobilität – tatsächlich sitzt er, ohne Pass und ohne Papiere, in Nizza fest und empfindet die Beschneidung gewonnener sprachlich-kultureller Hybridität durch starre nationale Fixierungen als Verlust (des Deutschen) und als Zwang (zum Französischen). So bringt das Exil die Umkehrung der jugendlichen Selbstprojektion in eine »französische« Schriftstellerexistenz und führt ihn zugleich zu einer realistischeren Einschätzung seiner sprachlichen Möglichkeiten. »Ich werde von französischen Artikeln leben *müssen*«, heißt es auch in einem Brief an den Bruder vom April 1933, in dem er mit dem Problem zugleich seine Lösung formuliert: »›Pöbel gegen Geist‹ (La canaille contre l'esprit, *muss* ich jetzt sagen).«[32] Mit *La Haine/Der Hass* setzt Heinrich Mann dem einseitigen »Zwang« zum Französischen die Möglichkeit des Übersetzens entgegen und rettet somit seine hybride Existenz in einen »Dritten Raum«: Die Übersetzung wird Selbst-Übersetzung.

So lassen sich die Schwierigkeiten ermessen, die Heinrich Mann bei Abfassung und Übersetzung von *La Haine/Der Hass* gewärtigte. Mehr als um – übrigens eher seltene – lexikalische Fehler oder grammatische Regelverstöße ging es darum, seine Unsicherheit in dieser Sprache (»que j'écris en tâtonnant«) zu überwinden, in ihr »heimisch« zu werden und als einen dem Deutschen gleichwertigen Handlungsraum zu erschließen. Bereits die Übertragung von Schlüsselbegriffen der nationalsozialistischen Ideologie, die im französischen Sprachgebrauch im Sommer 1933 noch nicht etabliert oder noch nicht stabilisiert waren, war eine schwierige Aufgabe, die den Autor zu mehr oder weniger glücklichen Sprachschöpfungen zwang. So tragen zum Beispiel die sechs kurzen dramatischen *Szenen aus dem Nazileben*, die den Band beschließen, in der französischen Originalausgabe den Titel *Scènes de la vie naziste*, wobei Heinrich Manns Ausdruck »naziste« eine Verkürzung des Adjektivs »national-socialiste« darstellt, die mit dem heute üblichen Kürzel »nazi« erfolglos konkurrierte.³³ Sprachliche und kulturelle Partikularismen enthielt auch der Ausdruck »junge Gleichschalter«, den Heinrich Mann angesichts der noch nicht etablierten Nominalgruppe »mise au pas« und mangels substantivischer Derivate mit »jeunes conformistes« übersetzt – und dabei in seiner politischen Bedeutung deutlich abschwächt. Weitaus geschickter zeigte er sich bei der Übertragung von Begriffen, die schon im Sommer 1933 eindeutig als Ideologeme identifizierbar waren: Der »Führer« verdankt seine Größe nur der Litotes (»ce grand homme« oder »ce grand chef«), und der Begriff »Volksbewegung« wird entweder paraphrasiert (»mouvement de masses«) oder durch ein Demonstrativum eingeleitet, das dieselbe sogleich diskriminiert (»*ce* mouvement populaire«).

Doch auch Syntax und Sprachregister bringen für Heinrich Mann manchmal Schwierigkeiten mit sich. Sein Sprachduktus im Französischen ist knapp und pointiert; die Satzkonstruktionen sind hypotaktisch; er bedient sich häufig der Reihung von Adjektiven und Partizipien, weshalb der deutsche Text naturgemäß eine Dehnung erfährt. Auffälliger ist jedoch, dass trotz seiner weitgehenden Beherrschung des Französischen Heinrich Manns deutsche Texte ausdrucksstärker, ihre Bilder plastischer sind. Man vergleiche einige Passagen aus dem Titelaufsatz *La Haine* (französischer Originaltext und deutsche Übertragung sind einander gegenübergestellt):

Encore fallait-il créer une atmosphère de révolution.³⁴	Überdies aber musste die Luft mit Revolution aufgeladen werden.³⁵
Les républicains gardaient une foi, routinière et bourgeoise, dans la légalité.³⁶	Die Republikaner bewahrten sich den Glauben an die Gesetzlichkeit. Sie waren darin eingefahren, dachten übrigens streng bürgerlich.³⁷
L'anniversaire du grand chef fut fêté comme s'il avait gagné cent batailles. On dirait que tout cela pourrait les contenter. Mais non.³⁸	Der Geburtstag des Führers ist gefeiert worden, als wäre er Sieger in hundert Schlachten. Nach menschlichem Ermessen müsste ihnen das genügen. Keineswegs.³⁹

Im letzten Beispiel kommt Heinrich Manns elliptischer und von scharfer Ironie gekennzeichneter Stil auch im Französischen gut zum Tragen; in anderen Fällen jedoch führt ihn die Verwendung der Umgangssprache zu explizit pejorativen Formulierungen und damit an seiner ironischen Grundintention vorbei (zum Beispiel wird der Titel »Cette espèce de révolution allemande« dem ironischen »Auch eine Revolution« nicht gerecht). Noch mehr Schwierigkeiten bereitet die Übertragung von politischen Attacken und von Polemik, die Heinrich Mann dem jeweiligen Publikum und dessen Kenntnis der Verhältnisse des anderen Landes anzupassen gezwungen ist. Wo dem (exilierten) deutschen Leser ein versteckter Hinweis genügt, muss für den französischen Leser kulturelles Kontextwissen mitgeliefert werden. Umgekehrt vermittelt er dem deutschen Publikum »französische« Reaktionen, die mehr seiner eigenen Vorstellungswelt als der Realität entspringen. Ein augenfälliges Beispiel liefert der Essay *Die erniedrigte Intelligenz*, seine Philippika gegen all jene deutschen Intellektuellen, die sich mit dem Regime arrangiert haben. Wo die deutsche Fassung (in diesem Fall der Originaltext) mit Anspielungen auskommt, greift die französische Übertragung zur Attacke *ad hominem*:

Einer von ihnen hatte lang und breit, ausdrücklich für Frankreich, die Verteidigung des deutschen Nationalismus unternommen. Damit hat er hauptsächlich erreicht, dass seine französischen Leser diesen Deutschen seither für moralisch unzulänglich halten. Denn sie stellen fest, was aus dem gerühmten Nationalismus inzwischen geworden ist: der Terror; und was aus dem Autor: ein Parteigenosse Hitlers. So einer findet, dass jede siegreiche Bewegung ihre Rechtfertigung schon mitbringt. Nun, wenn dann morgen die kommunistische Bewegung siegt, werden wir die Freude erleben, dass er sich dort anzubiedern versucht und mit Fusstritten weiterbefördert wird.⁴¹	L'un d'eux, ayant pris, tout au long, la défense du nationalisme allemand, avant même que celui-ci arrivât à son expression actuelle, qui est la Terreur, a depuis vaillament progressé dans ce chemin. Ce collaborateur de longue date d'un ancien journal de la Démocratie vient de franchir le dernier pas en se faisant admettre dans le parti qui l'avait écrasé. Monsieur Sieburg trouve que tout mouvement vainqueur porte sa justification en lui-même. Alors, quand demain ce sera le mouvement communiste, on aura la joie de voir M. Sieburg venir s'offrir et être chassé à grands coups de pied.⁴⁰

Die Abweichungen beider Textfassungen liegen auf der Hand. Sieburgs Werdegang an der *Frankfurter Zeitung* – für Franzosen: »un ancien journal de la Démocratie« – war deutschen Exilanten bestens bekannt; auch brauchte ihnen die nazistische Zerschlagung der Weimarer Presse («le parti qui l'avait écrasé») nicht extra erklärt zu werden. Dagegen betont die deutsche Fassung den moralischen Diskredit, in den Sieburg beim französischen Publikum gekommen sei, obwohl der (chronologisch spätere) französische Text Sieburgs Verhalten doch erst darlegt und dabei noch die Fehlinformation wiederholt, dieser sei bereits 1933 in die NSDAP aufgenommen worden.⁴² Deutlich erkennbar wird hier, wie Heinrich Mann nicht nur zwischen kulturellen »Systemen« übersetzt, sondern wie er übersetzend gesellschaftlich-politische Standpunkte vermittelt und diese *zwischen* den Kulturen aufzubauen versucht. Besser verständlich wird somit auch der sicherlich eklatanteste Unterschied zwischen den beiden Fassungen von *La Haine/Der Hass:* Den elf Texten von 1933 war in der deutschen Ausgabe ein Nachdruck des Essays *Das Bekenntnis zum Übernationalen* (1932) vorangestellt, der mittels chronologischer Zwischentitel (»Vor der Katastrophe«/»Nachher«) mit diesen historisch verklammert ist. Akzentuiert wurde damit nicht nur die geschichtliche Aussage des (deutschsprachigen) Textes, sondern ebenso die unterschiedliche politische Situation beider Länder bei Erscheinen des Werks: *La Haine/Der Hass* schafft auch hier eine »past-present«-Verbindung, wobei der Nationalsozialismus in Deutschland als *fait accompli*, in Frankreich als Bedrohung für die Gegenwart gesehen wird.

Warnung und Aufklärung hatte sich Heinrich Mann mit *La Haine* in Frankreich zum Ziel gesetzt, und Gaston Gallimard, der französische Verlagsdirektor, hatte ihn seines persönlichen Interesses an diesem Werk versichert: »Es liegt mir sehr daran, dieses Buch, das endlich das wahre deutsche Denken [sic!] aufzeigt, so bald als möglich dem französischen Publikum zugänglich zu machen, das dessen hohen Wert gewiss zu schätzen weiss. Bitte glauben Sie mir, dass ich stolz darauf bin, ein solches Werk zu verlegen und dass ich alles tun werde, um seine Verbreitung zu sichern.«[43] Doch ganz entgegen den Wünschen von Verleger und Autor sollte *La Haine* trotz einer Auflage von 10.000 Exemplaren und Rezensionen in der französischen Presse nur wenig Resonanz in der französischen Öffentlichkeit finden. Knapp drei Jahre nach seinem Erscheinen waren lediglich 1.500 Exemplare verkauft.[44]

Der kommerzielle Misserfolg von *La Haine* gab sicherlich den Aussschlag, weshalb keiner von Heinrich Manns weiteren Essaybänden ins Französische übersetzt wurde.[45] Dieser ließ sich dadurch nicht entmutigen und behielt für die Folgezeit die mit *La Haine/Der Hass* entwickelte Praxis der Selbstübersetzung publizistischer Beiträge bei. Im Laufe der Jahre entstand so eine Reihe von »Doubletten« – in der Regel Übertragungen vom Französischen ins Deutsche –, die ein untrügliches Zeichen für seine fortwährende transkulturelle Wirkungsintention sind. Zwischen 1933 und 1939/40 konstruiert er seinen Diskurs in einem kulturellen Raum, der sich von Frankreich über mehrere europäische Exilländer erstreckt und insbesondere Organe der französischen sozialistischen oder kommunistischen Linken (*La Dépêche de Toulouse, Europe, Monde, Vendredi*, etc.) sowie die deutschsprachige Exilpresse einschließt (so das *Pariser Tageblatt*, die Prager *Neue Weltbühne*, die Moskauer *Internationale Literatur* etc.). Um nur einige Beispiele zu geben: Sein Beitrag zum 175. Geburtstag Friedrich Schillers, zuerst in *La Dépêche* veröffentlicht, findet sich im Folgemonat in deutscher Übertragung im *Neuen Tage-Buch*[46]; die »Hommage de l'âme autrichienne«, 1938 in *Commune* publiziert, erscheint 1939 leicht abgeändert in den *Nouvelles d'Autriche/Österreichische Nachrichten*[47], und ein Beitrag zum 150. Jahrestag der Französischen Revolution aus *La Dépêche* findet sich kurz darauf in der Moskauer *Internationalen Literatur*, wobei aus »La Révolution française continue« perspektivisch verändert »Die Französische Revolution und Deutschland«[48] wurde. Wie schon in *La Haine/Der Hass* demonstrieren diese Selbstübersetzungen, dass es dem Autor keinesfalls um Originaltreue, sondern um die Übersetzung publikumsspezifischer Varianten ging, deren organisierende Gesamtschau er aus der Haltung des »Dritten Raumes« heraus gewann.

Hybride Identität und hybrides Schreiben

Während seiner Jahre in den USA erfährt Heinrich Mann schließlich jene zweite Form des Exils, die sich in seinem Bewusstsein als das *eigentliche* Exil darstellen wird: Ein weiteres Mal deplatziert, ist er jetzt dem europäischen Kontinent entrissen, der stets den konkreten Erfahrungshorizont der von ihm entworfenen transkulturellen Existenz bildete. Sein Europäertum, das zunächst den Anstoß zu seiner Verortung in einem »Dritten Raum« gegeben hatte, erweist sich nun als eine kulturelle Begrenzung, die es zu überwinden und für neue Fremderfahrung zu öffnen gilt, will er seine kulturelle Übersetzungsarbeit produktiv fortführen. Hierin lag die letzte große Herausforderung an den nunmehr 70-Jährigen, der auf das Leben in den USA keineswegs vorbereitet war, die Sprache des Landes nur schlecht beherrschte und sich in seiner sozialen Existenz gefährdet sah.

Doch zu publizistischer Arbeit, die er in Frankreich durch Selbstübersetzung und Sprachwechsel erfolgreich betrieben hatte, fehlen ihm jetzt die Voraussetzungen; bis 1950 sollten nur wenige, auf Englisch formulierte kurze Stellungnahmen und Grußadressen von ihm erscheinen, daneben einige Pressebeiträge und literarische Werke in Übersetzungen Dritter.[49] Geradezu bezeichnend ist es, wenn Heinrich Mann zur Veröffentlichung jener Schlüsseltexte, auf die er in Europa seine Kompetenz als kultureller Übersetzer gegründet hatte und von denen er sich auch in den USA erneute Signalwirkung erhoffte: *Zola* und *Das Bekenntnis zum Übernationalen*, nun selbst eines Übersetzers bedurfte.[50]

Blieb der Versuch, sich erneut auf die literarische Arbeit zu konzentrieren und in ihr seine kulturelle Zwischen-Stellung zu konkretisieren. Es gibt von Heinrich Mann keine »Amerikaromane«, die das neue Umfeld thematisieren würden. Stattdessen wendet er sich geistig zurück nach Europa – und leistet trotz dieser Ausblendung seiner unmittelbaren Wirklichkeit ästhetisch Neues in der Gestaltung zersplitterter Realität und sprachlicher Heterogenität. Bereits in Frankreich hatte er mit *Henri Quatre* ein herausragendes Übersetzungs- und Vermittlungswerk von Kulturen geliefert und dabei versucht, seine Mehrsprachigkeit in die Sprachform des Textes selbst hineinzulegen. Jedes Kapitel des auf Deutsch verfassten Romans wird dort beschlossen von den »Moralités«, lehrhaften Kommentierungen der Entwicklung des Helden in französischer Sprache, deren Umfang im Verlauf des ersten Bandes deutlich zunimmt, um sich im zweiten Band auf die abschließende »Allocution d'Henri Quatrième« zu beschränken. Das offensichtliche Scheitern dieses ersten Experiments zweisprachigen Schreibens liegt wohl darin begründet, dass die französischen »Moralités« erst nachträglich in das abgeschlossene Manuskript eingefügt, also als Strukturelemente im Dienste der Episierung des Romans eingesetzt wurden, anstatt direkt in die Narration integriert zu sein. Genau diesen Weg jedoch begeht Heinrich Mann in seinen Altersromanen, die nicht nur wegen ihrer formalen, sondern auch ihrer sprachlichen Gestaltung lange Zeit auf Ablehnung stießen. Anstelle der im *Henri-Quatre*-Roman durch die Romanstruktur abgezirkelten Sprachgrenzen finden sich in den Werken des amerikanischen Exils zunehmend fremdsprachliche Durchsetzungen des Erzähltextes selbst. André Banuls, der bereits auf dieses Phänomen aufmerksam wurde – er hat für *Empfang bei der Welt* »27 italienische und 24 englische Einsprengsel – bei allerdings 136 französischen« ausgezählt[51] –, versuchte eine erste Deutung, indem er diese als Versatzstücke einer verlorenen *französischen* Kultur interpretierte und meinte, sie stünden insgesamt als Chiffre für eine entschwindende Realität (»Sprachfetzen als Seelenfetzen«[52]).

Dies hieße jedoch seine eigene Beobachtung missachten, denn die Anreicherung des deutschsprachigen Erzähltextes durch fremdsprachliche Elemente erstreckt sich auch auf das Englische und Italienische. Nachstehend ein Beispiel aus *Empfang bei der Welt*, das zwischen Erlebter Rede und innerem Monolog oszilliert, und in dem Operntenor Tamburini die bevorstehende *Manon*-Aufführung gedanklich antizipiert: »Alles stimmt, insofern er sich an die Uhr hält und auf das Orchester achtet. Recht und schlecht leitet es den zweiten Akt ein, bald beginnt der Monolog des Ritters Des Grieux, des geborenen Liebhabers, der ein Geistlicher werden soll. (...) Ma sono io, Cavaliere, ci conosciamo. Schon Priester, als wir Manon noch anbeteten. Oh, mia Manon! (...) Sono giovane, sono bello, anzi, un amore di prete, pieno di vita, eppure attirato mortalmente dall' antico fascino. Du, Manon, und ich, dein Ritter, beschwören zusammen den uralten Zauber (...): l'antiquo fascino.«[53]

Lässt sich hier das Italienische als zitathafte Wiedergabe eines Opernlibrettos identifizieren, so gleitet die Erlebte Rede Tamburinis gleich darauf ins Englische, wobei es der fremdkulturelle Kontext der Gedanken ist, der deren sprachliche Äußerungsform konditioniert und so das Deutsche »kontaminiert«: »Just a moment, Nolus muss zuerst noch eine Widerspenstige zähmen.«[54] In *Der Atem* reicht der Gebrauch fremder Sprachelemente noch weiter, sind diese noch stärker in die Narration integriert. Die nachfolgende Schilderung von Kobalts Spielgewinn im Casino zeigt, wie dort sowohl in der Erzähler- als auch in der Figurenperspektive die beiden Sprachen fusioniert werden: »Eine Verzweiflung, sonst nie an ihr wahrgenommen, brach aus. Ihr filet de voix wurde schrill, es konnte erschrecken, wenn auch schwerlich den Croupier, Monsieur Gaston, den sie anredete: ›Qu'est-ce que je vous ai fait. Sie sehen doch, ich ertrinke in Ihrem schmutzigen Geld. Faites emporter tout ça, weg damit von meinem Platz, wenn niemand es haben will. Puisque personne n'en veut‹, sagte sie zweimal.«[55]

Der Atem, Heinrich Manns letzter zu Lebzeiten erschienener Roman, führt somit entschieden über Aspekte kompositorischer Innovation hinaus: Er ist das Produkt kultureller Hybridität und eines Dialogs zwischen den Kulturen, die sich in diesem Werk nicht nur inhaltlich – Handlungsort ist Nizza an jenem fatalen 1./2. September 1939 –, sondern auch auf sprachlicher Ebene manifestieren. Hier hat Heinrich Mann tatsächlich, wie Bruder Thomas dies ausrücklich *nicht* bemerkte, »die letzt(e) Konsequenz seiner Kunst« erreicht, »Produkt eines Greisenavantgardismus, der noch die äusserste Spitze hält«.[56] Keine Rede also von sprachlicher Unsicherheit[57], noch weniger von einem »Repertorium von Idiotismen und vulgären Ausdrücken«[58], die André Banuls, Heinrich Manns Französisch an gepflegter Salonsprache messend, in diesem Text sehen wollte. Selbst wenn dieser mitunter tatsächlich kein idiomatisches Französisch schreibt und sein Sprachregister deutlich populäre Einschläge aufweist, bezeichnet *Der Atem* doch die Schlussphase eines langen Übersetzungsaktes, insofern fremdsprachliche Äußerungen nun nicht mehr in »Muttersprache« überführt, sondern als gleichberechtigte Elemente bruchlos in den Text eingefügt werden.

Nach dem Krieg sollte es Heinrich Mann indessen nicht mehr gelingen, von den USA aus an seine frühere Übersetzerrolle anzuknüpfen. Die Zeitschrift *Europe*, der er 1946 ein dramatisiertes fiktives Gespräch zwischen Churchill, Roosevelt und Stalin in der Art der *Szenen aus dem Nazileben* anbot, lehnt dieses ab in der Annahme, es sei eine »schlechte Übersetzung« aus dem Russischen (!). Der transatlantische Dialog schlägt fehl, doch ausgerechnet in Frankreich zurückgewiesen worden zu sein, brüskiert Heinrich Mann. Er weiß seine Sprachkompetenz in Frage gestellt, entschuldigt sich gar für sein »français d'étranger« und spürt doch, dass es seine kulturelle Zwischenstellung ist, die in diesem Nachkriegseuropa scharfer Trennungen in Sieger und Besiegte nicht mehr gefragt ist. So besinnt er sich auf seine transatlantische Lage, und diese inspiriert ihn zu einer Formulierung, die er als Credo an die Redaktion weitergibt: »Un Européen qui n'est plus que cela et qui, ayant desappris à se localiser, agit en fonction de continental, – ce type n'est pas inconnu aux Américains, qui ne font plus guère de différences pour nous autres ›continentaux‹. Il n'est pas encore admis sans réserves par l'Europe, malgré le besoin qu'elle en a.«[59]

Als Europäer, der nur noch dieses ist, ent-ortet, de-platziert in den USA, findet er in der distanzierten transatlantischen Perspektive eine neuerliche Rechtfertigung seiner multikulturellen Identität und seiner Haltung des »Dritten Raumes«, auch wenn diese ihn nun zu praktischer Wirkungslosigkeit verurteilt. So begibt er sich auf imaginäre Reisen über den Alten Kontinent und misst im Kontakt mit den dorthin Zurückgekehrten, was ihn von jenen trennt. Im Januar 1950, zwei Monate vor seinem Tod, erwidert er Grüße an Hermann Kesten, den engen Freund aus dem französischen Exil. Dabei beschäftigt ihn die Frage, wie weit ein jeder sich noch in den Erinnerungen des anderen erkennen könne. »Nicht sehr, haben sich aber doch zugetragen«, schreibt er und sinniert weiter: »So wohnt jeder dem eigenen Verlauf bei, seinem Wandel und seiner Biographie.« Da imaginiert er unversehens den eigenen Tod und entwirft dabei noch einmal sein Selbst, das er bis in Syntax und Interpunktion als ein multiples, hybrides formuliert:

> So wohnt jeder dem eigenen Verlauf bei, seinem Wandel und seiner Biographie. Der geheime Überrest, den man ahnt, war für niemand und nichts. Oder An.[atole] France hätte das Letzte, 1924, mit Überzeugung gesprochen: «Je saurai enfin ce qu'il y a derrière.» Indessen schloss er : „Peut-être rien." Jago, in der Oper, glaubt: „Credo in un Dio crudele." Schluss seines Bekenntnisses, gesprochen zwischen der Musik, sehr schaurig : „E poi la morte –" Grosse Pause, schaurige Erwartung des Wortes : „è nulla.» Fällt das Wort.[60]

---

1 Heinrich Mann: *Studienausgabe in Einzelbänden*. Hg. von Peter-Paul Schneider. Frankfurt/M. 1986 ff. — **2** Übersetzungen von und durch Heinrich Mann wurden erstmals nachgewiesen in: Brigitte Nestler: *Heinrich-Mann-Bibliographie Bd. 1. Das Werk*. Morsum 2000. — **3** Heinrich Mann an Gabrielle Laureillard, 28.5.1946: »L'exil, le vrai, allait commencer. En France, il m'avait été inconnu.« Stiftung Archiv der Akademie der Künste, Berlin, Heinrich-Mann-Archiv (im Weiteren: ADK, HMA), N° 548 (Übers. d. Verf.in). — **4** Vgl. dazu Michaela Enderle-Ristori: »›Die Dämmerung der Dritten Republik‹. Frankreicherfahrungen Heinrich Manns während des Exils«. In: *Heinrich-Mann-Jahrbuch* 24 (2006) S. 195–210. — **5** Vgl. die begriffliche Festlegung bei George Steiner: *Extraterritorial. Papers on Literature and the Language Revolution*. New York 1971, und seinen Titelaufsatz zu Nabokov. — **6** Vgl. dazu die Ausführungen von Homi Bhabha: » (...) the importance of hybridity is not to be able to trace two original moments from which the third emerges, rather hybridity is to me the ›third space‹ which enables other positions to emerge. This third space displaces the histories that constitute it, and sets up new structures of authority, new politicial initiatives (...). The process of cultural hybridity gives rise to something different, something new and unrecognisable, a new area of negotiation of meaning and representation.« (»The Third Space. Interview with Homi Bhabha«. In: *Identity, Community, Culture, Difference*. Hg. von Jonathan Rutherford. London 1990, S. 207–221, hier S. 211). — **7** Wie die Übersetzungsarbeit Walter Benjamins (vgl. »Die Arbeit des Übersetzers«. In: W. Benjamin, *Charles Baudelaire. Tableaux parisiens*. Gesammelte Schriften. Bd. VI.1. Frankfurt/M. 1980, S. 11–21) ist auch diejenige Heinrich Manns kulturorientiert. Theoretische Auseinandersetzungen mit dem Übersetzungsproblem sind von ihm allerdings nicht bekannt. — **8** Heinrich Mann: *Zola*. Traduction française de Yves Le Lay, préface de Georges Gruau. Paris 1937, S. 8 f. (Übers. d. Verf.in). — **9** Ebd. (Ü. der Verf.in) — **10** Vgl. Homi K. Bhabha: *The Location of culture*. London – New York 1994, S. 7: »The borderline work of culture demands an encounter with ›newness‹ that is not part of the continuum of past and present. It creates a sense of the new as the insurgent act of cultural translation. Such art does not merely recall as social cause or aesthetic precedent; it renews the past, refiguring it as a contingent ›in-between‹ space, that innovates and interrupts the performance of the present. The ›past-present‹ becomes part of the necessity, not the nostalgia, of living.« — **11** Vgl. Paul Ricœur: *Sur la traduction*. Paris 2004, S. 40: »Une bonne traduction ne peut viser qu'à une *équivalence* présumée, non fondée dans une

88   Michaela Enderle-Ristori

identité de sens démontrable. Une équivalence sans identité.« (Hervorh. i. Orig.). — **12** Heinrich Mann an Maximilian Brantl, 21.1.1910; zit. nach: Klaus Schröter: *Die literarischen Anfänge Heinrich Manns*. Stuttgart 1965, S. 14. — **13** Vgl. dazu bereits André Banuls: »Heinrich Manns Französisch«. In: *Heinrich-Mann-Jahrbuch* 3 (1985), S. 53–78, hier S. 58. — **14** Im Folgenden stützte ich mich auf einige Elemente meines Vortrags »Traduction et interculturalité: Le cas de Heinrich Mann«, gehalten am 25.11.2005 anlässlich des Kolloquiums »Migrations, exil et traduction / Migration, Exil und Übersetzung«, Universität Tours. — **15** Zur Übersetzungsgeschichte vgl. Rudolf Fleck: »Heinrich Mann und *Les Liaisons dangereuses*«. In: *Heinrich Mann-Mitteilungsblatt* 15 (Juli 1981), S. 9–25. — **16** Heinrich Mann: »Choderlos de Laclos« (1905). In: Ders.: *Geist und Tat. Franzosen von 1780 bis 1930*. Studienausgabe in Einzelbänden. Hg. von Peter-Paul Schneider. Frankfurt/M. 1997, S. 17. — **17** Ebd., S. 23. — **18** Zur Kritik an Heinrich Manns Laclos-Übersetzung s. Walter Widmer: *Fug und Unfug des Übersetzens*, Köln – Berlin 1959. — **19** Heinrich Mann: »Der Bauer in der Touraine« (April 1914). In: Ders.: *Macht und Mensch. Essays. Studienausgabe in Einzelbänden*. Hg. von Peter-Paul Schneider. Frankfurt/M. 1989, S. 32–42, hier S. 35. — **20** Die französische Übersetzung erschien 1922 – ein Jahr später als die amerikanische von Ernest Boyd (Heinrich Mann: *The Patrioteer*. New York 1921). — **21** Vgl. Enderle-Ristori: »Traduction et interculturalité: Le cas de Heinrich Mann« (s. Anm. 14). — **22** Vgl. dazu bereits Wolfgang Klein: »›... damit Ihre Leser und Landsleute mich kennen lernen.‹ Heinrich Mann in Frankreich«. In: *Heinrich-Mann-Jahrbuch* 18 (2000), S. 167–210. — **23** Meine Auswertung nach Nestler: *Heinrich-Mann-Bibliographie* (s. Anm. 2). — **24** Vgl. die Mitteilung Heinrich Manns an Franz Carl Weiskopf vom 10.7.1947: »brauchte für die erste, französische Fassung 3, 4 Monate, dann die deutsche«. Zitiert nach: Heinrich Mann: *Der Hass. Deutsche Zeitgeschichte. Studienausgabe in Einzelbänden*. Hg. von Peter-Paul Schneider. Frankfurt/M. 1987, S. 227. — **25** Vertrag vom 5.8.1933; SADK, HMA, N°3033 (Übers. d. Verf.in). — **26** Heinrich Mann an Antonia Vallentin, 8.8.1933; Deutsches Exilarchiv in der Deutschen Nationalbibliothek Frankfurt/Main, Eb 20001/072, N° I.A.009. – A. Vallentin war selbst als Literaturübersetzerin in Paris tätig. — **27** Vgl. seine briefliche Äußerung an Thomas Mann (3.11.1933): »Die französische Ausgabe *La Haine* ist, glaube ich, erschienen, die deutsche *Der Hass* steht bevor. (...) Der Eindruck sollte (...) ›tief‹ in Deutschland und in der Welt ›weittragend‹ sein. Dem steht entgegen, dass in Deutschland nur wenige, nach Mühen und Gefahren, es werden lesen können. Von den grossen Nationen aber hat nur die französische, hinsichtlich Deutschlands präcise und begründete Vorstellungen. Alle Angelsachsen tasten, bis sie mit den Händen auf eine ihnen naheliegende Einzelheit stossen.« In: Thomas Mann – Heinrich Mann: *Briefwechsel 1900–1949*. Hg. von Hans Wysling. Frankfurt/M. 1995, S. 208–212, hier S. 209. — **28** Siehe ebd. — **29** Mann: *Der Hass* (s. Anm. 24), S. 149. — **30** Heinrich Mann: *La Haine. Historie contemporaine d'Allemagne*. Paris 1933, S. 142 f. — **31** Heinrich Mann, Notizblock (o. D..); SADK, HMA Nr. 474. — **32** Heinrich Mann an Thomas Mann, 21.4.1933. In: Thomas Mann – Heinrich Mann: *Briefwechsel 1900–1949* (s. Anm. 27), S. 205 (Hervorh. d. Verf.in). — **33** Laut dem französischen Wörterbuch *Le Grand Robert* (Bd. 6, Lim-O. Paris 1992, S. 709) datiert das Aufkommen des Adjektivs »nazi« als Abkürzung für »national-socialiste« auf das Jahr 1930, setzte sich wohl aber erst in den Folgejahren im Sprachgebrauch durch. — **34** Mann, *La Haine* (s. Anm. 30), S. 8. — **35** Mann, *Der Hass* (s. Anm. 24), S. 52. — **36** Mann, *La Haine* (s. Anm. 30), S. 19. — **37** Mann, *Der Hass* (s. Anm. 24), S. 59. — **38** Mann, *La Haine* (s. Anm. 30), S. 22. — **39** Mann, *Der Hass* (s. Anm. 24), S. 61. — **40** Mann, *La Haine* (s. Anm. 30) S. 137 f. — **41** Mann, *Der Hass* (s. Anm. 24), S. 145 f. — **42** Auch die deutsche Formulierung Partei*genosse* ist durchaus eindeutig, doch gibt es keine glaubwürdigen Hinweise auf eine Parteimitgliedschaft vor 1941. Als Partei*gänger* der Nazis war Sieburg freilich bekannt. — **43** Gaston Gallimard an Heinrich Mann, 5.8.1933; SADK, HMA, N° 3033 (Begleitschreiben zum Vertrag). — **44** Editions Gallimard, Verlagsabrechnung vom 30.6.1936; SADK, HMA, N°3034. Bei Manfred Flügge: *Heinrich Mann. Eine Biographie*. Reinbek 2006, S. 301 findet sich die Zahl von 3.333 verkauften Exemplaren, die nur der Zahl der autorenrechtlich abgegoltenen Exemplare entspricht. — **45** Nicht übersetzt wurden *Es kommt der Tag. Deutsches Lesebuch* (Zürich 1936),

Mut (Paris 1939) sowie der mit Paul Roubiczek verfasste Band *Der Sinn dieser Emigration* (Paris 1934). — **46** »Liberté et Nation, 175ᵉ anniversaire de Schiller«, *La Dépêche* vom 30.10.1934 und »Nation und Freiheit«, *Neues Tage-Buch*, 10.11.1934. — **47** »Hommage à l'âme autrichienne«, *Commune*, Mai 1938 und »Huldigung an die österreichische Seele«, *Nouvelles d'Autriche/Österreichische Nachrichten*, März 1939. — **48** »La Révolution française continue«, *La Dépêche*, 5.7.1939 und »Die Französische Revolution und Deutschland«, *Internationale Literatur*, August 1939. — **49** Vgl. Nestler: *Heinrich-Mann-Bibliographie* (s. Anm. 2), S. 637 f. — **50** *Emile Zola* erschien in der von Emil Ludwig und Henry B. Kranz herausgegebenen Essaysammlung *The torch of freedom*, New York – Toronto 1943; *The supernational manifesto* in der Anthologie *Heart of Europe*, die Klaus Mann und Hermann Kesten 1943 bei L.B. Fischer in New York herausbrachten. — **51** Banuls: »Heinrich Manns Französisch« (s. Anm. 13), S. 73. (Ich habe nicht nachgezählt). — **52** So fragt sich Banuls: »Soll man also annehmen, dass der Autor ohne tiefere Notwendigkeit, aus purer Spielerei, solche Sprachfetzen einstreut, sozusagen Umgangsfranzösisch für Fortgeschrittene, komprimierte Méthode Assimil als Prämie für den Leser?«, um dann zur Folgerung zu gelangen: »Weit davon entfernt, überflüssige Schnörkel zu sein, stehen die aufgeschnappten französischen Sätze für die ganze Sprache, für die Stadt, für das Land, die Kultur, das Leben überhaupt. Sprachfetzen als Seelenfetzen, als die einzig übriggebliebene konkrete Realität.« Ebd., S. 75. — **53** Heinrich Mann: *Empfang bei der Welt*. Studienausgabe in Einzelbänden. Hg. von Peter-Paul Schneider. Frankfurt/M. 1988, S. 155. — **54** Ebd., S. 156. — **55** Heinrich Mann: *Der Atem*. Studienausgabe in Einzelbänden. Hg. von Peter-Paul Schneider. Frankfurt/M. 1993, S. 288. — **56** Thomas Mann: »Brief über das Hinscheiden meines Bruders Heinrich«. In: *The Germanic Review* 25 (1950) 4, S. 243 f.; zit. nach: Thomas Mann – Heinrich Mann, *Briefwechsel* (s. Anm. 27), S. 417 f. — **57** Vgl. Manfred Durzak: »Exil-Motive im Spätwerk Heinrich Manns«. In: *Heinrich Mann 1871/1971*. Hg. von Klaus Matthias. München 1973, S. 203–219, hier S. 208 f. — **58** André Banuls: »Heinrich Mann und Frankreich«. In: *Heinrich Mann 1871/1971* (s. Anm. 57), S. 221–233, hier S. 232. — **59** »Ein Europäer, der nur noch das ist, und der, weil er sich zu lokalisieren verlernt hat, sich als ein Bewohner des Kontinents verhält – dieser Typus ist den Amerikanern, die kaum mehr einen Unterschied unter uns Menschen vom Kontinent machen, nicht unbekannt. In Europa stößt er noch auf Vorbehalte, obwohl er dort dringend gebraucht wird.« Heinrich Mann an Gabrielle Laureillard, o. D. [Mai 1946], HMA 549 (Übers. d. Verf.in). — **60** Heinrich Mann an Hermann Kesten, 7.1.1950, Nachlass Hermann Kesten, Bibliothek Monacensia, München.

Hélène Roussel, Klaus Schulte

Exil, Textverfahren und Übersetzungsstrategie
Der Ausflug der toten Mädchen von Anna Seghers im Prisma verschiedener Übertragungen, vornehmlich ins Französische[1]

Im Folgenden wollen wir einen der kanonischen Texte der deutschen Exilliteratur, die zwischen Juni 1943 und März 1944 in Mexiko entstandene Erzählung *Der Ausflug der toten Mädchen* von Anna Seghers, so zu lesen versuchen, wie die Autorin 30 Jahre später in einer ihrer anderen Erzählungen, *Die Reisebegegnung*, den heimatlos im Spannungsfeld zwischen Tschechisch, Deutsch und Jiddisch schreibenden Kafka Kierkegaards *Entweder – Oder* hat lesen lassen: »durch die Übersetzung durch bis zum Neid« voller Bewunderung für »die Einheit von Sprache und Inhalt«.[2] Aus gutem Grund, wie sich zeigen wird, halten wir uns dabei an den Auftakt, mit dem Dylan Thomas aus dem englisch-walisischen Off das polyphon zwischen den Sprachen tönende lyrisch-dramatische Wortkonzert von *Under Milk Wood* anheben lässt: »To begin at the beginning«. »Je préfère l'ancien titre ›L'excursion des jeunes filles mortes‹ à ›L'excursion des jeunes filles qui ne sont plus‹«[3], schreibt Anna Seghers am 22. Juli 1955 an den Verlag Éditeurs Français Réunis, wo man gerade an der Herausgabe ihres Erzählungsbandes *La Ruche* arbeitet, in dem *Der Ausflug der toten Mädchen* im Folgejahr zum ersten Mal in französischer Übersetzung erscheinen soll.

Voilà – eine unmissverständliche Aussage zur Übersetzung der als Titel kommunikationsstrategisch exponiertesten Stelle der Erzählung, um deren Lektüre durch das Prisma zweier Übersetzungen des Textes ins Französische, eines Vergleichs zwischen beiden und gelegentlicher Vergleiche zwischen diesen und Übersetzungen ins Spanische und Englische es hier gehen soll.

Angesichts einiger Passagen in der umfangreichen Korrespondenz zwischen Anna Seghers und dem Literaturagenten B. J. Buber[4], ihrem in Paris ansässigen Interessenvertreter in allen Beziehungen zu Verlagen im westlichen Ausland in den ersten Jahren nach ihrer Rückkehr nach Deutschland im April 1947, kann man mit einiger Wahrscheinlichkeit annehmen, dass sich ihre Formulierung »der alte Titel« auf einen von uns bis jetzt nicht aufgefundenen Übersetzungsentwurf von Anna Seghers' Freundin und Gefährtin im französischen und mexikanischen Exil, Jeanne Stern[5], bezieht, der zum fraglichen Zeitpunkt bereits seit mindestens sechs Jahren vorgelegen haben muss.[6] Diese hatte bereits den Roman *Transit* und die Erzählung *Das Ende* übersetzt, die 1947 in Paris[7] (noch *vor* Fernand Delmas' bereits während der deutschen Besatzung im Untergrund entstandener Übersetzung von *Das siebte Kreuz*[8]!) bzw. 1948 in einer zweisprachigen Ausgabe in der französischen Besatzungszone[9] erschienen waren. Nachdem sie gemeinsam mit Buber im Frühjahr und Sommer 1949 die Zeitschriften *Les Lettres Françaises, La Nef* oder *Cahiers du Sud* als mögliche Publikationsorgane erwogen hatte, verzichtete Anna Seghers schweren Herzens und bis auf Weiteres auf ein Erscheinen von *Der Ausflug der toten Mädchen* auf Französisch, weil sie gravierende Einwände gegen die Qualität von Sterns Übersetzung dieser ihr besonders am Herzen liegenden Erzählung hatte. Da Seghers' ablehnende Stellungnahme zu dem vorgesehenen französischen Titel im Kontext der Vorbereitung des Bandes *La Ruche* erfolgt, kann andererseits nicht unbedingt ausgeschlossen werden, dass die von ihr bevorzugte Titelversion zunächst – und gegebenenfalls also wohl identisch mit der bei Jeanne Stern – auch in einem der Autorin möglicherweise bereits vorliegenden und in diesem Punkte später gegen ihren Willen revidierten frühen Entwurf zu der Übersetzung von Joël Lefebvre gewählt worden war, die dann als Teil der Sammlung *La Ruche* 1956 erschienen ist. Aber wie dem auch sei: Seghers' noch vor *Das siebte Kreuz* und *Transit* wohl bekanntestes Werk, von dem Claude Prévost in seinem Vorwort zum Wiederabdruck dieser Übersetzung in der von ihm herausgegebenen französischen Seghers-Werkausgabe von 1977 sagt, man habe es nicht ohne Grund »la plus belle nouvelle de la littérature allemande«[10] genannt, ist seither in Frankreich unter dem Titel *L'excursion des jeunes filles qui ne sont plus* bekannt. Seither – und, hoffentlich, bis auf Weiteres.

In der Tat gibt es nämlich seit 2006 eine dritte Übersetzung, diesmal aus der Feder von Hélène Roussel, deren Publikation in absehbarer Zukunft bevorsteht – nach Verzögerungen durch verlegerische Probleme, die unter anderem mit dem gegenwärtigen Zirkulieren und der noch andauernden Auslieferung des jüngst erfolgten urheberrechtswidrigen Wiederabdrucks einer Neuausgabe von Lefebvres Übersetzung bei Éditions Ombres aus dem Jahre 1993 zusammenhängen.[11] Mit unserer Neuübersetzung versuchen wir ganz bewusst, einen Beitrag zur internationalen Wirkungsgeschichte gerade dieser Erzählung zu leisten, die ja zu ihrem größeren Teil mit der Geschichte der Übersetzungen des Textes eng zusammenhängt.

Denn wer immer Literatur übersetzt, *betreibt* und *vermittelt* – statt sie als Literaturhistoriker »nur« ex post zu *analysieren* – die praktische Rezeptions- und Wirkungsgeschichte von Literatur selbst. Die Rezeption eines Textes durch einen Übersetzer stellt nämlich nichts Geringeres als eine Art qualitativen Sprung in seiner Rezeptionsgeschichte dar, insofern hier buchstäblich in »produktiver« Absicht und mit Folgen rezipiert wird, die sich von denen »normaler« Literaturrezeption grundsätzlich unterscheiden: Es entsteht ein neuer Text, der nun in der Zielsprache – als Rezeptionsvorgabe für neue Leser, die ihn nicht im Original lesen können oder die Lektüre in einer ihnen geläufigeren Sprache vorziehen – die Wirkung des Werkes erweitert, interkulturell vermittelt freilich durch Übersetzung. Abgesehen von der Wünschbarkeit von Korrekturen eventueller unzweifelhafter Übersetzungsfehler und der Diskussion etwaiger Einzelfragen zur Angemessenheit der Wahl von Sprach- und Stilregister liegen hier die prinzipielleren Gründe, aus denen Übersetzungskritik betrieben werden kann und sollte. Dabei wird es gelegentlich zu der Entscheidung kommen können, eine neue Übersetzung vorzulegen – in der Regel dann, wenn existierende Übersetzungen älterer Werke von der Sprachentwicklung der Zielsprache historisch überholt sind und das Weiterwirken des Werkes nur um den Preis einer Neuübersetzung ermöglicht werden kann, oder wenn – wie im vorliegenden Falle – eine Übersetzung, trotz genereller Korrektheit und unmittelbarer Eingängigkeit, die Leser in wesentlichen Einzelaspekten von der optimalen Realisierung des Wirkungspotenzials des ausgangssprachlichen Textes abschneidet.

Diese allgemeinen Tatsachen gelten in besonderer Weise gerade für Exilliteratur. Nicht der unwichtigste Aspekt unseres Themas ergibt sich nämlich daraus, dass die historisch-politischen, sozial- und kommunikationsgeschichtlichen sowie die autorenbiografischen Umstände der Exilsituation die normalen Bedingungen von Produktion, Distribution und Konsumtion/Rezeption von Literatur radikal verändern und oft die Reihenfolge umkehren, in der die Texte ihre Leser in der Originalsprache bzw. in Übersetzungen erreichen: Mit zahlreichen anderen Werken der Literatur des deutschen antifaschistischen Exils – und übrigens auch mit Anna Seghers' Roman *Transit* – hat *Der Ausflug der toten Mädchen* gemein, dass die Erzählung ursprünglich nicht auf Deutsch, sondern in Übersetzungen – zuerst 1944 auf Spanisch[12] und dann 1945 auf Englisch[13] – publiziert wurde. Sie konnte erst nach dem Krieg – 1946 im New Yorker Exilverlag Aurora – in der Originalsprache erscheinen, und die große Mehrheit der potenziellen deutschsprachigen Leser erhielt eine Rezeptionschance überhaupt erst 1948 mit der erweiterten Neuauflage des Aurora-Bandes im Berliner Aufbau-Verlag. Zu diesem Zeitpunkt hatten spanischsprachige Leser (jedenfalls in Lateinamerika) den Text aber bereits in einer 1947 in Mexiko erschienenen *zweiten* spanischen Übersetzung lesen können.[14] Die Übersetzungsgeschichte und eventuell sogar die Konkurrenz zwischen zwei verschiedenen[15] Übersetzungen in die gleiche Zielsprache erweisen sich hier also nicht nur als Teil der Rezeptions- und Wirkungsgeschichte von Exilliteratur, sondern geradezu als die Voraussetzungen für beide, noch *bevor* die später so oft beschworene Wirkung der Erzählung auf die deutschsprachigen Nachkriegsleser überhaupt eingesetzt hatte – ganz zu schweigen von der umfassenden und ganz überwiegend begeisterten Rezeption gerade dieses Werks durch zwei bis drei weitere Lesergenerationen in beiden Teilen Deutschlands und im Ausland.

Im spanischen Sprachraum dürfte die Erzählung letztlich übrigens nicht in den beiden erwähnten, sondern in zwei weiteren Übersetzungen von Norberto Silvetti Paz bzw. Michael Faber-Kaiser am wirksamsten geworden sein, die 1970 in Buenos Aires[16] bzw. 1975 auf Cuba erschienen sind, Letztere unter dem Titel *La Excursión de las Niñas Muertas*[17]; man muss also tatsächlich von mindestens drei, wahrscheinlich aber sogar vier verschiedenen spanischen Übersetzungen ausgehen.

Wir können also festhalten: In der Frage der Übersetzung des Titels jedenfalls haben alle drei oder vier Übersetzer ins Spanische es mit dem charakteristischen Lakonismus der Autorin gehalten, demzufolge diese Mädchen – im Text wie im Leben – hart, klar und einfach »tot« sein und nicht, wie bei Lefebvre, irgendwie »nicht mehr« sein sollen. Mit »jeunes filles qui ne sont plus« bemüht dieser einen gehobenen französischen Soziolekt, dessen betulich-wortreicher Euphemismus den Titel in eine problematische Nähe zu konventioneller Nachruf-Rhetorik bringt. Diese entnennende Umschreibung des factum brutum schwächt die Wirksamkeit eines den Text durchgängig prägenden Gestaltungsprinzips, das dafür sorgt, dass sich wechselseitig Ausschließendes: An- und Abwesenheit, Gegenwart und Vergangenheit, im Hier und Jetzt der jeweiligen Lektüre beständig ineinander übergeht, um schließlich – tendenziell – zusammenzufallen. Bereits im Titel demonstriert Anna Seghers das Verfahren, nach dem diese Erzählung das Exil nicht allein *im*, sondern *zum* Text verarbeitet: *Als Tote* sind diese Mädchen ja, jung wie das Leben jener Mainzer Gymnasiastinnen vor dem Ersten Weltkrieg, auf dem Höhepunkt des Zweiten *anwesend* in der wüstenhaft abgestorbenen Landschaft der im mexikanischen Exil ergrauten Erzählerin, die als gleichaltrige, bezopfte Mitschülerin Netty von einem gemeinsamen Schulausflug am Rhein berichtet – *zugleich* aber auch davon, was seither und bis zur Zerstörung von Mainz aus Jungen und Mädchen der beiden sich begegnenden Gymnasialklassen, ihren Lehrerinnen und Lehrern und der Netty erwartenden Mutter geworden ist, zu der diese vergeblich nach Hause zurückzukehren versucht. Deshalb wird die Erzählung, hoffentlich auch auf Französisch, bald *L'Excursion des Jeunes Filles Mortes* heißen.

Nicht nur wegen der von ihm gewählten französischen Titelversion meinen wir, im Folgenden eine Reihe kritischer Einwände gegen Lefebvres Übersetzung geltend machen zu müssen. Sie betreffen fast alle eine grundlegende Tendenz seines Textes zur glättenden Anpassung an französische Sprachgewohnheiten, die dem sprachlichen Duktus des deutschen Originaltextes und dessen bewusst distanziertem Verhältnis zum Normaldiskurs zeitlich und genremäßig vergleichbarer Texte der deutschen Literatur nicht angemessen ist. Insbesondere wird aber den – was die sprachliche Wiedergabe von Verhältnissen der Raum- und Zeit-Deixis angeht – beträchtlichen, teilweise bis an die Grenze des grammatisch Machbaren heranreichenden Abweichungen des Originaltextes vom zeitgenössischen Normalsprachgebrauch im Deutschen nicht annähernd Rechnung getragen. Solche Abweichungen erlaubt sich Seghers aus Gründen, die genauestens mit der Art und Weise zusammenhängen, in der ihr Text das Exil zu verarbeiten sucht, und die seine spezifischen Eigenschaften als literarische Rezeptionsvorgabe bis ins kleinste Detail prägen. Nichtsdestoweniger ist im französischen Kontext der 1950er Jahre Lefebvres[18] Version, dies sei hier trotz unseres oben angemeldeten Vorbehalts betont, nicht der zwielichtigen Schar der »belles infidèles«[19] zuzuordnen, die einer reibungslosen Rezipierbarkeit des übersetzten Textes in der Zielsprache und -kultur absolut Vorrang gaben, dabei den klassischen Geschmack entscheidend prägten und bis ins 20. Jahrhundert tonangebend geblieben sind. Obwohl Lefebvre unseres Erachtens nicht überall die literarische Spezifik der Übersetzungsvorlage mit ausreichender Präzision erfasst hat, muss er sicherlich zu der Gruppe von Übersetzern gerechnet werden, deren Anspruch es ist, möglichst viel von dieser in der Zielsprache zu vermitteln. Im selben Jahr 1956 erschien in Frankreich *L'homme sans qualités*, Philippe Jaccottets Übersetzung von Musils *Mann ohne Eigenschaften*, die in dieser Hinsicht Epoche gemacht hat. Und schließlich hat Lefebvres Übersetzung auch ihre unbestreitbare Wirksamkeit bewiesen. Sie hat nicht nur mehrere Generationen französischsprachiger Leser mit dieser Erzählung vertraut gemacht, sondern gab auch die Grundlage für mehrere Bühnenfassungen ab, deren erste 1978 in der Regie von Jacques Lassalle unter dem Titel *Remagen*[20] beim Publikum sowie bei einer jungen Generation von Theaterleuten einen nachhaltigen Eindruck hinterlassen hat.

Mit diesen Bemerkungen ist bereits angedeutet, welche Stellung zu der prinzipiellen und seit jeher kontrovers diskutierten Frage nach möglichen Kriterien für die Bewertung von Übersetzungen[21] und damit nach entsprechenden Maßstäben für Übersetzungskritik wir einnehmen. Sie kann hier nur so weit berührt werden, dass unsere übersetzungstheoretische Grundposition deutlich wird. Eine exemplarische Lektüre wie die hier am Beispiel der Wiedergabe von Titel, Raum- und Zeit-Deixis versuchte ist dabei besonders aufschlussreich: Der Blick durch das facettenreiche Prisma des Vergleichs eines Textes mit seinen verschiedenen Übersetzungen in unterschiedliche Zielsprachen, dieser Übersetzungen untereinander sowie des Vergleichs eventuell existierender konkurrierender Übersetzungen in die gleiche Zielsprache führt nämlich zu interessanten textanalytischen Einsichten nicht nur in Bezug auf die Übersetzungen, sondern auch auf den ausgangssprachlichen Text. Übersetzungen sind nämlich besondere Rezeptionsdokumente, deren Vergleich uns beinahe unvermeidlich dazu veranlasst, auch die impliziten und deshalb im »einfachen« Lesevorgang oft übersehenen Voraussetzungen unserer eigenen Lektüre des Originaltextes darauf hin zu reflektieren, wieso ein anderer aus dem, was – für uns doch zunächst so unmittelbar eindeutig –

»da«steht, dies »andere da« gemacht hat. Übersetzen heißt für uns also: auf der Grundlage genauest möglicher Lektüre eines ausgangssprachlichen Textes einen Text in einer Zielsprache produzieren, der dem zielsprachigen Leser ein Rezeptionserlebnis ermöglichen soll, das in einem Verhältnis der Entsprechung oder gar der Approximation zu demjenigen steht, das dem Leser des ausgangssprachlichen Textes, eben durch das dort angewandte »Textverfahren«, ermöglicht wird.

Unter Textverfahren verstehen wir die Art und Weise, in der der Text sich seiner Aneignung durch den Leser *stellt* – hier ist die Gesamtheit der Merkmale gemeint, durch die der Text signalisiert, wie er »gelesen werden *will*«. Das Textverfahren ist aber nicht einfach als im Text realisierte Autorintention aufzufassen. Zu den rezeptionsleitenden Merkmalen eines Textes gehören ja nicht zuletzt solche, durch die er sich in ein mehr oder weniger bestimmbares spezifisches Verhältnis zu den für seine Lektüre thematisch und ästhetisch relevanten und für seine Rezipienten zumindest potenziell zugänglichen und ihren *Erwartungshorizont* mitbestimmenden Diskursen setzt. Diese rezeptionsleitenden Texteigenschaften *können* Resultat von Autorintention sein – und sind es oft. Sie können aber auch Resultat endogener bzw. exogener Faktoren sein, die Einfluss auf die Entstehung des Textes haben, ohne dass ein Bewusstsein hiervon in den literarischen Produktionsprozess eingeht. Die genauere Charakterisierung dieses spezifischen Verfahrens wäre dann das wichtigste Ziel der in jedem Übersetzungsvorgang hermeneutisch implizierten Textinterpretation (egal, ob sie nun der praktischen Übersetzertätigkeit vorausliegt, sie begleitet oder sie mit nachträglicher plötzlicher Erleuchtung abschließt) – sozusagen die aus der engsten hermeneutischen Spiralbewegung resultierende Herausarbeitung der rezeptionsästhetischen Pointen der *Lesart* des ausgangssprachlichen Textes, von der die Übersetzung sich leiten lässt. Schon dieser Sachverhalt sollte Anlass genug sein, Vorbehalte gegen die postmoderne Leugnung des kategorialen Unterschiedes zwischen Originaltext und Übersetzung anzumelden, wie sie mit dem »Cultural Turn« in der Übersetzungstheorie Mode geworden ist. Sie geht von dem zweifelhaften Postulat aus, dass den sprachlichen Relationen, in die ein »Original« eingebettet ist und die in ihm verarbeitet werden, epistemologisch kein prinzipiell anderer Status einzuräumen sei als denen, die zwischen dem Text der Übersetzung und dessen sprachlichem Umfeld, einschließlich derer zwischen ausgangs- und zielsprachlichem Text, selber bestehen – dass also jeder Text letztendlich »Übersetzung« und jede Übersetzung letztendlich ein autonomer Text sei.

In welche Aporien eine derartige metaphorisierende Überdehnung des Übersetzungsbegriffs zu führen droht, wird klar, wenn man – wie wir es andernorts getan haben[22] – die komplizierte Publikationsgeschichte von *Der Ausflug der toten Mädchen* genauer untersucht. Sie war wie gesagt für zwei

Jahre lang zunächst einmal Übersetzungsgeschichte. Wir haben dabei folgende überraschende Entdeckung gemacht: Es muss eine bislang unbekannte erste Textversion gegeben haben, die die Übersetzungsvorlage für die auf Spanisch erfolgte Erstveröffentlichung von Anna Seghers' berühmtester Erzählung gewesen ist. Von dem später maßgeblich gewordenen deutschen Wortlaut des Textes, von dem im Seghers-Archiv übrigens kein Originalmanuskript erhalten ist, dürfte diese Übersetzungsvorlage jedenfalls an etwa 30 Stellen zum Teil beträchtlich abgewichen sein. Eine selbstverständlich nicht mit dem Anspruch auf Rekonstruktion vorgenommene, sondern nur als heuristisches Erkenntnismittel fungierende Rückübersetzung[23] des Textes der spanischsprachigen Erstveröffentlichung ins Deutsche hat das deutlich gemacht. Die Resultate dieser Operation und eine Extrapolation aus Angaben zur Rekonvaleszenz der Autorin nach ihrem schweren Unfall im Juni 1943 und zu ihrer zumindest in der Grundkonzeption bereits *vor* dem Unfall begonnenen Arbeit an der Erzählung geben Anlass zu folgender Annahme: *Nach* der Ablieferung der Übersetzungsvorlage für die spanischsprachige Erstveröffentlichung hat Anna Seghers ihr Manuskript noch einmal zur Hand genommen – wahrscheinlich im Hinblick auf die Zweitveröffentlichung in der amerikanischen Zeitschrift *The Yale Review* im Mai 1945[24], für die sie eine Vorlage jedenfalls schon vor dem 27. März 1944 an ihren amerikanischen Agenten Maxim Lieber »zur Übersetzung ins Englische« abgeschickt hatte[25], und die nun ihrerseits – darauf deutet ein entsprechender Textvergleich hin – bereits mit dem Text der erst 1946 erfolgten Erstveröffentlichung in deutscher Sprache identisch gewesen sein dürfte. Dabei hat sie an etwa zehn dieser Stellen eine bestimmte Bearbeitungsstrategie durchgängig verfolgt: zum einen die noch weitergehende Entfernung all jener Elemente, die als zu akzidentell-autobiografisch bedingt interpretierbar gewesen wären und damit der Verallgemeinerbarkeit bei der Textrezeption hätten Abbruch tun können. Vor allem ging es ihr aber offenbar um die endgültige Festschreibung und textstrukturelle Absicherung genau jener paradoxen gleichzeitigen Gegenwärtigkeit von räumlich und zeitlich Verschiedenem und um die äußerste sprachliche Komprimierung des Zusammenstoßes von beidem *als* Text, welche die Qualität der Erzählung und ihre Provokation für den Leser ausmachen. Unserer Lesart zufolge ist diese Etablierung widersprüchlicher und nur bei genauester Lektüre als dennoch konsistent und notwendig komplementär nachvollziehbarer Strukturen der Person-, Zeit- und Raum-Deixis das entscheidende Merkmal, das das Textverfahren der Erzählung bestimmt und ihre angemessene Rezeption steuern sollte – und natürlich auch, insofern die Übersetzertätigkeit eben einen Sonderfall von produktiver Literaturrezeption in kommunikativer Absicht darstellt, eine angemessene Übersetzung der Erzählung, in welche Sprache auch immer.

Mit anderen Worten: Wie kaum ein zweiter Prosatext aus dem Korpus der deutschen Exilliteratur ist bereits der Originaltext von *Der Ausflug der toten Mädchen* als *Überführung* der historisch-politischen und persönlich-existenziellen Erfahrung des Exils *in literarische Form* zu lesen. Der Übersetzer ist deshalb in höchstem Grad gefordert: Den fremdsprachigen Lesern hat er in ihrer jeweils eigenen Sprache zumindest tendenziell nachvollziehbar zu machen, dass das Eigenste der deutschen Autorin Anna Seghers die nachdrücklichst in Mexiko gemachte Erfahrung von Fremdheit zur Bedingung hatte. Mit vollem Gewicht gilt dies natürlich nur dann, wenn man nicht aus der Publikationsgeschichte der Erzählung den Schluss ziehen will, dass die deutschsprachige Übersetzungsvorlage für den Text der spanischsprachigen Erstveröffentlichung zumindest als eine Art gleichberechtigter Text zu betrachten ist, von dem aus die Autorin, in Konsequenz der oben skizzierten, vermeintlich antiessenzialistischen Dekonstruktion des Übersetzungsbegriffs, selber weiter übersetzt und dabei ihr Textverfahren weiterentwickelt hätte. Der gleichen Logik zufolge wäre dann der erste amerikanische Übersetzer gleichsam in umgekehrter Richtung vorgegangen: Er wich – deutlicher noch als Lefebvre zehn Jahre später – der Provokation im Titel der Erzählung dadurch aus, dass er sie einfach *The School Excursion* nannte. Hier wurde nach unserer Ansicht nicht einmal der Versuch unternommen, in die Zielsprache zu übertragen, worum es dem Seghers'schen Text zu tun ist – noch vor jeder Übersetzung im engeren Sinne.

Unter diesem Aspekt der Einschreibung der Exilerfahrung in den deutschen Text wollen wir auf den folgenden Seiten jetzt die jeweilige Wiedergabe einiger wichtiger raum- und zeitdeiktischer Elemente von Seghers' Textverfahren in den Übersetzungen von Joël Lefebvre und Hélène Roussel vergleichen.

»›Nein, von viel weiter her. Aus Europa.‹ Der Mann sah mich lächelnd an, als ob ich erwidert hätte: ›Vom Mond.‹ Er war der Wirt der Pulqueria am Ausgang des Dorfes. Er trat vom Tisch zurück und fing an, reglos an die Hauswand gelehnt, mich zu betrachten, als suche er Spuren meiner phantastischen Herkunft.«[26] Mit dieser Eingangsreplik charakterisiert die Erzählerin ihre Provenienz als eine, die außerhalb des Bezugsrahmens des mexikanischen Wirtes zu suchen wäre, an einem für ihn unvorstellbar fremden Ort. Die Gleichsetzung von Europa mit dem Mond, die sie bei ihm voraussetzt, weckt bei deutschsprachigen Lesern nicht unbedingt positive Assoziationen, wie sie etwa in umgangssprachlichen Ausdrücken wie »jemanden auf den Mond schießen wollen«[27] oder »Du kommst wohl vom Mond?« anklingen.

Gerade vermittels einer Nicht-Begegnung bahnt sich hier an, was der Text im Folgenden immer wieder zu leisten versuchen wird, nämlich voneinander weit entfernte, sich zunächst ausschließende Weltgegenden im gleichen deiktischen System miteinander zu verbinden: Mexiko und Europa, genauer, die Schauplätze zweier für die Erzählerin existenziell wichtiger Ausflüge. Der eine führt sie von dem »vorgeschriebenen Obdach« in einem höher gelegenen mexikanischen Dorf zu einem unbekannten, vereinzelt in der Landschaft liegenden Rancho, während der andere sie bei einem Ausflug am Rhein und auf dem Nachhauseweg durch die Straßen von Mainz zeigt. Hierdurch sind aber implizit auch schon zwei weit auseinander liegende Zeitpunkte aufeinander bezogen: Mexiko im Zweiten Weltkrieg als Asylland der exilierten Erzählerin und das Deutschland ihrer Schulmädchenjahre noch zu Friedenszeiten, kurz vor dem Ausbruch des Ersten Weltkriegs.

Schon ganz zu Anfang der Erzählung verbindet der hypothetische Nebensatz im Irrealis »(...) als suche er Spuren meiner phantastischen Herkunft« beide Dimensionen zu einem fremdartigen Raum-Zeit-Gefüge, aus dem die Erzählerin hervorgegangen zu sein scheint. Zunächst spricht der Gastwirt, aus der Sicht der Erzählerin, diesem den Charakter des Fantastischen zu. Wenn man nun das Wort »Herkunft« nicht so übersetzt, dass der Bezug auf *beide* Dimensionen deutlich erhalten bleibt, dann geht für die Leser das erste wichtige Indiz dafür verloren, dass Raum und Zeit künftig unter dem Vorzeichen des Fantastischen inszeniert werden. Genau dies aber tut Lefebvre[28]: In seiner Übersetzung von »Herkunft« bleibt nur noch der räumliche Bezug übrig: »comme s'il cherchait sur moi les traces de *ce lieu fantastique d'où je venais.*«[29] Um die Polysemie von »Herkunft« beizubehalten und diese Stelle nicht expliziter zu machen als im Original (Lefebvre fügt »cherchait *sur moi*« [9] erklärend hinzu), bleiben wir lieber näher am Wortlaut der Seghers'schen Formulierung: »comme s'il cherchait trace de *mon origine fantastique*«. Das mit »Herkunft« eingebaute Indiz stellt sich freilich als umso wichtiger heraus als die Erzählerin die Deutung ihrer Provenienz durch den Wirt sogleich selbst übernimmt. Sie verbindet das Fantastische an ihrer Raum-Zeit-Reise ausdrücklich mit dem Exil: »Mir kam es plötzlich *genauso phantastisch* wie ihm vor, *daß ich aus Europa nach Mexiko verschlagen war.*« (7) Diese Zwangssituation (»verschlagen war«) wird im Text resultativ, als ein Zustand dargestellt, dessen Ursache zunächst ungenannt bleibt. Warum dann überhaupt eine Ursache angeben, sie mittels einer spätestens seit Shakespeare zum Zitatenschatz der Weltliteratur gehörenden Metapher benennen und im Gegensatz zu Seghers den Sachverhalt noch dazu prozessual formulieren? Auf diese Weise aber kommt Lefebvre zu seinem Ergebnis: »Que *la tempête m'eût poussée d'Europe jusqu'au Mexique* me sembla tout à coup aussi fantastique qu'à lui.« (9) Wollte er den Leser dadurch »beruhigen«, dass er ihm schleunigst den Anschein einer rationalen Erklärung für die Situation der Erzählerin liefert? Andernfalls hätte man die Fokussierung des Originaltextes auf die plötzlich aus dem Blickwinkel des Anderen und im Rückblick erfolgende Entdeckung durch die Erzählerin beibehalten sollen, der zufolge ihre vom

Exil erzwungene Deplatzierung fantastischer Natur ist – eine Entdeckung, die sie eindeutig als gegen den Verstand verstoßend wahrnimmt. Daher halten wir am Weglassen jeder Ursachenangabe fest und schreiben: »Il me parut soudain tout aussi fantastique qu'à lui d'avoir, *chassée d'Europe, échoué au Mexique*«. Diese Lösung hält darüber hinaus den Satzablauf der Textvorlage ein, so dass auf den Selbstkommentar der Erzählerin der Hinweis auf ihre Deplatzierung folgt. Gleichzeitig wird auch die Bewegung diskret vorweggenommen, mit der der Text im Schlussteil die Erzählerin und mit ihr den Leser von Europa nach Mexiko zurückversetzt, und auch sie wird unter das Vorzeichen des Fantastischen gestellt.

Dass dies so nachdrücklich konstatiert wird, führt bei der Erzählerin zu einem Erklärungsbedarf. Den Weg in ein als unsichere Zuflucht bezeichnetes Exil parallelisiert sie mit dem Weg, den sie auf der Suche nach dem Rancho eingeschlagen hat. Den Impuls, ihr »vorgeschriebene(s) Obdach« zu einem Ausflug durch die mexikanische Landschaft zu verlassen, um dem Geheimnis des Ranchos auf den Grund zu gehen, erklärt sie mit einer »müßige(n) Neugierde«, die sie als die gemilderte und zum bloßen Reflex habitualisierte Form einer in ihrem früheren Leben wirksamen, aber inzwischen vom Exil erschöpften »alten Reiselust« (8) deutet, was mehr heißt als »*le plaisir qu'autrefois je prenais à voyager*« (11), nämlich eher »*mon ancienne soif de voyage*«. Es handelt sich um einen »Antrieb aus gewohnheitsmäßigem Zwang« (8). Dies kann aber niemals »quelque chose qui me poussait *à sortir de la contrainte habituelle que je subissais*« (11) heißen. Wahrscheinlich, weil er den Text so auffasst, als wäre gemeint, der Ausflug befreie die Erzählerin aus dieser Zwangssituation, missversteht Lefebvre diesen »Zwang« als von außen induziert: vom Exil, in das sie »verschlagen« wurde, oder gar von Behörden des Asyllands (wegen des »vorgeschriebenen Obdach[s]«)? Es handelt sich hier aber vielmehr um einen »gewohnheitsmäßige(n) Zwang« in ihrer eigenen Psyche, der sie den Ausflug unternehmen lässt: »*une impulsion due à la force de l'habitude*«.

Die Erzählerin betont vor allem die exil- und krankheits- bzw. rekonvaleszenzbedingte Erschöpfung, die sie schon an diesem Punkt ihres Mexikoausflugs zum »Ausschnaufen« in der Pulquería nötigt. Diese Erschöpfung beeinträchtigt ihre Wahrnehmungsfähigkeit, sodass mehrmals für sie und den Leser unsicher bleibt, ob im Text genannte Details in der wie auch immer fantastischen Wirklichkeit tatsächlich vorkommen oder ob es sich um Sinnestäuschungen handelt, die auf Müdigkeit oder Fieber zurückzuführen sind. Eben weil die Auswirkungen der Müdigkeit für die Etablierung des ambivalenten Zeit-Raum-Systems im Text eine so große Rolle spielen, darf kein Hinweis darauf verloren gehen: »Die Bank, auf der *ich ausruhte*« (8) muss linear mit »Le banc sur lequel *je me reposais*« wiedergegeben werden. Bei Lefebvre fehlt dieser Hinweis ohne jeden Grund: »Le banc, sur lequel *j'étais assise*.« (11)

Diese Rast auf der Bank ist Anlass, den Ausflug in Mexiko vor dem Hintergrund ihrer Reisen im Exil zu perspektivieren und eine Standortbestimmung vorzunehmen – zunächst ganz buchstäblich nach dem Längengrad in der westlichen Hemisphäre: »Die Bank, auf der ich ausruhte, war bis jetzt *der letzte Punkt meiner Reise, sogar der äußerste westliche Punkt, an den ich jemals auf Erden geraten war*. Die Lust auf absonderliche, ausschweifende Unternehmungen, die mich früher *einmal* beunruhigt hatte, war längst gestillt, *bis zum Überdruß*. Es gab nur noch eine einzige Unternehmung, die mich *anspornen* konnte: die Heimfahrt.« (8) Als der »äußerste westliche Punkt« ist er räumlich, als »der letzte Punkt« aber auch zeitlich aufzufassen, »bis jetzt« modifiziert jedoch diese Äußerung in Richtung auf eine bevorstehende Fortsetzung – im Raum *und* in der Zeit. Lefebvres Formulierung: »Le banc sur lequel j'étais assise était jusqu'à maintenant *le terme de mon voyage*« hat den Nachteil, dass das Wort »terme« auf eine absolute Grenze hinweist, die eine solche Relativierung durch »jusqu'à maintenant« kaum verträgt. Darum übersetzen wir lieber: »Le banc sur lequel je me reposais était jusqu'à présent *le point ultime* de mon voyage«.

Von hier aus blickt die Erzählerin auf den weiteren Weg »aus dem Dorf in die Wildnis« und hinab zum »Rand der Schlucht« mit dem »Winkel der weißen Mauer« des Ranchos, zu dem sie sich »auf den Weg gemacht« hat und der so »weiß (ist), dass er in die Innenseite der Augenlider geritzt« (8) scheint, sobald sie erschöpft die Augen schließt. Dies ist die erste in der Reihe der erwähnten deiktischen Unsicherheiten, durch die der Text anschließend den Übergang von der Schilderung des Ausflugs in Mexiko zu der desjenigen am Rhein organisiert und, kurz vor dem Ende der Erzählung, wieder zurück zu der Pulquería, wo die Erzählerin wiederum ausruht und den Beschluss fasst, »gleich morgen oder noch heute abend, wenn meine Müdigkeit vergangen war, die befohlene Aufgabe (zu) machen« (38), das heißt, die Erzählung zu schreiben, die wir soeben gelesen haben.

Nach einigen weiteren Markierungen dieser Unsicherheit[30], die den Übergang ankündigen, ist die Grenze zwischen beiden Ausflügen an der Textstelle erreicht, wo die Erzählerin »in das leere Tor« des Ranchos tritt und »inwendig« (9) ein Knarren hört. Bei diesem Augenblick ihres Innehaltens an der Schwelle zwischen den beiden Ausflügen bereitet Lefebvre, indem er »inwendig« durch »à l'intérieur« (12) wiedergibt, eine allein räumlich orientierte Auffassung von »inwendig« vor, mit der er dann das Knarren eindeutig als aus dem Innenhof des Ranchos kommend lokalisiert. Unsere Übersetzung versucht, eingedenk der textstrategischen Funktion jener Unsicherheiten, die auch an späteren Textstellen gelegentlich noch auftreten[31] und vor allem dann wieder den Übergang aus Mainz zurück nach Mexiko markieren[32], mit »du dedans« der Ambivalenz von »inwendig« gerecht zu werden und auch für den französischsprachigen Leser die Möglichkeit offenzuhalten, dieses Wort (wie im Deutschen zumindest *auch* angängig) im Sinne von »im Inneren« der Erzählerin zu interpretieren.

Aber zurück zur Bank vor der Pulquería, dem »bis jetzt (...) letzte(n) Punkt« der unfreiwilligen Reise ins Exil, die die »alte Reiselust« der Erzählerin in »Überdruß« verwandelt hat, zugleich Rastplatz am »äußerste(n) westliche(n) Punkt, an den (...) [sie] jemals auf Erden geraten war« während des Ausflugs, zu dem sie sich als Rekonvaleszentin aus »gewohnheitsmäßigem Zwang« und »müßige(r) Neugierde« (8) aufgemacht hat. Lefebvre übersetzt das Ende des Satzes mit »et même le point le plus à l'ouest où *je sois* jamais *parvenue* sur la terre.« (11) Dies könnte den französischsprachigen Leser auf die Idee bringen, die Erzählerin sei (endlich!) an einem von ihr bewusst angesteuerten Reiseziel angekommen, ja sie sei, wie Kolumbus, so weit nach Westen vorgedrungen, wie ihr irgend möglich war.

Ähnlich wie in der vereindeutigenden Übersetzung von »inwendig« mit »à l'intérieur« verfehlt Lefebvre aber auch hier eine Ambivalenz, diejenige nämlich, die das Wort »geraten« im gegebenen Kontext erhält. Seine Übersetzerentscheidung liegt auf der gleichen Linie wie sein Missverständnis, dem zufolge der Ausflug zum Rancho ein Ausbruch aus »gewohnheitsmäßigem Zwang«, und nicht gerade dessen Folge sei, also ein Resultat der zu »Überdruß« und »müßiger Neugierde« degenerierten »alten Reiselust«. Seine Übersetzung »où *je sois* jamais *parvenue* sur la terre« (11) trägt der offensichtlichen semantischen Nachbarschaft nicht ausreichend Rechnung, die im Text zwischen »jemals auf Erden geraten« und »nach Mexiko verschlagen« gestiftet wird. Diese Nachbarschaft verdankt sich einem beiden Ausdrücken gemeinsamen Bedeutungselement, das gerade auf das Willkürliche, Unfreiwillige und eher Ungeplante abzielt, das sowohl dem Ort der Rast als auch dem des Exils anhaftet.[33] Mit der Lösung »et même, vers l'ouest, le point le plus extrême *où je me sois jamais retrouvée* sur la terre« haben wir uns bemüht, eben diesen Charakter einer mühevollen, wider Willen erlittenen Irrfahrt wiederzugeben, der dem Ganzen eignet, und versuchen dadurch, eine größtmögliche Anzahl derjenigen Merkmale der Erzählung zu bewahren, die – die Exilsituation der Autorin *zum* Text verarbeitend – die Konstruktion der Erzählerfigur und die Machart des Textes *als* Text, sein Textverfahren prägen.

Auch die Wiedergabe zeitdeiktischer Elemente stellt den Übersetzer vor beträchtliche Probleme, die abschließend im Vergleich zwischen Lefebvres Version und der unseren beleuchtet werden sollen. Die Schilderung des Schulausflugs ist nach dem Prinzip der variierenden Wiederholung in eine Reihe von Episoden gegliedert, in denen es jeweils um den Tod einer der beteiligten Figuren geht. Die Hauptzeitebenen: Ausflug in Mexiko der exilierten Erzählerin, Rheinausflug der Schulmädchen vor 1914 und Vorausblicke bzw. Rückblenden auf die Zwischenkriegszeit – die keine selbstständige

Erzählebene ist, sondern jeweils nur aus dem Zusammenstoßen der beiden anderen hervorgeht – werden grammatisch im Text auf der Grundlage des Präteritums als Haupterzähltempus integriert, ohne dass ihre Perspektivierung dadurch leidet. Zweimal wird jedoch am Ende eines im Präteritum anfangenden Satzes – und zwar unmittelbar nach einem überraschenderweise im Präsens erzählten Geschehen – das weitere Schicksal eines der Schulmädchen im Futur vorweggenommen, mit dem jeweils der Satz kulminiert. An beiden Textstellen wird dieses ungewöhnliche Verteilungsschema der Tempora leitmotivisch in Bezug auf das gleiche Thema verwendet: Antizipiert wird jeweils der Tod einer Figur sowie das, was diesem vorangeht beziehungsweise ihm folgt; jedoch sind diese Stellen nicht von gleicher Tragweite. Zunächst handelt es sich um den Tod von Otto Fresenius sowie um die Reaktionen seiner Geliebten, Marianne, und dann um den Tod von Ida, einem weiteren Mädchen aus der Schulklasse der Erzählerin. In narrativer Hinsicht sind diese Stellen besonders exponiert, insofern sich dort das komplexe Zusammenspiel der Ebenen im Raum-Zeit-Gefüge des Textes zu erkennen gibt. Sie eignen sich deshalb besonders, vergleichend die Übersetzungsprobleme zu erwägen, die sich aufgrund dieser Perspektivierungstechnik mit Hilfe von verschiedenen Tempusformen ergeben.

Die Beziehung zwischen Otto Fresenius und Marianne wird von der Erzählerin als die verheißungsvollste in ihrer Umgebung vorgestellt. Ihre Vernichtung durch den Ersten Weltkrieg wird vier Mal im selben kurzen Abschnitt unter verschiedenen Blickwinkeln beleuchtet. Jedesmal taucht das Thema der Zerstörung dieser Beziehung während ihres Aufblühens, noch vor ihrer Vollendung, plötzlich in der Schilderung des Ausflugs am Rhein auf; erst beim letzten Mal kommt es zum überraschenden Gebrauch von Präsens und Futur. Zuerst wird deutlich, wie der Krieg den natürlichen Ablauf, der die Liebenden zur Verlobung und dann zur Hochzeit geführt hätte, radikal abbricht, »*denn* der Bräutigam fiel *ja* schon 1914«. Nachdem bei dem zweiten Hinweis auf Ottos Tod der natürliche Verlauf der Dinge im Irrealis ausgemalt wird: »*Wär es* allein nach Leni *gegangen* statt nach Kaiser Wilhelms Mobilmachung (...), die beiden *wären* sicher ein Paar *geworden*«, wird beim dritten Passus das Todesbild bei der Ankunft des zu Marianne eilenden Otto blitzartig eingeblendet: »Jetzt kam Otto Fresenius, dem ein Geschoß im ersten Weltkrieg den Bauch *zerreißen sollte*, von seiner Liebe *angespornt*, als erster auf den Wirtsgarten zu.« (21) Der vierte Hinweis fokussiert dagegen auf Mariannes Reaktionen: »Einen Finger noch immer in seinen gehängt, *zeigte* Mariannes Gesicht einen Ausdruck völliger Ergebenheit, der jetzt zum Ausdruck ewiger Treue *wurde* zu dem hohen, mageren, dunkelblonden Jungen, um den sie *auch*, *wenn* ihr Feldpostbrief mit dem Stempel ›Gefallen‹ *zurückkommt*, wie eine Witwe in Schwarz *trauern wird*.« (22). Der Zusammenstoß von Präsens und Futur in einem ansonsten im Präteritum formulierten Satz intensiviert die Ausdruckskraft dieser Textstelle und markiert so die Fermate in Mariannes Liebe zu Otto.

Aber wurde hier nicht einfach eine Präsensform, wie im Deutschen geläufig, zur Darstellung einer in naher Zukunft angesiedelten Handlung benutzt, nicht zuletzt, um die Schwerfälligkeit der Aufeinanderfolge zweier Verben im Futur zu vermeiden? Vielleicht, aber damit ist die Funktion dieses Kunstgriffs nicht erschöpft. Einerseits gehört das geschilderte Ereignis für die Erzählerin in die Vergangenheit des Ersten Weltkriegs, andererseits erhält »wenn«, über diesen temporalen Wert hinaus, in der Kombination mit »auch« zusätzlich einen kausalen und den eines logischen Bedingungsverhältnisses (*wenn – dann*): »*wenn* ihr Feldpostbrief mit dem Stempel ›Gefallen‹ *zurückkommt*«, wird »sie *auch* (...)wie eine Witwe in Schwarz trauern«. (22) Dies könnte man durch die Ambivalenz von »du moment où« beziehungsweise »dès lors que« ausdrücken; dadurch wäre aber das Problem der Übertragung des deutschen Präsens noch nicht gelöst, das man hier auf Französisch nicht anwenden kann. Darum haben wir es durch die Nominalisierung »*au retour de sa lettre*« und danach »*auch*« durch »*en conséquence*« zu lösen versucht: »Un doigt *toujours* suspendu au sien, Marianne *présentait* sur son visage une expression de complet abandon, qui *à cet instant se mua* en une expression de fidélité éternelle envers le grand jeune homme maigre aux cheveux châtain dont, *en conséquence*, elle portera, *au retour* de sa lettre en franchise militaire marquée du tampon ›Tombé au combat‹, le deuil en noir comme une veuve.«

Im Gegensatz hierzu wird die Abfolge der Tempusformen von Lefebvre so gestaltet: »Un doigt toujours accroché au doigt de son ami, Marianne *avait* sur le visage une expression d'abandon total, qui *devint ensuite* une expression de fidélité éternelle envers ce grand garçon maigre aux cheveux châtains, pour lequel elle *devait prendre le deuil* comme une veuve quand la poste militaire lui *retourna* sa lettre avec le cachet ›Mort au champ d'honneur.« (31) Diese Version verändert die Positionierung der Erzählerin, da Lefebvre sie auf der Ebene des Ausflugs am Rhein verharren lässt und Mariannes Reaktion von ihr im Vergangenheitsfutur mitgeteilt wird: »*devait prendre le deuil comme une veuve*«, während das Eintreffen des ominösen Briefes als eine schon abgeschlossene Handlung geschildert wird: »quand la poste militaire lui *retourna* sa lettre«. Im Originaltext kommt es aber gerade durch den hier vernachlässigten Stellungswechsel der Erzählerin, die die Ausflugsebene verlässt und die Leser zu Zeugen der Szene macht, zum Höhepunkt in dieser Passage.

Bei Lefebvre werden die Ankündigung von Ottos Tod sowie Mariannes Trauer erträglich, ja vertraut gemacht, gleichsam in die »Ordnung der Dinge« wieder eingefügt und im Ton herkömmlicher Darstellungen gehalten: Der Vermerk »Mort au champ d'honneur« steht für das Gegenteil des bewussten Lakonismus von Anna Seghers' Formel »Gefallen«. Für die Zeitgenossin zweier Weltkriege, die die Verheerungen des Ersten in ihrer Jugend miterlebte und bereits furchterregende Nachrichten über die des Zweiten aus ihrer Heimatstadt erhalten hatte, bedeutet das Abschlachten der »tauglichen« Generationen der männlichen Bevölkerung der kriegführenden Mächte keineswegs einen heldenhaften Tod auf irgendeinem »Feld der Ehre«. Da auf Französisch »Tombé« allein unmöglich ist, scheint uns »Tombé au combat« zwar die extreme Knappheit und Dichte von »Gefallen« nicht ganz bewahren zu können, aber immerhin die von jeder Kriegerdenkmalslyrik abrückende Nüchternheit der Stelle wiederzugeben. Dies ist umso wichtiger, als Seghers hier gerade auf die »Unordnung der Dinge« hindeutet, von der ihre Generation in dem Krieg zum ersten Mal getroffen wurde, der bekanntlich erst aus der Sicht des Zweiten zum Ersten Weltkrieg wurde, wofür die unerwartete Abfolge der Tempora hier als Zeichen fungiert.

Auf den ersten Blick könnte es scheinen, dass die Darstellung des Todes von Ida, einer weiteren Schulkameradin der Erzählerin, in der ebenfalls auf engstem Raum vom Präteritum zum Präsens und zum Futur übergegangen wird, dem gleichen Erzählmuster folgt wie die von Mariannes Reaktion auf die Nachricht von Ottos Tod.[34] Beide Figuren sind auch insofern miteinander verbunden, als ihr Leben durch den Verlust einer Jugendliebe im Ersten Weltkrieg in die verhängnisvolle Bahn geworfen wird, die sie als Nazis all das verraten lässt, was sie vor 1914 noch verbindet. Bei Marianne hat das Glück einer neuen Beziehung zu einem zukünftigen SS-Sturmbannführer, dem sie ins Verderben folgen wird, eben diese Wirkung. Bei Ida hingegen ist es gerade das »Verwelken« im nie überwundenen »Herzeleid« über den Tod ihres »Bräutigams vor Verdun«, das sie zur Diakonissin und dann zur ergrauten, fanatischen Nazi-Krankenschwester werden lässt, die nicht nur ihre einstige »Lieblichkeit«, sondern auch ihr späteres strenges Berufsethos Lügen straft, wenn sie – »auch im jetzigen Krieg« (17) ohne Bräutigam, noch immer getrieben vom »Wunsch nach Rache« (17–18) und voller »Erbitterung« – den ihr untergebenen »jüngeren Pflegerinnen die staatlichen Anweisungen ein(prägt)« (18) und sie vom Mitleid mit russischen Kriegsgefangenen abhält, damit nur Landsleute begünstigt werden.

Wenn aber die heitere Szene mit der samtbandgeschmückten, pfeifend und drollig die Treppe der Kaffeeterrasse am Main heruntertänzelnden Ida ohne jeden Übergang mit derjenigen kurzgeschlossen wird, in der »(e)inmal im russischen Winter 1943, wenn ihr Spital unerwartet unter dem Bombardement *liegt*«, die Bombe einschlägt, »die Freunde und Feinde zerknallte und natürlich auch ihren Lockenkopf«, geschieht im Text noch etwas anderes als an der Stelle, wo Marianne die Nachricht vom Tode Ottos erhält, indem die Erzählerin fortfährt: »(...) *wird* sie [Ida, unsere Anm.] *genau so klar wie ich jetzt* an das Samtbändchen in ihrem Haar denken und an das weiße, sonnige Wirtshaus (...)«. (27) Dass die Präsensform »liegt« *nicht* einfach gebraucht wird, um wie üblich eine Handlung oder einen Vorgang zu bezeichnen, der, mit der Erzählerin von Mainz aus gesehen, in der Zukunft liegt, ist hier viel weniger zweifelhaft als dort, wo Marianne, »wenn ihr Feldpostbrief mit dem Stempel ›Gefallen‹ *zurückkommt*, (...) trauern wird« (22). Dies ist eine Folge davon, dass der Halbsatz »*wie ich jetzt*« (27) faktisch offenlässt, ob nicht Idas Tod möglicherweise erst zu einem Zeitpunkt stattfinden wird, der sogar noch in Bezug auf die Zeitebene des mexikanischen Ausflugs in der Zukunft liegen könnte. Dies wäre zu einem Zeitpunkt, der nicht – wie sonst die *erzählten Vorgänge* im Text – »zwischen« den Ausflügen in Mainz und Mexiko liegt und auf den voraus- bzw. zurückgeblickt wird, sondern der tendenziell identisch ist mit demjenigen, an dem der *Erzählvorgang selber* stattfindet. Erst im Augenblick, wo wir im Begriff sind, den Text zu Ende zu lesen, also am *Ende des Textes*, erfahren wir von der Erzählerin *als Erzählende*, dass dieser Vorgang »gleich morgen oder noch heute Abend, wenn meine Müdigkeit vergangen war« (38) beginnen wird; »genau so klar wie *ich jetzt*« wird Ida an ihr Samtbändchen und das sommerliche Ausflugsidyll mit dem »Garten am Rhein und (...) (den) ankommenden Knaben und (den) abfahrenden Mädchen« (27) denken, – eben so klar, wie wir es, als Leser, »heute und morgen, hier und dort« (38) auf Deutsch und, vorausgesetzt ein Übersetzer findet eine dem Textverfahren von Anna Seghers an dieser Stelle Genüge tuende Übersetzung, in anderen Sprachen tun können.

Lefebvre hatte jedenfalls die Präsensform »liegt« zunächst als Ausdruck für ein simples Futur verstanden, als er 1956 schrieb: »Un jour (...) quand son hôpital se *trouvera* tout à coup pris sous le bombardement, elle *pensera*«[35], wobei er offensichtlich nicht nur das unzweifelhafte Futur »wird sie (...) denken« auf die Zeitebene des Schulausflugs bezog, sondern auch das Verb »liegt« (27). 1993 wurde diese Stelle im Neudruck auffallend verändert: »Un jour, pendant l'hiver de 1943 en Russie, quand son hôpital *se trouverait* tout à coup *pris* sous le bombardement, elle *devait se souvenir, aussi nettement que moi-même à présent* de ce ruban de velours dans ses cheveux, et de l'auberge toute blanche et ensoleillée, de ce jardin au bord du Rhin, de ces garçons qui arrivaient et de ces filles qui repartaient« (39). Im Gegensatz zu der 1956er-Fassung, wo »genauso klar wie ich jetzt« (27) schlechthin fehlte – das entscheidende Element, wodurch ausgeschlossen wird, lediglich vom Ausflug am Rhein aus würde sich der Blick auf Russland im Zweiten Weltkrieg richten –, wird es jetzt korrekt wiedergegeben. Die alte Tendenz, die planvolle Kantigkeit des Originaltextes zu glätten, behält aber die Oberhand und ruft neue, problematische Veränderungen hervor. Denn in Bezug auf »aussi nettement que moi-même à présent« wurde das 1956 benutzte Futur »se trouvera« nun offenbar zu riskant. In der 1993er-Fassung wird es durch »se trouverait« ersetzt, ein Vergangenheitsfutur in der Form des Konditionals, das wiederum mit dem Indikativ Imperfekt »devait se souvenir« anstelle des korrekten Futurs der ersten Fassung (»pensera«) kombiniert wird.

Dieses flash-back lässt den mit Hoffnung geladenen Zeitpunkt des Ausflugs am Rhein unmittelbar vor Idas Ende noch einmal aufblitzen und eröffnet so im Futur die Möglichkeit, dass sogar für eine, die wie Ida zur Faschistin wurde, Ressourcen für die Zukunft in der Vergegenwärtigung einer positiven Vergangenheit zu suchen wären, die einen »Ausstieg« und eine Umorientierung ermöglichen könnte. Dieser Zeitpunkt markiert die Schwelle zur Epochenwende des Ersten Weltkriegs, vor der die Triebkräfte, die über die spätere Entwicklung dieser Jugendlichen entscheiden, sie auseinandertreiben und gegeneinander ausspielen werden, noch nicht zum Durchbruch gekommen sind. Umso wichtiger ist es, den Übergang von der Ebene des im Präteritum geschilderten Schulausflugs zum Präsens zu vollziehen und von dort zum Futur fortzuschreiten, auch wenn dieser Gebrauch der Tempora gegen die Lesegepflogenheiten der an eine strenge consecutio temporum gewöhnten französischsprachigen Leser verstößt. Deshalb unsere Entscheidung für: »les yeux ronds que roulaient les jeunes gars et ceux en coulisse, remplis d'aise, de ce vieux professeur siroteur de café *étaient posés*, réjouis, sur sa tête bouclée qu'*entourait* un ruban de velours. Un jour de l'hiver russe de 1943, à l'instant même où son hôpital *se trouve pris* à l'improviste sous le bombardement, elle *pensera* aussi clairement que moi maintenant à ce petit ruban de velours dans ses cheveux, et à l'auberge blanche baignée de soleil, et au jardin au bord du Rhin, et aux garçons *en train d'arriver*, et aux filles *en train de repartir*.«

Auch bei der Schilderung von Gerdas Tod spielt die Zeit-Deixis und vor allem ein überraschender Wechsel vom Imperfekt zum Präsens (diesmal aber gefolgt von einer Perfektform statt eines Futurs) und dann wieder zurück und zu einem abschließenden Plusquamperfekt eine wichtige Rolle: »Wenn auch ihr Leben zuletzt unbeachtet und sinnlos endete, so *war* darin doch nichts verloren, nicht die bescheidenste ihrer Hilfeleistungen. Ihr Leben selbst *war* leichter vertilgbar als die Spuren ihres Lebens, die im Gedächtnis von vielen *sind*, denen sie einmal zufällig *geholfen hat*. Wer aber *war* denn zur Stelle, ihr selbst zu helfen (...)? Niemand *war* da, um sie rechtzeitig zu beruhigen (...) Niemand *stand ihr bei*. Sie *blieb* in dieser Stunde hoffnungslos allein, wie vielen sie selbst auch *beigestanden hatte*.« (19) Die richtige Wahl zwischen den möglichen Tempusformen der Vergangenheit im Französischen und vor allem die Beantwortung der Frage, ob und wie die Unterbrechung des Erzähltempus durch eine Gegenwartsaussage übersetzt werden kann, erweisen sich als entscheidend für die Bewahrung der Gebärde des Textes.

Anschließend an eine emphatische Charakteristik dieser Mitschülerin als »zur Krankenpflege und Menschenliebe geboren, zum Beruf einer Lehrerin in einem aus der Welt fast verschwundenen Sinn« und in scharfem Kontrast dazu zieht die Erzählerin gerade durch den Bericht über Gerdas Selbstmord ein Fazit ihres Lebens, in dem sich tiefe Trauer, unerbittliche Nüchternheit und eine über das Vergangene hinausweisende quälende Unruhe die Waage halten. In ihm verbindet sich der Hinweis auf die Spuren dieses »unbeachtet und sinnlos« beendeten Lebens, die, haltbarer als dieses selbst, »im Gedächtnis von vielen sind (...), denen sie einmal zufällig geholfen hat«, mit der die Abwesenden und tendenziell auch die exilierte Erzählerin einbeziehenden bohrenden Frage: » *Wer aber war denn zur Stelle*, ihr selbst zu helfen (...)?« (19), auf die zweimal negativ und lapidar geantwortet wird. In der Zielsprache sollte diese verzweifelt anklagende Frage als ein wichtiges Element, das die starke Wirkung dieses Passus sichert, unbedingt aufrechterhalten werden. Daher unsere Lösung: »Mais *qui donc fut là* pour la secourir (...) ?«. Mit: »*Il ne se trouva personne* cependant pour lui prêter assistance« (27) geht eben dieser Gestus bei Lefebvre verloren.

Obwohl das quälende Fazit der Erzählerin durch nichts gelindert wird, bewegt sich Anna Seghers hier in der Nähe von Ernst Blochs Auffassung, nach der es auch unter den Bedingungen des Nazismus eine »Erbschaft dieser Zeit« gibt, »Unabgegoltenes«, das auf nicht eingetretene Gegenwart angewiesen war und auf noch offene Zukunft verweist, wie »verspätet« diese auch immer kommen mag. Aus diesem Grund erschien es uns wichtig, so viel wie möglich von der im Deutschen eher ungewöhnlichen Formulierung zu bewahren, der zufolge trotz der sinnlosen Marginalität, in der dieses Leben endet, »darin doch nichts verloren« war. Mit der Verwendung der Verbform »*war* (...) *nichts verloren*« (19) statt des nahe liegenden »vergeblich« hält Seghers fest, dass es in diesem Leben um eingreifendes Handeln ging, das aktiv Spuren setzte, die sich als bleibend erweisen. Daher unser Entschluss, diesen Sachverhalt mit dem passé simple »rien n'en *fut perdu*« und nicht, wie Lefebvre, durch ein Imperfekt zu übersetzen: »Mais rien de ce qu'elle avait fait au cours de cette vie *n'était perdu*« (27). Das Imperfekt macht den Standpunkt, von dem aus diese Feststellung getroffen wird, in Bezug auf die verschiedenen Zeitebenen der Erzählung und ihre Perspektivierung unklarer und schwächt den Charakter des lapidaren Bilanzierens post festum wie der Grabrede bzw. des Epitaphs ab. Aus demselben Grund haben wir die Vergegenwärtigung der Erbschaft aus Gerdas Leben in dem Satz »Ihr Leben selbst *war* leichter vertilgbar als die Spuren ihres Lebens, die im Gedächtnis von vielen *sind*, denen sie einmal zufällig *geholfen hat*« (19), durch das Präsens und das Perfekt wiedergegeben. Gerade diese absichtliche Vergegenwärtigung durch die Erzählerin verschwindet bei Lefebvre: »Sa vie elle-même était plus facile à détruire que les traces *qu'elle avait laissées* dans la mémoire de tant de gens auxquels *le hasard*, un jour, *lui avait fait porter secours*.« (27) Da im Kontext einer in der Vergangenheit gehaltenen Erzählung die direkte Wiedergabe des Indikativ Präsens auf Französisch unmöglich ist, haben wir stattdessen versucht, es folgendermaßen zu berücksichtigen: »Sa vie même était plus facile à anéantir que les traces de cette vie *subsistant* dans la mémoire de bien des gens à qui un jour par hasard *elle a porté* secours.«

Die tote Gerda steht als aktiv Handelnde im Mittelpunkt der Episode, darum schien es uns unerlässlich, ihre Stellung als Subjekt ihrer Handlungen aufrechtzuerhalten. In der Logik von Lefebvres entsprechendem Satz – wenn auch vielleicht ohne Absicht – wird Gerda tendenziell zu einem Spielball des Zufalls gemacht, was sie in den Augen der Erzählerin keineswegs ist. »Auserlesen (...) zu suchen«, wem immer sie »vonnöten war« und bemüht, »immer und überall Hilfsbedürftige« (19) zu »entdecken«, verkörpert Gerda eindeutig, trotz ihres vorzeitig abgebrochenen Lebens, die *Kraft der Schwachen*, ohne die es in Seghers' Augen keinen Widerstand gegeben hätte.

Auch in dieser letzten unserer hier begründeten Übersetzerentscheidungen versuchen wir im französischen Text der Maxime zu folgen, die den Originaltext als Ganzes strukturiert: Den Widerspruch offen halten, statt ihn zu glätten! Ein radikal einsamer Tod – trotz unauslöschlicher Spuren dieses Lebens im Leben so vieler. Nur in der euphemistischen Rhetorik des Beerdigungswesens kann von einer, die so stirbt, gesagt werden, »*elle n'est plus*«. Anna Seghers will, unerbittlich wie dieser selbst, den Tod Gerdas und all jener anderen buchstäblich genommen wissen. *Genauso* buchstäblich allerdings wie das durch ihr spezielles Textverfahren etablierte Faktum, dass sie, als Tote, dennoch da sind: zugegen, wann und wo immer jemand mit offenen Augen diese außerordentliche Erzählung lesen wird. Was dieses Verfahren leisten will, ist nichts Geringeres als – in der Formulierung von Anna Seghers' wahlverwandtem Kollegen und Freund Jorge Amado und übermittelt von dessen kongenialem Übersetzer Curt Meyer-Clason – »die Wiederherstellung des Lebens durch die Kunst«.[36]

1 Auf der Grundlage von Erfahrungen im Zusammenhang mit Hélène Roussels Neuübersetzung von *Der Ausflug der toten Mädchen* ins Französische, mit Klaus Schulte als deutschsprachigem Sparringspartner, führen wir hier Überlegungen zu Problemen einer rezeptionsästhetisch orientierten Theorie und Kritik literarischer Übersetzung weiter, eines wichtigen Teilaspekts unserer langjährigen gemeinsamen Arbeit zum Werk von Anna Seghers. Ausführlicher wurden sie bisher von Klaus Schulte im Aufsatz »Wie vermittelt man das literarische Ergebnis eines Zusammenstoßes zweier Kulturen an Leser aus einer dritten?«. In: Klaus Bohnen/Jan T. Schlosser (Hg.): *Übersetzung als Kulturvermittlung – im deutsch-dänischen Kontext*. Kopenhagen u. a. 2004 (= *Text & Kontext*. Sonderband 48), S. 123–159 vorgetragen, der ein literaturwissenschaftliches Fazit aus der erstmaligen Herausgabe von *Die Reisebegegnung*, *Der Ausflug der toten Mädchen* und *Post ins gelobte Land* in dänischer Übersetzung zu ziehen versuchte. Auf Klaus Schultes im o. g. Artikel nachgewiesene Vorarbeiten, seine an zwei von ihnen maßgeblich beteiligte Koautorin Elisabeth Bense: vgl. Elisabeth Bense/Klaus Schulte: »Wann ist ›Jetzt‹ – wo ist ›Hier‹ – wer sind ›Wir‹? Sprach- und literaturwissenschaftliche Bemerkungen zu einigen Details im Textverfahren von Anna Seghers' Erzählung ›Der Ausflug der toten Mädchen‹«. In: *Europe Plurilingue.* (Éd.) ARLE. Publ. Univ. Paris 8-St.-Denis, 1998 S. 47–82 und nicht zuletzt auf unsere Inspiration durch Thomas Arons hervorragende Studie *L'Inscription de l'Histoire dans »L'Excursion des Jeunes Filles qui ne sont plus« avec le texte original de la nouvelle d'Anna Seghers, la version française de Joël Lefebvre et une note d'Aimé Guedj* (Univ. Besançon 1984), ein zu Unrecht fast vergessenes *chef d'œuvre* der Seghers-Forschung (s. die Rezension von: Elisabeth Bense/Klaus Schulte: »Trouvaille!«. In: *Argonautenschiff. Jahrbuch der Anna-Seghers-Gesellschaft Berlin und Mainz e. V.,* Bd. 6 (1997), S. 329–341) sowie auf Margaret R. Gonglewski: *A discourse-analytic investigation of deixis in Anna Seghers' »Der Ausflug der toten Mädchen«: oscillating place, time and person.* Ann Arbor, Mich. UMI 1996 (= Diss. Georgetown Univ. 1995) sei hier ausdrücklich verwiesen. (S. auch das Nachwort in: Klaus Schulte: »De svages styrke – og fortællekunstens.« In: Anna Seghers: *Et Rejsemøde og andre fortællinger. På dansk ved Hans Chr. Fink. Efterord ved Klaus Schulte.* Roskilde 2004, S. 149–175). — **2** Anna Seghers: »Die Reisebegegnung«. In: Dies.: *Steinzeit. Erzählungen 1967–1980.* Berlin: Aufbau 1994, S. 176–208, hier S. 196. — **3** Anna-Seghers-Archiv der Akademie der Künste, Berlin (ASA), K 942 (Korrespondenz mit französischen Verlagen). — **4** ASA 798 (Korrespondenz Anna Seghers – B. J. Buber): A. S. an B. J. B. v. 13.6.1949. — **5** Ihre Tochter, Nadine Steinitz, konnte auf unsere Anfrage diesen Entwurf im Nachlass ihrer Mutter, der sich in ihrem Besitz befindet, jedenfalls nicht finden. — **6** Vgl. ASA 798, Briefe v. 13.6., 2.8., 5.8. und 9.8.1949. — **7** Anna Seghers: *Transit. Roman. Trad. de l'allemand par Jeanne Stern.* Paris: La Bibliothèque Française 1947. — **8** Dies.: *La Septième Croix. Trad. de l'allemand par F. Delmas.* Paris: Gallimard 1947. — **9** Dies.: *Das Ende. Erzählung. Zweisprachen-Ausgabe. (La Fin. Conte. Ed. Bilingue. Trad. par Jeanne Stern).* Konstanz: Weller 1948. — **10** Dies.: *Œuvres,* Paris: Livre Club Diderot 1977. Hier zitiert nach: Thomas Aron (s. Anm.1), S. 11. — **11** Diese Neuausgabe enthielt übrigens, außer einem einsichtsvollen Nachwort von Jean Tailleur, einige nicht unwichtige, aber leider anonym vorgenommene Textrevisionen, die bereits auf eine gewisse Skepsis der damaligen Herausgeber gegenüber der Übersetzung von Lefebvre deuten könnten. — **12** Anna Seghers: »La Excursión de las Muchachas Muertas«. In: *Cuadernos Americanos.* Vol. XVIII (1944), Nr. 6, S. 227–256; ein Übersetzername ist nicht angegeben. — **13** Dies.: »The School Excursion«. In: *The Yale Review.* Vol. 34, (Juni 1945), Nr. 4, S. 706–732; ein Übersetzername ist nicht angegeben. — **14** Diese Übersetzung ist in dem Sammelband von Anna Seghers: *El Fin: Cuentos de nuestros tiempos.* México: Centauro 1947, S. 71–105 unter dem Titel »La Excursión de las Chicas Muertas« erschienen, für den Elena Ballvé Müller, A. Sake (recte: Angela Selke!) und A. Sánchez Barbudo als Übersetzer genannt sind; wir haben diese Ausgabe bisher nicht autopsieren können. Im Katalog der Nationalbibliothek Mexikos steht sie unter: http://132.248.77.3:8991/F/LBCQUAU5BE66V2HTTIC8N3ADFKSL7BFNB1CEQ5QC8UM DM2MELB-01402?func=find-acc&acc_sequence=003008923 (letzter Zugriff: Mai 2007; vgl. Josefina Sandoval: *México in Anna Seghers' Leben und Werk 1940–1947.* Berlin 2001, S. 120 f. und S. 208), jedoch ohne Erwähnung von Ballvé Müller. — **15** Dafür *dass* die beiden Übersetzungen verschieden sind, spricht jedenfalls, dass im Titel der zuerst erschienenen das Wort »Mädchen« mit »Muchachas«, im Titel der zweiten aber mit »Chicas« wiedergegeben wird. Zwei von den drei in der Buchausgabe von 1947 genannten Übersetzern waren spanische Exilanten in Mexiko und pflegten gemeinsam zu arbeiten: Als profilierter Essayist wirkte Antonio Sánchez Barbudo an den *Cuadernos Americanos* mit, wo die erste, namentlich nicht ausgewiesene Übersetzung erschienen war. Es liegt daher nahe, dass auch diese entweder wie vermutlich die zweite, von ihm gemeinsam mit seiner Frau, der Religionshistorikerin Angela Selke, oder von ihm allein angefertigt wurde. Selbst dann ist es aber wahrscheinlich, dass beide Übersetzungen von verschiedenen Versionen des Seghers'schen Originaltextes als Vorlagen ausgehen, die zwei verschiedenen Stufen in der Entstehungsgeschichte der Erzählung entsprechen. Vgl. hierzu weiter unten im Text und Anm. 25. — **16** Anna Seghers: »La Excursión de las Muchachas Muertas«. In: *Narradores alemanes contemporáneos. Selección y ordena-*

miento de Wolfgang R. Langenbucher, traducción de Norberto Silvetti Paz. Buenos Aires: Sudamericana 1970. Diese Ausgabe wurde 1972 wieder aufgelegt. — **17** Dies.: *La Excursión de las Niñas Muertas.* La Habana: Editorial Arte y Literatura 1975. — **18** Joël Lefebvre, Professor emeritus an der Universität Lyon 2, hat außer dieser und einer weiteren Erzählung von Anna Seghers, *Das Ende,* u. a. Texte von Thomas Müntzer, J. M. R. Lenz, Immanuel Kant sowie deutschsprachige Texte über die Französische Revolution übersetzt. — **19** Der Ausdruck wurde im 17. Jahrhundert geprägt, um eine Übersetzung von Nicolas Perrot d'Ablancourt scherzhaft zu kennzeichnen. Er wurde von Georges Mounin zum Titel seiner kritischen Studie zur Geschichte der Übersetzung in Frankreich gewählt: *Les belles infidèles. Essais sur la traduction,* Marseille 1955. — **20** Darauf kommt Lassalle in dem Interview »Épiphanie et chambre claire« zurück, das in dem Anna Seghers zum 100. Geburtstag gewidmeten Dossier der Zeitschrift *Europe* (Nr. 854/855 vom Juni/Juli 2000, S. 251–257) erschienen ist. — **21** Vgl. dazu insbes.: Antoine Berman: *Pour une critique des traductions: John Donne,* Paris 1995, S. 11–97. — **22** Vgl. Schulte: » Wie vermittelt man ...« (s. Anm. 1). — **23** Wir danken Susanne Jakobsen für die freundliche Übernahme dieser Arbeit. — **24** S. Anm. 13. — **25** Vgl. hierzu Christiane Zehl Romero: *Anna Seghers. Eine Biographie 1900–1947.* Berlin 2000, S. 432–434 und S. 526, Anm. 58–74. Aus dem Zusammenhang geht eindeutig hervor, dass sich das Datum 27.3. auf S. 433 auf 1944 statt auf 1943 beziehen muss. — **26** Anna Seghers: *Der Ausflug der toten Mädchen.* Berlin: Aufbau 2004, S. 7. Weitere Zitate hieraus im Folgenden im Text sowie in unseren Endnoten mit Angabe der Seitenzahl in Klammern. — **27** Man darf sich fragen, ob nicht im sprachlichen Feld, auf das die Erzählerin sich mitsamt dem Leser hier zubewegt, der ähnlich hemdsärmlige Ausdruck »jemanden dahin wünschen, wo der Pfeffer wächst« ein semantisch naheliegendes Pendant zu diesen beiden hier implizit vorausgesetzten Redensarten sein könnte. Kurz darauf entdeckt sie in der kargen mexikanischen Landschaft jedenfalls, dass »zwei Pfefferbäume (...) am Rand einer völlig öden Schlucht (glühten)«. Sie hat den Eindruck, dass sie für den mexikanischen Wirt »vom Mond kommt« und nimmt zugleich selbst die mexikanische Landschaft als eine Mondlandschaft wahr (»kahl und wild wie ein Mondgebirge«). Vermutlich liegt in der Verknüpfung der Motive Mond und Pfefferbäume eine versteckte Anspielung auf die Exilsituation der Erzählerin in Mexiko. Jedenfalls legt die enge Nachbarschaft zwischen beiden im Text dem Leser nahe, sie zu einer komplexen, bildhaften Chiffre für die Exilsituation der Erzählerin in Mexiko zu verknüpfen. — **28** Anna Seghers: *L'Excursion des jeunes filles qui ne sont plus. Récit traduit de l'allemand par Joël Lefebvre. Postface de Jean Tailleur.* Toulouse: Éditions Ombres 1993, S. 9. Weitere Zitate hieraus im Folgenden im Text mit Angabe der Seitenzahl in Klammern (kursiviert). — **29** Hervorhebungen (kursiv) in Zitaten stammen von den Verfassern. — **30** Vgl.: »(...) in flimmrigem Dunst, von dem ich nicht wußte, ob er aus Sonnenstaub bestand oder aus eigener Müdigkeit, die alles vernebelte, so dass die Nähe entwich und die Ferne sich klärte wie eine Fata Morgana. Ich stand auf, (...) wodurch der Dunst vor meinen Augen ein wenig verrauchte« (8); »Die weiße Mauer rückte näher. Die Wolke von Staub oder auch von Müdigkeit, die sich schon ein wenig gelichtet hatte, verdichtete sich, (...) glänzend und flimmrig. Ich hätte an mein Fieber geglaubt, wenn nicht ein leichter heißer Wind die Wolken wie Nebelfetzen nach anderen Abhängen hin verweht hätte.« (9) – Zur zitierten Ausgabe und zur Zitierweise s. Anm. 26. — **31** Vgl.: »Der Baumstumpf (...) schien auch zuerst in einer dicken Wolke zu stehen (...) der Dunst verzog sich.« (10); »Die blaue Wolke von Dunst, die aus dem Rhein kam oder immer noch aus meinen übermüdeten Augen, vernebelte über allen Mädchentischen (...). Die Dunstwolke verschwebte vor meinen Augen (...)« (15). — **32** Vgl.: »Der graublaue Nebel von Müdigkeit hüllte alles ein. Dabei war es um mich herum hell und heiß, nicht dämmerig wie sonst in Treppenhäusern. Ich zwang mich zu meiner Mutter hinauf, die Treppe, vor Dunst unübersehbar, erschien mir unerreichbar hoch ...« (36–37); »Die Stufen waren verschwommen von Dunst, das Treppenhaus weitete sich überall in einer unbezwingbaren Tiefe wie ein Abgrund. Dann ballten sich in Fensternischen Wolken zusammen, die ziemlich schnell den Abgrund ausfüllten« (37); »Ich konnte nicht mehr unterscheiden, was Bergkämme und was Wolkenzüge waren.« (38). — **33** Hierzu sei daran erinnert, dass nicht Mexiko, sondern die USA das ursprüngliche Ziel der Flucht der Familie Seghers aus Frankreich gewesen waren. Nur aufgrund der entgegenkommenden Politik der mexikanischen Regierung gegenüber spanischen und deutschen Antifaschisten, einschließlich der Kommunisten, war sie nach Mexiko »geraten«, nachdem sie durch die ablehnende Politik der USA nach dorthin »verschlagen« worden war. Im Text gebraucht Seghers bewusst eine schematisierte und intensiv gesteigerte Darstellung der Fremdartigkeit von Land und Leuten Mexikos als eine Art absolute Kontrastfolie zum Idyll der Rheinlandschaft ihrer Jugend vor 1914, um einen dreifachen existenziellen Schock festzuschreiben: »exotisch« fremd gewordenes Exil, Nachrichten über die Deportation der Mutter und die Zerstörung von Mainz und ihr eigenes Überleben eines beinahe tödlichen Unfalls mit Schädelfraktur, zeitweiliger Amnesie und Verletzung der Sehnerven. Diese Darstellung hat mexikanische Leser an Stelle der hochstilisierten und von zeitgenössisch-gängigen Mexiko-Stereotypen nicht freien Sicht, die Seghers hier erkennen lässt, einen empathischeren Blick auf das Zufluchtsland in dieser Erzählung vermissen lassen; s. dazu Olivia C. Diáz Pérez: »Das Bild Mexikos und die Exilerfahrung im Werk von Anna Seghers«. In: *Argonautenschiff. Jahrbuch der Anna-Seghers-Gesellschaft Berlin und Mainz e.V.*, Bd. 11 (2002), S. 92–94 und Josefina Sandoval (s. Anm. 14), passim. Im Unterschied zu dem gleich nach ihrer Rückkehr in die SBZ entstandenen Essay zur mexikanischen Freskenmalerei oder den späteren Erzählungen *Crisanta, Die Heimkehr des verlorenen Volkes* und *Das wirkliche Blau* geht es der Autorin hier aber noch gar nicht um das Land Mexiko selbst, seine gastfreundliche, multiethnische Bevölkerung sowie seine widersprüchlich-faszinierende Kultur und Geschichte. — **34** Vgl. die ausführliche Analyse bei Schulte: »Wie vermittelt man ...« (s. Anm. 1), S. 142–147. — **35** Zitiert nach dem Abdruck in: Aron: *L'Inscription de l'Histoire ...* (s. Anm. 1), S. 144. — **36** Curt Meyer-Clason: *Die Toten sterben nicht, sie werden verzaubert. Begegnungen mit Amado – Borges – Cabral de Melo Neto – Drummond de Andrade – García Márquez – J. U. Ribeiro – Guimarães Rosa.* München 1990, S. 35.

Sture Packalén

»... als läge unter jedem Wort ein schwer fassbarer Schatten«.
Zur Verortung von Peter Weiss' Schreiben

1803 schrieb Friedrich Hölderlin in der zweiten Version des Gedichts *Mnemosyne*: »Ein Zeichen sind wir, deutungslos, / Schmerzlos sind wir und haben fast / Die Sprache in der Fremde verloren.«[1] Mit diesen kurzen Zeilen gab Hölderlin auf einfühlsame Weise Ausdruck für das Gefühl der Betäubung, das ihn bei seinen Versuchen erfüllte, sich mit der griechischen Sprache zu assimilieren. 100 Jahre später zeigte Hugo von Hofmannsthal seine Verzweiflung über den Verlust der Sprache im Chandosbrief. Er ließ uns die Leere hinter den abstrakten Wörtern empfinden, die im Mund zerfielen »wie modrige Pilze«.[2] Ungefähr zur selben Zeit kämpfte auch Robert Musils junger Törless mit seinen Versuchen, sein inneres Ich und dessen Verwirrungen einzufangen und auszudrücken. Seit dieser Zeit ist die deutsche Literatur des 20. Jahrhunderts erfüllt von Sprachzweifeln, Überlegungen über die Sprache und angrenzende Fragen.

Als nun Peter Weiss Ende der 1970er Jahre feststellt, die deutsche Sprache sei für ihn »etwas ungemein Gebrechliches, Fragwürdiges (...) etwas, das uns in keiner Silbe gegeben ist, das uns nicht, wie andern, die tatsächlich in ihrer Sprache leben, bei jedem Schritt zufliegt, und das wir uns unaufhörlich selbst schaffen müssen«[3], folgt er einer literarischen Tradition, vor allem aber drückt er durch diese Einstellung der Sprache gegenüber seine besondere Position als deutscher Schriftsteller aus, der seit 1939 in Schweden lebt. Ausgestoßen aus dem deutschen Sprachraum, verlor die deutsche Sprache für ihn ihre Funktion als lebendiges Medium für Kommunikation: »Die Verstoßung aus Deutschland bedeutet auch eine Verstoßung aus der Sprache.«[4] Die Wahl der Sprache – die der deutschen oder die der schwedischen – war für Weiss problematisch. Noch vor dem Kriegsende 1945 hatte er angefangen, sich dem Schreiben zu widmen, beeinflusst von Erik Lindegren und Gunnar Ekelöf unter anderen, aber auch als Folge eigener Zweifel an der Malerei. Er versuchte in der schwedischen Kulturszene heimisch zu werden und wies jeden Gedanken an eine Rückkehr nach Deutschland ab.

Der Übergang von der Malerei zur Schrift bedeutete auch den Versuch eines Sprachwechsels und den Versuch, die deutsche Sprache zu verlassen, um stattdessen in einer Art gekünstelter, intellektueller Emanzipation auf Schwedisch über die meist quälenden Träume und Visionen zu schreiben, die sein Inneres heimsuchten. Weiss stellt in seinen *Notizbüchern* selbst fest, dass der Versuch misslang: »Was ich zustandebrachte, war nur Sekundäres, es waren Übersetzungen aus tieferen, originalen Schichten.«[5] Die Versuche, in einer Sprache, die nicht die seine war, Gefühlen und Erlebnissen, die nicht die der anderen, der Schweden, waren, Ausdruck zu verschaffen, hatten zur Folge, dass *Von Insel zu Insel, Die Besiegten, Dokument I, Der Turm* und *Das Duell*, die Weiss in den Jahren 1946 bis 1953 auf Schwedisch herausgab, beim Publikum in Schweden keinen Erfolg haben konnten. Weiss' Hoffnungen, sich als schwedischer Schriftsteller etablieren zu können, wurden zerstört.[6]

Die Rückkehr zum Deutschen

Im Schweden der späten 1940er Jahre geriet Weiss schließlich in eine Art Schwebezustand zwischen Ländern, Kulturen, sozialen Klassen und Sprachen. Ein Zustand, der sich, auf die Sprache bezogen, vielleicht am ehesten mit einem Stammeln vergleichen lässt. Mit einer treffenden Formulierung bezüglich der Art und Weise des eingewanderten Fremden, die Sprache zu benutzen, die mit Weiss' Situation zu dieser Zeit gut übereinstimmt, sagt Julia Kristeva: »Wie in einer Halluzination kreisen seine (...) verbalen Konstruktionen im Leeren, getrennt von seinem Körper und seinen Leidenschaften, die Geiseln der Muttersprache geblieben sind.«[7]

Genau so lassen sich Peter Weiss' Probleme in der Zeit nach dem Zweiten Weltkrieg beschreiben. In dieser Situation wandte er seine Blicke wieder auf Deutschland und die deutsche Sprache: »Ich musste zurückkehren zu den Grundlagen meiner Person, und diese waren definiert worden in der Sprache, die ich während der Kindheit und Jugend lernte.«[8] Im Jahr 1947 fuhr er nach Deutschland und in sieben Reportagen für die *Stockholmstidningen* schilderte er die materiellen, psychischen und moralischen Nöte unter den besiegten Deutschen. Weiss schrieb die Artikel auf Schwedisch. Er legt selbst Zeugnis ab über seine Einstellung zum Deutschen: »Die deutsche Sprache war mir fremd geworden. Ich dachte und träumte auf schwedisch. Das Deutsch, das ich jetzt hörte, übersetzte ich ins Schwedische. (...) Als Ausländer, als Schwede kam ich zurück in ein Land, aus dem ich einmal vertrieben worden war. Es verband mich nichts mehr mit diesem Land. Auch der Hass, den ich einmal empfunden hatte, der mich die Sprache, die ich in der Kindheit erlernt hatte, verleugnen liess, war verschwunden.«[9]

Während dieser Reportagereise und angesichts der Ruinen der deutschen Gewaltmacht, des Leidens der kleinen Leute und der eigenen Vereinzelung in Schweden begann für Peter Weiss die eigentliche Rückreise zur Muttersprache. Als ersten suchte er Peter Suhrkamp auf, der, müde und gezeichnet von seiner Zeit im Konzentrationslager versuchte, seinen Ansichten über das zerstörte Land Ausdruck zu geben. Mitten im Gespräch, das Weiss auf Schwedisch aufzeichnete, geschah etwas mit ihm: »Plötzlich aber stockte die Übertragung in eine andere Sprache. Ich war kein Berichterstatter mehr. Ich war in ein Gespräch geraten. Mit einem Mal war es leichter geworden, deutsch als schwedisch zu sprechen. Es war leichter, obgleich ich stammelte, oft nach Worten suchen musste. Die Laute waren mit Schrecken verbunden, doch auch mit Entdeckungen. Meine frühsten Begriffe hafteten ihnen an. Ich musste den Eindruck von Verwirrung geweckt haben. Suhrkamp ermüdete bald. Ich würde ihm schreiben, sagte ich.«[10]

Und das tat er. Lange Briefe, die davon handelten, wie er seine Muttersprache zu fassen suchte, und von der Freude, die er empfand, als er erneut mit den verloren geglaubten Teilen seines Inneren Kontakt bekommen hatte: »Ich sitze hier und schreibe in deutscher Sprache und das ist als kehre ich in ein seit langem nicht mehr gesehenes und doch vertrautes Zimmer zurück. Während der Jahre in denen ich eine fremde Sprache schrieb, war mir immer als fehlte mir etwas Wesentliches, als läge unter jedem Wort ein schwer fassbarer Schatten.«[11]

Die Rückkehr zum Deutschen öffnet die allzu lange verschlossenen Tore nach innen. Nach Jahren sprachlicher Orientierungssuche und des Übersetzens kann Weiss jetzt schreiben, wie er weiter unten im selben Brief sagt: »Satz auf Satz und die Worte strömen ganz leicht und decken sich mit Gefühlsschwingungen, die mit meinen frühesten Anfängen verbunden sind.«[12]

Die sprachliche Gestaltungskraft, die in der schwedischen Sprache erstickt und in »Übersetzungen aus tieferen, originalen Schichten« verwandelt worden war, schien jetzt endlich wieder in Gang zu kommen. Dennoch sollte es beinahe zwei Jahrzehnte dauern, bis Weiss nach der Veröffentlichung von *Der Schatten des Körpers des Kutschers* 1960 schließlich die Bestätigung zuteil wurde, dass er als deutschsprachiger Schriftsteller existierte.

»Mein Deutsch aber ist seltsam«

Letztlich fußte die schriftstellerische Existenz von Peter Weiss in Schweden gerade auf dem Umstand, den er im Brief an Suhrkamp beschreibt, nämlich dass ihm war, »als läge unter jedem Wort ein schwer fassbarer Schatten«. Der Schatten symbolisiert einerseits Weiss' Verbindung zur eigenen Vergangenheit in der deutschen Kultur, andererseits die Fremdheit der neuen Sprache, dem Schwedischen gegenüber. Was allerdings Weiss sein ganzes Leben lang quält, ist – paradoxerweise – nicht das gegensätzliche Verhältnis zwischen dem Schwedischen und dem Deutschen, denn dieses ist fruchtbar, sondern der Widerspruch, den er empfindet, wenn er mit *seiner* deutschen Sprache in ein Revier eindringt, das nicht mehr seins ist. In der Begegnung mit deutschen Schriftstellerkollegen tritt nämlich ein deutlicher Unterschied hervor, der ihn sich selbst fragen lässt: »ob ich mir, mit dem Exil, ein Gebrechen zugezogen habe, das unheilbar ist, und alle meine Reaktionen prägen muss, oder ob denen, die einmal aus Deutschland vertrieben wurden, für immer etwas anhaftet, was sie gegenüber den andern, die hier beheimatet sind, als eine Art Aussätzige kennzeichnet.

Diese Animosität – wenn es sie überhaupt gibt – könnte vielleicht darauf zurückgeführt werden, dass auch wir Anspruch erheben auf die deutsche Sprache. Wir leben nicht hier, wir gehören nicht zu den Parteien, Gruppen, Cliquen, die hier am Werke sind, aber wir mischen uns mit der Sprache ein, wir drängen uns in ein Revier, das nicht uns gehört.«[13]

Dieser Schatten, den auch die deutsche Sprache wirft, die Fremdheit und die Skepsis, die Weiss seiner alten Muttersprache gegenüber empfindet, zwingt ihn in einer ständigen Suche an der Überwindung der Kluft zu arbeiten, die *sein* Deutsch von dem der anderen trennt, dem Deutsch der ehemaligen Landsleute. In einem Interview äußert sich Weiss folgendermaßen selbstkritisch über seine Sprache: »Mein Deutsch aber ist seltsam, ich kann mich nicht mit Grass vergleichen, mit seiner vitalen Sprache.«[14] Der Vergleich mit seinem Schriftstellerkollegen verdeutlicht noch stärker, wie die deutsche Sprache für ihn, den ins Exil Getriebenen, nicht mehr natürlich, sondern ein »Werkzeug zwischen anderen Werkzeugen« geworden war.

»Die Wurzeln der Wörter waren verwittert, die Wörter standen losgelöst von ihrem Ursprung, oft nur als leere Gehäuse, denen er erst einen Inhalt geben musste. So wie er sich von dieser Sprache entfernt hatte, hatte er sich von sich selbst entfernt. So wie er seiner selbst nicht sicher war, war er auch der alten Sprache nicht mehr sicher. Gleichzeitig mit dem Versuch, sich wiederzuentdecken und neu zu bewerten, musste auch diese Sprache neu errichtet werden.«[15]

Eine selbstgemachte Sprache

Es war also nicht die schwedische Sprache, über die sich Weiss Sorgen machte, sondern die lebendige deutsche Muttersprache, von der er in Schweden abgeschnitten war. Weiss selbst fasst seine Situation in einer Notiz von 1964 folgendermaßen zusammen: »Wäre ich zurückgekehrt, hätte ich eine Sprache gehabt – Jetzt mache ich mir die Sprache selbst –.«[16] Wie intensiv dieser Prozess der sprachlichen Wiederaneignung war, bezeugt nicht zuletzt die Tatsache, dass ich bei meiner Arbeit mit Weiss' literarischer Hinterlassenschaft[17] in dem großen, hellen Dachatelier im Stockholmer Stadtteil Östermalm, wo Weiss viele Jahre lang an der Arbeit saß, feststellen konnte, dass auf seinem Schreibtisch nicht weniger als zwölf deutsche und schwedische Wörterbücher in verschiedenen Auflagen standen. Ein Teil dieser abgenutzten Bücher dürfte bei seinen Übersetzungen zur Verwendung gekommen sein: Stig Dagermans *Der Verurteilte* (1948), seiner eigenen, auf Schwedisch erschienenen Artikelsammlung *Avantgardefilm* (1956), und vor allem, als Weiss im Auftrag des Suhrkamp-Verlags innerhalb kurzer Zeit die Strindberg-Dramen *Fräulein Julie* (1961), *Ein Traumspiel* (1962) und außerdem viele Jahre später *Der Vater* (1978) übersetzte. Für Weiss war Strindberg ein lebenslanger Begleiter und ein Vorbild für seine eigene Entwicklung, die persönliche und die künstlerische. »Es ging mir (...) darum, (...) Material bei ihm zu finden, das mir entsprach, das meine Phantasie anregte.«[18] Strindberg zu übersetzen war also eine Aufgabe, die für Weiss in mehrerlei Hinsicht nahe lag. Bereits bei einem ersten Vergleich zwischen dem Deutschen und dem Schwedischen in diesen Übersetzungen kann man feststellen, dass er hier in einer Weise frei ist, die mit großer Einfühlung die Eigenart des Originals hervorhebt. Annie Bourguignons Hinweis ist zuzustimmen, dass Weiss ganz einfach Strindberg übertrug »in sein Deutsch, in die Sprache, die er sich geschaffen hatte und die auch mit seiner eigenen Weltanschauung zusammenhing«.[19]

Unter den Wörterbüchern standen auch zwei fast völlig zerlesene Reimlexika, und man fragt sich natürlich, woran das lag. Es ist eine bekannte Tatsache, dass der Teil der kommunikativen Kompetenz, der die tägliche Umgangssprache umfasst, schnell abgebaut wird, wenn er nicht auf natürliche Art benutzt wird. Die Umgangssprache lässt sich auch nur schwer mit künstlicher Beatmung in Form von Buchlektüre am Leben erhalten. Für Weiss, der keinen täglichen und lebendigen Kontakt mit gesprochenem Deutsch hatte, bedeutete dies, dass er ganz einfach keine lebendigen Dialoge schreiben *konnte*. Das Arbeitsgerät, die deutsche Sprache, gehorchte ihm nicht. So äußert sich Weiss selbst dazu: »Meine Sprache befindet sich ausserhalb aller regionalen und nationalen Verknüpfungen. Ich vermag keine Alltagsdialoge zu schreiben, (...) das Deutsch, das ich schreibe, befindet sich in einer imaginären Welt.«[20]

Stattdessen schrieb er eine Art monologischer Dialoge, zum Beispiel in den Dramen *Marat/Sade*, *Der Gesang vom Lusitanischen Popanz* und *Hölderlin*, in denen lange, gereimte Passagen sich mit ungereimten abwechseln. Die Reime waren also eine Art sprachlicher Gehhilfen für Weiss und in den allermeisten Arbeiten, in denen er keine Reime benutzte, kamen auch keine Dialoge vor. Das lässt sich in *Abschied von den Eltern* und in *Fluchtpunkt* beobachten, am offensichtlichsten vielleicht aber ist es in den drei Bänden der *Ästhetik des Widerstands*, die eine Art schriftlicher Monolog darstellen, in denen das Gefühl der Anrede und Dialogizität eigentlich erst beim lauten Lesen zum Vorschein kommt.

Besonders bei der Arbeit an der *Ästhetik des Widerstands* empfand Weiss, dass seine Situation als deutschsprachiger Schriftsteller in Schweden problematisch war. In einem seiner Briefe an den langjährigen Diskussionspartner Manfred Haiduk beschreibt er die große Ermüdung, die er empfand, und den elenden physischen und psychischen Zustand, in dem er sich nach dem Abschluss des dritten Teils seines großen Romans befand. Vor allem war er betrübt und entrüstet über die Kritik, die er von Seiten des Verlages bezüglich der Sprachbehandlung in diesem Buch über sich ergehen lassen musste: »Ich liess mich davon überzeugen, dass ich auch mit meiner Sprache an einem Endpunkt angekommen war, quasi mein Sprachreservoir verbraucht hatte, und ein Deutsch schrieb, das einem Lesepublikum nicht mehr zugemutet werden könne!«[21]

Unter dem unausgesprochenen Vorwand, dass Weiss nach allen seinen Jahren in Schweden ganz einfach kein Deutsch mehr schreiben könne, ließ der Suhrkamp-Verlag vor der Veröffentlichung des dritten und letzten Teils der *Ästhetik des Widerstands* einen Mitarbeiter unsensible Korrekturen an Weiss' Sprache vornehmen. Unter dem Druck der Herausgabepläne des Verlags, seiner eigenen Müdigkeit und verständlicher Unsicherheit gestattete Weiss schließlich die Veröffentlichung des Buchs mit den durchgeführten Änderungen, bezeugte aber hinterher, dass er oft »mit schweren moralischen Bedenken«[22] zu kämpfen habe. Die Ablehnung, die seine Sprache erfuhr, quälte ihn sehr und in seinem letzten Drama, *Der neue Prozess*, wollte er seine Sprachbeherrschung daher erneut auf die Probe stellen. Erleichtert stellte er nach dem Abschluss der Arbeit fest: »Sprachlich scheint mir die Arbeit auch geglückt. Ich sehe doch, dass ich die Sprache beherrsche – im Gegensatz zu der Krise, die mir nach dem Roman kam, als mir vorgehalten wurde, ich sei der deutschen Sprache nicht mehr mächtig.«[23]

Die schwedische »Software«

Obwohl Weiss sich der schwedischen Sprache nicht als künstlerisches Ausdrucksmittel bedienen konnte, bedeutete dies nicht, dass die schwedische Kultur und das schwedische Gesellschaftsklima für ihn bedeutungslos gewesen wären. Im Gegenteil bedeutete seine mühevolle Arbeit der Rekonstruktion seiner deutschen Sprache, dass die kulturelle »Software«, die dieses »Arbeitsgerät« formte und steuerte, eine starke schwedische Prägung besaß, stärker, als man normalerweise in Deutschland hat wahrnehmen können oder auch wollen.[24] Als Weiss nun selbst in einem Interview mit einem lakonischen »Schweden stört nicht«[25] zusammenfasste, was Schweden für seine Arbeit bedeutet, handelte es sich um ein echtes – an das deutsche Publikum gerichtetes – Understatement, das bewusst davon absieht, dass er in Wahrheit vom schwedischen kulturellen Zusammenhang »profitierte«.

Was heißt nun aber »schwedische Software«, wenn man diese Feststellung zu verallgemeinern versucht? Meines Erachtens ließe sich die besondere Sichtweise, die sich Weiss durch sein Leben in Schweden angeeignet hat, stichwortartig als eine antiautoritäre, antiinstitutionelle, internationalistische, antirassistische, solidarische, humanistische, egalitäre, demokratische und vor allem weltgewissensempfindliche Betrachtungsweise zusammenfassen. Kurz, eine unterschiedlichste Rechte wahrnehmende, ombudsmannartige Denkweise, die sich selbstgerecht und selbstbewusst, aber zugleich naiv zum Richter über Gut und Böse in dieser Welt erheben wollte.

Auffassungen dieser Art wurden während der 1960er und 1970er Jahre von fast allen politischen Schattierungen in Schweden mit der Ausnahme der konservativen Rechtspartei vertreten. Charakteristisch für den damaligen Zeitgeist war darüber hinaus, dass die neuen Perspektiven auf die Welt dank der geistigen Hegemonie der Linken in Kultur und Medien mehr oder weniger monopolisiert wurden. Die paradigmatische Metapher der Zeit war die Gleichberechtigung auf allen Ebenen.

Eine Mehrheit der Schweden hat sich in den 1950er, 1960er und noch in den 1970er Jahren gerne als das Gewissen unserer schlechten Welt verstanden. Sie war stolz auf das »schwedische Modell«, das auch anderen Ländern als Vorbild dienen sollte, da es von den Schweden als demokratischer als der Sozialismus und als sozial gerechter als andere westliche Systeme aufgefasst wurde. Es gab also in dem damals noch nicht brüchigen Selbstbildnis der Schweden eine entschiedene Vorstellung von der eigenen inhärenten Güte und von der Bedeutung einer wohlfahrtspolitischen Weltmission, die während der 1960er Jahre als Folge der Befreiung der Entwicklungsländer und des Elends des Vietnamkriegs dazu führte, dass sich Schweden als etwas anderes und Feineres als eine Großmacht oder eine alte Kolonialmacht ausgeben konnte.

Mit diesem, hier grob skizzierten, schwedischen Kulturhintergrund hat Peter Weiss sein Lebensschicksal als Jude, Emigrant und Humanist amalgamiert und verschiedentlich linkspolitisch perspektivisierend in seinem Werk zum Ausdruck kommen lassen. Aus den Stellungnahmen in seinem Werk, in zahlreichen Interviews, Artikeln und Hunderten von Briefen lässt sich ableiten, dass Weiss in der langen Interaktion mit der schwedischen Gesellschaft sich deren intellektuelle Perspektive und soziale Wahrnehmungsweise trotz der eigenen vermeintlichen Marginalisierung in derselben weitgehend angeeignet hat.

Weiss' politische Ansichten wurden von dem damals sehr linksgerichteten schwedischen Kulturestablishment als nicht besonders radikal, sondern als mit dem vorherrschenden Zeitgeist koinzidierend aufgefasst. Er war im

Schweden der 1960er Jahre nicht *der* radikale Schriftsteller, sondern ein Radikaler unter vielen anderen. In den beiden deutschen Staaten gab man aber von einem ganz anderen Ausgangspunkt aus Acht auf seine respektlosen und radikalen Stellungnahmen zur Vergangenheitsbewältigung, zu Vietnam, zur Dritten Welt, zum Verhältnis BRD – DDR, zum Sozialismus, zur Stellung der Frau, zum Berufsverbot usw. Seine Ansichten wurden einerseits vielerorts als falsch und naiv, gleichzeitig aber als Zeichen persönlich begründeter moralischer Integrität angesehen.

Bemerkenswert in diesem Zusammenhang ist aber, dass man aus deutscher Sicht fast nie den für Weiss' Schaffen entscheidenden Punkt gesehen hat, nämlich, dass seine Ansichten in großem Ausmaß von der schwedischen Perspektive geprägt worden waren; es bleibt meistens bei der Rede von einer »Affinität von Positionen«.[26]

Ein anderes neues, deutsches Licht

Hinsichtlich der Rezeption von Weiss' Texten und schriftstellerischer Tätigkeit in Deutschland gilt, was Hans-Georg Gadamer sagt, wenn er in *Wahrheit und Methode* die Beziehung zwischen Übersetzung und Original mit folgendem Bild beschreibt: »Es ist ein anderes neues Licht, das von der anderen Sprache her und für den Leser auf den Text fällt.«[27]

Gadamer beschreibt hier die Oppositionsbeziehung Original / Übersetzung mit Hilfe der Metapher »ein anderes neues Licht«. Damit meint er, dass sich das Original an sich nicht verändere, sondern dass es durch die Übersetzung nur auf neue Art und aus einem anderen Blickwinkel beleuchtet und sichtbar gemacht würde, einem Blick, der dunkle Stellen erhelle, gleichzeitig aber neue und unbekannte Schatten werfe, die eine andere und veränderte Lesart des Textes ermöglichen. Bezogen auf Weiss' schriftstellerische Tätigkeit könnte man sagen, dass die deutschen Leser gewissermaßen eine »kulturelle Übersetzung« von Weiss' »schwedischen« Texten machen, und in diesem »anderen neuen deutschen Licht« ein kultureller Unterschied erscheint, der die Originalität und Eigenart der Texte deutlich macht.

Ausgehend von dieser Sichtweise und der besonderen Beziehung zwischen schwedischer »Software« und deutscher »Übersetzung« kann man auch argumentieren, dass Weiss durch seine literarischen Fokussierungen, seine politischen Stellungnahmen und seine Einflüsse aus dem schwedischen kulturellen Zusammenhang als ausgeprägt hybrider Schriftsteller hervortritt, einer, der sich im Schreibprozess einen Raum für Interferenz geschaffen hat, worin er auch eine Identität ohne nationale Verortung hat entwickeln können. Das schließt nicht aus, dass »die identitätsstiftende Qualität der Sprache« eine starke Verknüpfung mit dem Deutschen gehabt hat, wie Martin Rector hervorhebt[28], aber es bedeutet auch, dass aus dem kulturellen Unterschied zwischen der deutschen und der schwedischen Kultur eine fruchtbare und polemische Schriftstellerposition resultierte, ein »Dritter Raum«[29], in dem kulturelle Unterschiede nicht statisch sind, sondern, so Homi K. Bhabha, miteinander in dynamischer Interaktion stehen.

Der »Dritte Raum« bedeutet also eine Grenzüberschreitung zwischen dem »Eigenen« und dem »Fremden«, eine »Hybridisierung«, die ihrerseits eine völlig neue Betrachtungsweise des Daseins auslösen kann. Vom Ausgangspunkt des »Dritten Raums« können die Wirklichkeit, die Literatur und die Kultur nicht nur von einem völlig neuen Blickwinkel aus betrachtet werden, sondern dieser Raum als solcher kann Ausgangspunkt für unerwartete Einfälle und Neugestaltungen innerhalb einer Kultur werden und Möglichkeiten bieten, das »Andere«, d.h. das Unbequeme in der »eigenen« Kultur sichtbar zu machen. Das geschieht beispielsweise, wenn Weiss in *Die Ermittlung* ein provozierendes und kritisches Raster über die nachkriegsdeutsche Sicht des Holocaust und dessen Nachwirkungen in der nachkriegsdeutschen Gesellschaft legt.

Weiss wie auch seine Schriftstellerkollegen Paul Celan und Erich Fried sind am ehesten als eine Art kultureller Grenzgänger ohne feste Verortung, weder hier noch dort, sondern gerade im kreativen »Dritten Raum« zu betrachten. Aus dieser Position heraus strebten sie in eine für die deutsche Literatur einzigartige Richtung, wenn sie im literarischen Diskurs der 1950er und 1960er Jahre Fragen aufgriffen, die die Vernichtung der Juden und die nahe Vergangenheit betrafen.[30]

Der Erfolg in Deutschland

Die bewusste Infragestellung etablierter Strukturen und gedanklicher Muster, die für Weiss kennzeichnend sind, haben also ihren Grund in einer fast lebenslangen Erfahrung mit dem »Fremden«, dem Schwedischen (»ich bin nie von den Schweden als Schwede anerkannt worden, ich gehöre nicht zur schwedischen Literatur«)[31], aber auch darin, dass er sich im »Eigenen«, im deutschen Kulturraum, nicht richtig heimisch fühlte (»Ach wie gut, dass ich kein Deutscher bin«).[32] Gerade das Pendeln zwischen diesen zwei Polen führt bei ihm zu der hybriden Position des »Dritten Raums«.

Indem er den Weg des kulturellen Unterschieds wählte, gelang es Weiss einerseits, die destruktive Erfahrung des Exildaseins, eine Erfahrung von Ohnmacht und Verlust, aufzuheben, andererseits schuf er sich mit der Darstellung kultureller Unterschiede im Medium der Literatur die eigentlichen Voraussetzungen für seine schriftstellerischen Erfolge in Deutschland. In Schweden hätte er wahrscheinlich nie den großen Durchbruch erreichen können, den er in Deutschland mit *Marat/Sade* schaffte. Schweden war und ist nämlich ein kleines Land mit einem oft engstirnigen Kulturleben. Das beste Beispiel dafür ist August Strindberg, dem nie der Nobelpreis verliehen wurde. Daher ist es nicht übertrieben zu sagen, dass Weiss in Schweden eigentlich erst durch seinen Erfolg in Deutschland bekannt wurde, und der Erfolg in Deutschland lag daran, dass er in Schweden wohnte. Weiss hegte zwar oft Pläne, nach Deutschland zu ziehen, aber, wie zutreffend hervorgehoben worden ist, hätte »das Wohnen in der Sprache (...) seine Sprachkunst geradezu gefährdet. Er brauchte den Schmerz der Distanz, die Anstrengung der immer neuen Eroberung.«[33]

In Übereinstimmung mit Gadamers Gedankengang zum Thema »Original« und »Übersetzung« könnte man etwas zugespitzt sagen, dass in Weiss' schriftstellerischer Tätigkeit gerade sein »Schwedischsein«[34], das – gleich einer verblassten Metapher in der Muttersprache – in Schweden nicht sichtbar ist, für seine Durchschlagskraft in Deutschland entscheidend war. Weiss gerierte sich zwar gern als Outsider, als eine Kaspar-Hauser-Gestalt in der schwedischen Gesellschaft, aber eigentlich war er, der 1967 sogar zum »Schriftsteller des Jahres« ernannt wurde, in Schweden eine Kulturpersönlichkeit allerhöchsten Ranges. Dass er dennoch nicht der Auffassung war, als schwedischer Schriftsteller genügend Anerkennung gefunden zu haben, geht unter anderem aus einem Brief an Olof Lagercrantz nach der Veröffentlichung des zweiten Teils der *Ästhetik des Widerstands* hervor: »Ich hatte mir mit diesem zweiten Teil einen sogenannten Durchbruch erhofft, endlich eine Art Anerkennung als schwedischer Schriftsteller nach 40 Jahren in diesem Land, und das, worauf ich stieß, waren Gegenwind und Unverständnis.«[35]

Die »Vierte Welt«

Aber nicht nur der schwedische und deutsche Kulturkontext spielten eine wichtige Rolle für Weiss' schriftstellerische Tätigkeit, sondern vielleicht in ebenso hohem Grad seine ständige vorwärts gerichtete Suche nach dem, was er die »Vierte Welt« nannte. Damit meinte er eine utopische Gemeinschaft, die sich nicht selbst begrenzt, weder politisch, künstlerisch oder menschlich. Man könnte sagen, dass Weiss selbst gewissermaßen seine höchst persönliche, hybride Position in der Kultur gerade in der Definition dieser speziellen Gemeinschaft angibt.

Seine Gedanken nicht nur hinsichtlich dieses utopischen Komplexes, sondern auch über seine eigenen Bildungsideale und Bildungswege, äußerte Weiss in seinem allerletzten Brief, oder, genauer gesagt, in zwei nur ein paar Tage vor seinem Tod geschriebenen identischen Briefen. Die Briefe sind an zwei Universitäten gerichtet, die westdeutsche in Marburg und die ostdeutsche in Rostock, die ihm, unabhängig voneinander, die Ehrendoktorwürde verleihen wollten. Diese zwei Briefe können als eine Art Testament und persönliche Programmerklärung zur eigenen Rolle innerhalb der Kultur gesehen werden. Der Brief an die Universität Rostock wird hier *in extenso* wiedergegeben[36]:

> An den Rektor der
> Wilhelm-Pieck-Universität Rostock
> Herrn Prof. Dr. Wolfgang Brauer

Sehr verehrter Herr Professor Brauer,

kurz nachdem ich Ihre Nachricht erhielt, dass Ihre Universität beabsichtigte, mir die Ehrendoktorwürde zu verleihen, erhielt ich von der Philipps-Universität Marburg die Ankündigung der gleichen Auszeichnung. Dass, fast zum selben Zeitpunkt, zwei Universitäten, aus den beiden deutschen Staaten, meiner Arbeit eine solche Aufmerksamkeit entgegenbrachten, war für mich selbstverständlich eine grosse Freude. Überrascht, und fast ein wenig betäubt von soviel Ehrung, konnte ich zunächst nur meine dankbare Bereitschaft mitteilen, die Würdigung entgegenzunehmen.
Seitdem sind mehrere Monate vergangen, während derer ich mich immer wieder mit den bevorstehenden Promotionen, geplant für den Herbst 1982, auseinandergesetzt habe. Es ging dabei nicht nur um die Erwägungen zu den Reden, die von mir erwartet werden, sondern um die Konfrontationen mit den gesamten festlichen Veranstaltungen.
Auch wenn ich mir gesagt habe, dass ich mich an einem solchen Tag unter Freunden und Gesinnungsgefährten befinden würde, die mir ihr Gehör für meine literarische Arbeit zeigen wollten, reisst mich das Vorhaben aus meinem Lebensrhythmus und meiner seelischen Balance heraus. Sie können mir glauben, dass ich alles versucht habe, um diese Beunruhigungen zu überwinden und mich nur auf die positiven Aspekte zu konzentrieren. Und doch musste ich, bei der sorgfältigen Nachprüfung meiner selbst, zu einer Entscheidung kommen, die ich Ihnen hiermit, auf Ihr Verständnis hoffend, in Kürze darlegen will.

Ihr Verständnis für meine Arbeit, insbesondere den Roman die Ästhetik des Widerstands, ist für mich eine große Genugtuung. Es zeigt sich mir darin, dass meine Mühen nicht umsonst waren und dass ich dazu beitragen konnte, das Denken und den Forschungswillen anderer anzuregen. Nicht zuletzt wurde mir damit auch meine Absicht bestätigt, verschiedene wissenschaftliche Disziplinen zu durchbrechen und, über die gesonderten Fachbereiche hin, miteinander zu verknüpfen. Für mich, der ich nie auf dem akademischen Weg, sondern stets nur auf dem Weg des Autodidakten, meine Kenntnisse zu erobern hatte, ist dies seit jeher eine Zielsetzung.
Wie ich mich bei der Ankündigung der Verleihung der Doktorwürde zuerst geehrt fühlte, so wurde später daraus doch eher etwas wie Beklommenheit. Ich hatte solche Qualifikationen ja nie erstrebt, war vielmehr allen Würden und Ämtern, wie auch höheren Lehrtätigkeiten ausgewichen. Immer habe ich mich zwiespältig gegenüber Belohnungen, literarischen Preisen verhalten. Ihre Annahme verband sich in mir mit der Wahrnehmung, dass dies mit meiner Arbeit nichts zu tun habe, mich vielmehr von ihr entferne.
Ich glaube, es hängt zusammen mit einem moralischen Standpunkt: ich möchte mich nicht abheben von all denen, die von jeglicher Bevorzugung abgeschnitten sind. Ich empfinde das, was mir aus Ehrengründen zukommt, wie eine Belastung – denn es steht im Widerstreit zu dem Kampf um Erkenntnisse, der heute überall, unter unsäglichen Schwierigkeiten, in der Welt geführt wird. Ich meine damit nicht nur die sogenannte Dritte Welt, in der die Ungerechtigkeiten und Unterdrückungsmechanismen nur noch anwachsen, sondern die Welt,

die uns umgibt, und die wir vielleicht schon die Vierte Welt nennen könnten: die Welt, die sich allem Fertigen, Festgelegten, Institutionalisierten entzieht, und in der wir das Entstehen von etwas Neuem ahnen können, von neuen Verständigungsformen, neuen Ausdrucksmitteln, auch wenn wir noch nicht imstande sind, deren Zeichen zu deuten.

Meine Neigung, auf der Seite der Unterprivilegierten, der Schwachen zu stehen und ihnen meine Arbeitskraft zur Verfügung zu stellen – natürlich immer verbunden mit dem Versuch, die eigene Position zu klären, den eigenen Umblick zu erweitern – schliesst jeden Anspruch auf Autorität aus.

Sie werden sagen, dass auch ich mich eingehend mit den Werken der Kunst, den überlieferten kulturellen Werten beschäftigt und diese nach ihrer Verwendbarkeit untersucht habe. Das stimmt. Doch tat ich dies völlig ungebunden mit Beibehaltung aller Zweifel und der Bereitschaft auf Widerruf. Womit ich mich befasste, war von vornherein etwas, das sich in keine Schulen, Richtungen, Strömungen einordnen liess. Und auch wenn es aussieht, als sei die Ästhetik des Widerstands ein gross angelegter Roman über eine historische Epoche, mit einer bewusst durchgeführten psychologischen und politischen Entwicklungslinie, so ist er für mich doch vielmehr Ausdruck einer Methode, die ihren Grund nicht in den Widersprüchen und Kollisionen der äusseren Realität hat, sondern in dem schwer einzufangenden Element des Traums.

Um dieses Vorgehen fortsetzen, und um es vielleicht noch vertiefen zu können, muss ich mich, mehr noch als zuvor, auf das konzentrieren, was meinem Dasein einen Sinn gibt. Ich habe gelernt, dass alles, was nicht ganz mit meinen Absichten übereinstimmt, ganz mit meinen eigenen Erfahrungen zusammenhängt, zur Konstruktion werden und also missglücken muss. Deshalb bin ich gezwungen, Dinge, so erfreulich sie an sich auch sind, die mir eine Störung auferlegen, auszuschalten. Mit der Annahme der Ehrendoktorwürde müsste ich Abstand nehmen von den Beweggründen, die bisher meine Ausdauer zum Arbeiten ermöglichten.

Ich bitte Sie und Ihre Mitarbeiter also, vor allem Herrn Prof. Dr. Manfred Haiduk, meinen herzlichen Dank für Ihre Initiative entgegenzunehmen, mich aber weiterhin als einen Aussenstehenden anzusehen, als einen Vertreter derer, die ausserhalb der anerkannten Bildungsstätten etwas zu formulieren versuchen, was das menschliche Zusammenleben angeht.

Nichts was mit Feierlichkeiten, mit traditionellen Anklängen, mit ambitionierten Reden zu tun hat, kann mich weiterbringen, als ich mit meinem bisherigen Schreiben gekommen bin. Für die Zeit, die mir zur Arbeit noch zur Verfügung steht, brauche ich eine Perspektive, die durch keinerlei Verpflichtungen unterbrochen wird. Was natürlich nicht ausschliesst, dass ich nach wie vor mit Ihnen und Ihren Mitarbeitern in fruchtbarem Gedankenaustausch stehen werde und auch auf meine zukünftigen, informellen Besuche bei Ihnen hoffe.

Im gleichen Sinn, wie ich Ihnen, verehrter Herr Professor Brauer, schreibe, werde ich mich heute auch an die Philipps-Universität Marburg wenden.

Mit den besten Grüssen,
Ihr
Peter Weiss
Stockholm, den 2. Mai 1982

Eine Kopie an Pr. Dr. Manfred Haiduk

Der Wille zum Außenseiter

Dass zwei Universitäten Weiss beinah gleichzeitig diese Ehre erweisen wollten, war natürlich etwas Außergewöhnliches, aber Weiss sieht die Auszeichnungen vor allem als einen Durchbruch für die *Ästhetik des Widerstands*. Dadurch, dass es ihm gelang, mit diesem Roman »das Denken und den Forschungswillen anderer anzuregen«, gelang es ihm gleichzeitig, durch seine gattungsübergreifende künstlerische Tätigkeit die hochgestellten Erwartungen nicht nur an sich selbst, sondern auch an die Leser zu erfüllen.

Weiss, der ein autodidaktischer Forscher war, schreibt in einem Brief in einem anderen Zusammenhang über seinen Bildungsgang: »was immer das Wesentliche für mich war, war der Kampf um mir Bildung, Ausbildung zu verschaffen. Ich wollte verstehen, wollte meinen Horizont erweitern. Ich weiß sehr wohl, wie es ist, den ganzen Tag in einer aufreibenden, ermüdenden Umgebung zu arbeiten und danach noch extra Kräfte zu mobilisieren, um zu studieren. Es ist schwierig, aber viele schaffen es.«[37] Es sind diese Menschen, die Weiss nicht enttäuschen will: die Autodidakten, die sozial Unterprivilegierten ohne Bildungserbe, die, die von jeglicher Bevorzugung abgeschnitten sind.

Wenn Weiss in diesem Verzichtbrief darum bittet, ihn »aber weiterhin als einen Außenstehenden anzusehen, als einen Vertreter derer, die außerhalb der anerkannten Bildungsstätten etwas zu formulieren versuchen, was das menschliche Zusammenleben angeht«, erscheint er als ein Außenseiter, der das Außenseitertum pflegt, um nicht die Perspektive auf die Außenseiter zu verlieren. Das Außenseitertum trug unzweifelhaft zu seiner schriftstellerischen Tätigkeit bei, indem es ihm den moralischen Standpunkt bot, den er im Brief erwähnt, den Willen, sich nicht abzuheben »von all denen, die von jeglicher Bevorzugung abgeschnitten sind«. Diese Solidarität mit den auf unterschiedliche Weise Unterdrückten und Unterprivilegierten ist ein Ausdruck für Weiss' politische Stellungnahmen und sein empfindliches Welt-Gewissen, aber auch ein direktes Resultat seines postkolonialen Bewusstseins bezüglich der existierenden neokolonialen Muster der Ausbeutung und der multinationalen Arbeitsteilung.

»das schwer einzufangende Element des Traums«

Die Annahme der Ehrendoktorwürde hätte für Weiss einen Verzicht auf den Willen und die Kraft bedeutet, neues Terrain zu gewinnen in der vorwärts strebenden, antiinstitutionellen Menschengemeinschaft, »in der wir das Entstehen von etwas Neuem ahnen können, von neuen Verständigungsformen, neuen Ausdrucksmitteln, auch wenn wir noch nicht imstande sind, deren

Zeichen zu deuten.« Mit seiner Idee der »Vierten Welt« versucht Weiss aus einer antiautoritären Perspektive heraus etablierte kulturelle Deutungsmuster auf eine Weise umzuformulieren, die für sein ganzes künstlerisches Schaffen bezeichnend ist. Die fließende Grenzüberschreitung, die Unabhängigkeit von Schulen und feststehenden Normen sind etwas, das Weiss in einem Brief an Ingmar Bergman charakterisiert als eine geistige Bewegung ohne vorgegebenes Ende, eine Serie von »Erlebnissen, Bildern, Halluzinationen, die aus diesem Konglomerat stammen, das wir unser ICH nennen können«.[38]

Auf erstaunliche Weise greift Weiss hier mit seiner »Vierten Welt« einem Teil der Gedankengänge von Homi K. Bhabha über den »Dritten Raum« in der *Verortung der Kultur* vor: »Eben jener Dritte Raum konstituiert, obwohl ›in sich‹ nicht repräsentierbar, die diskursiven Bedingungen der Äußerung, die dafür sorgen, dass die Bedeutung und die Symbole von Kultur nicht von allem Anfang an einheitlich und festgelegt sind und dass selbst ein und dieselben Zeichen neu belegt, übersetzt, rehistorisiert und gelesen werden können.«[39]

Die Vorstellungen des »Dritten Raums« und der »Vierten Welt« bieten Offenheit für Neuinterpretation und Neuübersetzung kultureller Zeichen. Hier gibt es auch einen möglichen Ansatz für Innovation, unerwartete Einfälle und eine Öffnung gegenüber dem Traum als kreativer Komponente. Gerade diese Verbindung zum Unterbewussten, die im Schaffen von Weiss immer vorhanden war, lässt mich im Brief an die Wilhelm-Pieck-Universität auch eine ungebrochene Linie wahrnehmen, die zum oben erwähnten Brief an Peter Suhrkamp aus dem Jahre 1948 zurückführt. In der Empfindung, »… als läge unter jedem Wort ein schwer fassbarer Schatten«, die für Weiss Ende der 1940er Jahre die deutsche Sprache als Ausdrucksmittel symbolisierte, liegt auch der Hinweis auf etwas Anderes und vielleicht viel Wichtigeres, auf den kreativen Kontakt mit der eigenen inneren Bilderwelt, dem »schwer einzufangende[n] Element des Traums«, von dem sich Weiss immer abgetrennt gefühlt hatte, solange er die deutsche Sprache nicht als Werkzeug für sein Schaffen benutzte.

Durch die Rückkehr zum Deutschen geriet er also wieder in Verbindung mit der Welt, die für ihn der Ursprung seines Schreibens war: mit der Sinnlichkeit, der Halluzination und dem Traum, der Welt des Grenzenlosen und Fließenden. Weiss hat seinen kreativen Prozess in *Rekonvaleszenz* folgendermaßen beschrieben: »Für mich entsteht jeder Anfang im Formlosen, Unbewussten, Traumhaften, es werden dann, nachdem die ersten Worte daraus hervorgehoben sind, lange Reihen von Gedankenverbindungen festgehalten und ausgebaut, doch wenn sich das Thema schließlich erschöpft hat, tritt die Ungewissheit wieder auf, ich möchte am liebsten alles wieder dem Offenen, dem Unabschließbaren, dem Bereich unendlicher Möglichkeiten zurückgeben, und nur die Konventionen in der Begegnung zwischen Schreiber und Publikum nötigen mich dazu, ein Schlusszeichen zu setzen, mit dem das Ausgesprochene abgerundet, sinnvoll, allgemein verständlich gemacht werden soll.«[40]

Der Traum, das Chaos und das Formlose werden gefiltert, bearbeitet und aus den Rebussen des Inneren in das, was Weiss »eine Wahrheit«[41] nennt, übersetzt. Das Ergebnis ist ein Prozess der ständigen Infragestellung, des Neuanfangs, ein zyklischer Ablauf, der durch eine unerhörte Offenheit charakterisiert ist. Ein schöpferischer Prozess, der durch dauernde Veränderung sich selbst in Frage stellt, aber auch neue Bedeutung in ununterbrochener Folge einer wahrhaft intellektuellen Suche generiert, wo »das eigene Gedankenzentrum« verglichen wird mit einem »Schwamm, saugend, dunkel schwappend und phosphoreszierend«.[42] Was Weiss hier beschreibt, ist eine Art ständig andauernde kreative Anreicherung, ein Verstehensprozess, der, dem Übersetzen gleich, nirgends »zum Abschluss (kommt), sondern (...) in Wahrheit ein unendlicher Prozess«[43] ist.

Traum und Wirklichkeit sind *eins*

Als exilierter Künstler und Fremder ohne direkten Anteil an der schwedischen sprachlichen und ethnischen Wirklichkeit konnte sich Weiss mit Kristevas Worten »allem, der gesamten Tradition zugehörig fühlen, und diese Schwerelosigkeit im Unendlichen der Kulturen und ihres Erbes verleiht ihm jene widersinnige Leichtigkeit der Innovation«.[44] Gerade diese ungezwungene und innovative Freiheit war für Weiss intim verknüpft mit der Bilderwahrnehmung und mit den Elementen des Traums. Wie oben ersichtlich, kristallisierte sich sein sprachlicher Ausdruck mühevoll aus dem Unbewussten und Formlosen heraus. Diese aus Träumen, Visionen und der Kunst hervorgegangene Sprache wurde – wie er selbst in einem unveröffentlichten Briefentwurf sagt – »zu dem Medium (...), das dem Stoff, dessen Gestaltung ich wünschte, am nächsten kam. Gerade dies, dass sie nicht in einem bestimmten Land beheimatet war, sondern zunächst nur mit Schichten persönlichster Erfahrung zusammenhing, gab ihr die Qualität, die, in ihren besten Stunden, das Auspeilen von Grenzzuständen ermöglichte, ständig aber auch die Gefahr in sich barg, den Forschenden bei seinem Balancieren in Abstürze zu locken.«[45]

Der Traum ist letztlich die Voraussetzung für Weiss' schöpferische Arbeit: »Manchmal besonders nachts, wenn man plötzlich aufwacht und völlig in irgendeiner Traumsituation, in seiner sehr persönlichen Welt ist, kommt es vor, dass man auf ganz andere Gedanken stößt. Man ist in einer Gedanken- und Gefühlswelt, die bewirkt, dass man plötzlich Möglichkeiten sieht, etwas ganz anderes zu schreiben.«[46] Im Gegensatz zu Freuds *Traumdeutung* ist der

Traum bei Weiss nicht ein »verrätselter, entstellter Text«, der aus dem Unbewussten aufsteigt, sondern eher eine sprachlich unstrukturierte »Suchbewegung«, durch die er assoziative Kontaktflächen erzeugen kann.[47]

Weiss' *Notizbücher* enthalten viele Notizen über Träume, die er in einem kleinen Notizbuch aufzeichnete, das, so Gunilla Palmstierna-Weiss, immer griffbereit auf seinem Nachttisch lag.[48] Aus der nonverbalen, aber bilderreichen Welt des Traums kommen die Ideen, die in Weiss' Schreiben als Ferment fungieren. Er steht sozusagen in einem ständigen Dialog mit sich selbst und in diesem geistigen Amalgamierungsprozess »übersetzt« er seine inneren Bilder in lesbare Texte: »zu dem, was man mit sich schleppt an Erlebtem, denke ich mir noch Halluziniertes hinzu, das ist etwas schwieriger, als das gewöhnliche Wandern durch den Tag, es fordert eine doppelte Logik, ich muss alles was ich mir denke, zusammenhalten, den meisten andern genügt, das zusammenzuhalten, was der äußere Tag aufgibt.«[49]

In diesem schöpferischen Prozess, der für ihn selbst »manchmal ein Rätsel« ist, sieht sich Weiss, mit einem Augenzwinkern, allenfalls wie einen Büroangestellten: »– ich antworte eben auf den Betrieb in mir, nehme Aufträge entgegen, mache Produktionsplanungen, nehme Stellung zu den Marktlagen, wie sie entstehn –.«[50] Bei der praktischen Schreibarbeit ging Weiss also von seinen Traumbildern aus und verknüpfte dann diese Bilder mit der Wirklichkeit. Erst wenn er zu diesem Stadium des schöpferischen Prozesses gelangt war, begann er, nach Dokumenten für seine schriftliche Produktion zu suchen und zu forschen.[51] Traum und Wirklichkeit sind *eins* und lassen sich in Weiss' chiffrierter Welt nicht voneinander trennen, genau wie er im oben erwähnten Brief die Entstehung des Romans *Ästhetik des Widerstands* beschreibt: »Und auch wenn es aussieht, als sei die Ästhetik des Widerstands ein groß angelegter Roman über eine historische Epoche, mit einer bewusst durchgeführten psychologischen und politischen Entwicklungslinie, so ist er für mich doch vielmehr Ausdruck einer Methode, die ihren Grund nicht in den Widersprüchen und Kollisionen der äußeren Realität hat, sondern in dem schwer einzufangenden Element des Traums.«

Das »fruchtbare Chaos«[52] des Innenlebens liegt also dem Aufbau der *Ästhetik des Widerstands* zugrunde und ist gleichzeitig als eine dialogische Einladung an den Leser zu sehen, der sich selbst über die Traumelemente Gedanken machen und sie »übersetzen« soll. So zum Beispiel, wenn ein »Du« in Heilmanns Abschiedsbrief an »Unbekannt« aufgefordert wird, zu versuchen, in dem »dichten Gewebe« der Traumwirklichkeit »Zusammenhänge«[53] zu interpretieren, oder auch die Tatsache, dass die Aufschlüsselung und Interpretation von Kunstwerken im Roman parallel zur Entfaltung einer im Traumleben fußenden Ästhetik läuft.

Dem Traum wird also von Weiss eine besondere Wirkungsweise zugeschrieben, die offensichtlich eine »elementare lebenspraktische Bedeutung«[54]

für sein Schaffen gehabt hat. Wie die Surrealisten ging Weiss vom »Konflikt zwischen Ratio und Imagination«[55] aus. Er begriff aber diesen Konflikt als ein natürliches Gegensatzverhältnis, das dem Menschen innewohnt, und hat deshalb versucht, eine dialogisch versöhnende Balance in seinem Schaffen zu finden, eine »Wahrnehmungsweise, die, auf der Grenze zwischen Wachen und Träumen liegend, immer wieder versucht, die unvereinbaren Zustände miteinander zu verbinden«.[56]

Ein rascher Blick hinein in Weiss' Werkkosmos macht deutlich, dass es den Übersetzungs-, ja Legierungsprozess um die Bilder, Träume und Visionen herum – abgesehen von den sachlich dokumentierenden Lehrstücken – immer gegeben hat und dass er eine wichtige Rolle als Ansatzpunkt und Gedankenreflektor gespielt hat. Besonders deutlich wird die Rolle der Vision und des Imaginären im Drama *Hölderlin* mit seinem Postulat die zwei Wege betreffend, die begangen werden können, um eine Gesellschaftsveränderung zustande zu bringen:

> Zwei Wege sind gangbar
> zur Vorbereitung
> grundlegender Veränderungen
> Der eine Weg ist
> die Analyse der konkreten
> historischen Situation
> Der andere Weg ist
> die visionäre Formung
> tiefster persönlicher Erfahrung[57]

In *Hölderlin* lässt Weiss Wort und Bild, Vision und Analyse eine ausgleichende Einheit eingehen. Aber in der *Ästhetik des Widerstands* ist dieses Aufeinandertreffen von Vision und politischer Analyse nicht nur, wie im *Hölderlin*-Drama, eine unabdingbare Annahme, sondern diese beiden Sichtweisen der Wirklichkeit konstituieren auch die Mittel der Einsicht, die, tragenden Balken gleich, das ganze, riesige Romangebäude stützen. Die Verflechtung von Traum und dokumentierter Wirklichkeit in Weiss' großem Roman ist eine Waffe im Kampf für politische Zusammengehörigkeit und gleichzeitig eine Manifestation des Willens zu einer größeren menschlichen Gemeinschaft. Ganz folgerichtig sind die Kunst und die Literatur im Roman nicht mehr – wie in den teilweise autobiografischen Büchern – als Versteckplätze im Leben zu sehen, sondern als Ausgangspunkte für ein direktes Eingreifen in die politische Situation.

Artikulation ohne Punkt und Ende

Man kann also feststellen, dass Bilder, Kunst und Traumleben eine konstituierende und grenzüberschreitende Rolle im schriftstellerischen Werk von Weiss spielen. Mit einer Paraphrase des bekannten Wittgenstein-Wortes könnte man sagen, dass die Grenzenlosigkeit und das Übersetzen der Traumbilder in Sprache auch eine Grenzenlosigkeit seiner Welt bedeuteten, die, ohne in einer spezifischen Nationalkultur verortet zu sein, von ihrer Position des Dritten, interimistischen Raums aus von dem Formlosen und Gestaltlosen im Schaffensprozess ausging.

Weiss hat selbst oft betont, dass sein Schreiben eine Artikulation ohne Punkt und Ende sei: »Der Schreibende und Lesende befinden sich in Bewegung, sind ständig offen für Veränderungen.«[58] Letztlich sind Fließen, Veränderung und Rückeroberung bei Weiss als eine modernistische Haltung zu sehen, eine Möglichkeit, immer für Veränderung und Widerspruch offen zu sein. Hierzu ist er von seinem engen Freund, dem Kunstpädagogen Carlo Derkert, inspiriert worden, der für mehrere Generationen von Stockholmern ein äußerst geschätzter Mentor im Hinblick auf Kunst und Kunstfragen war.[59] In Wirklichkeit war Derkert – der ein inspirierender Redner war, aber nichts Schriftliches hinterlassen hat – von entscheidender Bedeutung nicht nur für Weiss' Kunst- und Kulturverständnis[60], sondern für den gesamten intellektuellen Diskurs in Schweden, vor allem in den 1960er und 1970er Jahren.

Inspiriert von Derkert, aber auch vom Multikünstler Öyvind Fahlström, dem schwedischen Genie der 1960er und 1970er Jahre, das alle denkbaren Gattungsgrenzen überschritt, erscheint das Schreiben für Weiss als eine Art Übersetzung der eigenen inneren Welt, ein »Sichhinauslehnen in die äußere Wirklichkeit«, so in der *Ästhetik des Widerstands*.[61] Gerade in diesem Werk wird die Gestaltung der »formlosen« Kräfte im Inneren des Erzählers, in Kombination mit dem Willen, sich einem politischen Standpunkt zu unterstellen, zu einem Ausdruck für einen Aspekt in seiner schriftstellerischen Entwicklung, die zeigt, dass er auf der Rückkehr zur tiefenpsychologischen Linie seines frühen schriftstellerischen Schaffens war.[62] Diese Haltung wird auch deutlich in *Der neue Prozess*, dessen Entstehung Weiss selbst folgendermaßen kommentiert hat: »Nun muss ich aber auch sagen, dass ich dieses Stück nicht mit Sicht auf das ›Realistische‹, ›Dokumentarische‹, ›Politische‹ geschrieben habe, sondern eher ›spontan‹ mit Bestandteilen des ›Unbewussten‹.«[63]

Die Suche als Heimat der Identität

Die praktische Sprachenproblematik, die Reflexionen über Sprache und Traum als Ausgangspunkt für seine kreative Tätigkeit begleiteten Weiss sein ganzes Leben lang. Wie ein Sauerteig lagen sie seinem Schaffen zugrunde und waren mit seiner Identität intim verbunden. Wie für Dante, der die *Divina Comedia* im Exil schrieb, ist für Peter Weiss – der ja sein ganzes Schriftstellerleben lang in Dante und seiner »Komödie« eine Art Vorbild sah – das gedichtete Werk ein künstliches Universum, das in Ermangelung eines »eigenen Orts« in einer fremden Welt entstanden ist.[64] Die schriftstellerische Tätigkeit stellt derart für Weiss einen Beweis für Bewusstheit und Bewusstsein dar, die Plattform, von der aus er der Anziehungskraft des schwarzen Lochs der Sprachlosigkeit entkommen kann. Verstummen ist für ihn dasselbe wie Aufgeben, wie Kapitulation, wie der Verzicht darauf, gegen die Schrecknisse Widerstand zu leisten. Ja, »außerhalb einer Sprache sein bedeutete Sterben«, schreibt Weiss in *Laokoon oder Über die Grenzen der Sprache*[65], und als er am Ende desselben Aufsatzes sagt: »jedes Wort, mit dem er eine Wahrheit gewinnt, ist aus Zweifeln und Widersprüchen hervorgegangen«[66], schildert er seinen eigenen Kampf um das Wort im Schreibprozess selbst.

Gerade diese widersprüchliche, schöpferische Bearbeitung der Wirklichkeit vermittelt Weiss allerdings gleichzeitig auch ein Gefühl der Freiheit und gibt ihm festen Boden unter den Füßen. Hier befindet er sich in der »Vierten Welt«. Das Schreiben ist für ihn derart ein Weg, sich selbst zugleich zu überwinden und zu finden. Ich möchte sogar behaupten, dass die mit dem Traum verbundene Suche nach einer Sprache, die Übersetzung der inneren Bilder nicht allein intim mit seiner Identität verknüpft sind, sondern dass die Suche und Umformulierung selbst die eigentliche Heimat seiner Identität sind, »denn im Schreiben bin ich vorhanden, es ist meine Art des Existierens«.[67]

Aus dieser Perspektive könnte man auch Weiss' Ertasten fremder sprachlicher Konturen in den 1940er Jahren als einen Teil dieser ständigen Suche sehen. Hierdurch erhält auch »der schwer fassbare Schatten unter jedem Wort«, den Weiss nach dem Sprachwechsel vom Schwedischen zum Deutschen empfand, eine umgekehrte Fortsetzung, jetzt mit dem Fokus auf die Muttersprache. Ab 1948 fällt dieser undefinierbare, metaphorische Schatten über alles, was er auf Deutsch schreibt, und darin lassen sich mindestens vier Nuancen, die für seine schriftstellerische Tätigkeit von Bedeutung sind, unterscheiden: erstens der Unterschied zwischen seinem eigenen Deutsch und dem der Anderen, dem vom deutschen kulturellen Hintergrund geprägten Deutsch, zweitens das rein sprachliche Defizit, das Unvermögen, ganz frei auf Deutsch schreiben zu können, drittens das, was ich hier die »schwedische Software« genannt habe, die von Weiss internalisierte schwedische Kultur und deren inhärente Werte und viertens schließlich die fließenden Bilder in seinem Inneren, »die schwer einzufangenden Elemente des Traums«. Diese vier Komponenten liegen meiner Meinung nach der Vieldeutigkeit und dem kulturellen Unterschied, dem »different set of lenses«[68] zugrunde, die Weiss von anderen deutschen Schriftstellern unterscheiden und ihn besonders aus deutscher Perspektive im imaginären »Dritten Raum« verorten, jenseits geografischer und national markierter Grenzen.

Im Gegensatz zu Peter Schlemihl, der seinen Schatten für Geld verkauft, fungiert der Schatten bei Weiss als ein Mittel, mit dem er die Welt erforscht, ein Gestaltungselement, das, weit davon entfernt, aus abstrakten sprachlichen Puzzleteilchen zu bestehen, seiner fließenden Wirklichkeitsauffassung sehr nahe kommt. Ja, »der schwer fassbare Schatten unter jedem Wort« ist in seinem schriftstellerischen Werk als Symbol für hybride Identität, Sichtbarmachung kulturellen Unterschieds an der Wand der Realität und, vor allem, als Projektion der »schwer einzufangenden Elemente des Traums« zu sehen: »Traum – Erleuchtung – jetzt weiß ich es!«[69]

(Übersetzung: Petra Thore)

Alle zitierten Briefe befinden sich im Peter-Weiss-Archiv (PWA), Akademie der Künste, Berlin. Mein herzlicher Dank gilt Professor Gunilla Palmstierna-Weiss, die freundlicherweise die vollständige Veröffentlichung des Briefes von Peter Weiss an die Wilhelm-Pieck-Universität zugelassen hat.
Mit einem Sternchen * versehene Kommentare markieren, dass die Originalsprache des Briefs Schwedisch ist.
1 Friedrich Hölderlin: »Mnemosyne. Zweite Fassung«. In: *Grosse Stuttgarter Ausgabe*. Band 2.1. Stuttgart 1951, S. 195. — 2 Hugo von Hofmannsthal: »Ein Brief«. In: *Prosa II*. Frankfurt/M. 1951, S. 13. — 3 Peter Weiss: *Notizbücher 1971–1980*. Band 2. Frankfurt/M. 1981, S. 729. — 4 Ebd., S. 725. — 5 Ebd., S. 724. — 6 Jan Christer Bengtsson hat in seiner Magisterarbeit *Fäustchen, Faust, Fäuste und Faustan bei Peter Weiss*. Södertörns Högskola 2005, S. 8–16, die Schwedisch-Kenntnisse von Peter Weiss anhand eines Vergleichs von *Dokument 1* (Selbstverlag 1949 mit schwedischem Text) und dem *Fremden* (Suhrkamp 1980) untersucht. Siehe http://www.diva-portal.org/sh/abstract.xsql?dbid=844 (letzter Zugriff: Mai 2007). — 7 Julia Kristeva: *Fremde sind wir uns selbst*. Frankfurt/M. 1990, S. 41. — 8 Weiss: *Notizbücher 1971–1980* (s. Anm. 3), S. 724. — 9 Ebd., S. 678. — 10 Ebd., S. 679. — 11 Peter Weiss an Peter Suhrkamp, im Juli 1948 (PWA). — 12 Ebd. — 13 Weiss: *Notizbücher 1971–1980* (s. Anm. 3), S. 728. — 14 Peter Weiss interviewt von Adam Krzeminski. Undatiert, vermutlich 1980 in Stockholm (PWA). — 15 Peter Weiss: »Laokoon oder Über die Grenzen der Sprache«. In: *Rapporte 1*. Frankfurt/M. 1968, S. 186. — 16 Peter Weiss: *Notizbücher 1960–1971*. Band 1. Frankfurt/M. 1982, S. 250. — 17 Die Arbeit wurde im Auftrag der Akademie der Künste, Berlin, 1988–89 durchgeführt. — 18 Peter Weiss: »Gegen die Gesetze der Normalität«. In: Ders.: *Rapporte*, Frankfurt/M., S. 72. — 19 Annie

Bourguignon: *Der Schriftsteller Peter Weiss und Schweden.* St. Ingbert 1997, S. 57. — **20** Weiss: *Notizbücher 1971–1980* (s. Anm. 3), S. 727 f. — **21** Peter Weiss an Manfred Haiduk, den 6.1.1981 (PWA). — **22** Ebd. — **23** Peter Weiss an Manfred Haiduk, den 12.4.1981 (PWA). — **24** Ein auffälliges Beispiel hierfür findet man in Matthias Köberle: *Deutscher Habitus bei Peter Weiss.* Würzburg 1999, wo überhaupt nicht berücksichtigt wird, dass Weiss' Ansichten über Deutschland vom schwedischen kulturellen Hintergrund hätten beeinflusst sein können, sondern wo einzig auf ein nahezu abstraktes Dasein im Exil hingewiesen wird, das den Hintergrund für Weiss' schriftstellerische Tätigkeit und seine Stellungnahmen konstituiere. — **25** »Die Bundesrepublik ist ein Morast!«, Spiegel-Interview mit dem Dramatiker Peter Weiss. In: *Der Spiegel,* 22/12 (1968), S. 184. — **26** Rolf D. Krause: »Peter Weiss in Schweden. Verortungsprobleme eines Weltbürgers«. In: Rainer Gerlach (Hg.): *Peter Weiss.* Frankfurt/M. 1984, S. 64. — **27** Hans-Georg Gadamer: *Wahrheit und Methode.* 3. erw. Auflage. Tübingen 1972, S. 363. — **28** Martin Rector: »Laokoon oder der vergebliche Kampf gegen die Bilder«. In: Rainer Koch/Martin Rector/Rainer Rother/Jochen Vogt (Hg.): *Peter Weiss Jahrbuch.* Band 1. Opladen 1992, S. 29. Vgl. auch Jochen Vogt: »Wie könnte dies alles geschildert werden?«. In: *TEXT+KRITIK* 37 (1982), S. 71: »Die Sprache – nur zufällig die deutsche – wird in dem Maße, wie er sie neu gebrauchen lernt – zum Kristallisationspunkt personaler Identität«. — **29** »The Third Space: Interview with Homi K. Bhabha«. In: Jonathan Rutherford (Hg.): *Identity: Community, Culture, Difference.* London 1990, S. 207. — **30** Siehe Sture Packalén: »From the ›Third Reich‹ to the ›Third Space‹«. In: Alexander Stephan (Hg.): *Exile and Otherness. New Approaches to the Experience of the Nazi Refugees.* Exil-Studien. Bd. 11. Oxford – Bern – Berlin – Bruxelles – Frankfurt/M. – New York – Wien 2005, S. 121–132. – Vgl. auch Michael Hofmann: »Interkulturelle Perspektiven in Peter Weiss' *Ästhetik des Widerstands*«. In: Arnd Beise, Michael Hofmann, Martin Rector, Jochen Vogt (Hg.): *Peter Weiss Jahrbuch.* Band 15. St. Ingbert 2006, S. 43–67. — **31** Peter Weiss interviewt von Adam Krzeminski (s. Anm. 14). — **32** Weiss: *Notizbücher 1960–1971.* Band 1 (s. Anm. 16), S. 351. — **33** Rector: »Laokoon oder der vergebliche Kampf gegen die Bilder« (s. Anm. 28), S. 30. — **34** Annie Bourguignon spricht von »der schwedischen Dimension« in: *Der Schriftsteller Peter Weiss und Schweden* (s. Anm. 19), S. 281. — **35** *Peter Weiss an Olof Lagercrantz, den 8.5.1979 (PWA). — **36** Peter Weiss an den Rektor der Wilhelm-Pieck-Universität Rostock, den 2. Mai 1982 (PWA). — **37** *Peter Weiss an Bertil Karlsson, den 6.3.1976 (PWA). — **38** *Peter Weiss an Ingmar Bergman, den 24.3.1974 (PWA). — **39** Homi K. Bhabha: *Die Verortung der Kultur.* Tübingen 2000, S. 57. — **40** Peter Weiss: *Rekonvaleszenz.* Frankfurt/M. 1991, S. 183. — **41** Ebd., S. 187. — **42** Ebd., S. 178. — **43** Gadamer: *Wahrheit und Methode* (s. Anm. 27), S. 282. — **44** Kristeva: *Fremde sind wir uns selbst* (s. Anm. 7), S. 41. — **45** Entwurf des Briefes an den Rektor der Wilhelm-Pieck-Universität Rostock, den 2. Mai 1982 (PWA). — **46** Sun Axelsson: »Gespräch mit Peter Weiss«. In: Rainer Gerlach/Matthias Richter (Hg.): *Peter Weiss im Gespräch.* Frankfurt/M. 1986, S. 126. — **47** Christian Bommert: *Peter Weiss und der Surrealismus.* Opladen 1991, S. 166. — **48** Gunilla Palmstierna-Weiss interviewt von Sture Packalén am 22. März 1991. — **49** Weiss: *Notizbücher 1971–1980* (s. Anm. 3), S. 873. — **50** Ebd. — **51** Vgl. zum Beispiel Weiss: *Rekonvaleszenz* (s. Anm. 40), S. 7–8. — **52** Weiss: *Notizbücher 1960–1971* (s. Anm. 16), S. 56. — **53** Peter Weiss: *Ästhetik des Widerstands.* Band 3. Frankfurt/M. 1981, S. 199. Vgl. hierzu Andreas Huber: *Mythos und Utopie. Eine Studie zur Ästhetik des Widerstands von Peter Weiss.* Heidelberg 1990, S. 246 f. — **54** Christian Bommert: »Kunst-Traum-Gedächtnis«. In: Beat Mazenauer/Severin Perrig (Hg.): *Ästhetik, Revolte und Widerstand im Werk von Peter Weiss.* Ergänzungsband. Luzern – Mannenberg 1990, S. 119. — **55** Silvia Kienberger: »Peter Weiss, der Surrealismus und ein Buch von Christian Bommert«. In: *Peter Weiss Jahrbuch* (s. Anm. 28), S. 125. — **56** Martin Rector: »Örtlichkeit und Phantasie. Zur inneren Konstruktion der *Ästhetik des Widerstands*«. In: Alexander Stephan (Hg.): *Die Ästhetik des Widerstands.* Frankfurt/M. 1983, S. 104. — **57** Peter Weiss: *Hölderlin.* Frankfurt/M. 1972, S. 191. — **58** Weiss: »Laokoon oder Über die Grenzen der Sprache« (s. Anm. 15), S. 179. — **59** Siehe Jan Bahlenberg: *Carlo Derkert. Porträtt av en konstvisare.* Stockholm 2005 und Ingela Lind: »Samtalet var Carlo Derkerts livsnerv«. In: *Dagens Nyheter.* Stockholm, 4.1.1994. —

60 Peter Weiss schreibt in *Notizbücher 1971–1980* (s. Anm. 3), S. 89: »Seit Jahren unsre Gespräche, zusammen mit seiner Frau Kerstin, und Gunilla, von ausserordent-lichem Wert bei der Erörterung künstlerischer, kultureller und politischer Begriffe«. — **61** Weiss: *Ästhetik des Widerstands* (s. Anm. 53), S. 208. — **62** Dass Weiss' künstlerische Entwicklung sich kurz vor seinem Tod tatsächlich in diese Richtung bewegte, ist mir von Gunilla Palmstierna-Weiss im Gespräch bestätigt worden: »Was er sich vorgestellt hatte, war, das politische Schreiben mit mehr psychoanalytischem Denken zu vereinigen, eine Kombination des Politischen mit dem Psychologischen durchzuführen, eine Kombination einer inneren mit einer äußeren Ebene.« Gunilla Palmstierna-Weiss im Gespräch (s. Anm. 48). — **63** Peter Weiss an Manfred Haiduk, den 12.4.1981 (PWA). — **64** Vgl. Kristeva: *Fremde sind wir uns selbst* (s. Anm. 7), vgl. S. 116. — **65** Weiss: »Laokoon oder Über die Grenzen der Sprache« (s. Anm. 15), S. 182. — **66** Ebd., S. 187. — **67** Weiss: *Rekonvaleszenz* (s. Anm. 40), S. 14. — **68** Edward W. Said: *Reflections on Exile*. London 2001, S. xxxv. — **69** Weiss: *Notizbücher 1960–1971*. Band 1 (s. Anm. 16), S. 292.

Susanne Utsch

Übersetzungsmodi
Zur Komplementarität von Sprachverhalten und transatlantischem Kulturtransfer bei Klaus Mann

Klaus Mann gehört zu den wenigen Schriftstellern, die im Exil die Sprache gewechselt haben, aber nach wie vor im deutschsprachigen Kanon vertreten sind.[1] Klaus Mann, Peter Weiss und Stefan Heym: Diese mehrsprachigen Exilautoren sind einem größeren Publikum bekannt. Aber wer kennt, abseits von Fachkreisen, Hans Natonek? Wer weiß von Roy C. Bates, Martin Gumpert oder Curt Riess? Kaum ein deutschsprachiger Verlag publizierte ihre Bücher, weder die in deutscher Sprache verfassten noch die Übersetzung der fremdsprachigen. Selbst Schriftsteller, die im Exilland erfolgreich waren, hatten später Schwierigkeiten, ihr gesamtes, zweisprachiges Werk in einem deutschsprachigen Verlag unterzubringen. Schriftsteller mit Mehrsprachenkenntnis konnten im Exil jedoch wichtige Übersetzungsaufgaben wahrnehmen: für Alltagsbelange, aber auch für die Verbreitung kulturellen Wissens und literarischer Texte. Sie ermöglichten damit den inhaltlichen Kulturaustausch zwischen der deutschen Emigration und dem Gastland. Mehrsprachige Exilschriftsteller und ihr Wirken sind jedoch erst wenig untersucht worden, das gilt auch für Klaus Mann und die Funktionen seines unterschiedlichen Sprachverhaltens im Exil.

An seinem Beispiel lässt sich zeigen, dass Übersetzung im Exil nicht nur als eine literarische Aufgabe verstanden wurde, die Zweisprachigkeit erforderte, sondern dass sie im Sinne von Kulturtransfer auch in der Einsprachigkeit kultiviert werden konnte. Es sind unterschiedliche Formen von zunächst kulturellen und später dann literarischen Übersetzungstätigkeiten und Dolmetscherfunktionen, die Klaus Mann seit seiner Vortragsreise in den USA im Winter 1936/37 prägte und zunehmend professionalisierte. Klaus Mann war sich zu diesem Zeitpunkt sicher: »*die Jugend* der verschiedenen Länder und Erdteile ist sich nicht mehr fremd«, man teile die gleichen Hoffnungen und Ängste.[2] Damit war der erste Grundstein gelegt zu seiner Selbstverpflichtung, den transatlantischen Kulturaustausch zu fördern. Die unterschiedlichen Modi dieser Vermittlungstätigkeit stehen in engem Zusammenhang mit seinem jeweiligen Sprachverhalten, das sich im Lauf der Exildauer mehrfach änderte. Im europäischen Exil hatte Klaus Mann zunächst weiterhin deutsch geschrieben. Im Sprach- und Kulturkontakt mit den USA begann er sukzessive Englisch zu schreiben und hielt im Winter 1938/1939 erstmals

Vorträge in englischer Sprache. Anfang 1939 folgte sein erster englischer Zeitschriftenartikel und schon ein Jahr später begann er, auch seine fiktionalen Texte direkt in englischer Sprache zu verfassen. Die amerikanische Alltagssprache war nun zu seiner literarischen Sprache geworden. Bis 1945 schrieb er fast ausschließlich Englisch – und ging erst nach Kriegsende zu literarischer Zweisprachigkeit über.

Die Motivation für dieses unterschiedliche Sprachverhalten lässt sich anhand von privaten, nicht fiktionalen Texten nachvollziehen.[3] Öffentlich hat sich Klaus Mann nur selten über seinen Sprachwechsel und die Phasen der Ein- und Zweisprachigkeit geäußert. Umso bemerkenswerter sind die Darstellungen und Reflexionen in seinen Autobiografien *The Turning Point* und *Der Wendepunkt* sowie in einem Essay mit dem Arbeitstitel *Die Sprache*. Bei diesen drei autobiografischen Texten ist es für die inhaltliche Einordnung notwendig, Klaus Manns Intention zu berücksichtigen. So lässt sich nachweisen, dass er seine Autobiografien dezidiert auf das Publikum ausrichtete: 1942 schrieb er die amerikanische Version *The Turning Point* für seine amerikanischen Leser, die erweiterte deutsche Übersetzung *Der Wendepunkt*, die er 1949 fertigstellte, richtete sich eindeutig an Leser in Deutschland.[4] Anders der Essay *Die Sprache*: Er wurde zwar mehrfach und in verschiedenenen Ländern publiziert, so in den USA, in der Schweiz und in Österreich.[5] Der Text richtete sich aber ohne große Veränderungen an das immer gleiche, deutschsprachige Publikum. Es lässt sich die These aufstellen, dass Klaus Mann mit seinem Essay deutsch schreibende Exilautoren erreichen und von einem Sprachwechsel überzeugen wollte. Darauf lassen die dialogische Struktur des Textes und seine Erstveröffentlichung in der deutschsprachigen Zeitschrift *Aufbau* schließen, einem zentralen Organ der Emigranten in den USA.[6] Dort erschien der Essay im August 1947 unter dem Titel: *Der Dichter und die Sprache*. Zu diesem Zeitpunkt hatte Klaus Mann gerade seine erste Selbstübersetzung, *André Gide und die Krise des modernen Denkens*, abgeschlossen und damit begonnen, seine Autobiografie *The Turning Point* ins Deutsche zu übertragen. Die Arbeit an diesen Selbstübersetzungen beeinflusste Klaus Manns Reflexionsprozess nachweislich stark.

Klaus Mann erörterte in *Die Sprache* die besonderen Schwierigkeiten des Exildaseins für Sprachintellektuelle und reflektierte in diesem Zusammenhang sein eigenes Sprachverhalten. Ausgehend von diesem Text lässt sich zeigen, wie Klaus Mann die anfangs noch sehr starke Bindung an seine Muttersprache und damit die Einsprachigkeit überwand. Sowohl die deutsche als auch später die englische Sprache dienten ihm für seine Kulturvermittlung – zunächst äußerte sich diese in kulturellen Übersetzungen, nach 1945 liegen mit den Selbstübertragungen auch literarische Übersetzungen vor. Dieser mehrdimensionale Kulturtransfer steht komplementär zu Manns Sprachverhalten. Es bietet sich daher an, einzelne Facetten dieser kulturellen und literarischen Übersetzungstätigkeit anhand der Essaydramaturgie von *Die Sprache* nachzuvollziehen. Der Text lässt sich in sechs Sinnabschnitte gliedern: Er behandelt zunächst Manns Sprachverständnis in den ersten Jahren des Exils, das durch eine starke Muttersprachenbindung geprägt war (I), beschreibt dann das Dilemma des Sprachexils für die Berufsgruppe der Schriftsteller (II) und reflektiert schließlich die Option des literarischen Sprachwechsels (III). Am Beispiel der Selbstübersetzungen (V) werden schließlich am Ende des Essays die Schwierigkeiten der literarischen Zweisprachigkeit (IV) ausgeführt, bevor sich die Frage nach der Verortung seines zweisprachigen Werks stellt (VI). Um Klaus Manns (Selbst-)Übersetzungen einordnen zu können, ist es zunächst notwendig, sein Verhältnis zur deutschen Muttersprache zu kennen.

I Muttersprachenbindung im Exil

Besonders eklatant ist dies im Essay *Die Sprache* dargestellt: Der Text beginnt mit einem Bekenntnis zur deutschen Muttersprache, die im Exil als Distinktionsmerkmal diente. In Abgrenzung zur englisch sprechenden Umgebung repräsentierte sie das vermeintlich Eigene des subjektiven Ichs am deutlichsten.[7] Das Determinativkompositum »Mutter« unterstreicht die quasi-natürliche Gegebenheit des Sprachgebrauchs und der Sprachbindung.[8] »Sogar wenn uns der Vater verstösst, die Mutter wird uns stets die Treue halten. Ihr Segen ist mit uns, auch in der Fremde.«[9] Der unvermittelte Wechsel in die 3. Person Plural bindet die Leser in die Essayargumentation ein und erlaubt es, die folgenden Aussagen zu objektivieren: »Das Vaterland kann man verlieren, aber die Muttersprache ist der unverlierbare Besitz, die Heimat der Heimatlosen, der Trost der Geängstigten und Betrübten.«[10] Der Sprache werden hier also lebenswichtige Funktionen zugeteilt: Sie wird zum Gegenentwurf für das gleichermaßen metaphorisch wie konkret zu lesende, in Deutschland zurückgelassene Eigentum, die verlorene Heimat und die vermisste Mutter. Der Essay spricht der Muttersprache damit soziale Eigenschaften und metaphysische Fähigkeiten zu, mit der sie Mängel des Exils ausgleichen kann. Sie steht dem Sprecher als eigenmächtiges Medium aktiv gegenüber.

Diese Vorstellung entspricht der Muttersprachentheorie von Leo Weisgerber, dessen Schriften in den 1920er Jahren weit verbreitet waren. Es ist daher gut denkbar, dass diese ganzheitliche Sprachtheorie auch den Schriftstellern bekannt war, die Deutschland nach dem 30. Januar 1933 verlassen hatten. Bei Weisgerber ist »jeder Mensch (…) ein sprachfähiges Wesen, das in eine Muttersprache hineinwächst, aus dieser Muttersprache sich einen gewissen Sprachbesitz aneignet und dann diesen Sprachbesitz verwendet, mit ihm arbeitet«.¹¹ Auch Klaus Mann spricht im Essay vom »Besitz« der Muttersprache und bei der Berücksichtigung beider Adjektive wird die Kongruenz besonders deutlich: Mann nennt die Muttersprache einen »unverlierbare(n) Besitz«, für Weisgerber ist sie sogar »unbedrohter Besitz«.¹² Manns Formulierung ist erfahrungsinhärent, Weisgerber geht qua Überzeugung davon aus, dass »keine Macht der Erde (...) eine so zusammengeschlossene Gemeinschaft [wie die Sprachgemeinschaft; d. Verf.] zerstören und zerteilen« kann.¹³

Anfangs teilte Klaus Mann also Weisgerbers Ansichten, zumal er sich in den Niederlanden, Frankreich und besonders in den ersten Jahres seines amerikanischen Exils der deutschen Sprach- und Kulturgemeinschaft eng verbunden fühlte. Und es ist für sein Wirken als Kulturvermittler notwendig, seine Bewertung der Eigenkultur und der deutschen Sprach- und Kulturgemeinschaft in dieser Zeit zu kennen. Im Januar 1938 schrieb er: »Der Künstler ist, beinah immer, auf eine besonders komplizierte und intensive Weise an die Atmosphäre, an die Landschaft und die Sprache seiner Heimat gebunden. (...) Für den Künstler ist also der Verlust dieser Heimat ein besonders einschneidendes, seine ganze geistige – und oft auch physische – Existenz gefährdendes Ereignis.«¹⁴ Ein konkreter Ausdruck dieser emotionalen Bindung war, dass Mann selbst in den USA, wo er kaum auf Fremdsprachenkenntnis traf, zwischen 1936 und 1939 so oft er konnte deutsch sprach. Im November 1937 eröffnete er seinen »Thanksgiving«-Vortrag vor Deutschamerikanern mit dem einleitenden »Bekenntnis«, welche »Genugtuung« es ihm bereite, dass er in »(s)einer Muttersprache« reden dürfe.¹⁵

Bis 1939/1940 identifizierte Klaus Mann sich ungebrochen mit der deutschen Sprache und den nicht-nationalsozialistischen Deutschen; einen Sprachwechsel hielt er für undenkbar – und unnötig. Denn bis zum Einmarsch der Nationalsozialisten in Polen war er davon überzeugt, dass Hitler gegen den Willen der Bevölkerungsmehrheit an die Macht gekommen war. »Hindenburg, influenced by those men, called Hitler – *not* the German people did call him.«¹⁶ Seit dem Beginn des Exils sprach er in Vorträgen und Artikeln daher von den »*zweierlei* Deutschland«, die es gebe: »ein europäisches, das zur *Welt* gehört und der Welt vieles geschenkt hat – und ein nationalistisches, abgesperrtes, eigensüchtiges, aggressives, welches Europa hasst.«¹⁷ Die starke Identifikation mit dem anderen Deutschland veranlasste Klaus Mann, die Rolle eines Repräsentanten der deutschen Kulturgemeinschaft im Exil einzunehmen. Bis Herbst 1939 ist eine intensive Beschäftigung mit der deutschen humanistischen Tradition, dem kulturellen Gedächtnis seiner Identifikationsgruppe, festzustellen. Sie kann als Ausdruck der erinnerten, vermeintlich gegenwärtig und künftig erhofften geistigen Gemeinschaft mit den »anderen Deutschen« gelesen werden. Klaus Mann verstand sich als Behüter des gemeinsamen Erbes und des zu bewahrenden Kanons. Schriftsteller und Philosophen wie Luther, Goethe, Lessing, Nietzsche und Rilke stellten für ihn Erinnerungsfiguren dar. Erinnerungsfiguren als Träger des kulturellen Gedächtnisses verortet Jan Assmann in einer nicht mehr von Zeitzeugen erinnerten quasi-mythischen Vorvergangenheit jenseits aller konkreten Erinnerungen.[18] Daneben stellt Assmann das kommunikative Gedächtnis, das den maximalen Erinnerungsrahmen über individuelle Biografien definiert, also rund 80 Jahre umfasst und als Zeithorizont »mitwandert«. Obwohl Autoren wie Nietzsche und Rilke zeitlich diesem kommunikativen Gedächtnis zugeordnet werden müssten, scheint ein entscheidender Aspekt zu sein, wie erinnert wird und wofür die Erinnerung steht: Diese Schriftsteller wurden von Klaus Mann – möglicherweise wegen der räumlichen Distanz – nämlich nicht konkret-historisch, sondern als Teile eines kulturellen Kanons erinnert, der sich in der absoluten Vergangenheit konstituiert hatte. Als Ausdruck des besseren, des »anderen Deutschlands« waren sie für ihn Teil des kanonischen Bestandes. Die Tradierung und Repräsentation dieses kulturellen Gedächtnisses hing selbst in den USA eng mit der Sprachbewahrung zusammen: Als sprachlicher Ausdruck des gemeinsamen, wenngleich rein intellektuellen Wissens kam nur die deutsche Sprache in Frage.

Es ist vor dem Hintergrund dieser sprach- und kulturkonservierenden Haltung erstaunlich, wie intensiv Klaus Mann sich auf die Fremdkultur des amerikanischen Exillandes einließ. Zwischen 1936 und 1938 verbrachte er die Winter in den USA – und die Sommer in Europa, wo er jeweils Vortragsreisen machte. Ein Blick auf die Vorträge zeigt, dass er im europäischen Sommer die Themen für den amerikanischen Winter sammelte und umgekehrt. Die Themen für die USA hießen 1937 unter anderem: *German Journalism in the Past Decade, Rainer Maria Rilke, Report on German Writers, A Note on German Literature in Exile, A Family against Dictatorship, Germany and the World*. Und für Frankreich, die Tschechoslowakei und die Niederlande schrieb er im gleichen Jahr: *Aldous Huxleys neuer Roman, Oscar Wilde entdeckt America, Deutsche in Amerika, Notizen von einer Vortragsreise, Brüning in New York, Hoffnung auf Amerika* und *Wiedersehen mit Hollywood*.[19] Die Titel sprechen für sich: Klaus Mann arbeitete am transatlantischen Kulturaustausch und war bemüht, den Amerikanern und nicht-faschistischen Europäern ihre politischen und kulturellen Gemeinsamkeiten zu vermitteln.

Das Dilemma: Er musste die Vorträge in den USA noch »in der lieben Muttersprache aufsetzen (...), um dann die Übersetzung auswendig zu lernen und mit mühsam gespielter Nonchalance vorzutragen«.[20] Er empfand diese Präsentationsform als »*enorm* anstrengend«[21], obwohl sie sich bewährte, wie reger Zulauf und das große Interesse an seinen Vorträgen zeigten. Klaus Mann hatte mit seinem Vortragsstil einen Modus gefunden, wie er der amerikanischen Öffentlichkeit sein Anliegen präsentieren konnte, wie er die Belange Europas in ihre Lebenswirklichkeit übersetzen konnte. Parallel arbeitete er an weiteren kulturellen Übersetzungsprojekten: 1937 entwarf Klaus Mann einen »Kultur-Bädecker« (!) für amerikanische Leser – der letztlich natürlich auch konservatorischen Zwecken diente.[22] Auf rund 400 Seiten sollte dem amerikanischen Publikum das gegenwärtige Kulturleben Europas vorgestellt werden. Der Schwerpunkt dieses »Guide-Books« lag auf der französischen und deutschen Kultur und Literatur. In einem Exposé führte Klaus Mann seinen Plan für das Deutschland-Kapitel aus: Hier wollte er den Unterschied zwischen Exilschriftstellern und den in Deutschland verbliebenen Autoren herausarbeiten, Gleiches plante er für die Bereiche Bildende Kunst, Musik und Theater. »The American reader, after he has read this book, ought to be well informed as to the general cultural standard as well as the details of artistic production. The success of the Reader's Digest in this country goes to prove that the American public likes to be given its information in concentrated form.«[23] Für das Buchprojekt wählte Klaus Mann also ein spezielles Format, damit der inhaltliche Kulturtransfer gelingen konnte: Er wollte sein amerikanisches Publikum mit einem Stil erreichen, den er als »personal, intimate, light«[24] beschreibt. Auch hier lag Klaus Manns geplante Übersetzungsleistung in der Verwendung eines publikumsfreundlichen Formats, das er durch die genaue Beobachtung der amerikanischen Gesellschaft entwickelt hatte.

Während der Kulturführer nicht realisiert wurde, hatten Klaus und Erika Mann 1939 großen Erfolg mit ihrem Buch *Escape to Life*, das »ein Querschnitt durch die Vielschichtigkeit der Emigranten« sein sollte und sich an US-Amerikaner richtete.[25] Wie sich bald zeigte, hatten sie die richtige Form gewählt: Die Vermittlung glückte dank des leserfreundlichen Reportage- und Anekdotenformats. Obwohl Klaus Mann damit einen weiteren erfolgreichen Modus für die kulturelle Übersetzung entwickelt hatte, wurde ihm zunehmend bewusst, dass das Festhalten an der Muttersprache im amerikanischen Exil mittelfristig in die Perspektivlosigkeit führte, zumal die europäischen Foren für den transatlantischen Dialog zunehmend schwanden.

II Das Dilemma des Sprachexils

Im zweiten Sinnabschnitt wendet sich der Essay *Die Sprache* den konkreten Konsequenzen der unverminderten Muttersprachenbindung im Exil zu. Klaus Mann sprach aus eigener Erfahrung: Er wusste, weshalb und inwiefern Schriftsteller von den exilbedingten Sprachproblemen stärker betroffen waren als andere Berufsgruppen. Während diese mit »gebrochenem Englisch« oder ihrem »fremden Akzent« arbeiten könnten, wie er meinte, hätten jene mit der Sprache ihr Werkzeug verloren, sie müssten verstummen.[26] Klaus Mann hatte aufgrund seiner eigenen Prägung Verständnis für das

Dilemma des deutschsprachigen Exilschriftstellers, für den »das Sprachproblem zur Lebensfrage wird.«[27] In der Veröffentlichung im New Yorker *Aufbau* heißt es, dass »(v)iele von uns« mittlerweile »hier« ein »zweites Vaterland« gefunden haben.[28] Für sie war das Sprachproblem in der Tat zur Lebensfrage geworden: Die Muttersprache mochte im Exil zwar als Heimatersatz gedient haben, zugleich verhinderte sie aber die sprachliche Integration in den USA. Die Frage »Für wen schreiben sie denn?« war vor allem nach der Entscheidung für das amerikanische Exil zentral geworden. Denn übersetzt wurden nur die, die schon vor 1933 berühmt gewesen waren. »Nur in wenigen, besonders glücklichen Fällen (…) kann ein Autor von den Übersetzungen seiner Arbeiten in fremde Sprachen leben. Manchmal passiert es sogar, dass ein deutsch geschriebenes Buch, das in seiner Originalsprache niemals veröffentlicht wurde, in englischer Übersetzung erscheint und ein Erfolg wird.«[29] Der beschriebene Fall traf ironischerweise zwar auch auf *Escape to Life* zu, aber grundsätzlich brachte eine Übersetzung mehrere Probleme mit sich: Ein Sachbuch konnte aufgrund der Übersetzung oft erst erscheinen, wenn das Thema bereits an Brisanz verloren hatte. Auch der amerikanische Buchmarkt legte es nahe, auf Übersetzungen zu verzichten und direkt Englisch zu schreiben: Ein Autor wie Klaus Mann, der nicht über die Bekanntheit eines Thomas Mann oder Franz Werfel verfügte, konnte eher einen Buchvertrag abschließen, wenn kein zusätzliches Übersetzungshonorar notwendig war. Außerdem störte sich Klaus Mann am Stil der literarischen Übersetzungen durch Dritte: »Die Übersetzung eines literarischen Werks gibt vom Original, im günstigsten Falle, einen ebenso guten oder schlechten Begriff wie ein Farbendruck von einem Gemälde«[30], schrieb er Anfang 1938.

In diesem Tenor verändert sich jetzt auch die Argumentation des Essays: Das positiv konnotierte Determinativ »Mutter« wird nun mit einer »Tyrannin« gleichgestellt und die eben noch positiv besetzte, quasigöttliche »Treue«-Funktion der Muttersprache bekommt die negative Konnotation einer »geliebten Fessel«.[31] Als einzigen Ausweg aus diesem Dilemma bietet der Verfasser des Essays den Sprachwechsel an.

III Literarischer Sprachwechsel

In Anlehnung an die theoretische Möglichkeit, sich im Jahr 1947 das Exilland als ein »zweites Vaterland« anzuverwandeln, stellt der Essay drei zentrale Fragen zur sprachlichen Integration:

> Aber findet man auch eine zweite Sprache?
> Lässt die Mutter-Sprache sich je vergessen?
> Oder können wir zwei Sprachen haben – zwei Mütter?[32]

Die drei Fragen beschreiben implizit Klaus Manns Sprachbiografie im Exil. Er konnte die Einsprachigkeit im amerikanischen Exil durch seinen Sprachwechsel überwinden.[33] Zunächst erwarb er die Englischkenntnisse allerdings nur, um eigene englische Vorträge und Artikel für die amerikanische Öffentlichkeit verfassen zu können, ohne sinnverzerrende Übersetzungen und zeitliche Verzögerung. »I take lecturing quite seriously – almost as seriously as writing (...). I have a sort of *idée fixe* in my mind: that I have something like a real message to deliver to my American audience«[34], schrieb er Anfang 1939. Klaus Manns Arbeit am transatlantischen Kulturaustausch wurde mit der Dauer des Exils und der wachsenden Kriegsangst zunehmend politisch. Er konzentrierte sich nun darauf, die USA von einem baldigen Einschreiten gegen Hitler zu überzeugen. Klaus Mann betrachtete die öffentliche Meinung in den USA als maßgeblichen Handlungsträger bei politischen Entscheidungen.[35] Er hatte erlebt, wie Orson Welles Hörspiel *War of the Worlds* im Oktober 1938 eine Massenpanik auslöste. Um diese Wirkungskraft der Massenmedien zu nutzen, war er trotz seiner ästhetisch hohen Ansprüche sogar bereit, bunte Rahmenprogramme für seine Vorträge in Kauf zu nehmen und den Kampf gegen Hitler als wünschenswertes Produkt, ja als Marke anzupreisen.[36] Klaus Mann hatte den *Strukturwandel der Öffentlichkeit* verstanden: Nur über multimediale Verbreitung konnte er politischen Einfluss auf die breite Öffentlichkeit nehmen.[37] »Public opinion«, schrieb er im Mai 1941, »the collective voice of approval or protest – is the supreme power in a democracy, even in the time of crisis. But the public must not be emotional and muddled; it must neither over-simplify nor complicate the issues. It must be precise, vigilant, realistic – flexible but not determined.«[38] Klaus Mann hatte dank genauer Beobachtung ein weiteres Mal ein Format gefunden, wie er sein Anliegen auf die Bedürfnisse des amerikanischen Publikums übertragen konnte. Sein Engagement für ein antifaschistisch engagiertes Amerika war in den ersten Jahren seines amerikanischen Exils aber ebenso wie die Repräsentation des deutschen kulturellen Gedächtnisses auf eine konkrete Zukunft ausgerichtet, auf die Rückkehr in ein aus eigener Kraft befreites Deutschland.

Wie Briefe und Tagebucheinträge zeigen, änderte dies erst Klaus Manns große Enttäuschung über seine Bezugsgruppe: Als Hitler im Herbst 1939 den Krieg begann, blieb der erhofft-erwartete Widerstand des »anderen Deutschlands« aus. Diese »Durchbrechung des Erwartungshorizontes«, wie Reinhart Koselleck das Phänomen beschrieben hat, führte bei Klaus Mann dazu, dass er sich unvermittelt seiner Erwartungs*fiktion* bewusst wurde.[39] Die Interaktion mit einem innerdeutschen Widerstand, Manns Identifikationsgruppe, hatte nur in seiner eigenen Wahrnehmung existiert. Dennoch empfand er im Herbst 1939 Gefühle wie die eines Vertrauensbruchs, die die Distanzierung von der deutschen Sprach- und Kulturgemeinschaft nach sich zogen. Diese Enttäuschung über das »andere Deutschland« beschleunigte schließlich seinen literarischen Sprachwechsel, obwohl er noch keine ausreichende Englischkompetenz besaß.

Klaus Mann sprach in seinem Sprach-Essay also von der eigenen Suche: Er selbst fühlte sich 1939/40 emotional gezwungen, im Englischen eine neue Sprache zu »finden«. Tatsächlich wechselte er Ende 1939 in allen literarischen Textsorten zur englischen Sprache. Nach März 1942 schrieb er selbst sein Tagebuch und seit Dezember 1943 nahezu alle Briefe an seine Freunde und an seine Familie auf Englisch. Gleich sein erstes englisches Buch diente erneut der Kulturvermittlung: In *Distinguished Visitors* sollten illustre USA-Besucher aus dem 19. und 20. Jahrhundert Europa den Amerikanern näherbringen.[40] Stilistisch versuchte Klaus Mann an den Erfolg von *Escape to Life* anzuknüpfen. Der Modus des leichten, unterhaltsamen Essaystils, halbdokumentarisch-halbfiktional, schien ihm für diesen Kulturtransfer erfolgsversprechend – das Buch wurde jedoch erst 1992 veröffentlicht. Interessant ist neben der Themenwahl auch die inhaltliche Auseinandersetzung mit dem Sprach- und Kulturkontakt: In der Figur Adalbert von Chamissos entwarf Klaus Mann ein idealisiertes Alter Ego, das literarisch in der Sprache seines Exillandes reüssiert und als ein erfolgreicher Vermittler zwischen den Kulturen präsentiert wird. Ein literarisches Vorbild mit Modellfunktion: Klaus Mann identifizierte sich nun zunehmend mit Schriftstellern, die mehrsprachig waren. Aus diesem Grund fühlte er sich zunehmend einem kulturellen Gedächtnis verpflichtet, das das gesamteuropäische Erbe speicherte, und er hoffte, an einer neuen, transnationalen Gemeinschaft mitwirken zu können. Wie bereits Dieter Lamping deutlich gemacht hat, erwies sich für Klaus Mann auf der Suche nach einer neuen Identifikationsgruppe allein das Modell »Weltbürgertum« als tragfähig.[41] Deshalb war die Wahl der neuen Sprache der Zufälligkeit des Exillandes geschuldet und verband sich zunächst nicht mit einer neuen sozialen Zugehörigkeit in den USA. Denn letztlich war es gleichgültig, in welchem Idiom die humanistische Tradition bewahrt und fortgeschrieben wurde.

Klaus Mann hatte Anfang 1940 aber nicht nur seine literarische Sprache gewechselt, er hatte auch emotionale Fesseln gelöst und sich aus dem Korsett der vermeintlich unlösbaren Muttersprachenbindung befreit. Im Essay heißt es: »Wer mir vor zwölf oder fünfzehn Jahren vorausgesagt hätte, dass ich einmal der Muttersprache untreu werden würde, dem wäre ich wohl auf gut deutsch über den Mund gefahren. Aber vor zwölf oder fünfzehn Jahren hätte man ja manches nicht für möglich gehalten, was sich inzwischen doch ereignet hat. (...) Man gewöhnt sich an beinah alles.«[42] Und in seiner Autobiografie *The Turning Point,* die er 1942 verfasste, schreibt er: »Man is always inclined to underestimate his own adaptability and alertness. (...) After a while he may realize, much to his own surprise, that the linguistic fixation which he once considered insurmountable is really nothing but another prejudice.«[43] Wie um sich selbst zu beweisen, dass die linguistische Fixierung auf die deutsche Sprache unnötig gewesen war, vollzog Klaus Mann seine sprachliche Neuorientierung zunächst so radikal, dass er die deutsche Sprache bis 1945 bis auf Army-Aufträge kaum verwendete, geschweige denn erwähnte und wenn, dann negativ. Gleichwohl arbeitete er wie zuvor an kulturvermittelnden Projekten. In englischer Sprache entwarf er 1943 ein Buchprojekt für Nachkriegsdeutschland, *American Anthology in German Language*. Klaus Mann wollte es gemeinsam mit Hermann Kesten herausgeben, die Einleitung sollte Thomas Mann schreiben.

Während dieses Vorhaben scheiterte, reüssierten Hermann Kesten und Klaus Mann im gleichen Jahr mit ihrer Anthologie *Heart of Europe. An Anthology of Creative Writing in Europe 1920–1940* auf dem amerikanischen Markt. Das Buch gab einen Überblick über die europäische Literatur der vergangenen beiden Jahrzehnte – und erneut gelang es Klaus Mann, das »Herz« des amerikanischen Publikums zu treffen. Als Gliederungseinheit diskutierten die Herausgeber auch die Kategorie »Sprache«, die Klaus Mann jedoch als unzureichend befand – worin sich seine neue Sprachauffassung widerspiegelt: »Kafka – one of the most extra-ordinary masters of German prose – is not really a German writer. (...) As for Rilke, it is particularly difficult, to define his nationality: Slavic, French and Nordic elements are fused.«[44] Kafka und Rilke wegen ihres literarischen Ausdrucksmittels als Deutsche zu bezeichnen, »would be almost tantamount to accepting Hitlers views«.[45] Sprachen waren für Klaus Mann nicht mehr notwendig der Ausdruck einer spezifischen Nationenzugehörigkeit. Ausgehend von seiner Exilerfahrung kannte er die Zufälligkeit des sprachlichen und politischen Umfelds, das nicht der literarischen Sprache des Schriftstellers entsprechen musste.

Trotz der intensiven Arbeit mit der englischen Sprache hatte Klaus Mann keine emotionale Bindung zu ihr aufgebaut: »It isn't very simple, to speak of matters, which are of such importance to one's own being – in a language, which continues to remain foreign, how much one may love it.«[46] Er identifizierte sich auch nicht mit ihren Sprechern, den US-Amerikanern. Dass er dennoch in den USA unter dem Stigma »Exilant« litt, zeigt, dass der Wechsel zur englischen Sprache bei ihm zumindest unbewusst doch ein Zugehörigkeitsgefühl erzeugt hatte. Er fühlte sich wiederholt unverstanden und in seiner sprachlichen Assimilationsleistung missachtet. Seine Einbürgerung und der Beitritt zur Army im Jahr 1943 dienten daher der Statusverbesserung innerhalb der USA. Zugleich illustriert das Ziel »Europa« auch Manns Sehnsucht, aus der exilbedingten Enge auszubrechen, aus einer Gesellschaft, die für ihn keine Identifikation ermöglichte – und ihm damit auch die Grundlage für eine Kulturvermittlung qua eigener Erfahrung nahm. Erfahrungen wie diese flossen auch in seine literarischen Texte ein, die fragmentarisch blieben: In *Reunion far from Vienna* (1944) vollzieht sich folgende Entwicklung: Im Exilland kann sich der Protagonist im Kulturkontakt durch seine Mehrsprachenkompetenz und eine exilbedingte Sensibilität profilieren.[47] Er verbessert seinen Status und steigt zum Dolmetscher und Kulturvermittler auf. Damit hat seine Assimilationskarriere ihren Höhepunkt erreicht. Im Kontakt mit einer dritten, arabischen Kultur stellt sich jedoch heraus, dass die sprachliche Vermittlung zwar erwünscht, die kulturelle aber abgelehnt wird. Dadurch entfremdet sich der Protagonist sukzessive von seiner neuen Identifikationsgruppe: Zu groß bleiben die Unterschiede zwischen der Kultur seiner europäischen Vergangenheit und dem Erleben der amerikanischen Gegenwart. Eine Wahrnehmung, die sich bei dem GI Klaus Mann während seines Kulturkontakts mit Europa nach 1944 verstärkte.

IV Zweisprachigkeit – zwei Mütter?

Die Kriegszeit hatte das Ausleben der angestrebten transatlantischen Weltbürgeridentität erschwert – 1945 eröffneten sich für Klaus Mann deshalb in verschiedener Hinsicht neue Perspektiven. Im Kontext seines ersten Deutschlandbesuchs erkannte er, dass er seine Muttersprache eben nicht »vergessen« hatte. Da der Autor sich von den Zwängen der Muttersprachenideologie befreit hatte, eröffnete dies die Möglichkeit der literarischen Zweisprachigkeit – und neue Berufsperspektiven. Im Sommer 1947 sollte Klaus Mann ein experimentelles viersprachiges Zeitschriftenprojekt namens *Synthesis* leiten; das Kulturmagazin sollte »eine Brücke zwischen Nationen und Kontinenten, zwischen Ost und West, zwischen Sozialismus und Demokratie«[48] schlagen. Das Vorhaben zerschlug sich jedoch. Auch ein Projekt für Deutschland blieb Theorie: Gemeinsam mit Hans Feist wollte Klaus Mann das deutschsprachige Publikum mit amerikanischer Kultur jenseits von Hollywood bekannt machen. *Lyrisches Amerika* hieß der Titel der Anthologie, die offenbar als Gegenüberstellung zu der in den USA erfolgreich veröffentlichten Anthologie *Heart of Europe* geplant gewesen war. Auch sie blieb unrealisiert.

Im mündlichen und schriftlichen Sprachgebrauch arbeitete er nun mit zwei Sprachen am transatlantischen Dialog, auch wenn er sich nur bedingt dazu beauftragt fühlte: Als er Ende 1947 eine Vortragsreise durch die Niederlande und Skandinavien unternahm, hielt er seinen Vortrag über amerikanische Literatur je nach Wunsch in deutscher oder amerikanischer Sprache. Dieser Arbeitsalltag führte zur Essayfrage nach der literarischen Kompetenz in beiden Sprachen – nach den beiden Müttern –, die er 1947 noch nicht beantworten konnte. »Wird es darauf hinauslaufen, dass man das Deutsche verlernt ohne das Englische jemals wirklich zu beherrschen?«[49] Seine Reflexionen umfassen die beiden Pole seiner zweisprachigen Identität, die Möglichkeit des Gewinns und die Gefahr des Verlusts: »Auf der einen Seite die Angst, dass man sich der Muttersprache entfremden könnte ohne mit der neuen Sprache jemals ganz vertraut zu werden – was zu Verwirrung und Verarmung führen müsste; auf der anderen die Hoffnung, man werde sich schließlich beide durchaus zu eigen machen.«[50] Die Fragen an die Zweisprachigkeit standen im Rahmen seiner Selbstübersetzungen wohl auf dem schwersten Prüfstand, dem literarischen und damit letzten Übersetzungsmodus, den Klaus Mann entwickelte.

V Selbstübersetzungen

Selbstübersetzungen erschienen nach 1945 in verschiedener Hinsicht ein vielversprechendes Experiment, denn Klaus Mann konnte nun erstmals wirtschaftlich von seiner Zweisprachigkeit profitieren. Er wollte sich auf diese Weise einen neuen, den deutschen Markt erschließen und damit emotional und intellektuell ein neues Publikum. Die literarischen Selbstübersetzungen bilden im Rahmen dieser Untersuchung den ausgereiftesten Übersetzungsmodus. Sie ergänzen phänotypisch die vorhergehenden Modi der kulturellen Übersetzung: Vorträge, Anthologien, Zeitungsprojekte. Im Essay stehen Selbstübersetzungen jedoch zunächst – im fünften Sinnabschnitt – für die Schwierigkeiten der linguistischen Metamorphose. »Es ist wohl so etwas wie eine psychologische Spaltung, ein schizophrener Prozess, den man durchmacht, wenn man zweisprachig zu werden versucht – interessant, aber beunruhigend.«[51] Genau dieses Schwanken beschreibt der Verfasser auch für seine Übertragungen ins Deutsche, die er als irritierende und heikle Aufgabe empfand. Trotz dieser Schwierigkeiten war es für Klaus Mann Ehrensache und nicht zuletzt öffentlichkeitswirksames Kalkül, seine Werke selbst zu übertragen: »ich [kann] doch nicht ein deutsches Buch von mir erscheinen lassen ›aus dem Englischen übersetzt von Hans Reisiger‹. Das wäre doch etwas albern«, schrieb er im September 1947.[52]

Kurz vor dem Verfassen des Essays war Klaus Mann während der Übertragung von *André Gide or the Crisis of the Modern Thought* klar geworden: »I am not only supposed to translate the book myself, but I will also have to rewrite and change it in important parts. In other words, the German version of *Gide* will actually become a new book – written by me in German.«[53] Er vermied daher auch den Begriff der Übersetzung: »Eine Übersetzung? Eher eine Metamorphose. Man übersetzt sich nicht selbst, ohne sich dabei zu wandeln ...«[54] Diese Erfahrung spiegelt auch die deutsche Fassung seiner Autobiografie wider: »Es wäre falsch, den Zusammenhang zwischen den beiden Büchern, ›The Turning Point‹ und ›Der Wendepunkt‹ leugnen zu wollen; aber es wäre ebenso unrichtig, oder sogar noch irrtümlicher, die deutsche Version als eine ›Übersetzung aus dem Amerikanischen‹ zu präsentieren. Denn es verhält sich nicht etwa so, dass ich meinen englischen Text einfach ins Deutsche übertragen hätte; vielmehr habe ich ein neues deutsches Buch geschrieben, wobei ich einiges Material aus der ursprünglichen amerikanischen Fassung verwenden konnte.«[55]

Der Originaltext wurde also in ein weiteres Original und nicht in eine anderssprachige Fassung seines Ausgangstextes transformiert, wie das subjektive Ich, hier leicht erkennbar als das Alter Ego Klaus Manns, im Essay *Die Sprache* beschreibt: »Am leichtesten ging es noch, wenn ich das Original einfach beiseite schob und keck darauf los schrieb, als ob ich gar kein Übersetzer wäre, sondern ein unabhängig Schaffender.«[56] Diese »Freiheiten«, die bei der *Gide*-Übersetzung noch Ausnahmen waren, wurden beim Verfassen des *Wendepunkts* zur Regel. Ein Grund für die vielen Neuschreibungen und die Erweiterung von *Der Wendepunkt* könnte darin liegen, dass die Ehrfurcht vor der deutschen Erstsprache größer war als vor dem Ausgangstext im englischen Idiom.[57] Hinzu kam, das Klaus Mann bei jeder Sprache eine je eigene »Denkungsart« vermutete.[58] Auf ein ähnliches, sprachimmanentes Problem hat Georges-Arthur Goldschmidt im Zusammenhang mit seinen Selbstübersetzungen hingewiesen: Er könne im Deutschen und Französischen nicht das Gleiche ausdrücken.[59] Dies legt die Vermutung nahe, dass Selbstübersetzungen ein Grenzbegriff zugrunde liegt, der die von Walter Benjamin apodiktisch gesetzten Grenzen von Übersetzbarkeit und Sprachgebrauch ignoriert. Benjamin hat Übersetzung mit der »Überführung der einen Sprache in die andere durch ein Kontinuum an Verwandlungen« beschrieben: »Die Aufgabe des Übersetzers« ist es demnach, »diejenige Intention auf die Sprache, in die übersetzt wird, zu finden, von der aus in ihr das Echo des Originals erweckt wird. (...) Die Übersetzung aber sieht sich nicht wie die Dichtung gleichsam im innern Bergwald der Sprache selbst, sondern außerhalb desselben, ihm gegenüber und ohne ihn zu betreten ruft sie das Original hinein, an denjenigen einzigen Orte hinein, wo jeweils das Echo in der eigenen den Widerhall eines Werkes der fremden Sprache zu geben vermag.«[60] Klaus Mann widersetzte sich – wie auch Georges-Arthur Goldschmidt – mit seinen Selbstübersetzungen dieser Anordnung, indem er die Übersetzung gewissermaßen aus dem Innern des »Bergwalds der Sprache« heraus vornahm. Er orientierte sich nicht an vorliegenden Zeichen, sondern am Inhalt und nahm, wo es ihm sinnvoll erschien, Veränderungen vor. Und wenn Benjamin schreibt: »Die wahre Übersetzung ist durchscheinend, sie verdeckt nicht das Original, steht ihm nicht im Licht, sondern lässt die reine Sprache, wie verstärkt durch ihr eigenes Medium aufs Original fallen«[61], dann zeigt sich an den Übertragungen Klaus Manns, dass er das Original sehr wohl verdecken wollte, dies intendierte und mit diesem Ansinnen auch spielte.

Klaus Manns autobiografische Selbstübersetzungen sind also weder grammatische Übersetzungen noch »verändernde Übersetzungen« im Sinne Novalis'.[62] Mit Dieter Lamping kann die Selbstübersetzung von Klaus Mann damit als eine Ausprägung moderner, interpretierender Übertragungen gelten – bei modernen Autoren ein häufiges Phänomen: »Sie transponieren den Text nicht einfach in eine andere Sprache, sie formulieren und sie formen ihn auch um. So schaffen sie einen zumindest teilweise neuen Text, der dem alten – sei es vom Wortlaut, sei es vom Sinn, sei es vom Stil, sei es von der Form her – nie ganz entspricht. Sie sind mit einem Wort als *Über*setzungen zugleich *Um*setzungen von Interpretationen und Reflexionen des übersetzten Textes.«[63]

Neben diesen inhaltlichen Gründen muss bei Klaus Mann auch die kulturvermittelnde Dimension des Übersetzungsprozesses berücksichtigt werden. Sie ist sicher einer der Hauptgründe, warum Selbstübersetzungen unter mehrsprachigen Exilautoren allgemein verbreitet waren, vor allem unter Autoren der zweiten Generation wie Georges-Arthur Goldschmidt oder Michael Hamburger.[64] Andreas Wittbrodt hat die These aufgestellt, »dass die mehrsprachigen Autoren das, was sie in ihren sprachautobiografischen Schriften zum Teil beschreiben und zum Teil demonstrieren, in ihren Selbstübersetzungen praktizierten.«[65] Konkret hieß das für Klaus Mann, die Rolle eines Weltbürgers, eines übernationalen Kulturvermittlers einzunehmen. Diese Lesart der veränderten Übersetzung würde auch erklären, warum er im *Wendepunkt* kulturspezifische Details überarbeitet hatte, die »für den nicht-amerikanischen Leser ohne Bedeutung oder schwer verständlich erschienen.«[66] Mit den Selbstübersetzungen hatte er schließlich die literarische neben die kulturellen Übersetzungen gestellt. Die Vermarktung war jedoch schwierig. »Wann meine Bücher dort erscheinen werden?«, schrieb er Ende 1946 an Herbert Schlüter, »[m]ein Lieber, ich ahne es nicht. Gerade arbeite ich an der deutschen Übersetzung von ›André Gide‹. Die deutsche Ausgabe kommt bei Steinberg in Zürich. Aber ob sie je nach Deutschland eingeführt werden kann? Es gibt da einige technische Schwierigkeiten, die bis jetzt unüberwindlich scheinen.«[67]

VI Verortung des zweisprachigen Werks

Die Jahre zwischen 1945 und 1949 markierten für sprachwechselnde Exilautoren einen Zeitraum, in dem sie ihre Perspektiven mit der neuen Sprachidentität abwägen und Alternativen wie Zweisprachigkeit ausprobieren konnten. Die Befreiung Deutschlands führte 1945 dazu, dass Klaus Mann wie bei Kriegsbeginn 1939 erneut alle Zugehörigkeiten hinterfragen musste, um eine neue soziale und politische Identität zu finden: »Ob der ausgewanderte Schriftsteller (sich) nun als loyaler ›citizen‹ (bzw. ›subject‹) seines neuen Landes empfindet, ob er wieder Deutscher werden will oder ob der Status des Weltbürgers ohne nationale Bindungen ihm gemäß erscheint; seit dem Zusammenbruch des nationalsozialistischen Regimes ist er kein politischer Flüchtling, kein Verbannter mehr.«[68] Klaus Manns soziale Identität stand 1947 im Spannungsfeld zwischen dem Wunsch nach Zugehörigkeit, also Integration, und der Wahrnehmung von Entwurzelung bzw. Marginalisierung sowohl in der deutschen wie in der amerikanischen Sprach- und Kulturgemeinschaft. In diesem Zusammenhang wird deutlich, wie stark bei Klaus Mann die literarische Zweisprachigkeit als Ausdruck einer übernationalen Weltbürgeridentität von der Identifikation mit einer Sprach- und Kulturgemeinschaft abhängig war. Spätestens 1947 zeigte sich deutlich, dass das Modell einer transatlantischen Weltbürgeridentität lediglich im Exil funktioniert hatte: Die Realität der Nachkriegszeit machte die Hoffnung auf eine konkrete Dolmetscher- oder kulturelle Vermittlerrolle zwischen den USA und Europa bzw. Nachkriegsdeutschland zunichte. »If our Washington-appointed cultural experts and public relations men were more skillful and imaginative than they actually are, they would use America's outstanding writers as good-will ambassadors all over the world, especially in literature-conscious Europe.«[69] Obwohl Klaus Mann überall in Europa »amerikanische Kulturpropaganda« betrieb, luden ihn nur die Franzosen in ihre Besatzungszone zu Vorträgen ein –« obwohl ich doch amerikanischer Bürger, amerikanischer Patriot (bin), und also in der amerikanischen Zone sprechen sollte ...«[70] Die gefühlte Isolation in den USA hatte Auswirkungen auf seine Selbstkonzeption: Er fühlte sich durch die weltpolitische Krisensituation und die Ablehnung von Deutschland menschlich wie sprachlich desorientiert.

Die Krise der sozialen Identität zog eine Sprachkrise nach sich. Die Frage, ob man das Deutsche verlerne, ohne das Englische je zu beherrschen, konnte der Essay nicht abschließend beantworten – sie bewegte Klaus Mann weiterhin. In einem nachdenklichen Brief bilanzierte er Anfang 1949 seine Schriftstellerkarrieren in Deutschland und den USA: »(F)ällt das Schreiben mir schwerer als in den flotten Kindertagen? Damals hatte ich *eine* Sprache, in der ich mich recht flink auszudrücken vermochte; jetzt stocke ich in *zwei* Zungen. Im Englischen werde ich wohl nie *ganz* so zuhause sein, wie ich es im Deutschen *war* – aber wohl nicht mehr *bin* ...«[71] Klaus Mann klagte über Schreibhemmungen und langwieriges Arbeiten. Fredric Kroll führt die Schreibhemmung auf einen unbewussten Mechanismus von Klaus Manns Todessehnsucht zurück, die sie ausgelöst habe, um einen »akzeptablen« Grund zum Selbstmord zu haben.[72] Diese psychologische Deutung lässt jedoch eine nahe liegende Frage unbeantwortet: Für wen hätte er denn schreiben sollen?

Die Frage nach der sozialen Zugehörigkeit und der literarischen Verortung seines engagierten, zweisprachigen Werks ist das zentrale Thema, auf das Klaus Mann im exilbedingten Sprachkontakt zwischen 1936 und 1949 immer wieder zurückkommt. »All diese verstreuten Dokumente abgelebter Entwicklungs-Stufen – wird es jemals gesammelt, je zur Wirkung kommen? Hat man, eines Tages, ein ›Werk‹? In welcher Sprache? Für WEN? – Ach über die vergeudeten Worte! Weh', über das hingestreute Gefühl-----.«[73] Mit seiner Befürchtung nahm er bereits im Winter 1940 die Rezeption seines Werks im 20. Jahrhundert vorweg: Erst 1990, also 41 Jahre nach seinem Tod, erschienen erstmals sämtliche Erzählungen aus dem Exil, darunter sechs, die er englisch verfasst hatte. 1992 erschien dann die deutsche Übersetzung von *Distinguished Visitors,* Manns erstem englisch geschriebenen Buch, und 1994 wurden zum ersten Mal sämtliche englisch verfassten Essays publiziert.

Sein Dilemma hängt mit der bis heute nationalphilologisch orientierten Literaturgeschichtsschreibung innerhalb der germanistisch ausgerichteten Exilliteraturforschung zusammen. Zu lange hat die Germanistik zu Phänomenen wie Sprachwechsel und Zweisprachigkeit keinen eigenen Standpunkt entwickelt, und wenn, dann hat sie meistens aus der Perspektive der sprachbewahrenden Exilschriftsteller heraus argumentiert und interpretiert. Forderungen zum Umdenken wurden lange nicht umgesetzt.[74] Dabei ist ein disziplinenübergreifender Paradigmenwechsel laut Georg Kremnitz längst überfällig: »Das Konzept der Nationalliteraturen bedarf eines Korrektivs, daran besteht schon lange kein Zweifel mehr, ebenso wie die Vorstellung, Schriftsteller könnten sich *nur* in ihrer ›Muttersprache‹ ausdrücken.«[75]

Auch am Beispiel Klaus Manns wird dies deutlich: Er verwendete in gleicher Form die deutsche wie die englische Sprache für die transatlantische Kulturvermittlung. Sein besonderes Verdienst sind in diesem Zusammenhang die kulturellen Übersetzungsmodi, die er explizit für das amerikanische Publikum entwickelte: Textformate, die er dank genauer Beobachtung der Gesellschaft an den Reader's Digest-Stil erfolgreich anlehnen konnte, und Vorträge, die durch kabarettistische Einlagen zu begehrten Veranstaltungen wurden. Sowohl bei den kulturellen als auch bei den literarischen Übersetzungen von Klaus Mann ist der enge Zusammenhang zum unterschiedlichen Sprachverhalten deutlich geworden. Eine Untersuchung der mehrdimensionalen Arbeitsmöglichkeiten eines zweisprachigen Autors wie Klaus Mann eröffnet der Exilliteraturforschung also neue Perspektiven. Will sie sich mehrsprachigen Schriftstellern jedoch adäquat zuwenden, muss sie sich neue Methoden erschließen bzw. der Interdisziplinarität öffnen: Denn für eine exakte Beschreibung der sprachlichen Umstellungsprozesse ist die Kenntnis sozio- und kontaktlinguistischer Begriffe, Methoden und Modelle unabdingbar. Das gilt auch für die Einordnung und Bewertung von Spracherwerb und -kompetenz sowie den Implikationen und motivationellen Faktoren bei

Sprachwechsel und Zweisprachigkeit – nicht zuletzt aber auch, um in die literaturwissenschaftliche Diskussion linguistischer Exilphänomene klar definierte Termini einzuführen. Für die Untersuchung des Werks mehrsprachiger Exilschriftsteller bieten sich außerdem komparatistische Untersuchungsansätze an: Innerhalb der Romanistik sind in den vergangenen Jahren verschiedene Arbeiten zu Übersetzung und Mehrsprachigkeit erschienen, die bereits einige Aspekte erarbeitet haben, die sich übertragen ließen. Auch für die Betrachtung der Komplementarität von Zweisprachigkeit und Kulturtransfer bei Klaus Mann war das komparatistische Vorgehen unumgänglich. Denn die häufig vernachlässigten englischsprachigen Texte liefern auf der narrativen Ebene Aufschlüsse über das Identifikationsdilemma und rücken zugleich die erschwerte Conditio für Klaus Manns Entwicklung von kulturellen und literarischen Übersetzungsmodi ins Bewusstsein.

---

1 Vgl. Susanne Utsch: *Sprachwechsel im Exil. Die »linguistische Metamorphose« von Klaus Mann.* Köln u.a. 2007. — 2 Klaus Mann: »Was will die Pfeffermühle«. In: Uwe Naumann/Michael Töteberg (Hg.): *Das Wunder von Madrid. Aufsätze, Reden, Kritiken.* Reinbek 1993, S. 70. — 3 Vgl. die Einstellungsanalyse in Utsch: *Sprachwechsel im Exil* (s. Anm. 1). — 4 Vgl. ebd. das Kapitel B. 5: Das autobiografische Gedächtnis: *The Turning Point* und *Der Wendepunkt.* — 5 Klaus Mann: »Die Sprache« (KM 593). Das Manuskript liegt im Klaus-Mann-Archiv (KMA), Stadtbibliothek München/Monacensia, Literaturarchiv. Ich danke Uwe Naumann herzlich für die Abdruckgenehmigung aller unveröffentlichten Zitate. Vgl. zum Essay auch Klaus Mann: »Der Dichter und die Sprache«. In: *Aufbau* 13 (1947), 15.8.1947, S. 7 f. Ders.: »Das Sprach-Problem«. In: *National-Zeitung* Basel, 28.9.1947, Abdruck in: Uwe Naumann/Michael Töteberg (Hg.): *Auf verlorenem Posten. Aufsätze, Reden, Kritiken 1942–1949.* Reinbek 1994, S. 430–436; ders.: »Das Sprach-Problem« (gekürzte Fassung). In: *Neues Österreich* 4.4.1948. — 6 Vgl. Claus-Dieter Krohn: »Vereinigte Staaten von Amerika«. In: Ders./Patrik von zur Mühlen/Gerhard Paul/Lutz Winckler (Hg.): *Handbuch zur deutschsprachigen Emigration 1933–1945.* Darmstadt 1998, Sp. 461. — 7 Vgl. dazu Jürgen Trabant/Dirk Naguschewski: »Die Herausforderung durch die fremde Sprache«. In: Herfried Münkler (Hg.): Die *Herausforderung durch das Fremde.* Berlin 1998, S. 137. — 8 Vgl. Hubert Ivo: *Muttersprache, Identität, Nation. Sprachliche Bildung im Spannungsfeld zwischen einheimisch und fremd.* Opladen 1994, S. 9. — 9 Mann: »Die Sprache« (s. Anm. 5), S. 1. — 10 Ebd. — 11 Leo Weisgerber: »Die Zusammenhänge zwischen Muttersprache, Denken und Handeln« (1929). In: Helmut Gipper (Hg.): *Zur Grundlegung der ganzheitlichen Sprachauffassung. Aufsätze 1925–1933. Zur Vollendung des 65. Lebensjahres Leo Weisgerbers.* Düsseldorf 1964, S. 177. — 12 Ders.: »Vom Sinn des Unterrichts in fremden Sprachen« (1930). In: Gipper (Hg.): *Zur Grundlegung der ganzheitlichen Sprachauffassung* (s. Anm. 11), S. 275. — 13 Ders.: »Wesen und Kräfte der Sprachgemeinschaft« (1933). In: Gipper (Hg.): *Zur Grundlegung der ganzheitlichen Sprachauffassung* (s. Anm. 11), S. 436. Zur äußerst problematischen Entwicklung, die Weisgerbers sprachtheoretisches und -praktisches Engagement unter dem Nationalsozialismus nahm – vgl. u.a.: Johann Leo Weisgerber: *Die volkhaften Kräfte der Muttersprache.* Frankfurt/M. 1939 – siehe insbesondere die wissenschaftsgeschichtliche Darstellung von Frank-Rutger Hausmann: *»Deutsche Geisteswissenschaft« im Zweiten Weltkrieg. Die »Aktion Ritterbusch« (1940–1945).* Dresden 2002 (Hinweis der Redaktion). — 14 Klaus Mann: »Die Kriegs- und Nachkriegsgeneration«. In: Nau-

mann/Töteberg (Hg.): *Das Wunder von Madrid* (s. Anm. 2), S. 291. — **15** Klaus Mann: »Thanksgiving Day« (KM 552/KMA), S. 1. — **16** Klaus Mann: »Two Germanys (Vortrag)« (KM 162/KMA), S. 4. —**17** Klaus Mann: »Deutschland und die Welt«. In: Naumann/Töteberg (Hg.): *Das Wunder von Madrid* (s. Anm. 2), S. 265. — **18** Jan Assmann: *Das kulturelle Gedächtnis. Schrift, Erinnerung und politische Identität in frühen Hochkulturen.* München ²1999, S. 37–42. — **19** Vgl. dazu Michel Grunewald: *Klaus Mann 1906–1949. Eine Bibliographie.* München 1984, S. 112–129. — **20** Klaus Mann: *Der Wendepunkt. Ein Lebensbericht.* Frankfurt/M. 1952, S. 383. — **21** Klaus Mann: *Tagebücher 1936–1937,* Hg. von Joachim Heimannsberg u.a. Reinbek 1995, S. 80. — **22** Vgl. Klaus Mann: »Kultur-Bädecker« (KM 199/KMA). Vgl. auch die unveröffentlichten Tagebucheinträge vom 20.9.1937, 25.9.1937, 28.9.1937 (Heft 10/KMA). Vgl. auch Grunewald: *Eine Bibliographie* (s. Anm. 19), S. 113–114. — **23** Klaus Mann: »Guide Book through European Culture« (KM 85/KMA), S. 1. — **24** Ebd., S. 4. —**25** Klaus und Erika Mann: *Escape to Life. Deutsche Kultur im Exil (1939).* Hg. von Heribert Hoven. München 1991, S. 10. — **26** Mann: »Die Sprache« (s. Anm. 5), S. 1–2. — **27** Ebd. — **28** Ebd., S. 1. – In der Basler Fassung fehlt dieser Zusatz. —**29** Klaus und Erika Mann: *Escape to Life* (s. Anm. 25), S. 305–306. — **30** Mann: »Die Kriegs- und Nachkriegsgeneration« (s. Anm. 14), S. 292. — **31** Mann: »Die Sprache« (s. Anm. 5), S. 4. — **32** Ebd., S. 1. — **33** Vgl. Susanne Utsch: »›Vergnügen und Qual des englisch-Schreibens‹. An Approach to the Literary Language Shift of Klaus Mann«. In: Helga Schreckenberger (Hg.): *Die Alchemie des Exils. Exil als schöpferischer Impuls.* Wien 2005, S. 35–48. — **34** Klaus Mann: »The Two Germanys. Reflections in an American Pullman Car«. In: *Survery Graphic,* August 1939, S. 479. — **35** Er setzte damit auf journalistischem Weg den antifaschistischen Kampf fort, den Elke Kerker bereits für die Zeit bis 1936 nachgewiesen hat. Vgl. dies.: *Weltbürgertum – Exil – Heimatlosigkeit. Die Entwicklung der politischen Dimension im Werk Klaus Manns von 1924–1936.* Meisenheim 1977, S. 128–132. — **36** Vgl. Helga Schreckenberger: »Vortragstätigkeit der Exilschriftsteller in den USA: Ernst Toller, Thomas Mann, Klaus Mann, Erika Mann, Emil Ludwig«. In: John M. Spalek/Joseph Strelka (Hg.): *Deutschsprachige Exilliteratur seit 1933. Bd. 3: USA.* Bern – München 2002, S. 318. — **37** Jürgen Habermas: *Strukturwandel der Öffentlichkeit.* Frankfurt/M. ³1993, S. 266. — **38** Klaus Mann: »Ends and Means«. In: *Decision* 1 (5), S. 5. — **39** Reinhart Koselleck: »›Erfahrungsraum‹ und ›Erwartungshorizont‹ – zwei historische Kategorien«. In: Ders.: *Vergangene Zukunft. Zur Semantik geschichtlicher Zeiten.* Frankfurt/M. 1979, S. 358. — **40** Klaus Mann: *Distinguished Visitors. Der amerikanische Traum.* Reinbek 1996. — **41** Dieter Lamping: »Linguistische Metamorphosen. Aspekte des Sprachwechsels in der Exilliteratur«. In: Hendrik Birus (Hg.): *Germanistik und Komparatistik (DFG-Symposion 1993).* Stuttgart – Weimar 1995, S. 535. — **42** Mann: »Die Sprache« (s. Anm. 5), S. 6. — **43** Klaus Mann: *The Turning Point.* New York 1942, S. 351. — **44** Klaus Mann: »The Heart of Europe. An Anthology of European Writing from 1920 to 1940. Preface« (KM 700/KMA), S. 11. — **45** Ebd., S. 11–12. — **46** Klaus Mann: »Ansprache vor deutschen Emigranten« (KM 61/KMA), S. 1. – Die Passage ist im Original gestrichen. — **47** Klaus Mann: »Reunion far from Vienna« (KM 268/KMA). — **48** Mann: »Synthesis«. In: Naumann/Töteberg (Hg.): *Auf verlorenem Posten* (s. Anm. 5), S. 415. —**49** Mann: »Die Sprache« (s. Anm. 5), S. 6–7. — **50** Klaus Mann: »An die Redaktion der Welt am Sonntag«. In: Ders.: *Briefe und Antworten 1922–1949.* Hg. von Martin Gregor-Dellin. Reinbek 1991, S. 607. — **51** Mann: »Die Sprache« (s. Anm. 5), S. 6. — **52** Klaus Mann: unveröffentlichter Brief an Fritz Walter vom 20.9.1947 (KMA). — **53** Klaus Mann: unveröffentlichter Brief an Mrs. Garrett vom 22.2.1946 (KMA). — **54** Mann: Brief an die Redaktion der Welt am Sonntag (s. Anm. 51), S. 606. — **55** Mann, *Der Wendepunkt* (s. Anm. 20), S. 544. — **56** Mann: »Das Sprach-Problem« (s. Anm. 5), S. 434. — **57** Vgl. dazu Walter Benjamin: »Die Aufgabe des Übersetzers«. In: Ders.: *Illuminationen.* Hg. von Siegfried Unseld. Frankfurt/M. 1961, S. 68. — **58** Mann: »Das Sprach-Problem« (s. Anm. 5), S. 434. — **59** Vgl. Georges-Arthur Goldschmidt: *Über die Flüsse. Autobiographie.* Frankfurt/M. 2003, S. 9. Vgl. auch ders./Hans Ulrich Treichel: »Jeder Schriftsteller ist zweisprachig. Ein Gespräch«. In: *Sprache im technischen Zeitalter* 131 (1994), S. 284. — **60** Benjamin: »Die Aufgabe des Übersetzers« (s. Anm. 57), S. 63 f. Vgl.

auch Dieter Lamping: »Wie frei ist die literarische Übersetzung? Zu Rilkes Übertragung der Sonette Louise Labés«. In: Ders.: *Literatur und Theorie: Über poetologische Probleme der Moderne*. Göttingen 1996, S. 62–63. — **61** Benjamin: »Die Aufgabe des Übersetzers« (s. Anm. 57), S. 63. — **62** Vgl. Lamping: »Wie frei ist die literarische Übersetzung?« (s. Anm. 60), S. 64. — **63** Ebd. — **64** Vgl. Andreas Wittbrodt: *Mehrsprachige jüdische Exilliteratur. Autoren des deutschen Sprachraums. Problemaufriss und Auswahlbibliographie*. Aachen 2001, S. 144 f. Vgl. auch Stefan Willer: »Selbstübersetzungen. Georges-Arthur Goldschmidt und die Anderssprachigkeit«. In: Susan Arndt et al. (Hg.): *Exophonie. Anders-Sprachigkeit in der Literatur*. Berlin 2007, S. 264–281. — **65** Wittbrodt: *Mehrsprachige jüdische Exilliteratur* (s. Anm. 64), S. 145. — **66** Mann: *Der Wendepunkt* (s. Anm. 20), S. 544. — **67** Klaus Mann: Brief an Herbert Schlüter vom 29.11.1946. In: Ders.: *Briefe und Antworten* (s. Anm. 50), S. 562. — **68** Klaus Mann: »Deutsche Stimmen. Ein Vorwort«. In: Naumann / Töteberg (Hg.): *Auf verlorenem Posten* (s. Anm. 5), S. 508. — **69** Klaus Mann: »Lecturing in Europe on American Literature« (KM 201/KMA), S. 3. — **70** Klaus Mann: »Gide, Conference Mayence ...« (KM 240/KMA).S. 1. — **71** Klaus Mann: Brief an Herbert Schlüter vom 18.2.1949. In: Ders: *Briefe und Antworten* (s. Anm. 50), S. 603. — **72** Vgl. Fredric Kroll / Klaus Täubert: *Klaus-Mann-Schriftenreihe. Band 6: 1943–1949: Der Tod in Cannes*. Hannover 1996, S. 602. — **73** Klaus Mann: *Tagebücher. Bd. 5: 1940–1943*. Hg. von Joachim Heimannsberg et al. Reinbek 1995, S. 80. — **74** Vgl. etwa Wulf Koepke: »Die Wirkung des Exils auf Sprache und Stil. Ein Vorschlag zur Forschung«. In: Thomas Koebner / Wulf Köpke / Joachim Radkau (Hg.): *Exilforschung. Ein Internationales Jahrbuch*. Bd. 3. München 1985, S. 225 und 235; Lamping: »Linguistische Metamorphosen (s. Anm. 41), S. 532; Wulf Koepke: »Das Sprachproblem der Exilliteratur«. In: *Sprachgeschichte. Handbücher zur Sprach- und Kommunikationswissenschaft*. Hg. von Herbert Ernst Wiegand. Berlin – New York 2004, S. 3115. — **75** Georg Kremnitz: »Vorwort«. In: Heinrich Stiehler: *Interkulturalität und literarische Mehrsprachigkeit in Südosteuropa. Das Beispiel Rumäniens im 20. Jahrhundert*. Wien 2000, S. VIII.

Robert Leucht

Prozesse und Aporien der Übersetzung bei Walter Abish
Vier Fallstudien[1]

In Walter Abishs noch unübersetzter Autobiografie *Double Vision. A Self-Portrait* findet sich folgendes Porträt des 1912 in Frankfurt geborenen und 1973 in Tel Aviv verstorbenen deutsch-jüdischen Emigranten Uri Felix Rosenheim: »Felix Rosenheim, a taciturn man, had kept a journal since his arrival in Jaffa in 1936, when he was twenty-four. In essence, it was the journal of a stranger, someone ill equipped to cope with the mental and physical pressures of the climate and the new society. In his journal, the carefully chiseled German prose, the classical German of Goethe and Schiller, conferred upon the content a cool ironic tone. What the irony concealed was the resignation, the lethargy of an aging writer, the eternal European, the uncompromising man of letters, the writer without readers who still hoped, any day now, to be surprised by a long-overdue recognition.«[2] Abish, der Rosenheim während seiner Zeit in Israel von 1948 bis 1956 kennenlernte, zeichnet hier das Bild eines deutschsprachigen Emigranten, der Zeit seines Lebens nicht nur als Schriftsteller erfolglos blieb, sondern dem es auch verwehrt war, sich an die kulturelle und sprachliche Umgebung des Emigrationslandes anzupassen.

Bezeichnend ist dieses Porträt aber nicht nur als Fremdbeschreibung, sondern auch, weil es eine Selbst-Positionierung des Beschreibenden impliziert. Abish, der 1931 in Wien geboren und 1938 von dort vertrieben wurde, charakterisiert hier einen Mann, der denselben biografischen und sprachlichen Hintergrund hat wie er selbst und sich dennoch in so unterschiedlicher Weise zu den Konsequenzen der Vertreibung, besonders dem Verlust der muttersprachlichen Umgebung, verhalten hat: Während Rosenheim, »the eternal European«, auch als Schriftsteller der deutschen Sprache verhaftet blieb, hat sich Abish, 1957 von Israel über England in die Vereinigten Staaten emigriert, während der letzten dreieinhalb Jahrzehnte als Autor von *Alphabetical Africa* (1974), *Eclipse Fever* (1993), dem preisgekrönten Roman *How German Is It. Wie Deutsch Ist Es* (1980), drei Prosaanthologien und zuletzt *Double Vision* (2004) zu einer charismatischen Erscheinung in der amerikanischen Gegenwartsliteratur profiliert.[3] Die zitierte Fremd- und die ihr eingeschriebene Selbstbeschreibung lassen sich als Beispiele für erfolgte und nicht erfolgte Prozesse von Akkulturation lesen, deren Gegensätzlichkeit nicht zuletzt in

Zusammenhang mit dem Generationenunterschied zwischen Rosenheim und Abish zu sehen ist.[4]

Die Sprachwechsel und die Differenz von Mutter- und Publikationssprache sind bei Abish im Unterschied zu anderen Vertriebenen seiner Generation, wie zum Beispiel Jakov Lind, 1927 in Wien, oder Ruth Klüger, 1931 ebendort geboren, weder in seinem ausschließlich englischsprachigen Werk noch in einem seiner Interviews explizit angesprochen. Ähnliches gilt für das Verhältnis zur deutschen Sprache, das in seinen autobiografischen Texten nur vereinzelt zum Gegenstand wird.[5] Gegenläufig zu dieser Enthaltsamkeit steht jedoch, dass sich in einer Reihe von Abishs Texten ästhetische Verfahren beobachten lassen, die seine Affinitäten zur deutschen Sprache und Literatur zeigen und sein Werk als punktuell zwei- und mehrsprachig ausweisen. Einige dieser Verfahren werden im Folgenden in Einzelanalysen von vier für das Problem der Übersetzung besonders relevanten Texten diskutiert. Neben der Heterogenität der Übersetzungsprozesse und ihren vielfältigen Funktionen gilt das Augenmerk dabei auch den Aporien beim Übersetzen dieser Texte »zwischen den Sprachen«.

Abish übersetzt Bernhard: *The Fall Of Summer*

The Fall Of Summer, 1985 in der amerikanischen Literaturzeitschrift *Conjunctions* erschienen, ist aufgrund seiner Erzählkonstellation ein für die Literatur vertriebener Autoren typischer Text: ein Text über die Wiederbegegnung mit dem Ort der Vertreibung. Das zweiteilige Prosastück bildet die Vorstufe zum neunten Kapitel von *Double Vision*, jenem Werk, mit dem Abish sein in den späten 1970er Jahren begonnenes autobiografisches Projekt vorläufig abgeschlossen hat.[6] In seinem zweiten Teil, der mit dem Personalpronomen »*He*« betitelt ist, begegnet der Leser einer Figur in der dritten Person, die auf ihrem Spaziergang durch Wien nicht nur kulturelle Stätten besichtigt, sondern immer wieder zu jenem Haus zurückkehrt, in dem sie ihre ersten Lebensjahre verbracht hat. Vor diesem Haus stehend erlebt der Protagonist eine Konfrontation von Erinnerung und aktueller Wahrnehmung: »Though the present house resembled the house he so vividly recalled, it also, in some way he could not explain, failed to do so. Standing in front of it did not intensify his memories or, for that matter, activate a strong emotional response.«[7] Abish beschreibt das aktuelle Wien als einen Ort, an dem Reste einer großen kulturellen Vergangenheit neben seiner gegenwärtigen Provinzialität ko-existieren. Damit gelangt er zu einem ähnlichen Befund wie Günther Anders, der 30 Jahre zuvor in seinem Tagebuch von der Provinzialität Wiens in der Nachkriegszeit schreibt, wobei er Provinz nicht in einem lokalen, sondern in einem temporalen Sinne versteht: »Wien«, so Anders

1950, »ist nämlich Provinz in einem rein geschichtlichen Sinne: *Provinz seiner eigenen, glänzenden, weitentfernten Vergangenheit.*«[8]

Trotz struktureller und inhaltlicher Affinitäten zu anderen Wiederbegegnungs-Texten zeichnet sich *The Fall Of Summer* besonders in zweierlei Hinsicht aus: Zum einen, weil Abish seine eigene Vertreibung nicht unter der Perspektive eines Verlusts, sondern als Entkommen beschreibt. Zum anderen, weil er der Beschreibung seiner Wiederbegegnung einen eng mit dem zweiten Abschnitt verbundenen essayistischen Teil voranstellt, in dem er als Übersetzer in Erscheinung tritt – und das in einem doppelten Sinne: Im ersten Teil, der mit dem Pronomen »*I*« überschrieben ist, entwickelt Abish in einer Analyse von Texten Thomas Bernhards fünf für dessen Werk zentrale Begriffe (»Thinking of Death«, »Taste«, »Pleasure«, »Eros« und »Resistance/opposition«), wobei er einzelne Passagen aus *Verstörung, Der Italiener* und Bernhards Staatspreis-Rede ins Englische übersetzt.[9] Diese Begriffe übersetzt Abish dann in einem zweiten Schritt in seinen Wiederbegegnungs-Text, wodurch der Spaziergang durch Wien im Zeichen der Bernhard-Lektüre steht. Es handelt sich so um ein doppelt intertextuelles Verfahren, in dem Abish Bernhard im herkömmlichen Sinne übersetzt und seine Bernhard-Lektüre dann für die Beschreibung Wiens und seine Positionierung gegenüber der »Heimat« funktionalisiert.

Gleich zu Beginn des ersten Teils steht eine Übersetzung des Eröffnungssatzes von Bernhards Rede zur Entgegennahme des Staatspreises im Jahre 1967: »There's nothing to praise, nothing to damn, nothing to accuse, but there is much that is ridiculous when one *thinks of death* (...).«[10] Abish entwickelt aus diesem Satz und Verweisen auf die Texte *Verstörung, Ja, Beton, Der Italiener* und *Holzfällen* den Begriff »Thinking of Death«, mit dem er die zentrale Bedeutung des Todes in Bernhards Werk bezeichnet. Ein weiterer Begriff, den Abish aus *Drei Tage* ableitet, ist »Resistance/opposition«, eine Übersetzung von Bernhards »Widerstand«, und in Abishs Verständnis eine Haltung, die Bernhard auch seinem Publikum gegenüber einnimmt, indem er es mit seiner Rede vor den Kopf stößt. Abish übersetzt: »Resistance/opposition when one happens to be looking out of the window, resistance/opposition as one feels obliged to write a letter – one doesn't really want to, but one has *received* a letter, again resistance/opposition. One discards it, all the same, one responds to someone sometime. One walks in the street, one buys something, one drinks a beer, everything is onerous, its all resistance/opposition ...«[11]

Besonders Bernhards »Thinking of Death« und das seinen Texten eignende Attribut »Taste« dienen der Beschreibung Wiens, seiner Todesorientiertheit und Schönheit, sodass Lektüre und aktuelle Wahrnehmung im zweiten Teil ineinandergreifen. Eine besonders wichtige Rolle in diesem Zusammenspiel von Stadt-Wahrnehmung und Lektüre spielt Bernhards 1982 erschienener Text *Beton*, da dieser dem Protagonisten als Reiseführer dient: »The first time I (re)visited Vienna, I carried in my pocket Bernhard's *Beton*, turning to Bernhard as I would to a Baedeker, letting Thomas Bernhard be my guide.«[12] Wieder übersetzt Abish einzelne Passagen, diesmal Stellungnahmen Bernhards zu Wien, und collagiert sie so in seinen eigenen Text, dass Bernhards ambivalente Haltung gegenüber Wien sichtbar wird: Seinem Verdikt, dass Wien im Vergleich zu anderen Großstädten einem alles nehme und nichts gebe, stellt er die Übersetzung eines Satzes aus *Drei Tage* gegenüber, in der Bernhard von der Melancholie Wiens schwärmt: »For me there isn't a nicer place than Vienna and the melancholy I feel and have always felt in the city ...«[13] Diese Zitate dienen dem Rückkehrer dazu, seine eigenen Eindrücke mit denen Bernhards zu vergleichen; und ähnlich wie Bernhard gelangt auch er zu einem ambivalenten, doch schließlich ablehnenden Urteil.[14]

In einer für die Positionierung des Protagonisten entscheidenden Szene, in der er sich nach einer Nestroy-Aufführung des Wiener Burgtheaters in ein Kaffeehaus setzt, um *Beton* weiterzulesen, scheint er selbst jene Haltung des Widerstandes einzunehmen, die im ersten Teil aus dem *Drei Tage*-Monolog entwickelt wird. Es heißt: »He ordered more wine and pulled out his copy of Bernhard's *Beton*, for Bernhard thus far was not yet a crowd pleaser: but even this eventuality could not be ruled out. Readers at their best are unpredictable. The day may yet come when everyone will read Thomas Bernhard and Bernhard's textual malice, spleen, and misanthropic nature will be applauded the way Nestroy was applauded, at which point – despite his admiration for Bernhard – he would be obliged to turn to someone else.«[15] Bernhard, so lässt sich aus dieser Passage ableiten, ist für diesen Vertriebenen neben den ästhetischen Qualitäten seiner Texte auch deshalb Bezugspunkt, weil er – zumindest zu jenem Zeitpunkt – gerade nicht dem Geschmack der Menge entsprach. Damit wählt Abish für die Beschreibung seiner Wiederbegegnung mit der vermeintlichen Heimat einen Autor, der sich für ihn nicht zuletzt durch dessen Außenseiterposition in dieser »Heimat« auszeichnet.

Beide Aspekte, die ästhetische Kreativität Bernhards und dessen kritische Haltung, hat Abish auch in einer außerliterarischen Bezugnahme auf ihn hervorgekehrt. In einem 1993 veröffentlichten Interview sagt er: »I can't think of another writer who so ably depicted the vindictiveness, the small mindedness of Austria. I consider him a risk-taking author of intractable negativity – in the best literary tradition. By describing the illness that is Austria, Bernhard explains and examines his own condition.«[16] Von Engstirnigkeit ist auch in *The Fall Of Summer* die Rede, als der Protagonist, zum Haus der Kindheit zurückgekehrt, mit der heutigen Gegend konfrontiert feststellt: »for he sensed something depressingly small-minded and ungenerous about it, something he had been fortunate to escape.«[17]

Abishs Übersetzungen und Weiterverarbeitungen Bernhards sind Ausdruck seiner häufig geäußerten Wertschätzung für diesen Autor.[18] Sie haben hier konkrete Funktion für die Positionierung des Vertriebenen zur vermeintlichen Heimat, die als Ort beschrieben ist, von dem er froh ist, entkommen zu sein. Die Referenzen auf Bernhard lassen sich zugleich als Teil eines für Abishs Werk charakteristischen Verfahrens der produktiven Aneignung nicht-amerikanischer, oftmals deutschsprachiger Literatur einordnen.

Latente Mehrsprachigkeit und ihre Übersetzung ins Deutsche: *What Else*

In *What Else* (1981) begegnet man einer radikalisierten Form von Abishs Verfahren der Aneignung fremder Texte. Das Zitieren und Collagieren wird hier zum konstituierenden Prinzip: *What Else* besteht aus 50 verschiedenen Zitaten, keines länger als eine halbe Seite, die allesamt autobiografischen Genres, Briefen, Tagebüchern, Memoiren, Autobiografien etc. entnommen sind und in einer Art und Weise aneinandergereiht sind, dass sich trotz ihrer multiplen Verfasserschaft der Eindruck einer einzigen autobiografischen Erzählung einstellt. Zu diesem Eindruck trägt neben dem alle Zitate verbindenden autobiografischen Ich der Umstand bei, dass in einigen der Quellen inhaltliche Gemeinsamkeiten, zum Beispiel die Thematisierung von Schreibproblemen oder einer Reise in den arabischen Raum, zu beobachten sind.[19]

Abishs Verfahren zeigt, dass Autobiografie, jener Diskurs, in dem das Individuum und die Einzigartigkeit seines Lebens Darstellung finden, durch eine so große Menge an Präformationen und Formeln bestimmt ist, dass die einzelnen Ichs der Zitate austauschbar werden. Anders gesagt: *What Else* macht Autobiografie als eine Schreibweise sichtbar, in der die Summe der Einzel-Ichs problemlos zu einem kollektiven Ich verschmilzt.

Für das Problem der Übersetzung ist *What Else* deshalb interessant, weil es sich um einen von vornherein übersetzten Text handelt. Ihm liegen zumindest Quellen dreier verschiedener Literaturen, der englischen, französischen und deutschen, zugrunde, die aber nicht in ihrer Originalsprache, sondern in englischer Übersetzung verwendet werden, weshalb es sich um einen »versteckt-polyglotten« Text handelt. Diese besondere Anlage des Textes hat auch für die deutsche Übersetzung Konsequenzen, die der Schweizer Autor und Übersetzer Jürg Laederach besorgt und in einem Artikel für den Sammelband *Abenteuer des Übersetzens* kritisch reflektiert hat.[20] Da der deutsche Übersetzer bereits einen übersetzten Text übersetzt, entsteht ein mehrstufiger Übertragungs-Prozess: Handelt es sich um eine Quelle aus einem französischen Text, so überträgt Laederach den ursprünglich französischen Text aus dem Englischen weiter ins Deutsche. Handelt es sich um einen ursprünglich deutschen Text, so rück-übersetzt Laederach aus dem Englischen ins Deutsche, wodurch zwei verschiedene deutsche Texte entstehen, wie das folgende Beispiel zeigt. In *What Else* heißt es: »March 11 How time flies; another ten days and I have achieved nothing. It doesn't come off. A page now and then is successful, but I can't keep it up, the next day I am powerless.«[21] Es handelt sich um eine Passage aus dem Tagebuch Franz Kafkas, die im Original folgendermaßen lautet: »11 III 15 Wie die Zeit hingeht, schon wieder zehn Tage und ich erreiche nichts. Ich dringe nicht durch. Eine Seite gelingt hie und da, aber ich kann mich nicht halten, am nächsten Tag bin ich machtlos.«[22] Laederach, dem die Autoren der einzelnen Quellen beim Übersetzen unbekannt waren, überträgt die Stelle aus *What Else* folgendermaßen: »11 März Wie die Zeit verfliegt: schon wieder zehn Tage, und ich habe nichts geschafft. Es will einfach nicht werden. Hin und wieder gelingt eine Seite, aber ich halte es nicht durch, am nächsten Tag bin ich kraftlos.«[23] Die Abweichungen zwischen Kafkas Eintrag und Laederachs Übersetzung liegen auf der Hand: Laederach benutzt das Perfekt »ich habe nichts geschafft«, Kafka das Präsens »ich erreiche nichts«, bei Laederach heißt es »verfliegt« und »kraftlos«, bei Kafka »hingeht« und »machtlos«, bei Laederach »ich halte es nicht durch«, bei Kafka »ich kann mich nicht halten«. Diese Differenzen erklären sich aus der englischen Übersetzung, die zwischen den beiden deutschen Texten liegt: Laederachs »ich habe nichts geschafft« entspricht »I have achieved nothing«, seinem »verfliegt« liegt das englische »flies« und seinem »ich halte es nicht durch« die Formulierung »I can't keep it up« zu Grunde, in der Kafkas »mich« zu einem »it« wird.

Diese punktuelle Mikrolektüre zeigt, dass sich Laederach bei seiner Übersetzung nicht an den Originalquellen, sondern ausschließlich an Abishs Collage orientiert.[24] Überhaupt erklärt er, dass er die heterogenen, aufgrund der historischen Kontexte verschiedenen Stile der Ursprungsquellen unberücksichtigt ließ und diese im Deutschen in Gegenwartssprache übertragen hat. Mit dieser Entscheidung geht auf sprachlicher Ebene eine Homogenisierung einher, die analog zur Textgenese von *What Else* verläuft: Indem Abish die einzelnen Passagen aus ihrer Ur-Sprache, ihrer Zeit und ihrer, wie Laederach sagt, »Verfasserschaft löst«[25], überführt er sie zugleich in ein Kollektiv: eine kollektive Sprache (das Englische), einen kollektiven Text-Zusammenhang und eine kollektive »Autorschaft«. Der deutsche Übersetzer arbeitet diesem Prozess zu, indem er Gegenwartssprache als generelle Übersetzungsrichtung festsetzt, und erzeugt auch ein stilistisches Kollektiv. Dieser Prozess lässt sich an einzelnen Punkten, an denen Laederach einen gegenwartssprachlichen Ton erzeugt, aufzeigen.

Die 43. Quelle ist einer Passage aus Paul Zweigs *Three Journeys* entnommen, die Abish auch *Double Vision* als Motto voranstellt und die eine Form von Sprachskepsis zum Ausdruck bringt, die für Abishs gesamtes Werk kennzeichnend ist: »Perhaps I can put it this way. It's possible to think of language as the most versatile, and maybe the original form of deception, a sort of fortunate fall: I lie and am lied to, but the result of my lie is mental leaps, memory, knowledge.«²⁶ Laederach überträgt diese Passage mit: »Vielleicht kann ich's folgendermaßen ausdrücken. Sprache kann möglicherweise als die wandlungsfähigste und vielleicht die ursprünglichste Form der Täuschung aufgefaßt werden, eine Art glücklicher Sturz: Ich lüge und werde angelogen, aber das Ergebnis meiner Lüge sind mentale Sprünge, Erinnerung, Wissen.«²⁷ Auffallend ist die Kontraktion »ich's« statt »ich es«, die sowohl als Kompensation des zu Beginn des Folgesatzes stehenden »It's« gelesen werden kann als auch als Indiz für Laederachs Entscheidung, einen gegenwartssprachlichen, hier sogar alltagssprachlichen Ton zu erzeugen. Ein ähnlicher Hinweis findet sich im ersten Satz des Textes, einer Übersetzung aus Paul Nizans *Aden Arabie*: »I was twenty. I will let no one say it is the best time of life.« Laederach übersetzt: »Ich war zwanzig. Niemand soll da sagen, das sei die beste Zeit des Lebens.«²⁸ Mit der Sequenz »soll da sagen« gelingt es Laederach, obwohl er die Wiederholungsstruktur »I was, I will« dieser Passage und damit ihren Nachdruck unübersetzt lässt, jenen protestierenden Gestus ins Deutsche zu retten, der sowohl die englische Übersetzung als auch das französische Original auszeichnet.²⁹ Zudem verleiht diese Sequenz der deutschen Übersetzung gleich zu Beginn einen tendenziell gegenwartssprachlichen Ton. Diese vereinzelt nachzuweisenden Spuren von Gegenwartssprache befördern die sprachliche Einheitlichkeit der deutschen Übersetzung und verleihen dieser sprachlich und stilistisch ursprünglich heterogenen Collage einen kollektiven Sound. Damit arbeitet die deutsche Übersetzung auch der Gattungskritik zu, die sich in der Verschmelzung der verschiedenen Ichs zu einem kollektiven manifestiert und von Abish hier abseits des eigenen autobiografischen Werkes entfaltet wird.

Sprachliche Hybridität als Übersetzungsproblem: *How German Is It. Wie Deutsch Ist Es*

Für Abishs bekanntesten und 1981 mit dem PEN/Faulkner Award ausgezeichneten Roman *How German Is It. Wie Deutsch Ist Es* gilt in modifizierter Form, was Jürg Laederach über die Textcollage *What Else* schreibt: dass es sich um einen ex-zentrischen Text, und das heißt hier einen Roman handelt, der von seinem sprachlichen Zentrum wegstrebt.³⁰ Schon der Romantitel exponiert an prominenter Stelle seine Verwicklung in die Probleme der Zweisprachigkeit und der Übersetzung. Unentscheidbar ist, ob der englisch-deutsche Doppeltitel eine Entsprechung oder eine Differenz zwischen dem englischen »How German Is It« und dem deutschen »Wie Deutsch Ist Es«

signalisiert. Impliziert das Titelbild, das einen Mann auf einem im Wasser stehenden Pferd zeigt, dessen Konturen sich im Wasser spiegeln, dass das kleiner gedruckte »Wie Deutsch Ist Es« nur eine ebenso unpräzise Spiegelung des größer und oberhalb gedruckten »How German Is It« darstellt? Der Titel lässt nicht nur die Frage nach dem Verhältnis der beiden Sprachen offen, sondern wirft auch ein grammatikalisches Problem auf, da die Wortstellung beider Sequenzen der eines Fragesatzes entspricht, während der Titel aber kein Fragezeichen aufweist. Schließlich kann auch nur spekuliert werden, ob sich das »it« beziehungsweise das »es« des Titels auf das Titelbild, das Deutschland des Romans oder etwa den Roman selbst bezieht.

Der Instabilität in der grammatikalischen Konstruktion des Titels entspricht jene Instabilität, die auch das im Roman entworfene Bild Nachkriegsdeutschlands auszeichnet. Der Text, dessen Hauptschauplatz die nach dem Philosophen Brumhold benannte Nachkriegsstadt Brumholdstein ist, konstruiert ein fiktives Deutschland, dessen scheinbar perfekte, jedoch stets verdächtige Oberfläche er zugleich destabilisiert. Auf der Ebene des Topografischen, die in diesem Roman besonders ausgearbeitet ist, sind es vor allem das Aufbrechen eines Massengrabes aus dem Zweiten Weltkrieg sowie eine Reihe von Terroranschlägen, bei denen ein Post- und ein Polizeigebäude in die Luft gesprengt werden, die der scheinbar stabilen Oberfläche des neuen Deutschland Schaden zufügen.[31]

Die Analogie zwischen der Instabilität in der grammatikalischen Konstruktion des Titels und der des Schauplatzes ist alles andere als zufällig. Es ist vielmehr ein Merkmal des Romans, dass er mit verschiedenen Mitteln, und das heißt auf verschiedenen Ebenen, einen Zustand der Instabilität erzeugt, der für seine Stimmung kennzeichnend ist.

»What is well known? What is not known? What is surmised? What is omitted? What is distorted? What is clarified? What is sensed? What is dreaded? What is admired? What is concluded? What is rejected? What is visible? What is disapproved? What is permitted? What is seen? And what is said?«[32] Diese Kette verdächtigender Fragen steht am Ende des ersten Kapitels, in dem der Schauplatz des neuen Deutschland eingeführt wird. Es sind Fragen, die der Roman stellt – bezeichnenderweise beginnt und endet er auch mit einer Frage –, und doch unbeantwortet lässt. Mit dieser exzessiven, den Text kennzeichnenden Technik des Aufwerfens und Nicht-Beantwortens von Fragen wird die zuvor fixierte Bedeutung untergraben. Eine ähnliche Wirkung der Unterminierung von Eindeutigkeit entfaltet sich in den semantischen Gegenbewegungen der Sätze. Ein Beispiel: »Some say Jonke is a latent fascist. But what is a latent fascist? It has been rumored that Jonke is the sort of person who would give a Hitler salute for aesthetic reasons. He was far too young for the war, so little else can be said about him other than that his father reputedly had been a member of the Einsatzkommando in the Ukraine. Still, not everyone in the Einsatzkommando mowed down Jews or Gypsies.«[33] Auch hier wird Eindeutigkeit vermieden und Offenheit exponiert. Zum einen ist die Stichhaltigkeit der Sätze durch die Signale »Some say«, »It has been rumored« und »little else can be said« erheblich geschwächt. Zum anderen zieht die Frage des zweiten Satzes die Zuschreibung des ersten in Frage, und der letzte Satz des Zitats schwächt die Informationen des vorangegangenen ab. Die Sätze arbeiten gegeneinander, sodass die Frage, ob Jonke nun ein Faschist sei oder nicht, offenbleibt. Das Schwanken zwischen Möglichkeiten, das hier exemplarisch sichtbar wird, ist romantypisch.

In den Kontext dieser Verfahren lassen sich auch jene einordnen, die für das Problem der Übersetzung besonders relevant sind. Die ständige Verwendung deutscher Worte und Phrasen ist nicht nur ein Mittel, das Bild des fiktiven Deutschland durch Lokalkolorit zu bereichern. Sie ist vielmehr als ein Verfahren zu begreifen, auf der Diskursebene und Sprachoberfläche des Textes ein Oszillieren zwischen den Sprachen herbeizuführen, das die Vorstellung von einem fixierbaren sprachlichen Zentrum irritiert.

Die Formen der Verwendung von Fremdtext sind vielfältig: An einzelnen Stellen erscheinen deutsche Begriffe unübersetzt in einem englischen Satz, womit die Differenz zwischen den beiden Sprachen und ihre Unübersetzbarkeit markiert ist: »And this action set, or caught, in the immaculate cool interior of the *Treppenhaus*, with two doors on every floor and an ornate metal grill covering the elevator shaft in the center.«[34] In solchen Passagen werden zur Beschreibung des fiktiven Deutschland explizit deutsche Begriffe verwendet. Für diese Praxis, sich dem Gegenstand Deutschland über die ihm zu eigenen Zeichen zu nähern, plädiert Ulrichs Bruder Helmuth in seiner Rede über den Philosophen Brumhold, in der er sagt, dass nur eine Kenntnis der deutschen Sprache dem Fremden einen angemessenen Zugang zu Deutschland ermögliche.[35] Auch die Perspektive des Erzählers ist stellenweise als die eines Fremden, außerhalb des fiktiven Raumes Stehenden gekennzeichnet. Gleich zu Beginn des zweiten Absatzes fragt er: »And how does the name Ulrich Hargenau ring in the German ear?«[36] Dort, wo der Erzähler deutsche Begriffe verwendet, greift er zur Beschreibung jener ihm fremden Kultur auf Zeichen zurück, die dieser Kultur zu eigen und ihm ebenso fremd sind.

Dieser Fremdheit des Erzählers gegenüber dem fiktiven Deutschland und seinen Zeichen steht ein Verfahren der Benennung von Figuren entgegen, bei dem die semantischen Möglichkeiten des Deutschen ausgeschöpft werden. Neben den Namen Hargenau (haargenau) und Brumhold (Unhold) sei der Nachkriegsautor Bernhard Feig erwähnt, dessen Name ein sprechender ist, weil sich seine Abenteuer- und Reisebücher, wie es heißt, gerade nicht mit der Zeit des Zweiten Weltkriegs beschäftigen.[37]

In einer weiteren Form der Verwendung deutschen Fremdtexts werden englische und deutsche Ausdrücke unmittelbar aneinandergereiht: »But aside from this occasional disruption, the visitor to Germany, and to Würtenberg, cannot help but be overwhelmed by the well-designed highways, *die Autobahn*, by the fast-moving, well-constructed automobiles, gleaming Mercedes, Audis, BMWs, Porsches, VWs, by the cheerful good-natured, trusting faces, by the prosperous well-stocked stores and supermarkets, by the magnificent landscapes, *die Landschaft*, the serene pine forests, the lakes, the Bavarian mountains, and the blue sky, *der blaue Himmel*, and by the new Germany that is emerging.«[38] Ähnlich wie im Titel impliziert diese Ko-Präsenz englischer und deutscher Begriffe ebenso eine Entsprechung wie eine Differenz der beiden Sprachen.[39] Mehr noch als durch unübersetzte deutsche Begriffe öffnet sich durch dieses Doppelungsverfahren ein hybrider Raum, in dem der Text zwischen dem Englischen und Deutschen oszilliert. Dieser Raum und die jeweils eigene Position zwischen den Sprachen ist auch für zwei der Romanfiguren, die sich ebenso zwischen den Sprachen bewegen, Gegenstand von Reflexion. Ulrich, gerade aus Frankreich nach Deutschland zurückgekehrt, antwortet in einem Gespräch mit seinem Bruder Helmuth auf dessen Frage, warum er eigentlich wieder hier sei: »Because I was tired of hearing everyone around me speak only in French, Ulrich replied flippantly.«[40] Dieser Sehnsucht nach der eigenen Sprache steht die Position der Amerikanerin Daphne entgegen, die nach Deutschland gekommen ist, um bei Brumhold Philosophie zu studieren. Für sie birgt die Verwendung einer fremden Sprache gerade ein Erkenntnispotenzial: »(...) she [Daphne; d. Verf.] preferred to question the meaning of a thing or the meaning of a thought, preferably raising the question in German, a foreign or at any rate adopted language that enabled her to reduce these crucial questions to pure signs, since in German the word *thing* and the word *thought* did not immediately evoke in her brain the multitudinous response it did in English, where the words, those everyday words, conjured up an entire panorama of familiar associations that blunted the preciseness needed in order to bring her philosophical investigation to a satisfactory conclusion. Could this be the reason why she had come to Germany? To think in German, to question herself in a foreign language?«[41]

Beiden Positionen ist ein Zusammenhang zwischen der eigenen Sprache und dem Zustand von Vertrautheit zu entnehmen, der sich durch weitere Textstellen belegen ließe.[42] Deutsche Zeichen sind Daphne ebenso fremd wie dem »visitor«, von dem Helmuth spricht. Daphne sucht die Fremdheit des Deutschen auf, weil sie nur so jenen vertrauten Assoziationen entkommen kann, die sich in der eigenen Sprache einstellen. Dieses Verfremdungspotenzial von Zweisprachigkeit macht sich der Text, indem er selbst von seiner eigenen Sprache abweicht, als künstlerisches Verfahren zu eigen. Der zweisprachige Raum, den Daphne erfährt, wird auch auf der Sprachoberfläche des Romans erzeugt und konfrontiert den englischsprachigen Leser mit einer Sprache, die ihn punktuell aus der Vertrautheit des Eigenen löst und dem Nicht-Vertrauten aussetzt.

In der deutschen Übersetzung ist die Zweisprachigkeit des Originals nicht in derselben Form entfaltet. Diese Aporie ist allerdings mehr der Aufgabenstellung als der von Abish gelobten Übersetzung Renate Hampkes geschuldet.[43] Schon die Übersetzung des Titels *How German Is It. Wie Deutsch Ist Es* mit *Wie Deutsch Ist Es*[44] unterschlägt die auch im Verlauf des Romans (siehe die vorigen Textbeispiele) zu beobachtende englisch-deutsche Doppelung und damit die vom Text betonte Beschäftigung mit dem Problem der Zweisprachigkeit und Übersetzung. Deutsche Begriffe, die im Original als Fremdtext erkennbar sind, gehen in der Einsprachigkeit der Übersetzung auf und können dadurch, dass sie auch in der Übersetzung kursiv gesetzt sind, ihren Kontrasteffekt nur auf visueller Ebene bewahren.

Der Zweisprachigkeit des Originals im Deutschen zu entsprechen, würde bedeuten, die deutsche Übersetzung mit einer Neigung hin zum Englischen zu versehen und den deutschen Fremdtext des Originals als englischen Fremdtext in die deutsche Übersetzung zu übertragen – ein Plädoyer, das sich in Studien zur Übersetzung von Texten mit Fremdheitspotenzial findet.[45] Aber selbst diese Entscheidung würde im Falle von *How German Is It. Wie Deutsch Ist Es* nur eine Entsprechung auf der Sprachoberfläche nach sich ziehen und sich ein weiteres Problem einhandeln: nämlich jenes, dass der Fremdtext mit der Sprache des fiktiven Deutschland nicht identisch wäre. Da die Frage, wie deutsch der vorliegende Roman ist, im Romantitel mitangelegt ist, würde die Funktion des Fremdtextes im Original, zur »Germaness« dieses literarischen Textes beizutragen, in der Übersetzung in sein Gegenteil verkehrt.

Da das Problem der Zweisprachigkeit des Textes kein isoliertes ist, sondern sich, wie zu zeigen versucht wurde, als Teil eines vielschichtigen ästhetischen Verfahrens einordnet, topografische, semantische und sprachliche Instabilität zu erzeugen, hat der Verlust der Zweisprachigkeit auch Konsequenzen für die Gesamterscheinung des Romans. Mit dem Wegfall der Zweisprachigkeit ist nicht nur ein Verlust jenes Verfremdungseffekts verbunden, bei dem ein fiktives Deutschland in einer anderen Sprache errichtet wird, sondern auch die punktuelle Fremdheit der Erzählinstanz ist, obwohl in der Übersetzung auf semantischer Ebene markiert, dadurch, dass ihre Sprache der des Gegenstandes gegenüber nicht fremd ist, abgeschwächt. So sind der beschriebene Gegenstand und die Sprache der Beschreibung im Deutschen stets identisch.

Besonders aber auf der Ebene der Sprachoberfläche lässt sich jener in der deutschen Übersetzung entstandene Verlust von Zweisprachigkeit zugunsten einer Stabilisierung und Fixierung des sprachlichen Zentrums beobachten.[46] Damit wird die Oszillation auf der sprachlichen Oberfläche ausgeblendet. Zu einfach wäre es, den Verlust von Zweisprachigkeit in der deutschen Übersetzung für die teilweise empfindlichen Reaktionen deutscher Leser verantwortlich zu machen, die in *How German Is It. Wie Deutsch Ist Es* eine Abrechnung mit Deutschland gesehen haben und dabei die Unbestimmtheit des Romans, zu der mitunter seine Zweisprachigkeit beiträgt, übersehen haben.[47] Sehr wohl lässt sich aber sagen, dass die Einsprachigkeit der deutschen Übersetzung jenem Oszillieren und jener Instabilität entgegenarbeitet, die den Roman so auszeichnet. *How German Is It. Wie Deutsch Ist Es* entzieht sich gerade dort seiner deutschen Übersetzung, wo der Roman das Problem der Übersetzung und Zweisprachigkeit in der Entfaltung eines zweisprachigen fiktionalen Raumes aufwirft.

Laederach übersetzt Abish und schreibt ihn weiter: *Ardor/Awe/Atrocity*

Übersetzungsaporien anderer Art werfen jene zwischen 1974 und 1977 entstandenen Texte auf, in denen Abish auf verschiedene Weise mit nummerischen und alphabetischen Systemen operiert. Diese experimentellen Texte, *Alphabetical Africa* sowie Kurzprosastücke aus den Sammlungen *Minds Meet* und *In The Future Perfect*, begründen Abishs Ruf als Speerspitze der amerikanischen Postmoderne.[48] Die Schwierigkeit für den Übersetzer besteht bei diesen Texten darin, nicht nur die Ebenen der Handlung und der Figurenkonstitution, sondern auch das den Texten zu eigene System aus Zahlen und Buchstaben von der Ausgangs- in die Zielsprache zu übertragen.

In *Alphabetical Africa* greift das alphabetische System mit seinen 26 Buchstaben programmatisch in die Entstehung des Textes ein: Im ersten Kapitel, A, werden nur Worte mit dem Anfangsbuchstaben A verwendet. Im zweiten Kapitel, B, nur solche mit Anfangsbuchstaben A und B, bis dem Autor im 26. Kapitel, Z, alle Worte der englischen Sprache zur Verfügung stehen. Im zweiten Teil des Romans entfaltet sich dieser Prozess in umgekehrter Richtung von den Kapiteln Z, Y, X etc. bis hin zum letzten Romankapitel, wiederum A, in dem wie im ersten nur Worte mit dem Anfangsbuchstaben A verwendet werden. Das Alphabet und dessen willkürliche Struktur generieren diesen Roman. Der Zufälligkeit der lautlichen Äquivalenzen entsprechen seine ebenso zufälligen Handlungsmomente, die Kenneth Baker treffend als »linguistic incidents« bezeichnet und gegenüber »fictive or narrative ones«[49] klassifiziert hat.

Auch die Struktur von *Ardor. Awe. Atrocity*, ein Prosastück mit einem ebenso alliterierenden Titel, ist vom Alphabet bestimmt. Der Text besteht aus 26 Abschnitten, denen jeweils ein Motto dreier mit demselben Anfangsbuchstaben beginnender Worte vorangestellt ist: Der erste Abschnitt lautet *Ardor. Awe. Atrocity*, der zweite *Buoyant. Bob. Body*, der dritte *California. Color. Cut* bis hin zum letzten *Zoo. Zodiac. Zero*.⁵⁰ Nur die 26 Kurzüberschriften, aber nicht der Haupttext folgen hier dem Zwang gleichlautender Anfangsbuchstaben. Jedes der als Motto verwendeten Worte wird jedoch zusätzlich mit einer kleinen Zahl (eins bis 78) versehen. Wird eines dieser Worte im Verlauf der Geschichte verwendet, erscheint es stets mit seiner Zahl. Der Text erzählt nicht nur eine Geschichte, sondern präsentiert sich zugleich als ein System von Zahlen und Worten, deren Wiederkehr im Text stets angezeigt ist. Mit diesem Verfahren lenkt Abish die Aufmerksamkeit weg von der Handlung hin auf das sprachliche Material, durch das sie zur Darstellung gelangt.

Während in *Alphabetical Africa* das willkürliche alphabetische System die Wahl des semantischen Materials bestimmt, legt Abish in *Ardor. Awe. Atrocity* das System, das auch diesem Text zugrunde liegt, bloß, indem er dessen Beschränktheit und Willkür markiert. Das nummerisch-alphabetische Netzwerk des Textes ähnelt in seiner Gestalt jenen klar strukturierten Systemen, die im Text in Form von Straßennetzen, Autobahnsystemen und in Verkleinerung auch als Karten auftauchen.⁵¹ Diese Systeme im Text dienen den Protagonisten als Orientierungshilfen auf ihrem Weg durch Südkalifornien und sind zugleich Schauplatz zufälliger Ereignisse, etwa der Begegnung der beiden Protagonisten, Bob und Jane. In einer sozialkritischen Lesart hat Alain Arias-Misson in Hinblick auf diese Analogie zwischen sprachlichen und topografischen Strukturen gemeint, dass sich die Sinnlosigkeit jener Welten, in denen Abishs Figuren leben, in den willkürlichen sprachlichen Strukturen widerspiegle, die seine Texte bedienen oder, so wäre im Falle von *Ardor. Awe. Atrocity* zu ergänzen, offenlegen.⁵²

Übersetzungsaporien zeigen sich hier nicht auf der Ebene der Handlung, sondern in dem Versuch, das den Text umspannende Netz aus Zahlen und Buchstaben ins Deutsche zu übertragen. Laederach entscheidet sich bei der Übersetzung des Titels dazu, die Alliteration zu bewahren und die Semantik preiszugeben: Für »Ardor/Awe/Atrocity«, eigentlich »Innigkeit/Ehrfurcht/Entsetzlichkeit« setzt er »Abbild/Anspruch/Absicht«.⁵³ Neben dieser semantischen Differenz muss die deutsche Übersetzung auch auf die Pointe verzichten, dass der Titel im englischen Original zugleich als Textzitat verwendet wird.⁵⁴

Allerdings ist der Übersetzer bei der Komposition der alliterierenden Kurzüberschriften alles andere als beliebig vorgegangen und hat die meisten der lautlichen Äquivalente in den Mottos der deutschen Übersetzung aus dem semantischen Material der englischen Mottos gewonnen. Bei diesem Prozess lassen sich Verschiebungen beobachten: Aus der wörtlichen Übersetzung des englischen Titels gewinnt Laederach die Begriffe »Innigkeit/Ehrfurcht/Entsetzlichkeit«, die sich als Elemente der Überschriften »Entzücken/Ehrfurcht/Entsetzlichkeit« und »Innigkeit/itzo/irgendwie« wiederfinden.⁵⁵ Der Versuch, die Übersetzungen der englischen Mottos im Deutschen an anderer

Stelle als Überschriften zu verwenden, zeigt sich am deutlichsten in der Übertragung des englischen »intricate« mit »x-fach verschränkt«, womit es Laederach einerseits gelingt, ein Motto als Motto beizubehalten und andererseits, die schwierige Alliteration »xenophil / xenophob / x-fach verstärkt« zu vervollständigen.[56] Insgesamt gelingt es ihm, 63 der 78 Mottos des Originals auch im Deutschen als solche weiterzuverwenden. 15 der Mottos, davon drei mit dem Anfangsbuchstaben C, »Chance / Coca Cola / Charakter«, hat Laederach selbst aus dem Haupttext gewonnen.[57] Eine minimale Erleichterung hat er sich nur dadurch verschafft, dass er statt des Abschnitts Y, ein im Deutschen weit seltener verwendeter Buchstabe als im Englischen, zwei Absätze mit dem Buchstaben S veranschlagt.

Diese makrostrukturelle Differenz sowie die semantischen Abweichungen und Verschiebungen in den Kurzüberschriften sind auf dieselben Entscheidungen des Übersetzers zurückzuführen, durch die es gelingt, das alphabetisch-nummerische System ins Deutsche zu übertragen. Bestimmte Manöver des Übersetzers sind unter dem Parameter der Äquivalenz sowohl mit einem Gewinn als auch einem Verlust verbunden: Die Überschrift »Chance / Coca Cola / Charakter« entspricht einerseits der Alliteration des Originals und hat sich andererseits semantisch von ihr wegbewegt.

An dieser Stelle unternimmt Laederach die Flucht nach vorne und wird selbst zum Mit-Schöpfer des Textes. Er ist hier nicht nur Übersetzer, sondern ebenso Ko-Autor, der die Möglichkeiten der deutschen Sprache unter den von Abish aufgestellten Spielregeln erprobt. Fritz Senn hat in einem Artikel über *Finnegans Wake* bemerkt, dass jeder Übersetzungsversuch des Joyce'schen Textes selbst zum Sprachexperiment würde.[58] Wie sehr auch Abishs Texte zu Experimentierfeldern für die Möglichkeiten der deutschen Sprache werden, soll abschließend anhand einer kurzen Passage aus dem ersten Kapitel von *Alphabetical Africa* illustriert sein: »Africa again: Antelopes, alligators, ants and attractive Alva, are arousing all angular Africans, also arousing author's analytically aggressive anticipations, again and again.« Daraus macht Laederach: »Abermals Afrika. Adler, Antilopen, Alligatoren. Außerdem Alvas akute Anziehungskraft, anstößige Aufforderungen an aufgedrehte Afrikaner aussendend, andererseits auch apollinischem, akribischem Autor Aufmerksamkeit abverlangend.«[59] Die Eigen-Konstruktionen in der Übersetzung zeigen, dass Abishs Text Laederach als Ausgangspunkt dient, von dem er sich semantisch entfernen muss, um seine Spielregeln einzuhalten. Diese Gleichzeitigkeit von Abweichung und Äquivalenz liegt darin begründet, dass die Willkür des alphabetischen Systems, die sowohl das Original als auch die Übersetzung generiert, im Deutschen und Englischen verschiedene Worte zulässt.

In einem Artikel über Gedichte Erich Frieds hat Gisela Lindemann zwischen einer Schreibweise, die in besonderer Weise durch Sprachspiele in Gang gehalten wird, und der Erfahrung der Vertreibung eine gedankliche Brücke geschlagen: »Sie [»die sogenannte Wortspielerei«] ist ihm [Erich Fried], so erscheint es mir, zum Netz im doppelten Sinne geworden: indem sie ihm einerseits atemraubende Trapezkünste erlaubt, blitzartige Erkenntnisse, Aufschlüsse, Zusammenhänge, und ihm andererseits den Boden vergittert: den Boden der Erinnerung, auf den jede schöpferische Phantasie angewiesen ist. Erich Frieds Weg zum Wortspiel ist ein Fluchtweg.«[60] Das Wortspiel, so Lindemann, habe es Fried ermöglicht, einer Konfrontation mit der Erinnerung zu entgehen und ihn gleichzeitig vor dem Verstummen der Sprache bewahrt. Dieser Versuch, zwischen experimentellen Schreibweisen und der Erfahrung von Vertreibung einen Zusammenhang herzustellen, muss im Fall von Frieds Lyrik ebenso wie im Falle von Abishs Schreibanfängen, die abseits des Autobiografischen liegen und von einer Emphase sprachlich-nummerischer Systeme bestimmt sind, Spekulation bleiben.[61] Weniger spekulativ ist die Problemlage im Falle jener Schreibverfahren, die anhand der ersten drei Fallstudien diskutiert wurden: Abishs produktive Aneignung deutschsprachiger Literatur und seine Verwendung deutscher Sprache ordnen sich als Phänomene kulturellen Transfers im Kontext der Vertreibung ein.[62] Dort, wo sich seine Affinitäten zur deutschen Sprache und Literatur zeigen, werden auch Übersetzungsprozesse und die damit verbundenen Schwierigkeiten des Übersetzens sichtbar. Schließlich sind es auch jene Spuren nicht-amerikanischer Literatur, die Abishs Werk zu einem Prüfstein für die Tauglichkeit von Nationalphilologien machen.

---

1 Einzelne Argumentationslinien des vorliegenden Artikels basieren auf meiner Studie: *Experiment und Erinnerung. Der Schriftsteller Walter Abish*. Wien 2006. — **2** Walter Abish: *Double Vision*. New York 2004, S. 159 f. — **3** Walter Abish: *Alphabetical Africa*. New York 1974; Walter Abish: *Minds Meet*. New York 1975; Walter Abish: *In The Future Perfect*. New York 1977; Walter Abish: *How German Is It. Wie Deutsch Ist Es*. New York 1980. Walter Abish: *99: The New Meaning*. Providence 1990; Walter Abish: *Eclipse Fever*. New York 1993. Eine vollständige Werkbibliografie findet sich in: Leucht: *Experiment und Erinnerung* (s. Anm. 1), S. 301–308. — **4** Zum Problem des Sprachwechsels als Unterscheidungskriterium zwischen einer älteren und jüngeren Generation von Exilautoren siehe: Georg Kremnitz: »Über das Schreiben in zwei Sprachen«. In: Heinrich Stiehler (Hg.): *Literarische Mehrsprachigkeit*. Konstanz 1996, S. 22–32; besonders S. 29; Andreas Wittbrodt: *Mehrsprachige jüdische Exilliteratur. Autoren des deutschen Sprachraums*. Aachen 2001, S. 27. — **5** Siehe zum Beispiel: Jakov Lind: *Im Gegenwind*. Wien 1997, S. 213 oder Ruth Klüger: *Weiter Leben. Eine Jugend*. München 2003, S. 67. — **6** Walter Abish: »The Fall Of Summer«. In: *Conjunctions* 5 (1985) 7, S. 110–141; Auszüge aus dem Text erschienen in deutscher Übersetzung in folgenden Quellen: Walter Abish: »Nach Sommers Ende«. In: *Manuskripte* 23 (1983) 82, S. 4–9; Walter Abish: »The Fall Of Summer: Wiener Eindrücke im Buch eines in Wien geborenen amerikanischen Autors«. In: *Die Presse (Literaricum)*, Nr. 10.871, 9./10. Juni 1984, S. 5. Walter Abish: »The Fall Of Summer«. In: Ursula Seeber (Hg.): *Ein Niemandsland, aber welch ein*

Rundblick! Exilautoren über Nachkriegs-Wien. Wien 1998, S. 191–198. — **7** Abish: »The Fall Of Summer« (s. Anm. 6), S. 123. — **8** Günther Anders: *Tagebücher und Gedichte.* München 1985, S. 127. Vgl. Abish: »The Fall Of Summer« (s. Anm. 6), S. 132. — **9** 1985, als *The Fall Of Summer* geschrieben wurde, lag von den Texten, aus denen Abish direkt zitiert, nur *Verstörung* in englischer Übersetzung vor, was die Vermutung, dass Abish hier tatsächlich selbst übersetzt, verifiziert. Siehe: Jens Dittmar: *Thomas Bernhard. Werkgeschichte.* Frankfurt/M. 1990, S. 349 f. — **10** Abish: »The Fall Of Summer« (s. Anm. 6), S. 110. Im Original: »Verehrter Herr Minister, verehrte Anwesende, es ist nichts zu loben, nichts zu verdammen, nichts anzuklagen, aber es ist vieles lächerlich; es ist alles lächerlich, wenn man an den Tod denkt.« Thomas Bernhard: »Staatspreis-Rede. Dank und Undank des Thomas Bernhard«. In: *Die Weltwoche,* Nr. 1793, 22.3.1968, S. 25. — **11** Abish: »The Fall Of Summer« (s. Anm. 6), S. 115. Es müsste hier »it's« statt »its« heißen. Bei Bernhard heißt es: »Widerstand, wenn man hinausschaut beim Fenster, Widerstand, wenn man einen Brief schreiben soll – man will das alles gar nicht, man *bekommt* einen Brief, wieder ein Widerstand. Man schmeißt das alles weg, trotzdem antwortet man irgendwann einmal. Man geht auf die Straße, man kauft was ein, man trinkt ein Bier, es ist einem alles lästig, das ist alles ein Widerstand.« Thomas Bernhard: *Der Italiener.* Frankfurt/M. 1989, S. 81 f. — **12** Abish: »The Fall Of Summer« (s. Anm. 6), S. 118. — **13** Ebd., S. 135. Bei Bernhard heißt es: »Für mich gibt es keinen schöneren Ort als Wien und die Melancholie, die ich in der Stadt habe und immer gehabt hab' ... « Bernhard: *Der Italiener* (s. Anm. 11), S. 88. Siehe außerdem: Thomas Bernhard: *Beton.* Frankfurt/M. 1988, S. 103; Abish: »The Fall Of Summer« (s. Anm. 6), S. 135. — **14** Abish: »The Fall Of Summer« (s. Anm. 6), S. 136. — **15** Ebd., S. 134. — **16** Maarten van Delden: »An Interview With Walter Abish On Eclipse Fever«. In: *Annals Of Scholarship* 10 (1993) 3/4, S. 381–391; S. 390. — **17** Abish: »The Fall Of Summer« (s. Anm. 6), S. 136. — **18** Abish schreibt 1986 in einer Rezension von Bernhards Autobiografie: »Thomas Bernhard is by far the most disturbing and original literary figure to have emerged in postwar Austria.« Walter Abish: »Embraced By Death«. In: *The New York Times* (*The New York Times Book Review*), Nr. 46.687, 16.2.1986, S. 12. — **19** Walter Abish: »What Else«. In: *Conjunctions* 1 (1981) 1, S. 105–119. Hier zitiert nach: Walter Abish: »What Else«. In: Ders.: *99: The New Meaning* (s. Anm. 3), S. 11–32. An folgenden Stellen ist von einer solchen Reise die Rede: Ebd. S. 27, S. 28 und S. 29. — **20** Jürg Laederach: »Zwei Ex-Zentritäten: Zentrumsverluste in Maurice Blanchots ›Das Todesurteil‹ und Walter Abishs ›99: Der neue Sinn‹«. In: Jale Melzer-Tükel: *Abenteuer des Übersetzens.* Graz 1991, S. 149–174. — **21** Abish: »What Else« (s. Anm. 19), S. 18. — **22** Franz Kafka: *Tagebücher 1914–1923.* Bd. 3. Frankfurt/M. 1994, S. 80. — **23** Walter Abish: »Was sonst«. In: Ders.: *99: Der neue Sinn.* Berlin 1990, S. 9–30; S. 15. — **24** Ein ähnliches Bild ergibt eine vergleichende Mikrolektüre einer Passage aus Michel Leiris' 1939 veröffentlichter Autobiografie *L'Âge d'Homme.* Siehe: Abish: »What Else« (s. Anm. 19), S. 15 f.; Abish: »Was sonst« (s. Anm. 23), S. 11 f. und Michel Leiris : *L'Âge d'Homme.* Paris 1994, S. 28. — **25** Laederach: »Zwei Ex-Zentritäten« (s. Anm. 20), S. 168 f. — **26** Abish: »What Else« (s. Anm. 19), S. 30. Paul Zweig: *Three Journeys. An Automythology.* New York 1976, S. 47. — **27** Abish: »Was sonst« (s. Anm. 23), S. 27. — **28** Abish: »What Else« (s. Anm. 19), S. 13; Abish: »Was sonst« (s. Anm. 23), S. 9. — **29** Im französischen Original lautet die Stelle: »J'avais vingt ans. Je ne laisserai personne dire que c'est le plus bel âge de la vie.« Zitiert nach: Walter Jens (Hg.): *Kindlers neues Literatur Lexikon.* Bd. 12. München 1991, S. 481. — **30** Laederach verwendet das Wort »ex-zentrisch« in einem doppelten Sinne: einerseits, um die in Abishs Prosa zu beobachtende Sehnsucht nach dem Deutschen zu bezeichnen, andererseits, um die durch Abishs Verfahren entstandene Herauslösung der einzelnen Zitatpassagen von *What Else* aus ihrer Verfasserschaft zu benennen. Siehe: Laederach: »Zwei Ex-Zentritäten« (s. Anm. 20), S. 159 und S. 168 f. — **31** Abish: *How German Is It. Wie Deutsch Ist Es* (s. Anm. 3), S. 138 f., S. 191–193, S. 40 f., S. 47. — **32** Ebd., S. 8 f. — **33** Ebd., S. 184. — **34** Ebd., S. 199. — **35** Dort heißt es: »Without access to the intricacy, the nuances, the shades of meaning in our language, the visitor's ability to understand and appreciate the complexities of our customs or the manifestations of our creative impulse will be severely limited.« Ebd., S. 170. Besonders im ersten Kapitel, »The Edge Of Forgetfulness«, ist wiederholt von einem »visitor«, »stranger« und »foreigner« die Rede. Siehe: Ebd., S. 1–9. — **36** Abish: *How German Is It. Wie Deutsch Ist Es* (s. Anm. 3), S. 1. Ein weiteres Indiz für die Fremdheit des Erzählers gegenüber Deutschland findet sich: Ebd. S. 26, wo es heißt: »(...) what they refer to as *Natur* (...)«. — **37** Ebd., S. 82. Eine Spur jener Ambivalenz, in der die deutsche Sprache der Erzählinstanz des Romans zwar fremd ist, von seinem Autor aber semantisch ausgeschöpft wird, ist auch in einem Interview über den Roman sichtbar. Dort bezeichnet Abish Deutschland einerseits als eine ihm »fremde Oberfläche«, was zutrifft, weil er das Land noch nicht bereist hatte, als er den Roman schrieb, und sagt andererseits, dass es »(a)ls Jude, in Österreich geboren, mit einer Kenntnis der Sprache, der Kultur (...) überhaupt nicht so schwer (war), Deutschland eine Form zu geben«. Siehe: Sylvère Lotringer: »Walter Abish. Wie Deutsch Ist Es«. In: Ders.: *New Yorker Gespräche*. Berlin 1983, S. 263–283; S. 266 und S. 275. — **38** Abish: *How German Is It. Wie Deutsch Ist Es* (s. Anm. 3), S. 3. — **39** Diese Beobachtung macht Katalin Orbán anhand der zitierten Stelle. Orbán deutet das vom Roman aufgeworfene Problem der Übersetzung im Kontext eines ihn bestimmenden Doppel-Diskurses. Katalin Orbán: *Ethical Diversions. The Post-Holocaust Narratives Of Pynchon, Abish, DeLillo, and Spiegelman.* New York – London 2005, S. 91 f. In folgenden anderen literaturwissenschaftlichen Arbeiten wird das Problem der Übersetzung in *How German Is It. Wie Deutsch Ist Es* behandelt: Alain Arias-Misson: »The ›New Novel‹ And TV Culture: Reflections On Walter Abish's How German Is It«. In: *Fiction International* (1986) Nr. 17/1, S. 152–164; Stefan Gunther: *From Remembering Accurately Towards A Hermeneutics Of Memory. Representations Of The Holocaust In Contemporary Fiction (Walter Abish, Art Spiegelman, W. G. Sebald, D. M. Thomas, Joseph Skibell).* Brandeis 2000 (Diss.); Joseph Schöpp: *Ausbruch aus der Mimesis. Der amerikanische Roman im Zeichen der Postmoderne.* München 1990, S. 229–250. — **40** Abish: *How German Is It. Wie Deutsch Ist Es* (s. Anm. 3), S. 12. — **41** Ebd., S. 36. Eine ähnliche Position nimmt auch Ulrich ein: ebd., S. 60. — **42** Ebd., S. 120. — **43** Lotringer: »Walter Abish. Wie Deutsch Ist Es« (s. Anm. 37), S. 274. — **44** Walter Abish: *Wie Deutsch Ist Es.* Reinbek bei Hamburg 1996. — **45** In einzelnen Beiträgen zum Problem der Übersetzung zweisprachiger Literatur, zum Beispiel von Literatur mehrsprachiger Regionen oder von Texten der Moderne, in denen Fremdtext verwendet wird, findet sich dieses Problem ansatzweise behandelt: Primus-Heinz Kucher: »›Hohò Trieste / Del sì, del da, del ja ...‹. Übersetzen aus der Triestiner Literatur. Zu Texten von Slataper, Cergoly und Fölkel«. In: Johann Strutz, Peter V. Zima (Hg.): *Literarische Polyphonie. Übersetzung und Mehrsprachigkeit in der Literatur.* Tübingen 1996, S. 91–109; hier S. 108; Armin Paul Frank: »Zu einer ›konkreten Theorie‹ des übersetzerischen Umgangs mit Fremdheitspotential: *Waste Land*-Übersetzungen französisch und deutsch«. In: Fred Lönker (Hg.): *Die literarische Übersetzung als Medium der Fremderfahrung.* Berlin 1992, S. 63–68, hier S. 67. Beide Autoren erwägen die Möglichkeit, deutschen Fremdtext für eine deutsche Übersetzung in die Ausgangssprache zu übertragen. — **46** Katalin Orbán weist in ihrem Kapitel auf ein Element der Vereindeutigung hin, das sie in der ungarischen Übersetzung des Romans beobachtet: die Nicht-Differenzierung der im Original verwendeten Begriffe »forgetfulness« und »forgetting«. Siehe: Orbán: *Ethical Diversions* (s. Anm. 39), S. 97 f. und Fußnote 52 ihres Textes. — **47** Abish: *Double Vision* (s. Anm. 2), S. 29–44. — **48** Andere Texte, in denen Abish mit nummerischen oder alphabetischen Systemen operiert, sind: Walter Abish: »Minds Meet«. In: Ders., *Minds Meet* (s. Anm. 3), S. 1–19, Walter Abish: »In So Many Words«. In: Ders.: *In The Future Perfect* (s. Anm. 3), S. 74–97. Walter Abish: »Ready-Only-Memory«. Ebd., S. 58–64. — **49** Kenneth Baker: »Restricted Fiction. The Writing Of Walter Abish«. In: *New Directions In Prose And Poetry* (1977) 35, S. 48–56; S. 49. — **50** Walter Abish: »Ardor / Awe / Atrocity«. In: Abish: *In The Future Perfect* (s. Anm 3), S. 42–57. — **51** Es heißt zum Beispiel: »network of roads«, »highway system«; ebd., S. 46. Siehe auch ebd., S. 51 und S. 56. — **52** Alain Arias-Misson: »The Puzzle Of Walter Abish: In The Future Perfect«. In: *Sub-stance* 10 (1980) 27, S. 115–124; S. 121. — **53** Walter Abish: »Abbild, Anspruch, Absicht«. In: Walter Abish: *Quer durch das große Nichts.* Frankfurt/M. 1983, S. 72–96. — **54** Abish: »Ardor / Awe / Atrocity« (s. Anm. 50), S. 45. — **55** Abish: »Abbild, Anspruch, Absicht« (s. Anm. 53), S. 75 und S. 79. — **56** Ebd., S. 94. — **57** Ebd., S. 74. — **58** Fritz Senn:

»Umgang mit ›Finnegans Wake‹. Bemerkungen zu den Büchern von Anthony Burgess und Arno Schmidt«. In: Fritz Senn: *Nicht nur Nichts gegen Joyce*. Zürich 1999, S. 171–187; S. 173 f. — **59** Beide Stellen, siehe: Walter Abish, Jürg Laederach: *Alphabetical Africa. Alphabetisches Afrika*. Basel 2002, S. 208 und S. 7. Eine wissenschaftliche Würdigung der von Jochen Jung in der *Zeit* hochgelobten Übersetzung von *Alphabetical Africa* steht noch aus. Siehe: Jochen Jung: »Seliger Leinenzwang. Jürg Laederach dichtet Walter Abish nach und sitzt auf einer Säule«. In: *Die Zeit (Die Zeit-Beilage)*, Nr. 47, 14.11.2002, S. 17. — **60** Gisela Lindemann: »Ohne Verzweiflung müssten wir alle verzweifeln. Zum sechzigsten Geburtstag von Erich Fried«. In: *Freibeuter* 3 (1981) 7, S. 5–13; S. 7 f. — **61** Abishs frühe Texte sind vor allem in Zusammenhang mit der Herausbildung experimenteller Schreibweisen in der US-Literatur der 1970er Jahre zu sehen. Siehe hierzu: Marc Chénetier: *Beyond Suspicion. New American Fiction Since 1960*. Philadelphia 1996; Brian Stonehill: *The Self-Conscious Novel*. Philadelphia 1998; Raymond Federman: *Surfiction. Der Weg der Literatur*. Frankfurt/M. 1992. — **62** Hinzuweisen ist in diesem Zusammenhang auf jene seit den 1980er Jahren geleisteten Forschungsarbeiten, deren Interesse sich auf die in Folge der Vertreibung entstandenen kulturellen Wechselbeziehungen in Kunst und Wissenschaft richtet. Stellvertretend seien folgende Arbeiten genannt: Helmut F. Pfanner (Hg.): *Kulturelle Wechselbeziehungen im Exil – Exile Across Cultures*. Bonn 1986; Friedrich Stadler (Hg.): *Vertriebene Vernunft 2. Emigration und Exil österreichischer Wissenschaft*. Wien 1988; Walter Hölbling/Reinhold Wagenleiter (Hg.): *The European Emigrant Experience In The USA*. Tübingen 1992; Claus-Dieter Krohn/Erwin Rotermund/Lutz Winckler/Wulf Koepke (Hg.): *Exilforschung. Ein Internationales Jahrbuch*. Bd. 13: *Kulturtransfer im Exil*. München 1995.

Sigurd Paul Scheichl

»damit sofort an die Uebersetzungsarbeit herangegangen werden kann«
Übersetzt-Werden als Thema in Briefen Exilierter

Eine missverstandene Hitler-Parodie (Hermann Broch)

Diese Arbeit beansprucht nicht viel mehr als eine Sammlung von Beispielen zu Aspekten des Übersetzt-Werdens (kaum des Übersetzens) im Exil zu sein, wie sie Autoren, Agenten und Verleger empfunden haben. Dazu herangezogen werden sollen Korrespondenzen exilierter Autoren.

Am 21. Oktober 1944 erschien in der angesehenen *Saturday Review of Literature*, mit deren Herausgeber Henry Seidel Canby der Autor seit 1938 bekannt gewesen ist[1], ein Beitrag von Hermann Broch: *Adolf Hitler's Farewell Address*, selbstverständlich in englischer Sprache. Broch wollte in diesem satirischen Text Ergebnisse seiner massenpsychologischen Arbeiten einem breiteren intellektuellen Publikum in den USA zugänglich machen; er zielte auf unmittelbare (auch politische) Wirkung.[2] Die Veröffentlichung in der Sprache des Zufluchtslandes war daher unabdingbar. Broch hat wegen solcher Wirkungsabsichten sogar manchmal daran gedacht, die Sprache zu wechseln; in diesem Sinn schreibt er am 21. August 1944 an Robert Neumann, der nach England geflohen war[3]: »(...) Pick schreibt bereits Englisch. Daß jemand, wie Sie oder Pick, es zustande bringt, einen Roman bereits Englisch zu schreiben, erfüllt mich mit neidvoller Bewunderung. Ich bin noch weit davon entfernt; und sogar in meiner wissenschaftlichen Schreiberei (...). Und trotzdem ist es der Weg, den man gehen muß, denn man muß die Sprache seiner Umgebung schreiben; alles andere wird tot, und da ich nicht die Absicht habe, ins Naziland zurückzukehren (...) so muß man eben auch zum englischen Schriftsteller werden.« Man beachte das wiederholte »bereits«. Brochs englisch geschriebene Briefe beweisen allerdings, dass seine aktiven Sprachkenntnisse für einen Sprachwechsel nicht ausgereicht hätten.

Adolf Hitler's Farewell Address ist im deutschen Original erst spät, aus dem Nachlass, zugänglich geworden.[4] In einigen Briefen an Freunde und Bekannte[5], in denen übrigens die Übersetzerin – Jean Starr Untermeyer – nicht genannt wird, musste sich der Autor gegen Missverständnisse zur Wehr setzen, die der Artikel ausgelöst hatte. Einen der Gründe für diese Missverständnisse sieht Broch darin, dass »der von mir gewählte (...) Titel (...) ›Selbstenlarvung eines Irrsinnigen‹« »leider nicht verwendet« worden ist (an Wolfgang Sauerländer, 3. November 1944). Eine viel einfachere Erklärung gibt Broch, der sich in anderen dieser Briefe auf seine Massentheorie bezieht, nicht: Der Text ist eine Parodie, ja geradezu das parodistische Kabinettstück[6] einer entlarvenden Imitation der Hitler-Sprache, vor dem Hintergrund eines die nahe Zukunft unheimlich genau vorwegnehmenden Szenarios. Parodien riskieren immer, für bare Münze genommen zu werden; diese Gefahr dürfte durch die Übersetzung gewachsen sein, zumal die Lyrikerin Jean Starr Untermeyer mit der politischen Sprache Nazideutschlands wohl wenig vertraut gewesen ist. Interessant auch, dass Broch in seinen Selbstkommentaren nur auf die politischen und nicht auf die (hohen) ästhetischen Qualitäten dieser Parodie eingeht, die im Grunde wohl mehr der literarischen Sprachkritik als den Sozialwissenschaften zuzuordnen ist.

Dass eine die politische Dimension andeutende Stelle in der Nachschrift des Texts[7] in der englischsprachigen Veröffentlichung keinen Platz mehr gefunden hat, mag die Missverständnisse gefördert haben. Was immer da in dem als teilweise »heavily abbreviated«[8] charakterisierten Artikel im Einzelnen gestrichen worden ist, worauf immer die Missverständnisse der Leser (deren Englischkenntnisse vielleicht nicht optimal waren) sonst noch zurückgeführt werden können, eines bleibt unbestritten: Die im Dienst der aktuellen ethisch-didaktischen Absicht unbedingt erforderliche Übersetzung hat eben dieser Absicht entgegengewirkt, die ästhetische Qualität des Texts hat, in der anderen Sprache, in welche sie offenbar nicht zu übertragen war, die politische Qualität gemindert. Wie Brochs Monolog »regrettably frustrated by editorial decisions of the *Saturday Review of Literature*«[9] wurde, so dürfte es auch anderen Werken ergangen sein. Angesichts der moralisch-politischen Anliegen vieler Exiltexte ist eine solche potenzielle »Verfälschung«, um ein sehr zuspitzendes Wort zu gebrauchen, eine fragwürdige Folge des Zwangs zum Übersetzt-Werden.

Erstaunlicherweise – vielleicht gibt es im Umfeld der *Farewell Address* aber noch unveröffentlichte Briefe – geht Broch selbst mit Ausnahme der zitierten Äußerung über den geänderten Titel auf eine mögliche Verantwortung der Übersetzung für das Entstehen der Missverständnisse in keinem seiner erklärenden Briefe ein. Immerhin schickte er Wieland Herzfelde (am 9. November 1944) das deutsche Originalmanuskript zu, aber auch das eher in Hinblick auf dessen mögliche Veröffentlichung als zur Richtigstellung der Fehldeutungen. Zu erklären mag das einerseits mit einem gewissen Desinteresse an der Übersetzung sein, andererseits und wohl noch mehr mit einer persönlichen Eigenschaft Brochs: seinem Hang zur Selbstinterpretation, der in diesen Briefen sozusagen von selbst die Oberhand über das Korrigieren von übersetzungsbedingten Missverständnissen gewonnen hat. Aber das gehört in die Broch-Forschung, nicht an diese Stelle.

Hier ist allenfalls noch zu erwähnen, dass Broch in anderen Briefen die Qualität und selbst die Genauigkeit der Übersetzung der aktuellen Wirkung explizit untergeordnet hat.[10] Ende Februar 1940 schickt er Ruth Norden einen spontan entstandenen Artikel über den Film *Gone with the Wind*[11], dessen Idyllisierung der Verhältnisse in den Südstaaten für den Autor aktuelle faschistische Positionen zu spiegeln scheint. Er schlägt der Freundin vor, den Text zu übersetzen: »Willst Du es übersetzen? In diesem Fall stelle ich Dir frei, jede mögliche Stiländerung, die das Verständnis erleichtern kann, anzubringen.« Er denkt an die Breitenwirkung durch ein Erscheinen in einer viel gelesenen Zeitschrift, weshalb er nichts dagegen hätte, »Popularität und Durchsichtigkeit des Ausdrucks« durch – offensichtlich von der Übersetzerin zu formulierende – »erläuternde Zwischensätze« zu erreichen. Sollte der Beitrag in einer anderen als der in erster Linie ins Auge gefassten Zeitschrift erscheinen, wäre – immerhin – »zu erwägen, ob dies dann nicht einen andern Übersetzungsstil erforderte.« In einem weiteren Brief (vom 8. März 1940) schlägt er Ergänzungen durch die Übersetzerin vor, »denn es kommt ja wirklich nicht auf meine eigenen Worte an.«

Selbstverständlich ist zu bedenken, dass es sich hier um aktuelle politische Texte handelt und Brochs scheinbare Gleichgültigkeit gegenüber ihrer sprachlichen Gestalt sozusagen ethische Ursachen hat. Dass exilierte Autorinnen und Autoren den Lesern in den Ländern, in die sie fliehen konnten, Informationen über den Faschismus geben und sie zum Widerstand gegen diese Ideologie in allen ihren Formen auffordern wollten, sollte als ein Aspekt des Übersetzens in schwierigen Zeiten und als Legitimierung mittelmäßigen Übersetzens zugunsten eines »höheren Zwecks« nicht unbeachtet bleiben.

Veränderungen im »Übersetzungsbewusstsein«

Mein zweites Beispiel ist eigentlich mein erstes, denn die Anregung zur Wahl dieses Themas verdanke ich einer Bemerkung in der Autobiografie[12] des heute schon halb vergessenen österreichischen Schriftstellers Ernst Lothar (1890–1974)[13], der vor 1938 als (recht konservativer) Literaturkritiker für die Wiener *Neue Freie Presse* schrieb, in den 1930er Jahren Direktor des Theaters in der Josefstadt war und nach der Rückkehr 1945 vor allem an Wiener Bühnen wirkte. Mit dem Roman *Der Engel mit der Posaune* (englisch – *The Angel with the Trumpet*[14] – 1944, deutsch, in den USA 1946, in Österreich 1947) hat er eines der (österreichischen) Erfolgsbücher der unmittelbaren Nachkriegszeit geschrieben. Dieser Roman wie der Südtirol-Roman *Beneath another Sun* (1943)[15], beide als Unterhaltungsromane zu charakterisieren, sollten in den USA für die Wiederherstellung Österreichs werben, weshalb die englischen Übersetzungen große Bedeutung hatten. Lothars handlungs- und figurenbetontes, stilistisch nicht übermäßig sorgfältiges Erzählen dürfte den amerikanischen Übersetzern wie dem dortigen Publikum entgegengekommen sein[16] – wohl weniger, weil der Autor sich amerikanischen Konventionen angepasst hätte, sondern weil er eben so erzählt. Zum Teil sind die Romane in den USA auch recht erfolgreich gewesen.

Die erwähnte Stelle bezieht sich allerdings auf das Exil in Frankreich, etwa auf das Jahr 1938/39. Lothar sinniert über »›la perte de la langue‹« und beschreibt seinen Zustand: »vor einem Blatt Papier sitzen und so schreiben müssen, daß es übersetzbar sei, auf den Stil verzichtend, der den Mann macht, das war eine unbekannte, abscheuliche Marter (...).« Werfel habe ihm freilich geraten: »›Laß dich nicht irremachen! (...) Denk nicht an die Übersetzer, die ja immer alles ruinieren! Schreib wie bisher – was du willst und wie du willst!‹« Zu diesem Ratschlag merkt Lothar lakonisch an, dass sich seine finanzielle Lage von der des weltberühmten Werfel nicht unwesentlich unterscheide.

Wichtig ist hier vor allem die Erinnerung an das Gefühl, »so schreiben zu müssen, daß es übersetzbar sei«. Und übersetzbar muss der deutsche Text vor allem deshalb sein, weil man mit einem übersetzten Text seine (oft verzweifelt schlechte) finanzielle Lage verbessern konnte. Es ist hier nicht von der Möglichkeit die Rede, durch übersetzte Werke im Gastland politisch aufklärend zu wirken, sondern allein vom Überleben – und eben davon, dass man deshalb beim Schreiben von Anfang an auf den Übersetzer Rücksicht nehmen wollte. Wieweit sich eine solche Orientierung im Stil von im Exil verfassten Schriften tatsächlich nachweisen lässt, kann hier nicht untersucht werden. Es soll nur an einigen wenigen Beispielen, durchwegs aus Briefen der Exil-Jahre, vorgeführt werden, wie der Gedanke an den Übersetzer vielleicht nicht beim Schreiben selbst den Ausschlag gegeben hat, aber sehr wohl in Zusammenhang mit den Publikationsmöglichkeiten omnipräsent gewesen ist. Einige Aspekte zur Literatursoziologie des Übersetzens und noch mehr des Übersetzt-Werdens in den Exiljahren lassen sich diesen Quellen auf den ersten Blick entnehmen. Es geht also im Folgenden kaum um konkrete Übersetzungen und schon gar nicht um eine Einschätzung von deren Qualität, sondern um etwas, das man als das gewandelte »Übersetzungsbewusstsein« im Exil bezeichnen könnte. Übersetzt worden waren ja die meisten Autoren auch schon vor 1933 beziehungsweise 1938 – aber im Ausland, in dem sie damals nicht lebten; Übersetzungen waren damals ein zusätzlicher Erfolg gewesen, nicht das fast einzige Medium literarischer Wirkung.

Übersetzungsrechte – Der Fall Joseph Roth

Im Briefwechsel zwischen Joseph Roth und dem katholischen niederländischen Verlag De Gemeenschap[17], in dem zwei Bücher von ihm erschienen sind, ist relativ viel von Übersetzungsrechten die Rede, eher wenig dagegen von Übersetzungen und so gut wie gar nicht von konkreten Problemen des Übersetzens. Zumal eine Stelle macht die grundsätzliche Problematik deutlich. Am 10. September 1938 schreibt der – zu Recht verärgerte – Verlag, der auf Manuskripte und Fahnenkorrekturen (für *Die Geschichte von der 1002. Nacht* und *Die Kapuzinergruft*) des ihn stets auf Neue vertröstenden Autors zum Teil über zwei Jahre hatte warten müssen, an Joseph Roth: »Hätten wir die 1002. Nacht Anfang 1937 liefern können, da war noch Oesterreich da, jetzt kann man da und wahrscheinlich in der Tsecho Slovakei [!] nicht mehr liefern. (Die Vertreter haben also Provision empfangen der nicht auszuführen [!] Bestellungen.)« Der Verlag rechtfertigt mit diesem (verständlichen) Argument, warum er eine Honorarzahlung an Roth erst leisten will, wenn dieser bestimmte Termine eingehalten hat. Relevant ist hier vor allem die Feststellung über den im Herbst 1938 schon aufs Äußerste geschrumpften Markt für Bücher von Roth in deutscher Sprache: Im Grunde kamen als Käufer nur noch Schweizer und die Vertriebenen selbst in Frage, deren materielle Lage üppige Bücherkäufe nur selten möglich machte – und selbstverständlich Leserinnen und Leser, die Roth in englischen, französischen, polnischen Übersetzungen lesen wollten. Und selbst da gab es Einschränkungen: Das zuständige italienische Ministerium verweigerte einer geplanten italienischen Übersetzung der *Geschichte von der 1002. Nacht* die erforderliche Genehmigung (Verlag an Roth, 23. Juni 1937).

Der nüchterne Satz in einem Geschäftsbrief aus den Niederlanden macht klar, wie wichtig Übersetzungen für die Verbreitung der Literatur exilierter Autoren und für deren materielle Situation gewesen sind. Von der *Kapuzinergruft* sind denn auch 1938 nur 3.000 Exemplare gedruckt und bis 1940 etwa 1.500 verkauft worden; für *Die Geschichte von der 1002. Nacht*, erst nach Roths Tod erschienen, verringerte De Gemeenschap die Auflage auf 2.000, die möglicherweise vor dem deutschen Angriff auf die Niederlande gar nicht mehr in den Handel gekommen sind.[18]

Ich bleibe kurz bei diesem Briefwechsel, nicht weil er tiefe Einblicke in den seelischen Zustand des nach Paris geflohenen Autors gestattet – während er nur wenige aufschlussreiche Selbstaussagen Roths über sein Werk enthält –, sondern weil die Konzentration der Briefe auf kommerzielle Aspekte des Verhältnisses von Autor und Verlag eine Fülle von weiteren Hinweisen darauf enthält, wie wichtig die Möglichkeit von Übersetzungen gewesen ist, um das Erscheinen auch des deutschen Originals zu gestatten (wie ja 1945 allein *The Death of Vergil* das Erscheinen des *Tod des Vergil* ermöglichte). Schon im ersten Brief des Verlags an den Autor (17. Oktober 1936) wird die Frage gestellt: »(...) dans quels pays on lit Roth, en allemand et/ou en traduction?« Die immer mehr zur Chimäre werdende Hoffnung – des Verlags[19] und des Schriftstellers – Übersetzungsrechte verkaufen zu können, zieht sich wie ein Leitmotiv durch die Briefe, in denen immer wieder einschlägige Namen fallen: von Agenten, von Verlagen, von denkbaren Übersetzern und von Mittelspersonen, die Kontakte zu potenziell interessierten Verlagen zwischen Schweden und den USA herstellen könnten. Ansätze zu einem Netzwerk gibt es: Der Autor kennt da und dort jemanden, der seine Werke übersetzen oder einen Verlag für eine Übersetzung vermitteln könnte; schon in einem der ersten, von Roths »Sekretär« van Ameringen geschriebenen Briefe an den Verlag (29. Oktober 1936) werden neben den ausländischen Verlagen, die Werke Roths herausgebracht haben, Übersetzerinnen und Übersetzer genannt. Immer wieder fällt in der Korrespondenz der Name von Blanche Gidon, die Werke des Autors ins Französische übersetzt hat. Etwa: »Sobald die Korrekturen fertig sind, schicke ich sie an meine französische Uebersetzerin, Frau Gidon, die in Frankreich für einen Verleger sorgen wird.« (Brief Roths vom 23. Januar 1937) Und, im selben Brief, die Bitte an den Verlag, Frau Gidon nicht einen reinen Geschäftsbrief zu schreiben, da sie »lediglich aus literarischer Freundschaft für mich arbeitet«. An der zweiten Stelle wird wiederholt, dass für die potenzielle Übersetzerin »ein Satz vorhanden sein muss«, das heißt, dass aufgrund der Fahnen, möglicherweise noch ohne Autorkorrekturen, übersetzt wird.[20]

Zusammenfassen kann man die materiellen Bedingungen mit einem Satz über einen anderen Exilbriefwechsel Roths: Die Exiljahre waren »a period when the rights to and marketing of translations were of crucial importance«[21] – von entscheidender Bedeutung im Übrigen nicht nur in Hinblick auf die Honorare, sondern auch deshalb, weil die Autoren Gehör bei der Öffentlichkeit finden wollten, und das insbesondere mit um aktueller politischer Aussagen willen geschriebenen Büchern[22] wie der *Kapuzinergruft*.

Diese politische Dringlichkeit von Übersetzungen wird noch deutlicher bei Hermann Broch, dessen *Völkerbund-Resolution*[23] auf direkte politische Wirkung hin angelegt war, weshalb er auf eine rasche Übersetzung drängte.[24] Von anderen aktuellen und daher besonders übersetzungsbedürftigen Broch-Texten war schon die Rede. Auch Heinrich Mann wünscht sich aus solchen Gründen (die sich mit der Hoffnung auf buchhändlerischen Erfolg verbinden) eine rasche amerikanische Veröffentlichung von *Ein Zeitalter wird besichtigt*: »Zeitalter muss erscheinen – ohne Zeitverlust; nur jetzt kann es noch einschlagen (mit etwas Glück); nach Beendigung des europäischen Krieges – weniger« (Brief an Barthold Fles, 24. Februar 1945).[25]

Wichtiger als das Drängen von Roths Verlag auf Bemühungen um Verkauf von Übersetzungsrechten (15. Dezember 1938) und die Listen von Verlagen, denen man solche angeboten hat (24. Januar 1939), oder die Erwähnung einer potenziellen »Übersetzerin (13. August 1938) sind Briefe, in denen es um Korrekturen geht, die den Verlegern von Übersetzungen noch vor Erscheinen des deutschen Buchs zugehen sollen (Roth an den Verlag, 12. November 1938). Am interessantesten ist zweifellos, dass Roth, vielleicht auch aus schlechtem Gewissen gegenüber dem Verlag, einer Übersetzung ins Polnische aufgrund der ersten Fassung der *Geschichte von der 1002. Nacht* zugestimmt hat – zumal der Warschauer Verlag die »Zusendung der Korrekturbogen« urgierte, »(...) damit sofort an die Uebersetzungsarbeit herangegangen werden kann« (Verlag an Roth, 13. April 1937). Von parallelen Korrekturen am Originaltext und an der Übersetzung ist bei Broch die Rede.[26] Textkritische Studien zu im Exil entstandenen Werken werden jedenfalls gut daran tun, die Übersetzungen einzubeziehen[27] – bis zu dem Extremfall des fehlenden deutschen Texts, für den der von Doris A. Infield übersetzte »introductory essay« Alfred Döblins zu *The Living Thoughts of Confucius*[28] nur ein Beispiel unter mehreren, aber eben ein besonders prominentes ist.

Rücksichtnahme auf potenzielle Übersetzer wird von Roth nur an einer Stelle gefordert: Die Druckfahnen, die er seinem Agenten Fles in die USA schicken will, müssen sehr genau korrigiert sein, damit »der Uebersetzer ein klares, unmissverständliches Deutsch zur Bearbeitung bekommt. Ich selbst werde noch einmal das Literarische korrigieren« (Roth an den Verlag, 23. Januar 1937). Trotz des Nachsatzes stehen aber hier nicht stilistische Konsequenzen der Notwendigkeit des Übersetzt-Werdens im Vordergrund, sondern drucktechnische Probleme: Die niederländischen Setzer verursachten aufgrund mangelnder Deutschkenntnisse Fehler, die zu Missverständnissen führen konnten.

Dass bis 1938 bzw. (für Prag) 1939 Übersetzen unter politischem Aspekt auch ins Deutsche erfolgen konnte, zeigt eine kleine Episode: Von dem katholischen niederländischen Autor Anton van Duinkerken[29], den Roth kannte und der ihn auf den Verlag De Gemeenschap aufmerksam gemacht hatte, stammt die scharf antifaschistische *Ballade van den katholiek*[30], von der Roth am 29. Dezember 1936 »dringendst« eine Rohübersetzung erbittet, für eine Veröffentlichung in der katholischen, entschieden antinationalsozialistischen Wiener Zeitschrift *Der christliche Ständestaat. Österreichische Wochenhefte*. Dort ist das Gedicht, (»Aus dem Holländischen nachgedichtet von Joseph Roth«) unter dem den Refrain aufnehmenden Titel *Jawohl, mein Herr, ich bin ein Katholik* auf Seite 1 der Nummer vom 13. Juni 1937 (Jg. 4, Nr. 23) erschienen – als ein letztlich dem Exil zu verdankender literarischer Beitrag zum verzweifelten österreichischen Widerstand gegen die Besetzung durch das »Dritte Reich«.

Scheitern am Übersetzt-Werden (Alfred Polgar)

Kaum politische Aspekte hat Alfred Polgars Bemühen um Übersetzungen seiner Texte ins Englische. Hauptquelle unseres Wissens darüber sind seine erhalten gebliebenen Briefe an den im Exil als Literaturagent tätigen alten

Wiener Bekannten Rudolf Kommer (1888–1943)[31], in denen ein Aspekt leitmotivisch in vielen Varianten wiederkehrt (Brief vom 10. März 1941): »Nur noch Eines: kommt es, wie ich inständig hoffe, in irgendeinem Fall bis zur Honorar-Frage, so, bitte, versteh' m.[eine] Situation. Was heißt: der kleinste Cheque, wenn er nur bald kommt, ist, in unserer derzeitigen Lage, elixir de vie; und wertvoller als ein größerer, der vielleicht durch Warten und Zögern zu erzielen wäre.« Ähnlich, am 30. Januar 1942: «(...) und ich, auf der dringenden Suche nach anderem Verdienst, besinne mich meiner Profession als sozusagen Schriftsteller«. Oder, am 2. März 1942: »Ich habe *nicht den kleinsten litter. Ehrgeiz,* nur den schmerzhaft brennenden Wunsch, Geld zu verdienen. Mein job bei MGM ist zu Ende, die winzigen Ersparnisse, die Lisl gemacht hat, werden es in wenigen Wochen sein. Da wir unseren Standard auf das Bescheidenste herabgedrückt haben, würde der Verkauf von ein paar meiner Geschichten im Jahr genügen, uns am Leben zu erhalten. (...) Mir, Lieber, ist es natürlich vollkommen egal, wo, wenn überhaupt, die Geschichten anzubringen sind. Mein Blick ist starr auf das Sternbild ›Honorar‹ gerichtet.«

Ein paar übersetzte Texte in Zeitschriften unterzubringen, hat für Polgar im wahrsten Sinn existenzielle Bedeutung, denn er ist von solchen Einnahmen abhängig, selbst wenn der Eine oder Andere ihn gelegentlich materiell unterstützt hat. Der 68-jährige Autor legt seinem Freund und Berater auch ältere, schon auf Deutsch veröffentlichte Arbeiten vor; dabei hat er recht genaue Vorstellungen davon, wohin seine Arbeiten am besten passen würden; offenbar fiel ihm das Durchschauen »der andersartigen Buchkultur Amerikas«[32] weniger schwer als anderen Exilautoren. Immer wieder denkt er an *The New Yorker*, in dem er sich auch gut ausgenommen hätte. Trotz dieser Kenntnis des amerikanischen Markts für Kurzprosa – Polgar weiß auch, mit welchen amerikanischen Autorinnen und Autoren sich sein Werk vergleichen lässt (2. März 1942) – und trotz der Ratschläge Kommers ist es allerdings kaum zu Polgar-Veröffentlichungen in englischer Sprache gekommen.[33]

In dem eben zitierten Brief vom 10. März 1941 deutet Polgar auch den vermutlich entscheidenden Grund für diesen Misserfolg an: seinen kaum übersetzbaren Stil. »Ich lege Dir hier auch noch ein paar Übersetzungen m[einer] Skizzen vor. – Daß diese Übersetzungen so very crude sind, ist traurig. Der beste reader von M. G. M., gebürtiger Amerikaner, der seinen Doktor Philologiae an deutschen Universitäten gemacht hat, hat sie besorgt. Und eine Amerikanerin, die ihre germanistischen Studien der university hier mit Auszeichnung absolviert hat, hat die Übersetzungen gefeilt und so idiomatisch wie möglich gemacht. What else could I do?« Aus dem »so idiomatisch wie möglich« des höflichen Polgar ist unmissverständlich ein »leider nicht idiomatisch genug« herauszuhören; und Polgar konnte seine »geliebte Stiefmuttersprache«[34] Englisch rasch gut genug, um das beurteilen zu können – und um unter den Übersetzungen aus ästhetischen Gründen zu leiden. Am 20. April 1942 spricht er dann von »einem anderen (besonders guten) Übersetzer«, von dem er eventuell auch schon entstandene Übersetzungen will überarbeiten lassen.

Einen weiteren Aspekt des Übersetzt-Werdens (den ich in meinem schmalen Korpus, in dem es freilich außer eben bei Polgar kaum um Texte für Zeitschriften geht, sonst nur bei Döblin gefunden habe) kann man einem Brief Polgars vom 30. Januar 1942 entnehmen: »By the way: die Geschichten wurden sehr anständig übersetzt (s. ›Esquire‹). Natürlich bedeutet jede Übersetzung für mich eine schmerzhafte Geld-Investition à fond perdu.« Offenbar hat Polgar – und nicht nur er, sondern beispielsweise auch Alfred Döblin (Brief vom 22. Juli 1942) – den Übersetzer im Vorhinein bezahlen müssen, um der jeweiligen Zeitschrift gleich einen englischen Text vorlegen zu können. (Die größeren amerikanischen Verlage dagegen verfügten – wie aus dem Briefwechsel zwischen Heinrich Mann und seinem Agenten Barthold Fles hervorgeht – in der Regel über Mitarbeiter, die Manuskripte in deutscher Sprache lesen und beurteilen konnten.) Noch deutlicher wird dieses materielle Problem am 26. Mai 1942 ausgesprochen: »Um neue [Geschichten] zu schreiben fehlte es mir nicht an Lust und Einfall. Aber ich hätte nicht die Mittel, sie von einem erstklassigen Übersetzer (und ein anderer wäre der Sache nur von Schaden) übersetzen zu lassen.«[35] Aus dem Brief von Heinrich Manns Agenten Barthold Fles an den Autor vom 2. Dezember 1943 geht hervor, dass auch Verlage gerne die Übersetzungskosten auf die Autoren abgewälzt hätten.

Um des erhofften »cheque« willen gibt Polgar Kommer am 2. März 1942 das Recht, in seine Kurzprosa einzugreifen: »Wenn Du glaubst, dear friend and protector, daß Änderungen, Striche, Zusätze die Verkaufschance m[einer] Geschichte erhöhen könnten (und wenn Du Zeit hiezu findest) so unterzieh' Dich, bitte, dieser chirurgischen Arbeit.« Am 27. April 1942 ist er aber dann doch nicht glücklich über Eingriffe Kommers, wird auch zumindest von dem »kleinsten litter. Ehrgeiz« ergriffen, obwohl ihn die Idee reizt, unter einem »Pseudonym auch andere Skizzen von mir, von Dir für amerikanischen Geschmack zubereitet, erscheinen« zu lassen. Dieser Gedanke der Zubereitung für den »amerikanischen Geschmack« ist im Hinblick auf die Übersetzungsprobleme der Exilanten überhaupt festzuhalten: Bloßes Übersetzt-Werden war eigentlich zu wenig; darüber hinaus mussten, zumindest in den USA, weitere Adaptationen gemacht werden, wenn man nicht ohnehin schon recht naiv in der Art amerikanischer Autoren schrieb wie Ernst Lothar. Ob die Idee eines gemeinsamen Pseudonyms für Polgar und Kommer nicht auch dem Wunsch entspricht, das Markenzeichen »Polgar« nicht zu kompromittieren, bleibe dahingestellt.

In diesem Sinn sei noch ein resignatives Fazit Polgars vom 30. April 1942 zitiert: »So aber gebe ich (...) den publishern, die mich nicht publishen wollen, vollauf recht. Meine Skizzen haben viel zu wenig Substanz für amerik. Geschmack. Ihr Reiz, if at all, liegt in der Gewichtslosigkeit, mit der in ihnen Gewichtiges präsentiert wird, in ihrer Musikalität, die, an die Sprache gebunden in der Übersetzung verloren geht (Du siehst, ich leide nicht an Minderwertigkeitskomplexen). Amerikanity-Aktuelles zu schreiben, wie Du mir rätst, fällt mir schwer. Was weiß ich von Amerika? Je näher ich die Fremde hier kennenlerne, desto fremder wird sie mir. –« Und weiter im gleichen Brief, im gleichen Sinn: »Was nun (...) ›his last mistake‹[36] anlangt, so ist die Geschichte in Deiner Fassung gewiß heiterer, u. den Rezepten der amerik. Küche besser entsprechend. Dafür ging verloren, was sie in der Original-Fassung hatte, nämlich: der ihr gemäße *Stil*. Aber das Ding ist wohl zu nichtig, als daß eine sozusagen ›litterar.‹ Diskussion darüber sich lohnte. Ob in Deiner, ob in meiner Fassung: ich glaube nicht mehr an eine Verkaufsmöglichkeit der Geschichte. Daß Harpers für sie Interesse haben sollte, ist unvorstellbar. Ich lese Harper oft. In diesem hochpolitischen seriösen etwas steifen Magazin würde unser Elaborat wirken wie die Fliege in der Milch. Unappetitlich.« Und als letztes Zitat aus diesen Briefen Polgars über die Unmöglichkeit, mit Texten aus einer deutsch-europäischen Stiltradition in der sehr andersartigen amerikanischen Medienwelt Erfolg zu haben, eine Stelle aus dem Brief vom 15. August 1942: »Und wiederum ist mir die ganze tiefe Lächerlichkeit des Unternehmens, meine Art von Lese-Ware dem amerikanischen Story-Kaufmann anzuhängen, bewußt geworden.« – Vielleicht weil seine Erzählungen ihm selbst »fade, dünn und démodés« vorkommen, »verwurzelt in einer Zeit und Welt, die es nicht mehr gibt« (24. November 1942).

Dass die Unübersetzbarkeit seiner Kurzgeschichten mit ihrer Verwurzelung in einer anderen Zeit zu tun hat, wie umgekehrt ihre Unübersetzbarkeit zu ihrer Unverkäuflichkeit geführt hat, dürfte aus den Zitaten deutlich hervorgegangen sein. Dazu noch ein weiteres, aus dem gleichen Brief an Kommer: Polgar könne in den USA nicht als Schriftsteller arbeiten, »weil mein Eigenstes, meine geistige Handschrift, in der fremden Sprache nicht zu kopieren ist. In der Übersetzung geht *gerade* das ganz verloren, was festzuhalten Du mir empfiehlst.«

Es entbehrt nicht der Ironie, dass nach 1945 für Polgar Übersetzungen erfolgreicher (jedoch literarisch nicht besonders anspruchsvoller) amerikanischer Theaterstücke »den Grundstock seines Einkommens« bildeten.[37] Bei dieser Art von Literatur und auf dem umgekehrten Weg – aus der amerikanischen in die deutsche Welt (der Nachkriegszeit!) – scheint das Übersetzen funktioniert zu haben. Dass Polgar ohne die Exil-Erfahrungen diese Dramen nicht hätte übersetzen können[38], soll nicht verschwiegen werden.

Die Wünsche der Verleger und die Unverlässlichkeit der Übersetzer (Heinrich Mann)

Wie bei Roth und bei Polgar ist auch bei Heinrich Mann sehr viel von Geld die Rede; es handelt sich allerdings um den Briefwechsel mit seinem literarischen Agenten in den USA.[39] In den Briefen an Félix Bertaux[40] aus der Zeit des Exils in Frankreich geht es in viel höherem Maß um anderes; aber in Frankreich lebte Mann auch in besser gesicherten Verhältnissen.

Ohne Zweifel hat sich Fles sehr bemüht, Werke Heinrich Manns bei amerikanischen Verlagen zu platzieren; es ist ihm allerdings nur ganz selten gelungen. Zu seinen Bemühungen gehören massive Eingriffe in Texte des Dichters bzw. Vorschläge zu solchen Eingriffen, etwa im Schreiben an Heinrich Mann vom 26. Januar 1943, aus Anlass eines in einer Exilzeitschrift in deutscher Sprache erschienenen Artikels, *Zehn Jahre Hitler*. Heinrich Mann hatte Interesse an einer englischen Übersetzung geäußert. Fles übersetzt den Artikel, antwortet aber, mit durch Respekt gedämpfter Kritik: »[Der Artikel] ist aber leider, so wie er ist, für den amerikanischen Geschmack völlig ungeeignet. Ich schlage Ihnen vor, dass Sie mir erlauben, den Artikel zu kürzen und als Satyre [!] umzuarbeiten. An sich ist er ja vollkommen satyrisch gestaltet, nur ist er zu lange und nicht genug pointiert. Natürlich trifft das nur auf den amerikanischen Geschmack zu, und ist er als deutscher Artikel wunderbar.« Immerhin hat Fles die Absicht, dem Autor das Ergebnis seiner Eingriffe zur Bewilligung vorzulegen. Mann antwortet aber ohnehin (am 29. Januar 1943): »Von den besonderen Bedürfnissen der amerikanischen Zeitschriften verstehe ich nichts. Die gebotenen Änderungen und Kürzungen überlasse ich Ihnen. Sie brauchen sie mir nicht zu zeigen. Meine einzige Bedingung, dass der Sinn des Artikels vollständig erhalten bleibt, wird gewiss auch die Ihre sein.« Es handelt sich hier um einen aktuellen Artikel (zum 10. Jahrestag der nationalsozialistischen »Machtergreifung« mit einer politischen Funktion. Der Autor ordnet die Sprachgestalt der geplanten Übersetzung vollständig dieser Funktion (und vielleicht auch der Hoffnung auf ein Honorar) unter.

Ganz ähnlich reagiert Fles auf Heinrich Manns zunächst in Mexiko deutsch erschienenes Werk *Lidice*, von dessen Dialogform er meint, sie werde einem amerikanischen Publikum missfallen. Er schlägt dem Verfasser am 19. März 1943 vor, »das Manuskript in einen Roman umzuarbeiten.« Das solle einfach dadurch geschehen, dass die szenischen Anweisungen »novelistisch [!] übertragen« werden. Am 28. April wiederholt Fles den Vorschlag. Wiederum reagiert Heinrich Mann zustimmend (am 2. Mai 1943): »Ich kann nur sagen, dass ich nichts dagegen einwenden würde, dem Roman eine erzählende Form zu geben (...)«, falls ihn ein Verlag annehme. Auch hier könnte das Interesse des Autors an einer raschen Publikation des auf die Aktualität bezogenen Werks den Ausschlag für seine Kompromissbereitschaft gegeben haben. Letztlich weigert er sich jedoch, eine neue Fassung des Werks in Angriff zu nehmen (31. August 1943), ist aber dann am 11. September 1943 erneut der Ansicht, die vom Verlag gewünschte »erzählende Form« lasse sich herstellen.

Grundsätzlich interessant ist ferner die Änderung des Titels von *Lidice* in *The Protector*; signifikante Umbenennungen von Büchern, mit oder ohne Einverständnis des Autors – Heinrich Mann knurrt brieflich »meinetwegen ›Der Protektor‹« (31. August 1943) – sind auch in anderen Fällen anzunehmen. Im Briefwechsel zwischen Fles und Heinrich Mann geht es in diesem Sinn auch um Überlegungen zu einem neuen Titel für eine Neuübersetzung des *Untertan* (30. März 1945; 3. April 1945: Heinrich Mann meint, »mit dem Wort master race liesse sich etwas machen«; 30. April 1945).

Eine weitere Stelle möchte ich anführen, die für die Schwierigkeiten charakteristisch scheint, die manche Vertriebene mit der Sprache ihrer neuen Umwelt hatten. Heinrich Mann – dessen Französisch so exzellent war, dass ihm die Übersetzung eigener französischer Texte ins Deutsche Probleme bereitete[41] – scheint für Nuancen des Englischen kein besonderes Sensorium entwickelt zu haben, sonst hätte er am 21. März 1945 nicht ganz erstaunt über eine Übersetzung des *Professor Unrat* geschrieben: »In der Ausgabe Hutchinson [eines britischen Verlags] heisst Unrat – Mood. Man sagt mir, Garbage sei unmöglich.« Das ist es in der Tat. Broch dagegen wird, obwohl seine englisch geschriebenen Briefe recht fehlerhaft sind, in Zusammenhang mit seiner Bemerkung zur Übersetzung des Vergil-Romans ein ausgeprägter Sinn für Effekte in der Zielsprache nachgerühmt[42] – was durch seine sensiblen Bemerkungen zu Jean Starr Untermeyers Übersetzung von Brechts *An die Nachgeborenen* durchaus bestätigt wird (Brief vom 14. September 1940[43]). Die Fragen der Kenntnisse der Sprache des Exillands – oft abhängig von der früheren Schulbildung, vom Alter der Autoren zum Zeitpunkt ihrer Flucht, vom Wohnort im Exilland (Broch dürfte im Alltag relativ selten Englisch gesprochen haben) – und des Einflusses der neuen Sprache auf das Deutsche stellen sich in Zusammenhang mit dem Übersetzt-Werden und mit der Beurteilung von Übersetzungen durch die Autoren ebenfalls.

Eine letzte Erfahrung exilierter Autoren sei noch am Beispiel Heinrich Manns dargelegt: die Unverlässlichkeit von Übersetzern. Für Manns neues autobiografisches Buch *Ein Zeitalter wird besichtigt* hatte der Verlag Dutton den bekannten Ludwig Lewisohn als Übersetzer gewonnen (Brief von Fles, 19. Mai 1944). In vielen Briefen ist dann von der Säumigkeit dieses Übersetzers die Rede (zum Beispiel Heinrich Mann an Fles, 21. März 1945) – bis Lewisohn sich schließlich aus politischen Gründen weigert, die Übersetzung fertigzustellen (Fles an Heinrich Mann, 18. Juli 1945). Auf Details ist hier nicht einzugehen; dass es bis heute zu keiner englischsprachigen Ausgabe des

Zeitalters gekommen ist – obwohl auf Wunsch des Verlags im Buch gekürzt worden ist –, ist gewiss auch eine Folge der Unverlässlichkeit Lewisohns, von dem der Autor wie später von dem die Übersetzung fortführenden Fles abhing. Schließlich wurde es in der Ära des »Kalten Kriegs« und McCarthys problematisch, dieses Buch mit seiner positiven Einstellung zur Sowjetunion noch zu drucken. Heinrich Mann resigniert (am 22. April 1947): »Das Buch ist unbrauchbar geworden (...) Ein politisches Buch kann inopportun werden.« Der überlange Prozess des Übersetzens hat dem Werk seine Aktualität genommen – und es wäre zu fragen, ob nicht andere Autoren ähnliche Erfahrungen mit unverlässlichen Übersetzern gemacht haben, deren Verhalten dann ähnliche Folgen hatte. Der Aspekt der Aktualität ist auch in diesem Fall von Bedeutung.

Eine unmögliche Übersetzung – *The Death of Vergil*

Noch einmal kurz zurück zu Hermann Broch. Eine der schwierigsten und wichtigsten Übersetzungsleistungen der Exiljahre ist selbstverständlich die Übersetzung von Brochs *Tod des Vergil* durch die amerikanische Lyrikerin Jean Starr Untermeyer (1886–1970), die übrigens mehr oder minder ohne Honorar gearbeitet hat (Brief Brochs an Kurt Wolff, 12. Juni 1944). Die offenbar zum Teil sehr persönliche Korrespondenz zwischen ihr und Broch ist unveröffentlicht (und sollte es wegen ihres privaten Charakters vielleicht auch bleiben). Die Übersetzung entstand in enger Zusammenarbeit der beiden; John Hargraves, der sich mit ihr beschäftigt und die Briefe eingesehen hat, sagt zu diesen Kontakten allerdings mit leichter Ironie: »(...) the case of Broch and Untermeyer represents a cautionary tale as to the vaunted advantages of working with a living poet.«[44] Es war eine eher zufällige Bekanntschaft, die dazu führte, dass Broch die Dichterin, mit der ihn zeitweise eine enge persönliche Beziehung verbunden hat, zuerst um die Übersetzung der Schicksalselegien aus dem *Tod des Vergil* gebeten und ihr dann die Übersetzung des ganzen Buchs anvertraut hat.[45] Später empfand sie diese Bitte als Verurteilung zu lebenslanger Haft.[46]

Am Arbeitsvorgang ist nicht uninteressant, dass Untermeyer, deren Deutschkenntnisse nicht überragend gewesen zu sein scheinen, mit einer Rohübersetzung gearbeitet hat.[47] Von solchen ist sonst in den von mir durchgesehenen Briefwechseln nicht die Rede; allein Roth gebraucht für das Gedicht van Duinkerkens eine solche (Brief Roths vom 29. Dezember 1936). Aber selbstverständlich ist auch auf diese Praxis und allgemeiner auf das Überarbeiten von Übersetzungen zu achten.

Die wenigen in der *Kommentierten Werkausgabe* gedruckten Briefe Brochs an Jean Starr Untermeyer beziehen sich nur selten auf konkrete Details des entstehenden englischen Texts; das scheint aber überhaupt der Fall zu sein.[48] Dass Broch sehr wohl Wörterbücher konsultiert hat, zeigen seine Abwägungen über »desultory«, »wayward« und »whimsical« (Brief an Untermeyer, 22. Juni 1943), wobei seine Entscheidung für das zweite der genannten Adjektive wohl die richtige gewesen ist. Kritisiert hat Broch an Untermeyers Arbeit etwa das Nicht-Durchhalten seiner leitmotivischen Wortwiederholungen; Untermeyer scheint Variationen der entsprechenden Begriffe vorgezogen zu haben.[49] Darüber äußert sie sich auch in ihrer der englischen Fassung beigegebenen *Translator's Note*.[50] Jedenfalls hat sich Broch, dessen Vorschläge nach Hargraves zu Verbesserungen geführt haben[51], jedes Satzzeichen der Übersetzung genau angesehen.[52]

Auf Details kann man ohne Archivstudien an der Yale University wohl nicht sinnvoll eingehen. Eine besondere Schwierigkeit dieser Übersetzung dürfte, wiewohl nicht ganz im selben Ausmaß, viele in der Muttersprache und der Sprache des Exillands erschienene Bücher betroffen haben: die Gleichzeitigkeit von Übersetzen und Schreiben. Brochs Roman war zu dem Zeitpunkt, zu dem die Arbeit an der englischen Fassung begann, noch nicht fertig; aber auch schon geschriebene Teile hat der Dichter immer wieder verändert; beispielsweise schreibt er, zwei Jahre vor Erscheinen des Buchs, am 14. Oktober 1943 an Hans Sahl: »Außerdem drängt die Vergil-Arbeit: die gesamte Untermeyer-Übersetzung ist nochmals durchzugehen, und auch der deutsche Text bedarf noch der Revision (...)«. Oder, noch in der Phase des Drucks, an Helene Wolff (am 6. Februar 1945): »Weiters wäre es gut (...), wenn die Einschübe (...) noch in den englischen Text aufgenommen werden könnten (...)«. Jede Revision einer Stelle verlangte angesichts der Dichte des Texts Revisionen anderer; damit war auch die Übersetzerin mit der Notwendigkeit konfrontiert, bereits englisch vorliegende Passagen neu zu übertragen. Die Frage, ob Änderungen des englischen Texts womöglich auf den deutschen zurückgewirkt haben, wage ich gar nicht anzuschneiden.

Gewiss war das Problem des zeitgleichen Entstehens von Originaltext und fremdsprachiger Fassung im Fall des *Tod des Vergil* besonders komplex und folgenreich; die Zusammenarbeit in dieser Intensität war wohl auch nur deshalb möglich, weil die Übersetzerin Jean Starr Untermeyer nicht ökonomisch zu denken brauchte und weil sie über ihre emotionale Bindung an den Autor hinaus vom Werk fasziniert war.

Auch die zuletzt nicht erschienene Übersetzung von Heinrich Manns *Ein Zeitalter wird besichtigt* war mehrfach mit Eingriffen des Autors in den an sich schon abgeschlossenen deutschen Text konfrontiert, wie sich zum Beispiel in den Briefen an Fles vom 28. Mai 1944 und vom 6. März 1946 zeigt, in dem Mann auch auf umgekehrte Änderungswünsche – die des Verlags – reagiert und sie abzuwehren sucht.

Ein Lob Brochs für seine Übersetzerin sei nicht unterschlagen. An Ivan Goll schreibt er am 7. Dezember 1944: »Daß Mrs. Untermeyer über all die Übersetzungshürden tatsächlich hinweggekommen ist, dünkt mich ein wirkliches Wunder.« Zuletzt hat er ihr noch geradezu aufgetragen, in der *Translator's Note* den *Death of Vergil* für die Kritiker vorzuinterpretieren – »daß man dies dem Kritiker im vorhinein sagt (...)« (an Helene Wolff, 14. Februar 1945) – und dadurch der »promotion of the book« (an Untermeyer, Ende 1944) dienlich zu sein. Einen Vortrag, den »die Untermeyerin« (Brief an Ruth Norden, 4. Oktober 1943) 1946 in Yale über ihre Broch-Übersetzung halten sollte, hat der Übersetzte schlicht und einfach für sie geschrieben; sie hat dann allerdings Brochs Manuskript – *Einige Bemerkungen zur Philosophie und Technik des Übersetzens. Ein Vortrag* – nicht verwendet.[53] Auf die *Translator's Note* und auf diesen Text einzugehen fehlt hier der Raum, zumal sie, sieht man von einzelnen Wendungen wie die über die »fluchbeladenen Schwächen« des deutschen Geistes[54] ab, auf die besondere Situation des Übersetzens unter den Bedingungen des Exils nicht eingehen.

Autor und Übersetzen im Exil

In den recht willkürlich ausgesuchten Briefen der vertriebenen Autoren sind einige wiederkehrende Themen zu erkennen. Einmal, bei Roth und bei Polgar, auch bei Heinrich Mann und bei Lothar, etwas weniger bei Broch die materielle Abhängigkeit von durch Übersetzungen und fast nur durch Übersetzungen zu verdienenden Honoraren. Zweitens die Notwendigkeit, sich Wünschen von Verlagen und Herausgebern anzupassen. Solche Wünsche sind an die Autoren gewiss auch von ihren früheren deutschen Verlegern herangetragen worden, aber in der Exilzeit hatten diese Wünsche einen anderen Charakter: Sie zielten auf die Anpassung an ein anderes literarisches System ab, die Heinrich Mann und Polgar in besonders hohem Maß missglückt ist; Brochs *Death of Vergil* dagegen verstieß wohl gegen den amerikanischen Rezeptionshorizont nicht mehr als *Der Tod des Vergil* gegen den deutschen.

Zur Abhängigkeit von Verlagen, an welche die Autoren gewöhnt waren, kamen in den USA zwei weitere Schleusenwächter hinzu, die ein Manuskript auf dem Weg an die Öffentlichkeit passieren musste: der Agent und der/die Übersetzer/in. Beide Instanzen konnten verzögernd und sogar verhindernd wirken – wie Lewisohn im Fall von *Ein Zeitalter wird besichtigt* –, was über das Materielle hinaus zumal dann als besonders negativ empfunden worden ist, wenn der Autor aktuell politisch wirken wollte. Dass es im Hinblick auf diese Instanzen und den auf einen anderen Rezeptionshorizont hin orientierten Verlag über Selbstzensur hinaus zu Eingriffen in Texte gekommen ist, möglicherweise auch in den deutschen Ausgangstext, ist bei der deutsch geschriebenen Literatur jener Jahre immer zu bedenken.

Ästhetische Probleme des Übersetzens werden in diesen Briefen, abgesehen von denen Polgars, recht wenig diskutiert; aber das könnte auch anders aussehen, wenn ein umfangreicheres Briefkorpus analysiert wird.

Fragen der Sprachkenntnisse der exilierten Autoren und der von manchen ins Auge gefasste, von manchen (wie Robert Neumann) auch vollzogene Wechsel in die andere Sprache sowie textkritische Probleme, die sich ausgehend von diesen Übersetzungen stellen können, sind hier im Hintergrund geblieben, sollen aber als Forschungsaufgaben erwähnt werden. Auf jeden Fall sind die Spannungen zwischen Ausgangs- und Zielsprache, über die Jean Starr Untermeyers *Translator's Note* fesselnde Überlegungen enthält, zwar wie immer auch ein Problem des Übersetzens unter den Bedingungen des Exils, doch treten zu diesen traditionellen Schwierigkeiten des Übersetzens eine Fülle von politischen, sozialen und kulturellen Problemen hinzu.

An das Ende stelle ich einen der Übersetzung einen ganz hohen Rang zumessenden Satz von John Hargraves über *The Death of Vergil*: »Like other German writers in exile, he was aware that the book's world reputation would rest on the reception of the work in English, not German.«[55]

---

1 Paul Michael Lützeler: *Hermann Broch. Eine Biographie* (1985). Frankfurt/M. 1988, S. 244. Der Hinweis auf diese lange Bekanntschaft ist nicht nur anekdotisch; oft hing die Möglichkeit des Publizierens im Exil von solchen persönlichen Kontakten ab. — 2 Zu diesem »ethical and didactic concern« Roderick H. Watt: »Hermann Broch's *Adolf Hitler's Farewell Address* and George Steiner's *The Portage to San Cristobal of A. H.*« In: Adrian Stevens/Fred Wagner/Sigurd P. Scheichl (Hg.): *Hermann Broch. Modernismus, Kulturkrise und Hitlerzeit. Londoner Symposion 1991*. Innsbruck 1994, S. 173–186, hier S. 174, 176. — 3 Hermann Broch: *Kommentierte Werkausgabe*. Hg. von Paul Michael Lützeler. Bd. 13/2 (Briefe 2). Frankfurt/M. 1981, S. 400. Brochs Briefe werden im Weiteren, nach dieser Ausgabe, im Text mit Angabe des Datums und des Empfängers zitiert. (Analog gehe ich bei den anderen verwendeten Briefausgaben vor.) Die nach dem 9.8.1945 geschriebenen Briefe stehen in Bd. 13/3 dieser Ausgabe, die viele, aber keineswegs alle Briefe Brochs enthält. Von dem in unserem Zusammenhang besonders interessanten Briefwechsel mit Jean Starr Untermeyer, der Übersetzerin des *Tod des Vergil*, sind bislang nur wenige Briefe (ausschließlich solche von Broch) veröffentlicht worden (*Kommentierte Werkausgabe* 13/3, S. 572 f.); einige Zitate aus diesem Briefwechsel bei John Hargraves: »›Beyond Words‹: The Translation of Broch's *Der Tod des Vergil* by Jean Starr Untermeyer«. In: Paul Michael Lützeler (Hg.): *Hermann Broch, Visionary in Exile. The 2001 Yale Symposium*. Rochester, New York 2003, S. 217–229. — 4 Hermann Broch: »Letzter Ausbruch eines Größenwahns. Hitlers Abschiedsrede«. In: *Kommentierte Werkausgabe* (s. Anm. 3). Bd. 6 (Novellen) 1980, S. 333–343. Zu diesem Text vgl. Watt: »Hermann Broch's *Adolf Hitler's Farewell Address*« (s. Anm. 2). Broch hat also den oben zitierten deutschen Titel noch einmal verändert; als subjektive Meinung möchte ich notieren, dass der von der Zeitschrift verwendete Titel wirkungsvoller ist als beide deutsche. — 5 Watt, S. 175, Anm. 5, verzeichnet

die Briefe. — **6** Das übersieht auch Watt, ebd. — **7** Broch: »Letzter Ausbruch« (s. Anm. 4), S. 343. — **8** Watt: »Hermann Broch's *Adolf Hitler's Farewell Address* (...)« (s. Anm. 2), S. 175; mir selbst war die Fassung der *Saturday Review* nicht zugänglich. — **9** Ebd., S. 183. — **10** Vgl. auch den Brief an den Übersetzer Ralph Manheim vom 17.7.1939, besonders S. 111. — **11** Hermann Broch: »›Gone with the Wind‹ und die Wiedereinführung der Sklaverei in Amerika.« In: *Kommentierte Werkausgabe* (s. Anm. 3), Bd. 9/2 (Schriften zur Literatur 2. Theorie) 1975, S. 237–246. — **12** Ernst Lothar: *Das Wunder des Überlebens. Erinnerungen und Ergebnisse.* Wien 1961, S. 126. Gefunden habe ich die Stelle an einem für Literaturwissenschaftler relativ entlegenen Ort: Ulrich Weinzierl (Hg.): *Österreicher im Exil. Frankreich 1938–1945.* Wien 1984, S. 154. — **13** Über den Autor Donald G. Daviau/Jorun B. Johns: »Ernst Lothar«. In: Johann Holzner et al. (Hg.): *Eine schwierige Heimkehr. Österreichische Literatur im Exil 1938–1945.* Innsbruck 1991, S. 323–352. — **14** Ernst Lothar: *The Angel with the Trumpet.* Garden City 1944. Übersetzerin war Elizabeth Reynolds Hapgood. — **15** Ernst Lothar: *Beneath another Sun.* Übersetzt von Barrows Mussey. Garden City 1943. Auf Deutsch ist der Roman erst 1961 erschienen (*Unter anderer Sonne.* Wien 1961). Insgesamt hat Lothar von 1939 bis 1946 fünf Romane auf Deutsch geschrieben und englisch erscheinen lassen: Daviau/Johns: »Ernst Lothar« (s. Anm. 13), S. 324, Anm. 3. — **16** Daviau/Johns: »Ernst Lothar« (s. Anm. 13), S. 324. — **17** Joseph Roth: *Aber das Leben marschiert weiter und nimmt uns mit. Der Briefwechsel zwischen Joseph Roth und dem Verlag De Gemeenschap 1936–1939.* Hg. von Theo Bijvoet/Madeleine Rietra. Köln 1991. Diesem Briefwechsel (S. 81) ist auch der Titel des Aufsatzes entnommen. Aus dieser Ausgabe wird jeweils mit Angabe des Datums des Briefs zitiert. — **18** Bijvoet/Rietra: »Einleitung«, ebd., S. 9–29, hier S. 18 f. — **19** Ebd., S. 20. — **20** Dass Roth mit Blanche Gidon hinter dem Rücken seines Verlags abgeschlossen hat – ebd., S. 21 –, ist wie die Höhe des von Plon für die französischen Rechte an der *Kapuzinergruft* bezahlten Honorars (Joseph Roth: *Aber das Leben marschiert weiter* [s. Anm. 17], Kommentar, S. 284) ein Beleg für die materielle Wichtigkeit der Übersetzungen. — **21** John Hughes: »[Besprechung von:] Geschäft ist Geschäft. (...) Der Briefwechsel zwischen Joseph Roth und den Exilverlagen Allert de Lange und Querido 1933–1939. Köln 2005«. In: *Austrian Studies* 14. 2006, S. 366 f. — **22** Vgl. den Brief Roths vom 23.5.1938 über die Aktualität des Romans. — **23** Hermann Broch: *Völkerbund-Resolution.* Hg. von Paul Michael Lützeler. Salzburg 1973. — **24** Broch: *Briefe 2* (s. Anm. 3), S. 29 (noch in Schottland geschrieben). — **25** Heinrich Mann: *Briefwechsel mit Barthold Fles 1942–1949.* Hg. von Madeleine Rietra. Berlin 1993. — **26** Siehe unten. — **27** Vgl. Heinz Lunzer: »Die Versionen von Joseph Roths Roman ›Die Geschichte von der 1002. Nacht‹. Textkritische Überlegungen«. In: Michael Kessler/Fritz Hackert (Hg.): *Joseph Roth. Interpretation – Rezeption – Kritik. Akten des internationalen, interdisziplinären Symposions 1989, Akademie der Diözese Rottenburg-Stuttgart.* Tübingen 1990, S. 201–226. Aus verständlichen Gründen bezieht Lunzer die polnische Übersetzung nicht in seine Analyse ein; die jiddische scheint ohnehin verschollen zu sein (Bijvoet/Rietra: »Einleitung« [s. Anm. 18], S. 21 f.). — **28** *The Living Thoughts of Confucius.* Presented by Alfred Doeblin. New York 1940. (Translation of the introductory essay by Doris A. Infield). Die nachweisbaren Übersetzungen ins Französische, Spanische und Italienische beruhen auf Infields Fassung und nicht auf Döblins Original. Vgl. Alfred Döblin: *Briefe.* Hg. von Walter Muschg. Olten 1971, S. 440. — **29** Über ihn Bijvoet/Rietra: »Einleitung« (s. Anm. 18), S. 10 f. — **30** Faksimilia des holländischen und des deutschen Zeitschriftenabdrucks im Abbildungsteil (S. 210, 211) von Joseph Roth: *Aber das Leben marschiert weiter* (s. Anm. 17). — **31** Über diesen siehe Deborah Vietor-Engländer: »›The Mysteries of Rudolfo‹ – Rudolf Kommer from Czernowitz – (...) A Puller of Strings on the Exile Scene«. In: *German Life and Letters* 51 (1998), S. 165–184. Die Briefe Polgars an Kommer hat Ines Fohringer ediert: *Alfred Polgars Briefe im amerikanischen Exil. Eine kommentierte Edition.* Diplomarbeit (unveröff.) Innsbruck 1998, S. 58–99. Eine verbesserte Neuedition durch die gleiche Herausgeberin u. d. T.: »Alfred Polgars Briefe an Rudolf Kommer aus dem amerikanischen Exil«. In: Evelyn Polt-Heinzl/Sigurd Paul Scheichl (Hg.): *Der Untertreiber schlechthin. Studien zu Alfred Polgar.* Wien 2007, S. 225–269. — **32** Rietra: »Einleitung«. In: Mann: *Briefwechsel mit Barthold Fles* (s. Anm. 25), S. 7–28, hier S. 14. —

33 Eine der wenigen Ausnahmen ist eine im Brief vom 30.1.1942 erwähnte Publikation der Übersetzung eines älteren Texts im Februarheft 1942 von *Esquire*. — **34** Alfred Polgar: Brief an William S. Schlamm vom 18.8.1949. In: Ders.: *Lieber Freund! Lebenszeichen aus der Fremde*. [Briefe an (und von) William S. und Steffi Schlamm]. Hg. von Erich Thanner. Wien 1981, S. 54. — **35** Vgl. zur Frage der Übersetzungskosten Rietra: »Einleitung« (s. Anm. 32), S. 13. — **36** Bei *His Last Mistake* kann es sich nur um die oft gedruckte Geschichte *Sein letzter Irrtum* handeln, in Alfred Polgar: *Andererseits*. Amsterdam 1948, S. 93–95. — **37** Ulrich Weinzierl: *Alfred Polgar. Eine Biographie*. Wien 1985, S. 228 f. — **38** Untersuchungen zu diesen wohl nur »als Manuskript gedruckt« vorliegenden, also außerhalb des Buchhandels erschienenen Übersetzungen dürfte es nicht geben. Briefliche Zeugnisse zu dieser Tätigkeit Polgars sind vorerst nicht bekannt. — **39** Mann: *Briefwechsel mit Barthold Fles* (s. Anm. 25). — **40** Heinrich Mann / Félix Bertaux: *Briefwechsel 1922–1948*. Frankfurt/M. 2002. — **41** Ebd., S. 305 (Brief an Félix Bertaux vom 16.6.1933) und S. 327 (12.8.1933), in beiden Fällen über den *Haß*. — **42** Hargraves: »›Beyond Words‹« (s. Anm. 3), S. 224. — **43** Eben dieser Brief enthält einige Beispiele für die Holprigkeit von Brochs Englisch. — **44** Hargraves: »Beyond Words« (s. Anm. 3), S. 217. — **45** Ebd., S. 219. — **46** Ebd., S. 220. — **47** Ebd., S. 222. — **48** Ebd., S. 220. — **49** Ebd., S. 222. — **50** Jean Starr Untermeyer: »Translator's Note«. In: Hermann Broch: *The Death of Vergil*. New York 1945, S. 483–488, hier S. 487. (Diese Ausgabe konnte ich in der Exilbibliothek des Wiener Literaturhauses einsehen.) — **51** Hargraves: »Beyond Words« (s. Anm. 3), S. 221. — **52** Ebd., S. 222. — **53** Hermann Broch: »Einige Bemerkungen zur Philosophie und Technik des Übersetzens. Ein Vortrag«. In: *Kommentierte Werkausgabe*, Bd. 9/2 (s. Anm. 11), S. 61–86; zur Textgenese siehe S. 293. — **54** Ebd., S. 85. — **55** Hargraves: »Beyond Words« (s. Anm. 3), S. 221.

Michael Winkler

Hermann Brochs Exilromane
Übersetzungen und Rezeption in Amerika

Hermann Broch war nahezu 52 Jahre alt, als er nach zehnwöchigem Zwischenaufenthalt in London und bei Willa und Edwin Muir im schottischen St. Andrews am 9. Oktober 1938 in New York City ankam. Dort und in der weiteren Umgebung der Metropole, und zwar vor allem in den Universitätsstädten Princeton (New Jersey) und New Haven (Connecticut), hat er bis zu seinem Tod am 30. Mai 1951 gelebt.

In Kreisen der literarischen Prominenz Amerikas und des deutschsprachigen Exils, wenngleich weniger unter den etablierten Deutschamerikanern, war Brochs Name durchaus bekannt, galt doch seine Romantrilogie *Die Schlafwandler*, 1932 in der vorzüglichen Übersetzung des Ehepaars Muir als *The Sleepwalkers* in den renommierten Verlagen Secker (London) und Little, Brown and Co. (New York) erschienen, als eines der Hauptwerke der europäischen Moderne. Der Autor hatte jedoch zunächst weder persönliche Kontakte zu einheimischen Intellektuellen oder Verlegern noch brachte er ein Manuskript mit, das sich relativ zügig hätte übersetzen und noch vor Kriegsausbruch – was zumindest für den Verkauf in Großbritannien wichtig gewesen wäre – auf den Markt bringen lassen. Er bemühte sich daher als erstes um die Fertigstellung der (inzwischen vierten Fassung) des Vergil-Romans. Ein gutes halbes Jahr später setzte er gleichzeitig die tief greifende Überarbeitung des »Bergromans« *Demeter* fort, dessen erste Niederschrift er im Januar 1936 abgeschlossen hatte. Doch schon bald kamen weitere menschliche Verpflichtungen und publizistische Pläne hinzu. Diese waren Broch so wichtig, dass er sich ihnen mit oft verbissener und zeitraubender Hingabe widmete. Über Jahre hin hat er deshalb, auch bei zwei längeren Aufenthalten im Krankenhaus (April 1947 und nahezu zehn Monate nach einem Hüftbruch Mitte Juni 1948), an mehreren Projekten gearbeitet. In praktischer Hinsicht erhoffte er sich durch seine Publikationen eine akademische Stellung, die ihm eine weniger gehetzte Existenz im Alter ermöglichen würde, eventuell sogar das Prestige eines internationalen Preises, der ihn finanziell aus der Abhängigkeit von Stipendien und Stiftungen befreien könnte.

Diese Hoffnungen haben sich nicht erfüllt. Zu Lebzeiten wurde nur ein Buch von Broch in den USA veröffentlicht: der Roman *Der Tod des Vergil*, in der amerikanischen Parallelausgabe in der Übersetzung von Jean Starr Untermeyer als *The Death of Virgil* betitelt. Doch bevor das Buch Ende Juni

1945 erscheinen konnte, waren zumindest drei einander bedingende Schwierigkeiten möglichst zum selben Zeitpunkt zu lösen: Broch musste das immer wieder überarbeitete und erweiterte Typoskript endlich zum Druck aus der Hand geben, seine Übersetzerin musste in der Lage sein, die vielen Änderungen und Zusätze in ihre ohnehin noch unvollständige Fassung einzuarbeiten, und der Verlag benötigte eine gewisse finanzielle Absicherung, ehe er ein fünfhundertseitiges Werk herstellen lassen konnte. Die Verzahnung dieser drei Faktoren soll zunächst in den relevanten Details rekonstruiert werden.

Broch lebte von Anfang Juni 1942 an sechs Jahre lang in Princeton als Untermieter im Haus des Kulturphilosophen Erich Kahler (1885–1970), der ihm besonders bei der Gestaltung der historischen Aspekte des Romans und bei der Übersetzung der *Aeneas*-Zitate behilflich war. Die Arbeit (an der nunmehr fünften Fassung) ging bei äußerster Konzentration allein auf dieses Projekt, d.h. auf den deutschen Text und seine englische Version, so gut voran, dass Autor und Verleger sich darauf einigten, die beiden Bände des *Vergil* Ende 1943 erscheinen zu lassen. Diesen Termin hatte Broch mit Kurt Wolff vereinbart, der am 30. März 1941 mit seiner Familie in New York City angekommen war und im Februar des folgenden Jahres den Verlag Pantheon Books, Inc. gegründet hatte.[1] Zunächst war Broch stärker an seiner baldigen Präsenz auf dem amerikanischen Buchmarkt interessiert, da die Rechte für eine deutschsprachige Ausgabe weiterhin beim Rhein-Verlag (Zürich) lagen. Dessen Leiter Daniel Brody lebte damals im Exil in der mexikanischen Hauptstadt und sah keine Möglichkeit, verlegerisch tätig zu werden. Außerdem befand er, es stecke zwar »eine phantastische Arbeit und große Schönheit« in dem Buch, »aber an langen Stellen (sei) es doch zu eintönig« (Brief an Broch vom 13. August 1942).[2]

Zu dieser Zeit lagen von der Übersetzung »etwa 200 Seiten in einjähriger harter Arbeit« vor, die Broch mit dem Eingeständnis seiner eigenen Unsicherheit im englischen Ausdruck als »immerhin recht versprechend« (BB 743) bezeichnete. Am 19. Juni 1943 meldete er, »vier Fünftel [des *Vergil*] sind fertig« und er hoffte, »daß der Rest bis zum Herbst beendet sein wird«. Über den Wert dieser Arbeit ist er sich nicht so recht im Klaren: »An und für sich ist natürlich diese Übersetzung der Unübersetzbarkeit glattwegs ein Wunderwerk, doch wie weit sich dieses Un-Englisch dem englischen (...) Leser aufzwingen läßt« bleibt fraglich, denn »ein paar Leute, die sich von rechtswegen auskennen müßten (...), reagieren durchaus mit Unsicherheit, teilweise entzückt, immer gefesselt, immer aber auch tief befremdet« (BB 751). Am 7. August 1943 teilte er mit, Mrs. Untermeyer habe »die Übersetzung des Vergil soeben beendet« (BB 764); es könne damit »vorerst eine Subskriptionsausgabe von [je] 750 Exemplaren ohne Gewinn für Verleger und Autor herausgebracht werden« (BB 765).[3]

Kurt Wolff ließ daraufhin ein vierseitiges Faltblatt als Subskriptionseinladung anfertigen. Davon waren bis Mitte Juni 1944 bereits 14.000 Exemplare verschickt worden. Zu der Zeit hatte Broch eine erneute Revision durchgeführt, denn er glaubte, »bei der Gefügtheit des ganzen Buches (gebe) es keine isolierten Mängel, und so (müsse) das Gesamtgewebe nochmals ›durchgenäht‹ werden«. Er spricht diesbezüglich von »einer 17stündigen Arbeit durch 4 Monate« (BB 790), die ihn an den Rand des physischen Zusammenbruchs und seine Mitarbeiterin in eine schwere psychische Krise führte. Der öffentliche Respons auf die Werbekampagne war zunächst enttäuschend. Mitte Juni 1944 lagen Bestellungen auf etwas über 400 Exemplare vor, »freilich nicht genug, da die beiden Bücher zusammen etwa $ 6000.-- Herstellungskosten erfordern« (BB 798). Diese waren also erst zu einem Drittel gedeckt.[4] Dadurch verzögerte sich die Drucklegung nochmals, und zwar um fast ein halbes Jahr. Diese Zeit verwendete Broch zu weiteren Ergänzungen und zur endgültigen Abstimmung der vielfältigen leitmotivischen Verästelungen des Romangefüges, der »musikalisierenden Komposition des Ganzen«.[5] Dennoch waren die Vorbestellungen gegen Jahresende erst auf die Hälfte des nötigen Minimums angestiegen. Hilfe kam jedoch in Form eines überaus günstigen Darlehens aus den Mitteln der Stiftung Independent Aid, Inc., die $ 4.000 zinslos zur Verfügung stellte – eine Summe, die erst aus dem Reingewinn des Buches in kleinen Raten rückzuerstatten war.[6]

Dass Broch schließlich in Kurt Wolff einen deutschen Verleger fand, der vielseitige Erfahrung, einen ausgezeichneten Ruf unter Kollegen sowie kluge Risikobereitschaft besaß und außerdem bereit war, nahezu ohne Bezahlung zu arbeiten, war ein höchst ungewöhnlicher Glücksfall. Dem gingen freilich mindestens fünf Jahre großer Ungewissheit voraus. Denn es gelang Broch nicht, einen Vertrag mit einem der finanzkräftigen einheimischen Verlage über seine noch nicht fertiggestellten Romane abzuschließen. Am längsten erwartete er eine positive Antwort von Benno W. Huebsch (1876–1964), dem Leiter der Viking Press und mit Albert Einstein und Thomas Mann Bürge für seine Einreise in die USA. Doch Huebsch hatte 1935 sehr schlechte Erfahrungen mit dem Verkauf und den Rezensionen von *The Unknown Quantity*[7] gemacht und blieb auch deswegen auf Distanz. Brieflich hat der Autor ihm sein Buch (in dessen vierter Fassung) als »schwerstverständlich« zu empfehlen versucht; es könne somit »eigentlich nur in die Reihe jener Werke eingestellt werden, wie sie von Joyce repräsentiert sind«, und daher wende es sich »wie diese vorerst einmal nur an ein sehr begrenztes Publikum.«[8] Anfang Dezember 1940 lehnte Huebsch die Publikation des Romans ab, nicht zuletzt, weil er ihn – wie anfänglich beispielsweise auch Kurt Wolff und Stefan Zweig – für unübersetzbar hielt.

Broch selbst hatte darauf vertraut, die Bedenken von Willa Muir (1890–1970) diesem Werk gegenüber zu zerstreuen, und besonders im Sommer

1940 inständig um ihre Zustimmung geworben. Der Briefverkehr blieb freilich einseitig, da sie zu dieser Zeit lebensgefährlich erkrankt war und wie ihr Mann eine sehr kritische Einstellung zum *Tod des Vergil* hatte, ja ihn als den Grabstein auf dem Sarg des römischen Dichters (»the tombstone on Virgil«) bezeichnete.[9] Außerdem war natürlich seit Kriegsbeginn der Markt für Bücher von deutschsprachigen Autoren in England auf ein Minimum geschrumpft. Broch wandte sich daher erneut an die gleichaltrige Dichterin Jean Starr Untermeyer (1886–1970; hinfort als JSU identifiziert). Diese hatte er Anfang Juli 1939 zu Beginn seines einmonatigen Aufenthalts in der Künstlerkolonie Yaddo bei Saratoga Springs (New York) kennen gelernt.[10] Ihre Beziehung, in der sich erotische Verwicklungen mit einem intensiven Arbeitsverhältnis mischten, blieb über Jahre hin gespannt und nahm gelegentlich sadomasochistische Züge an. Dass sie schwere Krisen und krankheitsbedingte Unterbrechungen überlebt hat, ist ihrer beiderseitigen bedingungslosen Hingabe an das zu vollendende Werk zu verdanken.

Der Erfolg dieser kreativen Partnerschaft blieb jedoch weit über ihre Anfangsphase hinaus ungewiss. JSU hatte keine Erfahrung als Übersetzerin, ihr Deutsch erwies sich als passabel, blieb jedoch für die Schwierigkeiten von Brochs lyrischer und abstrakter Prosa völlig unzureichend. Dies war beiden offenbar von Anfang an klar. Broch legte ihr daher als erstes die (fünf) Schicksals-Elegien und danach Brechts Gedicht *An die Nachgeborenen* (aus den *Svendborger Gedichten)* zur Probe vor. Mit beiden Übersetzungen ließ sie sich Zeit, was durchaus ihrem besonnen-langsamen Arbeitsrhythmus entsprach. Das Ergebnis der ersten Übung fand der Dichter trotz kleiner Bedenken »wirklich prachtvoll«[11]; nach der zweiten zählte er nur die fehlerhaften Stellen auf.[12]

Dennoch gelang es ihm mit Charme und sicherlich auch mit dem Mut der Verzweiflung, seiner Freundin das Versprechen abzulocken, die ersten zehn Seiten und dann den ersten zusammenhängenden Abschnitt so beispielhaft in eine englische Fassung zu übertragen, dass die Lektoren bei Viking das Buch nicht mehr als unübersetzbar ablehnen konnten. Deren letztliche Absage hat das Experiment freilich nicht zum Scheitern gebracht, sondern eher seine beiden unfreiwilligen Partner noch enger aneinandergebunden.

Ihre Arbeitsweise war durchweg höchst umständlich. JSU, die in New York City wohnte und gelegentlich den Sommer in der MacDowell Colony in Peterborough (New Hampshire) verbrachte, übernahm von Erich Kahlers Frau Josephine (»Fine«) beziehungsweise von Marianne Schlesinger, einer Bekannten des Ehepaars, die aus New Rochelle angereist kam, eine Art wörtliche Umsetzung des Originals in ein völlig unidiomatisches Englisch. Diese oft kaum verstehbare Interlinearversion besprach sie mit den beiden Freundinnen als ersten Ansatz zu einer Rohfassung, die sie allmählich ausarbeitete und unter Bekannten zirkulieren ließ. Zu ihren amerikanischen

Gewährsleuten zählten besonders der Komponist Roger Sessions (1896–1985) in Princeton, mit dem auch Broch befreundet war, und der Kunst- und Literaturkritiker Paul Rosenfeld (1890–1946), der in den 1920er Jahren für seinen opulent »opernhaft europäischen« Stil bekannt war.[13] Am nachhaltigsten verließ sie sich auf den Rat ihrer Freundin Jule Brousseau (1903–1982), einer Schriftstellerin, deren Stil entfernt an Brochs Schreibweise erinnert.[14] Behilflich waren auch Wieland Herzfelde und Victor Polzer (das ist Viktor Pollitzer), der vor seiner Emigration 1938 beim Wiener Paul Zsolnay Verlag tätig war und sich in New York mit Broch für die Unterstützung von Hitlerflüchtlingen einsetzte.

Der Autor selbst hat die so entstandenen Seiten dann Wort für Wort überprüft, gelegentlich mit Hilfe von Erich Kahler, der sein geschichtsphilosophisches Buch *Man the Measure. A New Approach to History* (1943 bei Pantheon veröffentlicht, wo auch Brochs Massenwahntheorie erscheinen sollte) auf Englisch geschrieben hatte. Dazu benutzten sie ausgiebig das seinerzeit umfangreichste Wörterbuch für beide Sprachen (den »Muret-Sanders«) und ein amerikanisches Synonymenlexikon. Die Übersetzerin ließ sich korrigieren, wo ihr Missverständnisse und Fehler nachgewiesen werden konnten, reagierte ansonsten auf die manchmal wenig stichhaltigen Einwände ihrer Visavis beleidigt oder verärgert, was bei ihrer nahezu permanenten Anspannung wohl auch zu erwarten war. Außerdem erwies es sich oft als schwierig, die Änderungen auf den Durchschlägen der in sechsfacher Ausfertigung hergestellten Typoskripte so zu koordinieren, dass die korrigierten Seiten mit allen Zusätzen dann tatsächlich an der richtigen Stelle ins Gesamtkonvolut eingegliedert wurden.

Dabei ist anzunehmen, dass sich im Laufe einer über dreijährigen engen Zusammenarbeit nicht nur eine mehr oder weniger effektiv funktionierende Routine entwickelte, sondern dass JSU auch »eine Übersetzungsperfektion gewonnen hatte, die sie jetzt [das heißt, am 12. Juni 1944] zwingt, bei der endgültigen Revision sehr viel auf eine höhere Ausdrucksebene zu bringen«, weshalb »eine Verschiebung des Erscheinungstermins in Kauf«[15] zu nehmen sei. Es ist deshalb auch bemerkenswert, dass das gedruckte Buch schließlich so gut wie fehlerfrei ist[16] und Broch als Fazit – nach ein paar schwerfällig schulmeisterlichen Bemerkungen über Erfolgsgefühle von Künstlern – seiner Übersetzerin bescheinigen konnte: »Anyway, this translation is in many respects a piece of art, and it is done.«[17]

In ihrem Nachwort »Translator's Note«[18] verweist JSU in Umrissen auf die Schwierigkeiten, die sich aus Brochs Stil für ihre Übersetzung ergaben: Brochs Syntax war trotz radikaler Unterschiede in der Ausdrucksweise der beiden Sprachen so weit wie möglich beizubehalten. Denn sein Satzbau als Funktion der musikalischen Struktur des Werkes und der Dominanz des inneren Monologs, der auch die stärker narrativen Abschnitte und die

Gesprächsszenen charakterisiert, spiegelt Bewusstseinsmomente von unterschiedlich rhythmisierter Beweglichkeit wider und enthält Gedankenabläufe, in denen sich Fieberfantasien mit klaren Überlegungen vermischen. Vor allem die sich scheinbar aus sich selbst heraus weiterspulenden und immer wieder neu einsetzenden Satzwiederholungen mit ihren oft nahezu gleichlautenden Variationen stellten – und stellen natürlich auch für deutsche Leser – eine beträchtliche Herausforderung dar. Gleiches gilt für Brochs Vorliebe, durch primär nominale Wortkomposita eine mehrdimensionale Ausdrucksweise zu erreichen, in der konkret-dingliche Aspekte zugleich auf eine übersinnliche Bezugsebene verweisen. Solche Wortballungen als Neologismen, obgleich in der angelsächsischen Literaturtradition in Ansätzen schon seit Laurence Sterne vorhanden und systematisch durchgeführt von James Joyce, widerstreben dennoch der eher auf sachliche Klarheit und schrittweise Sinnentfaltung als auf punktuelle Konzentration ausgerichteten Struktur der englischen Sprache. Daher hat es JSU vorgezogen, die Broch'schen Wortzusammenziehungen aufzulockern, wenn nicht gänzlich aufzulösen. Des Weiteren ging es ihr darum, den intendierten Zuwachs an Bedeutungsnuancen nicht durch leitmotivische Wiederholungen, sondern durch die variationsreichere Verwendung von Synonymen zu erzielen. Ihre Leser fühlen sich dadurch etwas weniger als die Leser des Originals an die Technik der chinesischen Tropfentortur erinnert, was zumindest ein *psychologischer* Vorteil ist, auch wenn diese Entscheidung ein Broch sehr wichtiges Strukturprinzip wenigstens teilweise unterlaufen hat. Vergils prophetische Erinnerungen hat Broch als Teil eines Bewusstseinsstroms durchweg im Präsens geschrieben, was ihrer zugleich unmittelbar gegenwärtigen wie zeitlosen Bedeutung entspricht, während Aussagen in indirekter Rede im Englischen üblicherweise die einfache Vergangenheitsform verlangen. Damit wollte JSU auch vermeiden, dass die von einem Prosagedicht angeregten Erkenntnisprozesse durch einen »unbearably didactic character« (»Translator's Note«, S. 488) kompromittiert werden. Und schließlich die nahezu 100 lateinischen Zitate, die zum Teil unauffällig in den Erzähltext integriert sind: Hier dienten ihr die Prosaübersetzungen des klassischen Philologen Henry Rushton Fairclough (1862–1938)[19] als Vorlage für eigene Versfassungen, die nur selten auf die im Englischen schwerfällig wirkende Form des Hexameters zurückgreifen.

Eine Beurteilung der literarischen Qualität von Jean Starr Untermeyers Übersetzung sollte von der Prämisse ausgehen, dass ihre Fassung die Eigenheiten von Brochs Stil in einer dem Englischen adäquaten Form übernimmt. Das ist ihr trotz der deshalb unvermeidlichen Germanismen meisterhaft gelungen. Sie hat also Brochs Suche nach einer einzigartigen und daher nur diesem Roman gemäßen Sprachform nachvollzogen; in anderen Worten, sie hat seine Schwierigkeiten mit der Sprache als eine dem Thema der Dichtung inhärente Provokation und Qualität vollauf übernommen. Damit verbot sich die Versuchung, dem Werk eine dem Leser gefälligere Version abzugewinnen. Brochs unentwegtes Ringen um neue Ausdrucksdimensionen war auch ihre Anstrengung, denn sie konnte sozusagen nicht über den Schatten einer Vorlage springen, die sie als Vorbild akzeptierte. Das hatte auch zur Folge, dass sie teilweise sehr lange Textstellen, die sich selbst geübten Brochlesern nur sehr langsam erschließen, wenn sie überhaupt verständlich werden, nicht in ein weniger unzugängliches Idiom auflösen konnte. Denn es widerspricht dem Sinn einer Übersetzung, Sprachformen, die nach reiflicher Überlegung (zunächst oder immer) unverständlich, geheimnisvoll oder zwiespältig bleiben sollen, weil sie darin ihren Zweck innerhalb eines weiteren Zusammenhangs erfüllen, auf einen eindeutigen Nenner zu bringen.[20]

Eine detaillierte Analyse des *Virgil* ist hier nicht zu leisten. Statt dessen sollen zwei Textstellen, beispielhaft herausgegriffen, für sich selbst sprechen:

»Eingeschattet ins Unendliche, freilich noch nicht darin aufgegangen, webte das Ur-Nächtliche, freilich noch nicht endgültige Nacht; allzu erschaubar war noch diese Finsternis, um nicht, wie alles sinnlich Erfaßbare, seinen eigenen Gegensatz in sich zu bergen, und mochten auch die Gezeiten des Himmels, mochten auch die Gezeiten des Herzens für immer erstorben sein, es sickerte nochmals ein Helligkeitsschein aus der Finsternis, fast als hätte sie in sich das Bleilicht der Pflanzen und Gestirne aufbewahrt und dabei sehr wesenhaft vereinigt – ursteinern gemeinsam der finsternisschwangere Wesensgrund von Gestirn und Pflanze –; es wich nochmals die Finsternis und überantwortete den Raum an eine unbestimmte Helle, die an Tag gemahnte, ohne Tag zu sein, und doch mehr als Tag war, ausgebreitet über das Seiende hin, bar jedes Sternatems, bar jedes Pflanzenatems, bar jedes Tieratems, atementblößter Weltentag.« (S. 526)

»Shadowed in immensity, though not yet into the final consummation, the primal night glided on –, nevertheless it was not yet consummate: for this darkness, like everything graspable by the senses, was all too perceptible not to be harboring its own counterpart, and, even though the tides of heaven, the tides of the heart may have ebbed forever, a translucent beam seeped once more from the darkness, almost as though it had preserved within itself the pale light of stars and plants while making them essentially one – star and plant having their common essence in the primordial stone, pregnant with darkness –, then darkness gave way, surrendering space to an indistinct brightness reminiscent of day without being day and yet being more than day, a brightness spreading over all existence and lacking the breathing of star or plant or animal, a breath-stripped universal day.« (S. 475)

Die Rezensionen des Romans in der amerikanischen Publizistik lobten die Arbeit von JSU in unterschiedlich akzentuierten Tönen der Begeisterung. Diese reichten von »scrupulously faithful« und »a piece of literature which amazingly preserves the flowing lyricism of the original and the warmth, softness and glamour of its mood«[21] über »an excellent translation job, by the way«[22] und »admirable translation«[23] beziehungsweise »her truly heroic and largely successful labors«[24] bis zu »a miracle of indefatigable and selfless devotion to a masterpiece«.[25] Hannah Arendt befand: »The work is written in a beautiful and extremely complicated German; the achievement of the translator is beyond praise.«[26]

Von den (drei) mir bekannten Besprechungen in der Exilpresse – deren Kurzrezensionen selten mehr als beschreibende Solidaritätsbekundungen mit dem Autor bieten – enthält nur die Diskussion von Günther Anders[27] eine substanzielle Auseinandersetzung mit Brochs Roman. Sie beginnt mit dem Hinweis, dass dieses Buch, philosophisch gesprochen, keine These vertrete, und »zwar deshalb nicht, weil es keine These gibt, die es nicht verträte. Es ist voll wie die Welt« und »versucht, alles zu sein«. Daraus entstehe ein »Totalitätsrausch« als Ausdruck einer »Versäumnispanik«, die dafür spreche, dass der Broch'sche Vergil ein Mensch sei, »für den alles und jedes ›in Betracht‹ kommt, weil er selbst nichts Bestimmtes ist«. Deshalb sei auch seine Reue falsch, weil er *zuviel* bereue. Seine Verzweiflung über »die ›existentielle‹ Unzulänglichkeit des Dichters« mache »die Verzweiflung selbst zum Gedicht«. Seine Erlösung gehe daher »als ein völlig aussermoralischer Prozess vor sich«. Neben den »Hauptthemen ›Versäumnis‹ und ›Opfer‹«, so bemerkt Anders, »laufen aber noch andere Ideenmotive, ja unabsehbar viele«, wobei »jedes Ding, jedes Ereignis, jede Geste von Sinn überladen« sei, weil »die Stelle fehlt, von der sich der bestimmte Sinn jedes einzelnen Dinges artikuliert«. Die Konsequenz davon sei »ein Stil, wie er hybrider kaum vorgestellt werden kann.« All das führe zu dem Schluss, dass der *Tod des Vergil* »ein Buch für Niemanden« sei. »Aber als Monument an der Wegkreuzung unserer Zeiten, als Monument der Vergeblichkeit«, so Anders, »ist und bleibt dieses geniale Opus ungeheuer eindrucksvoll.«

Argumente dieser Art blieben jedoch so gut wie singulär. Das Interesse der einheimischen Kritiker galt prinzipiell zwei Fragen, ob sie das Werk nun aburteilten oder für sein Verständnis warben: Einerseits sahen sie es als ein profundes Beispiel des (die Exilliteratur zeitweise dominierenden) historischen Romans, dessen Parabelstruktur eine zeitgeschichtliche Relevanz (Führerpersönlichkeit, faschistische Mentalität, Massenstaat, städtische Elendsviertel, künstlerische Dekadenz, Bücherverbrennungen, Fragwürdigkeit traditionalistischer Kultur bei naivem Geschichtsoptimismus) zu entdecken aufgibt; andererseits galt es, stilistisch-strukturelle Traditionen der kontinentaleuropäischen Literatur, besonders in ihrer deutschsprachigen Ausprägung, zu erklären, und zwar vor allem im Vergleich mit den anglo-amerikanischen Erzählkonventionen des Realismus. Es ging also um den Aufweis historischer Kontinuitäten und um etwaige Vorbilder aus dem eigenen Lektürekanon, die Brochs Stil als weniger befremdlich erscheinen lassen.

P. Rosenfeld versuchte, »the unfamiliar feeling in *The Death of Virgil*« auf die deutsche Romantik zurückzuführen, auf ein Gefühl für die Einheit und Unendlichkeit des Lebens mit dem Begehren nach grenzensprengender Entlassung aus strenger Form – »in love, ecstasy or death« und vermittels »rapturous, dithyrambic music, endless surging melody, the drunken song of infinite Life.« Der Dichter Vergil erscheint damit als Verwandter von Wagners Tristan und Amfortas, der Dichter Broch als legitimer Erbe Hölderlins, Jean Pauls und der »philosophical dithyrambics« von Nietzsche. Davon geben in der englischen Tradition allenfalls die dramatischen Versmonologe von Robert Browning einen schwachen Abglanz. Kurzen Prozess mit Brochs »rhapsodical prose poem« machte Orville Prescott[28], der sich über »a dense cloud of oracular verbage« und über »a Teutonic addiction to ridiculously ornate and verbose prose (you find a similar indulgence in Thomas Mann's Joseph series)« mokierte, und doch zum Schluss der »grandeur of [Broch's] ambition« seine Bewunderung nicht versagen wollte. Seine Kollegin Marguerite Young[29] betonte die »classic architecture« des Romans und seinen »most intricate romanticism«, der auch sie an Browning gemahnt, sah Brochs »cosmological epic« aber in größerer Nähe zu Herman Melvilles *Moby Dick* und empfahl es als »corrective to our fundamentalism, our departmentalism.« Ihr Fazit: »The work – part of it was written in a German concentration camp – should command a vast respect.«

H. Basso sah eine gewisse Nähe Brochs zu Thomas Wolfe und zu den »dithyrambic outpourings« seines Helden Eugene Gant, betonte aber, beider literarischer Ehrgeiz sei »more European than American, possibly because of our truncated sense of history.« Dennoch: »It is perhaps the best novel by a European since Thomas Mann's *The Magic Mountain*«, denen er »the same Goethian solemnity« nachsagte. Das letzte Drittel seiner Rezension plädierte über den Hinweis auf Vergils Gespräch mit Augustus für einen neuen Internationalismus in den staatspolitischen Beziehungen der Welt. Ähnlich wichtig war dieser Dialog auch dem (anonymen) Kritiker von *Time*[30], der das Buch zusammen mit einem Roman des italienischen Anarchisten Ezio Taddei besprach und es trotz seiner Vorbehalte gegenüber »Broch's involved stream-of-consciousness method and philosophical ponderings« wegen seiner politischen Thematik (»the tortured condition of man when the old gods fall before the dictatorship of Caesar«) pries. Gegenüber der fehlenden Tradition des *poetischen* Realismus in Amerika betonte W. Frank eine stärkere Affinität der deutschen Sprache für die Broch'schen »excursions into the ineffable: one reason why it produced Kant and Hegel, and so few good prose writers«. Für ihn war der vierte Teil »Äther – Die Heimkehr« als ein »pantheist exordium of life to which the dying poet returns« der Höhepunkt des Buches, der jedoch ästhetisch misslingen musste, weil Vergil in ihm nicht mehr präsent sei. Was bleibe, sei Brochs Ambition als Mystiker, der seine Stärke als

Künstler nicht gewachsen sei. Denn es gelinge ihm nicht, wie beispielsweise Blake und Kafka, »to convey the experience of the limitless in concise, often humble pictures. *They* dimension their sounds with silence. Broch's book is not silent enough.«

Angesichts des beträchtlichen Aufwands der Subskriptionskampagne ist die Zahl von 20 Rezensionen, die in Tagespublikationen auf die Veröffentlichung von Brochs Roman hinwiesen, durchaus beachtlich. Es ist natürlich nicht abzuschätzen, ob (oder wie sehr) sie das Interesse des allgemeinen Lesepublikums an diesem problematischen Buch angeregt haben. Die Verkaufsziffern der Ausgabe in Übersetzung scheinen eher für ein positives Resultat zu sprechen. Denn zur Situation fünf Jahre nach Erscheinen der Erstausgabe schrieb Broch von »einem britischen Vergil, den (er) zufällig gekauft habe, denn es gibt keine amerikanischen mehr. Wolff will jetzt die ganze britische Restauflage aufkaufen. Dagegen sind die Sleepwalkers zu einem britischen Bestseller geworden, während sie hier nicht gehen.«[31] Für England, wo der Band – als ein in den USA gedrucktes Buch – 1946 erschien, traf also die relativ gute Nachricht nicht zu. Dabei fällt auf, dass bisher nur eine (wenig verständnisvolle) Besprechung in der Nachrichtenpresse und drei Auseinandersetzungen in neu gegründeten kulturgeschichtlichen Periodika erschienen waren.[32]

Die amerikanische Literaturwissenschaft, einschließlich der akademisch beschäftigten Exilgermanisten, hat Broch erst ein Jahrzehnt nach seinem Tod zur Kenntnis zu nehmen begonnen, und dann auch nur höchst zögernd. Zum Teil lag dies daran, dass seine Bücher allenfalls in den größten Universitätsbibliotheken zugänglich waren und Taschenbuchausgaben erst seit Mitte der 1960er Jahre erschienen sind.[33] Außer den Emigranten Erich Kahler, Hannah Arendt und etwas später Heinz Politzer haben sich allein der Germanist Hermann Weigand, der Amerikanist Henry Seidel Canby, beide prominente Universitätslehrer an Yale, und Christian Gauss, Dekan an der *New School for Social Research* in New York City, schon früh für Broch eingesetzt. Die Resonanz ihrer Bemühungen blieb jedoch auf einen kleinen Freundeskreis beschränkt. Zu den Deutschlehrern an den allermeisten Colleges ist sie bis heute nicht durchgedrungen[34], auch wenn die *Kommentierte Werkausgabe* (1974 bis 1981) und die *Biographie* von Paul Michael Lützeler (1985; englische Übersetzung 1987) eine rege internationale Forschung neu belebt haben. Die Anglistik (beziehungsweise die kaum noch existierende Komparatistik) nimmt davon jedoch nur selten Kenntnis, und zwar schon deshalb, weil fast alle ihre Vertreter die deutsche Sprache nicht beherrschen und im Übrigen die amerikanische Aversion selbst des gebildeten Lesepublikums gegen Übersetzungen teilen.

Auch zeitgenössischen amerikanischen Schriftstellern blieb Broch über viele Jahre unbekannt. Aldous Huxley, der dem *Vergil* skeptisch gegenüberstand, hat zwar eine positive Bemerkung auf dem Subskriptionsblatt unterschrieben, doch konnte sich z. B. Thornton Wilder (1897–1975), den Broch um eine ähnliche öffentliche Befürwortung gebeten hatte, nicht dazu entschließen.[35] Erst Don DeLillo weist auf eine gewisse Verwandtschaft der eigenen historischen Situation (Ende der Sowjetunion und des »Kalten Krieges«) mit der von Brochs *Vergil* (»the interim between paganism and Christianity«) hin. In einem Gespräch über seinen Roman *Underworld* (New York 1997) zitiert er die Situation des »no longer and not yet« als Analogie für eine heutige Zwischenzeit, in der »the germ of something really new has not yet shown itself.«[36] Spöttisch vermerkt dagegen der Erzähler in Mary McCarthys Campussatire *The Groves of Academe* (New York 1952) die Ambition eines »bright Austrian girl named Lise, who was doing her major project on Hermann Broch and *The Death of Virgil*«[37], und zwar an einem akademisch eher bescheidenen, wenngleich sich progressiv gebenden College in der Provinz. Ähnlich verfährt Margaret Drabble in *The Seven Sisters* (London 2002)[38], von denen eine, Mrs. Jerrold, während des Flugs nach Tunis »seems to be reading a large paperback book called *The Death of Virgil*, which she has said she has been intending to read for years. It is a famous and famously unread novel by a German writer called Hermann Broch. Its moment, for Mrs Jerrold, has come. (...) But, although she appears to be reading, Mrs Jerrold's eyes are merely resting on the page« (S. 175).

Brochs *The Death of Virgil* ist einzigartig. Seine Besprechung hier musste deshalb bei Weitem ausführlicher sein, als dies für die beiden ihm folgenden Romane erforderlich ist. Was nicht heißt, dass diese zwei Bücher unter weniger ungewöhnlichen Umständen geschrieben und veröffentlicht wurden. *Die Schuldlosen*, im Untertitel als »Roman in elf Erzählungen« identifiziert, entstand von Mai bis Ende 1949. Ergänzungen und Korrekturen kamen im Laufe des folgenden Jahres hinzu, so dass das Buch erst im Dezember 1950 erscheinen konnte, und zwar im Umfang von 400 Seiten zugleich im Rhein-Verlag und im Münchener Weismann Verlag.[39] Eine amerikanische Fassung kam erst 1974 heraus.[40] Auf wessen Initiative diese Ausgabe zustande kam, ist mir nicht bekannt. Doch spricht die Wahl des Übersetzers für ein mehr als kommerziell routiniertes Engagement. Ralph Manheim (1907–1992), selbst Hitlerflüchtling, galt als der erfahrenste Übersetzer für deutsche Gegenwartsliteratur (u.a. von Handke, Brecht, Hesse, Andersch, Grass, Canetti) und hat neben wissenschaftlichen Werken auch französische Bücher (Céline, Tournier, André Schwartz-Bart) übertragen. Seine Arbeitsweise bestand im Unterschied zu JSU darin, den deutschen Text in eine völlig idiomatische amerikanische Schreibweise umzusetzen, auch auf Kosten rhetorischer Nuancen, und nicht ein unkonventionelles Englisch zu erfinden, das sich dem individualistischen Deutsch Brochs angleicht, wenn nicht unterwirft.

So entstand eine Fassung, die auf den Leser vertraut wirkt, dabei jedoch Gefahr läuft, persönliche Stileigenheiten der Vorlage zu nivellieren. Dafür ein Beispiel: »Da weitete sich gleichsam in Selbstverständlichkeit ein großräumiger Fernblick; das Haus war in diesem Teil offensichtlich am höchsten gebaut.« (S. 131) – »He was not at all surprised to discover an expansive view; this was obviously the tallest part of the house.« (S. 125)

Dabei ist anzunehmen, dass Manheim die Arbeit von Mrs. Untermeyer gekannt hat. Denn er übernimmt ihre Fassung des leitmotivischen »noch nicht und doch schon«/ »not quite here but yet at hand« (*Virgil*, z. B. S. 61, 270, 412, 452 und *Guiltless*, S. 185); und für »Die Heimkehr« (nach dem Titel von Teil IV des *Vergil*) verwendet er »his homecoming« (S. 225) und sogar das ungewöhnliche Nomen »homecomer« in der Satzfolge: »Er jedoch wollte zurückkehren, wollte heimkehren, wollte bleiben. Wer heimkehrt, ist freigesprochen!« (S. 232). Diese zwei Sätze erscheinen als: »And he wanted to return, wanted to return home and stay. For the homecomer is free!«, so dass dann auch »[das Zeichen] der Heimkehr und der Unschuld« (S. 233) der Hauptfigur Andreas als »the emblem of homecoming and innocence« (S. 228) erscheint. Ebenfalls hält er sich nicht streng an Brochs Wiederholung zentraler Wörter, so etwa, wenn »das Tier«, das wir rufen, »daß es uns befehle« (S. 268) als »Beast« und »animal« und in der Form »politisches Untier« als »monster« (vgl. S. 262–263) erscheint. Sprachliche Markierungen, die das unmissverständlich deutsche Ambiente des Romans zu erkennen geben (Frau Baronin, gnädiges Fräulein, Studienrat, Schloß, Bahnhofsplatz usw.) lässt Manheim unübersetzt; die Ähnlichkeit der Stadtlandschaft vor dem Bahnhof mit »einem stillen englischen Badeort« (S. 50) verlangt daher auch so wenig typisch amerikanische Ausdrücke wie: watering place, railway, motorcar, broad street (Hauptstraße). Genuin deutsche Bezeichnungen wie: Saufbrüder (drunks), Weinstube (tavern), Prunkbauten (buildings of state), Platz nehmen (sit down), Männer, längst dem Jünglingsalter entwachsen (men, mind you, not boys, not children), eine sinnreiche Einrichtung (a handy machine) und ähnliche Formulierungen bleiben unvermeidlich etwas blass. Vor allem aber unterschlägt die Notwendigkeit, das Wort »Führer« durchweg als »guide« zu übersetzen, eine Bedeutungsdimension, die in der Perversion des faustischen Paktes und der homerisch-vergilischen Nekyia in der Kopulationsszene zwischen Andreas und Hildegard im neunten Abschnitt (»Erkaufte Mutter«/»The Bought Mother«) im Mittelpunkt steht:

»Zu den Toten und wieder zurück?«
»Mag schon sein«, nickte er, obwohl er es anders gemeint hatte.
»Hand in Hand mit Ihnen ins Totenreich«, lachte sie, »und wenn wir zurückkehren zur Welt, dann hört das Begehren nimmer auf ... ist das nun ein rich-

tiger Pakt? Ist das ein Versprechen?«
»Nein, kein Versprechen, ein Risiko.«
Sie wurde ernsthaft: »Den Führer ins Totenreich, den Führer ins Nicht-Seiende, um zum Seienden zu gelangen, das ist's, was wir alle benötigen ... freilich« – sie maß ihn mit kühl-nüchternem Blick –, »Sie sind kein solcher Führer.« (S. 218).
Dagegen lautet die Übersetzung:

»To the dead and back again?«
»Possibly,« he nodded, though he had meant it differently.
»Hand in hand with you to the realm of the dead,« she laughed. »And when we return to the world, our desire will never cease ... is that a pact? Is it a promise?«
She grew grave: »A guide to the realm of the dead, a guide into nonbeing, in the hope of attaining to being – that's what we all need ... but« – she measured him with a cool, sober look – »you are not such a guide.« (S. 213)

Auch die religiöse Terminologie mutet im Original etwas weniger nüchtern-legal an als in einer Version, die die Sprache der Verinnerlichung nicht kennt: »Vielleicht ist's Gnade. Denn die Schuldsühne geschieht in Läuterung, nicht in Abbüßung, als ginge es um Strafe. Du bist kein Verbrecher. Du wirst nicht gestraft. Aber der Lohn ist Geheimnis.« (S. 272), gegenüber: »Perhaps it's a mercy. For atonement is purification, not punishment. You are not a criminal. You are not being punished. But the reward is secret.« (S. 266)

Auch der (geringe) publizistische Nachklang dieses Buches hielt sich primär ans Konkrete. So verweist zum Beispiel die dreispaltige Besprechung in der *New York Times*[41] nach einer etwas langatmigen biografischen Einführung auf Brochs »delightful sense of humor«, den er mit Joyce und Thomas Mann teile, verweilt aber dann einzig bei den »Vier Reden des Studienrates Zacharias«. Dieser Abschnitt lese sich wie »nearly a parody of Bloom's meeting with Stephen« und »analyzes the Germanic character«. Das Fazit: *The Guiltless* »will send many on to *The Sleepwalkers*, but it is thoroughly satisfying and valuable in itself. There is also the frightening possibility that Broch may be right about his countrymen – and all of us.«

Für die amerikanische Ausgabe eines Romans, den Broch praktisch schon aufgegeben hatte und der schließlich als *Die Verzauberung* veröffentlicht wurde, hatte der Autor einen renommierten Verleger in Alfred A. Knopf. Den Vertrag verdankte er der Vermittlung von Robert Pick (1898–1978), einem österreichischen Schriftsteller, mit dem Broch eng befreundet und der bei Knopf als Lektor tätig war. Die deutsche Fassung sollte im Juli 1950 vorliegen und zunächst im Rhein-Verlag erscheinen. Doch begann Broch erst im Januar 1951 mit der letzten Niederschrift und konnte daher auch den verlängerten Termin (1. April 1951) nicht einhalten. Als Honorar war ein Betrag von $ 1500.-- vereinbart worden; von den Tantiemen sollte allerdings ein Teil der Übersetzungskosten bestritten werden, was ein weiterer Grund dafür war, den Text so kurz wie möglich zu halten.[42]

Da allein die erste Fassung vollständig vorliegt, wurde sie und nicht die auf fragwürdige Weise kompilierte Ausgabe von Felix Stössinger mit dem Titel *Der Versucher* (1953), auf der die europäischen Übertragungen basieren, für die amerikanische Version gewählt, die unter dem Titel *The Spell* (New York 1987) erschien. Ihr Übersetzer ist Brochs Sohn Hermann F. Broch de Rothermann (1910–1994), dem die Einreise in die USA Ende 1941 gelungen war und der im Lauf der Jahre in verschiedenen Berufen, darunter als Dolmetscher, gearbeitet hatte. *The Spell* war seine erste literarische Arbeit; danach hat er Bücher des mit ihm entfernt verwandten Gregor von Rezzori und Canettis »Aufzeichnungen« *Fliegenpein/The Agony of Flies: Notes and Notations* (1994) übertragen.

Seine Übersetzung musste sich an die Entscheidung halten, eine im Gesamtkonzept falsch angelegte und stilistisch unzulängliche Arbeit ohne redaktionelle Eingriffe als Vorlage zu verwenden. Ihre Schwächen treten jedoch in seiner nahezu wörtlichen Übernahme von Brochs Diktion[43] deutlich hervor, besonders wo deren oft gravitätische Steifheit aufgelockert werden soll durch preziös klingende Wendungen wie »vesperal snow« (S. 340; für »abendlichen Schnee«) oder »crepuscularly« für »abendlich«. Aus »der Wald ist sommerlich und dennoch winterlich duftlos« wird daher »the forest is summery and yet hibernally bare of fragrance« (S. 360), und »the crepuscularly blue-gray majestic walls« (S. 261) sollen den »abendlich gewaltigen und blaugrauen Wänden« entsprechen. Auch fällt eine Vorliebe für eindeutig britische Wörter und Redewendungen (»in full fig«/geschmückt; »a fillip on the nose«/Nasenstüber; »plus fours«/Sporthosen usw.) auf, die dem Geschehen einen teils antiquarischen, teils distinguierten Anstrich verleihen und insgesamt auf eine etwas unsichere Vornehmheit abzielen. Diese entstammt wohl weniger dem höheren Bildungsgrad des erzählenden Landarztes als dem Wörterbuch des Übersetzers, es sei denn, man verbucht sie als Zugeständnisse an die Erwartungen von Lesern in England. Insgesamt verdient die Übersetzung mehr als Respekt dafür, dass sie sich eine sehr schwierige Arbeit nicht leicht gemacht hat.

Die Tageskritik betonte vor allem, wie überzeugend es Broch gelungen sei, »the essential psychological transactions in the fascist contract« aufzuzeigen.[44] Vor allem Kimball wies jedoch auch darauf hin, wie wenig der Roman selbst die Absichten Brochs realisiere. Das mache das Buch für ihn zu einem faszinierenden Dokument, das zeige, was geschehen könne, »when a major imagination suffers shipwreck on an idea that just doesn't pan out« (Anm. 43,

S. 76). Er bezeichnete daher die Veröffentlichung des Romans als »a profound disservice to the memory of Hermann Broch«. Auch Erich Heller[45] bezweifelte, dass Broch die Übersetzung dieser Fassung zugelassen hätte, und hielt Stil wie Struktur des Romans sowohl als politische Allegorie wie als religiös-mythische Suche nach Erkenntnis und Gemeinschaft für misslungen, was großenteils trotz dichterischer Begabung von Brochs profunden Zweifeln am epistemologischen Wert der Literatur her zu verstehen sei: »Yet the novelist is, again and again, betrayed by the theorist, and the theorist, in his turn, led astray by the imagination.«

So recht der strenge Kritiker in diesem Fall haben mochte, so unangemessen wäre es, ihm das letzte Wort in diesem Rückblick auf Brochs Exilromane und ihre amerikanischen Leser zu geben. Der anonyme Nachruf auf »Hermann Broch, 64, Author, Lecturer« in der *New York Times*[46] zitierte eine Besprechung von Louis Kronenberger, die *The Sleepwalkers* als »without much doubt one of the few first-rate novels of our generation« bezeichnete und daran erinnerte, dass ein namentlich nicht genannter Rezensent *The Death of Virgil* als »not one, but a mountain of diamonds« gelobt hatte. Aus solcher Wertschätzung spricht sicher mehr als dem Anlass gemäße Pietät: Verständnis für ein Werk, das hohe Anforderungen an seine Leser stellt, auch weil es mehr zu erreichen suchte, als Literatur leisten kann – dieses bleibt jedoch weiterhin auf eine relativ kleine Zahl von (nicht unkritischen) Bewunderern beschränkt. Viel häufiger jedoch hat dieses Werk dazu herhalten müssen, ein weites Spektrum von Stereotypen und Vorurteilen zu bekräftigen. Deren Vehemenz unmittelbar nach Kriegsende hat sich inzwischen auf die geläufigen Klagen über die wenig leserfreundliche Schwerfälligkeit der deutschen Literatur zurückgezogen, ohne dabei zu bedenken, dass Broch sicherlich alles andere als ein repräsentativer Denker und Schriftsteller war. Doch gerade an seiner Eigenart hat sich in den USA weniger eine wirkliche Diskussion über (im weiten Sinne des Wortes) deutsche Anliegen und deren Darstellung in der Exilliteratur entzündet, als dass sein Werk dazu diente, wohl etablierte Leseerwartungen mehr zu bestätigen als in Frage zu stellen – eine Behauptung, die natürlich auch ein Pauschalurteil ist.

---

1 Die Geschichte dieser Gründung verdient eine kurze Rekapitulation: Kurt und Helene Wolff hatten den Verlag mit Hilfe eines Bekannten aus der Münchner Zeit, des Antiquars und Bibliophilen Curt von Faber du Faur (1890–1966) gegründet. Dieser war mit einer wohlhabenden Amerikanerin, Emma Schabert, verheiratet und 1939 mit ihr aus Italien in die USA gekommen, wo er an der Harvard University eine Stellung in der Bibliothek übernahm. 1944 ging er als Dozent und Kurator für Deutsche Literatur an die Yale University, der er seine berühmte Sammlung von etwa 2.500 Erstdrucken des Barockzeitalters verkauf-

te. Er stellte mit seinem Stiefsohn Kyrill Schabert (1908-1983) die Hälfte des Startkapitals (von insgesamt $ 15000.--) zur Verfügung und vermittelte den Kontakt zu weiteren Investoren. Pantheon Books liierte sich im folgenden Jahr mit Jacques Schiffrin (1894-1950), einem Exilfranzosen russischer Abstammung, der in Paris die Bibliothèque de la Pléiade gegründet hatte und in New York zunächst Bücher aus der Résistance (Vercors, J. Kessel, L. Aragon, Camus, Gide) veröffentlichte. Die gesamte Verlagsarbeit wurde in den ersten Jahren in der kleinen Wohnung der Wolffs (41 Washington Square) erledigt; Schabert fungierte offiziell als *president* des Unternehmens, da die beiden Exilanten bei Kriegsausbruch als »enemy aliens« (feindliche Ausländer) eingestuft wurden und zeitweise sogar mit ihrer Internierung rechneten. Der Verkauf ihrer Bücher – fünfzehn im ersten Jahr, danach im Durchschnitt vierzig Titel – war zufriedenstellend, blieb jedoch nicht nur anfänglich ein Risiko. Helene Wolff erinnert sich: »After about a year, we were doing modestly well. There was no problem selling good books – our main problem, because of the wartime paper shortage, was to keep the books in print.« (Zitat nach Herbert Mitgang: »Profiles: Imprint.« In: *The New Yorker*. Ausgabe vom 2. August 1982, S. 41–73; 55. Vgl. auch: Hendrik Edelman: »Kurt Wolff und Jacques Schiffrin. Two publishing giants start over in America«. In: *Logos. Journal of the World Book Community*. 17 Jg. [2006] Nr. 2, S. 76–82.) Ihr erster Erfolg war der Band *The Complete Grimms Fairy Tales* (Oktober 1944). Finanziellen Rückhalt brachte der 1943 von dem an der Columbia University tätigen Indologen Heinrich Zimmer (1890-1943) vermittelte Vertrag mit den Philanthropen Mary und Paul Mellon, die Ausgaben der Bollingen Series zu verlegen. Dabei handelt es sich um eine sorgfältig redigierte Reihe wissenschaftlicher Bücher und von Sammelausgaben literarischer Werke, die nach dem Verkauf von Pantheon im Jahre 1960 an den Verlag Random House von der Princeton University Press übernommen wurde. — **2** Berthold Hack / Marietta Kleiß (Hg.): *Hermann Broch – Daniel Brody: Briefwechsel 1930-1951*. Frankfurt/M. 1971. Hinfort direkt im Text identifiziert mit dem Kürzel BB und Seitenangabe. — **3** Diese Idee stammte wohl von dem Holländer Barthold Fles, der 1941-1942 drei deutschsprachige Bücher veröffentlicht hatte und hauptberuflich als Agent für exilierte Autoren tätig war. Der Subskriptionspreis für die deutsche Fassung betrug $ 6.50, für die Übersetzung $ 5.50. Beide Bände zusammen sollten $ 10.00 kosten. Diese Beträge lagen etwas über dem Durchschnitt, der zu dieser Zeit für anspruchsvolle Bücher zu zahlen war. Sie können jedoch keineswegs als Liebhaber- oder Subventionspreise gelten. — **4** Das lässt die Angabe von André Schiffrin: *The Business of Books. How International Conglomerates Took Over Publishing and Changed the Way We Read*. New York 2000, S. 21 fragwürdig erscheinen: »1500 copies were printed in English and the same number in German. The German edition sold out immediately; it took over twenty years for the English-language copies to be sold«. — **5** Hermann Broch: *Briefe 2 (1938-1945)*, d. i. Band 13/2 der *Kommentierten Werkausgabe*. Hg. von Paul Michael Lützeler. Frankfurt/M. 1981, S. 433; Brief vom 7. August 1940. — **6** Paul Michael Lützeler: *Hermann Broch. Eine Biographie*. Frankfurt/M. 1985, S. 294. — **7** Das ist die Übersetzung von *Die unbekannte Größe*. Berlin 1933. — **8** Broch: *Briefe 2* (s. Anm. 5), S. 221. Brief vom 7. August 1940. — **9** Öffentlich allerdings erst in ihrem Leserbrief vom 31. Mai 1963 an *The Times Literary Supplement* anlässlich einer kleinen Kontroverse, die von einer (anonymen) Rezension der *Gesammelten Werke* Brochs ausgelöst wurde. Vgl.: »A Writer's Conscience«. In: *T. L. S. Essays and Reviews*, 2 (1963). London 1964, S. 143-157. Mrs. Untermeyer hatte zuvor in ihrem Leserbrief den Beginn ihrer Bekanntschaft mit dem Autor kurz beschrieben und dabei auf die fehlende »guarantee of a commensurate recompense« als möglichen Grund für die ablehnende Haltung der Muirs hingewiesen. Dem widersprach die dadurch in ihrem Berufsethos Herausgeforderte mit gelassener Entschiedenheit. — **10** JSU war von 1907 bis 1926 und wieder von 1929 bis 1933 mit dem Dichter und linksradikalen Journalisten Louis Untermeyer verheiratet und hatte ab 1924 zwei Jahre in Wien zur Ausbildung als Liedersängerin verbracht. Zu einer Karriere ist es jedoch aufgrund persönlicher Katastrophen nicht gekommen. Auch ihr Versuch, ihre emotionalen Probleme fiktional zu bewältigen, sind gescheitert. Ihre gesammelten Gedichte, *Love and Need. Collected Poems*, erschienen im November 1940 bei Viking Press. Über sich selbst und über ihre Begegnungen mit Persönlichkeiten aus dem literarischen Leben berichtet ihr Buch

Private Collection. New York 1965. Dessen längster Abschnitt, »Midwife to a Masterpiece« (S. 218–277), ist ihren Erinnerungen an Broch gewidmet und enthält (S. 250–268) ihren Vortrag »Is translation an art or a science?«, den sie in Brochs Gegenwart im German Club der Yale University hielt. Seinen eigens für diese Veranstaltung geschriebenen Essay »Einige Bemerkungen zur Philosophie und Technik des Übersetzens« (vgl. *Schriften zur Literatur, 2: Theorie.* Frankfurt/M. 1975, S. 61–86) hat sie jedoch nicht verwendet, da sie sich Brochs eingangs sehr abstrakte Ideen nicht unterschieben lassen wollte. — **11** Broch: *Briefe 2* (s. Anm. 5), S. 140. Brief vom 9. September 1939. Ihre sehr umfangreiche Korrespondenz, die sie zumeist auf Englisch führten, befasst sich stärker mit ihren persönlichen Konflikten als mit literarischen Problemen. Sie wird im Broch Archiv (Beinecke Rare Book and Manuscript Library) der Yale University aufbewahrt. Kurze Ausschnitte daraus zitiert John Hargraves: »›Beyond Words‹: The Translation of Broch's *Der Tod des Vergil* by Jean Starr Untermeyer.« In: Paul Michael Lützeler et al. (Hg.): *Hermann Broch, Visionary in Exile. The 2001 Yale Symposium.* Rochester (NY) 2003, S. 217–229. — **12** Broch: *Briefe 2* (s. Anm. 5), S. 227–229. Brief vom 14. September 1940. — **13** Rosenfeld korrespondierte auch mit Broch und übersetzte eine Auswahl *(On Music and Musicians)* von Robert Schumanns Schriften, die Pantheon 1946 veröffentlichte. — **14** Sie hat zwei längere Romane veröffentlicht: *A Preface to Maturity* (1935) und *Episode on West 8th Street* (1941). Auch ihr Briefwechsel mit JSU liegt im Broch Archiv. — **15** Broch: *Briefe 2* (s. Anm. 5), S. 394–395; Brief an Kurt Wolff. — **16** Ebd., S. 446; Brief an JSU vom 29. März 1945. — **17** Bei zahlreichen Stichproben sind mir nur äußerst wenige eindeutige Fehler aufgefallen: Auf S. 66, Zeile 15 müsste es heißen: »on which the dream grows to timelessness« (nicht: »timeliness«); »an dem der Traum zur Zeitlosigkeit wird«; S. 259: »approvingly« (statt »by chance« für »beifällig«; S. 453: »now permission« (»statt no« für »nun umwenden«). — **18** Zitate nach den Ausgaben London 1946 beziehungsweise Frankfurt/M. 1970. — **19** *Virgil: With an English Translation.* 2 volumes. Loeb Classical Library. London 1916–1918. — **20** Dass diese Semantik des Unbestimmten und seiner leitmotivischen Wiederaufnahme weder auf metaphysisch orientierte Autoren wie Broch noch auf eine Eigenart der deutschen Sprache zurückzuführen ist, zeigen beispielsweise die (sogenannten postmodernen) Romane von William Gaddis und Thomas Pynchon. — **21** Paul Rosenfeld: »The Death of Virgil. Some Comments on the Book by Hermann Broch«. In: *Chimera. A Literary Quarterly.* 3. Jg. (1945), Nr. 3, S. 47–55; hier S. 47. — **22** Hamilton Basso: »The Death of a Poet and the Dawn of an Idea«. In: *The New Yorker.* 21. Jg. (23. Juni 1945), Nr. 19, S. 57–58 und 61; hier S. 58. — **23** Aldous Huxley: »Why Virgil Offered a Sacrifice. Historical Narrative in a Massive and Elaborate Work of Art«. In: *New York Herald Weekly Book Review* vom 8. Juli 1945, S. 5. Sein Beitrag gibt hauptsächlich biografische Informationen über Vergil, bezeichnet Gnosis (perception) als das Hauptthema des Buches und findet Brochs Sprache in den Passagen verwirrend, wo er eine geistige Realität darstellt, ohne diese in ein Wechselspiel mit einer mehr vordergründig erzählten Wirklichkeit einzubetten. — **24** Waldo Frank: »The Novel as Poem«. In: *The New Republic.* 113. Jg. (20. August 1945), Nr. 8, S. 226–228; hier S. 226. — **25** Otto von Simson: »*The Death of the World*«. In: *Review of Politics.* Jg. 8 (1946), Nr. 2, S. 258–260; 258. Simson (1912–1993) war Exilant, ein international bekannter Experte für mittelalterliche Architektur und Mitglied des »Committee on Social Thought« der University of Chicago. Er kehrte 1957 nach Frankfurt zurück. — **26** »No Longer and Not Yet«. In: *The Nation.* 163. Jg. (14. September 1946), Nr. 11, S. 300–302; hier S. 302. Nicht ganz so überschwänglich urteilt Leonard Bacon (»Brutal Realism and Virgil«. In: *Saturday Review of Literature.* 28 Jg. (1945), Nr. 26, S. 11, der die englische Version unausgeglichen (»absolutely brilliant for pages at a time and then lapsing into the indifferent«) findet, was er großenteils auf die Entscheidung zurückführt, die Struktur von Brochs enorm langen Sätzen beizubehalten. Dem Werk selbst gesteht er »great learning, remarkable psychological understanding and startling symbolical subtlety« zu. — **27** »Der Tod des Vergil und die Diagnose seiner Krankheit (Zu Brochs neuem Werk)«. In: *Austro American Tribune. Anti-Nazi Monthly.* 4. Jg. (1945), Nr. 2, S. 9 und 12. Der kurze Aufsatz wird durch einen Abdruck der Eingangsszene des Romans und eine Erläuterung seines historischen Kontexts eingeleitet. Anders (1902–1992) lebte von 1936 bis 1950 in den

USA. — **28** In seiner Kolumne »Books of the Times« in: *The New York Times* vom 9. Juni 1945, S. 9. — **29** »A Poet's Last Hours on Earth«. In: *The New York Times* vom 8. Juli 1945, S. 17; wieder in: Marguerite Young: *Inviting the Muses. Stories. Essays. Reviews.* Normal, Illinois 1994, S. 175–178. — **30** *Time. The Weekly Newsmagazine.* Jg. 46 (2. Juli 1945), Nr. 1, S. 88, 90. — **31** Paul Michael Lützeler (Hg.): *Der Tod im Exil. Hermann Broch – Annemarie Meier-Graefe: Briefwechsel 1950–51.* Frankfurt/M. 2001, S. 241. — **32** Ifor Evans: »Cloudy Symbols.« In: *The Observer* vom 13. Oktober 1946. Wenig ergiebig ist auch die Besprechung (von insgesamt sieben Werken) von John Heath-Stubbs: »The Age of Fable.« In: *London Forum.* Jg. 1 (1947), Nr. 2, S. 58–68; über *Virgil* S. 59–61. Brochs episches Gedicht zeige den Einfluss der Komplexität von James Joyce, füge dem aber wie Th. Mann und Feuchtwanger »a certain Teutonic quality of the monumental« hinzu, und seine exzessiv langen Sätze läsen sich wie eine »parody of the worst mannerisms to which the German language is prone.« Gut informiert, besonnen und ausgewogen im Urteil sind dagegen George Sutherland Fraser: »A Musician in Prose: *The Death of Virgil* by Hermann Broch.« In: *The Changing World.* Jg. 2 (Fall 1947), S. 83–88, der die Gründe und Implikationen von Brochs stilistischen Entscheidungen analysiert, und Jack Lindsay: »The Death of Virgil.« In: *The Gate.* Jg. 1 (1947), Nr. 2, S. 37–44, der die kreativen Einsichten von Brochs »gewaltigem philosophischen Roman« aus dem Kontext der antiken apokalyptischen Hoffnungen analysiert und dabei sowohl die Problematik der augusteischen Umbruchszeit als auch ihre künstlerische Darstellung aus dem Kontext der eigenen historischen Situation würdigt. — **33** Zum Beispiel liegen *The Sleepwalkers* erst seit 1964 in einer billigen Ausgabe vor und wurden 1985, 1996 und 2000 jeweils von drei verschiedenen Verlagen wieder aufgelegt. *The Death of Virgil* kam 1965 als Taschenbuch heraus und wurde 1972, 1983 und 1995 neu verlegt, 2000 in der Reihe »Penguin Classics«. — **34** Immer noch lesenswert ist die noble Würdigung des damals an der University of Iowa tätigen Wolfgang Paulsen in: *The German Quarterly.* Jg. 20 (May 1947), Nr. 4, S. 206–208. — **35** Vgl. dazu Brochs Brief vom 6. März, in: Broch: *Briefe 2* (s. Anm. 5), S. 309–311. — **36** David Remnick: »Exile on Main Street: Don DeLillo's Undisclosed Underworld.« In: *The New Yorker* vom 15. September 1997, S. 42–48; Zitate nach Thomas DePietro (Hg.): *Conversations with Don DeLillo.* Jackson (Mississippi) 2005, S. 144. — **37** McCarthy war seit 1949 mit Hannah Arendt befreundet und ist eventuell durch sie mit Brochs Werk näher bekannt geworden. — **38** Das Buch ist primär eine Persiflage auf Bildungsreisen. Es erzählt von sechs Damen aus England, die u. a. von Karthago aus eine »Vergil Tour« unternehmen. – Susan Sontags Text »Project for a Trip to China« in ihrem Buch *I, etcetera* (New York 1978, S. 4, 21, 26) enthält drei Zitate von einem »unnamed Austrian Jewish refugee sage who died in America in 1951«. – In einem unter Künstlern in New York City spielenden Roman *What I loved* (New York 2003, S. 210) von Siri Hustvedt händigt die Figur Lazlo Finkelman zum Abschied Zitate aus: »That night I opened the envelope and read: ›*Kitsch* is always in the process of escaping into rationality. Hermann Broch.‹« – ein Hinweis auf den Satz »Der Kitsch befindet sich auf der Flucht, er befindet sich ständig auf der Flucht ins Rationale« aus dem Abschnitt »Verwechslung des Endlichen mit dem Unendlichen« des Essays *Das Böse im Wertsystem der Kunst* von 1933. — **39** Schon 1954 erschien eine japanische Version. Übersetzungen in Europa folgten während der 1960er Jahre: in Dänemark (1960), Frankreich und Polen (1961), Italien (1963), Slowenien (1966) und Spanien (1969), was für ein starkes Interesse an diesem Roman spricht. — **40** Unter dem Titel *The Guiltless.* Boston, Toronto: Little, Brown and Co., Taschenbuch 1990 (San Francisco: North Point Press und London: Quartet), Neuauflage 2000. — **41** Durch J. D. O'Hara, einen Dozenten für Literatur an der University of Connecticut, in der Ausgabe vom 21. April 1974. — **42** Diese Angaben nach Lützeler: *Biographie* (s. Anm. 6), S. 361–362. Die Entstehungsgeschichte des Romans hat folgende Etappen: a) eine Ende 1934 begonnene und Anfang 1935 beendete »Urfassung«, die Emmy Ferand aus Sicherheitsgründen im März 1938 während Brochs Inhaftierung im Ortsgefängnis von Altaussee verbrannte, b) eine von 1935 bis Mitte Januar 1936 geschriebene Neufassung in vierzehn Kapiteln, die als erster Teil einer *Demeter*-Trilogie geplant war, c) eine bei Jahresende 1936 abgebrochene, wesentlich erweiterte Neufassung mit acht abgeschlossenen Kapiteln, d) die letzte, auf zwölf Kapitel berechnete Version für

Knopf, die im fünften Kapitel abbricht. — **43** Richard Eder, der respektierte Rezensent der *Los Angeles Times* (Ausgabe vom 18. Januar 1987), spricht von einer »faithfulness that occasionally may suggest high treason.« Roger Kimball dagegen (in: *The New Criterion.* Jg. 5 [1987], Nr. 8, S. 73–78; hier S. 75) las das Buch als »ably translated«. — **44** Joseph Coates in: *Chicago Tribune* (15. Februar 1987, S. 3) lobt außerdem die »chilling plausibility«, mit der die Rebarbarisierung einer modernen Gemeinde geschildert werde, schlägt dem Leser jedoch vor, alle Abschnitte zu übergehen, die länger als eine Seite sind und das Wort »Unendlichkeit« in der ersten oder zweiten Zeile enthalten. John Gross (in: *The New York Times,* 20. Januar 1987, section VII, S. 17) hebt ebenfalls neben den »political parallels« die »mythic and philosophical concerns« des Autors hervor und hält sich an Brochs kurzen Selbstkommentar von 1940, der als »Author's Commentary« am Ende des Buches abgedruckt ist, indem er den Roman »as a study of mass-psychological forces surfacing from the archaic depths« bezeichnet. Zu bemängeln sei allerdings eine starke Tendenz zu »murky philosophizing, cumbrous symbolism« – »what the English writer D.J. Enright once called ›metaphysical lederhosen‹«. — **45** »Hitler in a very small town.« In: *The New York Times* (25. Januar 1987), S. 31. — **46** 128 Worte in der Ausgabe vom 31. Mai 1951, S. 25.

Wulf Köpke

Hans Sahl als Übersetzer

I

Hans Sahl war ein junger Journalist, Kunst-, Theater- und Filmkritiker, der in das Berlin vor 1933 passte: klug, ironisch, kenntnisreich, begierig auf alles, was neu war, unvoreingenommen, politisch links, aber unabhängig, mit eigenem Kopf. Er hatte Erfolg und schrieb über modernen Tanz, Theater und vor allem Film.[1] Die nationalsozialistische Kulturpolitik machte alledem ein Ende. Die europäischen Exiljahre in der Schweiz und in Frankreich waren schwer für Hans Sahl; als er nach New York kam, nachdem er noch in Marseille für Varian Frys Rettungsaktion gearbeitet hatte, wurde es zunächst nicht besser. Zum guten Teil lag das an ihm selbst: Seine Erfahrungen mit der Exil-KPD machten ihn nicht nur zum dezidierten Anti-Stalinisten, sondern allergisch gegen jede Art von Bevormundung durch eine Partei oder eine Ideologie. So weigerte er sich auch, für das amerikanische Kriegsministerium zu arbeiten, obgleich er von Anfang an aktiv gegen Hitler gekämpft hatte. Das Jahr 1945 brachte neue Unsicherheiten. Nur die parteipolitisch festgelegten Schriftsteller und Wissenschaftler kehrten zurück, so sah er es. »Das Ende des Krieges war das Ende unseres Kampfes gegen Hitler, aber der Kampf um Deutschland ging weiter.«[2] Amerika war ein »Provisorium«. »Sollte man es verewigen?« (182). Die politisch festgelegten Exilanten kehrten zurück. »Zurück blieben die Zauderer, die Unentschlossenen, die auf die Frage: ›Was ist die Antwort?‹ mit Gertrude Stein antworteten: ›Was ist die Frage?‹« (182). Wie viele andere Exilanten lebte Hans Sahl von nun an in einem Zwischenbereich, den er später »exterritorial« nannte. Das hatte nicht nur damit zu tun, dass die Heimat zur Fremde geworden war – die Fremde jedoch nicht nur Heimat –, sondern dass Sahl zu den ehemaligen Marxisten gehörte, die den Marxismus als einen Irrweg ansahen, und zwar so: »Es gibt, glaube ich, drei Phasen in der Entwicklung eines Marxisten zum Antimarxisten. In der ersten macht man Stalin, in der zweiten Lenin, in der dritten Marx selber für die Irrtümer des Marxismus verantwortlich.«[3] Hans Sahl gelang es nicht wie Arthur Koestler, sich in eine antikommunistische Demokratie zu integrieren, er gehörte vielmehr zu den »Randfiguren« wie George Grosz, Günther Weisenborn, Erwin Piscator, die im »Kalten Krieg« nirgendwohin passten. Das hat bei Hans Sahl dazu geführt, dass für ihn die Distanz zu der Sprache, in der er schrieb, nötig war, genau wie zu den Menschen, die sie sprachen. Aus dieser Distanz heraus kommt das Leben in zwei Sprachen, in zwei Welten zugleich. Auch die Sprache seines Alltags war »doppelt«, ein fortwährendes »Übersetzen« von einer Lebensweise in eine andere.

Hans Sahls Dasein im Zwischenbereich sicherte ihm am Ende seinen Lebensunterhalt und führte ihn in eine geachtete Position, zwar exterritorial, aber in einer klaren Funktion als kultureller Vermittler zwischen Amerika und Deutschland. Das war nur möglich, weil sich Hans Sahl auch im Exil seine Offenheit bewahrt hatte: Er interessierte sich für das amerikanische Kulturleben, das die anderen Exilierten nur am Rande und meistens unwillig und mit wenig Verständnis wahrnahmen, teilweise bereits aus sprachlichen Gründen. Hans Sahl lernte Englisch und machte sich mit der Sprache vertraut, die in New York gesprochen wurde. Er hatte Kontakte mit amerikanischen Autoren, er verließ das Ghetto des Exils. So kam es auch zu der Begegnung, die sein Leben veränderte und die einige Bedeutung für das deutsche Kulturleben bekam.

II

Thornton Wilder war in der Nachkriegszeit einer der erfolgreichsten und geachtetsten Autoren; in Deutschland hatten seine Stücke *Unsere kleine Stadt* (*Our Town*) und *Wir sind noch einmal davongekommen* (*The Skin of our Teeth*) ganz besonderen Erfolg. Vor allem das zweite Stück traf die Stimmung der Nachkriegsjahre und wurde in überzeugenden Aufführungen eines der durchschlagenden Theatererlebnisse.[4] Für mich persönlich war es die Aufführung der Hamburger Kammerspiele, die diesen Eindruck hinterließ und uns zu langen Debatten reizte. Nun konnte es Thornton Wilder, der ein Sprachkünstler war und der gut Deutsch sprach, nicht entgehen, dass die deutschen Übersetzungen, besonders die von *The Skin of our Teeth*, sprachlich schlecht waren. Deshalb suchte er nach einem Übersetzer von Niveau. Hans Sahl hat einiges über ihre Zusammenarbeit berichtet, in seiner Autobiografie *Das Exil im Exil* (181–194) und 1979 in einem Vortrag in der Columbia University, als ihm der Thornton-Wilder-Übersetzerpreis verliehen wurde.[5] Er übersetzte nicht nur die zwei genannten Stücke, sondern auch *The Matchmaker* (*Die Heiratsvermittlerin*), woraus das Musical *Hello Dolly!* entstand, und Thornton Wilders letzten Roman *Theophilus North*.[6] Die Qualität von Sahls Übersetzungen führte ihn in eine neue Laufbahn. Er übersetzte Stücke von Tennessee Williams, Arthur Miller, Maxwell Anderson, John Osborne und anderen mehr.[7] Ein beträchtlicher Teil der Kenntnis des neuen amerikanischen Theaters der 1950er und 1960er Jahre in Deutschland ist somit Hans Sahl zu verdanken.

Hans Sahl hat sich jedoch nie darauf beschränkt, »nur« Übersetzer zu sein. 1959 erschien nach vielen Verzögerungen bei S. Fischer sein weitgehend autobiografischer Roman *Die Wenigen und die Vielen*. Seit seiner Rückkehr nach New York im Jahr 1958 schrieb er regelmäßig über das amerikanische Kulturleben für deutsche Zeitungen wie *Die Welt*, die *Süddeutsche Zeitung* und die *Neue Züricher Zeitung*. Zum Beispiel berichtete er regelmäßig über »Theater in New York« und »Kunst in New York« und schrieb Reportagen und Kritiken über besondere Ereignisse. Vorher, als er in Deutschland lebte, hatte er für amerikanische Blätter über Deutschland geschrieben, allerdings nicht mit dem gleichen Erfolg. Aufmerksam und kritisch verfolgte er auch die Anfänge der Exilforschung. Erst seine fortschreitende Erblindung machte seiner Tätigkeit als Korrespondent und als Übersetzer ein Ende.

Trotz des Titels *Das Exil im Exil* und seines immer stärkeren Gefühls der Vereinsamung hat er immer wieder versucht, die Abkapselung des Exils zu durchbrechen und als Vermittler in zwei Richtungen Brücken zu bauen. Darüber hinaus empfand er es in zunehmendem Maße als seine Aufgabe, die Bedeutung des Exils der Nachwelt zu vermitteln. So sagt er in *Das Exil im Exil*: »Zum Thema Emigrationsliteratur wäre vor allem zu bemerken, daß sie die verlorengegangene Einheit von Mensch und Werk wiederherstellte. Sie ist eine Literatur mit Schicksal. Sie ist der Not, dem Hunger, der Verzweiflung abgerungen worden. Sie bezeugt den Selbstbehauptungswillen desjenigen, der sie verfaßte.« (234) Genauso kam es ihm darauf an, die Exilliteratur nicht als Sonderfall der Literaturgeschichte zu sehen, sondern sie in eine geschichtliche Kontinuität zu integrieren. »Ich habe mich immer dagegen gewehrt, daß man die Exilliteratur isolierte. Sie ist kein Sonderfall, sondern ein Bestandteil der deutschen Literatur. In dem Jahr, als Günter Grass seine ›Blechtrommel‹ veröffentlichte, gab es in Deutschland wieder eine Literatur. Die Autoren des Exils wurden entbehrlich. Man brauchte sie nicht mehr. Sie hatten dafür gesorgt, daß eine Kontinuität hergestellt wurde, an die man anknüpfen konnte: Günter Grass an Joyce und Döblin, der frühe Walser an Kafka, Ingeborg Bachmann an Else Lasker-Schüler.« (235) Man braucht nicht mit Sahls Urteilen im Einzelnen übereinzustimmen, um zu sehen, worum es ihm geht und was bis heute in dieser Eindeutigkeit noch nicht wahrgenommen wird. Es ist ebenfalls deutlich, dass es ihm um Verbindungen, um Zusammenhänge geht, genau wie in seinen Kunst- und Theaterkritiken, die die Verbindungen zwischen Europa und Amerika betonen, selbst wo sie den Europäern die Eigenständigkeit der amerikanischen Kultur erklären wollen. Es geht um die Überwindung des grundlegenden Problems jedes Exils, der Isolierung: topografisch, kulturell, politisch, historisch und psychologisch.

Hans Sahl hat ein nicht sehr umfangreiches, aber sehr beachtliches Werk hinterlassen, selbst wenn man von der großen Zahl seiner journalistischen Arbeiten absieht, die jedoch keineswegs zu verachten sind. Er war in erster Linie Lyriker und hat besonders die Erfahrung des Exils dokumentiert, gesammelt in den zwei Bänden *Die hellen Nächte* (1942) und *Wir sind die Letzten* (1976).[8] Seine übrigen Werke haben eine autobiografische Basis: der Roman *Die Wenigen und die Vielen*, die Theaterstücke bzw. Kantaten *Jemand* und *Hausmusik*[9], und vor allem die zweibändige Autobiografie *Memoiren eines Moralisten* (1983) und *Das Exil im Exil* (1990). Auch diese Texte handeln von der Erfahrung der Fremde, dem Neuen Kontinent und der Wiederbegegnung mit der alten Heimat. Es ist dieser Zwischenbereich und die Beziehungen zwischen den Kulturen und Kontinenten, die in diesen Texten beschrieben werden, und damit die zeitliche, psychologische und kulturelle Distanz. Hans Sahl gehört also zu der kleinen Zahl der exilierten Autoren, die sich nicht nach außen abgeschirmt und sich darauf beschränkt haben, ihre Innenwelt zu verteidigen, wie man es von Leonhard Frank und Oskar Maria Graf sagen könnte. Eine vergleichbare Offenheit gibt es bei Ernst Erich Noth, bei Stefan Heym und bei Klaus Mann, die alle versucht haben, in anderen Sprachen zu schreiben. Sicherlich hängt das auch damit zusammen, dass diese Autoren als jüngere Menschen ins Exil gehen mussten. Daraus erklärt sich ebenfalls, dass sie politisch und kulturell/literarisch jeder auf seine Weise immer aktiv geblieben sind und unabhängig nach neuen Wegen gesucht haben.

III

Durch Thornton Wilder öffnete sich für Hans Sahl ein neues Verständnis für die amerikanische Mentalität, das heißt eigentlich für die Mentalität eines Gentleman aus Neu-England. »Wilder sprach von Amerika, von der Höflichkeit und Freundlichkeit der Menschen im Umgang miteinander«, berichtet Hans Sahl in *Das Exil im Exil*, und das bleibt ein Hauptthema seiner Autobiografie, ebenso wie das der Einsamkeit.[10] Thornton Wilders Amerika, das erfuhr auch Hans Sahl, wurde in diesen Nachkriegsjahren zur Illusion, und vielleicht gerade deshalb ist *Our Town* so populär geblieben.

Was Hans Sahl sich zur Aufgabe setzte, war: »Ich übersetze nicht Thornton Wilder, (...) ich schreibe, wie Thornton Wilder schreiben würde, wenn er Deutsch schriebe.« (*Das Exil im Exil*, 192) Dieser Satz wird immer wieder zitiert, wenn von Hans Sahls Übersetzungsarbeit die Rede ist. Es wird jedoch übersehen, dass Hans Sahl damit mehr behauptet und verlangt, als ein Übersetzer leisten kann und vielleicht leisten darf. Thornton Wilder schrieb eben nicht Deutsch; er schrieb ein sehr idiomatisches Englisch und von der Perspektive des Amerikaners aus. Wenn das aus einer deutschen Perspektive für ein deutsches Publikum geschrieben wäre, ergäbe es einen ganz anderen und keinen »übertragenen« Text. Hans Sahl berührt damit, ohne es zu sagen und vielleicht ohne es zu wissen, ein Grundproblem des Schriftstellers, der seine Sprache wechselt. Sind Stefan Heyms frühe Romane

Hostages, The Crusaders und *Goldsborough* »amerikanische« Romane? Ohne Zweifel sind die Schilderungen amerikanischer Charaktere und Verhältnisse authentisch und als solche rezipiert worden.[11] Dennoch ist es nicht nur die marxistische Einstellung des Autors, die Zweifel aufkommen lässt, nicht nur der Inhalt der zwei ersten Romane, sondern auch die Charakterzeichnung, selbst wenn die Romane in die Tradition des sozialkritischen Romans in Amerika seit Upton Sinclair passen. Es ist kein Zufall, dass die Exilschriftsteller solche Schwierigkeiten hatten, einen »amerikanischen« Roman zu schreiben. Auch Sahl schrieb in *Die Wenigen und die Vielen* nicht über New York, sondern über Emigranten in New York, genau wie Oskar Maria Graf in *Die Flucht ins Mittelmäßige*.

Bei seiner Übersetzungsarbeit war Sahl klar, dass das Fremde fremd erscheinen musste und nicht »eingedeutscht« werden konnte. Das Problem war allerdings noch komplexer. Anders als bei Tennessee Williams und Arthur Miller hatte er bei Thornton Wilder verstanden, dass die Welt, in der er lebte und die er darstellte, eigentlich nicht mehr ganz die amerikanische Realität war oder vielleicht nie gewesen war. Das wird besonders deutlich in Wilders letztem Roman *Theophilus North*, um den sich Hans Sahl so sehr bemühte. Während Thornton Wilders eigentliche Wirkung in Deutschland in die Nachkriegsjahre fällt, war er in den USA schon nicht mehr relevant, wie etwa die Reaktion auf den Roman *The Ides of March* zeigt, der 1948 mit Gleichgültigkeit aufgenommen wurde – im Gegensatz zu *Bridge of San Luis Rey*, der 1927 bei seinem Erscheinen ein solch bedeutendes Ereignis gewesen war.[12]

Hans Sahl sah mit einiger Nostalgie auf diese Begegnung zurück: »Thornton Wilders Amerika starb mit ihm, dem Gentleman aus gutem Hause, dem an Calderon und Proust, an Nestroy und Brecht geschulten Grandseigneur der amerikanischen Literatur. Der neue Mensch, den er sich erhofft hatte, wurde in demselben Maße zur Utopie, in dem Wilders Amerika seine Unschuld verlor, Kuba und Nicaragua zu strategisch wichtigen Stützpunkten im Kalten Krieg wurden und die Bildschirme von Grovers Corner von Fernsehevangelisten heimgesucht wurden, jenen Scharlatanen der Frömmigkeit, die aus dem christlichen Glauben einen Aberglauben und damit Millionen machten.«[13] Das ist Hans Sahls eigenes europäisches Urteil, und darin steckt etwas von der Suche nach dem idealen Amerika, das die Exilierten in der Person von F. D. Roosevelt symbolisiert gesehen hatten.[14]

IV

Mit *Our Town – Unsere kleine Stadt –* hatte jedoch 1938 eine neue Ära des amerikanischen Theaters begonnen, vor allem wegen der ungewöhnlichen Form, die auch in der Nachkriegszeit ihre Wirkungen nicht verlor. Es geht vor allem um ein neues Zeitgefühl. Der Stage Manager, bei Hans Sahl Spielleiter genannt, managt nicht so sehr die Personen des Stücks als die Zuschauer. Er ist »allwissend«, d. h., er sieht voraus, was mit den Personen seines Stückes in der Zukunft geschehen wird. Er führt die Zuschauer zu einer doppelten Perspektive: Da sind die unscheinbaren, aber typischen Ereignisse des Alltagslebens in der Kleinstadt in New Hampshire, und dann weitet sich der Blick zur Gesamtschau auf den Verlauf des Menschenlebens von der Geburt bis zum Tod und dem Nachdenken über die Vergänglichkeit und die ewige Wiederkehr des Gleichen im Leben. Thornton Wilder passte 1938 mit seinem Stück inhaltlich durchaus in die amerikanische »Heimatliteratur« von Steinbeck, Saroyan und den anderen Autoren, die das »Amerikanische« in seiner Vitalität und einem optimistischen Geist darstellen wollten, aber gleichzeitig gibt der Stage Manager, den Wilder selbst des Öfteren auf der Bühne dargestellt hat, die Möglichkeit zur Distanzierung und zum Nachdenken über die menschliche Existenz. Es ist sicherlich diese doppelte Sicht, die Hans Sahl in der Einsamkeit des Exilierten besonders angezogen hat. Hans Sahl war sehr angetan von der Kameraderie der Sommeraufenthalte in der Künstlerkolonie Yaddo und den Begegnungen in Provincetown auf Cape Cod, die er in seiner Autobiografie beschreibt; aber er wusste sehr wohl, dass es kurze Begegnungen blieben, so intensiv sie auch sein mochten. Er gehörte, wenn man das Paradox benennen will, zur Gemeinschaft der Einzelnen, der »Wenigen«, wie es in seinem Roman heißt, die politisch, kulturell und in ihrer Lebensweise in keine Gesellschaft passten, und die seine Freunde in New York wurden: Walter Mehring, George Grosz, Hermann Borchardt, Erwin Piscator gehören dazu, und alle pendeln hin und her zwischen Amerika und Deutschland. Hans Sahl hat über sie alle geschrieben. »Leben heißt, sich verloren fühlen«, ist das Motto des letzten Abschnitts von Sahls Roman *Die Wenigen und die Vielen*. Das wiederholt in anderer Form das Motto des ersten Abschnitts: »Die einzigen wahren Gedanken sind die Gedanken der Schiffbrüchigen.« Beide Motti stammen übrigens von Ortega y Gasset.

In der Eingangsszene, in der der Spielleiter seine Stadt beschreibt, hat Hans Sahl einige Details für ein deutsches Publikum geändert. Wo es bei Wilder heißt: »Polish Town's across the tracks, and some Canuck families« (6), schreibt Sahl: »Jenseits der Schienen ist das Polenviertel. Da wohnen die Ausländer, die hierher kamen, um in der Fabrik zu arbeiten, sowie ein paar französische Kanadier. Und dort drüben ist die katholische Kirche.« (8)[15] Natürlich kann der amerikanische Ausdruck von der »wrong side of the tracks« nicht eingedeutscht werden. Deutsche Kleinstädte sind nicht in dieser Form durch die Schienen in zwei Teile geteilt. Und die Bezeichnung »Canuck« für Zuwanderer aus Quebec, französische Kanadier, ist auch in Amerika nicht mehr gebräuchlich. Wilder kann mit diesen Ausdrücken kurz erklären, dass es sich um das Armenviertel der Stadt handelt. Auch die Bezeichnungen für die Kirchen bedeuten im Deutschen etwas anderes: Die »Congregational Church« ist keineswegs dasselbe wie eine »Gemeindekirche«. Wenn der Spielleiter am Anfang des dritten Aktes die Landschaft des südlichen New Hampshire um Grovers Corners beschreibt, und anschließend den Friedhof, so kann Hans Sahl dort abkürzen, wo es speziell um spezifisch amerikanische Dinge geht, wie die »Daughters of the Revolution« und die »Mayflower«. An solchen Stellen müsste erklärt werden, welche Bedeutung etwa die »Daughters of the Revolution« im gesellschaftlichen Leben des Landes haben. Wenn Sahl sagt, er übersetze so, wie Wilder schreiben würde, wenn er Deutsch schriebe, so kann man den Satz dahingehend ergänzen, dass er so zu übersetzen versucht, wie Wilder schreiben würde, wenn er für ein deutsches Publikum schriebe, ohne ihm zu viele Einzelheiten des amerikanischen Lebens zuzumuten. In seiner Dankesrede für den »Thornton Wilder Award for a lifetime of excellence in the translation of American literature into a foreign language«, der 1979 als erstem Hans Sahl verliehen wurde, beschrieb er die Art der Zusammenarbeit mit Wilder, der ihm öfter Szenen auf Englisch vorspielte, um ihm die genaue Bedeutung zu erklären, und manchmal lange mit ihm über ein einzelnes Wort debattierte.[16] Hans Sahl gibt ein scheinbar unbedeutendes Beispiel, das Wort »about« in dem Satz im dritten Akt, wo von den Gräbern der Opfer des Bürgerkriegs die Rede ist: »Over there are some Civil War veterans. Iron flags on their graves ... New Hampshire boys ... had a notion that the Union ought to be kept together, though they'd never seen more than fifty miles of it themselves. All they knew was the name, friends – the United States of America. The United States of America. And they went and died about it.« (80–81) Hans Sahl wollte etwas übersetzen, was »they died for it« bedeutet hätte. Das traf Wilder an einer empfindlichen Stelle – in den 1950er Jahren, nicht 1938 oder während des Zweiten Weltkriegs. »›Don't make me sound patriotic!‹ Wilder exclaimed.« Sahl schrieb: »Das einzige, was sie kannten, war der Name, Freunde – Vereinigte Staaten von Amerika. Und deswegen starben sie.« (68) Das kann in der Tat danach klingen, dass dieser Krieg sinnlos war, und dass es wenig Sinn hat, für ein Vaterland zu sterben, von dem man nichts als den Namen weiß. Sahl schließt daran die nicht originelle, aber doch überlegenswerte Bemerkung: »In comparison with the German, the English language is more concise, fewer words are needed to say the same thing. The delight in understatement stems from the desire to let the imagination do the rest. Wilder's intricate simplicity is a perfect example for this literary puritanism.« Ob das immer der Grund für Understatements ist, wäre die Frage. Bei Wilder ist sicherlich der Wunsch vorhanden, dass der Leser oder Zuschauer mitdenkt und nachdenkt. In dieser Beziehung muss jede Übersetzung notgedrungen eindeutiger sein, obwohl gerade in diesem Beispiel das »deswegen« mehrere Möglichkeiten des Verständnisses offen lässt. Es könnte sogar heißen, dass diese Veteranen starben, weil sie nicht ausreichend verstanden, was »Vereinigte Staaten von Amerika« bedeuten sollte. Jedenfalls ist es richtig, dass in diesem unscheinbaren Wort ein ganzer Komplex der Kultur und Politik steckt, und dass es verständlich wird, dass Wilder und Sahl stundenlang über einzelne Wörter debattiert haben. Das bedeutet wiederum, dass Wilder ein »Sprachkünstler« war, jemand, für den die Sprache mehr als alles andere »Heimat« bedeutete, und der, vielleicht paradoxerweise, ständig zwischen den Kontinenten und den Sprachen »unterwegs« war – er sprach ja nicht nur Französisch und Italienisch, sondern auch Chinesisch, und er hatte Griechisch und Latein gelernt. Auch die Sprache des Übersetzers, jedes Übersetzers, ist ein Zwischenbereich. Was Hans Sahl schreibt, ist Deutsch, aber es ist ein Deutsch, dem man eine gewisse Fremdheit anmerken kann und soll.

Der Stil des idiomatischen und mehrdeutigen Understatements macht sich noch stärker bei *The Skin of our Teeth* bemerkbar. Einer der Schlüsselsätze des Stücks, den Sabina am Anfang des ersten Aktes äußert: »we came through the depression by the skin of our teeth« (114), kann im Deutschen kaum die gleiche Bedeutung haben: »wir sind der Wirtschaftskrise mit knapper Not entronnen« (12).[17] Die »depression« ist einer der in den USA häufig gebrauchten Ausdrücke und eines der entscheidenden Ereignisse der amerikanischen Geschichte, wirtschaflich wie psychologisch, kollektiv und in jeder Familiengeschichte, und 1942, als das Stück zuerst gespielt wurde, war sie nur deshalb vorbei, weil die Kriegsindustrie alle Kräfte benötigte und weil das Land im Krieg gegen Japan um seine Existenz kämpfte und alle Kräfte brauchte, um seine »depression« zu überwinden. »By the skin of our teeth« ist ein eindrucksvolles Bild für die Gefahr und die Existenzkrise, ein Ausdruck, der weder durch »mit knapper Not« noch durch den Titel *Wir sind noch einmal davongekommen* in dieser Deutlichkeit wiedergegeben werden kann. Auch dass Mr. Antrobus das Rad erfindet, ist im amerikanischen Wortgebrauch stärker verankert als im Deutschen als Ausdruck für menschlichen Erfindergeist und Fortschritt. Für die ersten Ansiedler, die »Pioniere« im amerikanischen Mittelwesten und Westen, war es in der Tat lebensentscheidend, ob das Feuer ausging oder nicht. Die Vorstellungen einer Eiszeit und der elementaren Lebensbedingungen und ersten Erfindungen wie Hebel und Rad waren diesen Menschen weit näher als den Europäern, wohingegen der dritte Akt besonders die Deutschen direkt ansprach mit seinem ersten Satz: »Der Krieg ist aus« (77), »The war's over« (212). Wilder sprach 1942 über die Zukunft; als das Stück in Deutschland nach 1945 gespielt wurde, war es bereits Gegenwart, und es wurden auch Zusätze hineingemischt, die sich auf die aktuelle Situation bezogen, besonders der Bezug auf die Atombombe.

Hans Sahl hat das Stück nicht als Erster übersetzt. Die Übersetzung, die das deutsche Theaterpublikum zuerst zu sehen und zu hören bekam, war in einem recht zweifelhaften Stil abgefasst und wirkte eher komisch und manchmal grotesk-komisch, wodurch die Kontraste mit der ernsthaften Handlung noch schärfer hervorstachen. Gleichzeitig verstärkte dieser eher unbeholfene Stil die Auffassung der Deutschen von der Primitivität und mangelnden Bildung der Amerikaner, was auch durch den Kontrast der Stilebenen im Stück nicht aufgehoben wurde. Wilders geschickter Gebrauch der sprachlichen Effekte kam dabei nicht zur Geltung. Bei Sahls Übersetzung ist eine allgemeine Anhebung und eine gewisse Einebnung zu bemerken, die Grobheit von Sabinas Redeweise kommt nicht so zur Geltung wie im Original, sie steckt eher in einzelnen Wörtern und in der Aussprache, die eine Übersetzung nicht andeuten kann. Auch die Grammatikfehler kann die Übersetzung schlecht wiedergeben, so wenn Sabina sagt, »and a home, Mrs. Antrobus, where the master of the house don't pinch decent, self-respecting girls when he meets them in a dark corridor« (116). Bei Sahl heißt das: »und ein Haus, Mrs. Antrobus, wo der Herr des Hauses nicht anständige, ehrbare Mädchen zwickt, wenn er ihnen in einem dunklen Korridor begegnet« (14). Das ist sehr gut übersetzt, aber das »don't pinch«, das Sabinas Unbildung anzeigt, lässt sich ebensowenig wiedergeben wie das Wort »self-respecting«, das ihre Situation als Dienstmädchen ebenso anzeigt wie ex negativo das Faktum, dass sie schon lange ein Verhältnis mit Mr. Antrobus hat. Auch dass der Übersetzer die Wahl treffen muss, ob Mrs. Antrobus Sabine duzen oder siezen soll, während sie im Englischen einfach mit dem Vornamen auskommt, zwingt zu einem höflicheren Ton als das Original vorsieht. Manche Wortspiele sind natürlich nicht zu übertragen. Wenn Mrs. Antrobus lospoltert und auf Sabina losschimpft, beginnt sie mit: »When Mr. Antrobus raped you home from your Sabine hills, he did it to insult me.« (119) Das wird in der Übersetzung: »Als Mr. Antrobus Sie aus Ihren Sabinerbergen in dieses Haus entführte, tat er es nur, um mich zu beleidigen.« (16) Die Assoziation mit dem Raub der Sabinerinnen ist im Englischen weit deutlicher als im Deutschen, ebenso ist »rape« viel direkter als »entführen«. Die »Sabine hills« spielen ebenfalls deutlicher darauf an, dass Sabina vom Lande kommt und sich lächerlich macht, wenn sie behauptet, sie sei die Inspiration für die Erfindungen von Mr. Antrobus. Wilder kommt selten ohne Anspielungen auf die Antike aus, ein auffallender Kontrast bei einem so »amerikanischen« Autor.

Wenn am Ende des Stückes Mr. Antrobus seine Kräfte zu sammeln versucht, um neu anzufangen, und sich vergewissern will, was ihm bei aller Zerstörung geblieben ist und was er braucht, kommt er auf drei Dinge: »Three things. The voice of the people in their confusion and their need. And the thought of you and the children and this house. And ... Maggie! I didn't dare ask you: my books. They haven't been lost, have they?« (247) Auf Deutsch: »Drei Dinge. Die Stimme des Volkes in seiner Verwirrung und in seiner Not. Und der Gedanke an dich, an die Kinder und an dieses Haus ... Und Maggie! Ich habe nicht gewagt, dich danach zu fragen: meine Bücher! Sie sind doch nicht verlorengegangen?« (101) Sabina ist die Stimme des Volkes in seiner Verwirrung, aber weniger in seiner Not – obwohl das Wort ähnlich klingt – als in seinen Bedürfnissen, in dem, was es braucht. Dazu die Familie, Frau und Kinder, und das Heim, und schließlich die Bücher, die geistige, kulturelle Überlieferung, Spinoza, Platon, Aristoteles und die Bibel. Das sind die Grundelemente der menschlichen Zivilisation. Auch hier will sich der Mensch vergewissern, was die nötigen Grundelemente seiner Humanität sind. Wenn »Familie« und »Bildung« in Deutschland nach 1945 als Botschaft ankamen, so ist zweifelhaft, dass die Idee »Volk«, the people, eine gleichartige Resonanz finden konnte. Thornton Wilder, der oft als »Aristokrat« bezeichnet worden ist, hat den demokratischen Grundzug der amerikanischen Kultur besonders betont. Wenn im ersten Akt von *Our Town* aus dem Publikum die Frage gestellt wird: »is there any culture or love of beauty in Grover's Corners?« (25), so antwortet Mr. Webb: »Well, ma'am, there ain't much – not in the sense you mean« (25). Auf Deutsch: »Gibt es in Grover's Corners so etwas wie Kultur oder eine Liebe für die schönen Künste?« (24) Antwort: »Sehen Sie, gnä' Frau, davon eben gibt's nicht viel – jedenfalls nicht, wie Sie meinen.« Das ist gut übersetzt und trotzdem trifft es nicht ganz. Mr. Webb ist ja ein gebildeter Mann und sagt mit Absicht »ain't«, um das Bildungsniveau seiner Mitbürger auszudrücken.

Diesen demokratischen Grundzug betonte Thornton Wilder auch bei seiner Dankesrede 1957 zur Verleihung des Friedenspreises des deutschen Buchhandels in Frankfurt, gedruckt als *Kultur in einer Demokratie* – ein vielleicht zu einseitiger Akzent, der die Elitebildungen in den USA übergeht. Gerade Thornton Wilder mit seiner Universitätsausbildung an der Yale University gehörte zu diesen Eliten, wie in dem Roman *Theophilus North* immer wieder verdeutlicht wird.

V

Thornton Wilders letzter Roman, und eine der letzten Übersetzungsarbeiten von Hans Sahl war *Theophilus North oder Ein Heiliger wider Willen*, 1973 erschienen, 1974 in der deutschen Übersetzung. Thornton Wilder starb 1975, und Hans Sahl widmete ihm im *Aufbau* am 9. Dezember 1975 einen Nachruf mit dem Titel *Thornton Wilder oder die Anmut des Tragischen*.

Theophilus North war ein freundliches Buch, eine Art Märchen oder eine Wunscherfüllung. Der Roman spielt 1926 in Newport, Rhode Island, einem Ort für Ferienreisende, Touristen, reiche Familien, die Kriegsmarine und Segelenthusiasten; er hatte seine größte Zeit vom Ende des 19. Jahrhunderts bis zum Ersten Weltkrieg, die Zeit, in der die gewaltigen »Cottages«, die Sommervillen der Vanderbilts und Astors und ihresgleichen gebaut wurden.

Wilders Beschreibung hat bereits die Atmosphäre der vergangenen Größe, jedoch nicht in schäbiger Melancholie, wie bei Faulkner oder Tennessee Williams, sondern als ein nicht mehr ganz geglaubter Traum. Der junge Theophilus North, der sich nach dem Studium in Yale und einer Tätigkeit als Sprachlehrer – beides entspricht Wilders eigenem Lebenslauf – für einen Sommer in Newport aufhält, schafft es mühelos, sich sein Geld zu verdienen als Sprachlehrer, Tennistrainer und Vorleser, mit allen Leuten gut auszukommen und darüber hinaus die Probleme anderer Menschen zu lösen. Für einen einsamen Exilanten ist die leichte Art, wie Theophilus North Beziehungen anknüpft und die Geheimnisse anderer Menschen aufdeckt, ein Traum. Das Buch wurde und wird von der Kritik nicht ernst genommen, allgemein als autobiografisch klassifiziert, wozu Wilder selbst Anlass gegeben hat, aber es kam bei den Lesern gut an, auch in der Übersetzung, und war sofort ein Lieblingskind der deutschen Buchgemeinschaften. Es ist bemerkenswert, dass gerade Hans Sahl, der knorrige Außenseiter, sich so sehr um dieses Buch bemüht hat – es ist der einzige Roman, den er übersetzt hat. Die Mischung von Erinnerungen und Wunschvorstellungen, die diesen Roman ausmacht, muss auch für Hans Sahl etwas Befreiendes gehabt haben. Er konnte sich einmal loslösen von den Problemen der Zeit und der eigenen Misere. Der Roman bringt einerseits eine genaue Beschreibung der verschiedenen Menschentypen, die einen Ort wie Newport im Sommer bevölkern bzw. 1926 bevölkert haben, andererseits eine Verklärung des Sommerlebens, wie es sich auch in Ansätzen bei Hans Sahls Beschreibung von Provincetown auf Cape Cod in *Das Exil im Exil* (141–145) findet. In Provincetown und der Umgebung fand sich damals eine »freiheitliche Linke« zusammen (142). Hier, in *Theophilus North*, ist dieser freiheitliche Geist in ein weitgehend unpolitisches Milieu übersetzt, wo die unkonventionellen Ansichten und Manieren des Protagonisten nicht nur toleriert werden, sondern etwas wie ein Bedürfnis erwecken, doch auch selbst einmal den gesellschaftlichen Zwängen zu entkommen. Thornton Wilders »Schwanengesang« bietet eine Episode in dem Leben eines Fremden und Wanderers, eine persönliche Abschiedsgabe, und so hat Hans Sahl es übertragen.

Auch hier war Hans Sahl mit den gleichen Problemen konfrontiert, und er löste sie durch einen gleichmäßigen Stil, der auf die Eigenheiten der neuenglischen Umgangssprache verzichtet und versucht, ein gutes und flüssiges Deutsch zu bieten. Ein Hauptproblem ist wiederum die Frage des Siezens und Duzens. Hans Sahl entschied sich im Zweifelsfall für »Sie«, was der Distanz, die Theophilus zu wahren versucht, entspricht, aber nicht ganz die lässige informelle Mitte zwischen konventionellem Abstand und vertraulichem Gespräch erreichen kann. Hier zeigt sich in der Sprache der unüberbrückbare Abstand zwischen dem Miteinander der Menschen in Deutschland und den USA, jedenfalls in Neu-England.

Ein wesentlicher Punkt des Romans sind die »neun Städte«, aus denen Newport besteht, und die an die Schichten der Stadt Troja erinnern sollen, wie sie Schliemann ausgegraben hat. Nicht umsonst ist Theophilus North tätig, um Bildung zu verbreiten, einschließlich der griechischen Antike. Diese Symbolik für die Gesellschaftsstruktur und gleichzeitig für die Geschichte der USA ist wohl kaum in ihrer Bedeutung wahrgenommen worden. Nur, dass sie gleichfalls die Lebensphasen von Thornton Wilder selbst widerspiegelt. Hans Sahl, der sein Leben als Fragment empfinden musste[18], konnte hier im »Testament« von Thornton Wilder ein freundliches, untragisches Abschiedsgeschenk sehen. Das Buch endet mit dem Abschied von Theophilus North und zugleich seinem Entschluss, aus seinem Tagebuch über den Sommer ein Buch zu machen, also sein Leben zu verewigen.

VI

Hans Sahl hat noch sehr viele Theaterstücke von anderen Autoren übersetzt, manches davon war ohne Zweifel Pflicht- und Brotarbeit, über die er des Öfteren geklagt hat. Er fühlte sich nicht als »berufsmäßiger« Übersetzer. Von besonderem Interesse ist Tennessee Williams. Hier ergibt sich die unüberwindbare Schwierigkeit mit dem südlichen Akzent und dem Slang der Golfküste. Ich nehme als Beispiel *Cat on a Hot Tin Roof*, übersetzt als *Die Katze auf dem heißen Blechdach* (1956).[19] Wenn Maggie am Anfang des ersten Aktes sich darüber mokiert, dass die Kinder ihres Schwagers keine Hälse haben, setzt sie hinzu: »you can't wring their necks, if the've got no necks to wring« (1), was mit »den Hals umdrehen« nicht angemessen ausgedrückt wäre und wohl deshalb wegfällt. Wiederum kann Sahl nicht die geografischen Kenntnisse voraussetzen, statt »the coolness of the Great Smokies« (3) setzt er einen »allsommerliche(n) Erholungsausflug in die kühlen Berge« (489). »Kleiner Zeitungsbericht im Lokalblatt« (489) steht statt »*Clarksdale Register* carried a nice little item about it«, und es passierte am »Sportplatz der Universität« statt »on the Glorious Hill Highschool athletic field« (4). Missverständnisse passieren Hans Sahl sehr selten, doch zum Beispiel, wenn Brick sagt: »That's good after a workout, but I haven't been workin' out« (8), und Sahl schreibt: »Das ist gut, wenn man abgearbeitet ist, aber ich bin nicht abgearbeitet« (495) statt »ich habe keine Gymnastik gemacht«. Ab und zu lässt die Übersetzung etwas weg, ohne dass der Grund unbedingt klar wäre. So sagt Margaret, als sie mit Brick über die Krankheit des Vaters spricht, dass er an Krebs sterben wird. Er fragt: »Weiß es Big Daddy?« Sie antwortet: »Weiß es jemals jemand? Niemand sagt: ›Du bist im Begriff zu sterben.‹ Man muß ihnen etwas vormachen. Und sie machen sich selbst etwas vor.« (511–512) Das klingt im Original so: »It's malignant and it's terminal.« Er fragt: »Does Big

Daddy know it?« Darauf ihre Antwort: »Hell do they *ever* know it? Nobody says, ›You're dying.‹ You have to fool them. They have to fool *themselves.*« (23) Darauf fragt Brick: »Why?« Und ihre Antwort: »Why? Because human beings dream of life everlasting, that's the reason! But most of them want it on earth and not in heaven.« (23) Dann sucht sie nach ihrer brennenden Zigarette und fährt schließlich fort: »So this is Big Daddy's last birthday. And Mae and Cooper, they know it, oh, *they* know it all right. They got the first information from the Ochsner Clinic. That's why they rushed down here with their no-neck monsters.« (23) Bei Hans Sahl wird das gekürzt und übersprungen, um auf den Punkt zu kommen: Margarets Angst vor der Armut. Vorher redet sie im Original noch über Big Daddy: »I've always sort of admired him, in spite of his coarseness, his four-letter words and so forth. Because Big Daddy is what he *is,* and he makes no bones about it. He hasn't turned gentleman farmer, he's still a Mississippi red neck, as much of a red neck as he must have been when he was just overseer here on the old Jack Straw and Peter Othello place. But he got hold of it an' built it into th' biggest an' finest plantation in the Delta.« (24) Alle diese Punkte: four-letter words, he makes no bones about it, red neck, the finest plantation in the Delta, charakterisieren die Person und die Lokalität für einen Amerikaner und geben einen Eindruck von dem Selfmade-Mann, dem es gelungen ist, eine großartige Pflanzung aufzubauen, der aber nicht so tut, als gehöre er zu der Pflanzer-Aristokratie des Mississippi-Deltas. Margaret, deren Vater ein Trinker war und deren Mutter versuchte, nach außen den Schein zu wahren, sagt deshalb bei Hans Sahl: »Immer mußte ich mich an Leute klammern, die ich nicht ausstehen konnte, weil sie Geld hatten, und ich bettelarm war. Du weißt nicht, wie das ist.« (512) Das klingt im Original noch weit drastischer: »Always had to suck up to people I couldn' stand because they had money and I was poor as Job's turkey. You don't know what that's like.« (24) »suck« und »suck up« ist kaum in derselben Drastik wiederzugeben, ebenso »poor as Job's turkey« – ein Ausdruck, der die Bibelfrömmigkeit des amerikanischen Südens voraussetzt.

Tennessee Williams geht es darum, das Milieu der Südstaaten und ihre schäbige Eleganz zu charakterisieren; Hans Sahl konzentriert die Handlung auf das psychologische und eher allgemein-menschliche Problem der unglücklichen Margaret. Er spitzt die dramatische Handlung zu, und er rechnet damit, dass der deutsche Leser und Zuschauer mit den konkreten Einzelheiten des Lebens im Mississippi-Delta nicht vertraut ist, und auch weniger daran interessiert ist als an dem menschlichen Konflikt und Schicksal. Der Unterschied wird deutlich, wenn man an den Titel von Tennessee Williams' bekanntestem Stück denkt, aus *A Streetcar Named Desire* ist *Endstation Sehnsucht* geworden (nicht von Hans Sahl erfunden). Die konkrete Endstation der Straßenbahn hat sich in eine Idee verwandelt, wenn auch »Desire« natürlich bereits mehrfache Bedeutungsebenen enthält. »Sehnsucht« kann jedoch auf keinen Fall eine Straßenbahnstation sein. In der Beziehung von Brick und Maggie hat Sahl ebenfalls die körperliche Vorstellung eliminiert oder jedenfalls abgeschwächt, wenn er sagt: »Skipper und ich liebten uns, wenn das, was wir taten, Liebe genannt werden kann, und wir taten es miteinander, weil wir beide uns dir dadurch näher fühlten.« (513) Im Original heißt es direkter: »Skipper and I made love, if love you could call it, because it made both of us feel a little bit closer to you.« (26) Auch ist dann gleich vom double-dating die Rede, und sie sagt eindeutig: »it was more like a date between you and Skipper.« (27) Zwar sagt Brick auch bei Sahl: »Ein Mann hat in seinem Leben etwas Großes und Wahrhaftiges erlebt, etwas, das groß und wahrhaftig war – meine Freundschaft mit Skipper« (515); aber das provozierende homoerotische oder auch homosexuelle Element, das in Maggies Rede so klar zum Vorschein kommt, ist wenig betont. Bei Tennessee Williams spricht Brick emphatischer: »One man has one great good true thing in his life. One great good thing which is true! – I had friendship with Skipper. You are naming it dirty.« (27) Hier kommt wiederum das Problem des Verständnisses der amerikanischen Kultur ins Spiel: Beide sind Spieler in der Football-Mannschaft von Ole Miss, der University of Mississippi, und so gute Spieler, dass sie daran denken, Profis zu werden und eine eigene Mannschaft gründen, die Dixie Stars. »Skipper begann zu trinken« ist viel harmloser als »Skipper began hittin' the bottle« (27), und das »große Spiel in Chicago« (515) ist »the Thanksgivin' game in Chicago« (27), das die Mannschaft verliert. Ein Thanksgiving-Footballspiel hat allerdings eine besondere Bedeutung, wenn es auch gewöhnlich die Universitätsmannschaften sind, die an diesem Tag spielen. Hier freilich wird Sahl ebenfalls deutlich, wenn er Maggie sagen lässt: »Hör auf, meinen Mann zu lieben oder sage ihm, daß er dich gewähren lassen muß« (516). Das Original hat Großbuchstaben, denn hier ist ein Schlüsselpunkt: »SKIPPER! STOP LOVIN' MY HUSBAND OR TELL HIM HE'S GOT TO LET YOU ADMIT IT TO HIM!« – One way or another!« (28) Dieser Komplex von Sport, speziell amerikanischem Football, Sexualität, Homoerotik, Eifersucht, Leistungsdruck und gesellschaftlichem Image kann nicht wiedergegeben werden, wenn auch das Dreieck Brick – Skipper – Margaret dem Zuschauer mehr als eindeutig vorgeführt wird.

Es ist bei dieser Übersetzung, anders als bei Thornton Wilder, deutlich, dass Hans Sahl den prägnanten, knapp hingeworfenen Slang von Tennessee Williams nicht ins Deutsche übertragen kann. Seine Sätze sind gutes Deutsch; aber sie geben wenig von der Klangfarbe des Originals wieder. Hans Sahl hat das in seinem Aufsatz *Zur Übersetzung von Theaterstücken*[20] so begründet: »auf einer deutschen Bühne wird anders gesprochen als auf einer amerikanischen.« Das moderne amerikanische Theater bediene sich einer

Umgangssprache, eines »poetisierten Slang«, was es im Deutschen so nicht gebe. Außerdem gebe es in Deutschland keine eigentliche »Theaterhauptstadt« wie Paris, London oder New York, die Sprache müsse überall verständlich sein, und es sei Sache des Regisseurs, »sie jeweils mit Lokalkolorit einzufärben«.

Die Unterschiede der Sprachen und Kulturen werden besonders deutlich im zweiten Akt von *Cat on a Hot Tin Roof* bei dem langen Gespräch zwischen Big Daddy und Brick, in dem Big Daddy versucht, seinem Sohn die Wahrheit über sein Leben zu erklären, besonders über seine Ehe, die nicht gerade auf gegenseitiger Zuneigung beruht. Auch hier ist das Original in seinen Beschreibungen der sexuellen Beziehungen deutlicher und drastischer und damit schockierender als die Übersetzung, die sich mit Andeutungen begnügt. Die Übersetzung verzichtet ebenfalls auf die meisten Flüche, die ohnehin schwer wiederzugeben wären, die jedoch den Reden von Big Daddy ihren Saft und ihre Farbe geben und deutlich machen, dass er sich vom Plantagenarbeiter – »like a nigger in the fields« (40) – zum Besitzer hochgearbeitet hat und keineswegs vorgibt, zur Society zu gehören, aus der offenbar seine zwei Schwiegertöchter stammen. Tennessee Williams deutet des Öfteren durch seine Schreibweise die Aussprache an, etwa »she wint« statt »she went«, was wiederum nicht ins Deutsche übertragen werden kann. So sagt Big Daddy zu Brick um zu fragen, warum er trinkt: »I'm askin' you, God damn it! How in hell would I know if you don't?« (44) Das heißt dann im Deutschen: »Ich frage *dich*. Woher in des Teufels Namen soll *ich*'s wissen, wenn du's nicht weißt?« (534) Da fehlt das »God damn it«, das dem Satz den besonderen Nachdruck gibt.

VII

Hans Sahl hatte in den 1950er Jahren versucht, wieder in Berlin zu leben; aber es gelang ihm nicht. Daraufhin ging er nach Amerika zurück, was er so erklärte: »Ich versuchte, der Alternative zwischen zwei Provisorien ein Ende zu machen, indem ich mich für das entschied, was mir vertrauter geworden war. Ich ging also nach Amerika zurück, nicht mehr als Flüchtling, sondern als Berichterstatter deutscher Zeitungen. Erst als ich mich entschlossen hatte, nicht mehr von Amerika zu leben, schloß ich Frieden mit Amerika.«[22] Auf diesen Satz lässt Hans Sahl in seiner Autobiografie die Beschreibung der Zusammenarbeit mit Thornton Wilder folgen, die ihm dann die wirkliche Basis für seine Existenz in New York gab, nicht nur finanziell.

In seinem Artikel *Theater in Amerika* von 1959[23] hat Hans Sahl versucht, den Charakter des amerikanischen Theaters und die Unterschiede zwischen Europa und Amerika auf den Punkt zu bringen. Das amerikanische Theater sei »ein Theater ohne Klassiker« (163-164), es sei kein »Bildungstheater«, sondern ein »Geschäftstheater« (160), das jedoch nicht selten – überraschenderweise – gutes Niveau »in hervorragenden Aufführungen« (160) erreiche. Er sieht im Theater einen Ausdruck des amerikanischen Nationalcharakters mit seiner »Nähe zum *Praktischen*«, ein »Interesse an dem, was der andere tut, was man selbst vielleicht nicht kennt und worüber man mehr wissen möchte« (163) – wobei dieser Realismus allerdings durch den Film und das Fernsehen inzwischen meistens zu einem Schein-Realismus geworden ist, der mit realen Details eine märchenhafte Story vorführt, wie die Emigranten in Hollywood immer wieder beklagten. Bei den guten Autoren wie Tennessee Williams sind nicht nur die Requisiten echt, sondern auch die Menschen in ihrem Schicksal. Und diese Menschen, wie Sahl an einem Beispiel mit Katherine Hepburn erläutert, stellen einen »Durchschnittstypus« dar. Sie sind nicht ein »menschlicher Sonderfall« (162), wie er von Elisabeth Bergner in *Der träumende Mund* repräsentiert wird. Das amerikanische Theater repräsentiert das amerikanische Volk, die Nation.

»Es ist das Theater einer Nation, die sich deutlich auf der Bühne wiedererkennen will, ein Theater, das in seinem oft verwirrend unübersichtlichen Nebeneinander von Trivialem und Sublimem, von Striptease, Tragödie, Negertanz, Konversationsstück und biblischer Erbauung genau die Interessen der Menschen widerspiegelt, aus denen sich diese Nation zusammensetzt: ihre fleischfressende Gier und ihre Sucht nach Betäubung ebenso wie ihr Hunger nach Wahrheit und ihr Grübeln über Zweck und Inhalt ihres Daseins«. (164)

Diese Charakterisierung ist etwas ganz anderes als Brechts unwirsche Verurteilung des amerikanischen Theaters als platt und nur naturalistisch; Sahl hat hier versucht, seinen europäischen Lesern einen wichtigen Aspekt des amerikanischen Lebens verständlich zu machen. Ein ähnliches Ziel verfolgt er mit der Kritik bzw. Charakterisierung wichtiger Theaterstücke, Arthur Millers *Death of a Salesman* (210-211) zum Beispiel, 1949, und *Who is afraid of Virginia Woolf?* (218-220), 1962, »ein abgrundtief komisches und ein abgrundtief trauriges Stück« (220). Zu Albee sagt Sahl: »Man spürt: hier wird, mit den Mitteln des naturalistischen Theaters und doch weit darüber hinausgehend, die Welt Ibsens und Strindbergs von einem jungen, begnadeten Autor in die Sprache unserer Gegenwart übertragen und wieder legitim gemacht.« (218) Hier spricht der Kritiker, der mit der Erfahrung des europäischen Theaters nach New York gekommen ist und erkennt, wie sich Europa in New York verwandelt hat, eine Erkenntnis, die er wiederum den Europäern vermitteln will, die davon zu lernen haben.

Ein besonders verzwicktes Beispiel der Kritik und der kulturellen Vermittlung nach zwei Seiten stellt Sahls Besprechung der Aufführung von Brechts *Arturo Ui* in New York im Jahr 1963 dar (221-224). Es sind ja nicht nur Sahls Vorbehalte gegen Brechts dogmatischen Marxismus und seine Rechthaberei zu bedenken, die er im Abschnitt »Schwierigkeiten im Verkehr mit dem Dichter Bert Brecht« in *Das Exil im Exil* geschildert hat (171–174), nicht nur Sahls Urteil, dass der *Arturo Ui* eine unerlaubte Vereinfachung Hitlers und des Nationalsozialismus darstelle, genau wie Charlie Chaplins *Great Dictator*, sondern auch Sahls Ansicht, dass Brechts Stücke nicht nach Amerika passten und dass diese New Yorker Aufführung weder Brecht noch dem amerikanischen Theater gedient habe. Daraus ergibt sich eine Kritik der amerikanischen Brecht-Rezeption bzw. Brecht-Bewunderung und die Feststellung, dass die Kritiker in New York diesem Stück und dieser Aufführung eher hilflos gegenüberstanden, sowie die Infragestellung der gesamten Rezeption Brechts zu einer Zeit allgemeiner Brecht-Bewunderung. Mit anderen Worten: Auf wenigen Seiten leistet Sahl hier erstaunlich viel, und ein Aspekt davon ist die kritische Begutachtung eines Kulturtransfers, den Sahl als sehr problematisch ansieht.

Am Ende wäre die Frage zu stellen, ob es vielleicht etwas wie eine Sprache zwischen den Sprachen gibt, eine Sprache der Übersetzungen, die sozusagen nach zwei Seiten hin »durchlässig« sein soll, die den Weg vom Original in ein fremdes Publikum ebnet und gleichzeitig auf das Original zurückverweist. Bei den Übersetzungen der amerikanischen Theaterstücke durch Hans Sahl und durch andere Autoren des Exils scheint es allerdings noch mehr darum zu gehen, eine deutsche »Bühnensprache« zu bilden und zu erhalten, die weitgehend unberührt bleibt von den schädigenden Einwirkungen der politischen Propaganda und Publizistik seit 1933. Das wäre das, was Hans Sahl mit »Kontinuität« bezeichnet und was er als die große Aufgabe des Exils angesehen hat. Jedes Exil wie jede sprachliche Minderheit kämpft um die Reinheit seiner Sprache, das Exil 1933 sah sich etlichen politischen und publizistischen Gefahren ausgesetzt. Es ist etwas wie ein Paradox, dass das Exil die Reinheit der Sprache auch in den Übersetzungen von Theaterstücken zu bewahren versuchte, die ihre Lebendigkeit von den Effekten der Umgangssprache und des Slang beziehen.

---

1 Vgl. die Beschreibung bei Erich Wolfgang Skwara: *Hans Sahl. Leben und Werk*, New York – Bern – Frankfurt/M. 1986; Sigrid Kellenter: »Hans Sahl«. In: *Deutschsprachige Exilliteratur seit 1933*. Bd. 2 New York. Hg. von John M. Spalek/Joseph Strelka. Bern 1989, S. 803–825, und Hans Sahls eigenen Bericht im ersten Band seiner Autobiografie *Memoiren eines Mora-*

listen. Zürich 1983. — **2** Hans Sahl: *Das Exil im Exil. Memoiren eines Moralisten II*. 1990. Zitiert nach der Ausgabe München 1994, S. 181. — **3** Zitat aus der Erzählung »Schuld« (1969). In: *Der Tod des Akrobaten*. Erzählungen. Hamburg 1992, S. 146. — **4** Es ist immer wieder festgestellt worden, dass Thornton Wilder in den deutschsprachigen Ländern den größten Erfolg hatte und auch in der Forschung besondere Beachtung gefunden hat. Vgl. Horst Oppel: *Thornton Wilder in Deutschland – Wirkung und Wertung seines Werkes im deutschen Sprachraum*. Akademie der Wissenschaften und der Literatur Mainz. Abhandlungen der Klasse der Literatur. Jahrgang 1976/77 Nr. 3. Wiesbaden 1977; Holger Naatz: *Thornton Wilder als Dramatiker. Analyse der deutschsprachigen Literaturkritik zwischen 1970–1982*. Köln 1986; Heinz Beckmann: *Thornton Wilder*. Velber bei Hannover 1966, S. 21, 67, 132; *Conversations with Thornton Wilder*. Hg. von Jackson B. Bryer. Jackson – London 1993, S. 44, 56, 96, 119; Richard H. Goldstone: *Thornton Wilder. An Intimate Portrait*. New York 1975, S. 181; und nicht zuletzt die Bemerkung von Wilder selbst im Vorwort zu *Three Plays*. New York 1957, S. XIV. Die deutsche Forschung hat besonders eine Wirkung auf die frühen Stücke von Max Frisch und Friedrich Dürrenmatt festgestellt. Manfred Durzak nannte Frischs *Die chinesische Mauer* den »vierten Akt« von *The Skin of our Teeth*, s. Durzak: »Max Frisch und Thornton Wilder: Der vierte Akt von *The Skin of our Teeth*«. In: *Frisch: Kritik – Thesen – Analysen*. Hg. von Manfred Jurgensen. Bern 1977, S. 97–120. — **5** Hans Sahls Rede ist gedruckt als »On Translating Thornton Wilder«. In: *Translation*, VII (1980), S. 281--282; Hans Sahl hat sich auch sonst zu Problemen des Übersetzens geäußert, vor allem »Zur Übersetzung von Theaterstücken«. In: *Übersetzen*. Hg. von Rolf Italiaander, Frankfurt/M. 1965, S. 105–106; vgl. auch die Beiträge »Der Übersetzer befindet sich«. In: *Die Welt*, 1.8.1959 und »Wenn eine Übersetzungs-Misere überhaupt besteht«. In: *FORVM*, 1959, S. 288. — **6** Hans Sahl hat mehrfach über Thornton Wilder geschrieben, so etwa »Thornton Wilder. Skizzen zu einem Porträt«, zuerst in *Perspektiven* 1954, S. 64–82; »Thornton Wilder«. In: *Neue Züricher Zeitung* 1957; »Warum ist der Amerikaner freundlich? Gespräch mit Thornton Wilder«. Zuerst in: *Aufbau* 1957; »Der achte Tag,« *Aufbau* 1968, und der Nachruf »Thornton Wilder oder Die Anmut des Tragischen«. — **7** Für die vollständige Liste vgl. Gregor Ackermann und Momme Brodersen: *Hans Sahl. Eine Bibliographie seiner Schriften*. Marbach/Neckar 1995, Übersetzungen: Nr. 1609–1692. — **8** Johannes F. Evelein hat dazu aufschlussreiche Analysen gegeben in seinem Beitrag für die 2008 erscheinende Festschrift für John M. Spalek: »Die Zeit der Bewahrer und Erhalter. Hans Sahl, Exile and the Imperative of Memory.« — **9** Vgl. die Beschreibungen bei Erich Wolfgang Skwara, S. 192–199, dort ebenfalls, S. 200–204 über die Arbeiten für den Rundfunk. — **10** 1972 hat Hans Sahl im *Aufbau* das Gespräch mit Thornton Wilder veröffentlicht unter dem Titel »Warum ist der Amerikaner freundlich? Gespräch mit Thornton Wilder«, auch veröffentlicht in Will Schabers Anthologie von Artikeln im *Aufbau*. — **11** Vgl. Robert C. Jespersen: »Stefan Heym«. In: *Deutschsprachige Exilliteratur seit 1933*. Bd. 2 New York (s. Anm. 1), S. 358–372, bes. S. 359. — **12** Vgl. z. B. Goldstone: *Thornton Wilder* (s. Anm. 4). — **13** Sahl: *Das Exil im Exil* (s. Anm. 2), S. 193. — **14** Zur Idealisierung Roosevelts unter den Exilierten vgl. Richard Critchfield/Wulf Köpke: »Das Bild Roosevelts im deutschsprachigen Exil in den USA«. In: *Deutschsprachige Exilliteratur seit 1933*, Bd. 3 USA, Teil 4. Hg. von John M. Spalek/Konrad Feilchenfeldt/Sandra Hawrylchak. Zürich – München 2003, S. 500–513, zu Hans Sahl, vgl. S. 510–511. — **15** Die Texte sind zitiert nach Thornton Wilder: *Three Plays*. New York 1957; *Unsere kleine Stadt*. Schauspiel in drei Akten. Deutsch von Hans Sahl. Frankfurt/M., 29. Aufl. 2005. — **16** Sahl: »On Translating Thornton Wilder« (s. Anm. 5), S. 281–282. Vgl. auch Skwara: *Hans Sahl* (s. Anm. 1), S. 104 und 206–207. — **17** Zitiert nach Thornton Wilder: *Three Plays* und *Wir sind noch einmal davongekommen*. Schauspiel in drei Akten. Deutsch von Hans Sahl. Frankfurt/M., 17. Aufl. 2003. — **18** So spricht er es wiederholt in seinem Roman *Die Wenigen und die Vielen* aus. Zwar bietet der Roman eine Kreisbewegung, er hört auf, wo er angefangen hat; aber das ist eher eine ewige Wiederkehr des Gleichen als eine Gesamtschau. — **19** Zitiert nach den Ausgaben Tennessee Williams: *Five Plays*, London 1962; Tennessee Williams: *Ausgewählte Dramen*. Berlin 1966. Übersetzt von Berthold Viertel und Hans Sahl. — **20** Sahl: »Zur Übersetzung von Theaterstücken«. In: *Übersetzen* (s. Anm. 5), S. 105–

106. — **21** Vgl. Wulf Köpke: *The Critical Reception of Alfred Döblin's Major Novels.* Rochester, New York 2003, S. 152–154. — **22** Sahl: *Das Exil im Exil* (s. Anm. 2), S. 185. — **23** Wieder abgedruckt in Hans Sahl: »*Und doch ...*«. *Essays und Kritiken aus zwei Kontinenten.* Frankfurt/M. 1991, S. 160–164.

Natalia Shchyhlevska

Bukowiner Dichter als Übersetzer Jessenins

Zur Bukowina: »Heut seid ihr Kinder – morgen werdet ihr Juden sein«[1]

Die Bukowina kann mit einer Versuchsanordnung verglichen werden, in der gesamteuropäische Vorgänge des Aufeinandertreffens fremder Kulturen auf engem und daher überschaubarem Raum modellhaft darzustellen sind. In diesem Modell ginge es aber nicht nur um die Beobachtung solcher Prozesse in kleinerem Maßstab, sondern vor allem um die Fragestellung, wie es möglich sei, dass die Konfrontation von einander fremden Religionen, Kulturen und Mentalitäten einen anderen Verlauf nehmen als den (nicht nur in der ersten Hälfte des 20. Jahrhunderts) üblichen, nämlich den nationalistischen Kampf um die Unterordnung des Fremden. In der Bukowina von 1900 bis 1940 ist die Alternative zu ethnischer Abgrenzung und nationalistischer Rivalität nicht als theoretische Möglichkeit zu studieren, sondern als Realität; und zwar als eine soziale und kulturelle Wirklichkeit, deren Auswirkungen bis in die Gegenwart reichen. In jener Zeit entfaltete sich in der Region um Czernowitz eine mehrsprachige Kultur, die auf wechselseitigen Transfers zwischen mindestens vier Kultursprachen – Rumänisch, Ukrainisch, Jüdisch (mit dem Jiddischen wie dem Hebräischen) und Deutsch – beruhte und auf dieser Grundlage eine literarische Kultur hervorbrachte, die keine der Ausgangskulturen ausgrenzte und doch als allgemein anerkannter Bildungsstandard »über« allen stand. Die Unterschiede der ökonomischen Stellung wie der Mentalität dürften zwischen den ethnischen und sozialen Gruppen, die durch die Habsburger Besiedlungs- und Erschließungspolitik dort auf engem Raum aufeinandertrafen, eher größer gewesen sein als heute. In der historischen Bukowina aber wurde die Erfahrung, dass die Nachbarn Fremde sind, zum Motiv vielfältiger Aneignungen des Fremden. Dabei bildete sich eine deutsch-jüdische Kultur heraus, die nicht einfach durch Vorgaben aus dem politischen Wien als normativ gesetzt wurde, sondern sich vielmehr als *lingua franca* einer kulturellen Gemeinsamkeit über die nach wie vor verschiedenen, aber wenig zur Ausgrenzung des Fremden neigenden, vielmehr kosmopolitisch ausgerichteten Kulturen bewährte.

Auch vor diesem Hintergrund kann man nicht genug bedauern, dass deutscher Rassenwahn, der faschistische Diktator Antonescu und die sowjetische Vertreibung diese einzigartige Kulturlandschaft auf immer vernichtet haben. Die historische Entwicklung ließ diese »Viersprachenlieder« (Rose Ausländer) der Bukowina verstummen, aber ihr Echo lebt heute noch in den Werken der bukowiner Autoren. Die Bukowina als »geistige Lebensform« (Paul Celan) bekam in der Dichtung ein neues Leben; sie hat ihre Existenz auf einer anderen, buchstäblich geistigen Ebene fortgesetzt.

Bukowiner Dichter als Übersetzer

Es dürfte wenige historisch und räumlich zu identifizierende Autorengruppen geben, in denen sich aussagekräftigere und differenziertere Beispiele von Mehrsprachigkeit finden als in den Schriftstellern der Bukowina, namentlich in ihren Übersetzungen. Hier nur einige Beispiele von Lyrikern aus der Bukowina, die ein umfangreiches Œuvre an Übersetzungen vorzuweisen haben: Paul Celan hat aus wenigstens sieben Sprachen – dem Französischen, Rumänischen, Russischen, Englischen, Hebräischen, Italienischen und dem Portugiesischen – ins Deutsche übersetzt.[2] Alfred Gong teilte Celans Begeisterung für die russische Literatur und widmete sich der Übersetzung der Gedichte von Sergej Jessenin. Außerdem hat er auch aus dem Englischen und Rumänischen sowie aus dem Portugiesischen übersetzt.[3] Alfred Kittner ist ein anerkannter Vermittler zwischen der rumänischen und deutschen Literatur.[4] Und die Mehrsprachigkeit Rose Ausländers manifestiert sich nicht nur in der Veröffentlichung der Gedichte in deutscher und englischer Sprache, sondern auch darin, Gedichte aus dem Deutschen und Polnischen ins Englische sowie aus dem Jiddischen ins Deutsche übersetzt zu haben.[5] Der Mentor der Bukowiner Dichter, Alfred Margul-Sperber, ist durch seine Übersetzungen aus dem Rumänischen ins Deutsche und Englische, aber auch aus dem Französischen ins Deutsche bekannt geworden; er hat auch aus dem Jiddischen übersetzt.[6] Auch Else Keren, die Französisch und Englisch studierte, übersetzte aus diesen Sprachen und ist als Übersetzerin der hebräischen Lyrik ins Deutsche bekannt geworden.[7] Immanuel Weißglas wurde schon als Schüler vom rumänischen Schriftsteller Tudor Arghezi als Übersetzer ins Deutsche gefeiert.[8] Klara Blum hat aus zehn Sprachen ins Deutsche übersetzt.[9] Neben den hier dargestellten Autoren gibt es noch eine weitere Reihe von Namen aus der Bukowina, die sowohl für Dichtung als auch für Übersetzung stehen: Joseph Kalmer, Jonas Lesser, Isaac Schreiyer, Itzig Manger, Elieser Stejnbarg, Ewald Ruprecht Korn, Manfred Winkler, Jona Gruber.

Die Tätigkeit der bukowiner Autoren als kulturelle Vermittler, die mit dem Eintritt in das kulturelle Leben des jeweiligen Exilstaates einherging, spielte sich auf den unterschiedlichsten Ebenen ab. Aus komparatistischer Sicht am bedeutsamsten ist gewiss das weite Feld der Übersetzungen. Es lassen sich die Formen der Übersetzung (Selbstübersetzung, Fortschreibung etc.) und die spezifischen Profile der Übersetzer unterscheiden. Darüber hinaus kristallisiert sich eine ganze Reihe weiterer Formen von Vermittlung aus, in denen sich die Mehrsprachigkeit der Autoren publizistisch oder auch wissenschaftlich niedergeschlagen hat. Sie reichen vom Schreiben von Essays und Rezensionen in der jeweils einen Sprache über die Literatur der jeweils anderen (A. Kittner, A. Margul-Sperber, A. Gong, J. Gruber) bis hin zur Entwicklung von Grammatiken oder der Mitarbeit an Lexika (K. Blum, J. Gruber, E. R. Korn). Übersetzt wurden nicht nur literarische Texte, sondern auch politische, historische und journalistische Arbeiten. Ein wichtiges Forschungsfeld sind die Selbstübersetzungen und Fortschreibungen sowie die Fragestellung, ob es sich bei den entsprechenden Schriften überhaupt noch um dieselben Werke handelt. Nicht zuletzt bieten sich Selbstübersetzungen an (z. B. Alfred Gong[10]), um die dadurch geleistete Verbindung mehrerer Nationalliteraturen in einem Werk zu erörtern.

Der vorliegende Beitrag thematisiert eine vergleichende Analyse der Übersetzung des russischen Dichters Jessenin durch Paul Celan und Alfred Gong am Beispiel des Gedichts »Ich bin der letzte Dichter«. Der ausführlichen Textanalyse der Übersetzungen wird das biografische Profil von Paul Celan (sehr komprimiert im Hinblick auf vorhandene Studien) und von Alfred Gong (etwas ausführlicher auf Grund der relativen Unbekanntheit des Autors) vorausgehen, um dann nach der Rolle der Individualität des Übersetzers, seiner Erlebnisse und Prägungen, Zeit und Ort des Übersetzungsprozesses sowie der Intention der Übersetzung für den übersetzten Text zu fragen.

Alfred Gong

»Ich ging durch dieses Leben wie ein Gast ein fremdes Haus durchschreitet«[11] – so lautet eine der relativ häufigen Selbstaussagen Alfred Gongs in seinem lyrischen Œuvre. Aber vieles in seinem Leben ist noch nicht geklärt.[12] Alfred Gong wurde als Alfred[13] Liquornik in Czernowitz am 14. August »im Jahre Zuspät, im Jahre Zufrüh / Neunzehn-zwanzig«[14] geboren, also zwei Jahre nach Ende des Ersten Weltkriegs und ein Jahr nach Abschluss des Vertrags von St. Germain, durch den das Habsburgerreich aufgelöst und das frühere Herzogtum Bukowina in Rumänien eingegliedert wurde – eine unruhige Zeit voller Wirren, und doch eine Ruhepause zwischen den großen Katastrophen der beiden Weltkriege. Gemeinsam mit seiner zwei Jahre jüngeren Schwester Herta wuchs er in behüteten Verhältnissen auf. Die Familie lebte von einem kleinen Farbengeschäft. Die Eltern – Moses Liquornik und Sali geb. Sternberg – waren liberale deutschsprachige Juden. So hatte der künftige Schriftsteller Deutsch als Muttersprache sowie Rumänisch als zweite Sprache. Es ist anzunehmen, dass er als Kind auch Ukrainisch lernen konnte, denn die Familie hatte ein ukrainisches Dienstmädchen Anna, das den Jungen mit den Märchen und Volksliedern seiner Heimat vertraut machte. Diese fanden später vor allem in die frühe Lyrik Alfred Gongs Eingang.[15] 1926 wurde er eingeschult und drückte mit Paul Antschel (Celan) und Immanuel Weißglas die gleiche Schulbank. Später wird er über das Unterrichtsprogramm schreiben: »Dazu sechs Sprachen, darunter drei tote, auch die Kunst des Sophismus, Dialektik, den Talmud.«[16] Zwischen 1937 und 1939 nahm Gong aktiv an der jüdischen Jugendarbeit teil und übernahm die Leitung der Jugendgruppen. 1939 legte er das Abitur ab und begann im gleichen Jahr das Studium der Romanistik und Vergleichenden Literaturwissenschaft an der Czernowitzer Universität. Juni 1940: »Da kamen die Sowjets friedlich zu Tank und ›befreiten‹/ die nördliche Bukowina. Die Rumänen zogen ohne Schamade / ordentlich ab in kleinere Grenzen. Die Volksdeutschen / zogen reichheimwärts. Die Juden – bodenständiger als die Anderen –/ blieben (: die eine Hälfte verreckte in Novosibirsk,/ später die andere in Antonescus Kazets)./ Die Steppe zog ein und affichierte ihre Kultura.«[17] Alfred Gong nimmt an antisowjetischen Demonstrationen teil und wird aufgrund seiner bürgerlichen Herkunft von der Universität ausgeschlossen und später als Dorfschullehrer aufs Land (Unter-Stânêsti) beordert. Im Juni 1941 wurden seine Eltern und die Schwester als »Bourgeois« klassifiziert und nach Sibirien deportiert; Moses Liquornik starb im Winter 1941/42[18], Mutter und Schwester lebten 24 Jahre im Tomskgebiet, im kleinen Dorf Scherstobitowo. Die autobiografischen Angaben Alfred Gongs besagen, dass er in das im Oktober 1941 kurzfristig eingerichtete Czernowitzer Ghetto eingesperrt, nach Transnistrien verschleppt und dort im Lager Moghilew interniert wurde. Es gelang ihm jedoch mit der Hilfe eines Wehrmachtsoffiziers aus dem Lager zu entkommen und er konnte über Odessa in die Bukowina zurückkehren.[19]

1943 gelingt Alfred Gong die Flucht nach Bukarest, wo er als Bibliotheksangestellter und später als Film- und Theaterkritiker für die Tageszeitung *Capitala* arbeitet. Im Gedicht »Bukarest, Juli '44«[20] erwähnt er seine »U-Boot«-Existenz und beschreibt die Bombardierungen von Bukarest. 1946 gelangt er über Budapest nach Wien. Das Gedicht »Wien, Silvester '46«[21] vermittelt einen Eindruck über seinen Anfang in Wien. Eigenen Angaben zufolge arbeitete er als Journalist und Privatlehrer, setzte sein Studium an der Universität Wien fort und wurde später Dramaturg am Kleinen Theater im Konzerthaus. In Wien entwickelt Alfred Gong eine freundschaftliche Beziehung mit Paul Celan; der ehemalige Mitschüler verbessert Gongs frühe Gedichte. 1949–1951 arbeitet Gong als Autor und Herausgeber und feiert erste Erfolge. Im Herbst 1951 wandert er mit der Unterstützung einer Flüchtlingshilfsorganisation als »Displaced Person« nach Amerika aus. Nach dem vorübergehenden Aufenthalt in Virginia ließ er sich in New York nieder; hier übte er Jobs unterschiedlichster Art aus. 1956 wurde er amerikanischer Staatsbürger; 1957 heiratete er die Schweizer Emigrantin Norma Righetto.

Im Laufe seines über 40-jährigen literarischen Schaffens betätigte sich Alfred Gong als Dichter, Journalist, Dramaturg, Hörspielautor, Satiriker, Literaturkritiker und Übersetzer. Noch vieles aus seinem Werk ist unveröffentlicht – nahezu 200 Gedichte, der Roman *Entmenschlichungsmaschine* sowie sein dramatisches Werk[22] –, und immer stärker dominierten im Leben Alfred Gongs die Resonanzlosigkeit, Resignation und Einsamkeit: »Wie die Ungunst der äußeren Verhältnisse einen Autor völlig oder nahezu völlig lähmen und an einer natürlichen und gedeihlichen Entwicklung trotz des größten Talents hindern kann, zeigt das Beispiel Alfred Gongs.«[23] Die äußeren Verhältnisse konnten Alfred Gong nicht erreichen: Mental und kulturell blieb er ein Czernowitzer Jude und Europäer. Joseph P. Strelka nimmt an, dass Alfred Gong »aufgrund seiner ursprünglichen Herkunft und Persönlichkeitsbildung«[24] geradezu Angst hatte, sich zu integrieren und die amerikanische »Geistigkeit« anzunehmen. So blieb Alfred Gong im New Yorker Exil ein »anonymer Robinson«. Er dachte an die Rückkehr nach Europa, aber die mehrfachen Wien-Besuche zwischen 1969 und 1971 zerstörten alle Illusionen und ließen ihn resignieren. 1973 wurde er zwar in den Österreichischen P.E.N. Club aufgenommen und 1980 erschien sein letzter Gedichtband *Gnadenfrist*. Aber Alfred Gong konnte den Erfolg kaum noch genießen; nach längerem Krebsleiden starb er am 18. Oktober 1981.

Paul Celan

Paul Celan (Paul Antschel) wurde am 23. November 1920 in einer assimilierten deutsch-jüdischen Familie geboren. Der Vater sorgte dafür, dass Paul schon als Kind Hebräisch lernte. Früh erwachte Celans Interesse für Literatur. Auf Wunsch der Eltern ging Celan 1938 nach Tours, um Medizin zu studieren. Nach dem Ausbruch des Krieges setzte er sein Studium an der Universität Czernowitz im Fach Anglistik und Romanistik fort. 1942 wurden die Eltern des Dichters in die Vernichtungslager von Transnistrien deportiert, wo sie ums Leben kamen. Der Lyriker selbst entkam der Deportation ins Vernichtungslager, wurde aber in ein rumänisches Arbeitslager gebracht. 1944 kehrte Celan nach Czernowitz zurück. Ein Jahr darauf zog er nach Bukarest. Seinen Lebensunterhalt verdiente er als Übersetzer für den Verlag »Cartea Rusă«. In Bukarest lernte er die rumänische Avantgarde kennen. 1947 gelang ihm die Flucht über Ungarn nach Wien, von wo er 1948 nach Paris ging. Er konnte sein Studium fortsetzen und arbeitete als Deutschlehrer. In den 1950er und 1960er Jahren wurden seine Gedichte immer bekannter; er erhielt wichtige literarische Preise wie den Bremer Literaturpreis (1958) und den Georg-Büchner-Preis (1960). Celan unternahm zahlreiche Vortragsreisen nach Deutschland und Israel. Obwohl er den Besuch in Israel als eine Art Rückkehr empfand, blieb er nicht. Die Erinnerungen an Geschehenes, die Schuldgefühle den Eltern, besonders der geliebten Mutter gegenüber, Plagiatsanschuldigungen und Depressionen verdüsterten sein Leben. Im April 1970 beging er Selbstmord in Paris.[25]

Jessenin: Я последний поэт деревни
Gong: Ich bin der letzte Dichter
Celan: Kein Lied nach meinem mehr

Sergej Jessenin (1895–1925) sah sich wegen seiner bäuerlichen Herkunft als »Dorfpoeten«. Er beschäftigte sich in vielen Werken mit dem Leben auf dem Land und gilt als einer der volkstümlichsten Dichter Russlands. Das Gedicht »Я последний поэт деревни« ist mit dem Jahr 1920 datiert. Jessenin widmete dieses Gedicht dem Dichter Anatolij Marienhof, mit dem er sehr eng befreundet war.[26] In der Übersetzung Alfred Gongs fehlt der Hinweis auf diese Widmung. Dabei ist sie nicht uninteressant, hat doch in den 1920er Jahren die Veröffentlichung des Briefwechsels zwischen Jessenin und Marienhof in der Presse bei den Kritikern für Furore gesorgt. So gesehen ist diese Widmung eine Art Epatage. Das Gedicht ist imaginistisch verfasst.[27] Das Bild, die Metapher sind das Wesentliche im Gedicht von Jessenin, der die unbedingte Verbindung der Dichtung mit der natürlichen Bildlichkeit der russischen Sprache und die Nähe der Dichtung zur Folklore betonte. Seine Texte preisen die Schönheit, die Natur und die Farben des »Feldrußlands«[28]; seine Gedichte sind Hochwasser der Emotionen: durchdrungen mit Trauer, Schwermut und Sehnsucht nach der vergangenen[29] Heimat. Gerade diese Gefühle, das Thema der vergangenen/verlorenen Heimat, die Bildlichkeit der poetischen Sprache sowie die den Gedichten Jessenins immanente Kritik an der sowjetischen Wirklichkeit machten seine Werke für die bukowiner Dichter und einstigen Mitschüler Paul Celan und Alfred Gong so attraktiv.

Die Übersetzungen Jessenins von Alfred Gong liegen als handgeschriebenes Manuskript vor und gehören zum Nachlass, der sich in der Bibliothek der Universität Cincinnati befindet. Das Manuskript enthält 20 Übersetzungen und trägt den Titel *Die Hooligan-Gedichte des Sergej Jessenin*.[30] Die Übersetzungen sind von Juli bis Oktober 1943 datiert und wurden in Bukarest angefertigt. Dort lebte Alfred Gong nach der gelungenen Flucht aus dem Todeslager in der Ukraine in permanenter Angst, von den Nazis entdeckt zu werden, in einem Versteck. Wie Jerry Glenn betont, lässt sich aus der Biografie Gongs sein Interesse für Jessenin erklären: »Gong was himself ›entwurzelt‹ at the time he did the translations, and he had every reason to hate the Soviet Union, since he had been expelled from the university and his family deported soon after the Russian occupation of his native Bucovina in 1940; his father died soon thereafter in Siberia.«[31] Das Manuskript Gongs enthält eine längere Einführung zu den Übersetzungen, in der er auch über den Menschen und Dichter Jessenin nachdenkt.

Für das Interesse Paul Celans an der Lyrik Jessenins gibt es Belege aus dem Jahr 1941.[32] Eine intensive Übersetzertätigkeit begann, als Celan im April 1945 nach Bukarest übersiedelte, wo er ziemlich schnell die Anstellung als Lektor und Übersetzer aus dem Russischen ins Rumänische im neu gegründeten Verlag »Cartea Rusa« fand, dessen Aufgabe es war, dem rumänischen Publikum ältere und neue russische Literatur zugänglich zu machen.[33] Celans Übersetzungen Jessenins ins Deutsche erschienen in Buchform 1961[34], zum Teil in einer Produktion des Westdeutschen Rundfunks 1967 mit kleineren Abweichungen von ihm selbst gelesen.[35] Das Buch bietet mit seinen 31 Gedichten aus den Jahren 1910 bis 1925 eine repräsentative Auswahl aus dem Werk Jessenins. Celan verfasste zu seinen Übersetzungen weder ein Vorwort noch eine Einführung, so dass »we can only speculate – hesitantly and tentatively – that Celan persevered in his translation of Jessenin after his original reasons for being attracted to him had disappeared, because the relative simplicity of thought and language and the presence of rhyme and traditional form offered both an interesting challenge and a considerable amount of freedom to follow his own poetic inclinations while simultaneously reproducing faithfully at least the contents of the original.«[36]

Auf die Besonderheiten der lyrischen Form, der Metrik und des Reimes in Celans und Gongs Übersetzung ist bereits hingewiesen worden[37], so dass sich die folgenden Ausführungen auf die inhaltlich-semantische Ebene und ihre Analyse konzentrieren werden. Dafür ist auch eine ausführliche Beschäftigung mit dem Original erforderlich, dessen sinngemäße Wiedergabe unter der Berücksichtigung der sprachlich-kulturellen Konnotationen als Kriterium für die vergleichende Behandlung der Übersetzungen gelten soll.

S. Jessenin[38]

Мариенгофу

Я последний поэт деревни,
Скромен в песнях дощатый мост.
За прощальной стою обедней
Кадящих листвой берез.

Догорит золотистым пламенем
Из телесного воска свеча,
И луны часы деревянные
Прохрипят мой двенадцатый час.

На тропу голубого поля
Скоро выйдет железный гость.
Злак овсяный, зарею пролитый,
Соберет его черная горсть.

Не живые, чужие ладони,
Этим песням при вас не жить!
Только будут колосья-кони
О хозяине старом тужить.

Будет ветер сосать их ржанье,
Панихидный справляя пляс.
Скоро, скоро часы деревянные
Прохрипят мой двенадцатый час!

Wort-für-Wort-Übersetzung[39]

Für Marienhof

Ich der letzte Dichter des Dorfes,
Bescheiden in Liedern der Bretterbrücke.
Stehe in der Abschiedsliturgie
Des Weihrauch schwenkendes Birkenlaubes.

Abbrennen wird mit goldenem Flammen
Aus körpernem Wachs die Kerze,
Und des Mondes Holzuhr
Röcheln wird meine zwölfte Stunde.

Auf den Steg des blauen Feldes
Bald wird kommen der eiserne Gast.
Haferpflanzen, die Morgenröte tranken,
Wird seine schwarze Faust ernten.

Nicht lebendige, fremde Hände,
Diese Lieder werden bei euch nicht leben!
Nur die Ähren-Pferde werden
Den alten Bauern vermissen.

Der Wind wird saugen ihr Wiehern,
Den Totentanz zelebrierend.
Bald, bald die Holzuhr
Röcheln wird meine zwölfte Stunde!

Bukowiner Dichter als Übersetzer Jessenins   235

Übersetzung von Gong⁴⁰

Ich bin der letzte Dichter

Ich bin der letzte Dichter des Dorfes,
Die hölzerne Brücke knarrt in meinem Liede.
Ich s i n g e wie die Birke betend wankt,
Es rasselt ihr herbstliches Laub, so traurig, so müde

Die wachserne Fackel meines Körpers
Wird knisternd mit goldener Flamme die Seele umzüngeln,
Die gelbe, hölzerne Uhr des Mondes
Wird heiser meinen Abschied vom Leben klingeln.

Auf unendlichen blauen Feldern
Werden dampfend schreiten die eisernen Maschinen,
Ihre schwarzen Arme werden würgen
Löwenzahn, Himmelblau, summende Bienen

Dieses Lied kann mit euch nicht weiterleben,
Ihr fremden Arme, ihr leblosen Hände
Nur die goldnen Ähren und die müden Pferde
Werden nach mir trauern, bis an ihr Ende.

Das Eisen wird die Herden vertreiben,
Mähnen w e r d e n n i c h t im Winde s i n g e n
Bald wird die gelbe hölzerne Uhr des Mondes
Heiser von meinem Abschied vom Leben erklingen.

Übersetzung von Celan⁴¹

Kein Lied nach meinem mehr
Für Anatolij Marienhof

Kein Lied nach meinem mehr, vom Dorf zu singen,
die Bretterbrücke kann nicht mehr ins Lied
Ich seh die Birke Weihrauchkessel schwingen,
ich wohn ihr bei - der Abschiedsliturgie.

Aus meinem Leib gezogen ist die Kerze,
sie brennt herab, brennt golden und brennt stumm.
Von ihm, dem Mond, (der Uhr,)⁴² der Uhr dort, hölzern,
les ich es ab: Die Zeit, Sergej, - herum.

Übers blaue Feld kommt er gegangen,
kommt und kommt, der eiserne, der Gast
Rauft die Halme aus, die Abend(Morgen-)rote tranken,
und er ballt sie in der schwarzen Faust

Hände ihr, ihr fremden, seelenleeren,
was ich sing, wenn ihr es greift, ists hin.
Ach, um ihn, der einst der Herr hier war - die Ähren,
sie, die wiehern, trauern einst um ihn

Seelenmessen dann und danach Tänze,
nach dem Wiehern schwingen sie das Bein.
Jene Uhr dort, ja, die Uhr dort, hölzern,
sagts dir bald. Sergej, es ist so weit (vorbei).

Das Gedicht Jessenins[43] »Я последний поэт деревни« ist ein Epitaph für das traditionelle russische Dorf. Das lyrische Ich identifiziert sich mit diesem Dorf, das aber durch die Modernisierung zum Tode verurteilt ist. So durchdringt das Thema des sterbenden Dorfes den gesamten Text und überträgt sich auf den emotionalen Zustand des lyrischen Ich, das auch seinen eigenen Tod prophezeit. In der ersten Strophe verabschiedet sich das lyrische Ich vom alten vertrauten Dorf, konserviert seine Erinnerungen an dieses Dorfbild, solange sich das Neue, Moderne noch nicht behauptet hat. Im Original weisen auf diese Abschiedsstimmung die Wörter *последний* (letzter) und *прощальной* (Abschieds-) hin. Alfred Gong gibt diese Stimmung durch die getreue Übersetzung der ersten Zeile wieder: *Ich bin der letzte Dichter des Dorfes*, ersetzt aber *прощальной* durch die Schilderung des herbstlichen Laubes, was den Abschiedsschmerz des lyrischen Ich Jessenins milder darstellt. Celan übersetzt *последний* nicht explizit, er umschreibt die erste Zeile: *Kein Lied nach meinem mehr, vom Dorf zu singen*. Das Original lässt aber in der vierten Strophe die Möglichkeit zu, dass nicht diese (*Этим*[44] *песням при вас не жить!*), sondern andere Lieder gesungen werden. Es wird also nicht *kein Lied* geben, sondern *ein anderes*, modernes. Für die Wiedergabe der Abschiedsstimmung verwendet Celan das Wort Abschied im Kompositum *Abschiedsliturgie*, was sich als eine gelungene Lösung erweist, denn man sagt im Volksmund *обедня* für die Liturgie.

Die erste Strophe des Originals ist die einzige, die im Präsens geschrieben ist; in den vier folgenden Strophen haben die Verben die Zukunftsform. Diese Verwendung der Zeitformen vermittelt den Eindruck, dass das lyrische Ich nur in der Gegenwart präsent ist und keinen Platz für sich in der Zukunft sieht. So ist der Übergang von der Gegenwart zur Zukunftsform die Markierung für den selbstprophezeiten Tod des lyrischen Ich. Jessenin gelingt durch die Vielfalt der Zukunftsformen im Russischen[45] – das Futur der imperfektiven Verben *будут тужить* (werden trauern), *будет сосать* (werden saugen) – die Intensivierung der Zukunftsperspektive am Ende des Gedichts. Diese grammatikalische Besonderheit wird zu einem Stilmittel, das die Szenerie des Imaginisten Jessenin in Bewegung setzt. In der Übersetzung verwendet Paul Celan kontinuierlich in allen fünf Strophen die Präsensform. In Gongs Übersetzung ist die erste Strophe im Präsens verfasst, in den vier weiteren Strophen stehen die Verben im Futur. Die Zeilen

Догорит золотистым пламенем /
Из телесного воска свеча
(Abbrennen wird mit goldenem Flammen
Aus körpernem[46] Wachs die Kerze)
in der zweiten Strophe lauten in der Übersetzung:
Gong: *Die wächserne Fackel meines Körpers*

> *<u>Wird</u> knisternd mit goldener Flamme die Seele <u>umzüngeln</u>*
> Celan: *Aus meinem Leib gezogen ist die Kerze,*
> *sie <u>brennt herab</u>, <u>brennt</u> golden und <u>brennt</u> stumm.*

In Celans Übersetzung wird das Verb »brennt« dreimal wiederholt und dadurch der Jetzt-Zustand akzentuiert, im Original ist es aber die Zukunftsperspektive. Das metaphorische Bild der Kerze ist von Celan originalgetreu wiedergegeben, aber personifiziert durch »*Aus* meinem *Leib gezogen*«. Dies trifft auch auf Gongs Übersetzung zu. Es gilt für beide Übersetzer, dass die offene, abstrakte Metaphorik des russischen Textes durch das Possessivpronomen »mein« auf das lyrische Ich projiziert wird, was im Original nicht der Fall ist. Bei Jessenin besteht das Drama des lyrischen Ich eben darin, dass es *nicht* ist, sich in der kommenden Zeit *nicht* sehen, *nicht* vorstellen kann. Für die Übersetzer sind dagegen ihre eigene physische Existenz und ihre persönliche Identität bedroht. Die Zeilen

> *И луны часы <u>дерееянные</u>/*
> *<u>Прохрипят</u> мой деенадцатый час*
> Und des Mondes Holzuhr
> röcheln wird meine zwölfte Stunde

in der zweiten Strophe werden fast wortwörtlich in der fünften Strophe wiederholt. Diese Wiederholung ist als ein sicheres Wissen des lyrischen Ich über das eigene Schicksal in der ungewissen Zukunft zu deuten und kann als Stilmittel des Imaginisten Jessenin betrachtet werden.

> Gong: *Die gelbe, hölzerne Uhr des Mondes*
> *<u>Wird</u> heiser meinen Abschied vom Leben <u>klingeln</u>.*
> *Bald <u>wird</u> die gelbe hölzerne Uhr des Mondes*
> *Heiser von meinem Abschied vom Leben <u>erklingen</u>.*
> Celan: *Von ihm, dem Mond, der Uhr, der Uhr dort, hölzern,*
> *<u>les</u> ich es <u>ab</u>: Die Zeit, Sergej, – herum.*
> *Jene Uhr dort, ja, die Uhr dort, hölzern,*
> *<u>sagts</u> dir bald: Sergej, es ist so weit.*

Beiden Übersetzern gelingt es, die inhaltliche Bedeutung der Wiederholung wiederzugeben, aber die Wiederholung des Textbildes fällt im Deutschen dem Reim zum Opfer.

In der dritten Strophe verwendet Jessenin für die Beschreibung der künftigen Entwicklung auch die temporale Angabe *скоро* (bald):

> *На тропу голубого поля/*
> *Скоро выйдет железный гость.*
> Auf den Steg des blauen Feldes
> Bald wird kommen der eiserne Gast.

Abgesehen von der Zukunftsform beinhalten diese Zeilen noch zwei weitere Herausforderungen für den Übersetzer: zum einen die Rolle der temporalen Angabe im Hinblick auf das gesamte Gedicht, und zum anderen die Übersetzung der Metapher *железный гость* (der eiserne Gast).

> Gong: *Auf unendlichen blauen Feldern*
> *<u>Werden</u> dampfend <u>schreiten</u> die eisernen Maschinen,*
> Celan: *Übers blaue Feld <u>kommt er gegangen</u>,*
> *<u>kommt und kommt</u>, der eiserne, der Gast.*

Beide Übersetzer ignorieren die temporale Angabe *скоро* und übersehen somit, dass sie in der fünften Strophe doppelt wiederholt wird, wodurch im Original die dritte Strophe mit der fünften nicht nur korrespondiert, sondern Jessenin durch die Wiederholung *скоро, скоро* die künftige Entwicklung zoomt und das Tempo am Ende des Gedichts maximal steigert. Auf der Bedeutungsebene entsteht dadurch eine direkte Verbindung zwischen dem Neuen, Modernen (gleichzeitig aber dem Sterben des Dorfes) in der dritten Strophe und dem Tod des lyrischen Ich (in der fünften Strophe). Das Neue, Moderne schildert Jessenin apokalyptisch: *железный гость* (der eiserne Gast) mit »*schwarzen leblosen*« (Gong), »*seelenlosen*« (Celan) Händen. Es ist ein religiöses Bild, das die Verkörperung des Bösen, des Teufels symbolisiert. Die Symbolik zeigt sich auf der sprachbildlichen Ebene: die Gegenüberstellung von Holz (Bretterbrücke, Holzuhr, Birken) und Eisen deutet man als die Gegenüberstellung von Leben und Tod. Diese Bilder kollidieren auch auf der Farbebene: gelb, gold, blau stehen für das Leben, schwarz für das Sterben. Besondere Symbolik hat in Russland die Farbe Blau, die für den orthodoxen Glauben steht. So verdichtet Jessenin in dieser Farbkomposition die Verflechtung des Christlichen und des Bäuerlichen, was im Russischen dem Lautbild, aber auch der Bedeutung nach[47] sehr ähnlich ist. Es ist eine unlösbare Aufgabe, dieses Seh- und Hörerlebnis des Originals in anderer Sprache wiederzugeben.

Alfred Gong leistet sich besonders in der dritten Strophe einen freien Umgang mit dem Original. Zuerst entmystifiziert er den eisernen Gast durch »*die eisernen Maschinen*« und dann dichtet er die zweite und dritte Zeile um:

> Jessenin: *Злак оесяный, зарею пролитый,*
> *<u>Соберет</u> его черная горсть,*

> Haferpflanzen, die Morgenröte tranken,
> wird seine schwarze Faust ernten.
>
> Celan: *Rauft die Halme aus, die Abendröte tranken,*
> *und er ballt sie in der schwarzen Faust.*
>
> Gong: *Ihre schwarzen Arme werden würgen*
> *Löwenzahn, Himmelblau, summende Bienen.*

Wie kommt Alfred Gong wohl auf »*Löwenzahn, Himmelblau, summende Bienen*«? Diese Abweichung vom Original kann erklärt werden.

Gong übersetzt Jessenin 1943 in Bukarest, wohin er aus dem Todeslager in der Ukraine fliehen konnte. In einer fremden Stadt, im Versteck, erinnert er sich an das Vergangene und Vertraute, jetzt aber Ferne und Verlorene: an seine Heimat. »*Löwenzahn, Himmelblau, summende Bienen*« – das ist das Bild der Bukowina, seiner, nicht Jessenins Heimat. Alfred Gong denkt nicht über die Unterschiede der Landschaft und die Spezifik der Landwirtschaft nach, denn in den Ukrainischen Karpaten dominierten Anfang des 20. Jahrhunderts Viehzucht und Almwirtschaft. Besonders die Huzulen liebten ihre Berge und rührten sie mit dem Pflug nicht an. Jahrhundertelang waren sie die einzigen Träger der Idee des reinen Gebirgshirtentums ohne Ackerbau.[48]

Auch in der fünften Strophe findet man Indizien dafür, dass Alfred Gong die bukowiner Realien wiedergibt: »*Das Eisen wird die Herden vertreiben*«, wo es bei Jessenin heißt: »*Панихидный справляя пляс*« (Den Totentanz zelebrierend). Auf der Bedeutungsebene verdichtet Gong in seiner Übersetzung dieser Zeile die Waldrodungen in den Karpaten im Auftrag der österreichischen Katasterämter Anfang des 20. Jahrhunderts.[49] Gong denkt in ihm vertrauten Konnotationen und übersetzt in »seinen« Bildern: Für einen in der Bukowina Geborenen stehen Buchen und Löwenzahn für die Heimat, für einen Russen sind es die Birken und das Roggenfeld. Eine ähnliche Bildübersetzung »erlaubte« sich Alfred Gong schon in der ersten Strophe:

> Jessenin: *За прощальной стою обедней*
> *Кадящих листвой берез.*
> Ich stehe in der Abschiedsliturgie
> des Weihrauch schwenkendes Birkenlaubes
>
> Gong: *Ich singe wie die Birke betend wankt,*
> *Es rasselt ihr herbstliches Laub, so traurig, so müde.*

»*Wie die Birke betend wankt*« ist bei Gong das Bild des betenden orthodoxen Juden. Celan verwendet dagegen eher das Umfeld einer christlichen Tradition (Liturgie, Weihrauchkessel, Kerze, Seelenmesse).

Alfred Gong übersetzt 1943 spontan und unreflektiert; man kann vermuten, dass ihm im Bukarester Versteck keine Hilfsmittel wie Wörterbücher,

Lexika etc. zur Verfügung stehen. Dies zeigt sich auch in der Übersetzung des im Russischen auf einem Sprachspiel beruhenden Bildes »колосья-кони« in der vierten Strophe. Alfred Gong übersetzt wortwörtlich: »*Nur die goldnen Ähren und die müden Pferde*«. Dabei dichtet er die Adjektive »*goldnen*« und »*müden*«. Celans Übersetzung lautet: »*die Ähren, sie die wiehern*«. Das Celan'sche »wiehern« bezieht sich auf кони (Pferde) und heißt auf Russisch übersetzt ржать. Das Lautbild mancher Konjugationsformen des Verbs »wiehern« im Russischen stimmt mit dem Wort Roggen überein, dessen Ähren bei Jessenin gemeint sind. Im Original wird durch dieses Sprachspiel das symbiotische Verzahnen zwischen den Lebewesen und Nichtlebewesen angedeutet. Celans Übersetzung »*die Ähren, sie die wiehern*« impliziert, dass er die »Besonderheit« im russischen Text verstanden und sie im Deutschen wiederzugeben versucht hat.

Dies lässt sich auch in der fünften Strophe, besonders bei der Übersetzung der Zeile *Панихидный справляя пляс* (den Totentanz zelebrierend) beobachten und bestätigen. Bei Jessenin wird dieser Tanz vom Wind aufgeführt und symbolisiert den Sieg des Neuen, Modernen. Die Entstehung unseres modernen Bewusstseins in der ersten Hälfte des Jahrhunderts wird als Totentanz beschrieben: »Eines der treffendsten Symbole für unser paradoxes Jahrhundert (…) ist der Totentanz mit all seiner orgiastisch-nihilistischen Ironie.«[50] Eksteins sieht das Zeichen für den Beginn dieses Totentanzes in der Premiere von Igor Strawinskys Ballett *Le Sacre du printemps* am 29. Mai 1913.[51] Im russischen Original führt der Autor, der das Neue und Moderne verwirft, das moderne Verständnis vom Totentanz ad absurdum, um eben die Dominanz des Modernen und den persönlichen Niedergang des lyrischen Ich zu zeigen. Vielleicht wurde Jessenin von seiner Ehefrau (1922–1923) Isadora Duncan, die in Paris tätig war und als die Wegbereiterin des modernen sinfonischen Ausdruckstanzes gilt, für das moderne symbolische Verständnis des Totentanzes inspiriert. In Celans Übersetzung lautet diese Zeile »*Seelenmessen dann und danach Tänze*« und bezieht sich eher auf das traditionell-religiöse Verständnis des Totentanzes in der russischen Kultur.

Es kann auf den ersten Blick verwundern, wie Alfred Gong diese Zeile übersetzt: »*Das Eisen wird die Herden vertreiben.*« Auf der Übersetzungsebene fällt auf, dass er den Totentanz durch die eisernen Maschinen ersetzt. Auf der Textebene entsteht in seiner Übersetzung ein Dialog zwischen der dritten Strophe (*eiserne Maschinen*) und der fünften (*das Eisen*). Vielmehr: Eine solche Korrespondenz ist auch zwischen der ersten Strophe (*ich singe*) und der fünften (*werden nicht […] singen*) gegeben, wodurch ihm die Erzeugung der Todesdynamik ähnlich wie im Original gelingt. Die Textgestaltung in Gongs Übersetzung lässt vermuten, dass er sich bewusst dafür entschieden hat, die Bedeutung der russischen Aussage zu entschlüsseln. Aber warum diese konkrete Wiedergabe des Inhalts, warum keine Übernahme der Metapher Totentanz? Eine der möglichen Antworten ist sein eigenes Gedicht *Totentanz*[52]:

> Trauerweid am Flussesstrand,
> Singend zieht der Tod durchs Land,
> Totes Täubchen in der Hand.
>
> Welkt die Blume unter ihm,
> Stirbt die bleiche Wöchnerin,
> Fällt der alte Bettler hin.
>
> Geigen sterben in der Stadt,
> Helden sterben auf dem Rand,
> Tod übt heute große Mahd.
>
> Pestilenz regiert im Land,
> Manchen stellt man an die Wand
> Und verscharrt ihn dann im Sand.
>
> Erde wird zum Leichenfeld,
> Großer Krieg zieht durch die Welt,
> Sieger, Antichrist und Geld.
>
> Rote Fackel in der Hand,
> Zieht durch Gass und Goss die Schand,
> Laster schäumt über den Rand.
>
> Tanzt die Braut auf grüner Au,
> Wüstling Tod nimmt sie zur Frau,
> Ihre Leiche wäscht der Tau.
>
> Schellennarr hängt an dem Seil,
> Königskopf fällt unterm Beil,
> Bettelmönch verkündt das Heil.
>
> Doch der Tod lacht, singt und springt,
> Humpelt, purzelt, winkt und hinkt
> Bis die ganze Welt versinkt.

Dieses Gedicht ist mit dem 20. Oktober 1941 datiert und kann im Kontext der zwei weiteren Gedichte – *Tanz*[53] (9. November 1941) und *Tod*[54]

(26. Oktober 1941) – betrachtet werden, die sowohl zeitnah entstanden, als auch thematisch sehr verwandt sind. Sie handeln vom Tod und Sterben; nicht symbolisch, nicht religiös-traditionell, nicht modernistisch, sondern *konkret,* wie es sich für den Kriegsalltag, dessen Augenzeuge Alfred Gong war, gehört und sich in vielen seiner Gedichte widerspiegelt. Vielleicht übersetzt er deshalb 1943 das Gedicht Jessenins aus eigener Perspektive mit den Worten: »*Das Eisen wird die Herden vertreiben*«.

Eine etwas genauere Beschäftigung mit der Eigenproduktion Alfred Gongs wird mit einer interessanten Entdeckung im Hinblick auf seine Übersetzertätigkeit belohnt. Gemeint ist sein Gedicht *Das letzte Lied*[55]:

Ich bin der letzte Dichter.
Wenn ich sterbe, wer nach mir wird die Sehnsucht besingen?
Durch Welt geht Feuer, Ringen, Klang von Klingen,
Die Bücher gehen in schwarzem Rauch zum Himmel auf.
Die Zeit wird reif
Wie eine wurmstichige Frucht,
Wie eine Eiterbeule vor dem Platzen:
Weg mit dem Lied, weg mit dem Bild!
Weg mit den Masken, weg die Fratzen!

Noch einmal nur, noch ein kleiner Weil'
Laßt Himmel blau sein!
Und träumen blonde Fraun bei goldumsäumten Versen,
Und Freunde singen, schön, beim roten Weine,
Die Katze spieln mit Faltern in der Sonne,
Laßt nur noch einen einzigen Stern fallen,
Noch einmal lasst ein Liebeslied im Walde widerhallen
Bevor ihr mich, den letzten Dichter, steinigt.

Dann komme eure Welt:
Wühlt auf die Erde, Öl vergas die Wiesen,
Heulen lasst Sirenen in den Ohren,
Schlaget mit den Schloten ein die Himmelstore,
Redet nur in Zahlen. Schreibt in Diagrammen,
Färbet grau den Himmel und beherrscht die Sonne.

Denn ich muß sterben. Und mit mir die Lieder
Die Glück nur wenigen brachten.
Von Euch aber künde man:
Beneidet die Erlöser!
Benedeit, die Millionen glücklich machten!

Die Hauptmotive – der letzte Dichter, die Lieder, die vom Sterben bedrohte Umgebung – erinnern sehr stark an das Gedicht Jessenins. Sowohl die Thematik als auch die Motive wären Indizien genug für die Fort- oder Umschreibungen des übersetzten Textes. Dieses Gedicht ist mit dem 27. November 1942[56] datiert und somit mindestens ein dreiviertel Jahr vor der Übersetzung von Jessenins Text entstanden. Natürlich könnte es sein, dass Gong das russische Gedicht bereits 1942 kannte und sich von Jessenins Motiven inspirieren ließ. Man kann aber auch annehmen, dass Alfred Gong die Texte, die er übersetzte, sehr bewusst und selektiv aussuchte.

Die Aussagen über die Einflüsse und Zusammenhänge zwischen den übersetzten Texten und den eigenen Werken bei Alfred Gong müssen auf sich warten lassen: Erst eine gründliche Analyse der Übersetzungen (vor allem der Gedichte Jessenins, die sowohl in seiner als auch in Celans Übersetzung vorliegen) und ihr Vergleich mit den Themen und Motiven in der frühen Lyrik ließen die Vernetzungen zwischen den Übersetzungen und der Eigenproduktion bei Alfred Gong verifizieren.

Die durchgeführte Analyse erlaubt den Vergleich der Übersetzungen auf drei Ebenen: der Metaphorik, des Zeitaspekts und der Identifizierung bzw. der Präsenz des Übersetzers im übersetzten Text. Verglichen mit Gongs freierer Übersetzung des Gedichts kann man behaupten, dass Paul Celan sehr nahe an der russischen Sprache übersetzt hat. Wie Axel Gelhaus bemerkt, »lässt sich bereits an der Auswahl der von Jessenin übersetzten Gedichte zeigen«[57], dass Celan in der Hinwendung zu Russischem, eine Art virtuelle »Heimkehr« versucht. Die Zeit und die Umgebung, vielleicht auch die Modalitäten, die Intention und Funktion der Übersetzungen waren bei den bukowiner Dichtern unterschiedlich.

Im russischen Text ist das lyrische Ich offen für die Identifikation mit der Person des Autors (Jessenin), wobei sich aus dem Kontext auch der Bezug auf den alten Bauer ergeben kann (vierte Strophe). Celans Übersetzung beginnt nicht mit dem lyrischem Ich als Auftakt, sondern identifiziert das lyrische Ich mit der Person des Dichters Jessenin durch die Angabe des Vornamens »Sergej« (zweite und vierte Strophe). Es ist eine eindimensionale Identifizierung, denn weder der Übersetzer noch der Leser sehen sich im lyrischen Ich. Es geht um das Ende von Sergej; dies wird besonders in der auf dem Tonträger von Celan selbst vorgetragenen Fassung deutlich, wo er »so weit« in der Schriftform durch »vorbei« ersetzt. Obwohl im Original das Possessivpronomen fehlt, identifizieren beide Übersetzer das Symbol der brennenden Kerze mit dem Körper des lyrischen Ich: »Die wächserne Fackel *meines* Körpers« (Gong), »Aus *meinem* Leib gezogen ist die Kerze« (Celan). In der Übersetzung Gongs ist das lyrische Ich allerdings nicht wie bei Celan mit Sergej identifiziert, sondern offener mit der Möglichkeit des persönlichen Bezuges: In der vierten Strophe geht es auch nicht um den alten Bauern, wie bei Jessenin, sondern um das lyrische Ich: »Werden nach *mir* trauern«. Da die Übersetzung die oben beschriebenen bukowiner Realien enthält, kann man vermuten, dass Alfred Gong *sich* mit dem lyrischen Ich identifiziert und sich als der »letzte Dichter« versteht. Auch für den Leser wird die Identifizierung mit dem lyrischen Ich möglich.

Die Verwendung der Tempusform – Präsens bei Celan, Futur bei Gong – ist im Zusammenhang mit der Identifizierung zu sehen. Da Celan das lyrische Ich mit der Person Jessenins identifiziert, erübrigt sich die Zukunftsperspektive, insbesondere wenn Celan in den 1960er Jahren übersetzt. Eine kleine Zukunftsperspektive wird aber auch bei Celan gegeben, und zwar in der Form der Trauer: »Ach, um ihn, der einst der Herr hier war –: die Ähren,/sie, die wiehern, trauern einst um ihn«. Durch die temporale Angabe »einst« wird die Zeit differenziert und die Trauer erstreckt sich auf die Zukunft. Betrachtet man dies im religiösen Kontext, kann man einen Hinweis auf die christliche Tradition vermuten, in der die Trauer um den Toten nicht mit dem Tod endet. Auf die christliche Vorstellung verweisen auch die »Abschiedsliturgie« und die »Seelenmessen«.

Alfred Gong erkennt im lyrischen Ich das eigene Ich und identifiziert sich damit. Diese Identifizierung erstreckt sich auch auf die Beschreibung der Bedrohung, die mit der Situation Alfred Gongs in Bukarest, mit seinem Kampf ums Überleben mitten im Krieg vergleichbar ist. Wo in seiner Übersetzung kontinuierlich die Futurform verwendet wird, negiert Gong die Trauer in der Zukunft: »die müden Pferde/Werden nach mir trauern, bis an ihr Ende.« Bei Gong wird nicht nur das lyrische Ich sterben, sondern auch die Natur, das Ende der Trauernden ist vorgegeben: »Das Eisen wird die Herden vertreiben«. Im religiösen Kontext gesehen, bedeutet dies, dass das Ende der Trauer mit dem Ende der Trauernden eintritt, was eher einer jüdischen Vorstellung entsprechen mag.

Paul Celan versucht sich in den Autor des Originals zu versetzen und gibt das letzte Lied, den Untergang Sergej Jessenins und des russischen Dorfes wieder; für Alfred Gong ist dagegen das russische Gedicht das Material zur Beschreibung des Untergangs seiner bukowiner Identität. Zugespitzt könnte man formulieren: Die Arbeit an dieser Übersetzung hat bei Alfred Gong die Erinnerung an die Heimat geweckt, für Celan aber war sie die Heimat der Erinnerung.

---

1 Alfred Gong: *Manifest Alpha*. Aachen 2001, S. 12. — **2** Axel Gelhaus: »*Fremde Nähe*« – *Celan als Übersetzer*. Marbach am Neckar 1997. — **3** Joachim Herrmann erwähnt »je 20 Nachdichtungen aus dem Russischen und Rumänischen«, die sich im Nachlass Alfred Gongs befinden. Vgl. Joachim Herrmann: »Nachwort«. In: Alfred Gong: *Israels letzter Psalm*.

Aachen 1995, S. 81–90, hier S. 88. Zu den Übersetzungen aus dem Englischen und Rumänischen vgl. ders., »Zum deutsch-amerikanischen Dichter Alfred Gong. Eine biographische und bibliographische Einführung«. In: *Yearbook of German-American Studies* Jg. 21 (1986), S. 201–212, hier S. 207. Als Beispiel der Übersetzung aus dem Portugiesischen vgl. die Übersetzung des Gedichts »Mozart im Himmel« von Manuel Bandeira in: Alfred Gong: *Israels letzter Psalm*. Aachen 1995, S. 70. — **4** 1970 wurde er mit dem Lyrikpreis des rumänischen Schriftstellerverbandes und dem Orden I. Klasse für kulturelle Verdienste ausgezeichnet. Vgl. Edith Silbermann: »Kittner, Alfred«. In: Andreas B. Kilcher (Hg.): *Metzler Lexikon der deutsch-jüdischen Literatur. Jüdische Autorinnen und Autoren deutscher Sprache von der Aufklärung bis zur Gegenwart*, Stuttgart – Weimar 2000, S. 314–316, hier S. 316. — **5** Edith Silbermann: *Rose Ausländer. Die Sappho der östlichen Landschaft*. Aachen 2003, S. 26. Vgl. auch: Helmut Braun: »*Ich bin fünftausend Jahre jung«. Rose Ausländer. Zu ihrer Biographie*. Stuttgart 1999, S. 71–72. — **6** Zu Übersetzungen aus dem Rumänischen vgl. die Aussage Alfred Kittners über die »meisterhaften Übertragungen« in: Peter Motzan: »Der Lyriker Alfred Margul-Sperber. Ein Forschungsbericht nebst einer kurzen Nachrede«. In: Andrei Corbea / Michael Astner (Hg.): *Kulturlandschaft Bukowina. Studien zur deutschsprachigen Literatur des Buchenlandes nach 1918*. Iași 1990, S. 88–101, hier S. 94. Zu Übersetzungen der rumänischen Autoren ins Englische und aus dem Französischen ins Deutsche vgl. Peter Motzan: »Nachwort«. In: Alfred Margul-Sperber: *Ins Leere gesprochen*. Aachen 2002, S. 176–221, hier S. 188–189. Zu Übertragungen aus dem Jiddischen gehören z. B. die Werke von Itzik Manger. Vgl. Alfred Kittner: »Spätentdeckung einer Literaturlandschaft. Die deutsche Literatur der Bukowina«. In: Wilhelm Solms (Hg.): *Nachruf auf die rumänische Literatur*. Marburg 1990, S. 181–202, hier S. 201. — **7** Armin A. Wallas: »Else Keren – eine israelische Lyrikerin aus Czernowitz«. In: Else Keren: *Im Sand deiner Gedanken*. Klagenfurt 1997, S. 8–17, hier S. 10. — **8** In Rumänien wurde er als Übersetzer von Goethe, Grillparzer, Stifter, Feuchtwanger bekannt. Aus dem Rumänischen ins Deutsche übersetzte er u.a. T. Arghezi und V. Alescandri. Vgl. Peter Goßens: »Weißglas, Immanuel James (Ion Jordan)«. In: Kilcher (Hg.): *Metzler Lexikon der deutsch-jüdischen Literatur* (s. Anm. 4), S. 609–611, hier S. 610. Auch: Theo Buck: »Eine leise Stimme. Zu Leben und Werk von Immanuel Weißglas«. In: Immanuel Weißglas: *Aschenzeit*. Aachen 1994, S. 128–153, hier S. 130 und S. 134–135. — **9** Klara Blum hat aus dem Jiddischen (Samuel Halkin), Lachischen, Russischen (Alexander Puschkin, Konstantin Simonov), Ukrainischen (Taras Schewtschenko, Maksim Rylski), Chinesischen (Li Dji), Litauischen, Georgischen, Ungarischen, Englischen und Französischen übersetzt. Vgl. Zhidong Yang: *Klara Blum – Zhu Bailan (1904–1971). Leben und Werk einer österreichisch-chinesischen Schriftstellerin*. Frankfurt/M. 1996, S. 145–158. — **10** Alfred Gong hat für eine Übersetzungsanthologie moderner österreichischer Literatur eigene Gedichte ins Amerikanische übertragen. Vgl. Herrmann: »Zum deutsch-amerikanischen Dichter Alfred Gong. Eine biographische und bibliographische Einführung« (s. Anm. 3), S. 201–212, hier S. 207. — **11** Gong: *Manifest Alpha* (s. Anm. 1), S. 23 f. — **12** Die der folgenden Biografie zugrunde liegenden Informationen basieren, sofern nicht gesondert vermerkt, auf folgenden Veröffentlichungen: Joachim Herrmann: »Leben und Werk von Alfred Gong«. In: Dietmar Goltschnigg / Anton Schwob (Hg.): *Die Bukowina: Studien zu einer versunkenen Landschaft*. Tübingen 1990, S. 385–394; Joachim Herrmann: »Nachwort«. In: Gong: *Israels letzter Psalm* (s. Anm. 3), S. 81–90. — **13** Gert Niers gibt »Arthur« als ursprünglichen Vornamen von Alfred Gong an. Vgl. Gert Niers: »Aus dem Frühwerk Alfred Gongs«. In: *Aufbau* (NY) Jg. 54 (1987) Nr. 25, S. 9. — **14** Gong: *Manifest Alpha* (s. Anm. 1), S. 9. — **15** Vgl. z. B. Gedichte »Beim Kochen der Mamaliga«. In: Gong: *Manifest Alpha* (s. Anm. 1), S. 10; »Bukowina«. In: Alfred Gong: *Gnadenfrist*. Baden bei Wien 1980, S. 12; »Anna«, ebd., S. 15. — **16** Gong: *Gnadenfrist* (s. Anm. 16), S. 22. — **17** Gong: *Manifest Alpha* (s. Anm. 1), S. 15–16, hier S. 16. — **18** Vgl. das Gedicht »Mein Vater«: »Als »Ausbeuter« von den Sowjets im Viehwaggon / verladen, vier Wochen durch den Orlogsommer '41 / ost-nordwärts verschoben, fällte er einen Urwald, / der Hüne, schrieb Briefe, die keinen erreichten, / verlor seine Brille im Eiswind und starb / am Nervenfieber, wimmernd im tauben Schnee / von Novosibirsk: »Gott erhalte – halte – halt!« In: Gong: *Gnadenfrist* (s. Anm. 15), S. 21. — **19** Vgl. auch: Joseph P.

Strelka: »Zum Werk eines vor dem Exil völlig unbekannten Autors: Alfred Gong«. In: Ders.: *Exilliteratur. Grundprobleme der Theorie, Aspekte der Geschichte und Kritik.* Bern u. a. 1983, S. 203–217, hier S. 206. — **20** Gong: *Gnadenfrist* (s. Anm. 15), S. 28. — **21** Ebd., S. 29. — **22** Einige sind vor kurzem erschienen: Bärbel Such: *Vier dramatische Werke aus dem Nachlass Alfred Gongs: Text und Kommentar.* Cincinnati 2002; Bärbel Such: *Die Stunde Omega/Um den Essigkrug. Zwei dramatische Werke aus dem Nachlass Alfred Gongs.* Oxford u. a. 2007. — **23** Joseph P. Strelka: »Zum Werk eines vor dem Exil völlig unbekannten Autors: Alfred Gong« (s. Anm. 19), S. 203. — **24** Joseph P. Strelka: »Alfred Gong«. In: John M. Spalek / Joseph P. Strelka (Hg.): *Deutschsprachige Exilliteratur.* Bern u. a. 1989, S. 260–269, hier S. 265. — **25** Ausführlich zu Paul Celan vgl. u. a. Israel Chalfen: *Paul Celan. Eine Biographie seiner Jugend.* Frankfurt/M. 1979. — **26** Marienhof widmete Jessenin seinerseits das Gedicht »На каторгу пусть приведет нас дружба« (Na katorgu pust privedjot nas drushba), datiert mit März 1920. Es ist anzunehmen, dass diese zwei Gedichte im Zusammenhang stehen. — **27** Imaginisten (v. lat. imago = Bild), Moskauer Bohème-Dichterkreis zwischen 1919 und 1927 in der Nachfolge des Futurismus betonte das Primat von Bild und Sprache als wesentliche Elemente poetischer Aussage und als ästhetischen Selbstzweck. Einer der Hauptvertreter war S. A. Jessenin. Vgl. Gero von Wilpert: *Sachwörterbuch der Literatur.* Stuttgart 2001, S. 368. — **28** »полевй России« (»polevoj Rossii«). — **29** Gemeint sind die Verhältnisse in Russland vor der Revolution 1917. — **30** Vgl. Jerry Glenn / Edmund Remys: »Sergej Esenin in German: The Translations of Paul Celan and Alfred Gong«. In: *Germano-Slavica,* Volume V (1985) Nr. 1/2, S. 5–22, hier S. 8 f. Diesem Artikel ist auch der Text der hier analysierten Übersetzung Alfred Gongs »Ich bin der letzte Dichter« entnommen. — **31** Ebd., S. 9. — **32** Chalfen: *Paul Celan. Eine Biographie seiner Jugend.* (s. Anm. 25), S. 96. — **33** Vgl. Wolfgang Emmerich: *Paul Celan.* Reinbek bei Hamburg 1999, S. 58. — **34** Sergej Jessenin: *Gedichte.* Frankfurt/M. 1961. — **35** *Paul Celan liest Gedichte von Sergej Jessenin und Osip Mandelstam.* WDR Köln 1967. — **36** Glenn / Remys: »Sergej Esenin in German: The Translations of Paul Celan and Alfred Gong«. (s. Anm. 30), S. 8. — **37** Ebd., S. 11–13. — **38** Сергей Есенин: *Собрание сочинений.* Том второй. Москва 1961, с. 97–98. (Sergej Jessenin: *Sobranije sotschinenij.* Tom vtoroj. Moskwa 1961, S. 97–98). — **39** Übersetzung der Autorin. — **40** Glenn / Remys: »Sergej Esenin in German: The Translations of Paul Celan and Alfred Gong« (s. Anm. 30), S. 13. — **41** Paul Celan: *Übertragungen aus dem Russischen.* Frankfurt/M. 1986, S. 124. — **42** *Paul Celan liest Gedichte von Sergej Jessenin und Osip Mandelstam.* WDR Köln 1967. In Klammern sind die Abweichungen des vorgetragenen Textes von der schriftlichen Fassung gekennzeichnet. — **43** In Bezug auf die Herkunft Alfred Gongs und Paul Celans aus Chernowitz ist erwähnenswert, dass Jessenin im Juni 1916 während seines Militärdienstes (er war als Sanitäter für den Zug-Hospital N 143 zugeteilt) an der Station Nowoselizy, in der Nähe von Czernowitz stationiert war. — **44** Hervorhebung der Autorin. — **45** Das Futur der imperfektiven Verben besteht aus быть im Futur + Infinitiv. Bei den perfektiven Verben wird das Futur durch die Präsensform ausgedrückt. Die Aspekte des Verbs in dieser Form sind typisch für slawische Sprachen, aber unbekannt im Deutschen. Ein großer Teil der Verben verfügt sowohl über perfektive als auch über imperfektive Formen. — **46** Die Wortschöpfung »körpern« versucht wiederzugeben, was die adjektivische Verbindung im Russischen dichtet. — **47** *Толковый словарь живого великорусскаго языка Владимира Даля.* Томь второй. С.-Петербургъ – Москва 1905, с. 491–493. (*Tolkowyj slowar' shivogo velikorusskago jasyka Vladymira Dalja.* Tom' vtoroj. S.-Peterburg' – Moskwa 1905, S. 491–493). — **48** Vgl. Ivan Senkiv: *Die Hirtenkultur der Huzulen. Eine volkskundliche Studie.* Marburg/Lahn 1981, S. 1–3. — **49** Ebd., S. 18–19, 23. — **50** Modris Eksteins: *[The rites of spring] Tanz über Gräben : die Geburt der Moderne und der Erste Weltkrieg.* Reinbek bei Hamburg 1990, S. 12 f. — **51** Für Strawinsky sind »Geburt und Tod, Eros und Thanatos«, wie es sie in dem »Todestanz« seines Balletts darstellt, »die jenseits aller kulturellen Schranken stehenden fundamentalen Erfahrungen jeglicher Existenz«. Vgl. Eksteins: *Tanz über Gräben* (s. Anm. 50), S. 70. — **52** Alfred Gong: *Early Poems. A Selection from the Years 1941–1945.* Columbia 1987, S. 68. — **53** Ebd., S. 37. — **54** Ebd., S. 38. — **55** Ebd., S. 55. — **56** Ebd., S. 138. — **57** Gelhaus: »*Fremde Nähe« – Celan als Übersetzer* (s. Anm. 2), S. 288.

Rezensionen

Gisela Holfter (Hg.): *German-Speaking Exiles in Ireland 1933–1945*. (= German Monitor. Hg. von Ian Wallace. Bd. 63). Amsterdam – New York (Rodopi) 2006. 300 S.

Irland, traditionell eine Insel, der Emigranten und Exilanten im Lauf der Jahrhunderte gleichermaßen den Rücken kehrten, ist in der vergangenen Dekade aufgrund des als »Keltischer Tiger« gefeierten Wirtschaftswunders zum Nettoeinwanderungsland geworden. Erst in letzter Zeit wendet sich die irische Geschichtswissenschaft *politisch* motivierter Immigration vor, während und nach dem Zweiten Weltkrieg zu: einem doppelten Phänomen, weil Irland – das erst unlängst seine Unabhängigkeit von Großbritannien erlangt hatte, während der Kriegsjahre Autarkie anstrebte und Neutralität wahrte – sowohl Opfern wie Tätern Aufnahme bot. Zwischen 100 und 200 Nazis und Kollaborateuren, darunter in- und ausländische Angehörige der SS und Waffen-SS wie Otto Skorzeny, Albert Folens, Andrija Artukovic oder Staf van Velthoven, die aktiven Anteil am Völker- und Massenmord oder an der Ermordung von Widerständlern hatten, wurde großzügig Asyl gewährt.

Der vorliegende durchweg englischsprachige Sammelband, verdienstvoll nach Breite wie Tiefe der insgesamt 15 Beiträge, widmet sich dem versprengten Häuflein deutscher und österreichischer Flüchtlinge, denen trotz zahlreicher Behinderungen und Beschränkungen die Einreise nach Irland gelang. Angesichts der geringen Zahl von deutschsprachigen Ausländern – meist ist die Rede von etwas mehr als 300 registrierten »*aliens*«, nur etwa die Hälfte davon rassisch oder politisch Verfolgte – möchte man meinen, dass der Forschungsgegenstand zu begrenzt sei für eine detaillierte wissenschaftliche Analyse. Da Irland trotz einiger Vorarbeiten bislang jedoch eine *terra incognita* der Exilforschung darstellt, lohnt sich die Beschäftigung mit diesen wenigen »Glücklichen«, die »eine bleibende Statt« (John Hennig, 89) fanden, durchaus; nicht nur, weil mehrere von ihnen eine herausragende Rolle im geistigen und wirtschaftlichen Leben des Gastlandes spielten (etwa die Wissenschaftler Erwin Schrödinger, Ludwig Bieler, Leo Pollack und Ernst Lewy), sondern auch, weil die vielen Steine, die den Exilanten von Regierung, Parlament (Aliens Act 1935), Ministerialbürokratie (Quotenregelung) und dem Irish Co-ordinating Committee for the Relief of Christian [sic!] Refugees from Central Europe (1938–1947) in den Weg gelegt wurden, symptomatisch sind für die massiven Probleme, mit denen Flüchtlinge, die in Lebensgefahr schwebten, allenthalben zu kämpfen hatten.

In verschiedenen Beiträgen wird nachgewiesen, dass es jüdische Antragsteller (von Siobhán O'Connor unverzeihlicherweise »non-Aryans« genannt, 95 f.) aufgrund des in Teilen des Verwaltungsapparates herrschenden Antisemitismus besonders schwer hatten, sei es, dass Beamte oder Diplomaten wie der notorisch germanophile irische Botschafter in Berlin, Charles Bewley, selbst Antisemiten waren (»Jewish emigrants [...] are a source of corruption«, 76), sei es, dass sie befürchteten, die in der katholischen Gesellschaft virulente Xenophobie könne zu Unruhen führen (»As Jews do not become assimilated [...] any big increase in their numbers might create a social problem«, 102). Folge davon war, dass »Christen mit jüdischem Blut« (54) bevorzugt wurden. Ein erschütterndes Fallbeispiel ist der Dachauer KZ-Häftling Martin Gotha, der sich, um ein Visum zu erhalten, verpflichten musste, zum Katholizismus zu konvertieren.

Die im Überblicksartikel von Wolfgang Benz, »Exile Studies: Development and Trends«, erläuterten Verlaufsphasen der Exilforschung haben die dreiteilige Anlage des Bandes deutlich beeinflusst. Statt sich nur auf individuelle biografische Porträts prominenter Gelehrter wie Robert Weil, Ernst Scheyer, Ludwig Bieler oder Hans Sachs zu konzentrieren, stehen an erster Stelle sozialhistorische Aufsätze zur Flüchtlingspolitik (sehr differenziert der Beitrag von Dermot Keogh), zu Mentalitätsproblemen und zu Fragen der Identität und

Grenzüberschreitung. Abgerundet wird der Band mit einer Dokumentation von Einzelschicksalen. Alles in allem ein wichtiger Länderbeitrag zur Geschichte des Exils, der in seinem Bereich Pionierarbeit leistet und in den kommenden Jahren durch Migrationsstudien und Oral History-Projekte ergänzt werden dürfte.

Hans-Christian Oeser

Carsten Jakobi: *Der kleine Sieg über den Antisemitismus. Darstellung und Deutung der nationalsozialistischen Judenverfolgung im deutschsprachigen Zeitstück des Exils 1933–1945.* (= Studien und Texte zur Sozialgeschichte der Literatur 106). Tübingen (Max Niemeyer) 2005. 283 S.

Spürbar wird der Erforschung der deutschsprachigen Exilliteratur seit 1933 nicht mehr jene Aufmerksamkeit zuteil wie noch in den 1990er Jahren – zu Recht, da so manche/r den Gegenstand bloß als humanitär-politisches Kapital in die Positionierung im wissenschaftlich-kulturellen Feld investierte und sich nun flugs Neuerem zuwendet; zu Unrecht aber angesichts dessen, was Exilliteraturforschung abseits der »Theoriekarawanen« (Klaus Zeyringer) nach wie vor hervorzubringen vermag. Zu Letzterem zählt gewiss die von Carsten Jakobi vorgelegte Studie.

Neues bietet diese in dreierlei Hinsicht: das der Korpusbildung, der Definition der Gattung »Zeitstück« sowie der gedanklichen Durchdringung eines Phänomens, das methodisch wie moralisch von vielerlei Fußangeln umgeben ist. Um mit dem Dritten zu beginnen: Der analytische Blick zurück auf Verfolgte, die in unmittelbarer zeitlicher Nähe aus einer als gefährdet empfundenen lokalen Distanz die ihnen und ihren Familien und Freunden zugefügten Traumata in dramatische Formen gießen, nötigt zu profunder Quellenkritik als einer Form paradoxer teilnehmender Distanznahme. Oft genug gleitet diese in der Emigrationsforschung in eine ästhetische Entschuldigung oder in politische Besserwisserei ab: Entschuldigung dafür, dass es sich bei der Exilliteratur um ästhetisch kaum originelle oder innovative Literatur handle, und Besserwisserei durch den impliziten Vorwurf, die AutorInnen hätten infolge Informationsmangels die politische Lage falsch eingeschätzt und dementsprechend verharmlosend dargestellt. Carsten Jakobi geht es statt dessen »um den historischen Diskurs des Antirassismus in der Zeit seiner tiefsten Ohnmacht sowie um die literaturwissenschaftliche Formanalyse und die literarhistorische Situierung eines nach Gattungs- und Stoffgesichtspunkten definierten Textkorpus« (10). Diskursanalyse versteht der Verfasser als die systematische Erarbeitung des »Zusammenhang(s) von Wirklichkeitszitaten, politischer Stellungnahme und ästhetischer Faktur« (6), mithin als Rekonstruktion von Wissens-, Argumentations- und Wertehorizonten. Dementsprechend kommt Jakobi sprachlich-terminologisch ohne Jargon aus – im Zusammenwirken mit einer Analysepraxis, die immer nahe am Text bleibt und sich intensiv um intersubjektive Nachvollziehbarkeit auf der Basis logischen Argumentierens bemüht (eine mittlerweile, so scheint es, auch ins Hintertreffen geratende Kategorie), eine Wohltat.

Bereichernd ist Jakobis definitorische Bestimmung der Gattung »Zeitstück« als »Drama der ästhetisch fingierten Authentizität« (Kap. 3), zumal die Darstellung gattungstypischer Kategorien in die Entwicklung »dreier Grundmodelle« hinübergeführt wird, die »den Leitfaden der Analyse« bilden. Es sind dies 1. »die Darstellung eines vom NS-Antisemitismus bedrohten Liebes- oder Ehepaares«, 2. »die dramatische Exponierung eines an den Verhältnissen scheiternden jüdischen Ausnahmecharakters« sowie 3. »in einem singulären Beispiel die Vergegenwärtigung der Juden als hilflose Opfer« (100).

Das nun Stück für Stück interpretierte Textkorpus umfasst Bekanntes und Unbekanntes und darunter auch Ungedrucktes: Rudolf Frank, *Kraft durch Feuer*; Hans Schubert/ Mark Siegelberg, *Die Masken fallen*; Bernhard Blume, *Abschied von Wien*; Ferdinand Bruckner, *Die Rassen*; Paul Zech, *Nur ein Judenweib*; Bertolt Brecht, *Die jüdische Frau* (aus: *Furcht und Elend des III. Reiches*); Gustav von Wangenheim, *Die Friedensstörer*; Walter Hasenclever, *Konflikt in Assyrien*; Friedrich Wolf, *Professor Mamlock*; Oskar Singer, *Herren der Welt*; Meir Faerber, *Auf der Flucht erschossen*; Bertolt Brecht, *Die Rundköpfe und die Spitzköpfe*; Max Brusto, *Die letzten Vier*. Den Analysen dieser »charakteristische(n)« Zeitstücke gelingt es zu klären, »worin die besonderen Schwierigkeiten des Zeitstücks im Exil bestanden, den NS-Antisemitismus als zugleich realgeschichtlich mächtig wie auch als theoretisch und praktisch hinfällig darzustellen« (6). Als einen »Sieg«, wenn auch als »kleinen«, bezeichnet Jakobi bereits im Titel den in den Zeitstücken *fingierten* Sieg über den Antisemitismus, insofern nämlich der »kontingente Verlauf des subjektiven Umgangs mit der antisemitischen Bedrohung (...) als typisch und aussagekräftig dargestellt« wird – »als lasse ausgerechnet das Verhalten der aller Mittel zur Gegenwehr beraubten Opfer eine Einsicht in den Antisemitismus zu« (250).

Die Studie wird für all jene von Belang sein, die an den spezifischen Kommunikationsstrategien von Exildramatik und an abgeschlossenen Einzelinterpretationen interessiert sind, also für ForscherInnen ebenso wie für Studierende. Mit welcher Klarheit und logischen Konsequenz eine germanistische Analyse abseits interpretatorischen Jargons oder Schönsprechs durchzuführen sei, und mit gedanklichem Gewinn – *das* wird in Jakobis *Kleinem Sieg über den Antisemitismus* mitunter geradezu musterhaft vorgeführt.

Beatrix Müller-Kampel

Weigel, Robert G. (Hg.): *Vier große galizische Erzähler im Exil: H. W. Katz, Soma Morgenstern, Manés Sperber und Joseph Roth.* (= New Yorker Beiträge zur Literaturwissenschaft. Bd. 7). Frankfurt/M. u. a. (Peter Lang Verlag) 2005. 189 S.

Der Titel des Werkes deutet an, dass es außer diesen vier noch andere Erzähler aus Galizien gibt. Beispiele hierfür sind Samuel Agnon, der 1966 als erster hebräischsprachiger Schriftsteller den Nobelpreis für Literatur erhielt, und Bruno Schulz, ein polnisch-jüdischer Schriftsteller, Literaturkritiker, Grafiker und Zeichner aus Drohobycz. Auch Stanislaw Lem, Józef Wittlin, Salzia Landmann, Friedrich Weinreb sowie Louis Begley lebten in Galizien und wurden alle entwurzelt oder vertrieben. Gemeinsam ist ihnen ihre jüdische Herkunft, nur schrieben sie in unterschiedlichen Sprachen. Vier große Erzähler – H. W. Katz, Soma Morgenstern, Manés Sperber und Joseph Roth – sind die wichtigsten deutschsprachigen Autoren aus dem vorwiegend polnisch dominierten Galizien der Vorkriegszeit. Das größte Verdienst dieser Studie und seines Herausgebers Weigel ist, die vier Autoren in einem Band vorzustellen und somit den gemeinsamen Kontext der Herkunftsregion Galizien zu rekonstruieren. So kommt der gemeinsame Fundus von Themen und Motiven bei diesen Autoren zum Vorschein, und die Arbeit erweist sich als ein idealer Ausgangspunkt für vergleichende Studien zu galizischen Erzählern.

Die Beiträge stellen eine Auswahl der Vorträge eines internationalen Symposiums dar, das 2004 an der Auburn University (Alabama), USA) stattfand. Im Inhaltsverzeichnis finden sich zwar keine Namen von Literaturwissenschaftlern aus dem heutigen Galizien, umso größerer Aufmerksamkeit erfreuen sich dafür die galizischen Erzähler in Deutschland, Österreich und den USA. Eröffnet wird der Band durch das ausführliche Vorwort des Herausgebers (S. 7–18), das nicht nur eine Art summary-paper für jeden Beitrag darstellt, sondern das Konzept der Studie erläutert, vergleichende Hinweise auf das Leben und Werk der Autoren enthält, den Bekanntheitsgrad und die Rezeptionsgeschichte des jeweiligen Schriftstellers im Exil erwähnt, das Verständnis von Heimat thematisiert bzw. die von Klaus Werner formulierte »galizische Vertikale« akzentuiert (S. 9–10).

Das erste Kapitel behandelt das Werk Joseph Roths und besteht aus drei Beiträgen. Im Aufsatz »Joseph Roth und Russland« thematisiert Ilona Slawinski das Verhältnis des Schriftstellers zu Russland bzw. zum neu entstandenen Sowjetstaat. In den im Auftrag der *Frankfurter Zeitung* (1926) verfassten Feuilletons über die Sowjetunion beschreibt Roth die Vielfalt der Nationalitäten, ethnischen Gruppen, Religionen und Sprachen, denen er auf seinen Reisen begegnet, und zeigt, dass er von der »Gleichstellung nationaler Minderheiten in Russland« (S. 27) beeindruckt, aber nicht verblendet ist. Nicht zuletzt thematisiert er, »wie sehr die Revolution das Leben des einzelnen verändert hatte und wie sehr die russische Gesellschaft im Wandel begriffen war« (S. 31). Im Aufsatz »Von der Legende zum Pogrom: Joseph Roths Romane *Hiob* und *Tarabas*« arbeitet Hans Wagener die Bedeutung und den Einfluss der historisch-politischen Entwicklungen auf das Werk Joseph Roths heraus und zeigt dies am Beispiel der thematisch verwandten Romane, die das Individuum und die Fragen der Schuld, Vergebung und Versöhnung behandeln. Der legendenhafte Charakter des Geschehens und die Verwurzelung des Antisemitismus im irrationalen Aberglauben werden hervorgehoben (S. 45–48). Neben den Gemeinsamkeiten werden auch die Unterschiede zwischen den beiden Romanen herausgearbeitet, Roths Wahrnehmung der permanenten Bedrohung der Juden in einer feindlichen Umwelt akzentuiert und somit auf die Verquickungen der politischen Gegenwart mit dem dichterischen Werk hingewiesen. Klaus Weissenberger widmet sich »Joseph Roths Präzisierung seiner dichterischen Intention im Exil«, er beurteilt »das Exilwerk vom Standpunkt der Wirkungsorientiertheit des Autors« (S. 54) und untersucht die für Roths Exilprosa charakteristische dichterische Transsubstantiation eines Gehalts in die Sprache. Der Autor dokumentiert das Bekenntnis Roths »zum identitätsstiftenden Gemeinschaftsbewusstsein des Ostjudentums als eine(r) Kultur, die (...) konstitutive Prinzipien repräsentiert« (S. 57). Dabei stützt er sich auf das Konzept des kulturellen Gedächtnisses von Jan Assmann und versucht, die für das Exilwerk Roths typische mythische Tiefenstruktur aufzuzeigen.

Das zweite Kapitel ist Manés Sperber gewidmet. Der Aufsatz »Manés Sperber als Romancier des Exils« von Mirjana Stancic und der Beitrag »Die Erfahrung des Exils in Manés Sperbers Romantrilogie *Wie eine Träne im Ozean*« von Wynfried Kriegleder sind thematisch verwandt und ergänzen sich in der Behandlung des Exils. Mirjana Stancic konzentriert sich auf biografisch-thematische Elemente des Exils in einigen Werken Sperbers, die sie aus der beruflichen Perspektive – Sperber als angehender Psychologe – analysiert. So wird der Aspekt der gegenseitigen Abhängigkeit von Individuum und Gemeinschaft, mit dem sich der Psychologe Sperber befasste, herausgearbeitet und gezeigt, wie die Frage nach der Grenze der Psychologie Eingang ins literarische Werk des Erzählers findet (S. 86–87). Wynfried Kriegleder dokumentiert am Beispiel der Romantrilogie *Wie eine Träne im Ozean*, wie das Exil von den Romanfiguren erlebt und auf erzählerischer Ebene präsentiert wird. Der Autor stellt fest, dass die private Ebene eine »erstaunlich untergeordnete Rolle« spielt: »sie ist immer weiblich besetzt, und da sich kaum positive Frauenfiguren in der Trilogie finden, ist die private Ebene schon dadurch klar abgewertet« (S. 99). Der Autor fasst zusammen, dass ethisch vertretbares Handeln wirkungslos und wirkungsvolles Handeln unethisch ist (S. 103). Im kontrastiven Aufsatz »Autobiographie in Zeiten des Totalitarismus – bei Manés Sperber« (mit Seitenblick auf Imre Kertesz) thematisiert Helmut Kohlenberger Sperbers Autobiografie als Auseinandersetzung des Ich-Erzählers mit dem Totalitarismus. Von ihr habe der Autor die Festigkeit der Überzeugung, die zur Sprache drängte, übernommen (S. 107). Der Bruch mit der Tradition zeigt sich anhand des sprachlichen Materials in der retrospektiv geschilderten Kontinuität. Sie ist die Grundlage für die Erinnerung, die sich sowohl bei Sperber als auch bei Kertesz im Prozess des Schreibens äußert.

Das Thema des Erinnerns wird im dritten Kapitel des Bandes, in Cornelia Weidners Beitrag »In der Erinnerung liegt das Geheimnis der Erlösung – Exil und Gedächtnis in Soma Morgensterns autobiographischen Schriften« fortgesetzt. Da die schriftliche Fixierung des Erinnerten nicht immer gelang, vermutet Weidner die Ursachen dieser »Schreibblockaden« in Heimatverlust und Exilerlebnissen (S. 128–131). Besonders für Morgenstern, für den das Galizienbild, im Unterschied zu H. W. Katz und Sperber, positiv besetzt war, gilt die vergangene Präexil-Zeit als die bessere. Daraus ergibt sich die Erinnerungspflicht, Zeugnis abzulegen. Im Artikel »Mit Blick auf Soma Morgenstern: Jacob Klein-Haparash und die ostjüdische Lebenswelt« vergleicht Klaus Werner nicht nur die zwei Autoren, sondern auch Galizien und die Bukowina als Regionen ostjüdischen Lebens. So wird das Konzept des literarisch praktizierten Ideen-Transfers verifiziert und die literarische Produktion und Rezeption der Autoren aus der Perspektive des permanenten »Übersetzens«, »Verschiebens« und Neugestaltens von Existenzmodellen betrachtet. Klaus Werner zeigt, wie sich der Herkunftsort zum wiederkehrenden Topos im Werk der Exilerzähler etablierte. Die Erinnerungen Dan Morgensterns an seinen Vater sind sehr persönlich. Thematisch gesehen geht es vor allem um das Leben

Soma Morgensterns in Amerika und die Feststellung, dass New York für ihn zur Heimat wurde. So gesehen relativiert dieser Beitrag Soma Morgensterns Exilexistenz.
2006 jährte sich der 100. Geburtstag von H. W. Katz. Der Beitrag von Joseph Strelka »Der Exilautor H. W. Katz« referiert das Leben und Werk des vierten galizischen Erzählers, der 1937 für seinen Erstlingsroman *Die Fischmanns* mit dem ersten Heinrich-Heine-Preis ausgezeichnet wurde. Strelka geht auf den Inhalt der *Fischmanns* ein, schildert, unter welchen Bedingungen das Werk von Katz im französischen Exil entstanden ist und analysiert die Verdichtung des Biographischen im Literarischen. Er weist auf die Bedeutung des Folgeromans »Schlossgasse 21« hin, in dem H. W. Katz die Entwicklung Deutschlands am Beispiel von zwei Generationen dargestellt hat.
Flucht und Vertreibung, Emigration und Exil kennzeichnen das Leben und Werk der in diesem Band besprochenen galizischen Erzähler. Die Studie ist aber nicht nur ein Beitrag zur Exilforschung, sondern auch ein Wegweiser für die deutschsprachige Literatur aus Galizien.

Natalia Shchyhlevska

Martin Münzel: *Die jüdischen Mitglieder der deutschen Wirtschaftselite 1927–1955. Verdrängung – Emigration – Rückkehr.* Paderborn u. a. (Ferdinand Schöningh) 2006. 502 S. 48 Grafiken.

Einige Details der Studie Münzels über die Ausschaltung der Juden aus dem Wirtschaftsleben des NS-Staates sind aus den zahlreichen Untersuchungen zur »Arisierung« jüdischer Unternehmen bekannt. Ihre Bedeutung liegt in der weitergehenden Fragestellung und der epochenübergreifenden Analyse von der kurzen Phase der Goldenen Jahre der Weimarer Republik bis 1955, als die unmittelbare Rekonstruktionsphase nach Ende des Zweiten Weltkrieges allmählich beendet war. Der Exilforschung bietet die dem theoretischen Konzept der Neuen Institutionenökonomie, d. h. den funktionalen Organisationsformen und Entscheidungs- bzw. Kommunikationsprozessen anstelle der abstrakten Marktabläufe verpflichtete, ursprünglich als wirtschaftshistorische Dissertation vorgelegte Arbeit wichtige methodische und inhaltliche Anregungen. Zum ersten Mal wird hier eine systematische Gesamtsicht der ökonomischen Führungsschichten mit ihren Opfern und Verlusten durch die NS-Rassenpolitik vorgestellt. In sorgfältigen quantitativen Erhebungen, die zudem grafisch eindrucksvoll präsentiert werden, entwickelt der Autor eine Elitentypologie für sein Untersuchungsfeld, die Großunternehmen mit ihren Verflechtungen von Bank- und Industriekapital und von Politik und Wirtschaft. Dabei unterscheidet er drei sich gegenseitig überlagernde Segmente, die »Managerelite« aus den Vorstandsetagen, die »Netzwerkelite« der Aufsichtsratsmitglieder und die »Netzwerkspezialisten«, die – in Anlehnung an Bourdieu – über das »kulturelle Kapital« langer Erfahrungen und sozialer Beziehungen verfügten und an den Knotenpunkten der Netzwerke mit entsprechenden Machteinflüssen agierten. In die Reihen der Wirtschaftseliten des modernen Industriekapitalismus, die an die Stelle der alten Status-Eliten getreten waren, hätten in überproportionalem Maße auch Juden Zugang gefunden, deren Anteil der Autor am Ende der Weimarer Republik mit 11 und 23 Prozent für die Vorstands- und Aufsichtsratssegmente berechnet, für die Netzwerkspezialisten sogar 40 Prozent.
Das bedeutet auch, dass die Ausgrenzungs- und Vertreibungspolitik der Nazis in diesem Tätigkeitsfeld signifikant anders verlief als bei allen anderen Berufsgruppen, da die Förderung der Wirtschaft zur Überwindung der Weltwirtschaftskrise und später zur kriegsvorbereitenden Rüstungspolitik zu den primären Zielen der Nationalsozialisten gehörte. Die Ausgrenzung der jüdischen Wirtschaftsexperten erfolgte deshalb, zumindest bis 1938, nach wirtschaftlichen Opportunitätskriterien, die andererseits hier und da bei den Betroffenen die Illusion zeitlich befristeter antisemitischer Verfolgungen und einer Rückkehr zu normalen Verhältnissen nährte. Der Autor folgt bei diesen Untersuchungen der Definition des »Doppelstaates«, der für Ernst Fraenkel die NS-Herrschaftsordnung mit seinem Nebeneinander des die Gesetze zugunsten der bürgerlichen Wirtschaftsordnung respektierenden »Normenstaates« und des gewalttätigen, das Recht aufhebenden »Maßnahmestaates« charakterisierte.

Auf mehreren Ebenen – der staatlich-gesellschaftlichen, der unternehmerischen und der einzelbiografischen – stellt der Autor die Antagonismen zwischen ökonomischer Ratio und rassistischer Ideologie vor und ist dabei mehrfach irritiert, dass er seinen Anspruch, repräsentative Aussagen zur Ausgrenzungspolitik zu formulieren, angesichts der lange heterogenen Empirie nicht einlösen kann. Typisch ist für ihn immerhin, dass antisemitische Ausfälle gegen das »große Kapital« eine längere Tradition hatten und seit dem Ersten Weltkrieg periodisch wiederkehrten, ehe sie seit der Weltwirtschaftskrise epidemisch wurden. Diese Attacken waren weitgehend von außen, von kleinbürgerlichen oder mittelständischen Gruppen gekommen und hatten zunächst zur Solidarisierung der Wirtschaftseliten geführt, die jedoch sehr bald nach 1933 zerbrach. Mit zahlreichen Beispielen zeigt der Autor diesen Prozess, wobei die Unternehmen, die auf dem Weltmarkt agierten, genannt seien etwa die Schering und Holtzmann AG, mit Rücksicht auf den internationalen Ruf sich den NS-Anordnungen zunächst zu verweigern suchten oder ihre jüdischen Mitarbeiter rechtzeitig zu Tochterfirmen ins Ausland versetzten. Diese Chancen hatten auch die häufig international agierenden jüdischen Privatbanken, ehe sie arisiert wurden wie die Häuser Warburg in Hamburg und Arnhold in Berlin, während die Unternehmen, die von der Autarkiepolitik der Nationalsozialisten zu profitieren hofften, ihre nach der NS-Lesart jüdischen Mitarbeiter geräuschlos und ohne erkennbaren Protest hinauswarfen. Hilfsmaßnahmen und Initiativen zur Linderung der Not wurden über die eigene bourgeoise Klientel hinaus von den Betroffenen selbst, so von dem umtriebigen Max Warburg oder dem ehemaligen Staatssekretär und Ullstein-Generaldirektor Hans Schäffer auf den Weg gebracht. Eindrucksvoll sind ebenfalls die Passagen, die die Art dokumentieren, wie einst einflussreiche und wohlhabende Wirtschaftsführer mit betrügerischen Tricks aus ihren Positionen gedrängt wurden und durch enorme Reichsfluchtsteuern und sonstige Abgaben nahezu depossediert in die Emigration gingen; eine nicht kleine Zahl kam auch im Holocaust um.

Erstaunlich ist, dass der Autor, der sein methodisches Vorgehen wieder und wieder sorgfältig reflektiert, die NS-Zuschreibungen für die Juden nicht genauer darstellt. Das hätte sich mit einem Blick auf das Selbstverständnis der Betroffenen immerhin angeboten, zumal einige aus dem deutschnationalen Lager durchaus mit autoritären Ordnungsvorstellungen sympathisierten. Ebenso merkwürdig ist, dass Peter Drucker, ein Emigrant, der in den USA zunächst als Analytiker totalitärer Herrschaftsformen wirkte, ehe er als Management-Theoretiker bekannt und berühmt werden sollte, keine Erwähnung findet.
Wie in anderen Berufen war die Zahl der Rückkehrer nach 1945 auch in diesem Kreis äußerst gering, ja sogar verschwindend klein. Maßgeblich dafür waren nicht allein die Zerstörung der alten Netzwerke und die eigene berufliche Integration, mehr noch die der eigenen Nachkommen in den Zufluchtsländern, sondern auch die personellen Kontinuitäten aus der NS-Zeit, die den Wiederaufbau in der Bundesrepublik bestimmten. Gleichwohl erklärten sich zahlreiche ehemalige Emigranten bereit, den früheren Kollegen in Deutschland mit »Persilscheinen« zu helfen, weniger aus Gründen der Entlastung als aus dem Comment der alten Verbindungen, der die eigenen Erfahrungen trotz allem überdauert hatte. Einige Einblicke in exemplarische Wiedergutmachungsprozesse mit ihren endlosen Laufzeiten und den perfiden Taktiken der Arisierungsprofiteure runden diese außergewöhnlich anregende Arbeit ab mit der Einsicht in die bis heute nachwirkenden Folgen der damaligen Entscheidungen, wie die derzeitige Diskussion um die Rückgabe der sogenannten »Raubkunst« zeigt.

Claus-Dieter Krohn

Inge Hansen-Schaberg, Sonja Hilzinger, Adriane Feustel, Gabriele Knapp (Hg.): Familiengeschichte(n). Erfahrungen und Verarbeitung von Exil und Verfolgung im Leben der Töchter. Wuppertal (Arco Verlag) 2006. 296 S. + Abb.

Was das Besondere am Selbstverständnis, an der Arbeitsweise und der Zielrichtung der »Arbeitsgemeinschaft Frauen im Exil« ausmacht, das repräsentiert dieser Tagungsband in beeindruckender Weise. Inge Hansen-Schaberg rekapituliert in ihrem Rückblick »Fünfzehn Jahre Frauenexilforschung« die Fragestellungen der Arbeitsgruppe, die in den Tagungen gewonnenen Antworten, sie zeigt die notwendigen Veränderungen der Forschungsakzente auch im Hinblick auf den Generationenwechsel, sie benennt ein noch immer beachtliches Bündel an weißen Flecken in der Exilforschung, und sie konstatiert, dass die Folgen der Vertreibung und Ermordung der »Unerwünschten« und damit einhergehend die Vertreibung weiblicher Intellektualität, die Zerstörung emanzipatorischer Ansätze für viele WissenschaftlerInnen eine lebensgeschichtliche Bedeutung erlangt haben. Auf den Punkt gebracht: Die Einhaltung einer strikten Distanz des Wissenschaftlers zu seinem (in diesem Fall) historischen Gegenstand erweist sich als untauglich, ist das Subjekt (die Forscherin) doch in das Objekt ihrer Forschung (die NS- und Verfolgungsgeschichte) in unterschiedlichster Weise involviert. Wer sich über die breit gefächerte Arbeit der »AG Frauen im Exil« genauer informieren möchte, der findet im Anhang dieses Bandes sämtliche 15 Tagungen mit ihren Programmen dokumentiert.

Der Sammelband geht den Fragen nach den Erfahrungen der Vertreibung und des Exils und ihrem Niederschlag im Leben der Töchter, Nichten, Enkelinnen nach. Unter anderem spürt Maria Kublitz-Kramer solche Spuren in den Elternbüchern Barbara Honigmanns auf, Irene Below beugt sich über »die unerledigten Familiengeschichten« im aufgefundenen Nachlass Lucy von Jacobis, Sonja Hilzinger stellt einen hochprekären Fall solcher Mutter-Tochter-Erfahrung vor (Elisabeth Langgässer und Cordelia Edvardson) und zeigt, wie die Tochter »mit innerer Notwendigkeit zur Autorin ihrer eigenen Geschichte werden musste, um dem Bann der Schrift ihrer Mutter zu entzaubern«.

Das Zentrum des Bandes bildet eine auffällige Besonderheit für einen wissenschaftlichen Sammelband: Acht Beiträgerinnen sprechen in der grammatischen ersten Person. Sie sind als Kind selbst noch geflüchtet, sie sind nachgeborene Töchter, Enkelinnen oder Nichten. Es sind Primärtexte, autobiografische Abrisse, die Genese eines Films, dazwischen bildnerische Umsetzungen der Erfahrungen – und Reflexionen.

Als zentrale Metapher für die Erinnerungsarbeit dieser persönlichen Berichte stehen die »verschlossenen Türen« und das Wagnis, sie zu öffnen. Bei Hanna Papanek ist es der Koffer der Mutter, den sie – viele Jahre unbeachtet – eines Tages öffnet und damit die Erforschung ihrer weiträumigen Familiengeschichte in Gang setzt und – ganz real – werden es die Türen zu den Archiven. Bei der Malerin Monica Weiss sind es Kisten voller Schätze, die Großmutter und Mutter in die Emigration gerettet und aufbewahrt haben, die für das Öffnen der Türen stehen und zum Erzählmaterial ihrer Bilder werden. In Caterina Klusemanns Film *Ima* (hebr. »Mutter«) schlagen die Türen zunächst immer wieder laut und heftig zu, wenn die Enkelin, die Filmemacherin, in die Vergangenheit vordringen will, so heftig, dass es weh tut. Catherine Stodolskys Eltern halten die Türen in die dunkle Vergangenheit geschlossen, erst die Tante Lisa Fittko öffnet sie der Zehnjährigen unbefangen und führt die Heranwachsende von Raum zu Raum, weckt ihre Neugier, entfacht ihr Interesse für Geschichte, zeigt nicht nur die Schreckenskammern, sondern die lebendigen Räume ihrer politischen Aktivitäten, ihres Kampfes gegen die Barbarei, etwa in der Fluchthilfe für Gefährdete. Ilana Javitz, geboren 1945 im vom Völkermord heimgesuchten Riga, stellt die Metapher vom Öffnen der Türen ins Zentrum ihres Textes – und problematisiert es: »Was war mit der Tür zu unserer Vergangenheit? Lohnte es sich, diese Tür zu öffnen? Was stand dahinter?« (S. 78) Sie weiß, dass hinter dieser Tür die geliebten Toten liegen, grausam umgebracht. Sie wollte zunächst deren Fotos zeigen und ihre Namen auf dem Gedenkstein bei Riga, wo sie erschossen worden waren: »Aber ich habe mich doch entschlossen, über etwas Lebendiges zu erzählen.« (S. 75) Das Herzstück ihrer Erinnerung ist die Mutter. Sie war offensichtlich eine Meisterin des Tradierens. Während sie die Türen in die Räume der keineswegs rosigen jüdischen Vorkriegszeit für die Tochter weit öffnet und durch ihre Erzählung Licht und Leben hineinlässt, verliert die Tür zur Todeskammer ihre Macht über die Erinnerung.

Die Tagung hatte so viele Türen aufgestoßen in Räume, die es nun zu erforschen galt. So ergab sich zwingend eine Anschlusstagung mit dem Thema: *Das Persönliche wird politisch*, der Dokumentationsband ist in Vorbereitung.

Hiltrud Häntzschel

Anna Gmeyner: *Café du Dôme*. Hg. von Birte Werner. Mit Beiträgen von Birte Werner und Deborah Viëtor-Engländer. (= Exil Dokumente: verboten verbrannt vergessen. Bd. 9). Bern (Peter Lang) 2006. 447 S.

Wie Deborah Viëtor-Engländer, Herausgeberin der Reihe »Exil Dokumente«, mit Nachdruck unterstreicht, stirbt die Generation derer, die nach 1933 ins Exil gingen, aus. Somit verändert sich auch die Aufgabe der ForscherInnen, die nunmehr verstärkt für die Konservierung und Übertragung verborgener Dokumente Verantwortung tragen. Gerade dies ist Birte Werner gelungen, die den vergessenen Roman Anna Gmeyners *Café du Dôme* neu herausgibt. Denn nicht nur befasst sich der Inhalt des Romans mit existenziellen Aspekten des Emigrantendaseins – auch die Rezeption der Autorin Anna Gmeyner (1902 in Wien geboren), die einen Teil ihrer Prosatexte unter dem Pseudonym Anna Reiner schrieb, und die Geschichte ihres Exilromans selbst weisen wichtige Mechanismen innerhalb der Exilliteratur auf. Gmeyner wurde relativ spät als Exilautorin »wiederentdeckt«, als ihr 1938 im Amsterdamer Querido-Verlag erschienener Deutschland-Roman *Manja. Ein Roman um fünf Kinder* 1984 neu verlegt wurde. Damals war Gmeyner, für die die Britischen Inseln zur neuen Heimat geworden waren, durch eine Suchanzeige gefunden worden. Ihr Exilroman *Café du Dôme*, der im Paris der zweiten Hälfte der 1930er Jahre spielt, hatte wegen des Kriegsgeschehens nicht mehr in deutscher Sprache veröffentlicht werden können. Er erschien 1941 in englischer Übersetzung zunächst in London und kurz nachher in einer veränderten Fassung mit neuem Titel (*The Coward Heart*) in New York. Das deutsche Manuskript hingegen gilt bis heute als verloren. Diese Neuveröffentlichung gibt also Zugang zu jener Fassung, die im Exilsprachraum der Autorin rezipiert wurde.

Der Band besteht aus drei Teilen. In ihrem abschließenden Beitrag (S. 445–447) schildert Deborah Viëtor-Engländer die Perspektive der Tochter Gmeyners, Eva Ibbotson, die eine wesentliche Rolle bei der Wiederentdeckung der Werke ihrer Mutter spielte. Die heute 82-jährige Ibbotson, eine Repräsentantin der Generation der »Kinder des Exils«, wurde selbst Erzählerin und Schriftstellerin und stützte sich zum Teil auf Erzählungen ihrer Mutter. In einem ausführlichen Nachwort (S. 399–444) schildert Birte Werner, die kürzlich eine Monografie zum Werk Gmeyners veröffentlicht hat, die Stationen des kosmopolitischen Lebens der Schriftstellerin: von Wien nach Berlin und Edinburgh als Reportage- und Bühnenautorin, und von Berlin nach Paris und London ins Exil. Sie unterstreicht Gmeyners Sensibilität für jenen Einfluss, den die Zeitgeschichte auf die Alltagsgeschichte ihrer Figuren ausübt. Und dieses Interesse für eine Literatur »von unten« führte sie im Exil weiter. So ist *Café du Dôme* – wie andere mit ihm verwandte Pariser Café-Exilromane – eine mikrosoziale Darstellung des Pariser Emigrantenmilieus.

Der Roman selbst (S. 1–396) ist ein Faksimiledruck der englischsprachigen Originalausgabe. Im Zentrum steht die Protagonistin Nadja Schumacher, die in Russland geboren und in Deutschland aufgewachsen ist. Von Kindheit an ist sie, die von einem russischen Landsmann mit dem Namen Nadezhda (»Hoffnung«) angesprochen, von einer Freundin mit der Figur der Solveig verglichen und am Ende des Romans beinahe zur Marienikone wird, zwischen den Sprachen und Kulturen aufgewachsen. Sie scheint also den Zuständen des Entwurzeltseins im Exil zunächst gewachsen zu sein. Der Leser ist beeindruckt von der Vielfalt der Exilfiguren, die dargestellt werden. Da ist die Doppelgängerin Nadjas, die femme fatale und Abenteuerin Irène, die an der Front des Spanischen Bürgerkrieges für Demokratie kämpft. Da ist Professor Glebov, ein russischer Exilant, der ein Opus Magnum zum Thema des »persönlichen Sozialismus« verfasst. Da ist die wohlhabende jüdische Kaufmannsfamilie Schlesinger, die die assimilierte deutsch-jüdische Bourgeoisie verkörpert. Da ist Walter Gabriel, der überschwängliche Schauspieler, der nur dank eines »dramatic escape« (S. 41) Deutschland verlassen konnte. Da ist Martin Schmidt, der Kommunist und Idealist. Da sind noch ein lungenkranker Schweizer Maler, eine dekadente aristokratische Esoterikerin, eine jüdische Psychoanalytikerin aus Wien, ein Pariser Diplomat und sogar eine französische *concierge* – ein »Kaleidoskop« (S. 144), ja ein »Zoo« (S. 34) von »Parias« (S. 12), die in Paris überleben als »ghosts and tourists« (S. 18) oder »living ghosts« (S. 391). Da ist aber vor allem Peter Schumacher, Nadjas Ehemann, der plötzlich wieder auftaucht, nachdem er einige Zeit im Konzentrationslager Dachau verbracht hat, weil er KP-Mitglied ist. Peters Ankunft verändert schlagartig die private Existenz, die Nadia seit einem halben Jahr versucht hat aufzubauen. Politik dominiert fortan die Handlung. Denn Gmeyners Roman ist auch eine Reflexion über (Männer-)Politik im Exil. Das Emigrantenmilieu wird als ein gefährliches Kräftefeld dargestellt, wo jeder jeden beobachtet und versucht, seine eigene Legitimitätsposition zu schützen. Spionage, Verschwörung und Verrat sind die Dimensionen dieses Feldes, aber auch Pedanterie und Nutzlosigkeit. Gmeyner zeigt, wie in diesem Mikrokosmos alle eine soziale Rolle spielen. Einige (weibliche) Figuren haben dabei etwas mehr Durchblick. *Café du Dôme*, eine Mischung aus Zeitroman, Entwicklungsroman, Kriminalroman und »penny novelette« (S. 221), ist eine spannende, literarisch wie historisch stimulierende Lektüre, die es verdient hat, neu verlegt zu werden. Die letzte erhaltene, von Jan Lustig verfasste Rezension des Romans erschien 1941 im New Yorker *Aufbau*. Nun gibt es eine zweite, die davon zeugt, dass Anna Gmeyners Exilroman die Zeit übersprungen und die Vergessenheit überlebt hat.

Patrick Farges

Carola Dietze: *Nachgeholtes Leben. Helmuth Plessner 1892–1985*. Göttingen (Wallstein Verlag) 2006. 622 S.

Obgleich zu Plessner bereits eine Reihe von Publikationen vorliegt, sind die Jugendjahre und das Exil noch nicht in der hier vorgelegten Ausführlichkeit Gegenstand wissenschaftlicher Analyse gewesen. Die Autorin, Mitarbeiterin des Deutschen Historischen Instituts in Washington, hat für ihre lebendig geschriebene Biografie eines der wichtigsten Wissenschaftler, die aus dem Exil in die Bundesrepublik zurückkehrten, in nicht weniger als 36 Archiven und Privatsammlungen zahlreiche, bislang unbekannte Details aus Plessners Leben zu Tage gefördert. Auch die Gespräche mit seiner Witwe Monika, mit Schülern und alten Weggefährten tragen zur Erhellung seiner Persönlichkeit bei. Obgleich die wissenschaftliche Laufbahn Plessners im Rückblick wie eine letztlich erfolgreiche Karriereerzählung erscheint, überwogen lange – dies macht das Buch sehr deutlich – die Brüche, Niederlagen, Perioden der Angst und des Selbstzweifels. Helmuth Plessner gehört nicht nur aufgrund seiner Studien am Schreibtisch zu den wichtigsten Vertretern der philosophischen Anthropologie, er hatte auch Gelegenheit, die Spezies Mensch in all ihren möglichen Verhaltensformen kennenzulernen.

Darauf aber schien seine Lebensbahn zunächst nicht hinzuweisen. In Wiesbaden als Sohn eines aus Russland stammenden Arztes geboren, studierte Plessner Medizin und Biologie, wandte sich aber in Heidelberg unter dem Einfluss Husserls endgültig der Philosophie zu. Vom Kriegsdienst wurde er aufgrund eines verkürzten Armes befreit und war nur zur Zivilhilfe verpflichtet. Zwischen der Promotion 1916 und der Habilitation 1920 lag eine kurze Betätigung im SPD-geprägten Soldatenrat in Erlangen – das einzige Engagement Plessners auf der politischen Linken. In Köln wurde er 1926 zum Extraordinarius ernannt. Die Autorin zeigt das Auf und Ab in den Beziehungen zu Max Scheler, dem tonangebenden Ordinarius, aber auch zum Förderer Nicolai Hartmann. Plessners bis dahin wichtigstes Werk *Die Stufen des Organischen und der Mensch* verhalf ihm zwar zur Anerkennung, aber nicht zum ersehnten Lehrstuhl, und dies, obgleich er sich in den Krisenjahren ab 1930 politisch dem deutschnationalen Lager näherte, zu dem viele Professoren gehörten. Sein interdisziplinärer Ansatz, der soziologische und naturwissenschaftliche Fragestellungen verband, war weder mit der traditionellen Schulphilosophie noch mit dem neuen Existenzialismus kompatibel und blieb die Meinung eines Außenseiters.

Die Nazidiktatur wurde zur Wegscheide in Plessners Leben. Im April 1933 beging sein jüdischer Vater Selbstmord. Als sogenannter Halbjude gebrandmarkt, wurde er im September von der Kölner Universität entlassen, die kurz zuvor noch ein persönliches Ordinariat für ihn einrichten wollte. Nach einem ersten, nicht geglückten Emigrationsversuch nach Istanbul fand er Zuflucht im niederländischen Groningen. Zunächst noch deutscher Staatsbürger, konnte er vor dem Zweiten Weltkrieg wiederholt nach Deutschland zurückkehren; hier fällt die Parallele zu Theodor W. Adorno ins Auge. Carola Dietze verschweigt nicht, dass er ins Exil noch Spuren jenes Denkens mitnahm, das die Grundlage für die Akzeptanz des Nazismus durch deutsche Bürger bildete. »Ich stehe zur geistigen, politischen und biologischen Assimilation [der Juden], unter Befürwortung selbst rigoroser Einwanderungsbeschränkung und Aussiedlungsgesetze«, schrieb er allen Ernstes 1934. Um dies zu erreichen, solle die rechtliche Emanzipation der Juden rückgängig gemacht und die Toleranzidee aufgegeben werden. Die jüdische Idee vom auserwählten Volk stehe der Integration in die deutsche Gesellschaft entgegen (S. 115).

Mit der Arbeit an seinem Buch *Das Schicksal des deutschen Geistes im Ausgang seiner bürgerlichen Epoche* überwand Plessner allmählich seinen Nationalismus. Das Fehlen eines Nationalstaates mit eigener Staatsidee in Deutschland habe eine Leerstelle gelassen, die vom idealisierten Volksgedanken ausgefüllt worden sei, an den die Nazis anknüpften, schrieb er nun. Die Autorin unterzieht das 1935 erstmals erschienene Werk, 1959 mit dem Titel *Die verspätete Nation* neu aufgelegt, einer eingehenden Analyse, die völlig frei von kultischer Verehrung ist. Anhand der Korrespondenz zeigt sie, wie schwer Plessner, noch immer zwischen Deutschland und den Niederlanden hin- und hergerissen, die Akkulturation in der Gesellschaft des Exillandes fiel. Besonderes Augenmerk widmet sie der Beziehung Plessners zu Frederik Buytendijk, der ihm in Groningen zum Freund und Mentor wurde. Wie Plessner war Buytendijk ein interdisziplinär arbeitender Philosoph und Psychologe; er forschte zu Problemen der Gestalttheorie, der Anthropologie, der theoretischen Biologie sowie der Verhaltensforschung. Ein weiteres Interessengebiet, das ihn mit Plessner verband, war die Soziologie des Sports.

Bei der deutschen Invasion in die Niederlande übten die Groninger Universitätskollegen jene Solidarität mit ihm, die er in Deutschland nicht erfahren hatte. Dennoch musste er schließlich untertauchen. Erst die Befreiung des Landes beendete seine Schattenexistenz. Die Universität Groningen bot ihm 1946 zwar eine Vollprofessur und damit eine dauerhafte Bleibe, doch sein »nachgeholtes Leben«, wie er es empfand, begann erst 1951 mit der Rückkehr nach Deutschland.

In Göttingen, wohin Plessner einen Ruf erhalten hatte, baute er mit seiner Frau Monika, die er dort kennenlernte, auch eine neue private Existenz auf. Er verstand sich nun zwar als ein zwischen deutscher und niederländischer Kultur Lebender, doch nur im privaten Kreis. In der Öffentlichkeit vermied er, die Erfahrungen des Exils zum Thema zu machen. Damit entsprach er den ungeschriebenen, manchmal ausgesprochenen Normen der frühen Bundesrepublik, in der ein Verweis auf das Exil keineswegs einen Vorteil in der Karriere- und Lebensplanung bedeutete. Ganz aber, und auch dies zeigt das Buch, konnte Plessner die Distanz zur Mehrheit der Akademiker nicht aufheben, die Hitler einst willig gedient hatten und die sich nun als Demokraten teilweise ehrlich verstanden, teilweise nur ausgaben. Wie andere Autoren vermutet Carola Dietze, dass sich die Remigranten mit dem Verzicht auf eine offene Debatte dieser Fragen ihre Reintegration in die Universitäten gewissermaßen »erkauften«. Nur im kleinen Kreis, so zu seinen Assistenten Christian von Ferber und Christian Graf von Krockow, sprach Plessner die Nazivergangenheit Göttinger Kollegen an, und lenkte Letzteren auf die kritische Beschäftigung mit Martin Heidegger und Carl Schmitt (S. 394). Die nur zögernd einsetzende Aufarbeitung der jüngsten Vergangenheit war ein Grundproblem der frühen Bundesrepublik, doch gebietet die Gerechtigkeit die Feststellung, dass nach dem Ende der DDR auch dort die hohe Zahl von Ex-Nazis auf Professorenstellen überraschte, wie von der Forschung der letzten Jahre gezeigt wurde. Allerdings gab es in der DDR keinen ehemaligen NSDAP-Professor, der einen Theodor Oberländer, Otto Brunner oder Theodor Schieder vergleichbaren Einfluss erlangte. Zu diesem komplexen Thema liefert das vorliegende Buch manch wichtigen Denkanstoß.

Nach seiner Emeritierung 1962 zog Plessner für elf Jahre in die Schweiz, kehrte aber anschließend nach Göttingen zurück. Der fast 90-Jährige musste noch die Angriffe eines Helmut Schelsky erleben. Wie viel und wie wenig dieser einstig tiefbraune Ideologe gelernt und vergessen hatte, zeigte er mit seiner Denunziation Plessners als »Deutschenhasser« (S. 524). Carola Dietze schreibt mit Recht: »Plessner war weder seiner Selbstdefinition noch dem jüdischen Verständnis nach ein

Jude, sondern wollte eigentlich ›einfach‹ Deutscher sein« (S. 527). Dass die kollektive Sensibilität für solche Fragen in den letzten Jahrzehnten spürbar geschärft wurde, zeigt nicht zuletzt die anwachsende Forschung zur Emigration und Remigration bedeutender Wissenschaftler. Carola Dietzes Biografie Helmuth Plessners ist Ausdruck dieser Entwicklung; es ein wichtiges Buch, um solche Erkenntnisse verbreitern und vertiefen zu helfen.

Mario Keßler

Friedrich Meinecke. Akademischer Lehrer und emigrierte Schüler. Briefe und Aufzeichnungen 1910–1977. Eingeleitet u. hg. von Gerhard A. Ritter. (= Biographische Quellen zur Zeitgeschichte. Bd. 23). München (Oldenbourg) 2006. 514 S.

Friedrich Meinecke zählte vor 1933 zu den bedeutendsten deutschen Historikern, eine Schule hat er jedoch nicht gebildet; ja, er hat, wie der Herausgeber zu Recht bemerkt, die deutsche Geschichtswissenschaft mit seiner an großen Individuen ausgerichteten Ideengeschichte im internationalen Vergleich in eine Sackgasse geführt (S. 111). Gleichwohl faszinierte er eine erhebliche Zahl von Schülern, die in den 1920er Jahren bereits mit ihren akademischen Karrieren begonnen hatten und die heute diesseits und jenseits des Atlantiks zu bekannten und einflussreichen Gelehrten zählen. Sie waren nicht nur angezogen worden von seinem Beharren auf sorgfältiger Quellenanalyse als A und O des historiografischen Handwerks, sondern vor allem auch von der unbedingten Loyalität des Lehrers gegenüber seinen Schülern mit ihren unterschiedlichen sozialen und politischen Temperamenten. Daraus waren enge und bleibende Freundschaften hervorgegangen, die, wie der vorliegende Briefwechsel belegt, auch die räumliche Trennung von jenen überstand, die nach 1933 von den Nationalsozialisten zur Emigration, meistens in die USA, gezwungen worden waren.
Von den in diesem Band versammelten 12 Korrespondenzpartnern Meineckes sind lediglich zwei – Hajo Holborn und der bereits im Frühjahr 1933 wenige Wochen nach Antritt eines Stipendiums in den USA verstorbene Eckart Kehr – nichtjüdischer Herkunft gewesen. Die anderen waren bis auf wenige Ausnahmen allerdings nur nach der NS-Lesart Juden, sondern durchweg getauft und mehrheitlich bekennende Protestanten. Denn nach den Erinnerungen des in dem Band vertretenen Felix Gilbert hätten bei Meinecke – das entsprach überhaupt dem konservativen Zuschnitt der Disziplin jener Jahre – jüdische Studenten zwar ohne Weiteres promovieren können, bei ihrer Habilitation aber sei mit Rücksicht auf eine spätere Karriere die Taufe vorausgesetzt worden. Trotz solcher Filter waren Meineckes Briefpartner alles andere als ein homogener Kreis. Ihre Überzeugungen reichten von konservativ-nationalistischen und republikfeindlichen Überzeugungen bei dem ehemaligen Freikorpskämpfer Gerhard Masur und dem Ostraumforscher Hans Rothfels aus Königsberg, der die Septemberwahlen von 1930 mit dem erdrutschartigen Stimmenzuwachs der NSDAP als »erstes freudiges Ereignis« seit den Novembertagen 1918 bezeichnet hatte (21.12.1930, S. 142), bis hin zu linksliberalen und sozialdemokratischen Positionen, für die etwa Felix Gilbert und Hans Rosenberg standen. In der Emigration allerdings haben sich auch die Rechten zivilisiert. Rothfels, der erst wenige Tage vor Beginn des Zweiten Weltkrieges eher unwillig emigrierte, bekannte später, wie viel er »vom Westen« gelernt habe (12.10.1946, S. 150); nach seiner Rückkehr und der Annahme einer Professur in Tübingen wurde er ein wichtiger Anreger der Zeitgeschichtsforschung in der Bundesrepublik.
Folgt man dem Titel, so sind die Informationen des Bandes nicht ganz überzeugend. Die Korrespondenzen mit den mehrheitlich zwischen 1890 und 1905 Geborenen beginnen zum Teil bereits vor dem Ersten Weltkrieg, spätestens Mitte der 1920er Jahre und enden in der Regel um 1935/36, ehe sie nach dem Zweiten Weltkrieg wieder aufgenommen und bis zum Tode Meineckes 1954, in einigen Fällen auch darüber hinaus mit anderen Briefpartnern fortgesetzt wurden. Für die überlieferten Zeiträume scheint die Auswahl ebenfalls recht selektiv zu sein, wie sich aus Anküpfungen in den Texten ergibt. Neben dieser grobmaschigen Ordnung sorgen ferner die Inhalte nur in Ausnahmefällen für eingehendere Einsichten in die Lebenswelt der Emigration. Anrührend ist zwar, wie im-

mer wieder betont wurde, welche unzerreißbaren »geistigen Bande« zu dem verehrten ehemaligen Lehrer trotz der räumlichen Trennung bestanden, im Übrigen aber geht es meistens um das, was man gerade geschrieben oder publiziert hat, übliches Kollegengerede also. Politische Fragen werden nur ausnahmsweise und von den eher linksliberalen Briefschreibern angesprochen. Mag die Zurückhaltung in den 1930er Jahren wegen der Zensur im NS-Staat nötig gewesen sein, so erstaunt, mit welcher Selbstverständlichkeit der Austausch nach 1945 über die Banalitäten des akademischen Alltags fortgesetzt wurde. Die »Deutsche Katastrophe«, über die Meinecke 1946 geschrieben hatte, schrumpft in seinen Briefen auf kryptische Leerformeln wie den »Weltenwandel« zusammen. Klartext redete lediglich eine der beiden Frauen des Kreises, Helene Wieruszowski, die an Meinecke schrieb: »Ihr grosses Deutschland, Herr Geheimrat, wie ich es zuerst in Ihrem *Weltbürgertum* erfasst habe, ist in dem Deutschland des Dritten Reiches verloren gegangen; wenigstens finde ich es nicht wieder« (11.8.1946, S. 303). Nicht weniger deutlich war auch Hans Rosenberg, der mit einer Auswahl von fast 60 Briefen und Aufzeichnungen die der anderen mit jeweils 5 bis 20 Dokumenten um ein Mehrfaches übertrifft. Sie geben faszinierendes Zeugnis seiner spontan und unbekümmert und deshalb so treffsicher vorgetragenen Urteile der politischen Lage seit den 1920er Jahren.

Neben diesen und den abgewogenen Urteilen seines Kollegen Holborn zur großen Politik gibt es nur wenige Passagen, die wirklich informativ sind. So etwa die Illusionen der konservativen Historiker, nach 1933 im NS-Staat weiterwirken zu können. Fesselnd ebenfalls der kurze Briefwechsel Meineckes mit seiner Schülerin Hedwig Hintze im Mai 1933, in dem er sie als Jüdin und damit »besonders belastete Persönlichkeit« aus dem ständigen Mitarbeiterstab der *Historischen Zeitschrift* herauskomplimentiert und ihm daraufhin ihr Ehemann, Meineckes Kollege und Freund Otto Hintze, die Mitherausgeberschaft und die Freundschaft aufkündigt. Nach 1945 gehören die wenigen dem Lehrer mitgeteilten Reflexionen der Emigranten über eine Rückkehr zu den nachwirkenden Abschnitten. Sie lassen erahnen, welche inneren Kämpfe die Betreffenden ausgefochten haben müssen, in ein Land unvergleichlicher Verbrechen zurückzukehren, dessen intellektuelle Mandarine sie einst gewesen waren. Die meisten lösten diesen Zwiespalt, indem sie befristete Gastsemester in Deutschland verbrachten. Wenn ihm die Stimmung allzu drückend wurde, leistete sich Hans Baron, einer der wenigen bekennenden »deutschen Juden« der Gruppe, der mit seiner spezialisierten mediävistischen Orientierung ein wissenschaftlich vereinsamtes Leben als Bibliothekar in Chicago führte, dagegen den Luxus eines »Traums« an eine Rückkehr.

Die Bedeutung, die Hajo Holborn als Doyen der amerikanischen Deutschlandhistoriker mit vielen Schülern und als Vermittler in den deutsch-amerikanischen Beziehungen in der Emigration gewann – nicht zuletzt durch seine Fähigkeit, die Ideengeschichte seines Lehrers mit sozialen Entwicklungsprozessen im Sinne der amerikanischen intellectual history zu verbinden –, lässt sich aus den Quellen dieses Bandes nicht erschließen. Gleiches gilt für Hans Rosenberg, der sich schon in den 1920er Jahren wissenschaftlich von Meinecke entfernt hatte und für den die Weltwirtschaftskrise paradigmatisch für seine künftigen Forschungen zu unterschiedlichen Krisenepochen des 19. und 20. Jahrhunderts wurde. Die Rolle, die Holborn in den USA hatte, sollte Rosenberg in den 1950er und 1960er Jahren während seiner zahlreichen Gastprofessuren in der Bundesrepublik als Spiritus Rector der modernen Sozialgeschichtsschreibung einnehmen.

Max Stein

Klub Zwei (Hg.): *Things. Places. Years. Das Wissen Jüdischer Frauen.* Innsbruck (Studien Verlag) 2005. 395 S.

Der Band basiert auf Interviews mit Frauen aus zwei Generationen, die auf unterschiedliche Art und Weise mit den Themen Judentum, Verfolgung, Flucht und Holocaust verbunden sind. Die älteren unter ihnen verließen ihre Heimatländer unter dem Druck nationalsozialistischer Gewalt als Kinder oder junge Frauen. Die jüngeren sind größtenteils Töchter von ExilantInnen aus Österreich oder anderen besetzten Ländern. Die meisten der Frauen beider Generationen verloren Angehörige in deutschen Vernichtungslagern. Sie alle gelangten früher oder später nach England, wo sie 2001 und 2003 von Simone Bader und Jo Schmeiser interviewt wurden. Die beiden Herausgeberinnen arbeiten seit 1992 als Künstlerinnen unter dem Namen Klub Zwei zusammen, aus ihrem Interviewmaterial entstanden Ausstellungsprojekte, ein Film und dieses Buch.

Es ist jedoch kein »Buch zur Ausstellung« oder »zum Film«; es geht ungewöhnliche Wege, die sich mit den Konventionen schriftlicher Wiedergabe biografischen Materials auseinandersetzen. Die Interviews werden nicht, wie man es von vielen biografischen Texten kennt, ja gewöhnt ist, entlang chronologischer Abläufe wiedergegeben, sondern in Ausschnitten entlang thematischer Schwerpunkte: Die Kapitelüberschriften lauten »Ankunft«, »Familie«, »Dinge«, »Generationen«, »Geschlechter«, »Sprachen«, »Orte als Idee«, »Rassismus, Antisemitismus«, »Österreich, Deutschland«. Den Einstieg in die Kapitel bilden kurze Fragen der beiden Herausgeberinnen. Danach bleiben beide im Hintergrund, treten also kaum als Gesprächspartnerinnen auf.

Die Antworten der Interviewten lassen Ähnlichkeiten und Unterschiede zwischen den Lebensgeschichten erkennen. Wie die Ankunft im Exilland erlebt wurde, variierte je nach Alter und den Umständen der Flucht: Während Anni Reich ihren Ehemann 1938 drängte, sie auf eine Geschäftsreise nach London mitzunehmen, wo beide nach dem »Anschluss« blieben, gelangte Lisbeth Fischer-Leicht Perks auf einem Kindertransport nach England. Die Beziehungen zu Deutschland, Österreich, Israel oder zum Judentum werden ganz unterschiedlich beschrieben, allerdings sind sie bei keiner der Frauen bruchlos oder unkompliziert. Einige besuchten nach langem Zögern Wien oder Berlin, andere, etwa Ruth Rosenfelder, taten es sehr bewusst nicht. Einige haben ein enges Verhältnis zu Israel, andere verstehen sich in erster Linie als Engländerinnen, doch alle geben Antworten, die wenig mit Heimat oder Identität im herkömmlichen Sinne zu tun haben.

Die Interviewten standen über ihre Arbeit oder ehrenamtliche Tätigkeiten in einer intensiven Auseinandersetzung mit den NS-Verbrechen und ihren Folgen, z. B. als Archivarin, in Vereinen, als Musikerin, als Autorin oder Verlegerin. Und so berichten sie von ganz persönlichen Erlebnissen, aber auch von kulturellen Projekten, die sich gezielt mit Fragen des Erinnerns und Gedenkens befassen. Am deutlichsten wird dies im Second Generation Trust, in dem sich Katherine Klinger und Ruth Sands engagieren: Die Organisation veranstaltete Konferenzen in London, Berlin und Wien, auf denen Nachkommen der Opfer und Überlebenden und jene der Täter und Mitläufer versuchten, miteinander ins Gespräch zu kommen.

Die Tatsache, dass hier ausschließlich Frauen interviewt wurden, gibt einer durchgängig nicht männlichen Perspektive Raum. Sie kommt etwa im Sprechen über Hierarchien in der Arbeitswelt oder Berufsbiografien zum Tragen, die von der Kinderphase unterbrochen wurden; oder in der Reflexion der Frauen über die Beziehungen zu Söhnen, Töchtern und Enkeln und zu ihren eigenen (zumeist extrem belasteten) Eltern: Ruth Sands berichtete etwa, wie sie kurz nach der Geburt ihres ersten Kindes begann, ihre Mutter über jene schmerzhafte Trennung zu befragen, die ihr selbst wahrscheinlich das Leben rettete. Ruth Sands wurde als Baby nach Frankreich geschafft, während ihre Mutter noch vier Jahre in Wien blieb. Sicherlich denkt auch ein Mann, der gerade Vater geworden ist, neu über die eigene Kindheit nach, aber vermutlich tut er es anders als eine Frau, die sich stärker mit dem weiblichen Part in der Familie identifiziert.

Die Interviewten äußerten unterschiedliche Einschätzungen der Geschlechterdifferenz und ihrer Auswirkungen. Sehr deutlich wird dies in einem Abschnitt des Buches, der ein Gespräch zwischen Ellie Miller und Tamar Wang – Mutter und Tochter – wiedergibt. Sie diskutieren über das Verhältnis zwischen traditionellem Judentum und weiblicher Emanzipation, zwischen »Jüdisch-Sein« und »Frau-Sein« und spielen dabei unterschiedliche Sichtweisen durch.

Die Herausgeberinnen lassen die Überlegungen der Interviewten unkommentiert nebeneinander stehen, formulieren keine Thesen oder Erläuterungen. Trotzdem entsteht nicht der Eindruck fragmentierter Personen und Gespräche, sondern vielmehr ein fesselnder, offener, Zusammenhänge sichtbar machender Text, in dem die einzelnen Personen erkennbar bleiben. Über die Biografien der einzelnen Gesprächspartnerinnen wird am Ende des Buches kurz informiert, die LeserInnen haben also die Möglichkeit, die Positionen jeder Frau quer durch das Buch zu verfolgen. Das in *Things. Places. Years* präsentierte Interviewmaterial wie die Art seiner Wiedergabe reflektieren die Schwierigkeit, mit den Verlusten umzugehen, die Verfolgung und Flucht bewirkten. Katherine Klinger, eine der interviewten Frauen, beschreibt diese Schwierigkeit so: »Ein Problem bei diesem Thema ist, dass wir über etwas sprechen, das nicht mehr da ist. Und doch suchen wir danach. Wir spüren es oder haben eine Vorstellung davon.« Die literatur- und kulturwissenschaftlichen Debatten um Überlieferung und Gedenken betonen immer wieder das Problem, hierfür angemessene Formen zu finden; Formen, die nicht Stabilität und Einheit verheißen, wo keine ist, andererseits aber nicht vor lauter Differenz unlesbar werden. *Things. Places. Years* zeigt die sehr lesenswerte Anstrengung – der interviewten Frauen wie der Herausgeberinnen –, dieser Schwierigkeit zu begegnen.

Sabine Rohlf

Heinz Schütte: *Zwischen den Fronten. Deutsche und österreichische Überläufer zum Viet Minh.* (= Berliner Südostasien-Studien. Bd. 6). Berlin (Logos Verlag) 2006. 371 S.

Dass sich junge Emigranten in Frankreich zu Beginn des Zweiten Weltkriegs für die Fremdenlegion rekrutieren ließen, um der Internierung zu entgehen und zugleich Gelegenheit zum Kampf gegen den Faschismus zu bekommen, ist bekannt. Weniger bekannt sind die Umstände ihres weiteren Weges. Vorliegende Studie bietet atemberaubende Einsichten in jene neue Welt baldiger Enttäuschungen. Denn die meisten der neuen Legionäre zählten zu Vichy-treuen Formationen; immerhin entzogen sich diese aber – getreu der Devise *Legio patria nostra* – den Forderungen der deutschen Waffenstillstandskommission nach Auslieferung gesuchter Verdächtiger und verlegten ihre gefährdeten Antifaschisten, meist jüdischer Herkunft, nach Indochina. Vor dem Hintergrund der dubiosen nationalistischen Rolle der KPF nach dem Zweiten Weltkrieg wurden sie während des ersten Indochina-Krieges 1946 bis 1954 zu Antikolonialisten, die in die Reihen des Viet Minh desertierten, um dessen Befreiungskampf zu unterstützen. Insgesamt wechselten 1.325 Legionäre die Fronten, so der Befund des Autors, von denen allerdings nur einige Dutzend ehemalige Emigranten waren, die meisten hingegen zu den Entwurzelten nach 1945 zählten. Der Anspruch der ehemaligen Antifaschisten, Angehörige der universalen Republik zu sein, erwies sich auch im Lager Ho Chi Minhs schnell als Illusion. Sie waren mit ihrem militärischen Know-How und ihrer Bildung nur gefragt, solange der vietnamesische Unabhängigkeitskampf noch nicht im streng national ausgerichteten kommunistischen Allmachtsanspruch erstarrt war. Fortan waren sie zu unerwünschten Personen geworden, die nach Deutschland, in die DDR, transferiert wurden, wo man ihnen die Amnestie versprochen hatte. Dort wurden sie aber ebenfalls als nützliche Idioten im ideologischen Kampf gegen den Imperialismus während des Kalten Krieges instrumentalisiert.

Detailliert wird das Alltagsleben der Legionäre vorgestellt: die Selbstzweifel der intellektuellen Protagonisten – einer von ihnen war in Paris Mitarbeiter der Zweigstelle des aus Frankfurt emigrierten Instituts für Sozialforschung gewesen –; ihre politischen Reflexionen etwa über die Frage, ob die Meldung zur Legion mit antifaschistischen Überzeugungen vereinbar sei; dann die Konflikte mit den von der Politik enttäuschten spanischen Republikanern, die in ihre Reihen geflohen waren. Noch eindringlicher erscheinen der Einsatz und die baldigen Enttäuschungen der Frontwechsler beim Viet Minh, nicht zuletzt unter den extremen klimatischen Bedingungen mit ständigen Malaria- und Fieberanfällen, sowie schließlich die Entwurzelungen in einem fremden Deutschland nach der demütigenden Rückkehr. Farbe bekommt die Studie noch dadurch, dass der Autor auf einige ergiebige, bisher unbekannte Nachlässe der Emigranten zurückgreifen konnte, die sich zum Teil in umfassenden selbstanalytischen Aufzeichnungen minutiös Rechenschaft über ihre gescheiterten Hoffnungen und zerbrochenen Existenzen abgelegt haben. Solche vom Autor großzügig wiedergegebenen Zeugnisse wiegen die stellenweise allzu positivistische, gelegentlich sogar zügellose Detailversessenheit allemal auf.

Claus-Dieter Krohn

Kurzbiografien der Autorinnen und Autoren

Michaela Enderle-Ristori, geb. 1959. Studium der Germanistik und Romanistik in Tübingen und Paris VIII, Promotion 1994, Agrégation; seit 1997 Maître de conférences für deutsche Literatur an der Universität Tours. Forschungsschwerpunkte: Literatur und Publizistik des Exils, deutsch-französische Kulturbeziehungen im 20. Jahrhundert, Übersetzungstheorie und -geschichte.

Georges-Arthur Goldschmidt, geb. 1928 in Hamburg. 1938 Exil in Florenz, ab 1939 im französischen Savoyen, wo er mit seinem Bruder die deutsche Besatzung bei Bergbauern versteckt überlebt. 1947 Germanistikstudium an der Sorbonne, 1957 Agrégation und anschließende Lehrtätigkeit an Pariser Gymnasien. Schriftsteller, Literaturkritiker und Übersetzer. Zahlreiche Prosa- und Essaypublikationen in deutscher und französischer Sprache; mehrfache literarische Auszeichnungen (u. a. 1991 Geschwister-Scholl-Preis; 2001 Nelly-Sachs-Preis; 2002 Goethe-Medaille).

Wolfgang Stephan Kissel, geb. 1957, Professor für Kulturgeschichte Ost- und Ostmitteleuropas an der Universität Bremen. Forschungsschwerpunkte: Russische Literatur und Kultur des 18.–20. Jahrhunderts, insbesondere Reiseliteratur, Memoirenliteratur und Autobiografik, Exilliteratur in Ost- und Ostmitteleuropa, Orientalismus in slavischen Kulturen, Zivilisationstheorie. Zahlreiche Publikationen zu den genannten Gebieten.

Alfrun Kliems, geb. 1969. 1988–1994 Studium der Russistik und Bohemistik an der Humboldt-Universität in Berlin und der Karls-Universität Prag, 2000 Promotion. 2001–2003 Dozentin am Lehrstuhl Westslawische Literaturen der Humboldt-Universität, zzt. Fachkoordinatorin Literaturwissenschaft am GWZO Leipzig. Publikationen zur ostmitteleuropäischen Exilliteratur, zum Sprachwechsel und zur westslawischen Lyrik des 20. Jahrhunderts.

Robert Leucht, geb. 1975 in Wien. Studium der Germanistik, Musikwissenschaft, Theaterwissenschaft und Publizistik in Wien. 2005 Promotion an der Universität Zürich mit einer Arbeit über Walter Abish. Seit 2004 Assistent am Deutschen Seminar der Universität Zürich.

Wulf Köpke, geb. 1928, Distinguished Professor Emeritus, Texas A&M University, Mitherausgeber des Jahrbuchs *Exilforschung* und des *Herder-Jahrbuchs*, Bücher über Jean Paul, J. G. Herder, Lion Feuchtwanger, Alfred Döblin und

Max Frisch. Herausgeber oder Mitherausgeber von Bänden über J.G. Herder und verschiedene Aspekte der Exilforschung, etwa 200 Studien zum 18. und 20. Jahrhundert sowie Lehrbücher.

Sture Packalén, geb. 1947. Studium an den Universitäten Uppsala, Konstanz und University of California, Davis. 1986 Promotion. 1987–1988 Mitarbeiter des Peter-Weiss-Archivs der Akademie der Künste in Berlin. 1992–1996 Assistant Professor an der Universität Uppsala. Seit 2000 Professor für deutsche Literatur an der Mälardalen University Västerås/Schweden. Forschungsschwerpunkte im Bereich der neueren deutschen Literatur.

Georg Pichler, geb. 1961. Germanist und Romanist, seit 1990 in Spanien, Profesor titular für Deutsche Sprache und Literatur an der Universidad de Alcalá (Madrid). Forschungsschwerpunkte: deutschsprachige Literatur vor allem des 20. Jahrhunderts, spanische Gegenwartsliteratur, Kulturkontakte zwischen den deutsch- und spanischsprachigen Ländern.

Paul Ricœur (1913–2005). 1935 Agrégation in Philosophie, 1939 während der Kriegsgefangenschaft in Pommern erste französische Übersetzung von Husserls *Ideen*. Ab 1947 Mitherausgeber der Zeitschrift *Esprit*. 1950 Promotion, 1957–1966 Professor für Allgemeine Philosophie an der Sorbonne, 1967–1987 Professor (und 1969/70 Rektor) an der Universität Nanterre, 1970–1990 auch an der University of Chicago (Lehrstuhl Paul Tillich). Hauptwerke: *Geschichte und Wahrheit* (1955), *Zeit und Erzählung* (1983–1985), *Das Selbst als ein Anderer* (1990), *Gedächtnis, Geschichte, Vergessen* (2000).

Hélène Roussel, geb. 1945. Studium der Germanistik und Romanistik (Ecole Normale Supérieure und Sorbonne), Agrégation. Maître de conférences an der Université Paris 8. Forschungsschwerpunkte: Kulturgeschichte, Literatur, Presse des deutschen Exils 1933–1945 sowie der Weimarer Republik. Übersetzerin (Anna Seghers). Herausgeberin der Reihe *Exil – Forschungen und Texte* bei edition lumière, Bremen.

Sigurd Paul Scheichl, geb. 1942. Studium der Germanistik und Anglistik in Innsbruck, Wien und an der University of Kansas. 1973 Promotion. 1984 Habilitation, Gastprofessuren in Graz und Dakar/Senegal. Seit 1992 Professor für Österreichische Literaturgeschichte und Allgemeine Literaturwissenschaft in Innsbruck. Zahlreiche Publikationen zur österreichischen Literatur des 19. und 20. Jahrhunderts (u. a. Werkausgabe Karl Kraus).

Klaus Schulte, geb. 1946. Studium der Germanistik, Philosophie, Komparatistik und Theaterwissenschaft an der Freien Universität Berlin. Seit 1975 associate professor für Deutsch und (seit 2000) für Interkulturelle Studien an der Universität Roskilde/Dänemark. Forschungsschwerpunkte: Kulturtheorie und -geschichte, Globalisierung, Ethnizität, Übersetzungstheorie, Literatur und Geschichte des deutschsprachigen Exils.

Natalia Shchyhlevska, geb. 1978 in der Ukraine. 1995–2000 Studium der Germanistik an der Nationalen Iwan-Franko Universität Lwiw, 2003 Promotion an der Universität Mainz über deutschsprachige Autoren aus der Bukowina; zzt. Leo Baeck Fellow mit einem Forschungsprojekt über Alfred Gong.

Susanne Utsch, geb. 1972. Studium der Germanistik und Geschichte in Aachen, Aix-en-Provence und Heidelberg. 2006 Promotion mit einer Arbeit zum Sprachwechsel bei Klaus Mann. Arbeitet seit 2000 als Kulturjournalistin für Hörfunk und Fernsehen in Berlin.

Michael Winkler, geb. 1937. Studium der Germanistik, Anglistik und Soziologie in Frankfurt und Köln. Unterrichtete deutsche Sprache und Literatur an amerikanischen Colleges und Universitäten, zuletzt Professor an der Rice University in Houston/Texas; seit 2000 emeritiert.

Michaela Wolf, geb. 1955, Übersetzungswissenschaftlerin und Romanistin, Professorin am Institut für Translationswissenschaft der Universität Graz. Arbeitsgebiete: Übersetzungssoziologie, kulturwissenschaftliche Ansätze der Übersetzungswissenschaft, Postkoloniale Übersetzungswissenschaft, Feministische Übersetzungswissenschaft, Geschichte der Translation.

Jahrbuch Exilforschung
Bibliografie der Bände 1/1983-25/2007

I. Autorinnen- und Autoren-Verzeichnis
II. Thematische Ordnung
  1. Politische Emigration
  2. Literatur
  3. Wissenschaften
  4. Kunst
  5. Medien
  6. Jüdische Emigration
  7. Frauen
  8. Widerstand
  9. Remigration

I. **Autorinnen- und Autoren-Verzeichnis**

Abosch, Heinz, Von der Volksfront zu den Moskauer Prozessen, Bd. 1/1983, S. 27–44.
Adunka, Evelyn, Bücherraub in und aus Österreich während der NS-Zeit und die Restitutionen nach 1945, Bd. 22/2004, S. 180–200.
Agde, Günter, Zwischen Hoffnung und Illusion. Filmarbeit deutscher Emigranten in Moskau und die Produktionsfirma Meshrabpom-Film, Bd. 21/2003, S. 62–84.
Ahlers, Mulan, »Die Emigranten kämpfen mit Shanghai wie Jacob mit dem Engel«, Bd. 5/1987, S. 111–122.
Akashe-Böhme, Farideh, Biographien in der Migration, Bd. 17/1999, S. 38–52.
Albert, Claudia, Adorno und Eisler – Repräsentanten des Musiklebens in den beiden deutschen Staaten der Nachkriegszeit, Bd. 9/1991, S. 68–80.
Albrecht, Richard, »Die ›braune Pest‹ kommt...«. Aspekte der Verfolgung Frank Arnaus im Exil 1933/34, Bd. 3/1985, S. 158–172.
Albrecht, Richard, Sergej Tschachotin oder »Dreipfeil gegen Hakenkreuz«. Eine biographisch-historische Skizze, Bd. 4/1986, S. 208–228.
Andrzejewski, Marek, Zur deutschsprachigen Emigration in Polen. 1933 bis 1939, Bd. 18/2000, S. 138–156.

Asper, Helmut G., Max Ophüls gegen Hitler, Bd. 3/1985, S. 173–182.
Asper, Helmut G., Hollywood – Hölle oder Paradies? Legende und Realität der Lebens- und Arbeitsbedingungen der Exilanten in der amerikanischen Filmindustrie, Bd. 10/1992, S. 187–200.
Asper, Helmut G., »... um Himmels willen vergessen Sie Ihre Vergangenheit«. Integrationsbemühungen und -probleme der Filmemigranten, Bd. 14/1996, S. 186–199.
Asper, Helmut G., Filmavantgardisten im Exil, Bd. 16/1998, S. 174–193.
Asper, Helmut G., Ungeliebte Gäste. Filmemigranten in Paris 1933–1940. Mit einer Filmographie von Jan-Christopher Horak: Exilfilme in Frankreich 1933–1950, Bd. 21/2003, S. 40–61.
Auer, Anna, Die Geschichte der österreichischen Exilfotografie, Bd. 21/2003, S. 183–206.
Badia, Gilbert / René Geoffroy, Ernst Glaeser, ein Antisemit? Eine kritische Untersuchung des in der Emigration gegen Ernst Glaeser erhobenen Vorwurfs des Antisemitismus, Bd. 1/1983, S. 283–301.
Bahr, Ehrhard, Paul Tillich und das Problem einer deutschen Exilregierung in den Vereinigten Staaten, Bd. 3/1985, S. 31–42.
Bahr, Ehrhard, Exiltheater in Los Angeles. Max Reinhardt, Leopold Jessner, Bertolt Brecht und Walter Wicclair, Bd. 21/2003, S. 95–111.
Bahr, Erhard, Los Angeles als Zentrum der Exilkultur und die Krise des Modernismus, Bd. 20/2002, S. 199–212.
Barkhoff, Jürgen, Erzählung als Erfahrungsrettung. Zur Ich-Perspektive in Anna Seghers' Exilroman *Transit*, Bd. 9/1991, S. 218–235.
Barnouw, Dagmar, Exil als Allegorie: Walter Benjamin und die Autorität des Kritikers, Bd. 3/1985, S. 197–214.
Barnouw, Dagmar, Der Jude als Paria. Hannah Arendt über die Unmündigkeit des Exils, Bd. 4/1986, S. 43–61.

Bauer, Markus, Exil und Galut. Zum jüdischen Selbstverständnis nach 1933, Bd. 18/2000, S. 37–50.
Bauer, Markus, Paradies, Fegefeuer, Hölle. Exil und Holocaust in Rumänien, Bd. 19/2001, S. 145–167.
Bearman, Marietta/Charmian Brinson, »Jugend voran«: sieben Jahre Junges Österreich in Großbritannien, Bd. 24/2006, S. 150–167.
Becher, Peter, Metropole des Exils – Prag 1933–1939, Bd. 20/2002, S. 159–177.
Becker, Sabina, Zwischen Akkulturation und Enkulturation. Anmerkungen zu einem vernachlässigten Autorinnentypus: Jenny Aloni und Ilse Losa, Bd. 13/1995, S. 114–136.
Becker, Sabina, Die literarische Moderne im Exil. Kontinuitäten und Brüche der Stadtwahrnehmung, Bd. 20/2002, S. 36–52.
Benz, Wolfgang, Rückkehr auf Zeit. Erfahrungen deutsch-jüdischer Emigranten mit Einladungen in ihre ehemaligen Heimatstädte, Bd. 9/1991, S. 196–207.
Benz, Wolfgang, Illegale Einwanderung nach Palästina, Bd. 19/2001, S. 128–144.
Benz, Wolfgang, Ernst Loewy: Vom Buchhandelslehrling in Tel Aviv zum Pionier der Exilforschung, Bd. 21/2003, S. 16–23.
Berg, Hubert van den, Die Ermordung Erich Mühsams. Stellungnahmen und Diskussionen deutscher Emigranten 1934 bis 1935, Bd. 12/1994, S. 174–190.
Betz, Albrecht, »Gegen die vordringende Barbarei«. Zu einigen unveröffentlichten Briefen von Heinrich Mann und Franz Werfel an Louis Gillet, Bd. 2/1984, S. 381–392.
Bischoff, Doerte, Avantgarde und Exil. Else Lasker-Schülers *Hebräerland*, Bd. 16/1998, S. 105–126.
Bock, Hans Manfred, Paul Distelbarths *Lebendiges Frankreich*. Ein Dokument verdeckter Opposition und verständigungspolitischer Kontinuität im »Dritten Reich«, Bd. 12/1994, S. 99–113.
Bollenbeck, Georg, Vom Exil zur Diaspora. Zu Oskar Maria Grafs Roman *Die Flucht ins Mittelmäßige*, Bd. 3/1985, S. 260–269.
Borst, Eva, Identität und Exil. Konzeptionelle Überlegungen zur 7. Tagung »Frauen im Exil: Sprache-Identität-Kultur«, Bd. 17/1999, S. 10–23.
Braese, Stephan, Fünfzig Jahre ›danach‹. Zum Antifaschismus-Paradigma in der deutschen Exilforschung, Bd. 14/1996, S. 133–149.
Braese, Stephan, Auf der Spitze des Mastbaums. Walter Benjamin als Kritiker im Exil, Bd. 16/1998, S. 56–86.
Braese, Stephan, Nach-Exil. Zu einem Entstehungsort westdeutscher Nachkriegsliteratur, Bd. 19/2001, S. 227–253.
Brenner, Arthur, »Hirngespinste« oder moralische Pflicht? Emil J. Gumbel im französischen Exil 1932 bis 1940, Bd. 8/1990, S. 128–141.
Briegleb, Klaus/Walter Uka, Zwanzig Jahre nach unserer Abreise ..., Bd. 1/1983, S. 203–244.
Brinson, Charmian, s. Bearman, Marietta/Charmian Brinson, »Jugend voran«: sieben Jahre Junges Österreich in Großbritannien.
Brinson, Charmian/Richard Dove, »Just about the best actor in England«: Martin Miller in London, 1939 bis 1949. Theater – Film – Rundfunk, Bd. 21/2003, S. 129–140.
Bruns, Brigitte, Thesaurus und Denkmal des Exils. Zur Rezeption des *Biographischen Handbuchs der deutschsprachigen Emigration nach 1933/International Biographical Dictionary of Central European Emigrés 1933–1945* in Publizistik und Exilforschung, Bd. 17/1999, S. 214–240.
Buchstein, Hubertus, Verpaßte Chancen einer kritischen Politikwissenschaft? A.R.L. Gurlands Gastspiel in Berlin 1950 bis 1954, Bd. 9/1991, S. 128–145.
Christmann, Hans Helmut, Deutsche Romanisten als Verfolgte des Nationalsozialismus, Bd. 6/1988, S. 73–82.
Cieslok, Ulrike, Eine schwierige Rückkehr. Remigranten an nordrhein-westfälischen Hochschulen, Bd. 9/1991, S. 115–127.
Cohen, Jean-Louis, Julius Posener à *L'Architecture d'Aujourd'hui*: un regard parisien sur l'architecture allemande des années 30, Bd. 10/1992, S. 84–99.
Corbin-Schuffels, Anne-Marie, Eine Revanche im Kalten Krieg? Agitprop im Kampf für die Freiheit der Kultur, Bd. 15/1997, S. 255–268.
Cremieux-Brilhac, Jean-Louis, Freie Franzosen in London 1940 bis 1944, Bd. 18/2000, S. 112–137.
Critchfield, Richard, Einige Überlegungen zur Problematik der Exilautobiographik, Bd. 2/1984, S. 41–55.
Curio, Claudia, Flucht, Fürsorge und Anpassungsdruck. Die Rettung von Kindern nach Großbritannien 1938/39, Bd. 24/2006, S. 62–72.

Dahms, Hans-Joachim, Verluste durch Emigration. Die Auswirkungen der nationalsozialistischen »Säuberungen« an der Universität Göttingen. Eine Fallstudie, Bd. 4/1986, S. 160–185.

Depkat, Volker, Der biografische Ort des Exils. Strukturen narrativer Sinnbildung über eine Zäsurerfahrung in den Autobiografien der deutschen Sozialisten Wilhelm Dittmann, Albert Grzesinski, Käte Frankenthal und Toni Sender, Bd. 23/2005, S. 30–56.

Diaz Pérez, Olivia C., Der Exilverlag El Libro Libre in Mexiko, Bd. 22/2004, S. 156–179.

Dinesen, Ruth, Exil als Metapher. Nelly Sachs: *Flucht und Verwandlung* (1959), Bd. 11/1993, S. 143–155.

Dornhof, Dorothea, »Nur nicht stillschweigen müssen zu den Verbrechen seines Landes«. Gespräch mit Lisa Fittko, Chicago, 14. Dezember 1992, Bd. 11/1993, S. 229–338.

Dove, Richard, s. Brinson, Charmian / Richard Dove, »Just about the best actor in England«.

Eakin-Thimme, Gabriela Ann Deutsche Nationalgeschichte und Aufbau Europas. Deutschsprachige jüdische Historiker im amerikanischen Exil, Bd. 19/2001, S. 65–79.

Eckert, Brita, Goethe-Rezeption im Exil 1933 bis 1949, Bd. 18/2000, S. 230–253.

Ehrke-Rotermund, Heidrun, Camoufliertes Malen im »Dritten Reich«. Otto Dix zwischen Widerstand und Innerer Emigration, Bd. 12/1994, S. 126–155.

Eiber, Ludwig, Verschwiegene Bündnispartner. Die Union deutscher sozialistischer Organisationen in Großbritannien und die britischen Nachrichtendienste, Bd. 15/1997, S. 66–87.

Embacher, Helga, Eine Heimkehr gibt es nicht? Remigration nach Österreich, Bd. 19/2001, S. 187–209.

Enderle-Ristori, Michaela, Das »freie deutsche Buch« im französischen Exil. Ein kulturpolitisches Konzept und seine organisatorische Praxis, Bd. 22/2004, S. 29–59.

Enderle-Ristori, Michaela, Kulturelle Übersetzung bei Heinrich Mann. Der »Dritte Raum« als permanente Herausforderung, Bd. 25/2007, S. 71–89.

Erler, Peter/ Manfred Wilke, »Nach Hitler kommen wir«. Das Konzept der Moskauer KPD-Führung 1944/45 für Nachkriegsdeutschland, Bd. 15/1997, S. 102–119.

Faulenbach, Bernd, Der »deutsche Weg« aus der Sicht des Exils. Zum Urteil emigrierter Historiker, Bd. 3/1985, S. 11–30.

Feidel-Mertz, Hildegard, Erziehung zur sozialen Humanität. Hans Weils »Schule am Mittelmeer« in Recco / Italien (1934 bis 1937/38), Bd. 24/2006, S. 95–116.

Fetscher, Iring, Der »Totalitarismus«, Bd. 1/1983, S. 11–26.

Fillmann, Elisabeth, *PLN*-Dechiffrierungen. Verarbeitung konkreter Zeitrealität und Kritik der »Innerlichkeit« in Werner Krauss' satirischem Roman, Bd. 12/1994, S. 53–69.

Fischer, Erica, Sehnsucht nach dem goldenen Einhorn, Bd. 17/1999, S. 164–169.

Fischer, Ernst, »Kunst an sich ›geht‹ hier nicht«. Deutsche Buchgestalter und Buchillustratoren im amerikanischen Exil, Bd. 22/2004, S. 100–126.

Fischer, Klaus, Die Emigration deutschsprachiger Kernphysiker nach 1933. Eine kollektivbiographische Analyse ihrer Wirkung auf der Basis szientometrischer Daten, Bd. 6/1988, S. 44–72.

Foitzik, Jan, Politische Probleme der Remigration, Bd. 9/1991, S. 104–114.

Franke, Julia, »*De véritables ›boches‹*«. Französische und emigrierte deutsche Juden im Paris der dreißiger Jahre, Bd. 19/2001, S. 80–105.

Freyeisen, Astrid, Shanghai. Rettung am »schlechtest möglichen Ort« der Welt?, Bd. 20/2002, S. 269–293.

Friedrich, Hans-Edwin, »Mein Name ist Jx, ich bin ebenso gewöhnlich wie auserlesen«. Selbst- und Zeitdeutung in Heinrich Manns *Ein Zeitalter wird besichtigt*, Bd. 23/2005, S. 102–113.

Frowein, Cordula, The Exhibition of 20th Century German Art in London 1938 – eine Antwort auf die Ausstellung »Entartete Kunst« in München 1937, Bd. 2/1984, S. 212–237.

Frowein, Cordula, Die verfemte Kunst im Exil – Kunsthandel und Nationalsozialismus. Das Schicksal der modernen Kunst am Beispiel der Sammlung Ludwig und Rosy Fischer, Bd. 10/1992, S. 74–83.

Geoffroy, René, s. Badia, Gilbert / René Geoffroy, Ernst Glaeser, ein Antisemit?

Geoffroy, René, Ernst Glaeser und der »Schweizer Schutzengel«, Bd. 2/1984, S. 358–380.

Geoffroy, René, Veröffentlichungen deutschsprachiger Emigranten in ungarischen Verlagen (1933–1944), Bd. 13/1995, S. 237–264.

Glees, Anthony, Eine Lücke in Hugh Daltons und Friedrich Stampfers Memoiren – und die Entfremdung zwischen Labour Party und Exil-SPD, Bd. 2/1984, S. 104–120.
Goetzinger, Germaine, Malpaartes – ein unbekannter Exilverlag aus Luxemburg, Bd. 22/2004, S. 84–99.
Goldschmidt, Georges-Arthur, Exil und Doppelsprachlichkeit, Bd. 25/2007, S. 1–2.
Goytisolo, Juan, Der Wald der Literatur. Wider den kulturellen Ethnozentrismus, Bd. 13/1995, S. 11–15.
Grebing, Helga, Was wird aus Deutschland nach dem Krieg? Perspektiven linkssozialistischer Emigration für den Neuaufbau Deutschlands nach dem Zusammenbruch der nationalsozialistischen Diktatur, Bd. 3/1985, S. 43–58.
Grünewald, Michel, Literaturkritik in Exilzeitschriften: *Die neue Weltbühne*, Bd. 7/1989, S. 136–154.
Grunenberg, Antonia, »Ich wollte Montezumas Federhut nach Mexiko bringen«. Ein Gespräch mit Bruno Frei über das kommunistische Westexil und die Nachkriegszeit in Österreich, Bd. 4/1986, S. 243–253.
Haarmann, Hermann, In der Fremde schreiben. Aspekte der Exilpublizistik. Eine Problemskizze, Bd. 7/1989, S. 11–20.
Hackert, Fritz, Die Forschungsdebatte zum Geschichtsroman im Exil. Ein Literaturbericht, Bd. 1/1983, S. 367–388.
Häntzschel, Hiltrud, Kritische Bemerkungen zur Erforschung der Wissenschaftsemigration unter geschlechterdifferenzierendem Blickwinkel, Bd. 14/1996, S. 150–163.
Hammel, Andrea, Online Database of British Archival Resources Relating to German-Speaking Refugees, 1933 bis 1950 (BARGE). Ein Projektbericht, Bd. 24/2006, S. 73–78.
Hannich-Bode, Ingrid, Autobiographien aus dem Exil. Literatur, Kunst und Musik – eine Bibliographie, Bd. 14/1996, S. 200–208.
Hansen-Schaberg, Inge, »Exil als Chance«. Voraussetzungen und Bedingungen der Integration und Akkulturation, Bd. 24/2006, S. 183–197.
Haselbach, Dieter, Staat und Markt. Zur intellektuellen Biographie Wilhelm Röpkes, Bd. 6/1988, S. 123–136.
Heister, Hanns-Werner, »Amerikanische Oper« und antinazistische Propaganda. Aspekte von Kurt Weills Produktion im US-Exil, Bd. 10/1992, S. 152–167.
Heister, Hanns-Werner, Karl Amadeus Hartmanns ›innere Emigration‹ vor und nach 1945. Die *Symphonische Ouvertüre »China kämpft«*, Bd. 12/1994, S. 156–173.
Held, Jutta, Das Exil der deutschen Künstler in den dreißiger und vierziger Jahren. Zur Exilforschung, Bd. 12/1994, S. 191–199.
Helf, Josef, »Tout serait à refaire«. Kurt Tucholskys Reflexionen über französische Zivilisiertheit und »deutschen Jargon« in den *Q-Tagebüchern* und den *Briefen aus dem Schweigen*, Bd. 13/1995, S. 96–113.
Heller, Heinz-B., »Ungleichzeitigkeiten«. Anmerkungen zu Ernst Blochs Kritik des »Massenfaschismus« in Erbschaft dieser Zeit, Bd. 1/1983, S. 343–358.
Hermand, Jost, Madison, Wisconsin 1959–1973. Der Einfluß der deutschen Exilanten auf die Entstehung der Neuen Linken, Bd. 13/1995, S. 52–67.
Hermand, Jost, Das Eigene im Fremden. Die Wirkung der Exilanten und Exilantinnen auf die amerikanische Germanistik, Bd. 16/1998, S. 157–173.
Heumos, Peter, Jüdischer Sozialismus im Exil. Zur politischen Programmatik der Exilvertretung des Allgemeinen Jüdischen Arbeiterbundes in Polen im Zweiten Weltkrieg, Bd. 4/1986, S. 62–82.
Hillebrecht, Sabine, Freiheit in Ankara. Deutschsprachige Emigrantenkinder im türkischen Exil, Bd. 24/2006, S. 198–214.
Hilsheimer, Thomas, Das Scheitern der Wirtschaftsmacht an den politischen Umständen. Robert Neumanns Exilerzählung *Sephardi*, Bd. 16/1998, S. 127–141.
Hilzinger, Sonja, »Ich hatte nur zu schweigen«. Strategien des Bewältigens und des Verdrängens der Erfahrung Exil in der Sowjetunion am Beispiel autobiographischer Texte, Bd. 11/1993, S. 31–52.
Hirschfeld, Gerhard, »The defence of learning and science ...«. Der Academic Assistance Council in Großbritannien und die wissenschaftliche Emigration aus Nazi-Deutschland, Bd. 6/1988, S. 28–43.
Hoffmann, Christhard, Zerstörte Geschichte. Zum Werk der jüdischen Historikerin Selma Stern, Bd. 11/1993, S. 203–215.
Hofner-Kulenkamp, Gabriele, Versprengte Europäerinnen. Deutschsprachige Kunsthistorikerinnen im Exil, Bd. 11/1993, S. 190–202.

Holl, Karl, Lilo Linke (1906–1963). Von der Weimarer Jungdemokratin zur Sozialreporterin in Lateinamerika. Materialien zu einer Biographie, Bd. 5/1987, S. 68–89.

Holl, Karl, Exil und Asyl als Gegenstand universitärer Lehre. Erfahrungsbericht über ein Projekt an der Universität Bremen, Bd. 18/2000, S. 262–269.

Holz, Pedro, s. Wojak, Irmtrud / Pedro Holz, Chilenische Exilanten in der Bundesrepublik Deutschland.

Holz, Keith, Responses from Bohemia to »Entartete Kunst«, 1937–1938, Bd. 10/1992, S. 33–49.

Honnef, Klaus, Fotografen im Exil, Bd. 21/2003, S. 170–182.

Horak, Jan-Christopher, Wunderliche Schicksalsfügung: Emigranten in Hollywoods Anti-Nazi-Film, Bd. 2/1984, S. 257–270.

Horak, Jan-Christopher, Exilfilme in Frankreich 1933–1950 [Filmographie], s. Asper, Helmut G., Ungeliebte Gäste. Filmemigranten in Paris 1933–1940.

Horch, Hans Otto, Exil und Messianismus. Manès Sperbers Romantrilogie *Wie eine Träne im Ozean* im Kontext deutsch-jüdischer Exilliteratur, Bd. 19/2001, S. 210–226.

Horn, Klaus-Peter / Heinz-Elmar Tenorth, Remigration in der Erziehungswissenschaft, Bd. 9/1991, S. 171–195.

Huder, Walter, Die sogenannte Reinigung. Die »Gleichschaltung« der Sektion für Dichtkunst der Preußischen Akademie der Künste 1933, Bd. 4/1986, S. 144–159.

Huder, Walter, *Doktor Faustus* von Thomas Mann als Nationalroman deutscher Schuld im amerikanischen Exil konzipiert, Bd. 10/1992, S. 201–210.

Hürten, Heinz, »Der Deutsche Weg«. Katholische Exilpublizistik und Auslandsdeutschtum. Ein Hinweis auf Friedrich Muckermann, Bd. 4/1986, S. 115–129.

Ingrisch, Doris, »I think I got a sense of being different«. Über als Kinder und Jugendliche vom Nationalsozialismus vertriebene Intellektuelle, Bd. 24/2006, S. 215–230.

Jacobsen, Wolfgang, s. Klapdor, Heike / Wolfgang Jacobsen, »Dear Paul, I had real bad luck«. Von der Illusion des Glücks im Exil.

Jasper, Willi, Heinrich Mann und die »Deutsche Volksfront«. Mythos und Realität intellektueller Ideenpolitik im Exil, Bd. 1/1983, S. 45–60.

Jasper, Willi, Entwürfe einer neuen Demokratie für Deutschland. Ideenpolitische Aspekte der Exildiskussion 1933–1945. Ein Überblick, Bd. 2/1984, S. 271–298.

Jasper, Willi, »Sie waren selbständige Denker«. Erinnerungen an die »Affäre Breitscheid / Hilferding« und die sozialdemokratische Emigration von 1933 bis 1945, Bd. 3/1985, S. 59–70.

Jewanski, Jörg, »Ich brauche mich mit ›Geschäften‹ nicht mehr zu befassen, nur mit Kunst«. Alexander László und die Weiterentwicklung seiner Farblichtmusik im amerikanischen Exil, Bd. 16/1998, S. 194–228.

Jung, Bettina, Heimatlos in Deutschland. Irmgard Keuns Satiren gegen die Restauration der deutschen Nachkriegszeit, Bd. 17/1999, S. 152–163.

Kambas, Chryssoula, Exil des Intellektuellen und Großstadt. Zu Walter Benjamin, Bd. 20/2002, S. 74–96.

Katenhusen, Ines, Biografie des Scheiterns? Alexander Dorner, ein deutscher Museumsdirektor in den USA, Bd. 22/2004, S. 260–284.

Keilson, Hans, »Sie werden von niemandem erwartet«. Eine Untersuchung über verwaiste jüdische Kinder und deren ›sequentielle Traumatisierung‹, Bd. 3/1985, S. 374–395.

Kerber, Harald, Paul Tillich – ein Theologe im Exil, Bd. 4/1986, S. 130–143.

Kettler, David / Volker Meja / Nico Stehr, Schattendasein einer erfolgreichen Emigration: Karl Mannheim im englischen Exil, Bd. 5/1987, S. 170–195.

Kießling, Wolfgang, Vom Grunewald nach Woodstock über Moskau. Alfons Goldschmidt im USA-Exil, Bd. 8/1990, S. 106–127.

Kissel, Wolfgang Stephan, Russisches Dichtergedenken im Exil (1921–1939): Totenkult und kulturelles Gedächtnis, Bd. 18/2000, S. 208–229.

Kissel, Wolfgang Stephan, Vladimir Nabokovs Metamorphosen. (Selbst-)Übersetzung als transkulturelle Praxis des Exils, Bd. 25/2007, S. 50–70.

Klapdor, Heike, Überlebensstrategie statt Lebensentwurf. Frauen in der Emigration, Bd. 11/1993, S. 12–30.

Klapdor, Heike / Wolfgang Jacobsen, »Dear Paul, I had real bad luck.« Von der Illusion des Glücks im Exil, Bd. 21/2003, S. 24–39.

Klapdor-Kops, Heike »Und was die Verfasserin betrifft, laßt uns weitersehen«. Die Rekonstruktion der schriftstellerischen Laufbahn Anna Gmeyners, Bd. 3/1985, S. 313–338.

Klein, Anne, Rettung und Restriktion. US-amerikanische Notvisa für politische Flüchtlinge in Süd-Frankreich 1940/41, Bd. 15/1997, S. 213–232.

Kleinschmidt, Erich, Schreiben und Leben. Zur Ästhetik des Autobiographischen in der deutschen Exilliteratur, Bd. 2/1984, S. 24–40.

Kleinschmidt, Erich, »Sprache, die meine Wohnung war«. Exil und Sprachidee bei Peter Weiss, Bd. 3/1985, S. 215–224.

Kleinschmidt, Erich, Schreibpositionen. Ästhetikdebatten im Exil zwischen Selbstbehauptung und Verweigerung, Bd. 6/1988, S. 191–213.

Kliems, Alfrun, Transkulturalität des Exils und Translation im Exil. Versuch einer Zusammenbindung, Bd. 25/2007, S. 30–49.

Klotz, Christian, »Gemeißelt unser Widerstreben«. Widerstandssignale in Rudolf Alexander Schröders Woestijne-Übersetzungen, Bd. 12/1994, S. 114–125.

Klugescheid, Andreas, »*His Majes-ty's Most Loyal Enemy Aliens*«. Der Kampf deutsch-jüdischer Emigranten in den britischen Streitkräften 1939–1945, Bd. 19/2001, S. 106–127.

Koebner, Thomas, Arthur Koestlers Abkehr vom Stalinismus, Bd. 1/1983, S. 95–108.

Koelle, Lydia, Paris – Jerusalem ... et retour. Siebzehn Tage in Israel: Paul Celan »auf Lichtsuche«, Bd. 20/2002, S. 97–130.

Koepke, Wulf, Die Ausweglosigkeit der Nicht-Emigration. Jochen Klepper und die Verfolgung eines Patrioten, Bd. 12/1994, S. 70–81.

Koepke, Wulf, Anmerkungen zur Kontinuität der Exilliteraturforschung in Nordamerika, Bd. 14/1996, S. 75–94.

Koepke, Wulf, Die Selbstdarstellung des Exils und die Exilforschung. Ein Rückblick, Bd. 23/2005, S. 13–29.

Köpke, Wulf, Das dreifache Ja zur Sowjetunion. Lion Feuchtwangers Antwort an die Enttäuschten und Zweifelnden, Bd. 1/1983, S. 61–72.

Köpke, Wulf, Die Wirkung des Exils auf Sprache und Stil. Ein Vorschlag zur Forschung, Bd. 3/1985, S. 225–237.

Köpke, Wulf, Die Flucht durch Frankreich. Die zweite Erfahrung der Heimatlosigkeit in Berichten der Emigranten aus dem Jahre 1940, Bd. 4/1986, S. 229–242.

Köpke, Wulf, Die würdige Greisin. Marta Feuchtwanger als Beispiel, Bd. 7/1989, S. 212–225.

Köpke, Wulf, Hans Sahl als Übersetzer, Bd. 25/2007, S. 208–226.

Körner, Klaus, Fortleben des politischen Exils in der Bundesrepublik. Johann Fladung und der Progress-Verlag 1950–1972, Bd. 22/2004, S. 218–236.

Kohlhaas, Elisabeth, »Die Flamme des Weltbrandes an ihrem Ursprung austreten ...«. Der kommunistische Freiheitssender 29,8, Bd. 8/1990, S. 46–60.

Koopmann, Helmut, Von der Unzerstörbarkeit des Ich. Zur Literarisierung der Exilerfahrung, Bd. 2/1984, S. 9–23.

Kopelew, Lew, Zur Situation der deutschen Emigranten in der Sowjetunion. Aus einem Gespräch, Bd. 1/1983, S. 159–164.

Kraushaar, Wolfgang, Die Wiederkehr der Traumata im Versuch sie zu bearbeiten. Die Remigration von Horkheimer und Adorno und ihr Verhältnis zur Studentenbewegung, Bd. 9/1991, S. 46–67.

Krauß, Andrea, Die schwierige Wahrheit der Literatur. Über eine Randerscheinung des Schauspiels *IchundIch* von Else Lasker-Schüler, Bd. 17/1999, S. 79–90.

Krauße, Anna-Carola, »Malen fürs Lebensbrot«. Zum Verlust künstlerischer Identität in der Emigration: die Malerin Lotte Laserstein im schwedischen Exil, Bd. 17/1999, S. 106–126.

Kröger, Marianne, Carl Einsteins Romanfragment *BEB II*. Epochenrückblick und Ich-Problematisierung, Bd. 23/2005, S. 150–161.

Kröhnke, Friedrich, Surrealismus und deutsches Exil. Eine mexikanische Episode, Bd. 3/1985, S. 359–373.

Kröner, Hans-Peter, Die Emigration deutschsprachiger Mediziner 1933–1945. Versuch einer Befunderhebung, Bd. 6/1988, S. 83–97.

Krohn, Claus-Dieter, »Nobody has a right to come into the United States«. Die amerikanischen Behörden und das Flüchtlingsproblem nach 1933, Bd. 3/1985, S. 127–142.

Krohn, Claus-Dieter, Der Fall Bergstraesser in Amerika, Bd. 4/1986, S. 254–275.

Krohn, Claus-Dieter, Die Entdeckung des ›anderen Deutschland‹ in der intellektuellen Protestbewegung der 1960er Jahre in der Bundesrepublik und den Vereinigten Staaten, Bd. 13/1995, S. 16–51.

Krohn, Claus-Dieter, Propaganda als Widerstand? Die *Braunbuch*-Kampagne zum Reichstagsbrand 1933, Bd. 15/1997, S. 10–32.

Krohn, Claus-Dieter, Migrationen und Metropolenkultur in Berlin vor 1933, Bd. 20/2002, S. 14–35.

Krüger, Dirk, »Vater, du mußt mir zuerst etwas erklären. Was bedeutet staatenlos? Wie kommt es, daß jemand staatenlos ist?« Kinder- und Jugendliteratur im Exil – Erinnerungen an die deutsch-jüdische Autorin Ruth Rewald, Bd. 11/1993, S. 171–189.

Kuhlmann, Anne, Das Exil als Heimat. Über jüdische Schreibweisen und Metaphern, Bd. 17/1999, S. 198–213.

Ladwig, Perdita, Venedig als Norm. Spuren einer Selbstthematisierung im Werk Percy Gotheins, Bd. 23/2005, S. 195–207.

Lämmert, Eberhard, Lion Feuchtwanger und das kalifornische Exil, Bd. 2/1984, S. 143–159.

Lange, Thomas, Sprung in eine neue Identität. Der Emigrant Ernst Erich Noth, Bd. 2/1984, S. 121–142.

Lange, Thomas, Emigration nach China: Wie aus Klara Blum Dshu Bailan wurde, Bd. 3/1985, S. 339–348.

Langkau-Alex, Ursula, »Es gilt, die Menschen zu verändern ...«. Zur Politik des Sozialdemokraten Paul Hertz im Exil, Bd. 8/1990, S. 142–156.

Lehmann, Hans Georg, Wiedereinbürgerung, Rehabilitation und Wiedergutmachung nach 1945. Zur Staatsangehörigkeit ausgebürgerter Emigranten und Remigranten, Bd. 9/1991, S. 90–103.

Leo, Annette, Sehnsucht nach dem Exil der Eltern, Bd. 17/1999, S. 170–182.

Lerf, Madeleine, Aus dem Konzentrationslager Buchenwald in die Schweiz. Studien zur wechselseitigen Wahrnehmung, Bd. 24/2006, S. 79–94.

Leucht, Robert, Prozesse und Aporien der Übersetzung bei Walter Abish. Vier Fallstudien, Bd. 25/2007, S. 153–170.

Lienert, Salome, Flüchtlingskinder in der Schweiz. Das Schweizer Hilfswerk für Emigrantenkinder 1933 bis 1947, Bd. 24/2006, S. 134–149.

Loebl, Herbert, Das Refugee Industries Committee. Eine wenig bekannte britische Hilfsorganisation, Bd. 8/1990, S. 220–241.

Loewy, Ernst, Freier Äther – freies Wort? Die Rundfunkarbeit deutscher Autoren im Exil 1933–1945, Bd. 2/1984, S. 238–256.

Loewy, Ernst, Jude, Israeli, Deutscher – Mit dem Widerspruch leben, Bd. 4/1986, S. 13–42.

Loewy, Ernst, Zum Paradigmenwechsel in der Exilliteraturforschung, Bd. 9/1991, S. 208–217.

Loewy, Ronny, Flucht oder Alija. Filmemigranten in Palästina, Bd. 21/2003, S. 85–94.

Lorenz, Einhart, Möglichkeiten und Grenzen des politischen Exils in Norwegen am Beispiel von Willy Brandt, Heinz Epe, Max Strobl und Jacob Nicolaus Vogel, Bd. 8/1990, S. 174–184.

Lorenz, Einhart, Exilforschung in Skandinavien. Geschichte, Stand, Perspektiven, Bd. 14/1996, S. 119–132.

Lorenz, Einhart, Willy Brandts Exil im Spiegel seiner Erinnerungen und seiner Biografen, Bd. 23/2005, S. 57–69.

Lühe, Barbara von der, Der Musikpädagoge Leo Kestenberg. Von Berlin über Prag nach Tel Aviv, Bd. 13/1995, S. 204–220.

Lühe, Barbara von der, Zeitzeugen der *Shoah* im Offenen Kanal Berlin. Verfolgung und Exil in der Zeit des Nationalsozialismus als Gegenstand einer medienpraktischen Unterrichtseinheit. Ein Projekt an der Technischen Universität Berlin in Kooperation mit dem Offenen Kanal Berlin, Bd. 19/2001, S. 254–274.

Lühe, Irmela von der, Die Publizistin Erika Mann im amerikanischen Exil, Bd. 7/1989, S. 65–84.

Lühe, Irmela von der, Geschwister im Exil: Erika und Klaus Mann, Bd. 11/1993, S. 68–87.

Lühe, Irmela von der, »Und der Mann war oft eine schwere, undankbare Last«. Frauen im Exil – Frauen in der Exilforschung, Bd. 14/1996, S. 44–61.

Lützeler, Paul Michael, The City of Man (1940). Ein Demokratiebuch amerikanischer und emigrierter europäischer Intellektueller, Bd. 2/1984, S. 299–309.

Lyon, James K., Brecht und Stalin – des Dichters »letztes Wort«, Bd. 1/1983, S. 120–129.

Maas, Lieselotte, Die »Neue Weltbühne« und der »Aufbau«. Zwei Beispiele für Grenzen und Möglichkeiten journalistischer Arbeit im Exil, Bd. 1/1983, S. 245–282.

Maas, Lieselotte, Verstrickt in die Totentänze einer Welt. Die politische Biographie des

Weimarer Journalisten Leopold Schwarzschild, dargestellt im Selbstzeugnis seiner Exilzeitschrift »Das Neue Tage-Buch«, Bd. 2/1984, S. 56–85.

Maas, Lieselotte, Kurfürstendamm auf den Champs-Elysées? Der Verlust von Realität und Moral beim Versuch einer Tageszeitung im Exil, Bd. 3/1985, S. 106–126.

Mallmann, Klaus-Michael, Frankreichs fremde Patrioten. Deutsche in der Résistance, Bd. 15/1997, S. 33–65.

Marquardt, Marion, Zu einigen Aspekten der *Hofmeister*-Bearbeitung Bertolt Brechts, Bd. 16/1998, S. 142–156.

Matthäus, Jürgen, Abwehr, Ausharren, Flucht. Der Centralverein deutscher Staatsbürger jüdischen Glaubens und die Emigration bis zur »Reichskristallnacht«, Bd. 19/2001, S. 18–40.

Meinl, Susanne, »*Schalom* – meine Heimat«. Stationen der Flucht aus Deutschland, Bd. 19/2001, S. 41–64.

Meleghy, Peter, Die ungarische Emigration nach 1956. Ein subjektiver Bericht, Bd. 18/2000, S. 157–167.

Messerschmidt, Beate, »Von Deutschland herübergekommen«. Die Vertreibung des freiheitlichen Gildengeistes 1933. Zur Buchgemeinschaft »Büchergilde Gutenberg«, Bd. 3/1985, S. 183–196.

Mews, Siegfried, Von der Ohnmacht der Intellektuellen: Christopher Hamptons *Tales from Hollywood*, Bd. 3/1985, S. 270–285.

Minerbi, Alessandra, Die politische und »rassische« Emigration aus dem faschistischen Italien 1933 bis 1943, Bd. 18/2000, S. 51–76.

Mittag, Gabriele, Erinnern, Schreiben, Überliefern. Über autobiographisches Schreiben deutscher und deutsch-jüdischer Frauen, Bd. 11/1993, S. 53–67.

Mittag, Gabriele, »Die Sünde und Schande der Christenheit hat ihren Kulminationspunkt erreicht«. Geschlechtsspezifische Aspekte der in den französischen Internierungslagern entstandenen Literatur, Bd. 17/1999, S. 69–78.

Mühlen, Patrik von zur, Säuberungen unter deutschen Spanienkämpfern, Bd. 1/1983, S. 165–176.

Mühlen, Patrik von zur, Der »Gegen-Führer« im Exil. Die Otto-Strasser-Bewegung in Lateinamerika, Bd. 3/1985, S. 143–157.

Mühlen, Patrik von zur, Der Spanische Bürgerkrieg – eine Bilanz nach fünfzig Jahren, Bd. 4/1986, S. 186–195.

Mühlen, Patrik von zur, Jüdische und deutsche Identität von Lateinamerika-Emigranten, Bd. 5/1987, S. 55–67.

Müller, Reinhard, Bericht des Komintern-Emissärs Bohumir Šmeral über seinen Pariser Aufenthalt 1937 (Dokument), Bd. 9/1991, S. 236–261.

Müller-Kampel, Beatrix Gespräch mit der Wiener Exildichterin Stella Rotenberg. Regelbruch und Respekt als Leitfaden für ein Interview, Bd. 23/2005, S. 162–178.

Müller-Salget, Klaus, Zum Beispiel: Heinz Liepmann, Bd. 3/1985, S. 286–312.

Müller-Salget, Klaus, Zum Dilemma des militanten Humanismus im Exil, Bd. 4/1986, S. 196–207.

Naumann, Uwe, Ein Stück der Versöhnung. Zur Uraufführung des Mysterienspiels *Eli* von Nelly Sachs (1962), Bd. 4/1986, S. 98–114.

Naumann, Uwe / Michael Töteberg, »Zänks for your Friendship und für die Kopfhaltung«. Ulrich Becher und seine Freundschaft mit George Grosz, Bd. 5/1987, S. 150–169.

Nawrocka, Irene, Kooperationen im deutschsprachigen Exilverlagswesen, Bd. 22/2004, S. 60–83.

Neugebauer, Rosamunde, Avantgarde im Exil? Anmerkungen zum Schicksal der bildkünstlerischen Avantgarde Deutschlands nach 1933 und zum Exilwerk Richard Lindners, Bd. 16/1998, S. 32–55.

Neugebauer, Rosamunde, Zur Metaphorik der Heimatlosigkeit. Eine vergleichende Betrachtung von Bettina Ehrlichs Kinderbuch *Cocolo's Home* und Axl Leskoscheks Graphikzyklus *Odysseus*, Bd. 17/1999, S. 183–197.

Neumann, Michael, Lektionen ohne Widerhall. Bemerkungen zum Einfluß von Remigranten auf die Entwicklung der westdeutschen Nachkriegssoziologie, Bd. 2/1984, S. 339–357.

Nickisch, Reinhard M. G., Da verstummte ich... Kreativitätsschwund als Folge der Exilierung – das Beispiel des Expressionisten und Publizisten Armin T. Wegner, Bd. 2/1984, S. 160–172.

Niedhart, Gottfried, Gustav Mayers englische Jahre: Zum Exil eines deutschen Juden und Historikers, Bd. 6/1988, S. 98–107.

Nieraad, Jürgen, Deutschsprachige Literatur in Palästina und Israel, Bd. 5/1987, S. 90–110.

Nussbaum, Laureen, »Das Kleidungsstück der europäischen Geistigkeit ist einem besudelt worden ...«. Georg Hermann – Jettchen Geberts Vater – im Exil, Bd. 5/1987, S. 224–240.

Nussbaum, Laureen/Uwe Meyer, Grete Weil: unbequem, zum Denken zwingend, Bd. 11/1993, S. 156–170.

Obschernitzki, Doris, Der Verwalter saß in Marseille. Polizei-Intendant Maurice de Rodellec du Porzic und das Lager Les Milles, Bd. 15/1997, S. 233–254.

Oeser, Hans-Christian, »Die Dunkelkammer der Despotie«. Bernard von Brentanos *Prozeß ohne Richter* im Zwielicht, Bd. 7/1989, S. 226–247.

Oppenheimer, Max, Aufgaben und Tätigkeit der Landesgruppe deutscher Gewerkschafter in Großbritannien. Ein Beitrag zur Vorbereitung der Einheitsgewerkschaft, Bd. 5/1987, S. 241–256.

Packalén, Sture, »... als läge unter jedem Wort ein schwer fassbarer Schatten«. Zur Verortung von Peter Weiss' Schreiben, Bd. 25/2007, S. 112–133.

Papanek, Hanna, Reflexionen über Exil und Identität, Staat und Menschenrechte, Bd. 17/1999, S. 24–37.

Papcke, Sven, Fragen an die Exilforschung heute, Bd. 6/1988, S. 13–27.

Papcke, Sven, Exil und Remigration als öffentliches Ärgernis. Zur Soziologie eines Tabus, Bd. 9/1991, S. 9–24.

Papcke, Sven, Exil der Soziologie/Soziologie des Exils, Bd. 14/1996, S. 62–74.

Patka, Marcus G., Wildes Paradies mit Ablaufzeit. Struktur und Leistung deutschsprachiger Exilanten in México Ciudad, Bd. 20/2002, S. 213–241.

Paul, Gerhard, Lernprozeß mit tödlichem Ausgang. Willi Münzenbergs Abkehr vom Stalinismus, Bd. 8/1990, S. 9–28.

Paul, Gerhard, »... alle Repressionen unnachsichtlich ergriffen werden«. Die Gestapo und das politische Exil, Bd. 15/1997, S. 120–149.

Peitsch, Helmut, Wolfgang Hoffmann-Zampis' *Erzählungen aus den Türkenkriegen*, Bd. 12/1994, S. 82–98.

Petersen, Hans Uwe, Dänemark und die antinazistischen Flüchtlinge 1940 bis 1941, Bd. 8/1990, S. 157–173.

Pfanner, Helmut F., Eine spröde Geliebte. New York aus der Sicht deutscher und österreichischer Exilanten, Bd. 5/1987, S. 40–54.

Philipp, Michael, Distanz und Anpassung. Sozialgeschichtliche Aspekte der *Inneren Emigration*, Bd. 12/1994, S. 11–30.

Philipp, Michael, Auswahlbibliographie Innere Emigration, Bd. 12/1994, S. 200–216.

Picard, Jacques, Vom Zagreber zum Zürcher *Omanut* 1932 bis 1952. Wandel und Exil einer jüdischen Kulturbewegung, Bd. 10/1992, S. 168–186.

Pichler, Georg, s. Wolf, Michaela/Georg Pichler, Übersetzte Fremdheit und Exil.

Pross, Christian, Die Gutachterfehde – Emigrantenärzte in der Wiedergutmachung, Bd. 6/1988, S. 137–151.

Quack, Sibylle, Die Aktualität der Frauen- und Geschlechterforschung für die Exilforschung, Bd. 14/1996, S. 31–43.

Radkau, Joachim, Der Emigrant als Warner und Renegat. Karl August Wittfogels Dämonisierung der »asiatischen Produktionsweise«, Bd. 1/1983, S. 73–94.

Radkau, Joachim, Der Historiker, die Erinnerung und das Exil. Hallgartens Odyssee und Kuczynskis Prädestination, Bd. 2/1984, S. 86–103.

Radkau, Joachim, Richard Wagners Erlösung vom Faschismus durch die Emigration, Bd. 3/1985, S. 71–105.

Rautmann, Peter, Max Beckmann in Paris 1937 bis 1939. Kunst und Gewalt am Vorabend des Zweiten Weltkriegs, Bd. 10/1992, S. 12–32.

Rautmann, Peter, Gedächtnis – Erinnern – Eingedenken. Walter Benjamins *Passagenarbeit* und Dani Karavans *Passagen* in Portbou, Bd. 16/1998, S. 12–31.

Ricœur, Paul, Vielzahl der Kulturen – Von der Trauerarbeit zur Übersetzung, Bd. 25/2007, S. 3–6.

Rockenbach, Susanne, s. Rohlf, Sabine/Susanne Rockenbach, Auswahlbibliographie »Frauen und Exil«.

Röder, Werner, Zum Verhältnis von Exil und innerdeutschem Widerstand, Bd. 5/1987, S. 28–39.

Röder, Werner, Sonderfahndungsliste UdSSR. Über Quellenprobleme bei der Erforschung des deutschen Exils in der Sowjetunion, Bd. 8/1990, S. 92–105.

Roessler, Peter, Ein Exildrama im österreichischen Nachkriegsfilm. Von Fritz Hochwälders *Flüchtling* zum Film *Die Frau am Weg*, Bd. 21/2003, S. 141–154.

Rohlf, Sabine, »Zuhause war ich nur noch an irgend einem Schreibtisch«. Autobiografie,

Exil und Autorschaft in Texten von Irmgard Keun und Adrienne Thomas, Bd. 23/2005, S. 128–149.
Rohlf, Sabine/Susanne Rockenbach, Auswahlbibliographie »Frauen und Exil«, Bd. 11/1993, S. 239–277.
Rosenthal, Gabriele, Israelische Familien von jugendlichen ZwangsemigrantInnen aus Deutschland. Zu den transgenerationellen Folgen einer Emigration ohne Eltern und Geschwister, Bd. 24/2006, S. 231–249.
Roussel, Hélène, Die emigrierten deutschen Künstler in Frankreich und der Freie Künstlerbund, Bd. 2/1984, S. 173–211.
Roussel, Hélène, Bücherschicksale. Buchsymbolik, literarische Buch- und Bibliotheksphantasien im Exil, Bd. 22/2004, S. 11–28.
Roussel, Hélène/Klaus Schulte, Exil, Textverfahren und Übersetzungsstrategie. *Der Ausflug der toten Mädchen* von Anna Seghers im Prisma verschiedener Übertragungen, vornehmlich ins Französische, Bd. 25/2007, S. 90–111.
Roussel, Hélène/Lutz Winckler, *Pariser Tageblatt/Pariser Tageszeitung:* Gescheitertes Projekt oder Experiment publizistischer Akkulturation? Bd. 7/1989, S. 119–135.
Roussel, Hélène/Lutz Winckler, Zur Topographie des literarischen und publizistischen Exils in Paris, Bd. 20/2002, S. 131–158.
Sadowsky, Oliver, Søren Seitzberg, Sinnvolle Wartezeit? Die demokratische und antinazistische Aufklärungs- und Schulungsarbeit in der Flüchtlingslagerzeitung *Deutsche Nachrichten* von 1945 bis 1948, Bd. 24/2006, S. 168–182.
Saint Sauveur-Henn, Anne, Exotische Zuflucht? Buenos Aires, eine unbekannte und vielseitige Exilmetropole (1933–1945), Bd. 20/2002, S. 242–268.
Sator, Klaus, Das kommunistische Exil und der deutsch-sowjetische Nichtangriffspakt, Bd. 8/1990, S. 29–45.
Sator, Klaus, Der deutsche Widerstand gegen den Nationalsozialismus. Anmerkungen zu einem schwierigen Begriff, Bd. 15/1997, S. 150–161.
Sautermeister, Gert, Thomas Mann: Volksverführer, Künstler-Politiker, Weltbürger. Führerfiguren zwischen Ästhetik, Dämonie, Politik, Bd. 1/1983, S. 302–321.
Schaber, Irme, »Die Kamera ist ein Instrument der Entdeckung ...«. Die Großstadtfotografie der fotografischen Emigration der NS-Zeit in Paris, London und New York, Bd. 20/2002, S. 53–73.
Schaber, Irme, We return to Fellbach. Das Fotografenpaar Mieth und Hagel nach dem Ende des NS-Exils und zu Beginn ihres beruflichen Rückzugs während der McCarthy-Ära, Bd. 21/2003, S. 207–224.
Schaber, Irme, Hoffnung und Zeugenschaft. Die biografische Konstruktion der Fotografen Gerda Taro und Robert Capa im Spanischen Bürgerkrieg, Bd. 23/2005, S. 208–221.
Schaber, Will, Der Fall Ullmann – Lherman – Oulmàn, Bd. 7/1989, S. 107–118.
Schalz, Nicolas, »Ein Opfer der Masse«. Der *Tanz um das Goldene Kalb* aus Arnold Schönbergs Oper *Moses und Aron*, Bd. 10/1992, S. 100–128.
Schebera, Jürgen, The Lesson of Germany. Gerhart Eisler im Exil: Kommunist, Publizist, Galionsfigur der HUAC-Hexenjäger, Bd. 7/1989, S. 85–97.
Scheichl, Sigurd P., »damit sofort an die Uebersetzungsarbeit herangegangen werden kann«. Übersetzt-Werden als Thema in Briefen Exilierter, Bd. 25/2007, S. 171–188.
Scheit, Gerhard, Vom Habsburgischen Mythos zum Mythos der Masse. Über einige Voraussetzungen und Besonderheiten der österreichischen Exilliteratur, Bd. 5/1987, S. 196–223.
Scheit, Gerhard, Die Satire als archimedischer Punkt. Zur Rekonstruktion nicht stattgefundener Exil-Debatten, Bd. 7/1989, S. 21–39.
Schildt, Axel, Reise zurück aus der Zukunft. Beiträge von intellektuellen USA-Remigranten zur atlantischen Allianz, zum westdeutschen Amerikabild und zur »Amerikanisierung« in den fünfziger Jahren, Bd. 9/1991, S. 25–45.
Schiller, Dieter, Der Pariser Schutzverband deutscher Schriftsteller (Société allemande des gens de lettre, siège Paris). Eine antifaschistische Kulturorganisation im Exil, Bd. 6/1988, S. 174–190.
Schiller, Dieter, Arnold Zweig und die *Palestine Post* in Jerusalem, Bd. 7/1989, S. 184–201.
Schiller, Dieter, Die Deutsche Freiheitsbibliothek in Paris, Bd. 8/1990, S. 203–219.
Schiller, Dieter, Zur Exilliteraturforschung in der DDR. Ein Rückblick aus persönlicher Sicht, Bd. 14/1996, S. 95–118.
Schiller, Dieter, Etwas Anständiges, das auch Wind macht. Zu Anna Seghers' Briefwechsel

mit der Redaktion der Zeitschrift *Das Wort*, Bd. 16/1998, S. 87–104.

Schiller, Dieter, Die »Volksfront-Sache« – »moralisch zerstört«? Aus dem redaktionellen Briefwechsel von Leopold Schwarzschilds *Neuem Tage-Buch* im Jahr 1937, Bd. 22/ 2004, S. 248–259.

Schirp, Kerstin Emma, Presse als Brücke zwischen Heimat und Exil. Das *Semanario Isrealita* in Buenos Aires, Bd. 19/2001, S. 168–186.

Schlenstedt, Silvia, Die Rückkehr Erich Arendts aus dem Exil, Bd. 9/1991, S. 81–89.

Schlie, Ulrich, Altreichskanzler Joseph Wirth im Luzerner Exil (1939–1948), Bd. 15/1997, S. 180–199.

Schlögel, Karl »Rußland jenseits der Grenzen«. Zum Verhältnis von russischem Exil, alter und neuer Heimat, Bd. 18/2000, S. 14–36.

Schlör, Joachim, »... das Großstadtleben nicht entbehren«. Berlin in Tel Aviv: Großstadtpioniere auf der Suche nach Heimat, Bd. 13/1995, S. 166–183.

Schlör, Joachim, »Wenn ich eines richtig gemacht habe ...«. Berliner Sexualwissenschaftler in Palästina/Israel, Bd. 16/1998, S. 229–252.

Schlör, Joachim, Dinge der Emigration. Eine Projektskizze, Bd. 23/2005, S. 222–238.

Schmeichel-Falkenberg, Beate, Aufforderung zum Überleben. Lotte Goslar und das Exil, Bd. 11/1993, S. 216–228.

Schmidt-Linsenhoff, Viktoria, »Unvergessen und nachtragende Erinnerung«. Zu der Radierfolge *Entre Chien et Loup* von Leo Maillet, Bd. 10/1992, S. 50–64.

Schneider, Sigrid, Zwischen Scheitern und Erfolg: Journalisten und Publizisten im amerikanischen Exil, Bd. 7/1989, S. 51–64.

Schocken, Wolfgang Alexander, Wer war Grete Bloch? Bd. 4/1986, S. 83–97.

Scholz, Michael F., Herbert Wehner in Schweden 1941 bis 1946, Bd. 15/1997, S. 200–212.

Schoppmann, Claudia »Das Exil war eine Wiedergeburt für mich«. Zur Situation lesbischer Frauen im Exil, Bd. 17/1999, S. 140–151.

Schröder, Jürgen, »Es knistert im Gebälk«. Gottfried Benn – ein Emigrant nach innen, Bd. 12/1994, S. 31–52.

Schulte, Ingolf, Exil und Erinnerung. Über den vergessenen Autor Soma Morgenstern, Bd. 13/1995, S. 221–236.

Schulte, Klaus, s. Roussel, Hélène/Klaus Schulte, Exil, Textverfahren und Übersetzungsstrategie. *Der Ausflug der toten Mädchen* von Anna Seghers im Prisma verschiedener Übertragungen, vornehmlich ins Französische.

Schwarz, Helga, Maria Leitner – eine Verschollene des Exils? Bd. 5/1987, S. 123–134.

Seibert, Peter, »Dann werden das Blatt wir wenden ...«. Verbannte Autoren im Kampf um die Saar (1933–1935), Bd. 1/1983, S. 177–202.

Seifener, Christoph, Die Autobiografien von Curt Goetz/Valérie von Martens und Fritz Kortner. Ein Vergleich im Hinblick auf das Verhältnis der Exilierten zu Deutschland, Bd. 23/2005, S. 114–127.

Seitzberg, Søren, s. Sadowksy, Oliver/Søren Seitzberg, Sinnvolle Wartezeit?

Shchyhlevska, Natalia, Bukowiner Dichter als Übersetzer Jessenins, Bd. 25/2007, S. 227–246.

Shi Ming, »Wenn mir die Heimat genommen ist, denke ich mir eine neue«. Ein Versuch zum Bild der Exilanten aus China in den neunziger Jahren, Bd. 18/2000, S. 191–207.

Siegel, Eva-Maria, Zeitgeschichte, Alltag, Kolportage oder Über den »Bourgeois in des Menschen Seele«. Zum Exilwerk Hermynia Zur Mühlens, Bd. 11/1993, S. 106–126.

Söllner, Alfons, Deutsch-jüdische Identitätsprobleme. Drei Lebensgeschichten intellektueller Emigranten, Bd. 3/1985, S. 349–358.

Söllner, Alfons, »The Philosopher not as King«. Herbert Marcuses politische Theorie in den vierziger und fünfziger Jahren, Bd. 6/1988, S. 108–122.

Söllner, Alfons, Zwischen totalitärer Vergangenheit und demokratischer Zukunft. Emigranten beurteilen die deutsche Entwicklung nach 1945, Bd. 9/1991, S. 146–170.

Speier, Hans, Nicht die Auswanderung, sondern der Triumph Hitlers war die wichtige Erfahrung. Autobiographische Notizen eines Soziologen, Bd. 6/1988, S. 152–173.

Spies, Bernhard, Exilliteratur – ein abgeschlossenes Kapitel? Überlegungen zu Stand und Perspektiven der literaturwissenschaftlichen Exilforschung, Bd. 14/1996, S. 11–30.

Spitta, Arnold, Beobachtungen aus der Distanz. Das *Argentinische Tageblatt* und der deutsche Faschismus, Bd. 8/1990, S. 185–202.

Stammen, Theo, Exil und Emigration – Versuch einer Theoretisierung, Bd. 5/1987, S. 11–27.

Stark, Meinhard, Deutsche Exilantinnen im GULAG. Alltag des Überlebens, Bd. 17/1999, S. 53–68.
Steinbach, Peter, Nationalkomitee Freies Deutschland und der Widerstand gegen den Nationalsozialismus, Bd. 8/1990, S. 61–91.
Stephan, Alexander, Ein Exilroman als Bestseller. Anna Seghers' *The Seventh Cross* in den USA. Analyse und Dokumente, Bd. 3/1985, S. 238–259.
Stephan, Alexander, Anna Seghers' *The Seventh Cross*. Ein Exilroman über Nazideutschland als Hollywood-Film, Bd. 6/1988, S. 214–229.
Stern, Guy/Brigitte V. Sumann, Mit Zeichenstift und Farbe gegen den Hitler-Staat. William Pachners politische Illustrationen in amerikanischen Zeitschriften, Bd. 7/1989, S. 98–106.
Strack, Thomas, Fritz Lang und das Exil. Rekonstruktion einer Erfahrung mit dem amerikanischen Film, Bd. 13/1995, S. 184–203.
Straschek, G. P., Stalin, Heinz Goldberg und ГЕНРИХ ГЕЙНЕ, Bd. 1/1983, S. 147–158.
Strickhausen, Waltraud, Im Zwiespalt zwischen Literatur und Publizistik. Deutungsversuch zum Gattungswechsel im Werk der Exilautorin Hilde Spiel, Bd. 7/1989, S. 166–183.
Strutz, Andrea, »... Something you can recreate without being there«. Aspekte der Erinnerung und des intergenerationellen Gedächtnisses am Beispiel aus Österreich vertriebener Jüdinnen und Juden und ihrer Nachkommen, Bd. 24/2006, S. 250–266.
Stürzer, Anne, »Schreiben tue ich jetzt nichts ... keine Zeit«. Zum Beispiel: Die Dramatikerinnen Christa Winsloe und Hilde Rubinstein im Exil, Bd. 11/1993, S. 127–142.
Suschitzky, Joseph, »Libris (London) Ltd.«. Etwas vom Antiquariats-Buchhandel in England. Ein persönlicher Bericht aus den Jahren 1966 und 1971, Bd. 22/2004, S. 201–217.
Tenorth, Heinz-Elmar, s. Horn, Klaus-Peter/Heinz-Elmar Tenorth, Remigration in der Erziehungswissenschaft.
ter Haar, Carel, Ernst Tollers Verhältnis zur Sowjetunion, Bd. 1/1983, S. 109–119.
Thunecke, Jörg, Deutschsprachige Exilveröffentlichungen in Übersetzungen beim New Yorker Knopf Verlag, Bd. 22/2004, S. 127–155.
Thurner, Christina, »Umbruch ist jeden Tag«. Diskurswechsel und Utopie bei Alice Rühle-Gerstel, Bd. 17/1999, S. 91–105.
Tippelskirch, Karina von, »... ich finde meine Stimme nicht«. Ostjüdinnen in den ersten Jahrzehnten des 20. Jahrhunderts in New York: die jiddische Schriftstellerin Anna Margolin, Bd. 17/1999, S. 127–139.
Tischler, Carola, Zwischen *Nacht und Tag*. Erich Weinerts sowjetische Exilzeit im DDR-Spielfilm der 70er Jahre, Bd. 21/2003, S. 155–169.
Tönnies, Moya, Netz oder Hängematte. Alltagserfahrung und Werk der Künstlerin Hella Guth im Londoner Exil, Bd. 10/1992, S. 65–73.
Töteberg, Michael, s. Naumann, Uwe/Michael Töteberg, »Zänks for your Friendship und für die Kopfhaltung«.
Tosstorff, Reiner, Spanische Bürgerkriegsflüchtlinge nach 1939, Bd. 18/2000, S. 88–111.
Trapl, Miloš, Tschechische politische Emigranten in den Jahren 1938, 1939, 1948 und 1968, Bd. 18/2000, S. 77–87.
Trapp, Frithjof, »Ich empfehle, die ›Prawda‹ über (die) West-Ukraine nachzulesen«. Zwischen Formalismus-Debatte und deutschsowjetischem Grenz- und Freundschaftsvertrag (28. September 1939): Gustav von Wangenheims Schauspiel *Die Stärkeren*, Bd. 1/1983, S. 130–146.
Trommler, Frank, Das gelebte und das nicht gelebte Exil des Peter Weiss. Zur Botschaft seiner frühen Bilder, Bd. 13/1995, S. 82–95.
Ubbens, Irmtraud, Das Landschulheim Florenz, Bd. 24/2006, S. 117–133.
Uka, Walter, s. Briegleb, Klaus/Walter Uka, Zwanzig Jahre nach unserer Abreise ...
Uka, Walter, Willi Münzenberg – Probleme einer linken Publizistik im Exil, Bd. 7/1989, S. 40–50.
Urban, Susanne, Die Jugend-Alijah 1932 bis 1940. Exil in der Fremde oder Heimat in Erez Israel?, Bd. 24/2006, S. 34–61.
Utsch, Susanne, Übersetzungsmodi. Zur Komplementarität von Sprachverhalten und transatlantischem Kulturtransfer bei Klaus Mann, Bd. 25/2007, S. 134–152.
Vaget, Hans Rudolf, Thomas Mann und der deutsche Widerstand. Zur Deutschland-Thematik im *Doktor Faustus*, Bd. 15/1997, S. 88–101.
Vinzent, Jutta, »Auto«-text und Kon-text. Konzeptionelle Überlegungen zu Michel Foucault im Blick auf Exilkünstler, Bd. 23/2005, S. 179–194.

Vogt, Guntram, Robert Musils ambivalentes Verhältnis zur Demokratie, Bd. 2/1984, S. 310–338.

Voigt, Klaus, Josef Indigs Bericht über die »Kinder der Villa Emma«, Bd. 24/2006, S. 15–33.

Voswinckel, Peter, Die zweite Verbannung. Auslassungen, Willkür und Fälschung in der ärztlichen Biografik, Bd. 23/2005, S. 70–85.

Weber, Regina, Der emigrierte Germanist als »Führer« zur deutschen Dichtung. Werner Vordtriede im Exil, Bd. 13/1995, S. 137–165.

Weber, Regina, Verantwortung für die deutsche Kultur. Das Beispiel des emigrierten Germanisten Bernhard Blume, Bd. 14/1996, S. 164–185.

Weber, Regina, Das *Internationale Germanistenlexikon 1800–1950* und die emigrierten Germanisten. Verlust und Neuerfindung von Identität im Zeichen des Exils, Bd. 23/2005, S. 86–101.

Weiner, Marc A., Der Briefwechsel zwischen Hans Pfitzner und Felix Wolfes 1933–1948, Bd. 2/1984, S. 393–411.

Weinke, Wilfried, Verdrängt, vertrieben und – fast – vergessen. Die Hamburger Fotografen Emil Bieber, Max Halberstadt, Erich Kastan und Kurt Schallenberg, Bd. 21/2003, S. 225–253.

Weinke, Wilfried, Ruth Liepman: Anwältin und Agentin der Autoren, Bd. 22/2004, S. 237–247.

Werner, Klaus Ulrich, Der Feuilletonist und Romancier Hans Natonek im Exil, Bd. 7/1989, S. 155–165.

Wildt, Michael, Die Kraft der Verblendung. Der Sozialdemokrat Max Brauer im Exil, Bd. 15/1997, S. 162–179.

Wilke, Manfred, s. Erler, Peter/Manfred Wilke, »Nach Hitler kommen wir«.

Winckler, Julia, Gespräch mit Wolfgang Suschitzky, Fotograf und Kameramann geführt in seiner Wohnung in Maida Vale, London, am 15. Dezember 2001, 22. März 2002, 17. Mai 2002, Bd. 21/2003, S. 254–279.

Winckler, Lutz, Klaus Mann: Mephisto. Schlüsselroman und Gesellschaftssatire, Bd. 1/1983, S. 322–342.

Winckler, Lutz, Louise Straus-Ernst: *Zauberkreis Paris*. Erfahrung und Mythos der »großen Stadt«, Bd. 11/1993, S. 88–105.

Winckler, Lutz, Mythen der Exilforschung? Bd. 13/1995, S. 68–81.

Winckler, Lutz, s. Roussel, Hélène/Lutz Winckler, Pariser Tageblatt/Pariser Tageszeitung.

Winckler, Lutz, s. Roussel, Hélène/Lutz Winckler, Zur Topographie des literarischen und publizistischen Exils in Paris.

Winkler, Michael, Exilliteratur – als Teil der deutschen Literaturgeschichte betrachtet. Thesen zur Forschung, Bd. 1/1983, S. 359–366.

Winkler, Michael, Metropole New York, Bd. 20/2002, S. 178–198.

Winkler, Michael, Hermann Brochs Exilromane. Übersetzungen und Rezeption in Amerika, Bd. 25/2007, S. 189–207.

Witte, Karsten, Siegfried Kracauer im Exil, Bd. 5/1987, S. 135–149.

Wojak, Irmtrud/Pedro Holz, Chilenische Exilanten in der Bundesrepublik Deutschland (1973–1989), Bd. 18/2000, S. 168–190.

Wolf, Arie, »Ein Schriftsteller nimmt Urlaub«. Arnold Zweigs Abschiedsschreiben aus Israel, Bd. 6/1988, S. 230–239.

Wolf, Arie, Die »Verwurzelungs«-Kontroverse Arnold Zweigs mit Gustav Krojanker. Kommentar zu einer Pressepolemik in Palästina 1942, Bd. 7/1989, S. 202–211.

Wolf, Michaela/Georg Pichler, Übersetzte Fremdheit und Exil – Grenzgänge eines hybriden Subjekts. Das Beispiel Erich Arendt, Bd. 25/2007, S. 7–29.

Wolffheim, Elsbeth, »Nicht verboten, aber auch nicht zugelassen«. Hans Henny Jahnn im Exil, Bd. 4/1986, S. 276–290.

Wolffheim, Elsbeth, Writers in Exile – ein neues Projekt des Internationalen PEN-Club, Bd. 18/2000, S. 254–261.

Wollmann, Heide-Marie, »Nichts gegen die Nazis getan«? Armin T. Wegners Verhältnis zum Dritten Reich, Bd. 4/1986, S. 291–306.

Zaich, Katja B., »Ein Emigrant erschiene uns sehr erwünscht ...«. Kurt Gerron als Filmregisseur, Schauspieler und Cabaretier in den Niederlanden, Bd. 21/2003, S. 112–128.

Zenck, Martin, Das revolutionäre Exilwerk des Komponisten Stefan Wolpe – mit kritischen Anmerkungen zur Musikgeschichtsschreibung der dreißiger und vierziger Jahre, Bd. 10/1992, S. 129–151.

II. Thematische Ordnung

1. Politische Emigration

Abosch, Heinz, Von der Volksfront zu den Moskauer Prozessen, Bd. 1/1983, S. 27–44.
Ahlers, Mulan, »Die Emigranten kämpfen mit Shanghai wie Jacob mit dem Engel«, Bd. 5/1987, S. 111–122.
Albrecht, Richard, Sergej Tschachotin oder »Dreipfeil gegen Hakenkreuz«. Eine biographisch-historische Skizze, Bd. 4/1986, S. 208–228.
Andrzejewski, Marek, Zur deutschsprachigen Emigration in Polen. 1933 bis 1939, Bd. 18/2000, S. 138–156.
Bahr, Ehrhard, Paul Tillich und das Problem einer deutschen Exilregierung in den Vereinigten Staaten, Bd. 3/1985, S. 31–42.
Bearman, Marietta / Charmian Brinson, »Jugend voran«: sieben Jahre Junges Österreich in Großbritannien, Bd. 24/2006, S. 150–167.
Becher, Peter, Metropole des Exils – Prag 1933–1939, Bd. 20/2002, S. 159–177.
Benz, Wolfgang, Illegale Einwanderung nach Palästina, Bd. 19/2001, S. 128–144.
Berg, Hubert van den, Die Ermordung Erich Mühsams. Stellungnahmen und Diskussionen deutscher Emigranten 1934 bis 1935, Bd. 12/1994, S. 174–190.
Braese, Stephan, Fünfzig Jahre ›danach‹. Zum Antifaschismus-Paradigma in der deutschen Exilforschung, Bd. 14/1996, S. 133–149.
Brenner, Arthur, »Hirngespinste« oder moralische Pflicht? Emil J. Gumbel im französischen Exil 1932 bis 1940, Bd. 8/1990, S. 128–141.
Briegleb, Klaus / Walter Uka, Zwanzig Jahre nach unserer Abreise ..., Bd. 1/1983, S. 203–244.
Brinson, Charmian, s. Bearman, Marietta / Charmian Brinson, »Jugend voran«, sieben Jahre Junges Österreich in Großbritannien.
Corbin-Schuffels, Anne-Marie, Eine Revanche im Kalten Krieg? Agitprop im Kampf für die Freiheit der Kultur, Bd. 15/1997, S. 255–268.
Cremieux-Brilhac, Jean-Louis, Freie Franzosen in London 1940 bis 1944, Bd. 18/2000, S. 112–137.
Depkat, Volker, Der biografische Ort des Exils. Strukturen narrativer Sinnbildung über eine Zäsurerfahrung in den Autobiografien der deutschen Sozialisten Wilhelm Dittmann, Albert Grzesinski, Käte Frankenthal und Toni Sender, Bd. 23/2005, S. 30–56.
Dornhof, Dorothea, »Nur nicht stillschweigen müssen zu den Verbrechen seines Landes«. Gespräch mit Lisa Fittko, Chicago, 14. Dezember 1992, Bd. 11/1993, S. 229–338.
Eiber, Ludwig, Verschwiegene Bündnispartner. Die Union deutscher sozialistischer Organisationen in Großbritannien und die britischen Nachrichtendienste, Bd. 15/1997, S. 66–87.
Erler, Peter / Manfred Wilke, »Nach Hitler kommen wir«. Das Konzept der Moskauer KPD-Führung 1944/45 für Nachkriegsdeutschland, Bd. 15/1997, S. 102–119.
Fetscher, Iring, Der »Totalitarismus«, Bd. 1/1983, S. 11–26.
Foitzik, Jan, Politische Probleme der Remigration, Bd. 9/1991, S. 104–114.
Franke, Julia, »De véritables ›boches‹«. Französische und emigrierte deutsche Juden im Paris der dreißiger Jahre, Bd. 19/2001, S. 80–105.
Freyeisen, Astrid, Shanghai. Rettung am »schlechtest möglichen Ort« der Welt? Bd. 20/2002, S. 269–293.
Glees, Anthony, Eine Lücke in Hugh Daltons und Friedrich Stampfers Memoiren – und die Entfremdung zwischen Labour Party und Exil-SPD, Bd. 2/1984, S. 104–120.
Grebing, Helga, Was wird aus Deutschland nach dem Krieg? Perspektiven linkssozialistischer Emigration für den Neuaufbau Deutschlands nach dem Zusammenbruch der nationalsozialistischen Diktatur, Bd. 3/1985, S. 43–58.
Grunenberg, Antonia, »Ich wollte Montezumas Federhut nach Mexiko bringen«. Ein Gespräch mit Bruno Frei über das kommunistische Westexil und die Nachkriegszeit in Österreich, Bd. 4/1986, S. 243–253.
Hammel, Andrea, Online Database of British Archival Resources Relating to German-Speaking Refugees, 1933 bis 1950 (BARGE). Ein Projektbericht, Bd. 24/2006, S. 73–78.
Heller, Heinz-B., »Ungleichzeitigkeiten«. Anmerkungen zu Ernst Blochs Kritik des »Massenfaschismus« in *Erbschaft dieser Zeit*, Bd. 1/1983, S. 343–358.
Hermand, Jost, Madison, Wisconsin 1959–1973. Der Einfluß der deutschen Exilanten auf die Entstehung der Neuen Linken, Bd. 13/1995, S. 52–67.

Heumos, Peter, Jüdischer Sozialismus im Exil. Zur politischen Programmatik der Exilvertretung des Allgemeinen Jüdischen Arbeiterbundes in Polen im Zweiten Weltkrieg, Bd. 4/1986, S. 62–82.
Holl, Karl, Lilo Linke (1906–1963). Von der Weimarer Jungdemokratin zur Sozialreporterin in Lateinamerika. Materialien zu einer Biographie, Bd. 5/1987, S. 68–89.
Holz, Pedro, s. Wojak, Irmtrud / Pedro Holz, Chilenische Exilanten in der Bundesrepublik Deutschland.
Jasper, Willi, Heinrich Mann und die »Deutsche Volksfront«. Mythos und Realität intellektueller Ideenpolitik im Exil, Bd. 1/1983, S. 45–60.
Jasper, Willi, »Sie waren selbständige Denker«. Erinnerungen an die »Affäre Breitscheid/Hilferding« und die sozialdemokratische Emigration von 1933 bis 1945. Ein Gespräch mit Fritz Heine, Bd. 3/1985, S. 59–70.
Kießling, Wolfgang, Vom Grunewald nach Woodstock über Moskau. Alfons Goldschmidt im USA-Exil, Bd. 8/1990, S. 106–127.
Klein, Anne, Rettung und Restriktion. US-amerikanische Notvisa für politische Flüchtlinge in Süd-Frankreich 1940/41, Bd. 15/1997, S. 213–232.
Klugescheid, Andreas, »His Majesty's Most Loyal Enemy Aliens«. Der Kampf deutsch-jüdischer Emigranten in den britischen Streitkräften 1939–1945, Bd. 19/2001, S. 106–127.
Koebner, Thomas, Arthur Koestlers Abkehr vom Stalinismus, Bd. 1/1983, S. 95–108.
Koepke, Wulf, Die Ausweglosigkeit der Nicht-Emigration. Jochen Klepper und die Verfolgung eines Patrioten, Bd. 12/1994, S. 70–81.
Kohlhaas, Elisabeth, »Die Flamme des Weltbrandes an ihrem Ursprung austreten …«. Der kommunistische Freiheitssender 29,8, Bd. 8/1990, S. 46–60.
Krohn, Claus-Dieter, »Nobody has a right to come into the United States«. Die amerikanischen Behörden und das Flüchtlingsproblem nach 1933, Bd. 3/1985, S. 127–142.
Krohn, Claus-Dieter, Der Fall Bergstraesser in Amerika, Bd. 4/1986, S. 254–275.
Krohn, Claus-Dieter, Die Entdeckung des ›anderen Deutschland‹ in der intellektuellen Protestbewegung der 1960er Jahre in der Bundesrepublik und den Vereinigten Staaten, Bd. 13/1995, S. 16–51.
Krohn, Claus-Dieter, Propaganda als Widerstand? Die *Braunbuch*-Kampagne zum Reichstagsbrand 1933, Bd. 15/1997, S. 10–32.
Krohn, Claus-Dieter, Migrationen und Metropolenkultur in Berlin vor 1933, Bd. 20/2002, S. 14–35.
Lange, Thomas, Emigration nach China: Wie aus Klara Blum Dshu Bailan wurde, Bd. 3/1985, S. 339–348.
Langkau-Alex, Ursula, »Es gilt, die Menschen zu verändern …«. Zur Politik des Sozialdemokraten Paul Hertz im Exil, Bd. 8/1990, S. 142–156.
Lehmann, Hans Georg, Wiedereinbürgerung, Rehabilitation und Wiedergutmachung nach 1945. Zur Staatsangehörigkeit ausgebürgerter Emigranten und Remigranten, Bd. 9/1991, S. 90–103.
Loebl, Herbert, Das Refugee Industries Committee. Eine wenig bekannte britische Hilfsorganisation, Bd. 8/1990, S. 220–241.
Lorenz, Einhart, Möglichkeiten und Grenzen des politischen Exils in Norwegen am Beispiel von Willy Brandt, Heinz Epe, Max Strobl und Jacob Nicolaus Vogel, Bd. 8/1990, S. 174–184.
Lorenz, Einhart, Exilforschung in Skandinavien. Geschichte, Stand, Perspektiven, Bd. 14/1996, S. 119–132.
Lorenz, Einhart, Willy Brandts Exil im Spiegel seiner Erinnerungen und seiner Biografen, Bd. 23/2005, S. 57–69.
Lyon, James K., Brecht und Stalin – des Dichters »letztes Wort«, Bd. 1/1983, S. 120–129.
Mallmann, Klaus-Michael, Frankreichs fremde Patrioten. Deutsche in der Résistance, Bd. 15/1997, S. 33–65.
Meleghy, Peter, Die ungarische Emigration nach 1956. Ein subjektiver Bericht, Bd. 18/2000, S. 157–167.
Minerbi, Alessandra, Die politische und »rassische« Emigration aus dem faschistischen Italien 1933 bis 1943, Bd. 18/2000, S. 51–76.
Mittag, Gabriele, »Die Sünde und Schande der Christenheit hat ihren Kulminationspunkt erreicht«. Geschlechtsspezifische Aspekte der in den französischen Internierungslagern entstandenen Literatur, Bd. 17/1999, S. 69–78.

Mühlen, Patrik von zur, Säuberungen unter deutschen Spanienkämpfern, Bd. 1/1983, S. 165–176.
Mühlen, Patrik von zur, Der »Gegen-Führer« im Exil. Die Otto-Strasser-Bewegung in Lateinamerika, Bd. 3/1985, S. 143–157.
Mühlen, Patrik von zur, Der Spanische Bürgerkrieg – eine Bilanz nach fünfzig Jahren, Bd. 4/1986, S. 186–195.
Müller, Reinhard, Bericht des Komintern-Emissärs Bohumir Šmeral über seinen Pariser Aufenthalt 1937 (Dokument), Bd. 9/1991, S. 236–261.
Obschernitzki, Doris, Der Verwalter saß in Marseille. Polizei-Intendant Maurice de Rodellec du Porzic und das Lager Les Milles, Bd. 15/1997, S. 233–254.
Oppenheimer, Max, Aufgaben und Tätigkeit der Landesgruppe deutscher Gewerkschafter in Großbritannien. Ein Beitrag zur Vorbereitung der Einheitsgewerkschaft, Bd. 5/1987, S. 241–256.
Papanek, Hanna, Reflexionen über Exil und Identität, Staat und Menschenrechte, Bd. 17/1999, S. 24–37.
Patka, Marcus G., Wildes Paradies mit Ablaufzeit. Struktur und Leistung deutschsprachiger Exilanten in México Ciudad, Bd. 20/2002, S. 213–241.
Paul, Gerhard, Lernprozeß mit tödlichem Ausgang. Willi Münzenbergs Abkehr vom Stalinismus, Bd. 8/1990, S. 9–28.
Paul, Gerhard, »... alle Repressionen unnachsichtlich ergriffen werden«. Die Gestapo und das politische Exil, Bd. 15/1997, S. 120–149.
Petersen, Hans Uwe, Dänemark und die antinazistischen Flüchtlinge 1940 bis 1941, Bd. 8/1990, S. 157–173.
Philipp, Michael, Distanz und Anpassung. Sozialgeschichtliche Aspekte der Inneren Emigration, Bd. 12/1994, S. 11–30.
Radkau, Joachim, Richard Wagners Erlösung vom Faschismus durch die Emigration, Bd. 3/1985, S. 71–105.
Röder, Werner, Sonderfahndungsliste UdSSR. Über Quellenprobleme bei der Erforschung des deutschen Exils in der Sowjetunion, Bd. 8/1990, S. 92–105.
Sadowsky, Oliver, Søren Seitzberg, Sinnvolle Wartezeit? Die demokratische und antinazistische Aufklärungs- und Schulungsarbeit in der Flüchtlingslagerzeitung *Deutsche Nachrichten* von 1945 bis 1948, Bd. 24/2006, S. 168–182.

Saint Sauveur-Henn, Anne, Exotische Zuflucht? Buenos Aires, eine unbekannte und vielseitige Exilmetropole (1933–1945), Bd. 20/2002, S. 242–268.
Sator, Klaus, Das kommunistische Exil und der deutsch-sowjetische Nichtangriffspakt, Bd. 8/1990, S. 29–45.
Sator, Klaus, Der deutsche Widerstand gegen den Nationalsozialismus. Anmerkungen zu einem schwierigen Begriff, Bd. 15/1997, S. 150–161.
Schaber, Irme, Hoffnung und Zeugenschaft. Die biografische Konstruktion der Fotografen Gerda Taro und Robert Capa im Spanischen Bürgerkrieg, Bd. 23/2005, S. 208–221.
Schebera, Jürgen, The Lesson of Germany. Gerhart Eisler im Exil: Kommunist, Publizist, Galionsfigur der HUAC-Hexenjäger, Bd. 7/1989, S. 85–97.
Schiller, Dieter, Die »Volksfront-Sache« – »moralisch zerstört«? Aus dem redaktionellen Briefwechsel von Leopold Schwarzschilds *Neuem Tage-Buch* im Jahr 1937, Bd. 22/2004, S. 248–259.
Schlie, Ulrich, Altreichskanzler Joseph Wirth im Luzerner Exil (1939–1948), Bd. 15/1997, S. 180–199.
Schlögel, Karl »Rußland jenseits der Grenzen«. Zum Verhältnis von russischem Exil, alter und neuer Heimat, Bd. 18/2000, S. 14–36.
Schlör, Joachim, Dinge der Emigration. Eine Projektskizze, Bd. 23/2005, S. 222–238.
Scholz, Michael F., Herbert Wehner in Schweden 1941 bis 1946, Bd. 15/1997, S. 200–212.
Seitzberg, Søren, s. Sadowksy, Oliver / Søren Seitzberg, Sinnvolle Wartezeit?
Shi Ming, »Wenn mir die Heimat genommen ist, denke ich mir eine neue aus«. Ein Versuch zum Bild der Exilanten aus China in den neunziger Jahren, Bd. 18/2000, S. 191–207.
Stark, Meinhard, Deutsche Exilantinnen im GULAG. Alltag des Überlebens, Bd. 17/1999, S. 53–68.
Steinbach, Peter, Nationalkomitee Freies Deutschland und der Widerstand gegen den Nationalsozialismus, Bd. 8/1990, S. 61–91.
Straschek, G. P., Stalin, Heinz Goldberg und ГЕНРИХ ГЕЙНЕ, Bd. 1/1983, S. 147–158.
Thurner, Christina, »Umbruch ist jeden Tag«. Diskurswechsel und Utopie bei Alice Rühle-Gerstel, Bd. 17/1999, S. 91–105.

Tosstorff, Reiner, Spanische Bürgerkriegsflüchtlinge nach 1939, Bd. 18/2000, S. 88–111.
Trapl, Miloš, Tschechische politische Emigranten in den Jahren 1938, 1939, 1948 und 1968, Bd. 18/2000, S. 77–87.
Uka, Walter, s. Briegleb, Klaus / Walter Uka, Zwanzig Jahre nach unserer Abreise ...
Uka, Walter, Willi Münzenberg – Probleme einer linken Publizistik im Exil, Bd. 7/1989, S. 40–50.
Wildt, Michael, Die Kraft der Verblendung. Der Sozialdemokrat Max Brauer im Exil, Bd. 15/1997, S. 162–179.
Wilke, Manfred, s. Erler, Peter / Manfred Wilke, »Nach Hitler kommen wir«.
Wojak, Irmtrud / Pedro Holz, Chilenische Exilanten in der Bundesrepublik Deutschland (1973–1989), Bd. 18/2000, S. 168–190.

2. Literatur

Akashe-Böhme, Farideh, Biographien in der Migration, Bd. 17/1999, S. 38–52.
Albrecht, Richard, »Die ›braune Pest‹ kommt ...«. Aspekte der Verfolgung Frank Arnaus im Exil 1933/34, Bd. 3/1985, S. 158–172.
Badia, Gilbert / René Geoffroy, Ernst Glaeser, ein Antisemit? Eine kritische Untersuchung des in der Emigration gegen Ernst Glaeser erhobenen Vorwurfs des Antisemitismus, Bd. 1/1983, S. 283–301.
Bahr, Ehrhard, Exiltheater in Los Angeles. Max Reinhardt, Leopold Jessner, Bertolt Brecht und Walter Wicclair, Bd. 21/2003, S. 95–111.
Bahr, Erhard, Los Angeles als Zentrum der Exilkultur und die Krise des Modernismus, Bd. 20/2002, S. 199–212.
Barkhoff, Jürgen, Erzählung als Erfahrungsrettung. Zur Ich-Perspektive in Anna Seghers' Exilroman *Transit*, Bd. 9/1991, S. 218–235.
Barnouw, Dagmar, Exil als Allegorie: Walter Benjamin und die Autorität des Kritikers, Bd. 3/1985, S. 197–214.
Becker, Sabina, Zwischen Akkulturation und Enkulturation. Anmerkungen zu einem vernachlässigten Autorinnentypus: Jenny Aloni und Ilse Losa, Bd. 13/1995, S. 114–136.
Becker, Sabina, Die literarische Moderne im Exil. Kontinuitäten und Brüche der Stadtwahrnehmung, Bd. 20/2002, S. 36–52.

Benz, Wolfgang, Ernst Loewy: Vom Buchhandelslehrling in Tel Aviv zum Pionier der Exilforschung, Bd. 21/2003, S. 16–23.
Berg, Hubert van den, Die Ermordung Erich Mühsams. Stellungnahmen und Diskussionen deutscher Emigranten 1934 bis 1935, Bd. 12/1994, S. 174–190.
Betz, Albrecht, »Gegen die vordringende Barbarei«. Zu einigen unveröffentlichten Briefen von Heinrich Mann und Franz Werfel an Louis Gillet, Bd. 2/1984, S. 381–392.
Bischoff, Doerte, Avantgarde und Exil. Else Lasker-Schülers *Hebräerland*, Bd. 16/1998, S. 105–126.
Bock, Hans Manfred, Paul Distelbarths *Lebendiges Frankreich*. Ein Dokument verdeckter Opposition und verständigungspolitischer Kontinuität im »Dritten Reich«, Bd. 12/1994, S. 99–113.
Bollenbeck, Georg, Vom Exil zur Diaspora. Zu Oskar Maria Grafs Roman *Die Flucht ins Mittelmäßige*, Bd. 3/1985, S. 260–269.
Braese, Stephan, Auf der Spitze des Mastbaums. Walter Benjamin als Kritiker im Exil, Bd. 16/1998, S. 56–86.
Braese, Stephan, Nach-Exil. Zu einem Entstehungsort westdeutscher Nachkriegsliteratur, Bd. 19/2001, S. 227–253.
Brinson, Charmian / Richard Dove, »Just about the best actor in England«: Martin Miller in London, 1939 bis 1949. Theater – Film – Rundfunk, Bd. 21/2003, S. 129–140.
Critchfield, Richard, Einige Überlegungen zur Problematik der Exilautobiographik, Bd. 2/1984, S. 41–55.
Dinesen, Ruth, Exil als Metapher. Nelly Sachs: *Flucht und Verwandlung* (1959), Bd. 11/1993, S. 143–155.
Dove, Richard, s. Brinson, Charmian / Richard Dove, »Just about the best actor in England«: Martin Miller in London, 1939 bis 1949. Theater – Film – Rundfunk.
Eckert, Brita, Goethe-Rezeption im Exil 1933 bis 1949, Bd. 18/2000, S. 230–253.
Enderle-Ristori, Michaela, Kulturelle Übersetzung bei Heinrich Mann. Der »Dritte Raum« als permanente Herausforderung, Bd. 25/2007, S. 71–89.
Fillmann, Elisabeth, *PLN*-Dechiffrierungen. Verarbeitung konkreter Zeitrealität und Kritik der »Innerlichkeit« in Werner Krauss' satirischem Roman, Bd. 12/1994, S. 53–69.
Fischer, Erica, Sehnsucht nach dem goldenen Einhorn, Bd. 17/1999, S. 164–169.

Friedrich, Hans-Edwin, »Mein Name ist Jx, ich bin ebenso gewöhnlich wie auserlesen«. Selbst- und Zeitdeutung in Heinrich Manns *Ein Zeitalter wird besichtigt,* Bd. 23/2005, S. 102–113.
Geoffroy, René, s. Badia, Gilbert/René Geoffroy, Ernst Glaeser, ein Antisemit?
Geoffroy, René, Ernst Glaeser und der »Schweizer Schutzengel«, Bd. 2/1984, S. 358–380.
Geoffroy, René, Veröffentlichungen deutschsprachiger Emigranten in ungarischen Verlagen (1933–1944), Bd. 13/1995, S. 237–264.
Goldschmidt, Georges-Arthur, Exil und Doppelsprachlichkeit, Bd. 25/2007, S. 1–2.
Goytisolo, Juan, Der Wald der Literatur. Wider den kulturellen Ethnozentrismus, Bd. 13/1995, S. 11–15.
Grünewald, Michel, Literaturkritik in Exilzeitschriften: *Die neue Weltbühne,* Bd. 7/1989, S. 136–154.
Hackert, Fritz, Die Forschungsdebatte zum Geschichtsroman im Exil. Ein Literaturbericht, Bd. 1/1983, S. 367–388.
Hannich-Bode, Ingrid, Autobiographien aus dem Exil. Literatur, Kunst und Musik – eine Bibliographie, Bd. 14/1996, S. 200–208.
Helf, Josef, »Tout serait à refaire«. Kurt Tucholskys Reflexionen über französische Zivilisiertheit und »deutschen Jargon« in den *Q-Tagebüchern* und den *Briefen aus dem Schweigen,* Bd. 13/1995, S. 96–113.
Hilsheimer, Thomas, Das Scheitern der Wirtschaftsmacht an den politischen Umständen. Robert Neumanns Exilerzählung *Sephardi,* Bd. 16/1998, S. 127–141.
Hilzinger, Sonja, »Ich hatte nur zu schweigen«. Strategien des Bewältigens und des Verdrängens der Erfahrung Exil in der Sowjetunion am Beispiel autobiographischer Texte, Bd. 11/1993, S. 31–52.
Horch, Hans Otto, Exil und Messianismus. Manés Sperbers Romantrilogie *Wie eine Träne im Ozean* im Kontext deutsch-jüdischer Exilliteratur, Bd. 19/2001, S. 210–226.
Huder, Walter, *Doktor Faustus* von Thomas Mann als Nationalroman deutscher Schuld im amerikanischen Exil konzipiert, Bd. 10/1992, S. 201–210.
Jasper, Willi, Entwürfe einer neuen Demokratie für Deutschland. Ideenpolitische Aspekte der Exildiskussion 1933–1945. Ein Überblick, Bd. 2/1984, S. 271–298.
Kambas, Chryssoula, Exil des Intellektuellen und Großstadt. Zu Walter Benjamin, Bd. 20/2002, S. 74–96.
Kissel, Wolfgang Stephan, Russisches Dichtergedenken im Exil (1921–1939): Totenkult und kulturelles Gedächtnis, Bd. 18/2000, S. 208–229.
Kissel, Wolfgang Stephan, Vladimir Nabokovs Metamorphosen. (Selbst-)Übersetzung als transkulturelle Praxis des Exils, Bd. 25/2007, S. 50–70.
Klapdor-Kops, Heike »Und was die Verfasserin betrifft, laßt uns weitersehen«. Die Rekonstruktion der schriftstellerischen Laufbahn Anna Gmeyners, Bd. 3/1985, S. 313–338.
Kleinschmidt, Erich, Schreiben und Leben. Zur Ästhetik des Autobiographischen in der deutschen Exilliteratur, Bd. 2/1984, S. 24–40.
Kleinschmidt, Erich, »Sprache, die meine Wohnung war«. Exil und Sprachidee bei Peter Weiss, Bd. 3/1985, S. 215–224.
Kleinschmidt, Erich, Schreibpositionen. Ästhetikdebatten im Exil zwischen Selbstbehauptung und Verweigerung, Bd. 6/1988, S. 191–213.
Kliems, Alfrun, Transkulturalität des Exils und Translation im Exil. Versuch einer Zusammenbindung, Bd. 25/2007, S. 30–49.
Klotz, Christian, »Gemeißelt unser Widerstreben«. Widerstandssignale in Rudolf Alexander Schröders Woestijne-Übersetzungen, Bd. 12/1994, S. 114–125.
Koebner, Thomas, Arthur Koestlers Abkehr vom Stalinismus, Bd. 1/1983, S. 95–108.
Koelle, Lydia, Paris – Jerusalem ... et retour. Siebzehn Tage in Israel: Paul Celan »auf Lichtsuche«, Bd. 20/2002, S. 97–130.
Köpke, Wulf, Das dreifache Ja zur Sowjetunion. Lion Feuchtwangers Antwort an die Enttäuschten und Zweifelnden, Bd. 1/1983, S. 61–72.
Köpke, Wulf, Die Wirkung des Exils auf Sprache und Stil. Ein Vorschlag zur Forschung, Bd. 3/1985, S. 225–237.
Köpke, Wulf, Die Flucht durch Frankreich. Die zweite Erfahrung der Heimatlosigkeit in Berichten der Emigranten aus dem Jahre 1940, Bd. 4/1986, S. 229–242.
Köpke, Wulf, Die würdige Greisin. Marta Feuchtwanger als Beispiel, Bd. 7/1989, S. 212–225.
Köpke, Wulf, Hans Sahl als Übersetzer, Bd. 25/2007, S. 208–226.
Koepke, Wulf, Anmerkungen zur Konti-

nuität der Exilliteraturforschung in Nordamerika, Bd. 14/1996, S. 75–94.

Koepke, Wulf, Die Selbstdarstellung des Exils und die Exilforschung. Ein Rückblick, Bd. 23/2005, S. 13–29.

Koopmann, Helmut, Von der Unzerstörbarkeit des Ich. Zur Literarisierung der Exilerfahrung, Bd. 2/1984, S. 9–23.

Kopelew, Lew, Zur Situation der deutschen Emigranten in der Sowjetunion. Aus einem Gespräch, Bd. 1/1983, S. 159–164.

Krauß, Andrea, Die schwierige Wahrheit der Literatur. Über eine Randerscheinung des Schauspiels *IchundIch* von Else Lasker-Schüler, Bd. 17/1999, S. 79–90.

Kröger, Marianne, Carl Einsteins Romanfragment *BEB II*. Epochenrückblick und Ich-Problematisierung, Bd. 23/2005, S. 150–161.

Kröhnke, Friedrich, Surrealismus und deutsches Exil. Eine mexikanische Episode, Bd. 3/1985, S. 359–373.

Krohn, Claus-Dieter, Migrationen und Metropolenkultur in Berlin vor 1933, Bd. 20/2002, S. 14–35.

Krüger, Dirk, »Vater, du mußt mir zuerst etwas erklären. Was bedeutet staatenlos? Wie kommt es, daß jemand staatenlos ist?« Kinder- und Jugendliteratur im Exil – Erinnerungen an die deutsch-jüdische Autorin Ruth Rewald, Bd. 11/1993, S. 171–189.

Kuhlmann, Anne, Das Exil als Heimat. Über jüdische Schreibweisen und Metaphern, Bd. 17/1999, S. 198–213.

Lämmert, Eberhard, Lion Feuchtwanger und das kalifornische Exil, Bd. 2/1984, S. 143–159.

Lange, Thomas, Sprung in eine neue Identität. Der Emigrant Ernst Erich Noth, Bd. 2/1984, S. 121–142.

Leucht, Robert, Prozesse und Aporien der Übersetzung bei Walter Abish. Vier Fallstudien, Bd. 25/2007, S. 153–170.

Loewy, Ernst, Zum Paradigmenwechsel in der Exilliteraturforschung, Bd. 9/1991, S. 208–217.

Lühe, Irmela von der, Die Publizistin Erika Mann im amerikanischen Exil, Bd. 7/1989, S. 65–84.

Lühe, Irmela von der, Geschwister im Exil: Erika und Klaus Mann, Bd. 11/1993, S. 68–87.

Lyon, James K., Brecht und Stalin – des Dichters »letztes Wort«, Bd. 1/1983, S. 120–129.

Marquardt, Marion, Zu einigen Aspekten der *Hofmeister*-Bearbeitung Bertolt Brechts, Bd. 16/1998, S. 142–156.

Messerschmidt, Beate, »Von Deutschland herübergekommen«. Die Vertreibung des freiheitlichen Gildengeistes 1933. Zur Buchgemeinschaft »Büchergilde Gutenberg«, Bd. 3/1985, S. 183–196.

Mews, Siegfried, Von der Ohnmacht der Intellektuellen: Christopher Hamptons *Tales from Hollywood*, Bd. 3/1985, S. 270–285.

Mittag, Gabriele, Erinnern, Schreiben, Überliefern. Über autobiographisches Schreiben deutscher und deutsch-jüdischer Frauen, Bd. 11/1993, S. 53–67.

Müller-Kampel, Beatrix, Gespräch mit der Wiener Exildichterin Stella Rotenberg. Regelbruch und Respekt als Leitfaden für ein Interview, Bd. 23/2005, S. 162–178.

Müller-Salget, Klaus, Zum Beispiel: Heinz Liepmann, Bd. 3/1985, S. 286–312.

Müller-Salget, Klaus, Zum Dilemma des militanten Humanismus im Exil, Bd. 4/1986, S. 196–207.

Naumann, Uwe, Ein Stück der Versöhnung. Zur Uraufführung des Mysterienspiels *Eli* von Nelly Sachs (1962), Bd. 4/1986, S. 98–114.

Naumann, Uwe / Michael Töteberg, »Zänks for your Friendship und für die Kopfhaltung«. Ulrich Becher und seine Freundschaft mit George Grosz, Bd. 5/1987, S. 150–169.

Neugebauer, Rosamunde, Zur Metaphorik der Heimatlosigkeit. Eine vergleichende Betrachtung von Bettina Ehrlichs Kinderbuch *Cocolo's Home* und Axl Leskoscheks Graphikzyklus *Odysseus*, Bd. 17/1999, S. 183–197.

Nickisch, Reinhard M. G., Da verstummte ich... Kreativitätsschwund als Folge der Exilierung – das Beispiel des Expressionisten und Publizisten Armin T. Wegner, Bd. 2/1984, S. 160–172.

Nieraad, Jürgen, Deutschsprachige Literatur in Palästina und Israel, Bd. 5/1987, S. 90–110.

Nussbaum, Laureen, »Das Kleidungsstück der europäischen Geistigkeit ist einem besudelt worden ...«. Georg Hermann – Jettchen Geberts Vater – im Exil, Bd. 5/1987, S. 224–240.

Oeser, Hans-Christian, »Die Dunkelkammer der Despotie«. Bernard von Brentanos *Prozeß ohne Richter* im Zwielicht, Bd. 7/1989, S. 226–247.

Packalén, Sture, »... als läge unter jedem

Wort ein schwer fassbarer Schatten«. Zur Verortung von Peter Weiss' Schreiben, Bd. 25/ 2007, S. 112–133.
Patka, Marcus G., Wildes Paradies mit Ablaufzeit. Struktur und Leistung deutschsprachiger Exilanten in México Ciudad, Bd. 20/2002, S. 213–241.
Peitsch, Helmut, Wolfgang Hoffmann-Zampis' *Erzählungen aus den Türkenkriegen,* Bd. 12/1994, S. 82–98.
Pfanner, Helmut F., Eine spröde Geliebte. New York aus der Sicht deutscher und österreichischer Exilanten, Bd. 5/1987, S. 40–54.
Philipp, Michael, Auswahlbibliographie *Innere Emigration,* Bd. 12/1994, S. 200–216.
Pichler, Georg, s. Wolf, Michaela / Georg Pichler, Übersetzte Fremdheit und Exil.
Ricœur, Paul, Vielzahl der Kulturen – Von der Trauerarbeit zur Übersetzung, Bd. 25/ 2007, S. 3–6.
Rohlf, Sabine, »Zuhause war ich nur noch an irgend einem Schreibtisch«. Autobiografie, Exil und Autorschaft in Texten von Irmgard Keun und Adrienne Thomas, Bd. 23/2005, S. 128–149.
Roussel, Hélène / Lutz Winckler, Zur Topographie des literarischen und publizistischen Exils in Paris, Bd. 20/2002, S. 131–158.
Roussel, Hélène / Klaus Schulte, Exil, Textverfahren und Übersetzungsstrategie. *Der Ausflug der toten Mädchen* von Anna Seghers im Prisma verschiedener Übertragungen, vornehmlich ins Französische, Bd. 25/2007, S. 90–111.
Sautermeister, Gert, Thomas Mann: Volksverführer, Künstler-Politiker, Weltbürger. Führerfiguren zwischen Ästhetik, Dämonie, Politik, Bd. 1/1983, S. 302–321.
Scheichl, Sigurd P., »damit sofort an die Uebersetzungsarbeit herangegangen werden kann«. Übersetzt-Werden als Thema in Briefen Exilierter, Bd. 25/2007, S. 171–188.
Scheit, Gerhard, Vom Habsburgischen Mythos zum Mythos der Masse. Über einige Voraussetzungen und Besonderheiten der österreichischen Exilliteratur, Bd. 5/1987, S. 196–223.
Scheit, Gerhard, Die Satire als archimedischer Punkt. Zur Rekonstruktion nicht stattgefundener Exil-Debatten, Bd. 7/1989, S. 21–39.
Schiller, Dieter, Der Pariser Schutzverband deutscher Schriftsteller (Société allemande des gens de lettre, siège Paris). Eine antifaschistische Kulturorganisation im Exil, Bd. 6/ 1988, S. 174–190.
Schiller, Dieter, Die Deutsche Freiheitsbibliothek in Paris, Bd. 8/1990, S. 203–219.
Schiller, Dieter, Zur Exilliteraturforschung in der DDR. Ein Rückblick aus persönlicher Sicht, Bd. 14/1996, S. 95–118.
Schiller, Dieter, Etwas Anständiges, das auch Wind macht. Zu Anna Seghers' Briefwechsel mit der Redaktion der Zeitschrift *Das Wort,* Bd. 16/1998, S. 87–104.
Schlör, Joachim, »... das Großstadtleben nicht entbehren«. Berlin in Tel Aviv: Großstadtpioniere auf der Suche nach Heimat, Bd. 13/1995, S. 166–183.
Schmeichel-Falkenberg, Beate, Aufforderung zum Überleben. Lotte Goslar und das Exil, Bd. 11/1993, S. 216–228.
Schocken, Wolfgang Alexander, Wer war Grete Bloch? Bd. 4/1986, S. 83–97.
Schröder, Jürgen, »Es knistert im Gebälk«. Gottfried Benn – ein Emigrant nach innen, Bd. 12/1994, S. 31–52.
Schulte, Ingolf, Exil und Erinnerung. Über den vergessenen Autor Soma Morgenstern, Bd. 13/1995, S. 221–236.
Schulte, Klaus, s. Roussel, Hélène / Klaus Schulte, Exil, Textverfahren und Übersetzungsstrategie. *Der Ausflug der toten Mädchen* von Anna Seghers im Prisma verschiedener Übertragungen, vornehmlich ins Französische.
Seibert, Peter, »Dann werden das Blatt wir wenden ...«. Verbannte Autoren im Kampf um die Saar (1933–1935), Bd. 1/1983, S. 177–202.
Seifener, Christoph, Die Autobiografien von Curt Goetz / Valérie von Martens und Fritz Kortner. Ein Vergleich im Hinblick auf das Verhältnis der Exilierten zu Deutschland, Bd. 23/2005, S. 114–127.
Shchyhlevska, Natalia, Bukowiner Dichter als Übersetzer Jessenins, Bd. 25/2007, S. 227–246.
Siegel, Eva-Maria, Zeitgeschichte, Alltag, Kolportage oder Über den »Bourgeois in den Menschen Seele«. Zum Exilwerk Hermynia Zur Mühlens, Bd. 11/1993, S. 106–126.
Spies, Bernhard, Exilliteratur – ein abgeschlossenes Kapitel? Überlegungen zu Stand und Perspektiven der literaturwissenschaftlichen Exilforschung, Bd. 14/1996, S. 11–30.
Stephan, Alexander, Ein Exilroman als Bestseller. Anna Seghers' *The Seventh Cross* in den USA. Analyse und Dokumente, Bd. 3/1985, S. 238–259.

Stephan, Alexander, Anna Seghers' *The Seventh Cross.* Ein Exilroman über Nazideutschland als Hollywood-Film, Bd. 6/1988, S. 214–229.

Strickhausen, Waltraud, Im Zwiespalt zwischen Literatur und Publizistik. Deutungsversuch zum Gattungswechsel im Werk der Exilautorin Hilde Spiel, Bd. 7/1989, S. 166–183.

Stürzer, Anne, »Schreiben tue ich jetzt nichts ... keine Zeit«. Zum Beispiel: Die Dramatikerinnen Christa Winsloe und Hilde Rubinstein im Exil, Bd. 11/1993, S. 127–142.

ter Haar, Carel, Ernst Tollers Verhältnis zur Sowjetunion, Bd. 1/1983, S. 109–119.

Töteberg, Michael, s. Naumann, Uwe/ Michael Töteberg, »Zänks for your Friendship und für die Kopfhaltung«.

Trapp, Frithjof, »Ich empfehle, die ›Prawda‹ über (die) West-Ukraine nachzulesen«. Zwischen Formalismus-Debatte und deutschsowjetischem Grenz- und Freundschaftsvertrag (28. September 1939): Gustav von Wangenheims Schauspiel *Die Stärkeren,* Bd. 1/1983, S. 130–146.

Trommler, Frank, Das gelebte und das nicht gelebte Exil des Peter Weiss. Zur Botschaft seiner frühen Bilder, Bd. 13/1995, S. 82–95.

Utsch, Susanne, Übersetzungsmodi. Zur Komplementarität von Sprachverhalten und transatlantischem Kulturtransfer bei Klaus Mann, Bd. 25/2007, S. 134–152.

Vaget, Hans Rudolf, Thomas Mann und der deutsche Widerstand. Zur Deutschland-Thematik im *Doktor Faustus,* Bd. 15/1997, S. 88–101.

Vogt, Guntram, Robert Musils ambivalentes Verhältnis zur Demokratie, Bd. 2/1984, S. 310–338.

Weber, Regina, Der emigrierte Germanist als »Führer« zur deutschen Dichtung. Werner Vordtriede im Exil, Bd. 13/1995, S. 137–165.

Weiner, Marc A., Der Briefwechsel zwischen Hans Pfitzner und Felix Wolfes 1933–1948, Bd. 2/1984, S. 393–411.

Werner, Klaus Ulrich, Der Feuilletonist und Romancier Hans Natonek im Exil, Bd. 7/1989, S. 155–165.

Winckler, Lutz, Klaus Mann: Mephisto. Schlüsselroman und Gesellschaftssatire, Bd. 1/1983, S. 322–342.

Winckler, Lutz, Mythen der Exilforschung? Bd. 13/1995, S. 68–81.

Winckler, Lutz, s. Roussel, Hélène/Lutz Winckler, Zur Topographie des literarischen und publizistischen Exils in Paris.

Winkler, Michael, Exilliteratur – als Teil der deutschen Literaturgeschichte betrachtet. Thesen zur Forschung, Bd. 1/1983, S. 359–366.

Winkler, Michael, Metropole New York, Bd. 20/2002, S. 178–198.

Winkler, Michael, Hermann Brochs Exilromane. Übersetzungen und Rezeption in Amerika, Bd. 25/2007, S. 189–207.

Witte, Karsten, Siegfried Kracauer im Exil, Bd. 5/1987, S. 135–149.

Wolf, Arie, »Ein Schriftsteller nimmt Urlaub«. Arnold Zweigs Abschiedsschreiben aus Israel, Bd. 6/1988, S. 230–239.

Wolf, Michaela/Georg Pichler, Übersetzte Fremdheit und Exil – Grenzgänge eines hybriden Subjekts. Das Beispiel Erich Arendt, Bd. 25/2007, S. 7–29.

Wolffheim, Elsbeth, »Nicht verboten, aber auch nicht zugelassen«. Hans Henny Jahnn im Exil, Bd. 4/1986, S. 276–290.

Wolffheim, Elsbeth, Writers in Exile – ein neues Projekt des Internationalen PEN-Club, Bd. 18/2000, S. 254–261.

Wollmann, Heide-Marie, »Nichts gegen die Nazis getan«? Armin T. Wegners Verhältnis zum Dritten Reich, Bd. 4/1986, S. 291–306.

Zaich, Katja B., »Ein Emigrant erschiene uns sehr erwünscht ...«. Kurt Gerron als Filmregisseur, Schauspieler und Cabaretier in den Niederlanden, Bd. 21/2003, S. 112–128.

3. Wissenschaften

Albert, Claudia, Adorno und Eisler – Repräsentanten des Musiklebens in den beiden deutschen Staaten der Nachkriegszeit, Bd. 9/1991, S. 68–80.

Bahr, Ehrhard, Paul Tillich und das Problem einer deutschen Exilregierung in den Vereinigten Staaten, Bd. 3/1985, S. 31–42.

Barnouw, Dagmar, Der Jude als Paria. Hannah Arendt über die Unmündigkeit des Exils, Bd. 4/1986, S. 43–61.

Braese, Stephan, Fünfzig Jahre ›danach‹. Zum Antifaschismus-Paradigma in der deutschen Exilforschung, Bd. 14/1996, S. 133–149.

Braese, Stephan, Auf der Spitze des Mastbaums. Walter Benjamin als Kritiker im Exil, Bd. 16/1998, S. 56–86.

Bruns, Brigitte, Thesaurus und Denkmal des Exils. Zur Rezeption des *Biographischen Handbuchs der deutschsprachigen Emigration nach 1933/International Biographical Dictionary of Central European Emigrés 1933–1945* in Publizistik und Exilforschung, Bd. 17/1999, S. 214–240.

Buchstein, Hubertus, Verpaßte Chancen einer kritischen Politikwissenschaft? A.R.L. Gurlands Gastspiel in Berlin 1950 bis 1954, Bd. 9/1991, S. 128–145.

Christmann, Hans Helmut, Deutsche Romanisten als Verfolgte des Nationalsozialismus, Bd. 6/1988, S. 73–82.

Cieslok, Ulrike, Eine schwierige Rückkehr. Remigranten an nordrhein-westfälischen Hochschulen, Bd. 9/1991, S. 115–127.

Cohen, Jean-Louis, Julius Posener à *L'Architecture d'Aujourd'hui*: un regard parisien sur l'architecture allemande des années 30, Bd. 10/1992, S. 84–99.

Dahms, Hans-Joachim, Verluste durch Emigration. Die Auswirkungen der nationalsozialistischen »Säuberungen« an der Universität Göttingen. Eine Fallstudie, Bd. 4/1986, S. 160–185.

Eakin-Thimme, Gabriela Ann, Deutsche Nationalgeschichte und Aufbau Europas. Deutschsprachige jüdische Historiker im amerikanischen Exil, Bd. 19/2001, S. 65–79.

Faulenbach, Bernd, Der »deutsche Weg« aus der Sicht des Exils. Zum Urteil emigrierter Historiker, Bd. 3/1985, S. 11–30.

Fischer, Klaus, Die Emigration deutschsprachiger Kernphysiker nach 1933. Eine kollektivbiographische Analyse ihrer Wirkung auf der Basis szientometrischer Daten, Bd. 6/1988, S. 44–72.

Häntzschel, Hiltrud, Kritische Bemerkungen zur Erforschung der Wissenschaftsemigration unter geschlechterdifferenzierendem Blickwinkel, Bd. 14/1996, S. 150–163.

Hammel, Andrea, Online Database of British Archival Resources Relating to German-Speaking Refugees, 1933 bis 1950 (BARGE). Ein Projektbericht, Bd. 24/2006, S. 73–78.

Haselbach, Dieter, Staat und Markt. Zur intellektuellen Biographie Wilhelm Röpkes, Bd. 6/1988, S. 123–136.

Heller, Heinz-B., »Ungleichzeitigkeiten«. Anmerkungen zu Ernst Blochs Kritik des »Massenfaschismus« in *Erbschaft dieser Zeit*, Bd. 1/1983, S. 343–358.

Hermand, Jost, Madison, Wisconsin 1959–1973. Der Einfluß der deutschen Exilanten auf die Entstehung der Neuen Linken, Bd. 13/1995, S. 52–67.

Hermand, Jost, Das Eigene im Fremden. Die Wirkung der Exilanten und Exilantinnen auf die amerikanische Germanistik, Bd. 16/1998, S. 157–173.

Hirschfeld, Gerhard, »The defence of learning and science...«. Der Academic Assistance Council in Großbritannien und die wissenschaftliche Emigration aus Nazi-Deutschland, Bd. 6/1988, S. 28–43.

Hoffmann, Christhard, Zerstörte Geschichte. Zum Werk der jüdischen Historikerin Selma Stern, Bd. 11/1993, S. 203–215.

Hofner-Kulenkamp, Gabriele, Versprengte Europäerinnen. Deutschsprachige Kunsthistorikerinnen im Exil, Bd. 11/1993, S. 190–202.

Holl, Karl, Exil und Asyl als Gegenstand universitärer Lehre. Erfahrungsbericht über ein Projekt an der Universität Bremen, Bd. 18/2000, S. 262–269.

Horn, Klaus-Peter/Heinz-Elmar Tenorth, Remigration in der Erziehungswissenschaft, Bd. 9/1991, S. 171–195.

Keilson, Hans, »Sie werden von niemandem erwartet«. Eine Untersuchung über verwaiste jüdische Kinder und deren ›sequentielle Traumatisierung‹, Bd. 3/1985, S. 374–395.

Kerber, Harald, Paul Tillich – ein Theologe im Exil, Bd. 4/1986, S. 130–143.

Kettler, David/Volker Meja/Nico Stehr, Schattendasein einer erfolgreichen Emigration: Karl Mannheim im englischen Exil, Bd. 5/1987, S. 170–195.

Kraushaar, Wolfgang, Die Wiederkehr der Traumata im Versuch sie zu bearbeiten. Die Remigration von Horkheimer und Adorno und ihr Verhältnis zur Studentenbewegung, Bd. 9/1991, S. 46–72.

Kröner, Hans-Peter, Die Emigration deutschsprachiger Mediziner 1933–1945. Versuch einer Befunderhebung, Bd. 6/1988, S. 83–97.

Krohn, Claus-Dieter, Der Fall Bergstraesser in Amerika, Bd. 4/1986, S. 254–275.

Ladwig, Perdita, Venedig als Norm. Spuren einer Selbstthematisierung im Werk Percy Gotheins, Bd. 23/2005, S. 195–207.

Loewy, Ernst, Zum Paradigmenwechsel in der Exilliteraturforschung, Bd. 9/1991, S. 208–217.

Lorenz, Einhart, Exilforschung in Skandinavien. Geschichte, Stand, Perspektiven, Bd. 14/1996, S. 119–132.

Lützeler, Paul Michael, The City of Man (1940). Ein Demokratiebuch amerikanischer und emigrierter europäischer Intellektueller, Bd. 2/1984, S. 299–309.

Neumann, Michael, Lektionen ohne Widerhall. Bemerkungen zum Einfluß von Remigranten auf die Entwicklung der westdeutschen Nachkriegssoziologie, Bd. 2/1984, S. 339–357.

Niedhart, Gottfried, Gustav Mayers englische Jahre: Zum Exil eines deutschen Juden und Historikers, Bd. 6/1988, S. 98–107.

Papcke, Sven, Fragen an die Exilforschung heute, Bd. 6/1988, S. 13–27.

Papcke, Sven, Exil und Remigration als öffentliches Ärgernis. Zur Soziologie eines Tabus, Bd. 9/1991, S. 9–24.

Papcke, Sven, Exil der Soziologie/Soziologie des Exils, Bd. 14/1996, S. 62–74.

Pross, Christian, Die Gutachterfehde – Emigrantenärzte in der Wiedergutmachung, Bd. 6/1988, S. 137–151.

Quack, Sibylle, Die Aktualität der Frauen- und Geschlechterforschung für die Exilforschung, Bd. 14/1996, S. 31–43.

Radkau, Joachim, Der Emigrant als Warner und Renegat. Karl August Wittfogels Dämonisierung der »asiatischen Produktionsweise«, Bd. 1/1983, S. 73–94.

Radkau, Joachim, Der Historiker, die Erinnerung und das Exil. Hallgartens Odyssee und Kuczynskis Prädestination, Bd. 2/1984, S. 86–103.

Rautmann, Peter, Gedächtnis – Erinnern – Eingedenken. Walter Benjamins *Passagenarbeit* und Dani Karavans *Passagen* in Portbou, Bd. 16/1998, S. 12–31.

Schiller, Dieter, Zur Exilliteraturforschung in der DDR. Ein Rückblick aus persönlicher Sicht, Bd. 14/1996, S. 95–118.

Schlör, Joachim, »Wenn ich eines richtig gemacht habe ...«. Berliner Sexualwissenschaftler in Palästina/Israel, Bd. 16/1998, S. 229–252.

Söllner, Alfons, Deutsch-jüdische Identitätsprobleme. Drei Lebensgeschichten intellektueller Emigranten, Bd. 3/1985, S. 349–358.

Söllner, Alfons, »The Philosopher not as King«. Herbert Marcuses politische Theorie in den vierziger und fünfziger Jahren, Bd. 6/1988, S. 108–122.

Söllner, Alfons, Zwischen totalitärer Vergangenheit und demokratischer Zukunft. Emigranten beurteilen die deutsche Entwicklung nach 1945, Bd. 9/1991, S. 146–170.

Speier, Hans, Nicht die Auswanderung, sondern der Triumph Hitlers war die wichtige Erfahrung. Autobiographische Notizen eines Soziologen, Bd. 6/1988, S. 152–173.

Spies, Bernhard, Exilliteratur – ein abgeschlossenes Kapitel? Überlegungen zu Stand und Perspektiven der literaturwissenschaftlichen Exilforschung, Bd. 14/1996, S. 11–30.

Stammen, Theo, Exil und Emigration – Versuch einer Theoretisierung, Bd. 5/1987, S. 11–27.

Tenorth, Heinz-Elmar, s. Horn, Klaus-Peter/Heinz-Elmar Tenorth, Remigration in der Erziehungswissenschaft.

Voswinckel, Peter, Die zweite Verbannung. Auslassungen, Willkür und Fälschung in der ärztlichen Biografik, Bd. 23/2005, S. 70–85.

Weber, Regina, Der emigrierte Germanist als »Führer« zur deutschen Dichtung. Werner Vordtriede im Exil, Bd. 13/1995, S. 137–165.

Weber, Regina, Verantwortung für die deutsche Kultur. Das Beispiel des emigrierten Germanisten Bernhard Blume, Bd. 14/1996, S. 164–185.

Weber, Regina, Das *Internationale Germanistenlexikon 1800–1950* und die emigrierten Germanisten. Verlust und Neuerfindung von Identität im Zeichen des Exils, Bd. 23/2005, S. 86–101.

Winckler, Lutz, Mythen der Exilforschung? Bd. 13/1995, S. 68–81.

Witte, Karsten, Siegfried Kracauer im Exil, Bd. 5/1987, S. 135–149.

Zenck, Martin, Das revolutionäre Exilwerk des Komponisten Stefan Wolpe – mit kritischen Anmerkungen zur Musikgeschichtsschreibung der dreißiger und vierziger Jahre, Bd. 10/1992, S. 129–151.

4. Kunst

Albert, Claudia, Adorno und Eisler – Repräsentanten des Musiklebens in den beiden deutschen Staaten der Nachkriegszeit, Bd. 9/1991, S. 68–80.

Cohen, Jean-Louis, Julius Posener à *L'Architecture d'Aujourd'hui*: un regard parisien sur l'architecture allemande années 30, Bd. 10/1992, S. 84–99.

Ehrke-Rotermund, Heidrun, Camoufliertes Malen im »Dritten Reich«. Otto Dix zwischen Widerstand und Innerer Emigration, Bd. 12/1994, S. 126–155.
Frowein, Cordula, The Exhibition of 20th Century German Art in London 1938 – eine Antwort auf die Ausstellung »Entartete Kunst« in München 1937, Bd. 2/1984, S. 212–237.
Frowein, Cordula, Die verfemte Kunst im Exil – Kunsthandel und Nationalsozialismus. Das Schicksal der modernen Kunst am Beispiel der Sammlung Ludwig und Rosy Fischer, Bd. 10/1992, S. 74–83.
Heister, Hanns-Werner, »Amerikanische Oper« und antinazistische Propaganda. Aspekte von Kurt Weills Produktion im US-Exil, Bd. 10/1992, S. 152–167.
Heister, Hanns-Werner, Karl Amadeus Hartmanns ›innere Emigration‹ vor und nach 1945. Die *Symphonische Ouvertüre »China kämpft«*, Bd. 12/1994, S. 156–173.
Held, Jutta, Das Exil der deutschen Künstler in den dreißiger und vierziger Jahren. Zur Exilforschung, Bd. 12/1994, S. 191–199.
Hofner-Kulenkamp, Gabriele, Versprengte Europäerinnen. Deutschsprachige Kunsthistorikerinnen im Exil, Bd. 11/1993, S. 190–202.
Holz, Keith, Responses from Bohemia to »Entartete Kunst«, 1937–1938, Bd. 10/1992, S. 33–49.
Huder, Walter, Die sogenannte Reinigung. Die »Gleichschaltung« der Sektion für Dichtkunst der Preußischen Akademie der Künste 1933, Bd. 4/1986, S. 144–159.
Jewanski, Jörg, »Ich brauche mich mit ›Geschäften‹ nicht mehr zu befassen, nur mit Kunst«. Alexander László und die Weiterentwicklung seiner Farblichtmusik im amerikanischen Exil, Bd. 16/1998, S. 194–228.
Katenhusen, Ines, Biografie des Scheiterns? Alexander Dorner, ein deutscher Museumsdirektor in den USA, Bd. 22/2004, S. 260–284.
Krauße, Anna-Carola, »Malen fürs Lebensbrot«. Zum Verlust künstlerischer Identität in der Emigration: die Malerin Lotte Laserstein im schwedischen Exil, Bd. 17/1999, S. 106–126.
Lühe, Barbara von der, Der Musikpädagoge Leo Kestenberg. Von Berlin über Prag nach Tel Aviv, Bd. 13/1995, S. 204–220.
Naumann, Uwe / Michael Töteberg, »Zänks for your Friendship und für die Kopfhaltung«. Ulrich Becher und seine Freundschaft mit George Grosz, Bd. 5/1987, S. 150–169.
Neugebauer, Rosamunde, Avantgarde im Exil? Anmerkungen zum Schicksal der bildkünstlerischen Avantgarde Deutschlands nach 1933 und zum Exilwerk Richard Lindners, Bd. 16/1998, S. 32–55.
Neugebauer, Rosamunde, Zur Metaphorik der Heimatlosigkeit. Eine vergleichende Betrachtung von Bettina Ehrlichs Kinderbuch *Cocolo's Home* und Axl Leskoscheks Graphikzyklus *Odysseus*, Bd. 17/1999, S. 183–197.
Rautmann, Peter, Max Beckmann in Paris 1937 bis 1939. Kunst und Gewalt am Vorabend des Zweiten Weltkriegs, Bd. 10/1992, S. 12–32.
Rautmann, Peter, Gedächtnis – Erinnern – Eingedenken. Walter Benjamins *Passagenarbeit* und Dani Karavans *Passagen* in Portbou, Bd. 16/1998, S. 12–31.
Roussel, Hélène, Die emigrierten deutschen Künstler in Frankreich und der Freie Künstlerbund, Bd. 2/1984, S. 173–211.
Schaber, Irme, »Die Kamera ist ein Instrument der Entdeckung ...«. Die Großstadtfotografie der fotografischen Emigration der NS-Zeit in Paris, London und New York, Bd. 20/2002, S. 53–73.
Schalz, Nicolas, »Ein Opfer der Masse«. Der *Tanz um das Goldene Kalb* aus Arnold Schönbergs Oper *Moses und Aron*, Bd. 10/1992, S. 100–128.
Schmidt-Linsenhoff, Viktoria, »Unvergessen und nachtragende Erinnerung«. Zu der Radierfolge *Entre Chien et Loup* von Leo Maillet, Bd. 10/1992, S. 50–64.
Stern, Guy / Brigitte V. Sumann, Mit Zeichenstift und Farbe gegen den Hitler-Staat. William Pachners politische Illustrationen in amerikanischen Zeitschriften, Bd. 7/1989, S. 98–106.
Tönnies, Moya, Netz oder Hängematte. Alltagserfahrung und Werk der Künstlerin Hella Guth im Londoner Exil, Bd. 10/1992, S. 65–73.
Töteberg, Michael, s. Naumann, Uwe / Michael Töteberg, »Zänks for your Friendship und für die Kopfhaltung«.
Trommler, Frank, Das gelebte und das nicht gelebte Exil des Peter Weiss. Zur Botschaft seiner frühen Bilder, Bd. 13/1995, S. 82–95.
Vinzent, Jutta, »Auto«-text und Kon-text. Konzeptionelle Überlegungen zu Michel

Foucault im Blick auf Exilkünstler, Bd. 23/ 2005, S. 179–194.

Zenck, Martin, Das revolutionäre Exilwerk des Komponisten Stefan Wolpe – mit kritischen Anmerkungen zur Musikgeschichtsschreibung der dreißiger und vierziger Jahre, Bd. 10/1992, S. 129–151.

5. Medien

Adunka, Evelyn, Bücherraub in und aus Österreich während der NS-Zeit und die Restitutionen nach 1945, Bd. 22/2004, S. 180–200.

Agde, Günter, Zwischen Hoffnung und Illusion. Filmarbeit deutscher Emigranten in Moskau und die Produktionsfirma Meshrabpom-Film, Bd. 21/2003, S. 62–84.

Asper, Helmut G., Max Ophüls gegen Hitler, Bd. 3/1985, S. 173–182.

Asper, Helmut G., Hollywood – Hölle oder Paradies? Legende und Realität der Lebens- und Arbeitsbedingungen der Exilanten in der amerikanischen Filmindustrie, Bd. 10/1992, S. 187–200.

Asper, Helmut G., »... um Himmels willen vergessen Sie Ihre Vergangenheit«. Integrationsbemühungen und -probleme der Filmemigranten, Bd. 14/1996, S. 186–199.

Asper, Helmut G., Filmavantgardisten im Exil, Bd. 16/1998, S. 174–193.

Asper, Helmut G., Ungeliebte Gäste. Filmemigranten in Paris 1933–1940. Mit einer Filmographie von Jan-Christopher Horak: Exilfilme in Frankreich 1933–1950, Bd. 21/ 2003, S. 40–61.

Auer, Anna, Die Geschichte der österreichischen Exilfotografie, Bd. 21/2003, S. 183–206.

Bahr, Ehrhard, Exiltheater in Los Angeles. Max Reinhardt, Leopold Jessner, Bertolt Brecht und Walter Wicclair, Bd. 21/2003, S. 95–111.

Brinson, Charmian / Richard Dove, »Just about the best actor in England«: Martin Miller in London, 1939 bis 1949. Theater – Film – Rundfunk, Bd. 21/2003, S. 129–140.

Diaz Pérez, Olivia C., Der Exilverlag El Libro Libre in Mexiko, Bd. 22/2004, S. 156–179.

Dove, Richard, s. Brinson, Charmian / Richard Dove, »Just about the best actor in England«: Martin Miller in London, 1939 bis 1949. Theater – Film – Rundfunk.

Enderle-Ristori, Michaela, Das »freie deutsche Buch« im französischen Exil. Ein kulturpolitisches Konzept und seine organisatorische Praxis, Bd. 22/2004, S. 29–59.

Fischer, Ernst, »Kunst an sich ›geht‹ hier nicht«. Deutsche Buchgestalter und Buchillustratoren im amerikanischen Exil, Bd. 22/ 2004, S. 100–126.

Goetzinger, Germaine, Malpaartes – ein unbekannter Exilverlag aus Luxemburg, Bd. 22/2004, S. 84–99.

Grünewald, Michel, Literaturkritik in Exilzeitschriften: Die neue Weltbühne, Bd. 7/ 1989, S. 136–154.

Haarmann, Hermann, In der Fremde schreiben. Aspekte der Exilpublizistik. Eine Problemskizze, Bd. 7/1989, S. 11–20.

Hannich-Bode, Ingrid, Autobiographien aus dem Exil. Literatur, Kunst und Musik – eine Bibliographie, Bd. 14/1996, S. 200–208.

Honnef, Klaus, Fotografen im Exil, Bd. 21/ 2003, S. 170–182.

Horak, Jan-Christopher, Wunderliche Schicksalsfügung: Emigranten in Hollywoods Anti-Nazi-Film, Bd. 2/1984, S. 257–270.

Horak, Jan-Christopher, Exilfilme in Frankreich 1933–1950 [Filmographie], s. Asper, Helmut G., Ungeliebte Gäste.

Hürten, Heinz, »Der Deutsche Weg«. Katholische Exilpublizistik und Auslandsdeutschtum. Ein Hinweis auf Friedrich Muckermann, Bd. 4/1986, S. 115–129.

Jacobsen, Wolfgang, s. Klapdor, Heike / Wolfgang Jacobsen, »Dear Paul, I had real bad luck«. Von der Illusion des Glücks im Exil.

Katenhusen, Ines, Biografie des Scheiterns? Alexander Dorner, ein deutscher Museumsdirektor in den USA, Bd. 22/2004, S. 260–284.

Klapdor, Heike / Wolfgang Jacobsen, »Dear Paul, I had real bad luck.« Von der Illusion des Glücks im Exil, Bd. 21/2003, S. 24–39.

Körner, Klaus, Fortleben des politischen Exils in der Bundesrepublik. Johann Fladung und der Progress-Verlag 1950–1972, Bd. 22/ 2004, S. 218–236.

Kohlhaas, Elisabeth, »Die Flamme des Weltbrandes an ihrem Ursprung austreten ...«. Der kommunistische Freiheitssender 29,8, Bd. 8/ 1990, S. 46–60.

Loewy, Ernst, Freier Äther – freies Wort? Die Rundfunkarbeit deutscher Autoren im Exil 1933–1945, Bd. 2/1984, S. 238–256.

Loewy, Ronny, Flucht oder Alija. Filmemigranten in Palästina, Bd. 21/2003, S. 85–94.

Lühe, Irmela von der, Die Publizistin Erika Mann im amerikanischen Exil, Bd. 7/1989, S. 65–84.

Maas, Lieselotte, Die »Neue Weltbühne« und der »Aufbau«. Zwei Beispiele für Grenzen und Möglichkeiten journalistischer Arbeit im Exil, Bd. 1/1983, S. 245–282.

Maas, Lieselotte, Verstrickt in die Totentänze einer Welt. Die politische Biographie des Weimarer Journalisten Leopold Schwarzschild, dargestellt im Selbstzeugnis seiner Exilzeitschrift »Das Neue Tage-Buch«, Bd. 2/1984, S. 56–85.

Maas, Lieselotte, Kurfürstendamm auf den Champs-Elysées? Der Verlust von Realität und Moral beim Versuch einer Tageszeitung im Exil, Bd. 3/1985, S. 106–126.

Nawrocka, Irene, Kooperationen im deutschsprachigen Exilverlagswesen, Bd. 22/2004, S. 60–83.

Roessler, Peter, Ein Exildrama im österreichischen Nachkriegsfilm. Von Fritz Hochwälders *Flüchtling* zum Film *Die Frau am Weg*, Bd. 21/2003, S. 141–154.

Roussel, Hélène, Bücherschicksale. Buchsymbolik, literarische Buch- und Bibliotheksphantasien im Exil, Bd. 22/2004, S. 11–28.

Roussel, Hélène / Lutz Winckler, Pariser *Tageblatt / Pariser Tageszeitung*: Gescheitertes Projekt oder Experiment publizistischer Akkulturation? Bd. 7/1989, S. 119–135.

Sadowsky, Oliver / Søren Seitzberg, Sinnvolle Wartezeit? Die demokratische und antinazistische Aufklärungs- und Schulungsarbeit in der Flüchtlingslagerzeitung *Deutsche Nachrichten* von 1945 bis 1948, Bd. 24/2006, S. 168–182.

Schaber, Irme, »Die Kamera ist ein Instrument der Entdeckung ...«. Die Großstadtfotografie der fotografischen Emigration der NS-Zeit in Paris, London und New York, Bd. 20/2002, S. 53–73.

Schaber, Irme, We return to Fellbach. Das Fotografenpaar Mieth und Hagel nach dem Ende des NS-Exils und zu Beginn ihres beruflichen Rückzugs während der McCarthy-Ära, Bd. 21/2003, S. 207–224.

Schaber, Irme, Hoffnung und Zeugenschaft. Die biografische Konstruktion der Fotografen Gerda Taro und Robert Capa im Spanischen Bürgerkrieg, Bd. 23/2005, S. 208–221.

Schaber, Will, Der Fall Ullmann – Lherman – Oulmàn, Bd. 7/1989, S. 107–118.

Schiller, Dieter, Arnold Zweig und die *Palestine Post* in Jerusalem, Bd. 7/1989, S. 184–201.

Schiller, Dieter, Die »Volksfront-Sache« – »moralisch zerstört«? Aus dem redaktionellen Briefwechsel von Leopold Schwarzschilds *Neuem Tage-Buch* im Jahr 1937, Bd. 22/2004, S. 248–259.

Schirp, Kerstin Emma, Presse als Brücke zwischen Heimat und Exil. Das *Semanario Isrealita* in Buenos Aires, Bd. 19/2001, S. 168–186.

Schneider, Sigrid, Zwischen Scheitern und Erfolg: Journalisten und Publizisten im amerikanischen Exil, Bd. 7/1989, S. 51–64.

Seitzberg, Søren, s. Sadowksy, Oliver / Søren Seitzberg, Sinnvolle Wartezeit?

Spitta, Arnold, Beobachtungen aus der Distanz. Das *Argentinische Tageblatt* und der deutsche Faschismus, Bd. 8/1990, S. 185–202.

Stern, Guy / Brigitte V. Sumann, Mit Zeichenstift und Farbe gegen den Hitler-Staat. William Pachners politische Illustrationen in amerikanischen Zeitschriften, Bd. 7/1989, S. 98–106.

Strack, Thomas, Fritz Lang und das Exil. Rekonstruktion einer Erfahrung mit dem amerikanischen Film, Bd. 13/1995, S. 184–203.

Strickhausen, Waltraud, Im Zwiespalt zwischen Literatur und Publizistik. Deutungsversuch zum Gattungswechsel im Werk der Exilautorin Hilde Spiel, Bd. 7/1989, S. 166–183.

Suschitzky, Joseph, »Libris (London) Ltd.«. Etwas vom Antiquariats-Buchhandel in England. Ein persönlicher Bericht aus den Jahren 1966 und 1971, Bd. 22/2004, S. 201–217.

Thunecke, Jörg, Deutschsprachige Exilveröffentlichungen in Übersetzungen beim New Yorker Knopf Verlag, Bd. 22/2004, S. 127–155.

Tischler, Carola, *Zwischen Nacht und Tag*. Erich Weinerts sowjetische Exilzeit im DDR-Spielfilm der 70er Jahre, Bd. 21/2003, S. 155–169.

Uka, Walter, Willi Münzenberg – Probleme einer linken Publizistik im Exil, Bd. 7/1989, S. 40–50.

Weinke, Wilfried, Verdrängt, vertrieben und – fast – vergessen. Die Hamburger Fotografen Emil Bieber, Max Halberstadt, Erich Kastan und Kurt Schallenberg, Bd. 21/2003, S. 225–253.

Weinke, Wilfried, Ruth Liepman: Anwältin und Agentin der Autoren, Bd. 22/2004, S. 237–247.
Werner, Klaus Ulrich, Der Feuilletonist und Romancier Hans Natonek im Exil, Bd. 7/1989, S. 155–165.
Winckler, Julia, Gespräch mit Wolfgang Suschitzky, Fotograf und Kameramann geführt in seiner Wohnung in Maida Vale, London, am 15. Dezember 2001, 22. März 2002, 17. Mai 2002, Bd. 21/2003, S. 254–279.
Winckler, Lutz, s. Roussel, Hélène / Lutz Winckler, Pariser Tageblatt / Pariser Tageszeitung.
Wolf, Arie, Die »Verwurzelungs«-Kontroverse Arnold Zweigs mit Gustav Krojanker. Kommentar zu einer Pressepolemik in Palästina 1942, Bd. 7/1989, S. 202–211.
Zaich, Katja B., »Ein Emigrant erschiene uns sehr erwünscht …«. Kurt Gerron als Filmregisseur, Schauspieler und Cabaretier in den Niederlanden, Bd. 21/2003, S. 112–128.

6. Jüdische Emigration

Barnouw, Dagmar, Der Jude als Paria. Hannah Arendt über die Unmündigkeit des Exils, Bd. 4/1986, S. 43–61.
Bauer, Markus, Exil und Galut. Zum jüdischen Selbstverständnis nach 1933, Bd. 18/2000, S. 37–50.
Bauer, Markus, Paradies, Fegefeuer, Hölle. Exil und Holocaust in Rumänien, Bd. 19/2001, S. 145–167.
Benz, Wolfgang, Rückkehr auf Zeit. Erfahrungen deutsch-jüdischer Emigranten mit Einladungen in ihre ehemaligen Heimatstädte, Bd. 9/1991, S. 196–207.
Benz, Wolfgang, Illegale Einwanderung nach Palästina, Bd. 19/2001, S. 128–144.
Braese, Stephan, Nach-Exil. Zu einem Entstehungsort westdeutscher Nachkriegsliteratur, Bd. 19/2001, S. 227–253.
Eakin-Thimme, Gabriela Ann, Deutsche Nationalgeschichte und Aufbau Europas. Deutschsprachige jüdische Historiker im amerikanischen Exil, Bd. 19/2001, S. 65–79.
Embacher, Helga, Eine Heimkehr gibt es nicht? Remigration nach Österreich, Bd. 19/2001, S. 187–209.
Franke, Julia, »*De véritables ›boches‹*«. Französische und emigrierte deutsche Juden im Paris der dreißiger Jahre, Bd. 19/2001, S. 80–105.

Heumos, Peter, Jüdischer Sozialismus im Exil. Zur politischen Programmatik der Exilvertretung des Allgemeinen Jüdischen Arbeiterbundes in Polen im Zweiten Weltkrieg, Bd. 4/1986, S. 62–82.
Horch, Hans Otto, Exil und Messianismus. Manés Sperbers Romantrilogie *Wie eine Träne im Ozean* im Kontext deutsch-jüdischer Exilliteratur, Bd. 19/2001, S. 210–226.
Keilson, Hans, »Sie werden von niemandem erwartet«. Eine Untersuchung über verwaiste jüdische Kinder und deren ›sequentielle Traumatisierung‹, Bd. 3/1985, S. 374–395.
Klugescheid, Andreas, »*His Majesty's Most Loyal Enemy Aliens*«. Der Kampf deutschjüdischer Emigranten in den britischen Streitkräften 1939–1945, Bd. 19/2001, S. 106–127.
Koelle, Lydia, Paris – Jerusalem … et retour. Siebzehn Tage in Israel: Paul Celan »auf Lichtsuche«, Bd. 20/2002, S. 97–130.
Kuhlmann, Anne, Das Exil als Heimat. Über jüdische Schreibweisen und Metaphern, Bd. 17/1999, S. 198–213.
Loewy, Ernst, Jude, Israeli, Deutscher – Mit dem Widerspruch leben, Bd. 4/1986, S. 13–42.
Lühe, Barbara von der, Zeitzeugen der *Shoah* im Offenen Kanal Berlin. Verfolgung und Exil in der Zeit des Nationalsozialismus als Gegenstand einer medienpraktischen Unterrichtseinheit. Ein Projekt an der Technischen Universität Berlin in Kooperation mit dem Offenen Kanal Berlin, Bd. 19/2001, S. 254–274.
Matthäus, Jürgen, Abwehr, Ausharren, Flucht. Der Centralverein deutscher Staatsbürger jüdischen Glaubens und die Emigration bis zur »Reichskristallnacht«, Bd. 19/2001, S. 18–40.
Meinl, Susanne, »*Schalom* – meine Heimat«. Stationen der Flucht aus Deutschland, Bd. 19/2001, S. 41–64.
Mittag, Gabriele, Erinnern, Schreiben, Überliefern. Über autobiographisches Schreiben deutscher und deutsch-jüdischer Frauen, Bd. 11/1993, S. 53–67.
Mühlen, Patrik von zur, Jüdische und deutsche Identität von Lateinamerika-Emigranten, Bd. 5/1987, S. 55–67.
Picard, Jacques, Vom Zagreber zum Zürcher *Omanut* 1932 bis 1952. Wandel und Exil einer jüdischen Kulturbewegung, Bd. 10/1992, S. 168–186.

Rosenthal, Gabriele, Israelische Familien von jugendlichen ZwangsemigrantInnen aus Deutschland. Zu den transgenerationellen Folgen einer Emigration ohne Eltern und Geschwister, Bd. 24/2006, S. 231–249.

Schirp, Kerstin Emma, Presse als Brücke zwischen Heimat und Exil. Das *Semanario Isrealita* in Buenos Aires, Bd. 19/2001, S. 168–186.

Schlör, Joachim, Dinge der Emigration. Eine Projektskizze, Bd. 23/2005, S. 222–238.

Strutz, Andrea, »... Something you can recreate without being there«. Aspekte der Erinnerung und des intergenerationellen Gedächtnisses am Beispiel aus Österreich vertriebener Jüdinnen und Juden und ihrer Nachkommen, Bd. 24/2006, S. 250–266.

Tippelskirch, Karina von, »... ich finde meine Stimme nicht«. Ostjüdinnen in den ersten Jahrzehnten des 20. Jahrhunderts in New York: die jiddische Schriftstellerin Anna Margolin, Bd. 17/1999, S. 127–139.

Urban, Susanne, Die Jugend-Alijah 1932 bis 1940. Exil in der Fremde oder Heimat in Erez Israel?, Bd. 24/2006, S. 34–61.

7. Frauen, Familie, Erziehung

Akashe-Böhme, Farideh, Biographien in der Migration, Bd. 17/1999, S. 38–52.

Barnouw, Dagmar, Der Jude als Paria. Hannah Arendt über die Unmündigkeit des Exils, Bd. 4/1986, S. 43–61.

Bearman, Marietta / Charmian Brinson, »Jugend voran«: sieben Jahre Junges Österreich in Großbritannien, Bd. 24/2006, S. 150–167.

Becker, Sabina, Zwischen Akkulturation und Enkulturation. Anmerkungen zu einem vernachlässigten Autorinnentypus: Jenny Aloni und Ilse Losa, Bd. 13/1995, S. 114–136.

Borst, Eva, Identität und Exil. Konzeptionelle Überlegungen zur 7. Tagung »Frauen im Exil: Sprache-Identität-Kultur«, Bd. 17/1999, S. 10–23.

Brinson, Charmian, s. Bearman, Marietta / Charmian Brinson, »Jugend voran«: sieben Jahre Junges Österreich in Großbritannien.

Curio, Claudia, Flucht, Fürsorge und Anpassungsdruck. Die Rettung von Kindern nach Großbritannien 1938/39, Bd. 24/2006, S. 62–72.

Dinesen, Ruth, Exil als Metapher. Nelly Sachs: *Flucht und Verwandlung* (1959), Bd. 11/1993, S. 143–155.

Feidel-Mertz, Hildegard, Erziehung zur sozialen Humanität. Hans Weils »Schule am Mittelmeer« in Recco/Italien (1934 bis 1937/38), Bd. 24/2006, S. 95–116.

Fischer, Erica, Sehnsucht nach dem goldenen Einhorn, Bd. 17/1999, S. 164–169.

Häntzschel, Hiltrud, Kritische Bemerkungen zur Erforschung der Wissenschaftsemigration unter geschlechterdifferenzierendem Blickwinkel, Bd. 14/1996, S. 150–163.

Hansen-Schaberg, Inge, »Exil als Chance«. Voraussetzungen und Bedingungen der Integration und Akkulturation, Bd. 24/2006, S. 183–197.

Hillebrecht, Sabine, Freiheit in Ankara. Deutschsprachige Emigrantenkinder im türkischen Exil, Bd. 24/2006, S. 198–214.

Hilzinger, Sonja, »Ich hatte nur zu schweigen«. Strategien des Bewältigens und des Verdrängens der Erfahrung Exil in der Sowjetunion am Beispiel autobiographischer Texte, Bd. 11/1993, S. 31–52.

Hoffmann, Christhard, Zerstörte Geschichte. Zum Werk der jüdischen Historikerin Selma Stern, Bd. 11/1993, S. 203–215.

Ingrisch, Doris, »I think I got a sense of being different«. Über als Kinder und Jugendliche vom Nationalsozialismus vertriebene Intellektuelle, Bd. 24/2006, S. 215–230.

Jung, Bettina, Heimatlos in Deutschland. Irmgard Keuns Satiren gegen die Restauration der deutschen Nachkriegszeit, Bd. 17/1999, S. 152–163.

Klapdor, Heike, Überlebensstrategie statt Lebensentwurf. Frauen in der Emigration, Bd. 11/1993, S. 12–30.

Krauß, Andrea, Die schwierige Wahrheit der Literatur. Über eine Randerscheinung des Schauspiels *IchundIch* von Else Lasker-Schüler, Bd. 17/1999, S. 79–90.

Krauße, Anna-Carola, »Malen fürs Lebensbrot«. Zum Verlust künstlerischer Identität in der Emigration: die Malerin Lotte Laserstein im schwedischen Exil, Bd. 17/1999, S. 106–126.

Leo, Annette, Sehnsucht nach dem Exil der Eltern, Bd. 17/1999, S. 170–182.

Lerf, Madeleine, Aus dem Konzentrationslager Buchenwald in die Schweiz. Studien zur wechselseitigen Wahrnehmung, Bd. 24/2006, S. 79–94.

Lienert, Salome, Flüchtlingskinder in der Schweiz. Das Schweizer Hilfswerk für Emigrantenkinder 1933 bis 1947, Bd. 24/2006, S. 134–149.

Lühe, Irmela von der, »Und der Mann war oft eine schwere, undankbare Last«. Frauen im Exil – Frauen in der Exilforschung, Bd. 14/1996, S. 44–61.

Mittag, Gabriele, Erinnern, Schreiben, Überliefern. Über autobiographisches Schreiben deutscher und deutsch-jüdischer Frauen, Bd. 11/1993, S. 53–67.

Mittag, Gabriele, »Die Sünde und Schande der Christenheit hat ihren Kulminationspunkt erreicht«. Geschlechtsspezifische Aspekte der in den französischen Internierungslagern entstandenen Literatur, Bd. 17/1999, S. 69–78.

Müller-Kampel, Beatrix, Gespräch mit der Wiener Exildichterin Stella Rotenberg. Regelbruch und Respekt als Leitfaden für ein Interview, Bd. 23/2005, S. 162–178.

Nussbaum, Laureen / Uwe Meyer, Grete Weil: unbequem, zum Denken zwingend, Bd. 11/1993, S. 156–170.

Quack, Sibylle, Die Aktualität der Frauen- und Geschlechterforschung für die Exilforschung, Bd. 14/1996, S. 31–43.

Rockenbach, Susanne, s. Rohlf, Sabine/ Susanne Rockenbach, Auswahlbibliographie »Frauen und Exil«.

Rohlf, Sabine, »Zuhause war ich nur noch an irgend einem Schreibtisch«. Autobiografie, Exil und Autorschaft in Texten von Irmgard Keun und Adrienne Thomas, Bd. 23/2005, S. 128–149.

Rohlf, Sabine / Susanne Rockenbach, Auswahlbibliographie »Frauen und Exil«, Bd. 11/1993, S. 239–277.

Rosenthal, Gabriele, Israelische Familien von jugendlichen ZwangsemigrantInnen aus Deutschland. Zu den transgenerationellen Folgen einer Emigration ohne Eltern und Geschwister, Bd. 24/2006, S. 231–249.

Schmeichel-Falkenberg, Beate, Aufforderung zum Überleben. Lotte Goslar und das Exil, Bd. 11/1993, S. 216–228.

Schoppmann, Claudia »Das Exil war eine Wiedergeburt für mich«. Zur Situation lesbischer Frauen im Exil, Bd. 17/1999, S. 140–151.

Schwarz, Helga, Maria Leitner – eine Verschollene des Exils? Bd. 5/1987, S. 123–134.

Siegel, Eva-Maria, Zeitgeschichte, Alltag, Kolportage oder Über den »Bourgeois in des Menschen Seele«. Zum Exilwerk Hermynia Zur Mühlens, Bd. 11/1993, S. 106–126.

Stark, Meinhard, Deutsche Exilantinnen im GULAG. Alltag des Überlebens, Bd. 17/1999, S. 53–68.

Strutz, Andrea, »... Something you can recreate without being there«. Aspekte der Erinnerung und des intergenerationellen Gedächtnisses am Beispiel aus Österreich vertriebener Jüdinnen und Juden und ihrer Nachkommen, Bd. 24/2006, S. 250–266.

Stürzer, Anne, »Schreiben tue ich jetzt nichts ... keine Zeit«. Zum Beispiel: Die Dramatikerinnen Christa Winsloe und Hilde Rubinstein im Exil, Bd. 11/1993, S. 127–142.

Thurner, Christina, »Umbruch ist jeden Tag«. Diskurswechsel und Utopie bei Alice Rühle-Gerstel, Bd. 17/1999, S. 91–105.

Tippelskirch, Karina von, »... ich finde meine Stimme nicht«. Ostjüdinnen in den ersten Jahrzehnten des 20. Jahrhunderts in New York: die jiddische Schriftstellerin Anna Margolin, Bd. 17/1999, S. 127–139.

Ubbens, Irmtraud, Das Landschulheim Florenz, Bd. 24/2006, S. 117–133.

Urban, Susanne, Die Jugend-Alijah 1932 bis 1940. Exil in der Fremde oder Heimat in Erez Israel?, Bd. 24/2006, S. 34–61.

Voigt, Klaus, Josef Indigs Bericht über die »Kinder der Villa Emma«, Bd. 24/2006, S. 15–33.

Winckler, Lutz, Louise Straus-Ernst: *Zauberkreis Paris*. Erfahrung und Mythos der »großen Stadt«, Bd. 11/1993, S. 88–105.

8. Widerstand

Ehrke-Rotermund, Heidrun, Camoufliertes Malen im »Dritten Reich«. Otto Dix zwischen Widerstand und Innerer Emigration, Bd. 12/1994, S. 126–155.

Eiber, Ludwig, Verschwiegene Bündnispartner. Die Union deutscher sozialistischer Organisationen in Großbritannien und die britischen Nachrichtendienste, Bd. 15/1997, S. 66–87.

Erler, Peter / Manfred Wilke, »Nach Hitler kommen wir«. Das Konzept der Moskauer KPD-Führung 1944/45 für Nachkriegsdeutschland, Bd. 15/1997, S. 102–119.

Klotz, Christian, »Gemeißelt unser Widerstreben«. Widerstandssignale in Rudolf Alexander Schröders Woestijne-Übersetzungen, Bd. 12/1994, S. 114-125.
Krohn, Claus-Dieter, Propaganda als Widerstand? Die *Braunbuch*-Kampagne zum Reichstagsbrand 1933, Bd. 15/1997, S. 10-32.
Mallmann, Klaus-Michael, Frankreichs fremde Patrioten. Deutsche in der Résistance, Bd. 15/1997, S. 33-65.
Paul, Gerhard, »... alle Repressionen unnachsichtlich ergriffen werden«. Die Gestapo und das politische Exil, Bd. 15/1997, S. 120-149.
Röder, Werner, Zum Verhältnis von Exil und innerdeutschem Widerstand, Bd. 5/1987, S. 28-39.
Sator, Klaus, Der deutsche Widerstand gegen den Nationalsozialismus. Anmerkungen zu einem schwierigen Begriff, Bd. 15/1997, S. 150-161.
Vaget, Hans Rudolf, Thomas Mann und der deutsche Widerstand. Zur Deutschland-Thematik im *Doktor Faustus*, Bd. 15/1997, S. 88-101.
Wilke, Manfred, s. Erler, Peter/Manfred Wilke, »Nach Hitler kommen wir«.

9. Remigration

Benz, Wolfgang, Rückkehr auf Zeit. Erfahrungen deutsch-jüdischer Emigranten mit Einladungen in ihre ehemaligen Heimatstädte, Bd. 9/1991, S. 196-207.
Braese, Stephan, Nach-Exil. Zu einem Entstehungsort westdeutscher Nachkriegsliteratur, Bd. 19/2001, S. 227-253.
Buchstein, Hubertus, Verpaßte Chancen einer kritischen Politikwissenschaft? A.R.L. Gurlands Gastspiel in Berlin 1950 bis 1954, Bd. 9/1991, S. 128-145.
Cieslok, Ulrike, Eine schwierige Rückkehr. Remigranten an nordrhein-westfälischen Hochschulen, Bd. 9/1991, S. 115-127.
Embacher, Helga, Eine Heimkehr gibt es nicht? Remigration nach Österreich, Bd. 19/2001, S. 187-209.
Foitzik, Jan, Politische Probleme der Remigration, Bd. 9/1991, S. 104-114.
Jung, Bettina, Heimatlos in Deutschland. Irmgard Keuns Satiren gegen die Restauration der deutschen Nachkriegszeit, Bd. 17/1999, S. 152-163.
Körner, Klaus, Fortleben des politischen Exils in der Bundesrepublik. Johann Fladung und der Progress-Verlag 1950-1972, Bd. 22/2004, S. 218-236.
Kraushaar, Wolfgang, Die Wiederkehr der Traumata im Versuch sie zu bearbeiten. Die Remigration von Horkheimer und Adorno und ihr Verhältnis zur Studentenbewegung, Bd. 9/1991, S. 46-67.
Krohn, Claus-Dieter, Die Entdeckung des ›anderen Deutschland‹ in der intellektuellen Protestbewegung der 1960er Jahre in der Bundesrepublik und den Vereinigten Staaten, Bd. 13/1995, S. 16-51.
Lehmann, Hans Georg, Wiedereinbürgerung, Rehabilitation und Wiedergutmachung nach 1945. Zur Staatsangehörigkeit ausgebürgerter Emigranten und Remigranten, Bd. 9/1991, S. 90-103.
Leo, Annette, Sehnsucht nach dem Exil der Eltern, Bd. 17/1999, S. 170-182.
Neumann, Michael, Lektionen ohne Widerhall. Bemerkungen zum Einfluß von Remigranten auf die Entwicklung der westdeutschen Nachkriegssoziologie, Bd. 2/1984, S. 339-357.
Papcke, Sven, Exil und Remigration als öffentliches Ärgernis. Zur Soziologie eines Tabus, Bd. 9/1991, S. 9-24.
Roessler, Peter, Ein Exildrama im österreichischen Nachkriegsfilm. Von Fritz Hochwälders *Flüchtling* zum Film *Die Frau am Weg*, Bd. 21/2003, S. 141-154.
Schildt, Axel, Reise zurück aus der Zukunft. Beiträge von intellektuellen USA-Remigranten zur atlantischen Allianz, zum westdeutschen Amerikabild und zur »Amerikanisierung« in den fünfziger Jahren, Bd. 9/1991, S. 25-45.
Schlenstedt, Silvia, Die Rückkehr Erich Arendts aus dem Exil, Bd. 9/1991, S. 81-89.
Söllner, Alfons, Zwischen totalitärer Vergangenheit und demokratischer Zukunft. Emigranten beurteilen die deutsche Entwicklung nach 1945, Bd. 9/1991, S. 146-170.
Tischler, Carola, *Zwischen Nacht und Tag*. Erich Weinerts sowjetische Exilzeit im DDR-Spielfilm der 70er Jahre, Bd. 21/2003, S. 155-169.

Exilforschung. Ein internationales Jahrbuch
Herausgegeben von Claus-Dieter Krohn, Erwin Rotermund,
Lutz Winckler und Wulf Koepke

Band 1/1983
Stalin und die Intellektuellen und andere Themen
391 Seiten

»... der erste Band gibt in der Tat mehr als nur eine Ahnung davon, was eine so interdisziplinär wie breit angelegte Exilforschung sein könnte.«
Neue Politische Literatur

Band 2/1984
Erinnerungen ans Exil – kritische Lektüre der Autobiographien nach 1933
415 Seiten

»Band 2 vermag mühelos das Niveau des ersten Bandes zu halten, in manchen Studien wird geradezu außergewöhnlicher Rang erreicht ...«
Wissenschaftlicher Literaturanzeiger

Band 3/1985
Gedanken an Deutschland im Exil und andere Themen
400 Seiten

»Die Beiträge beschäftigen sich nicht nur mit Exilliteratur, sondern auch mit den Lebensbedingungen der Exilierten. Sie untersuchen Möglichkeiten und Grenzen der Mediennutzung, erläutern die Probleme der Verlagsarbeit und verfolgen ›Lebensläufe im Exil‹.«
Neue Zürcher Zeitung

Band 4/1986
Das jüdische Exil und andere Themen
310 Seiten

Hannah Arendt, Bruno Frei, Nelly Sachs, Armin T. Wegner, Paul Tillich, Hans Henny Jahnn und Sergej Tschachotin sind Beiträge dieses Bandes gewidmet. Ernst Loewy schreibt über den Widerspruch, als Jude, Israeli, Deutscher zu leben.

Band 5/1987
Fluchtpunkte des Exils und andere Themen
260 Seiten

Das Thema »Akkulturation und soziale Erfahrungen im Exil« stellt neben der individuellen Exilerfahrung die Integration verschiedener Berufsgruppen in den Aufnahmeländern in den Mittelpunkt. Bisher wenig bekannte Flüchtlingszentren in Lateinamerika und Ostasien kommen ins Blickfeld.

Band 6/1988
Vertreibung der Wissenschaften und andere Themen
243 Seiten

Der Blick wird auf einen Bereich gelenkt, der von der Exilforschung bis dahin kaum wahrgenommen wurde. Das gilt sowohl für den Transfer denkgeschichtlicher und theoretischer Traditionen und die Wirkung der vertriebenen Gelehrten auf die Wissenschaftsentwicklung in den Zufluchtsländern wie auch für die Frage nach dem »Emigrationsverlust«, den die Wissenschaftsemigration für die Forschung im NS-Staat bedeutete.

Band 7/1989
Publizistik im Exil und andere Themen
249 Seiten

Der Band stellt neben der Berufsgeschichte emigrierter Journalisten in den USA exemplarisch Persönlichkeiten und Periodika des Exils vor, vermittelt an deren Beispiel Einblick in politische und literarische Debatten, aber auch in die Alltagswirklichkeit der Exilierten.

Band 8/1990
Politische Aspekte des Exils
243 Seiten

Der Band wirft Schlaglichter auf ein umfassendes Thema, beschreibt Handlungsspielräume in verschiedenen Ländern, stellt Einzelschicksale vor. Der Akzent auf dem kommunistischen Exil, dem Spannungsverhältnis zwischen antifaschistischem Widerstand und politischem Dogmatismus, verleiht ihm angesichts der politischen Umwälzungen seit 1989 Aktualität.

Band 9/1991
Exil und Remigration
263 Seiten

Der Band lenkt den Blick auf die deutsche Nachkriegsgeschichte, untersucht, wie mit rückkehrwilligen Vertriebenen aus dem Nazi-Staat in diesem Land nach 1945 umgegangen wurde.

Band 10/1992
Künste im Exil
212 Seiten. Zahlreiche Abbildungen

Beiträge zur bildenden Kunst und Musik, zu Architektur und Film im Exil stehen im Mittelpunkt dieses Jahrbuchs. Fragen der kunst- und musikhistorischen Entwicklung werden diskutiert, die verschiedenen Wege der ästhetischen Auseinandersetzung mit dem Faschismus dargestellt, Lebens- und Arbeitsbedingungen der Künstler beschrieben.

Band 11/1993
Frauen und Exil
Zwischen Anpassung und Selbstbestimmung
283 Seiten

Der Band trägt zur Erforschung der Bedingungen und künstlerischen wie biographischen Auswirkungen des Exils von Frauen bei. Literaturwissenschaftliche und biographische Auseinandersetzungen mit Lebensläufen und Texten ergänzen feministische Fragestellungen nach spezifisch »weiblichen Überlebensstrategien« im Exil.

Band 12/1994
Aspekte der künstlerischen Inneren Emigration 1933 bis 1945
236 Seiten

Der Band will eine abgebrochene Diskussion über einen kontroversen Gegenstandsbereich fortsetzen: Zur Diskussion stehen Literatur und Künste in der Inneren Emigration zwischen 1933 und 1945, Möglichkeiten und Grenzen einer innerdeutschen politischen und künstlerischen Opposition.

Band 13/1995
Kulturtransfer im Exil
276 Seiten

Das Jahrbuch 1995 macht auf Zusammenhänge des Kulturtransfers aufmerksam. Die Beiträge zeigen unter anderem, in welchem Ausmaß die aus Deutschland vertriebenen Emigranten das Bewusstsein der Nachkriegsgeneration der sechziger Jahre – in Deutschland wie in den Exilländern – prägten, welche Themen und welche Erwartungen die Exilforschung seit jener Zeit begleitet haben.

Band 14/1996
Rückblick und Perspektiven
231 Seiten

Methoden und Ziele wie auch Mythen der Exilforschung werden kritisch untersucht; der Band zielt damit auf eine problem- wie themenorientierte Erneuerung der Exilforschung. Im Zusammenhang mit der Kritik traditioneller Epochendiskurse stehen Rückblicke auf die Erträge der Forschung unter anderem in den USA, der DDR und in den skandinavischen Ländern. Zugleich werden Ausblicke auf neue Ansätze, etwa in der Frauenforschung und der Literaturwissenschaft, gegeben.

Band 15/1997
Exil und Widerstand
282 Seiten

Der Widerstand gegen das nationalsozialistische Herrschaftssystem aus dem Exil heraus steht im Mittelpunkt dieses Jahrbuchs. Neben einer Problematisierung des Widerstandsbegriffs beleuchten die Beiträge typische Schicksale namhafter politischer Emigranten und untersuchen verschiedene Formen und Phasen des politischen Widerstands: z.B. bei der Braunbuch-Kampagne zum Reichstagsbrand, in der französischen Résistance, in der Zusammenarbeit mit britischen und amerikanischen Geheimdiensten sowie bei den Planungen der Exil-KPD für ein Nachkriegsdeutschland.

Band 16/1998
Exil und Avantgarden
275 Seiten

Der Band diskutiert und revidiert die Ergebnisse einer mehr als zwanzigjährigen Debatte um Bestand, Entwicklung oder Transformation der historischen Avantgarden unter den Bedingungen von Exil und Akkulturation; die Beiträge verlieren dabei den gegenwärtigen Umgang mit dem Thema Avantgarde nicht aus dem Blick.

Band 17/1999
Sprache – Identität – Kultur
Frauen im Exil
268 Seiten

Die Untersuchungen dieses Bandes fragen nach der spezifischen Konstruktion weiblicher Identität unter den Bedingungen des Exils. Welche Brüche verursacht die – erzwungene oder freiwillige – Exilerfahrung in der individuellen Sozialisation? Und welche Chancen ergeben sich möglicherweise daraus für die Entwicklung neuer, modifizierter oder alternativer Identitätskonzepte? Die Beiträge bieten unter heterogenen Forschungsansätzen literatur- und kunstwissenschaftliche, zeithistorische und autobiografische Analysen.

Band 18/2000
Exile im 20. Jahrhundert
280 Seiten

Ohne Übertreibung kann man das 20. Jahrhundert als das der Flüchtlinge bezeichnen. Erzwungene Migrationen, Fluchtbewegungen und Asylsuchende hat es zwar immer gegeben, erst im 20. Jahrhundert jedoch begannen Massenvertreibungen in einem bis dahin unbekannten Ausmaß. Die Beiträge des Bandes behandeln unterschiedliche Formen von Vertreibung, vom Exil aus dem zaristischen Russland bis hin zur Flucht chinesischer Dissidenten in der jüngsten Zeit. Das Jahrbuch will damit auf Unbekanntes aufmerksam machen und zu einer Erweiterung des Blicks in vergleichender Perspektive anregen.

Band 19/2001
Jüdische Emigration
Zwischen Assimilation und Verfolgung, Akkulturation und jüdischer Identität
294 Seiten

Das Thema der jüdischen Emigration während des »Dritten Reichs« und Probleme jüdischer Identität und Akkulturation in verschiedenen europäischen und außereuropäischen Ländern bilden den Schwerpunkt dieses Jahrbuchs. Die Beiträge befassen sich unter anderem mit der Vertreibungspolitik der Nationalsozialisten, richten die Aufmerksamkeit auf die Sicht der Betroffenen und thematisieren Defizite und Perspektiven der Wirkungsgeschichte jüdischer Emigration.

Band 20/2002
Metropolen des Exils
310 Seiten

Ausländische Metropolen wie Prag, Paris, Los Angeles, Buenos Aires oder Shanghai stellten eine urbane Fremde dar, in der die Emigrantinnen und Emigranten widersprüchlichen Erfahrungen ausgesetzt waren: Teilweise gelang ihnen der Anschluss an die großstädtische Kultur, teilweise fanden sie sich aber auch in der für sie ungewohnten Rolle einer Randgruppe wieder. Der daraus entstehende Widerspruch zwischen Integration, Marginalisierung und Exklusion wird anhand topografischer und mentalitätsgeschichtlicher Untersuchungen der Metropolenemigration, vor allem aber am Schicksal der großstädtischen politischen und kulturellen Avantgarden und ihrer Fähigkeit, sich in den neuen Metropolen zu reorganisieren, analysiert. Ein spezielles Kapitel ist dem Imaginären der Metropolen, seiner Rekonstruktion und Repräsentation in Literatur und Fotografie gewidmet.

Band 21/2003
Film und Fotografie
296 Seiten

Als »neue« Medien verbinden Film und Fotografie stärker als die traditionellen Künste Dokumentation und Fiktion, Amateurismus und Professionalität, künstlerische, technische und kommerzielle Produktionsweisen. Der Band geht den Produktions- und Rezeptionsbedingungen von Film und Fotografrie im Exil nach, erforscht anhand von Länderstudien und Einzelschicksalen Akkulturations- und Integrationsmöglichkeiten und thematisiert den Umgang mit Exil und Widerstand im Nachkriegsfilm.

Band 22/2004
Bücher, Verlage, Medien
292 Seiten

Die Beiträge des Bandes fokussieren die medialen Voraussetzungen für die Entstehung einer nach Umfang und Rang weltgeschichtlich singulären Exilliteratur. Dabei geht es um das Symbol Buch ebenso wie um die politische Funktion von Zeitschriften, aber auch um die praktischen Arbeitsbedingungen von Verlagen, Buchhandlungen etc. unter den Bedingungen des Exils.

Band 23/2005
Autobiografie und wissenschaftliche Biografik
263 Seiten

Neben Autobiografien als Zeugnis und Dokument sind Erinnerung und Gedächtnis in den Vordergrund des Erkenntnisinteresses der Exilforschung gerückt. Die »narrative Identität« (Paul Ricœur) ist auf Kommunikation verwiesen, sie ist unabgeschlossen, offen für Grenzüberschreitungen und interkulturelle Erfahrungen; sie artikuliert sich in der Sprache, in den Bildern, aber auch über Orte und Dinge des Alltags. Vor diesem Hintergrund stellt der Band autobiografische Texte, wissenschaftliche Biografien und Darstellungen zur Biografik des Exils vor und diskutiert Formen und Funktionen ästhetischen, historischen, fiktionalen und wissenschaftlichen Erzählens.

Band 24/2006
Kindheit und Jugend im Exil – Ein Generationenthema
284 Seiten

Das als Kind erfahrene Unrecht ist vielfach einer der Beweggründe, im späteren Lebensalter Zeugnis abzulegen und oft mit Genugtuung auf ein erfolgreiches Leben trotz aller Hindernisse und Widrigkeiten zurückzublicken. Kindheit unter den Bedingungen von Verfolgung und Exil muss also einerseits als komplexes, tief gehendes und lang anhaltendes Geschehen mit oftmals traumatischen Wirkungen über mehrere Generationen gesehen werden, andererseits können produktive, kreative Lebensentwürfe nach der Katastrophe zu der nachträglichen Bewertung des Exils als Bereicherung geführt haben. Diesen Tatsachen wird in diesem Band konzeptionell und inhaltlich anhand neu erschlossener Quellen nachgegangen.

Ausführliche Informationen über alle Bücher des Verlags im Internet unter:
www.etk-muenchen.de

www.ingramcontent.com/pod-product-compliance
Lightning Source LLC
Chambersburg PA
CBHW020859020526
44116CB00029B/492